READINGS IN INDIAN HISTORY

READINGS IN INDIAN HISTORY

Edited by
A.K. Sinha

ANAMIKA PUBLISHERS & DISTRIBUTORS (P) LTD.
4697/3, 21-A, Ansari Road, Daryaganj
New Delhi-110 002
Phones : 23281655, 23201531

First Published, 2003

ISBN 81-7975-036-1

PRINTED IN INDIA

Published by Anamika Publishers & Distributors (P) Ltd., 4697/3, 21-A, Ansari Road, Daryaganj, New Delhi-110 002. Typeset by Nidhi Laser Point, Shahdara Delhi and Printed at Nagri Printers, Delhi.

Editor's Note

The recently concluded 12th session of the U.P. History Congress, at Bareilly, was a successful academic event. The well-attended Congress received participation from scholars of the different universities and colleges of Uttar Pradesh, Uttarakhand, Madhya Pradesh, Haryana, Rajasthan and Delhi. About 60 research papers were presented in different sections of the two days conference. The various sessions were kindly presided by Prof. Hira Lal Gupta, Prof. Shireen Moosvi, Prof. U.P. Arora, Prof. K.M. Shrimali, Dr. Ram Singh, Prof. R.P. Yadava, Prof. S.N.R. Rizvi and Prof. N.R. Farooqui. The Congress was inaugurated by Prof. Z.H. Zaidi Vice-Chancellor, M.J.P. Rohilkhand University, Bareilly and the welcome Address was delivered by Prof. U.P. Arora, Chairman, Organising Committee and Dean, Faculty of Advanced Social Sciences. The Presidential Address was presented by Prof. K.M. Shrimali (University of Delhi).

Recently instituted, Prof. Radhey Shyam Memorial Lecture was delivered by Prof. N.R. Farooqui.

The present volume is a collection of all those research papers that were submitted by scholars present in the Congress and were clearly recommended for publication by the Sessional Presidents. Papers which were incomplete in references etc., had to be left out in the present publication at the advice of the Editorial Advisory Board. The endeavour has been to bring out the present publication soon and avoid any delay in order to do justice to the scholars, who presented their research papers in the Congress. We hope that the scholarly world would also take early notice of their views for the progress of the discipline.

The editor wishes thankfully, acknowledge the cooperation of M/s. Anamika Publishers and Distribution for accepting the request to bring out the publication of the Proceedings on a priority basis. The publishers have also in the past obliged the Congress by the publication of the previous proceedings as well. We are confident that this association will be long standing one.

The editor wishes to thank the generous support of Prof. Z.H. Zaidi,

Vice-Chancellor, Dr. (Mrs.) Puspha Saxena, Dr. N.D. Dwivedi, Dr. M.K. Singh, Mr. S. Dhaman, Dr. K.K. Chaudhary, Dr. N.N. Pandey, Mr. R.K. Bhasin and others who came out to support the organising of the Congress. Thank are due to Mr. Alok Bhardwaj, Mrs. Aparna Mathur, Mr. Manoj Sharma, Miss Anita Goswami, all research scholars and other students of the Department. The editor acknowledges the valued suggestions from the Editorial Adivisory Board and assistance of the Associate and Assistant Editors.

—A.K. Sinha

Contents

1. भाषा, संस्कृति और राष्ट्रीय अस्मिता

कृष्ण मोहन श्रीमाली *

इतिहास जगत के सहकर्मियों और उपस्थित विद्वज्जन!

उत्तर प्रदेश इतिहास कांग्रेस ने अपने इस 12वें अधिवेशन की अध्यक्षता करने का जो गौरव मुझे प्रदान किया है, मैं उसके लिए कांग्रेस की कार्यकारिणी का हार्दिक धन्यवाद करता हूं।

पिछले लगभग पंद्रह वर्षों से भारतीय संस्कृति की एक विशेष पहचान बनाने की कोशिश की जा रही है। इसमें मुख्य उद्देश्य यही है कि भारत और भारतीयता की परिभाषा यहां के तथाकथित मूल निवासियों की पहचान के संदर्भ में की जाए। एक ओर जहां धर्म का सहारा लेकर इसे हिंदू धर्म और हिंदुत्व की एकरूपी परिधि से सीमित किया जा रहा है; वहीं दूसरी ओर पूरी भारतीय संस्कृति को केवल संस्कृत भाषा और साहित्य की ही देन बता कर उसके वास्तविक और ऐतिहासिक रूप की हत्या की जा रही है। आज हम अपनी इस प्रस्तुति के माध्यम से भाषा, संस्कृति और राष्ट्रीय अस्मिता के आपसी संबंधों के विभिन्न पहलुओं पर अपने कुछ प्रकीर्ण विचारों को आपके सामने प्रस्तुत करने का प्रयास कर रहे हैं।

I

पिछले लगभग चार दशकों में भाषाओं के अध्ययन में महत्वपूर्ण मोड़ आए हैं। भारत में तो कम परंतु अन्य विकसित और विकासशील देशों में भाषा के समाजशास्त्रीय एवं बहु-विषयीय पक्षों पर खास ध्यान दिया जा रहा है। इन अध्ययनों का नतीजा यह निकल रहा है कि भाषाओं के बारे में अब संबंधित विद्वान मात्र उसके नीरस तकनीकी तत्वों तक बंधे नहीं रह गए हैं। आज भाषाशास्त्रियों, इतिहासकारों, समाजशास्त्रियों, मानव-विज्ञान शास्त्रियों, नृवंश वैज्ञानिकों के मिले-जुले प्रयासों से भाषाओं के इतिहास, उनके विसर्जन, समाज के विभिन्न समूहों और समुदायों द्वारा भिन्न-भिन्न भाषाओं के प्रयोगों और शक्तिशाली समुदायों द्वारा भाषा को हथियार बनाकर अपनी प्रभुसत्ता स्थापित करने के नए-नए आयाम सामने आ रहे हैं। परंतु यह कहना गलत न होगा कि सापेक्षिक रूप से इतिहासकारों ने

---

* प्रोफेसर, इतिहास विभाग, दिल्ली विश्वविद्यालय, दिल्ली

भाषा के प्रश्न को कम ही उजागर किया है। उन्हें इस सूत्र को पकड़ना चाहिए कि जब भी भाषा का प्रश्न उठता है तो इसका संबंध समाज में हो रहे बड़े परिवर्तनों से रहता है।

यह तो सभी को मालूम है कि भारत बहु-भाषायी राष्ट्र है, परंतु इस तथ्य की गहनता का आभास बहुत आसानी से नहीं होता। संवैधानिक चिंतकों और विचारकों ने तो भारतीय संविधान में आठवां शेड्यूल बनाकर संस्कृत, उर्दू, कोंकणी, नेपाली, सिंधी सहित 18 भाषाओं का उल्लेख किया है। किंतु हाल के आधिकारिक सर्वेक्षण से पता चलता है कि भारत में बारह विभिन्न भाषायी परिवारों की 325 भाषाओं को बोलने वाले 4635 समुदाय हैं। इनमें से अधिकांश अर्थात 65.51% समुदाय कम से कम दो भाषा बोलने वाले हैं। पश्चिमी बंगाल जैसे राज्य और अंडमान एवं निकोबार द्वीप समूह जैसे केंद्र प्रशासित राज्यों में कम से कम छह विभिन्न भाषायी परिवारों अथवा उप-परिवारों की भाषाओं का प्रयोग होता है। भारत में 24 विभिन्न लिपियों का भी प्रयोग होता है। भारत के अधिकांश राज्यों में तीन से चार सांस्कृतिक क्षेत्रों की पहचान स्थापित की गई है। उत्तर प्रदेश और मध्य प्रदेश में छह-छह तथा तमिलनाडु में तो सात सांस्कृतिक क्षेत्र हैं। कुल मिलाकर भारत में 91 परिवेशीय सांस्कृतिक क्षेत्र (ईको-कल्चरल जोंस) बताए गए हैं।[1]

भाषा का समाजशास्त्रीय अध्ययन करने वाले विद्वानों ने विषय को अधिक वैज्ञानिक एवं तार्किक बनाते हुए चार प्रमुख मुद्दों पर बल दिया है :

(क) एक ही समय में विभिन्न सामाजिक समूह भिन्न-भिन्न प्रकार की भाषाओं का उपयोग करते हैं;

(ख) एक ही प्रकार के लोग विभिन्न परिस्थितियों में अलग-अलग प्रकार की भाषाओं का उपयोग करते हैं;

(ग) भाषा अपने समाज एवं संस्कृति को प्रतिबिंबित करती है; और

(घ) जिस समुदाय में भाषा बोली जाती है वह उस भाषा से प्रभावित होता है।

भाषा का अध्ययन हमारे सांस्कृतिक विकास और आदान-प्रदान को स्पष्ट करता है। किसी भी संस्कृति विशेष की भाषायी व्यवस्था उसकी पाक कला, उसके स्थापत्य, उसके आनुष्ठानिक परिधानों की रूप-सज्जा व अन्य सभी प्रतीक व्यवस्थाओं को चिह्नित करती है। ऐसा भी कहा जा सकता है कि किसी भी समुदाय का खानपान, वेशभूषा, भवन निर्माण आदि उसकी विभिन्न 'भाषाएं' हैं जो उसकी संस्कृति का बखान करती हैं।[2] सामान्यतया जनमानस के लिए इतिहास का वह रूप ही सामने आता है जहां शायद समूहों, कबीलों, राज्यों और साम्राज्यों के आपसी झगड़े, विध्वंस, हिंसा, मारकाट, लूट-खसोट ही रेखांकित होते हैं। परंतु यह तो मात्र सतही रूप है। इससे कहीं अधिक बलशाली वे आपसी मिलन और आवागमन की प्रवृत्तियां हैं, जो खासकर भारत के इतिहास में गत पांच हज़ार वर्षों से क्रियाशील रही हैं। भाषायी अध्ययन इसकी नब्ज़ पकड़ सकते हैं। व्यक्तियों के नाम, कुलों

और खानदानों के नाम, गांवों, शहरों, ज़िलों और राज्यों के नाम; हमारे रीति-रिवाज, पहनावे, मेले, नाच-गाने, पर्व, उत्सव—सभी कुछ तो भाषाओं के सूक्ष्म अध्ययनों से इतिहस की अनेकानेक परतों को खोलते जाते हैं।[3]

संस्कृति की शाब्दिक व्याख्या में मोटे तौर पर यह कहा जा सकता है कि यह किसी भी समाज में रहने वाले लोगों के आपसी संबंधों, उनकी विशेषताओं, आचार-व्यवहार, आर्थिक गतिविधियों, धार्मिक आस्थाओं और मान्यताओं, जन-जीवन के विचारों और संकल्पनाओं तथा उनकी कलात्मकता की अभिव्यक्ति होती है। इस अभिव्यक्ति के स्रोत अनेक हो सकते हैं और इसके विकास के चरण भी सापेक्षिक रूप से विकसित होते हैं। सापेक्षिकता में हीनता का भाव स्वीकार्य नहीं है और यही वजह है कि मानव एवं समाजशास्त्री अब आदिम मस्तिष्क और संस्कृति (Primitive mind and culture) की अवधारणा को छोड़ चुके हैं। सापेक्षिकता का ही एक और रूप प्राचीन भारतीय देशकाल धर्म में मिलता है। धर्म और अधर्म की चर्चा करते हुए *महाभारत* के शांतिपर्व (79.31) में कहा गया है :

भवत्यधर्मो धर्मो हि धर्माधर्मावुभावपि।
कारणाद्देशकालस्य देशकाल: स तादृश:॥

अर्थात देश और काल की ज़रूरतों के अनुसार ही जो उचित है वह अनुचित बन जाता है और अनुचित ही उचित बन सकता है। संस्कृति के इस लगातार बदलाव की प्रक्रिया को रोकना या उसे नकराना या फिर उसे केवल धर्म और भाषा के दायरों में ही सीमित रखने का अर्थ उसे जड़ बनाना होगा।[4] इतिहास इस बात का साक्षी है कि कम से कम भारतीय संस्कृति तो जड़ नहीं ही है।

II

'हिमालय से सेतुबंध तक सारे भारतवर्ष के धर्म, दर्शन, विज्ञान, चिकित्सा आदि विषयों की भाषा कुछ सौ वर्ष पहले तक एक ही रही है। यह भाषा संस्कृत थी। भारतवर्ष का जो कुछ श्रेष्ठ है, जो कुछ उत्तम है, जो कुछ रक्षणीय है, वह इस भाषा के भंडार में संचित किया गया है। जितनी दूर तक इतिहास हमें ठेलकर पीछे ले जा सकता है, उतनी दूर तक इस भाषा के सिवा हमारा कोई सहारा नहीं है। ... हमारे कम से कम छह-सात हज़ार वर्ष के विशाल इतिहास में अधिक से अधिक पांच सौ वर्ष ऐसे रहे हैं जिनमें विदेशी भाषा (फ़ारसी, अरबी) का आधिपत्य रहा। दुर्भाग्यवश इस सीमित काल और सीमित अंश में व्यवहृत भाषा का दावा आज हमारी भाषा समस्या का सर्वाधिक जबर्दस्त रोड़ा साबित हो रहा है ... इस विशाल देश की भाषा-समस्या का हल आज से सहस्रों वर्षों पूर्व से लेकर अब तक जिस भाषा के जरिए हुआ है उसके सामने कोई भी भाषा न्यायपूर्वक अपना दावा

लेकर उपस्थित नहीं रह सकती—फिर वह स्वदेशी हो या विदेशी, इस धर्म के मानने वालों की हो या उस धर्म के। इतिहास साक्षी है कि संस्कृत इस देश की अद्वितीय महिमाशालिनी भाषा है—अविजित, अनाहत और दुर्द्धर्ष।'[5]

ये विचार हैं संस्कृत के प्रकांड पंडित और 20वीं शताब्दी के महान साहित्यकार हजारी प्रसाद द्विवेदी के। हाल के वर्षों में ऐसी आवाजें कई मंचों से उठाई गई हैं। हमें यह देखना है कि क्या संस्कृत भाषा और साहित्य वास्तव में भारतीय संस्कृति का एकमात्र पुंज है। चूंकि हम भाषा, समाज और संस्कृति के आपसी संबंधों को समझने की दृष्टि पर बल दे रहे हैं, इसलिए हमारे लिए यह जानना बहुत ज़रूरी है कि संस्कृत हमारे भारतीय उप-महाद्वीप में कब, कहां और किस-किससे जुड़ी थी।

जब तक हड़प्पायी लोगों की लिपि संतोषजनक और सर्वमान्य रूप से पढ़ नहीं ली जाती तब तक के लिए हम यह मान लेते हैं कि संस्कृत ही भारत की ज्ञात प्राचीन भाषाओं में से एक है। सामान्य रूप से यह भी मान लिया जाता है कि *ऋग्वेद* संस्कृत भाषा में रचा प्राचीनतम ग्रंथ है। आज की इस प्रस्तुति में हम आर्य और अनार्य के बारे में लंबे अरसे से चल रहे विवाद में नहीं जाएंगे।

हमारे अन्वेषण का आरंभ बिंदु एक निर्विवाद सत्य है कि भारत के प्राचीनतम अभिलेख प्राकृत भाषा में हैं और किसी भी प्रकार से ई.पू. पांचवीं-चौथी शताब्दी से पहले के नहीं हैं।[6] अधिक संभावना तो यही है कि भारतीय उपमहाद्वीप में मौर्य काल से पहले के अभिलेख यदि हैं भी तो निश्चित रूप से गैर-संस्कृत भाषा में हैं। संस्कृत का सबसे पहला अभिलेख गुजरात में गिरनार स्थित शक नरेश रुद्रदामा प्रथम का है जो दूसरी ईसवी शताब्दी का है। ग़ौर किया जाए कि रुद्रदामा तथाकथित रूप से '*विदेशी*' था और हमारे आजकल के भारतीयता के उत्साही परिभाषकों के नज़रिए से अभारतीय भी। अफ़गानिस्तान और काश्मीर से कर्णाटक और गुजरात से बंगाल तक पाए जाने वाले ई.पू. तीसरी शताब्दी के सम्राट अशोक के अभिलेख प्राकृत भाषा के लगभग अखिल भारतीय प्रचलन को प्रमाणित करते हैं। भारत की विभिन्न भाषाओं के अविरल इतिहास की दृष्टि से देखा जाए तो तमिल भाषा के अभिलेख भी संस्कृत के अभिलेखों से कहीं अधिक पुराने हैं। तमिलनाडु के तिरुनेल्वेलि, रामनाथपुरम, तिरुचिरापल्ली, कोयंबतूर, उत्तरी अर्काट, चिंगलपुट तथा मदुरै ज़िलों से प्राप्त अनेक छोटे किंतु महत्वपूर्ण अभिलेख ब्राह्मी लिपि और पुरानी तमिल भाषा में मिलते हैं जिन्हें ई.पू. तीसरी और पहली शताब्दियों के बीच रखा जाता है। इनकी ख़ास बात यह है कि ये शाही अभिलेख न होकर जनता के अभिलेख हैं। इन अभिलेखों में ताड़ी, हल की फाल, स्वर्ण, नमक, वस्त्रों के व्यापारियों और एक ज्योतिषी द्वारा जैन, बौद्ध एवं आजीविक भिक्षुओं को अनेक सुविधाओं रूपी दानों का उल्लेख मिलता है।[7]

क्या यह हमारे लिए विचारणीय नहीं है कि भारत के प्राचीनतम अभिलेख संस्कृत में क्यों नहीं हैं? उत्तर तो इस तथ्य में निहित है कि मौर्य युग से लगभग दो शताब्दी पहले भी

बुद्ध एवं महावीर ने अपने क्रांतिकारी सामाजिक, आर्थिक, धार्मिक और राजनीतिक विचारों को जनता तक पहुंचाने के लिए संस्कृत नहीं, अपितु पालि-प्राकृत जैसी लोकभाषाओं का प्रयोग किया। स्वयं अशोक के अभिलेख जिस प्रकार पहाड़ियों की तलहटियों, खुले मैदानों और यातायात एवं व्यापार के प्रमुख मार्गों पर सार्वजनिक रूप से शिलाओं और स्तंभों पर लिखवाए गए,वे इसी बात के सबूत हैं कि उस समय के भारतीय समाज में, यदि ऐसा कोई एक रूपी अखंड समाज था, तो उसमें संस्कृत की तुलना में पालि-प्राकृत जैसी भाषाएं कहीं अधिक व्यापक रूप से जानी जाती थीं और उन्हें राजकीय मान्यता एवं सम्मान भी प्राप्त था।

तिथिक्रम की दृष्टि से हम एक और निर्धारक बिंदु को लेते हैं। ई.पू. दूसरी शताब्दी में पतंजलि ने *महाभाष्य* की रचना की जो उससे भी लगभग ढाई-तीन सौ वर्ष पुरानी पाणिनी कृत *अष्टाध्यायी* नामक संस्कृत व्याकरण संबंधी रचना की व्याख्यात्मक टीका है। पतंजलि का कहना है कि एक सामान्य संस्कृत के मानक *शब्द* के विपरीत अनेक ग़ैर-मानक एवं भ्रष्ट *अपशब्द* अथवा *अपभ्रंश* शब्द होते हैं जैसे गाय के लिए संस्कृत *गो* के लिए *गावी, गोणी, गोता, गोपतलिका,* इत्यादि अनेक अपभ्रंश रूप हैं।[8] पतंजलि के बाद भी भरत के *नाट्यशास्त्र* में और अभिनवगुप्त द्वारा लिखी उसकी टीका में संस्कृत के भ्रष्ट रूपों को प्राकृत और अपभ्रंश अथवा *विभाषा* कहा गया।[9] इन दृष्टांतों में पाई जाने वाली तिरस्कार की भावना पर अधिक बल देने की आवश्यकता नहीं है। ऐसा प्राय: अनेक समुदायों में देखा जाता है कि भाषा का नामकरण स्वयं उसका प्रयोग करने वाले नहीं, अपितु उस समुदाय को हीनता की दृष्टि से देखने वाले उसके पड़ोसी कर देते हैं—उदाहरणार्थ, 'भोजपुरी' नाम अंग्रेज़ सिपाहियों का दिया है; बंगाली लोग पूर्वी बिहार वालों की भाषा को 'खोटा-भाषा' कहते हैं और स्वयं बिहार वाले मैथिली को 'छिकाछिकी'।[10] इस प्रवृत्ति का प्राचीनतम रूप *ऋग्वेद* में मिलने वाले वे उल्लेख हैं जहां संस्कृत भाषी अपने विरोधियों को *मृध्रवाची* (भ्रष्ट भाषा बोलने वाले)[11] कह कर उन्हें नीचा दिखाते हैं। पतंजलि के उल्लेख का अधिक महत्व इस तथ्य में देखा जाना चाहिए कि दैनिक जनजीवन में प्रयोग में आने वाले शब्दों के प्रयोग में संख्या की दृष्टि से संस्कृत शब्दों की तुलना में ग़ैर-संस्कृत शब्दों में कहीं अधिक विकल्प उपलब्ध थे। ये विकल्प न केवल उन भाषाओं की सापेक्षिक समृद्धता सिद्ध करते हैं, बल्कि उनके संभावित व्यापक जनाधार की ओर भी इशारा करते हैं।[12]

उपरोक्त प्रारंभिक निर्धारक बिंदुओं को ध्यान में रखकर हम काल-क्रम के अनुसार आगे-पीछे जाते हुए संस्कृत भाषियों और समाज में उनके स्थान की चर्चा करना उपयुक्त समझते हैं।

III

जिस समुदाय ने *ऋग्वेद* और उसके बाद के वैदिक साहित्य का सृजन किया वह कौन था?

क्या इस विशाल वैदिक साहित्य का निर्माण करने वाले एक से अधिक समुदाय थे ? जिस काल विशेष में इस साहित्य की नींव पड़ी उस वक्त क्या संस्कृत का एकाधिपत्य था ? भाषा का जो रूप इस विपुल साहित्य में दिखाई देता है वह क्या शुद्ध संस्कृत कहा जा सकता है ? अब अधिकांश विद्वान यह मानने लगे हैं कि *ऋग्वेद* में वर्णित समाज भिन्न-भिन्न क़बीलों एवं समुदायों में बंटा हुआ था। *ऋग्वेद* में एक नहीं, अपितु अनेक समाज थे जो सांस्कृतिक दृष्टि से वैभिन्न्य प्रधान थे। कुछ इंद्र की पूजा करने वाले थे तो कुछ उसका विरोध। कुछ यज्ञ में विश्वास रखते थे तो कुछ उसका खंडन। एक ओर देवपूजक थे तो दूसरी ओर देव निंदक। कुछ लिंग की पूजा करते थे तो कुछ उन्हें कामुक और अनैतिक बताते थे। इंद्र के प्रशंसक उषा की पूजा करने वालों का हनन करने का मौका नहीं चूकते थे। मृध्रवाचियों का उल्लेख तो ऊपर किया ही जा चुका है।

न तो शुद्ध भाषायी दृष्टि से और न ही भाषा के समाजशास्त्रीय अध्ययनों की कसौटी पर *ऋग्वेद* और उत्तर-वैदिक साहित्य मात्र संस्कृत भाषायियों की रचना माना जा सकता है। गत चार दशकों के इस प्रकार के अध्ययनों से जो चित्र स्पष्ट उभरता है उसके प्रमुख तत्व निम्न हैं :

1. वैदिक साहित्य की तथाकथित संस्कृत भाषा में न केवल द्रविड़ भाषा बल्कि प्राकृत भाषा के भी स्पष्ट प्रमाण हैं। **ट, ठ, ड** जैसे मूर्धन्य व्यंजनों की उपस्थिति द्रविड़ प्रभाव जबकि **ऋ** के स्थान पर **ळ** (!) का प्रयोग प्राकृत प्रभाव माना जाता है।[13]
2. कृषि संबंधी शब्दावली तथा पेड़-पौधों के लिए प्रयुक्त शब्दों से भी वैदिक साहित्य के रचना काल में विभिन्न भाषा-परिवारों का अस्तित्व दिखाई देता है।
3. सजातीयता *(किनशिप)* संबंधी शब्द यथा चाचा के लिए *काक्क* अथवा *काका* का प्रयोग ग़ैर-संस्कृत ही है।
4. संपूर्ण उत्तरी भारत और उत्तर-पश्चिमी भारत में द्रविड़ भाषायियों की मौजूदगी के अनेक साक्ष्य भाषाविदों ने जुटाए हैं। एक चित्र ऐसा भी उभरता हुआ लगता है कि उत्तर-पश्चिम में अफ़ग़ानिस्तान और बलूचिस्तान से द्रविड़ परिवार की भाषा बोलने वाले लोग हिमालय की तराई और पूर्व में बिहार तक और शायद मध्य भारत होते हुए उड़ीसा, आंध्र प्रदेश की ओर बढ़ गए। यह विकास क्रम ई.पू. 3000 और 1000 के बीच रखा जा सकता है।[14]
5. भिन्न-भिन्न भाषायी एवं सांस्कृतिक समुदायों के अस्तित्व के महत्वपूर्ण साक्ष्य *शतपथ ब्राह्मण* जैसे वैदिक ग्रंथों में भी मिलते हैं। प्रभुसत्ता, बलि और क्षेत्रों के लिए देव और असुरों का संघर्ष इस ग्रंथ में अनेक स्थानों पर वर्णित है।[15]

असुरों की भाषा चूंकि समझ में नहीं आती थी, अतः उन्हें *म्लेच्छ* कहा गया।[16] वे मृतकों को गोलाकार कब्रों में दफनाते थे। एक और स्थान पर कहा गया है कि देवों की प्रथा के विरुद्ध असुर और उनके जैसे अन्य पूर्वी लोग *चमू* अर्थात भूमिगत छिछली कब्रें बनाते थे।[17] देवों ने असुरों की वाक्शक्ति भी छीन ली। असुर *हेलवः हेलवः* कहते हुए हार गए।[18] सायण के भाष्य का सहारा लेते हुए इसे *हेरयो हेरयो* अर्थात 'हे दुश्मन' का पर्याय माना गया है। **र** के स्थान पर **ल** निश्चित रूप से प्राकृत भाषा का प्रभाव है। *शतपथ ब्राह्मण* के इसी संदर्भ का उल्लेख करते हुए पतंजलि ने इस प्रवृत्ति का संबंध महिलाओं की बोलने की अशक्ति से स्थापित किया है।[19]

6. ऋग्वेद में मुंडा भाषा के तत्वों की खोज जारी है। भारत के मूर्धन्य भाषाविद् स्वर्गीय सुनीति कुमार चटर्जी का तो यहां तक कहना है कि वैदिक काल से ही इंडो-यूरोपियन, द्रविड़ और मुंडा भाषा परिवारों के पारस्परिक संबंध इतने घनिष्ठ थे कि हम एक प्रकार की 'भारतीय भाषा' के अस्तित्व की बात कर सकते हैं।[20]

सारांशतः यह समझना बहुत जरूरी है कि संपूर्ण वैदिक साहित्य और उसमें वर्णित संस्कृति को मात्र संस्कृत भाषियों की देन कहना ऐतिहासिक प्रक्रिया को नकारना होगा। यह तो और भी अधिक इतिहास विरोधी हो जाता है जब इस तथाकथित संस्कृतजनित सांस्कृतिक धारा को अखिल भारतीय विस्तार का मानकर 'महान परंपरा' (The Great Tradition) कहा जाता है।[21] स्वयं वैदिक साहित्य की शाखाओं की परंपरा इस बोध का खंडन करती है। *ऋग्वेद* का भौगोलिक संसार उत्तर-पश्चिम में कतिपय कबीलों के चंद परिवारों तक ही सीमित था। *शांखायन* नामक ऋग्वेदीय शाखा केवल दक्षिण-पश्चिम में उपलब्ध है। *शुक्ल यजुर्वेद* उत्तरी भारत में पनपा और दक्षिण में कभी भी प्रभावशाली नहीं हुआ। *कृष्ण यजुर्वेद* की *तैत्तिरीय* शाखा और *आपस्तंबसूत्र* मुख्य रूप से दक्षिण के भौगोलिक संसार को स्पष्ट करते हैं। *सामवेद* की *जैमिनीय शाखा* दक्षिण में उपजी और वहीं तक सीमित रही। *अथर्ववेद* का पदार्पण भी दक्कन में हुआ प्रतीत नहीं होता।[22] हमें यह भी नहीं भूलना चाहिए कि ऋग्वेद के अर्थ 500 वर्षों में ही ब्राह्मण और 'संस्कृत' भाषी भी प्रायः भूल चुके थे और शायद इसीलिए उनकी व्याख्या के लिए लगभग ई.पू. 500 में यास्क को *निरुक्त* की रचना करनी पड़ी।

IV

लगभग चौथी से नौवीं शताब्दी ईसवी तक के पांच-छह सौ वर्ष ऐसे थे जबकि संस्कृत भाषा का प्रसार तेज़ गति से होता हुआ लगता है—कम से कम समाज के उच्च वर्गों के

बीच। ऊपर हमने कहा कि शक नरेश रुद्रदामा प्रथम का गिरनार शिलालेख पूर्णत: संस्कृत भाषा का पहला अभिलेख है। इसके बाद भी तीसरी शताब्दी के अंत तक भारतीय उपमहाद्वीप के सभी क्षेत्रों के महत्वपूर्ण वंशों और नरेशों ने अपने लगभग सभी अभिलेख प्राकृत भाषा में ही जारी किए। कहीं-कहीं छिटपुट रूप में संस्कृत भाषा का प्रभाव नज़र आ जाता है। विस्मय की बात तो यह है कि अपने को *एक ब्राह्मण* अर्थात अद्वितीय ब्राह्मण कहने वाले सातवाहन नरेशों ने भी अपने 250 वर्षों के संपूर्ण शासनकाल के दौरान सारे अभिलेख प्राकृत में ही जारी किए।[23] सतत रूप से संस्कृत को राजकीय समर्थन एवं मान्यता तो सबसे पहले चौथी शताब्दी ईसवी में गुप्त वंश से ही मिली। पुराणों की महत्वपूर्ण संख्या का आविर्भाव और संयोजन इसी काल से आरंभ हुआ। विधि, आचार, व्यवहार संबंधी स्मृतियां, कालिदास जैसे बहुमुखी प्रतिभा संपन्न साहित्यकार भी गुप्तकालीन ही हैं। चौथी सदी से ही बड़े पैमाने पर भूमिदान व्यवस्था बलवती होनी शुरू हुई और आगामी एक हज़ार वर्षों तक अखिल भारतीय स्तर पर फैलती गई। इस व्यवस्था के अंतर्गत बहुत से ब्राह्मणों, धार्मिक पूजा-स्थानों आदि को भूमिदान के ताम्र पत्र दिए जाते थे जिनमें उनके भूमि संबंधी अधिकारों का उल्लेख होता था और ये कानूनी दस्तावेज़ बन गए थे। इन ताम्र दान-पत्रों की भाषा कम से कम नौवीं शताब्दी तक लगातार संस्कृत के रूप में बढ़ती गई। लगता है कि प्रशासन की भाषा के रूप में संस्कृत का काफ़ी प्रसार हुआ।

हमारी मूल जिज्ञासा फिर भी वहीं की वहीं। क्या संस्कृत के उपरोक्त विस्तार को समाज के सभी वर्गों का समर्थन प्राप्त था? गुप्त एवं गुप्तोत्तर कालीन छह शताब्दियों में जनभाषा और लोक-संस्कृति का क्या रूप रहा? जो दर्जा ग़ैर-संस्कृत भाषाओं को गुप्त काल से पहले प्राप्त था, क्या वह अचानक लुप्त हो गया? आखिर मौर्ययुगीन अखिल भारतीय प्राकृत का क्या हुआ? इन प्रश्नों का उत्तर साहित्यिक कृतियों और अभिलेखीय साक्ष्यों में मिल जाता है।

यूं तो प्राकृत और अपभ्रंश में रचित जैन साहित्य में *अट्ठारह देशी भाषा* (अर्थात 18 क्षेत्रीय भाषाओं) का उल्लेख बहुत पुराना है,[24] परंतु आठवीं शताब्दी के अंत में उद्योतनसूरि-कृत *कुवलयमाला* में इसके उल्लेख और संस्कृत के प्रति उनका आक्रोश पढ़ते ही बनता है। अठारह भाषाओं (वास्तव में 16 के ही उदाहरण) में अपनी सिद्धहस्तता दिखाते हुए लेखक ने विभिन्न भाषाओं पर अपनी टिप्पणी भी की है। संस्कृत और प्राकृत की तुलना करते हुए वे कहते हैं, 'संस्कृत दुष्ट व्यक्ति के दिल की तरह कठोर है जबकि प्राकृत भले व्यक्ति के हृदय की तरह निर्मल और मधुर है।' जयवल्लभ द्वारा संकलित 704 प्राकृत गाथाओं से युक्त *वज्जालग्ग* (आठवीं शताब्दी के बाद)[25] में ऐसी ही तुलनाएं करते हुए कहा गया है, 'जब मधुर ध्वनियों से युक्त नवयुवतियों को प्रिय और प्रेम भाव से ओतप्रोत आकर्षक प्राकृत काव्य रचनाएं उपलब्ध हैं तो संस्कृत काव्य को पढ़ने का बोझा भला कौन उठाएगा। जब प्राकृत काव्य के पाठ का उत्तर संस्कृत में दिया जाता है जो यह चट्टान द्वारा

पुष्प सेज के ध्वंस के समान है।' संस्कृत को श्राप देते हुए जयवल्लभ अपना आक्रोश इन शब्दों में व्यक्त करते हैं, 'संस्कृत काव्य और संस्कृत में काव्य रचने वालों का जला दो।' हमारा बल इन उद्गारों में निहित असहिष्णुता और घमंडी भाव पर नहीं है। हम इन्हें काव्यात्मक अतिशयोक्तियां भी मानने के लिए तैयार हैं। हमारे लिए आवश्यक ऐतिहासिक ध्वनि यह है कि जब शायद संस्कृत भाषा का प्रसार ऊंची सीमा पर था, उस समय भी ग़ैर-संस्कृत भाषाओं और उनका प्रयोग करने वालों की सृजनात्मकता न तो कम हुई थी और न ही शायद संस्कृत से कम थी।

इसी प्रकार अभिलेखीय साक्ष्यों से मिलने वाले तथ्य भी संस्कृत और ग़ैर-संस्कृत भाषियों के आपसी लेन-देन की ओर ही इशारा करते हैं। ऊपर भूमि-अनुदान व्यवस्था के प्रसार और उसको प्रमाणित करने वाले ताम्रपत्र शासनों का उल्लेख किया गया है। चौथी और नौवीं शताब्दियों के बीच जिन क्षेत्रों में यह नई व्यवस्था फैल रही थी, उसकी वजह से आए भाषायी और सांस्कृतिक परिवर्तन उल्लेखनीय हैं। ऐसे बहुत से उदाहरण हैं कि ब्राह्मणों तथा अन्य प्रकार के दानभोगियों को ज़मीन जंगलों वाले एवं कबीलाई इलाकों में दी गई। इसका नतीजा यह हुआ कि ताम्रपत्रों में प्रयोग होने वाली भाषा में संस्कृत, प्राकृत एवं अन्य नई उभरती क्षेत्रीय भाषाओं का मिश्रण होने लगा। गुप्त वंश के समकालीन वाकाटक वंश के प्रवरसेन द्वितीय के पांढूर्णा ताम्रपत्र (लगभग 450 ई.) के तीसरे पत्र में चूंकि भ्रष्ट संस्कृत और प्राकृत के शब्दों एवं उपसर्गों का प्रयोग हुआ है इसलिए अभिलेख के विद्वान संपादक महामहोपाध्याय वासुदेव विष्णु मिराशी ने उसे जाली बता दिया।[26] इसी वंश के आरंभिक ताम्रपत्रों में से विंध्यशक्ति द्वितीय के वाशिम ताम्रपत्र (लगभग 380-400 ई.) में भी भूमि-अनुदान के महत्वपूर्ण पहलू अर्थात दानभोगियों के विशेषाधिकारों का वर्णन प्राकृत में ही है। गुप्त और वाकाटक वंशों के ही समकालीन मध्यप्रदेश में बाघ (ग्वालियर) के निकट वल्खा का ज़िक्र करने वाले 32 ताम्रपत्र अभिलेख मिले हैं जिनमें से 27 तो 1982 में ही मिले हैं। ये अभिलेख गुप्त वंश के सामंतों के माने जाते हैं जो मध्य भारत के वन प्रदेश में जीवन बिता रहे थे। इन अभिलेखों की भाषा भी बहुत शुद्ध संस्कृत न होकर प्राकृत एवं स्थानीय प्रयोगों से प्रभावित नज़र आती है।[27]

चौथी शताब्दी के बाद ही दक्षिण से मिले अभिलेखीय साक्ष्यों की भी भाषायी प्रवृत्तियां कुछ भिन्न नहीं हैं। पश्चिमी गंग एवं कदंब वंशों की स्थापना इस काल में दक्षिणी कर्णाटक में हुई। कदंब वंश के ब्राह्मण संस्थापक मयूर शर्मा के सभी ज्ञात अभिलेख प्राकृत में परंतु उसके उत्तराधिकारियों के अभिलेख संस्कृत में हैं। आरंभिक पश्चिमी गंग वंश के अभिलेख भी संस्कृत में हैं। परंतु दोनों ही वंशों के संस्कृत अभिलेखों में भूमि-अनुदान संबंधी बहुत जरूरी जानकारी, स्थानों के नाम, आदि क्षेत्रीय भाषायी रूप में दिए गए हैं। कदंबों का हल्मिडि अभिलेख (पांचवीं ई. शताब्दी) और पश्चिमी गंग वंश का शेरुगुंड अभिलेख (छठी शताब्दी ई.) पूरी तरह से कन्नड़ भाषा में है। धीरे-धीरे कन्नड़ भाषा का प्रयोग बढ़ता गया। पश्चिम

गंग वंश के शिलालेखों में ज्यादातर कन्नड़ का ही प्रयोग है और कुछ में तो तमिल का भी। बहुत कन्नड़ शब्दों में तमिल के प्रभाव का भी इशारा मिलता है।[28]

कर्णाटक क्षेत्र के ही एक महत्वपूर्ण वंश, अर्थात राष्ट्रकूटों के अभिलेख संस्कृत के पतन के साक्षी हैं। जहां मध्य आठवीं शताब्दी ई. में इस वंश के आरंभ होने पर लगभग 80 प्रतिशत अभिलेखों में संस्कृत का प्रयोग हुआ वहीं दसवीं शती तक वंश का अंत होने पर यह प्रयोग केवल पांच प्रतिशत ही रह गया।[29]

सातवीं शताब्दी ईसवी में पल्लवों और चालुक्यों का लंबा संघर्ष आरंभ हुआ जो आगामी लगभग दो शताब्दियों तक चला। इसका लाभ उठाकर दक्षिण-पश्चिमी आंध्र प्रदेश और उससे जुड़े रायलसीम क्षेत्र की बहुत सी जनजातियों ने मिलकर अपनी स्वतंत्र पहचान बनाने के लिए तेलुगु भाषा का प्रयोग शुरू किया। इसी काल में तेलुगु की चेतना जागी जो आगे 11वीं शताब्दी में नन्नय द्वारा तेलुगु के रचित *महाभारत* जैसी साहित्यिक तेलुगु का आधार बनी। रायलसीम क्षेत्र की इस तेलुगु चेतना के साक्षी हैं लगभग वे तीन सौ अभिलेख जो छठी और 11वीं शताब्दियों के बीच जारी किए गए।[30]

संभव है कि पाणिनीय संस्कृत के उत्साही विद्वानों को गुप्त वंश और उसके बाद के कालों के ताम्रपत्रों और शिलालेखों में प्रयुक्त तकनीकी दृष्टि से अशुद्ध संस्कृत पढ़कर बौखलाहट मचती हो और आक्रोश भी आता हो। पर हमें इसमें ऐसी कोई अस्वाभाविक बात नहीं लगती कि उत्तर,मध्य और दक्षिण ही नहीं, भारत के अन्य क्षेत्रों से भी मिलने वाले पांढूर्ण, वल्खा और शेरुगुंड जैसे बहुत से अभिलेखीय उदाहरण भाषायी लेन-देन के महत्वपूर्ण प्रमाण हैं।

संस्कृत और ग़ैर-संस्कृत भाषियों के सांस्कृतिक लेन-देन के साहित्यिक सबूतों में *मार्कंडेय पुराण* के 13 सर्गों (81वें से लेकर 93वें तक) में मिलने वाले *देवी माहात्म्य* अथवा *दुर्गा सप्तशती* और चंडी नाम से प्रसिद्ध रचना का ज़िक्र करना उपयोगी होगा। हाल की शोध रचनाओं से पता चलता है कि इस माहात्म्य की रचना छठी ईसवी शताब्दी में हुई और देवी परंपरा से संबंधित यह संस्कृत भाषा में मिलने वाली सबसे पहली और सबसे अधिक पूर्ण रचना है। इस बात पर भी बहुत बल दिया गया है कि देवी की पूजा का मूल स्रोत 'अनार्य' और गैर-संस्कृतीय है। इस काल में मिलने वाली देवियों की मूर्तियों से भी यह बात साफ हो जाती है कि चर्चिका, उमरीमाता, बिजसनी देवी, बेहमाता, बिरसानी देवी जैसी देवियां ग़ैर-संस्कृतभाषी कबीलाई जन-प्रदेशों की लोक-देवियां थीं, जिन्हें संस्कृतभाषी अपना रहे थे।[31] वास्तविकता तो रोचक विरोधाभास है। जहां तथाकथित 'लघु परंपरा' में शामिल मातृदेवी जैसी अनेक ग़ैर-संस्कृत संकल्पनाओं का अखिल भारतीय विस्तार था, वहीं संस्कृत-आधारित तथाकथित 'महान परंपरा' के अनेक तत्वों की उत्पत्ति और उनका विकास क्षेत्रीय दृष्टि से काफी सीमित था। केरल में वैदिक परंपरा अपने विशिष्ट रूप में पनपी जो और क्षेत्रों में नहीं दिखती। लिंगायत मैसूर और आंध्र प्रदेश के बाहर मुश्किल

से ही मिलते हैं। *गीतगोविंद* के रूप बंगाल और केरल में अलग-अलग हैं। पाणिनी के व्याकरण पर उत्तर भारत में *काशिका* भाष्य प्रचलित था तो केरल में *प्रक्रियासर्वस्व*।[32]

V

2 अक्तूबर 1985 को भारत के मानवशास्त्रीय सर्वेक्षण (एंथ्रोपोलॉजिकल सर्वे ऑफ़ इंडिया) के तत्त्वावधान में *पीपुल ऑफ़ इंडिया* नामक परियोजना शुरू की गई थी। इसी शोध कार्य का उल्लेख करते हुए हमने ऊपर 91 परिवेशीय-सांस्कृतिक क्षेत्रों का संकेत दिया था। 19वीं शताब्दी में रिज्ले जैसे मानवजाति वैज्ञानिकों ने मनुवादी वर्णसंकर परिकल्पना का सहारा लेते हुए जाति के उत्थान और पतन के आधार पर विभिन्न समुदायों के आपसी लेन-देन का विश्लेषण किया था। इसके विपरीत *पीपुल ऑफ़ इंडिया* परियोजना में समुदायों के इतिहास, उनके वितरण और विसर्जन, प्राकृतिक पर्यावरण, संवैधानिक स्थान, खान-पान की आदतें, सामाजिक सोपान, विवाह संस्था, परिवार, नारी का स्थान, आजीवन होने वाले कर्मकांड, आर्थिक गतिविधियां, धार्मिक विशेषताओं, कला और संस्कृति, विकास के कार्यक्रमों के प्रति समुदायों के दृष्टिकोण, सामाजिक नियंत्रण के तंत्र जैसे बहुआयामी नज़रिए से सांस्कृतिक क्षेत्रों के निर्माण की प्रक्रिया पर बल दिया।[33] ज़ाहिर है कि इसमें एकरूपी भाषा के आधार पर 'भारतीय' अस्मिता बनाने के विचार की पुष्टि नहीं होती।

हमें ऐसा लगता है कि यदि हम भारतीय इतिहास और संस्कृति के पन्नों को पलटें तो *पीपुल ऑफ़ इंडिया* परियोजना जैसे नज़रिए के कुछ बहुत पुराने उदाहरण मिल जाते हैं। ऐतिहासिक प्रक्रिया के हमारे बोध के अनुसार ऐसा सबसे पुराना उदाहरण संस्कृत साहित्य में नहीं, बल्कि तमिल के प्राचीनतम साहित्य में मिलता है। तमिल भाषा में रचे इस साहित्य को *संगम साहित्य* के नाम से जाना जाता है जो ईसवी प्रथम तीन शताब्दियों में रचा गया। कुछ इतिहासकार तो इस साहित्य का आरंभ ई.पू. दूसरी शताब्दी से भी मानते हैं। मोटे तौर पर हम इसे लगभग दो हज़ार वर्ष पुराना साहित्य मान सकते हैं। इस साहित्य में वर्णित तमिल भाषायी समाज पांच प्रमुख *तिन्नै* में बंटा हुआ था। प्रत्येक *तिन्नै* साफ तौर से परिवेशीय सांस्कृतिक क्षेत्र (ईको-कल्चरल जोन) था जो अपने प्राकृतिक, भौगोलिक और पर्यावरणीय विशेषताओं और उनसे जुड़े सामाजिक समुदायों, उनकी आर्थिक गतिविधियों तथा धार्मिक आस्थाओं से जाना जाता था। उदाहरण के तौर पर, *नेदल* यानी समुद्र तटीय इलाके में परतव समुदाय मछली पकड़ने और समुद्री नमक बनाने का काम करता था और कटलों अर्थात वरुण उनका देवता था। इसी प्रकार *पालै* अर्थात शुष्क पठारी इलाके में मरव लोग युद्ध और लूट का जीवन बिताते थे तथा कोर्र्वै की पूजा करते थे। *मरुदम* (नमी वाले मैदानी) क्षेत्र में वेल्लाल और उलव हल जोत कर खेती करते थे तथा वेदां अर्थात इंद्र की आराधना करते थे।[34] संगम साहित्य में मिलने वाली सांस्कृतिक झलक में तथाकथित 'आर्य' और

'द्रविड़' संस्कृतियों का आपसी लेन-देन खूब दिखाई देता है।[35] *मरुदम तिन्नै* में हल जोत कर खेती करने वाले वेल्लालों द्वारा वेदां की पूजा करना हमें वैदिक साहित्य के इंद्र *शुनासीर* अर्थात हलधारी इंद्र की याद दिलाता है।

इसी प्रकार लगभग नौवीं-दसवीं शताब्दी ईसवी में राजशेखर ने अपनी रचनाओं, विशेषकर *काव्यमीमांसा* में भारतीय क्षेत्रों की अस्मिता के चिह्नों की चर्चा की है।[36] जैसे *ऋग्वेद* के पुरुषसूक्त में चार वर्णों की उत्पत्ति का ज़िक्र करते हुए एक निश्चित सोपान बताया है, वैसे ही राजशेखर ने काव्य-पुरुष का स्वरूप वर्णन करते हुए संस्कृत भाषा को उसका मुख, प्राकृत को बांह, अपभ्रंश को जंघा, पैशाची को चरण और मिश्र भाषाओं को वक्षःस्थल बताया। इसके बावजूद राजशेखर का उद्देश्य किसी भाषा को हीन बताना नहीं था। उनका मानना था कि जिस क्षेत्र में जिस भाषा का अधिक प्रचार-प्रसार था, उसी भाषा में उस क्षेत्र के साहित्यकारों की अधिकांश रचनाएं होती थीं। गौड़ आदि देशों के कवि संस्कृत में विशेष रुचि रखते थे। लाट-देश निवासी प्राकृत-प्रिय थे। मरुप्रदेश, टक्क (ऊपरी पंजाब) और भादानक के कवि अपभ्रंश का सहज प्रयोग करते थे। अवंतिका, पारियात्र एवं दशपुर आदि देशों के कवि भूतभाषा (पैशाची) का सहारा लेते थे। परंतु मध्य प्रदेश के लेखक सभी भाषाओं में प्रवीण *(सर्व भाषानिषण्ण)* थे। जन-जीवन के क्रियाकलापों का भाषा के निर्माण में योगदान का उल्लेख करते हुए राजशेखर 'वैदर्भी' रीति के लालित्य पर विदर्भ के लोगों के ललित वेश-विन्यास और सरस शृंगारिक चेष्टाओं का वर्णन करते हैं।

भारतीय भाषाओं के इस रोचक विश्लेषण से कम महत्वपूर्ण नहीं है राजशेखर का भारत के सांस्कृतिक क्षेत्रों की पहचान बनाना। उन्होंने भारत के प्रमुख सांस्कृतिक क्षेत्रों का वर्णन उनकी प्रवृत्ति, वृत्ति और रीति अर्थात भौगोलिक स्वरूप, वेशभूषा, आचार-विचार, आहार-विहार, सामाजिक व्यवहार, भाषा, आर्थिक कर्म, लोगों के वर्णन, कलात्मक अभिव्यक्तियों, ऐतिहासिक परंपराओं आदि के आधार पर किया है।

राजशेखर को हम उस युग का प्रवर्तक मान सकते हैं जबकि राज प्रशासनिक स्तर पर और समाज के उच्चवर्गीय शिक्षित वर्गों के धरातल पर संस्कृत भाषा का अखिल भारतीय प्रसार होने के बावजूद संपूर्ण भारतीय उप-महाद्वीप में क्षेत्रीय संस्कृतियां ज़ोर से पनप रही थीं। काव्यशास्त्र के मर्मज्ञ क्लासिकल संस्कृत काव्यों में *ध्वनि* रूपी सर्वाधिक महत्वपूर्ण तत्व के विकास का स्रोत प्राकृत काव्यों में ढूंढ़ते रहे हैं और *नाट्यशास्त्र* में भी प्राकृत की विभिन्न किस्मों को सम्मानजनक शब्द 'भाषा' द्वारा इंगित किया गया है। ऊपर हम इस बात का संकेत भी दे चुके हैं कि गुप्त काल के बाद की शताब्दियों में प्राकृत और स्थानीय भाषाओं से संस्कृत की ओर संक्रमण शुरू हो चुका था। परंतु नौवीं शताब्दी के बाद तो एक बार फिर ग़ैर-संस्कृत भाषाओं का सैलाब-सा आ गया। भारत की लगभग सभी आधुनिक क्षेत्रीय भाषाएं और लिपियां इन्हीं शताब्दियों की देन हैं। जहां मौर्य युग में केवल प्राकृत भाषा और ब्राह्मी लिपि से लोग विचारों का आदान-प्रदान कर सकते थे; नौवीं शताब्दी

के बाद यह असंभव हो गया। एक ही क्षेत्र में विभिन्न लिपियों के भी उदाहरण मिलते हैं, जैसे असम में गर्गयान, बामुणिया, लखेरी, कैथाली, इत्यादि। शायद यह कहना भी बहुत गलत नहीं होगा कि नौवीं शताब्दी के बाद हुए संस्कृत भाषा के प्रसार में भारत के विभिन्न क्षेत्रों की भाषाओं और लिपियों का बहुत बड़ा हाथ था।

VI

नौवीं शताब्दी के बाद संस्कृत एवं क्षेत्रीय भाषाओं के आपसी लेन-देन और उनके कारण हुए जन-जीवन के सांस्कृतिक विकास को समझने के लिए कुछ उदाहरण ज़रूरी हैं। संस्कृत भाषा का एकपक्षीय रूप और संपूर्ण भारतीय संस्कृति को मात्र संस्कृत ग्रंथों तक सीमित करने वाले यह मानते हैं कि क्षेत्रीय भाषाओं में उपलब्ध साहित्य में मिलने वाली सांस्कृतिक झलक तो केवल संस्कृत पर आधारित प्रारूप का रिसाव ही है और उनका कोई स्वतंत्र अस्तित्व नहीं। यदि परवर्तीकालीन संस्कृत साहित्य में कुछ ऐसा मिलता भी है जो वैदिक, पौराणिक और धर्मशास्त्रीय ग्रंथों में नहीं तब भी उसे तुरंत संस्कृत का 'नवीन चरण' मान लिया जाता है और यह जानने का कोई प्रयास तक नहीं होता कि क्या इस तथाकथित 'नवीन चरण' के पीछे कोई ग़ैर-संस्कृत स्रोत तो नहीं। हम सब यह अच्छी तरह से जानते हैं कि गुप्त वंश के बाद की शताब्दियों से भारतीय इतिहास और संस्कृति की धुरी उत्तर में गंगा-यमुना के मैदानी क्षेत्र से हटकर विंध्य पार दक्कन और सुदूर दक्षिण में हो गई थी। इसी दौरान एक नई भक्ति की धारा का भी आविर्भाव तमिलनाडु में आरंभ होकर आंध्र प्रदेश और कर्णाटक तक फैल चुका था। आल्वर नामक वैष्णव संत तमिल भाषा में भक्ति गीतों की रचना से कृष्ण और विष्णु भक्ति के भावनात्मक पक्ष को नए आयाम दे रहे थे। भक्ति का यही रूप संस्कृत भाषा में *भागवतपुराण* (लगभग दसवीं शताब्दी) के द्वारा भारत के अन्य भागों में फैल गया। कुछ विद्वानों का तो यह भी विचार है कि *भागवतपुराण* वास्तव में केवल आल्वरों द्वारा प्रतिपादित धर्म को संस्कृत में प्रस्तुत करने का ही प्रयास है।'[37] इस प्रकार के मत की पुष्टि के लिए प्राकृत और अपभ्रंश में मिलने वाले साहित्य का भी सहारा लिया गया है। जिस प्रकार *मार्कंडेयपुराण* में शामिल *देवी माहात्म्य* ग़ैर-संस्कृतभाषी लोगों की देवीरूपी प्रधान परिकल्पना का प्रथम संस्कृत निरूपण था; ठीक उसी प्रकार *भागवत पुराण* भी संस्कृत भाषा में उपलब्ध ऐसा सबसे पहला प्रयास है जो ग़ैर-संस्कृत भाषायी लोगों की भावुकता प्रधान भक्ति को अंगीकार करता है :

पत्रं पुष्पं फलं तोयं यो मे भक्त्या प्रयच्छति।
तदहं भक्त्युपहृतम श्नामि प्रयतात्मन:॥

भगवद्गीता : IX, 26

आज शायद मंदिर में जाकर या किसी वृक्ष के नीचे रखी देव-देवी प्रतिमा पर या किसी वृक्ष पर ही श्रद्धा से पत्र-पुष्प-फल जल का अर्पण करते हुए भाव-विभोर भक्तों को यह जानने की ज़रूरत नहीं महसूस होती कि यह परंपरा कहां से आई। यह भी असंभव नहीं कि जब उन्हें यह बताया जाए कि पूजा की यह विधि न केवल ग़ैर-वैदिक है, बल्कि ग़ैर-संस्कृत भी, तो शायद उन्हें बड़ा धक्का लगे। यक्ष-यक्षियों की आराधना और बौद्ध एवं जैन धर्मों की ब्राह्मण-विरोधी दृष्टि की उपज थी यह। लगभग छठी ई. शताब्दी में शुरू होकर और नौवीं शताब्दी के बाद विशेष रूप से जिस प्रकार अखिल भारतीय स्तर पर संस्कृत भाषा और क्षेत्रीय लिपियों में रची पांडुलिपियों का प्रसार हुआ उनमें इस प्रकार की तथाकथित 'नवीन' परंतु वास्तव में पहले से चली आ रही ग़ैर-संस्कृत पूजा पद्धतियों का विशद् साहित्य उपलब्ध है।

विभिन्न धर्मों की सीमाओं को तोड़ता हुआ तांत्रिक साहित्य भी हमारे लिए अनेक महत्वपूर्ण संकेत छोड़ता है। यह साहित्य उनके लिए फिर प्रश्नचिह्न खड़े करता है जो भारतीय संस्कृति को वैदिक संस्कृति के दायरे में ही बांध कर रखते हैं। यह सच है कि पांडुलिपियों के जिस प्रसार का ज़िक्र अभी हमने किया, उसमें तांत्रिक मंत्र-मातृकाओं और तांत्रिक साधना से संबंधित पांडुलिपियों का भी बड़ा भंडार है। पर आखिर विचारधारा और इन धार्मिक आस्थाओं के प्रमुख तत्वों की दृष्टि से यह विपुल संस्कृत साहित्य किस संस्कृति का पोषक है? शक्तिपीठों के भौगोलिक विवरण, मातृदेवियों की कबीलाई और सामाजिक दृष्टि से निम्नस्तरीय पृष्ठभूमि, अनेक तांत्रिक ग्रंथों का जनजातियों से संबंध—ये सब इस बात के साक्षी हैं कि तांत्रिक आस्थाओं का संबंध स्पष्ट रूप से अवैदिक प्रवृत्तियों से था।[38] कुछ अवैदिक प्रवृत्तियों और *भागवतपुराण* का उल्लेख करते हुए संस्कृत भाषा के उत्कट समर्थक और घोर परंपरावादी डॉ. संपूर्णानंद ने एक स्थान पर लिखा है: 'इसमें अब भी नारद पंचरात्र नामक तंत्र ग्रंथ की छाया देख पड़ती है। आरंभ में ही लिखा है कि व्यास जी ने वेद पढ़ा-पढ़ाया, वेद का विभाजन किया, वेदांत सूत्रों की रचना की, परंतु उनकी आत्मा को शांति न मिली। जब नारद जी ने आकर उनको विष्णु भक्ति की विशेष दीक्षा दी तब उनका चित्त स्वस्थ हुआ। यह स्पष्ट ही है कि वह उपदेश जो नारद जी ने दिया, वेद बाह्य रहा होगा और वैदिक शिक्षा से ऊंचा होगा क्योंकि वेद तो व्यास जी का स्वयं मथा हुआ था।'[39] भाषा की दृष्टि से भी अकसर ऐसे सवाल उठाए जाते हैं कि तांत्रिक ग्रंथों में मिलने वाली संस्कृत भाषा कुछ विशेष प्रकार की है अत: क्यों न उसे 'तांत्रिक संस्कृत' कहा जाए, ठीक उसी प्रकार जैसे हम 'महाकाव्यों की संस्कृत' और 'मिश्रित बौद्ध संस्कृत' का प्रयोग करते हैं।

जब आप संभ्रांत उच्च वर्गीय समुदाय से हट कर जनजीवन की लोकपरंपराओं पर नजर डालें तो एक विभिन्न प्रकार की बहुरूपी संस्कृति के दर्शन होते हैं। लगभग 15वीं शताब्दी में संस्कृत और हिंदी की मिली-जुली भाषा में *बृहत्शबरतंत्र* रचा गया। जीवन

की रोज़मर्रा की ज़रूरतों को लेकर इसमें अलग-अलग मंत्रों का प्रयोग करने का ज़िक्र है। पुत्र-जन्म की कामना के लिए एक मंत्र, बीमार बच्चे की सलामती के लिए दूसरा मंत्र, सुखी वैवाहिक जीवन के लिए कुछ और मंत्र इत्यादि। एक रोचक विवरण इसमें यह भी है कि विघ्नों को दूर करने के लिए और बीमार बच्चे की सलामती के लिए श्रीगणेश को समर्पित मंत्र नहीं, अपितु महमूद गज़नवी को समर्पित मंत्र का उच्चारण किया जाना चाहिए। मुद्दा यहां यह नहीं है कि विभिन्न समुदाय सदा एक-दूसरे से संघर्ष करते रहते थे या सारे समाज में शांति ही शांति व्याप्त थी। असल मुद्दा यह है कि जनता के धरातल पर न केवल विभिन्न भाषायी समुदायों का बल्कि विभिन्न सांस्कृतिक मान्यताओं का भी काफी लेन-देन चल रहा था।[40]

VII

हाल ही में लगभग तीसरी/चौथी से 13वीं ईसवी शताब्दियों के एक हज़ार वर्षों के विकास क्रम को लेकर संस्कृत भाषा के 'सार्वदेशिक संसार' (कॉस्मोपोलिस) की रचना की गई है। पेशावर से लेकर दक्षिण-पूर्वी एशिया स्थित केंद्रीय जावा के मैदानों में प्राम्बनम तक मिलने वाले इन हज़ार वर्षों के अभिलेखों का विश्लेषण करते हुए शेल्डन पोलॉक ने इस विशाल भूखंड का विकास इस प्रकार व्यक्त किया है :

> पुरानी कर्मकांडीय, उपासना प्रधान और पांडित्यपूर्ण संस्कृत से हट कर नई काव्यात्मक और प्रशस्ति प्रधान संस्कृत ने नए सांस्कृतिक गठन का शुभारंभ किया। इस नई संस्कृत का ऐसा नया राजनीतिक उपयोग हुआ कि अभिलेखों में से प्राकृत सदा के लिए गायब हो गई। क्षेत्रीय भाषाओं के प्रयोग पर रोक नहीं थी, पर उसको दी गई इजाज़त सीमित थी। इनका उपयोग मात्र भौतिक विवरण के लिए होता था, जैसे भूमिदान के वर्णन। जहां राजनीतिक शक्ति की उत्पत्ति, उसके सौंदर्य, उसकी भव्यता और उसके टिकाऊपन के इज़हार की ज़रूरत होती थी तो उसके लिए केवल संस्कृत काव्य का ही प्रयोग संभव था। जिस तेज़ गति से और जितने बड़े भू-भाग में संस्कृत का यह प्रसार हुआ वह तुलनीय है, विशेषकर इसलिए भी क्योंकि कहीं भी संस्कृत दैनिक संचार का माध्यम नहीं थी। इस सार्वदेशिक संस्कृत की संस्कृति विशाल पैमाने पर विकसित कृषि-आधारित राजतंत्र, और विशाल बहुजनजातीय जनता से कर उगाहने वाले 'सैनिक-वित्तीय' राज्यों द्वारा पोषित थी। यह सार्वदेशिक नई संस्कृत राजनीतिक सत्ता को वैधता प्रदान करने का प्रमुख सामाजिक आधार बना रही थी। इस सार्वदेशिक संस्कृत व्यवस्था में भाग लेने का अर्थ स्थानीय वैभिन्न्य को समाप्त करना था।[41]

पोलॉक द्वारा निर्मित संस्कृत भाषा पर टिके इस 'सार्वदेशिक संसार' की तुलना

वॉलरस्टाइन के 'विश्व व्यवस्था' और आंद्रे विंक के अरबों की सार्वभौमिक प्रभुसत्ता वाले 'अल-हिंद' के स्वरूप से की जा सकती है। पुरातात्विक, साहित्यिक, अभिलेखीय और मुद्राशास्त्रीय साक्ष्यों के आधार पर वॉलरस्टाइन और विंक के प्रारूपों की अतार्किकता हमने अन्यत्र स्पष्ट की है।[42] वर्तमान संदर्भ में इतना अवश्य कहना चाहेंगे कि ऐसे विचारों के पीछे हमें नव-औपनिवेशिकता की बू आती है। यद्यपि बाहरी शक्तियों की अवहेलना नहीं की जा सकती है, फिर भी किसी भी क्षेत्र की ऐतिहासिक प्रक्रियाओं की परिवर्तनशीलता की व्याख्या उनकी आंतरिक गतिशीलता से नहीं अपितु मात्र बाहरी शक्तियों द्वारा करना कुछ अटपटा-सा लगता है।

पोलॉक द्वारा विवेचनाधीन एक हज़ार वर्षों के दौरान अभिलेखीय साक्ष्यों में क्षेत्रीय भाषाओं में मिलने वाले भूमि-अनुदान और तथाकथित भौतिक आंकड़ों को गौण तथा राजाओं की संस्कृत प्रशस्ति को प्रधान तत्व मानना भी हमें तार्किक नहीं लगता। जिन अभिलेखों का ज़िक्र है उन्हें शक्ति का दस्तावेज़ीकरण मानें तो भी वह राजाओं तक सीमित नहीं किया जा सकता। आखिर संपूर्ण भूमि-अनुदान व्यवस्था शक्ति के नए समीकरण बना रही थी जिसमें ब्राह्मणी, गैर-ब्राह्मणी धार्मिक संस्थान, सरकारी तंत्र के अफ़सर, सैनिक व्यवस्था में बड़े भागीदार आदि सभी के स्वार्थ निहित थे। अत: क्षेत्रीय भाषाओं में मिलने वाले विवरण गौण क्यों? और फिर अभिलेखों की संरचना का महत्त्वपूर्ण तत्व यह भी तो था कि लंबे अरसे से चली आ रही मौखिक परंपरा को अकसर लिखित रूप देने का प्रयास होता था इनमें। पांड्य नरेश ने अपने वेल्विक्कुडि ताम्र-पत्र अभिलेख में *नाट्टार* अर्थात गैर-ब्राह्मणी जमींदारों की स्थानीय परंपरा *(पळमै)* का सहारा लेकर दान भोगी के दावों का फैसला किया।[43] निश्चय ही ऐसी परंपराएं गैर-संस्कृत ही रही होंगी। ऐसी परंपराओं को मात्र राजनीतिक दायरे तक सीमित रखना भी औचित्यपूर्ण नहीं है।

पोलॉक के उपरोक्त मत का एक अन्य महत्वपूर्ण पहलू संस्कृत के सर्वदेशीय संसार का क्षेत्रीय भाषाकरण (वर्नेक्यूलराइज़ेशन) है। इस प्रक्रिया का आधार उन क्षेत्रीय राजतंत्रों में खोजा गया है जिसका संकेत आंद्रे विंक की रचना में भी मिलता है।[44] क्षेत्रीय स्तर पर उभरी राजनीतिक शक्तियों को वैधता प्रदान करने का काम क्षेत्रीय भाषाओं में रचे साहित्य ने किया—ऐसे साहित्य ने, जो संस्कृत के अलंकारशास्त्र और साहित्यिक रूढ़ियों एवं विधाओं पर आश्रित था। हालांकि पोलॉक सार्वदेशिक और स्थानीय का एक-दूसरे पर आश्रित होना तथा क्षेत्रीय भाषा से संस्कृत और उससे पुन: क्षेत्रीय भाषा के परिमार्जन की गोलाकार सांस्कृतिक प्रक्रिया के हिमायती हैं, फिर भी कुल मिलाकर उनके मत में क्षेत्रीय भाषाओं की सीमित क्षमता और मौलिकता के अभाव की ध्वनि आती है। इस प्रकार की प्रवृत्ति पर हम अपनी टिप्पणी ऊपर कर चुके हैं।

यह सभी जानते हैं कि प्राच्य विद्या अध्ययनों के लगभग दो सौ वर्षों के इतिहास में गैर-संस्कृत भाषाओं पर लगभग नहीं के बराबर ध्यान दिया गया है। इसीलिए इन भाषाओं

की जानकारी न होने की वजह से अकसर संस्कृत को ऐसे विकास क्रम का भी श्रेय मिल जाता है जिसकी वह हकदार नहीं है। पोलॉक के उपरोक्त मत के संदर्भ में दो महत्वपूर्ण और विरोधी पहलू इस प्रकार हैं :

(क) भाषा का काव्यात्मक और साहित्यिक रूप संस्कृत तक ही सीमित नहीं था। जिस काल विशेष में पोलॉक ने इस विकास क्रम का ज़िक्र किया है, उसी में अपभ्रंश भी निश्चित रूप से इसी दिशा में बढ़ रही थी। उसकी सृजनात्मक क्षमता न केवल काव्यशास्त्र संबंधी रचनाओं में बल्कि गद्य और पद्य की रचनाओं की विभिन्न विधाओं में भी मिलती है। इन रचनाओं में मिलने वाला सामाजिक आधार भी संस्कृत रचनाओं के सामाजिक आधार से कुछ अधिक विस्तृत दिखाई देता है।[45]

(ख) क्या क्षेत्रीय भाषाओं में राजनीतिक सत्ता को वैधता प्रदान करने की क्षमता संस्कृत की नकल मात्र थी? हमने ऊपर अभिलेखीय साक्ष्यों के माध्यम से रायलसीम और दक्षिणी-पश्चिमी आंध्र प्रदेश में सातवीं और दसवीं शताब्दियों के बीच तेलुगु भाषा की जिस भूमिका का जिक्र किया है, वह पोलॉक के मत पर प्रश्न-चिह्न लगाती है।

VIII

अभी तक हमने जो विचार पेश किए हैं उनमें कुछ बातें तो बिलकुल साफ हो जाती हैं, जैसे :

1. संस्कृत भाषा कभी भी जन-जीवन की भाषा नहीं थी। यह सब जानते हैं कि कुछ अपवादों को छोड़कर इसके पढ़ने-पढ़ाने और कुल मिलाकर शिक्षा ग्रहण करने के अधिकार पर ही समाज के उच्च वर्गों का अधिकार था।[46]
2. वैदिक संस्कृति और भारतीय संस्कृति को एक मानने वालों का मत पुष्ट नहीं होता क्योंकि भारतीय संस्कृति का बहुत बड़ा हिस्सा ग़ैर-वैदिक है।
3. वैदिक संस्कृति को मात्र संस्कृतभाषियों की देन मानना भी ऐतिहासिक प्रक्रिया को नकारना होगा क्योंकि तत्कालीन समाज में अनेक ग़ैर-संस्कृतभाषियों की मौजूदगी को नकारा नहीं जा सकता।
4. आधुनिक भारत की लगभग सभी भाषाओं और लिपियों का जन्म कम से कम एक हज़ार साल पहले हो चुका था और स्वयं संस्कृत भाषा के प्रचार और प्रसार में इनका भी बड़ा हाथ रहा है।

अब सवाल यह उठता है कि आज ऐसी मांग क्यों की जा रही है कि राष्ट्रीय चरित्र के निर्माण

के लिए विद्यालयों में संस्कृत भाषा और वैदिक साहित्य का पढ़ाना अनिवार्य हो। इस कड़वे सच को भी सब जानते हैं कि संस्कृत सामान्यजन की बोल-चाल की भाषा नहीं बन सकती, पर फिर भी विद्यालयों की शिक्षा के स्तर पर उसकी अनिवार्यता पर बल क्यों ? इसके उत्तर में हम अब अपने इस मत की प्रस्तुति और पुष्टि करना चाहेंगे कि शिक्षा के माध्यमों पर नियंत्रण और भाषा विशेष का वर्चस्व बनाए रखने के पीछे समाज के विशिष्ट और विशेषाधिकार संपन्न वर्गों द्वारा एक विशेष प्रकार की सांस्कृतिक प्रभुसत्ता बनाने का प्रयास किया जाता है।

18वीं शताब्दीय यूरोप में तथाकथित सुसंस्कृत उच्च भाषा के विरुद्ध एक अभियान-सा चला था जिसका उद्देश्य भाषा को स्वाभाविक बनाना था। 1769 में प्रशियन (आधुनिक जर्मनी में) अकादमी ऑफ़ साइंसिज़ ने 'भाषा की प्रेरणा दैवी होती है या मानवीय' विषय पर एक निबंध प्रतियोगिता का आयोजन किया। प्रतियोगिता जोहान गॉटफ्राइड हर्डर ने जीती जिन्होंने विषय के दोनों पहलुओं पर स्पष्ट रूप से नकारात्मक उत्तर दिया। उनका मानना था कि भाषा न तो देवों द्वारा प्रेरित होती है और न ही सामान्य नैसर्गिक नियमों की अभिव्यक्ति है। भाषा परिवर्तनशील समाज की उत्पत्ति है जो पेचीदे सामाजिक संबंधों के बदलाव से विकसित होती है। कुछ इसी प्रकार के विचार को अधिक शक्तिशाली भाषा में व्यक्त करते हुए 20वीं शताब्दी के आरंभ में इटली के महान चिंतक अंतोनियो ग्राम्शी ने लिखा :

> जब भी कभी भाषा का प्रश्न उठता है, तब ही किसी न किसी तरह से यह इस बात का संकेत होता है कि कुछ अन्य समस्याएं अपना मुंह उठाने को तैयार हैं। शासक वर्ग का निर्माण एवं विस्तार, शासक वर्ग और राष्ट्र की आम जनता के बीच अधिक से अधिक निकट के संबंध स्थापित करने की ज़रूरत और संक्षेप में कहा जाए तो सांस्कृतिक प्रभुसत्ता का पुनर्गठन रेखांकित हो जाता है।[47]

19वीं शताब्दी में जब राष्ट्रवाद अपने पूरे ज़ोर पर था, तब भी भाषा के प्रश्न पर कुछ विस्मयकारी स्थितियां थीं। इटली में 1861 में दो या तीन प्रतिशत से अधिक लोग इटालियन भाषा नहीं जानते थे। 1863 में फ्रांस की 37,510 कम्यून्ज़ में से 8,381 किसी भी प्रकार की फ्रेंच नहीं बोलते थे। फ्रांस में ही तीसरे गणतंत्र के दौरान 7 और 13 साल के बीच के सभी स्कूल जाने वाले विद्यार्थियों में से लगभग दस प्रतिशत बच्चे मात्र *पतोए* ही बोल सकते थे, जो साधारण जनता की भाषा थी। यहां तक कि हाल में 1968 में फ्रांसीसी शिक्षा के इतिहासकार भी *पतोए, मुंदार्त, दायलेक्तो* रूपी साधारण जन-भाषाओं के अस्तित्व से अनभिज्ञ रह कर ही अविभाज्य फ्रांसीसी राज्य के मिथक को बनाए रहे। साधारण जनता के मन में तो यह भावना घर कर चुकी थी कि सुसंस्कृत भाषा का दबाव डालकर उनकी अभिव्यक्ति की शक्ति को कुचला जा रहा है। भाषा की तकनीकी औपचारिकताओं पर बल देने और

सामान्य जनता द्वारा इस्तेमाल की जाने वाली भाषा को अव्यवस्थित और अतार्किक कहने के पीछे धर्म के ठेकेदारों और पुरोहित वर्ग का काफी हाथ था। भाषा के इस उपयोग का सुंदर उदाहरण 16वीं शताब्दी के इटली में रहने वाला मेनेकियो स्कांडेला नामक चक्की का मालिक है। कुछ जांच अधिकारियों की पूछताछ के जवाब में उसने कहा : 'लैटिन भाषा में बोलना गरीब जनता के साथ विश्वासघात है क्योंकि सामान्यजन तो यह समझ ही नहीं पाता कि न्यायालय में क्या हो रहा है और यदि उन्हें चार शब्द भी बोलने हों तो वकील का सहारा लेना पड़ता है।'[48] कहने का मतलब यह है कि तथाकथित मानक और ग़ैर-मानक भाषाओं, तथाकथित सुसंस्कृत उच्च और नीचे दर्जे की भाषाओं, भाषाओं और बोलियों, सरकारी मानक और क्षेत्रीय भाषाओं, स्थानीय और जनजातीय बोलियों की पारस्परिक सीमाओं और आपसी संबंधों को लेकर अकसर विभिन्न समुदायों में विवाद रहे हैं।[49] इसके बावजूद एक बात बहुत साफ़ है कि शिक्षा के तंत्र में किसी भी भाषा का शामिल होना या साहित्य-रचना के लिए किसी भाषा विशेष का चुनाव उस समय की राजनीतिक शक्तियों और उस समाज के प्रभुत्वशाली तबकों के सचेत निर्णय का नतीज़ा होता है, न कि नैसर्गिक प्रक्रिया। भाषा पर अधिकार उसके भाषियों पर अधिकार-सा होता है।

इस ऐतिहासिक पृष्ठभूमि में, जिसके भारतीय प्रारूप के अनेक उल्लेख हम ऊपर कर चुके हैं, अखिल भारतीय स्तर पर संस्कृत भाषा का ऊपर से ज़बरदस्ती थोपा जाना निश्चय ही गंभीर समस्या का संकेत है। इसकी गंभीरता तब और बढ़ जाती है जब इस प्रयास के विरोधियों को राष्ट्र-विरोधी बताया जाता है। एक सांस्कृतिक राष्ट्रवादी ने भारतीय इतिहास अनुसंधान परिषद् के पुस्तकालय का मुआयना करने के बाद पुस्तकालय अध्यक्ष को उपदेश दिया कि जब यहां वेद और वैदिक साहित्य है ही तो अन्य ग्रंथ रखने की क्या आवश्यकता। इस मत के हिमायती राष्ट्र को किस ओर ले जाना चाहते हैं यह आप सब समझ सकते हैं।

हमें याद आती है उन ऐतिहासिक सबूतों की भी जहां समाज के ऊपरी तबकों ने अपने हक, हितों और महत्व को बनाए रखने के लिए शिक्षण संस्थाओं में पाठ्यक्रम एक निश्चित दिशा में ही बनाए रखा। वेद, वेदांग, धर्मशास्त्र और संस्कृत व्याकरण पर ही बल दिया जाता था इन संस्थाओं में। ऐसा उन क्षेत्रों में भी होता था जहां क्षेत्रीय भाषाओं का उदय और प्रसार हो रहा था। क्या आज फिर इस इतिहास की पुनरावृत्ति हो रही है ? मात्र संस्कृत भाषा को राष्ट्रीय सम्मान का पर्याय मानना, उसे ही भारत की महानता की भाषा मानना, उसे देव-भाषा का दर्जा देना—इन सबके पीछे काम करने वाली मानसिकता उस भारतीय मानसिकता से कोसों दूर है जिसने भारतीय संस्कृति की असली गतिशील बहुआयामी पहचान बनाई है। संस्कृत भाषा के अध्ययन-अध्यापन की अनिवार्यता की दुहाई पर हमें 16वीं एवं 17वीं शताब्दी के तमिलनाडु की उस प्रवृत्ति की भी याद आती जिसमें तमिल

भाषा को न केवल संस्कृत से अधिक श्रेष्ठ बताया जाता था, बल्कि उसका विरोध भी किया जाता था। कम से कम 14वीं शताब्दी से तमिल साहित्यकार अठारह भाषाओं का ज़िक्र करते रहे हैं, जिनमें सिंहल, अरबी, जावानी, चीनी भाषाओं की तो गणना है, परंतु संस्कृत की नहीं।[50] 16वीं-17वीं शताब्दियों में मदुरै क्षेत्र में तेलुगुभाषी नायकों के शासन के विरोध में *मदुरैच्चोकनाटर तमिल विट्टूतु* (संक्षेप में *तमिल विट्टूतु*) जैसी काव्यात्मक कृति की रचना हुई। 268 पद्यों की यह रचना एक प्रकार से तमिल राष्ट्रवाद का प्रतीक बन गई। तमिल की महानता का राज उसका देवत्व बताया गया और उसके लिए प्रयुक्त विशेषणों की भरमार-सी लगा दी। राजनीतिक पुट देते हुए तमिल को राजा के रूप में भी प्रयुक्त किया गया। तमिलभाषी क्षेत्र में अकसर प्रभुसत्ता की संकल्पना ही शक्तिशाली राजा और देवताओं के आपसी बंटवारे के रूप में की गई है। *तमिल विट्टूतु* के कवि के शब्दों में तमिल की प्रभुसत्ता 'सभी दसों दिशाओं' में फैली थी और 'सभी ज्ञात 56 क्षेत्रों की 17 भाषाएं' उसकी अधीनस्थ सामंत थीं।[51] तेलुगुभाषियों का सामना करने वाले *तमिल विट्टूतु* के इस स्वरूप से एक ध्वनि यह भी निकलती है कि ग़ैर-संस्कृत साहित्यिक भाषाएं भी विभिन्न स्तरों पर अपने भाषियों के सांस्कृतिक प्रभुत्व एवं वर्चस्व को बनाए रखने की क्षमता रखी थीं।[52] ऐसा लगता है कि मानो कि इस मोक्षदायिनी तमिल के समान ही आधुनिक भारत के कर्णधार भी भारत का कल्याण और मोक्ष 'दैवी' संस्कृत में देख रहे हैं।

क्षेत्रीय भाषाओं और लोककथाओं एवं लोक गीतों में उपलब्ध *रामायण* एवं *महाभारत* को छोड़कर मात्र संस्कृत में रचित महाकाव्यों और पुराणों पर आधारित कार्यक्रमों का टेलीविज़न जैसे प्रभावशाली प्रसार माध्यमों में भारतीय सरकार का प्रायोजन एक निश्चित प्रयोजन के तहत होता हुआ नज़र आता है। हमने अपने हाल के एक लेख में कुरुक्षेत्र स्थित श्रीकृष्ण संग्रहालय की समीक्षा करते हुए इस बात पर बल दिया है कि किस प्रकार ग़ैर-संस्कृत परंपरा में उपलब्ध भगवान कृष्ण के साक्ष्यों को नकारा गया है।[53] यहां पर हम बस एक ही उदाहरण देंगे : *भगवद्गीता* को 'भारतीय ज्ञान का निचोड़' बताते हुए कहा गया है : 'वेद, ब्राह्मणों और उपनिषदों के विचार मंथन से ही गीता रूपी अमृत प्रकट हुआ था।' ऊपर हम इस बात के संकेत दे ही चुके हैं कि *गीता* में बयान किया गया भक्ति रूप किस प्रकार ग़ैर-संस्कृत परंपरा की देन है। हमें यह मात्र संयोग नहीं लगता कि 20 जून 1999 को भारतीय दूरदर्शन के राष्ट्रीय कार्यक्रम में *गीता रहस्य* का प्रसारण आरंभ किया गया था। यद्यपि शायद कुछ वित्तीय दिक्कतों की वजह से यह प्रसारण रोक दिया गया, पर याद रहे कि इसकी संपूर्ण संकल्पना भारतीय जनता पार्टी के भूतपूर्व सांसद की थी और वे ही इसके निर्देशक भी रहे। यह संकल्पना अक्षरशः कुरुक्षेत्र के संग्रहालय में *भगवद्गीता* के वर्णन जैसी है। हालांकि अनेक एपीसोड प्रसारित हो चुके थे, फिर भी ऐसा नहीं लगा कि इस परिकल्पना के कलेवर में ग़ैर-संस्कृत और ग़ैर-ब्राह्मणी तत्वों को उजागर करने का

कोई इरादा था। न ही *गीता रहस्य* शायद यह स्वीकार करने को तैयार था कि *भगवद्गीता* सार्वभौमिक रूप से सदा ही से अखिल भारतीय स्तर पर लोकप्रिय कृति नहीं रही है।[54]

हमारा यह निश्चित मत है कि पिछले लगभग 15 वर्षों के दौरान हुए इस किस्म के सभी प्रयास उस 'सांस्कृतिक राष्ट्रवाद' का अभिन्न अंग हैं जो भारतीयता की परिभाषा बहुत सीमित दायरे में रखना चाहता है। हज़ारों वर्षों के दौरान भारतीय संस्कृति की अविरल धाराओं का निर्माण और उनका पोषण हुआ है भिन्न-भिन्न भाषाओं के बोलने वालों द्वारा, भिन्न-भिन्न धर्मों का अनुसरण करने वालों द्वारा, भिन्न-भिन्न सामाजिक मान्यताओं को अपनाने वालों द्वारा, विभिन्न परिवेशों में रहने वाले भिन्न-भिन्न वेश धारण करने वालों और अलग-अलग आचार-विचार एवं आहार-विहार करने वालों द्वारा। तो फिर क्या भारतीयता और भारतीय संस्कृति को वैदिक संस्कृति का पर्याय मानकर और उस वैदिक संस्कृति को भी मात्र संस्कृतभाषियों का सृजन मानकर भारत की वास्तविक राष्ट्रीय अस्मिता के साथ खिलवाड़ नहीं किया जा रहा? यह प्रयास सृजनात्मक नहीं, विध्वंसात्मक और छद्मी राष्ट्रवाद से अधिक कुछ नहीं।

संदर्भ एवं टिप्पणियां

1. के.एस. सिंह, *पीपुल ऑफ़ इंडिया : ऐन इंट्रोडक्शन,* एंथ्रोपोलॉजिकल सर्वे ऑफ़ इंडिया, कलकत्ता, 1992, पृ. 69-70, 103 और पृ. 112-13 के बीच पहला मानचित्र.
2. तुलनीय पीटर बर्क और रॉय पोर्टर द्वारा संपादित, *दि सोशल हिस्ट्री ऑफ़ लैंगुएज,* कैंब्रिज, यू.प्रेस, कैंब्रिज, 1987, पृ. 13.
3. हजारीप्रसाद द्विवेदी, *भाषा, साहित्य और देश,* भारतीय ज्ञानपीठ, नई दिल्ली, दूसरा संस्करण, 1998, पृ. 180-7.
4. देश-काल-भेद और उससे प्रभावित जन-संस्कृति के अन्य रोचक उदाहरण के लिए देखिए धुंडिराज कृत *गीर्वाणपदमंजरी* जिसके विवरण भंडारकर ओरिएंटल इंस्टीट्यूट (पुणे) द्वारा प्रकाशित *पी. के. गोडे स्टडीज़,* खंड IV, भाग-2, पृ. 61-78 में मिलते हैं.
5. हजारीप्रसाद द्विवेदी, *पूर्वोक्त,* पृ. 9-13; हाल में ही दिए गए ऐसे ही एक और मत के लिए देखिए निर्मल वर्मा, 'होम ऑफ़ मैन्स बीइंग : सम ऑब्सरवेशंस ऑन लैंगुएज, कल्चर एंड आइडेंटिटी', *दि बुक रिव्यू,* खंड 22, अंक 6, जून 1998, पृ. 15-17; भारत सरकार द्वारा गठित सुनीति कुमार चटर्जी की अध्यक्षता वाले *संस्कृत आयोग की रिपोर्ट (1956-57)* (प्रकाशन विभाग, भारत सरकार द्वारा 1958 में दिल्ली से प्रकाशित) भी इस प्रकार के दावों से भरी पड़ी है. विशेषरूप से अध्याय दो और चार देखिए. इसमें क्षेत्रीय भाषाओं को अलगाववादी तत्व बताते हुए संस्कृत को भारत की राष्ट्रीय एकता का सूत्र, भारत की महानतम सांस्कृतिक विरासत, 'भारत धर्म' का पर्याय तथा विदेशों में भारत की अस्मिता को 'संस्कृत भारत' के रूप में चित्रित किया गया है.
6. सामान्यतया पिपरहवा मंजूषा अभिलेख और सोहगौरा ताम्रपत्र अभिलेख को भारत के प्राचीनतम अभिलेखों में गिना जाता है. राजबली पांडे (*हिस्टॉरिकल एंड लिटरेरी इंस्क्रिप्शंस,* चौखंबा संस्कृत सीरीज़ वाराणसी, 1962, पृ. 1-3) इन्हें क्रमशः ई.पू. पांचवीं और चौथी शताब्दियों के मानते हैं, जबकि दिनेश चंद्र सरकार

(*सेलेक्ट इंस्क्रिप्शंस,* खंड-1, कलकत्ता विश्वविद्यालय 1965, पृ. 81-83) इन्हें ई.पू. तीसरी शताब्दी का ही मानते हैं.

7. विवरण के लिए देखिए टी.वी. महालिंगम, *अर्ली साउथ इंडियन पैल्योग्राफ़ी,* मद्रास, 1974, पृ. 201 और उसके बाद; आई. महादेवन, *तमिल ब्राह्मी इंस्क्रिप्शंस,* मद्रास, 1970, पृ. 3-6.
8. *महाभाष्य :* 1.1.1. 'एकस्यैव शब्दस्य बहवोऽपभ्रंशाः । यद् यथा गौरीत्यस्य गावी, गोणी, गोता, गोपतलिके-त्येवमादयो' पभ्रंशाः'
9. *नाट्यशास्त्र* XVII. 50 अभिनव गुप्त ने लिखा : 'भाषा संस्कृतापभ्रंशः, भाषापभ्रंशस्तु विभाषा सा तत्तदेश एवं गह्वरवासिनाम्प्राकृतवासिनां च, एता एव नात्येतु'
10. भारत के भाषायी सर्वेक्षणों के संक्षिप्त इतिहास के लिए देखिए हजारीप्रसाद द्विवेदी, *पूर्वोक्त,* पृ. 45-48.
11. सायण ने इसका अर्थ 'बाधवाच्च' के रूप में लिया. इस पर टिप्पणी करते हुए रामशरण शर्मा (*एडवेंट ऑफ़ दि आर्यन्ज़ इन इंडिया,* मनोहर, नई दिल्ली, 1999, पृ. 53) ने कहा है कि शायद यह ऐसी वाणी का द्योतक है जो समझ नहीं आती हो.
12. माधव एम. देशपांडे (*सोशियोलिंग्विस्टिक ऐटिट्यूड्ज़ इन इंडिया : ऐन हिस्टॉरिकल री-कंस्ट्रक्शन,* करोमा पब्लिशर्ज़, ऐन ऑर्बर, 1979, पृ. 8) का तो सुझाव है कि शायद प्राकृत ही पतंजलि की मातृभाषा हो.
13. ए.एल. बाशम, *द वंडर दैट वॉज इंडिया,* प्रथम भारतीय संस्करण, ओरिएंट लांगमैन, मद्रास, 1963, पृ. 387. अधिक विस्तृत विवेचन के लिए देखिए, माधव एम. देशपांडे और पीटर एडविन हुक द्वारा संपादित *आर्यन एंड नॉन-आर्यन इन इंडिया,* मिशीगन यूनि., ऐन ऑर्बर, 1979, पृ. 235-315; जी. एर्दोसी द्वारा संपादित *दि इंडो-आर्यन्ज ऑफ़ साउथ एशिया,* 1995 (भारतीय संस्करण, मुंशीराम मनोहरलाल, दिल्ली) में माधव एम. देशपांडे का लेख, 'वैदिक आर्यन्ज. नॉन-वैदिक आर्यन्ज एंड नॉन-आर्यन्ज', पृ. 67-84; आर.एन. दांडेकर एवं ए.एम. घाटगे द्वारा संपादित, *प्रोसीडिंग्स ऑफ़ दि सेमीनार इन प्राकृत स्टडीज़,* पुणे विश्वविद्यालय, 1970 में जी.वी. देवस्थली का लेख, 'प्राकृतिज्म इन दि ऋग्वेद', पृ. 199-205.
14. रामशरण शर्मा, *पूर्वोक्त,* पृ. 51-57, विशेषकर दूसरा मानचित्र. मध्यवर्ती गंगा के मैदानी इलाके में आज भी द्रविड़ परिवार के भाषायियों का अस्तित्व बना हुआ है. प्रोफेसर शर्मा (वही, पृ. 55) ने द्रविड़ी कुरुख भाषा की धांगर और मल्टो बोलियों का उल्लेख किया है. छोटा नागपुर के ओरांवों लोगों की कुरुख भाषा की बोली के रूप में धांगर (इसे धांगरी भी कहते हैं) नेपाल के तराई ज़िलों तथा बिहार के मधुबनी और पश्चिमी चंपारन ज़िलों में बोली जाती हैं. मल्टो राजमहल की पहाड़ियों में बोली जाती है. धांगर जनजाति ही जाति कही जाने लगी और आजकल उसके लोग खेती करने वाले और कुआं खोदने वाले भूमिहीन मज़दूर हैं. ऊंची जाति वाले धांगर शब्द का इस्तेमाल हीनता की भावना जतलाने के लिए ग़ैर-धांगरों के लिए भी करते हैं. हिंदी के शब्दकोषों में धांगर को अनार्य जाति कहा गया है.
15. *शतपथ ब्राह्मण,* 1.2.4.8; 1.5.3.2.; IX 2.3.8. चर्चा के लिए देखिए वॉश एडवर्ड हेल, *आसुर इन अर्ली वैदिक रेलीजन,* मोतीलाल बनारसीदास, दिल्ली, 1986. पृ. 177-178.
16. *शतपथ ब्राह्मण* XIII. 2.1.24.
17. *शतपथ ब्राह्मण* XIII. 8.1.5; XIII.8.2.1.
18. *शतपथ ब्राह्मण* III. 2.1.23, इस उक्ति का उल्लेख माधव एम. देशपांडे (देखिए टिप्पणी संख्या 12 वाली कृति, पृ. 105, नोट-1) ने III. 1.5.11. दिया है जो गलत है. काण्व पाठ के लिए देखिए जूलियस एग्लिंग का अंग्रेज़ी अनुवाद : *सैक्रेड बुक्स ऑफ़ दि ईस्ट* सीरीज़ में, खंड 26, पृ. 31, नोट-3. इस उद्धरण के विस्तृत विवेचन के लिए देखिए वी.पी. लिमए, *क्रिटिकल स्टडीज़ ऑन द महाभाष्य,* वी.वी.आर.आई. होशियारपुर, 1974, पृ. 5-8.

19. माधव एम. देशपांडे, *सोशियोलिंग्विस्टिक ऐटिट्यूइज़ इन इंडिया : ऐन हिस्टॉरिकल री-कंस्ट्रक्शन,* पृ. 8 में उद्धृत.
20. सुनीति कुमार चटर्जी, *ऑरिजिन एंड डेवेलपमेंट ऑफ़ बंगाली,* पृ. 170-78.
21. 1955 में रेडफ़ील्ड द्वारा शुरू किए जाने के बाद दक्षिण एशिया पर शोध करने वाले मानव वैज्ञानिकों ने समय-समय पर अकसर दो स्पष्ट अलग-अलग परंपराओं की बात की है. इसमें से '*महान परंपरा*' (दि ग्रेट ट्रेडीशन) संस्कृत भाषा में मिलने वाले धार्मिक ग्रंथों, तथा दर्शन, राजतंत्र, विधि, साहित्यिक आलोचना आदि से जुड़ी रचनाओं और उनसे निकलने वाली तथाकथित अखिल भारतीय धार्मिक चिंतनधारा एवं मान्यताओं पर बल देती है. इसके विपरीत '*लघु-परंपरा*' (दि लिटिल ट्रेडीशन) में उपरोक्त संस्कृत साहित्य के आधार पर स्थानीय भाषाओं में उसका सरलीकरण और अंगीकरण होता है. पिछले कुछ दशकों में इस संकल्पना पर अनेक प्रश्न चिह्न लग चुके हैं और इन्हें स्पष्ट रूप से अलग-अलग संस्कृतियों का प्रतिनिधि मानना कठिन है.
22. जे.एफ. स्टाल, 'संस्कृत एंड संस्कृताइज़ेशन', द *जर्नल ऑफ़ एशियन स्टडीज़,* खंड 22, अंक 3, मई 1963, पृ. 270.
23. संभवत: एकमात्र अपवाद *वासिष्टीपुत्र पुलुमावि* के 24वें वर्ष (=154 ई.) का कार्ले अभिलेख है जिसकी प्राकृत कुछ-कुछ संस्कृत से प्रभावित है—देखिए दिनेश चंद्र सरकार, पूर्वोक्त, पृ. 210.
24. रत्न नागेश श्रियन, *ए क्रिटिकल स्टडी ऑफ़ महापुराण ऑफ़ पुष्पदंत,* अहमदाबाद, 1969, पृ. 10 और उसके आगे.
25. माधव एम. देशपांडे, *पूर्वोक्त,* पृ. 59 में उद्धृत.
26. *कॉपर्स इंस्क्रिप्शनम इंडिकारम,* खंड 5, 1963, पृ. 63.
27. देखिए के.वी. रमेश और एस.पी. तिवारी द्वारा संपादित, *अ-कॉपर-प्लेट होर्ड ऑफ़ दि गुप्त पीरियड फ्रॉम बाग, मध्य प्रदेश,* आर्केयोलॉजिकल सर्वे ऑफ़ इंडिया, नई दिल्ली, 1990, पृ. vii.
28. के.वी. रमेश, *इंस्क्रिप्शंस ऑफ़ दि वेस्टर्न गंगज,* आगम प्रकाशन, दिल्ली, 1984, पृ. xxix-xl.
29. बी.आर. गोपाल, *राष्ट्रकूटज ऑफ़ माल्खेड,* मिथिक सोसायटी, बंगलौर, 1994, पृ. 429-65.
30. बी. राधाकृष्ण, *अर्ली तेलुगु इंस्क्रिप्शंस (अप टु 1100 ए.डी.).* हैदराबाद, 1971; एस. नागराजु, 'एमरजेंस ऑफ़ रीजनल आइडेंटिटी एंड बिगिनिंग्स ऑफ़ वर्नेक्युलर लिटरेचर : ए केस स्टडी ऑफ़ तेलुगु', *सोशल साइंटिस्ट,* खंड 23, अंक 10-12 (269-271, अक्तूबर-दिसंबर, 1995), पृ. 8-23.
31. थॉमस बी. कोबर्न, *देवी माहात्म्य : दि क्रिस्टलाइज़ेशन ऑफ़ दि गॉडेस ट्रेडीशन,* दिल्ली, 1984 का प्रॉलेगॉमेनन. अधिक विवरण के लिए देखिए हमारा अध्यक्षीय भाषण, 'रेलीजन, इंडियोलॉजी एंड सोसायटी', *प्रोसीडिंग्स ऑफ़ दि इंडियन हिस्ट्री कांग्रेस,* 49वां अधिवेशन, धारवाड़, 1988 (1989), पैरा 3.18 और नोट 152.
32. जे.एफ. स्टाल, पूर्वोक्त, पृ. 270.
33. के.एस.सिंह, पूर्वोक्त, पृ. 29.-31. 17वीं शताब्दी में महाराष्ट्री ब्राह्मण धुंडिराज ने बनारस में *गीर्वाणपदमंजरी* (देखिए ऊपर टिप्पणी नं. 4) नामक ग्रंथ लिखा. इसमें विभिन्न क्षेत्रों के लोगों के सक्रिय आपसी मेल-मिलाप का ज़िक्र करते हुए उस शताब्दी के बंगाल के जन-जीवन का सुंदर वर्णन किया गया है. बंगाल की सार्वदेशिक संस्कृति का उल्लेख करते हुए वहां के विभिन्न सामाजिक समुदायों की गणना भौगोलिक क्षेत्रों, जातियों, आर्थिक गतिविधियों के आधार पर की गई है. उदाहरण के तौर पर 17वीं शताब्दी के बंगाल में गुर्जर, आंध्र, कर्णाटक, चित्तपावन, कान्यकुब्जी, माथुर, मरुज (मारवाड़ के लोग), पर्वतीय, नाई, कुम्हार, शिल्पी, व्यापारी आदि समुदाय थे. स्पष्ट है कि किसी समुदाय की पहचान किसी धर्म-विशेष से जोड़ने की प्रवृत्ति कम ही नज़र आती है.
34. एम.जी.एस. नारायणन, *री-इंटरप्रेटेशंज़, इन साउथ इंडियन हिस्ट्री,* त्रिवेंद्रम, 1977, पृ. 8-10. राजन

गुरुक्कल, 'सोशल फॉर्मेशन एंड पोलिटिकल प्रोसेसिज़ इन अर्ली तमिलकं'. यह अप्रकाशित लेख मार्च 1989 में जवाहर लाल नेहरू विश्वविद्यालय में हुए 'द स्टेट इन प्री-कोलोनियल साउथ इंडिया' सेमीनार में प्रस्तुत किया गया था. इसी लेख जैसे विचारों के लिए राजन गुरुक्कल का अन्य लेख है : 'फॉर्म्स ऑफ़ प्रोडक्शन एंड फोर्सिज ऑफ़ चेंज इन ऐंशिएंट तमिल सोसायटी', *स्टडीज़ इन हिस्ट्री* (न्यू सीरीज), खंड 5, अंक 2, जुलाई-दिसंबर 1989, पृ. 159-75. एक अन्य संबंधित लेख के लिए देखें राजन गुरुक्कल का ही अध्यक्षीय भाषण 'कैरेक्टराइजिंग एंशिएंट सोसायटी : दि केस ऑफ़ साउथ इंडिया', जो इंडियन हिस्ट्री कांग्रेस के 59वें अधिवेशन (पटियाला 1998) के प्राचीन भारतीय इतिहास सेक्शन में दिया गया. प्रो.इ.हि.का. 59वां अधिवेशन, पृ. 30-57.

35. देखिए हमारे द्वारा संपादित *ऐसेज़ दन इंडियन आर्ट, रेलीजन एंड सोसायटी,* मुंशीराम मनोहरलाल, दिल्ली 1987 में एम.जी.एस. नारायणन का लेख : 'दि वैदिक-पुराणिक-शास्त्रइक ऐलीमेंट इन तमिल संगम सोसायटी एंड कल्चर' (पृ. 127-140). तमिल ग्रंथ *पूरनानूरु* के प्रथम एक सौ गीतों के आधार पर इस लेख में उन्होंने नीलकंठ शास्त्री के इस मत का खंडन किया है कि 'तमिल' और 'आर्यन' दो स्पष्ट रूप से अलग संस्कृतियां थीं जिनका लेन-देन हो रहा था. नारायणन का मानना है कि मौर्य युगीन साम्राज्य प्रसार के साथ *एक ही* 'वैदिक पौराणिक-धर्मशास्त्रीय' संस्कृति का दक्षिण दिशा में प्रसार हुआ. नारायण द्वारा वैदिक-पौराणिक और धर्मशास्त्रीय संस्कृति को एक ही पुंज मानना और तमिल साहित्य में मिलने वाली सांस्कृतिक झलक को नकारना कुछ अनैतिहासिक-सा लगता है और समाज की वास्तविक गतिशीलता के विरुद्ध जड़ता को बल भी प्रदान करता है, जो हमें स्वीकार्य नहीं है.
36. पांडेय रामेश्वर प्रसाद शर्मा, *राजशेखर और उनका युग,* बिहार हिंदी ग्रंथ अकादमी, पटना, 1977, अध्याय 2 और 3.
37. तुलनीय फ्राइडहेल्म हार्डी, *विरह-भक्ति : दि अर्ली हिस्ट्री ऑफ़ कृष्ण डिवोशन इन साउथ इंडिया,* ऑक्सफोर्ड यू. प्रेस, नई दिल्ली, 1983, पृ. 41-46. बाद में लगभग 15वीं शताब्दी में तेलुगु कवि पोतन ने अपने चंपू काव्य *भागवतमु* में संस्कृत के *भागवतपुराण* का सहारा लिया. क्षेत्रीय से संस्कृत और उससे पुनः क्षेत्रीय भाषाओं के समृद्धीकरण की इस गोलाकार प्रक्रिया के लिए देखिए शेल्डन पोलॉक, 'दि कॉस्मोपॉलिटन वर्नेक्यूलर', द *जर्नल ऑफ़ एशियन स्टडीज़,* खंड 57, अंक 1, फरवरी 1998, पृ. 6-37.
38. आर.एस. शर्मा एवं विवेकानंद झा द्वारा संपादित, *इंडियन सोसायटी : हिस्टॉरिकल प्रोबिंग्ज़,* पीपुल्स पब्लिशिंग हाउस, नई दिल्ली, 1974 में प्रकाशित आर.एस.शर्मा का लेख 'मैटीरियल मिल्यू ऑफ़ तांत्रिसिज्म', पृ. 175-189.
39. डॉ. संपूर्णानंद, *हिंदू देव परिवार का विकास,* मित्र प्रकाशन, इलाहाबाद, 1964, पृ. 177. *मनुस्मृति* के भाष्यकार कुल्लुक का भी मानना है कि वैदिक और तांत्रिक दो प्रकार की श्रुतियां हैं और तांत्रिक गैर-ब्राह्मणों के लिए होती है.
40. मुंबई के विकास अध्ययन केंद्र में 'सांप्रदायिकता और इतिहास' विषय पर हुई कार्यशाला में रोमिला थापर का भाषण, जिसके कुछ अंश *यूनिवर्सिटी* टुडे, दिल्ली, 15 अगस्त 1998 के अंक, पृ. 13-16 में साक्षात्कार के रूप में छपे हैं.
41. जां, ई.एम. हाउबेन द्वारा संपादित *दि इडियोलॉजी एंड स्टेटस ऑफ़ संस्कृत : कॉन्ट्रीब्यूशंस टु दि हिस्ट्री ऑफ़ द संस्कृत लैंगुएज,* ई.जे. ब्रिल, लाइडन, 1996 में शेल्डन पोलॉक का लेख, '*द संस्कृत कॉस्मोपोलिस,* 300-1300 ई.; ट्रासंकल्चरेशन, वर्नेक्यूलराइज़ेशन, एंड दि क्वेश्चन ऑफ़ इंडियोलॉजी'. पृ. 197-247. इस लेख का संक्षिप्त संस्करण 'पब्लिक पोएट्री इन संस्कृत' शीर्षक से *इंडियन होराइजंस क्वाटर्ली* के मार्च 1996 के अंक में छपा है. पोलॉक के ही एक अन्य संबंधित लेख के लिए देखें, 'लिटरेरी हिस्ट्री, इंडियन हिस्ट्री, वर्ल्ड हिस्ट्री', *सोशल साइंटिस्ट,* खंड 23, अंक 10-12 (269-271), अक्तूबर-दिसंबर,

1995, पृ. 112-142.

42. आंद्रे विंक और रॉनेल्ड इंडेन की कृतियों (क्रमश: *अल-हिंद* तथा *इमेजिंग इंडिया*) की समीक्षा के लिए देखिए हमारा लेख : 'रिफ्लेक्शंस ऑन रीसेंट पर्सेप्शंस ऑफ़ अर्ली मेडीवल इंडिया', *सोशल साइंटिस्ट,* खंड 21, अंक 12 (247), दिसंबर 1993, पृ. 25-39. वॉलरस्टाइन के 'विश्व व्यवस्था' संबंधी विचार के लिए देखिए हिमांशु प्रभा रे तथा जां फ्रांकुआ सॉल द्वारा संपादित *ट्रेडीशन एंड आर्केयोलॉजी : अर्ली मैरीटाइम कांटैक्ट्स इन दि इंडियन ओशन* (1996) नामक ग्रंथ की हमारे द्वारा की गई समीक्षा जो *टोपोई,* खंड 7, अंक 1, 1997 में पृ. 401-413 में छपी है. विशेष रूप से देखिए पृ. 403-404.

43. तुलनीय, राजन गुरुक्कल, 'राइटिंग एंड इट्स यूज़िज़ इन दि एंशिएंट तमिल कंट्री'', *स्टडीज़ इन हिस्ट्री* (नई सीरीज़), खंड 12, अंक 1, जनवरी-जून, 1996, पृ. 80.

44. शेल्डन पोलॉक, 'दि कॉस्मोपॉलिटन वर्नेक्यूलर', *द जर्नल ऑफ़ एशियन स्टडीज़,* खंड 57, अंक 1, फरवरी 1998, पृ. 19-34.

45. विवरण के लिए देखिए हमारा लेख 'अपभ्रंश', जो आर.एस. शर्मा एवं हमारे द्वारा संपादित *कॉम्प्रीहेंसिव हिस्ट्री ऑफ़ इंडिया,* खंड 4, भाग 2 में छपने वाला है. अन्य संबंधित लेख के लिए देखिए ऐलेन डब्ल्यू. ऐंट्विस्ल और फ्रांकुआ मैल्लिसन द्वारा संपादित *स्टडीज़ इन साउथ एशियन डिवोशनल लिटरेचर रिसर्च पेपर्स (1988-91)* में फ्राइडहेल्म हार्डी का लेख, 'क्रीएटिव करप्शन : सम कमेंट्स ऑन अपभ्रंश लिटरेचर, पर्टीकुलरली योगींदु', मनोहर, दिल्ली का संस्करण, 1994, पृ. 1-23.

46. देखिए हमारा लेख 'हाउ 'क्लासिकल' वॉज अर्ली इंडियन ऐजूकेशन' जो आर.पी. शर्मा, आर.सी. तिवारी, आदि द्वारा संपादित प्रोफेसर अगम प्रसाद माथुर अभिनंदन ग्रंथ *(रीसेंट ट्रेंड्स इन ह्यूमैनिटीज़ एंड सोशल साइंसिज़),* आगरा, 1995, खंड 3, पृ. 651-658 में प्रकाशित है.

47. पीटर वर्क और रॉय पोर्टर (सं.) *पूर्वोक्त,* में जोनाथन स्टाइनबर्ग के लेख, 'दि हिस्टोरियन एंड द क्वेश्चन देला लिंग्वा', पृ. 206 में उद्धृत. एक अन्य महत्वपूर्ण योगदान के लिए देखिए टी.जे. जैक्सन लियर्स, 'दि कॉन्सेप्ट ऑफ कल्चरल *हेगेमनी :* प्रॉब्लेम्स एंड पॉसिबिलिटीज़', *दि अमेरिकन हिस्टॉरिकल रिव्यू,* खंड 90, 1985, पृ. 567-593. इसी मुद्दे से संबंधित साहित्य के लिए देखें ज्ञान के समाजशास्त्र के लंबे इतिहास का सर्वेक्षण जो जेम्स ई. कर्टिस और जॉन डब्ल्यू. पेट्रास द्वारा संपादित *दि सोशयोलॉजी ऑफ़ नॉलेज : ए रीडर,* डकवर्थ, लंदन, 1982 में सुगमतापूर्वक उपलब्ध है. भाषा के प्रश्न से जुड़े राजनीति के सवाल को लेकर हाल में हुए महत्वपूर्ण परिवर्तनों को ध्यान में रखकर बेनेडिट एंडरसन, यूजीन वेबर, पियरे, बोर्दियो, इत्यादि विद्वानों का मानना है कि राष्ट्रीय भाषाएं राज्य एवं पूंजीवादी चिंतनधाराओं तथा समाचारपत्र, विद्यालयों आदि जैसे संस्थात्मक तंत्र द्वारा ऊपर से लादी गई प्रक्रिया होती है, न कि नीचे से उठने वाली लोक प्रतिभा की परंपरा की उपज.

48. कार्लो गिंज़बर्ग, *दि चीज़ एंड द वर्म्स,* अंग्रेज़ी अनुवाद, लंदन, 1980, पृ. 9.

49. व्याकरण शास्त्रकारों द्वारा भाषा के औपचारिक तकनीकी गठन एवं निर्माण के संदर्भ में मानक भाषा का साधारण बोलचाल के स्तर पर जो प्रयोग होता है, *उसके द्वंद्व का निरूपण भर्तृहरि* (चौथी-पांचवीं ई.) ने *वाक्यपदीय* में इस प्रकार किया है : व्याकरण-सम्मत *(साधु शब्द)* और व्याकरण-विरोधी *(असाधु, अपभ्रंश)* शब्दों के आपसी संबंध तीन तरह के होते हैं : व्याकरण-विरोधी शब्द कुछ समुदायों में मानक हो गए हैं; और ये शब्द स्पष्ट रूप से अर्थ अभिव्यक्त करते हैं; हालांकि वे धर्म (धार्मिक पुण्य) में योगदान नहीं देते. कुछ बाद के व्याकरणविद् यह मानने के लिए तैयार नहीं थे कि व्याकरण-विरोधी शब्द (जो अनेक संदर्भों में गैर-संस्कृत थे) स्पष्ट रूप से अर्थ बताने की क्षमता रखते थे. उनके लिए संपर्क माध्यम की भूमिका में अन्य भाषाओं की तुलना में संस्कृत श्रेष्ठतर थी. विस्तृत विवेचन के लिए देखें जां, ई.एम. हाउबेन (सं.), पूर्वोक्त, पृ. 181-193.

50. इनके अतिरिक्त इस गणना में अन्य भाषाएं हैं तुलु, कुर्गी, कोंकणी, कन्नड़, मलयालम, तेलुगु, उड़िया,

पूर्वी बंगाली, गंग, मगधी, कड़ारम (बर्मी), मध्य बंगाली और अवधी. अठारह भाषाओं की गणना कुछ पारंपरिक-सी लगती है. हम ऊपर *(खंड : IV)* में *अट्ठारस देशी-भाषा* (अर्थात 18 क्षेत्रीय भाषाओं) का उल्लेख कर ही चुके हैं. 14वीं शताब्दी के बाद के तमिल साहित्यकारों की परंपरा के लिए देखिए: सुमति रामास्वामी, 'लैंगुएज ऑफ दि पीपुल इन द वर्ल्ड ऑफ गॉड्ज़ : इडियोलॉजीज़ ऑफ़ तमिल बिफोर द नेशन', *द जर्नल ऑफ़ एशियन स्टडीज़,* खंड 57, अंक 1, फरवरी, पृ. 66-92.

51. सुमति रामास्वामी, *पूर्वोक्त,* पृ. 70-86. *तमिल विटुतुतु* में तमिल भाषा को देवता मानना और उसकी तुलना शक्तिशाली राजा से करना हमें उस मध्ययुगीन सामंती भक्ति की अवधारणा की याद दिलाता है जिसमें आल्वरों ने भक्ति द्वारा विष्णु भक्ति को राजा के प्रति जनता की भक्ति के समान बताया. इन वैष्णव संतों की रचनाओं में देवता और राजा के लिए प्रयुक्त शब्दावली में भी जानबूझ कर खूब साम्यता रखी गई थी.

52. इस दृष्टि के लिए मैं प्रोफ़ेसर डी.एन. झा का आभारी हूं.

53. हमारा लेख 'अ फ्यूचर फ़ॉर दि पास्ट?' जो इंडियन हिस्ट्री कांग्रेस, 59वें सेशन, पटियाला (1998) में *'द प्रेसेंट एंड दि कल्चरल हेरीटेज ऑफ़ इंडिया'* नामक संगोष्ठी में प्रस्तुत किया गया. *सिंपोसिया पेपर्ज,* शृंखला का 17वां प्रकाशन, 1998, पृ. 8-16. यह *सोशल साइंटिस्ट* के खंड 26, अंक 9-12 (304-305, सितंबर-अक्टूबर, 1998) पृ. 26-51 में भी प्रकाशित हुआ है.

54. जे.एफ. स्टाल (पूर्वोक्त, पृ. 270) का मानना है कि *भगवद्गीता* बंगाल और केरल में हाल में ही लोकप्रिय हुई है. ध्यान देने की बात है कि महात्मा गांधी के परिवार में भी इसका प्रयोग नहीं के बराबर था. स्वयं गांधी जी ने सबसे पहले इसका अंग्रेज़ी अनुवाद इंग्लैंड में ही पढ़ा था. हम सब जानते हैं कि *गीता* की तुलना में वे *न्यू टेस्टामेंट* से अधिक प्रभावित थे.

2. रामकथा और यूनानी-भारतीय आख्यान

उदय प्रकाश अरोड़ा*

दूसरी शताब्दी के एक प्रसिद्ध यूनानी वक्ता और लोकप्रिय दार्शनिक दिओन ख्रीसोस्तोमोस (40-115 ई.)[1] के अनुसार होमर का अनुवाद भारतीयों की अपनी भाषा में सुलभ था। इसी प्रकार की धारणा एक दूसरे यूनानी विचारक एलिआनोस (170-235 ई.)[2] ने की थी। इन लेखकों का आधार क्या था, इस विषय में आज जानना कठिन है। जहां तक साक्ष्यों का प्रश्न है, होमर की रचना के किसी अंश तक का भारतीय भाषा में अनुवादित होने की पुष्टि नहीं होती। न ही यह संभव प्रतीत होता है। फिर दिओन के निष्कर्ष का क्या आधार रहा होगा, यह विचारणीय है। वस्तुतः एक वक्ता और दार्शनिक के रूप में दियोन ने रोम साम्राज्य में सम्मिलित यूरोप तथा एशिया के अनेक स्थानों का भ्रमण किया था। विश्व के सिकंदरिया नगर में जहां भारतीयों की उस समय अच्छी-खासी आबादी थी, दिओन ने अनेक भाषण दिए थे।[3] सिकंदरिया में रहने वाले भारतीयों के माध्यम से उसे *रामायण, महाभारत* और दूसरे पौराणिक आख्यानों के विषय में पता चला होगा। चूंकि शैली और सामग्री दोनों की दृष्टि से *इलियड* की समानता *रामायण* और *महाभारत* से की जा सकती है। अतएव अपने यूनानी पूर्वग्रह के कारण दिओन का यह निष्कर्ष निकालना कि वे होमर के ही अनुवाद हैं, असंभव नहीं लगता। मिस्र के तॉलमैओस द्वारा प्रणीत भारत-विषयक *भूगोल ग्रंथ* में सम्मिलित स्थानों के नाम संस्कृत पौराणिक नामों से अत्यधिक मिलते-जुलते हैं। इन दृष्टांतों से ऐसा लगता है कि सिकंदरिया के विद्वान प्रमुख भारतीय संस्कृत ग्रंथों से परिचित थे।

रामायण का तो मुख्य विषय ही होमर द्वारा वर्णित ट्रॉय युद्ध के समान है। जिस प्रकार सीता-हरण के कारण लंका में युद्ध हुआ था, उसी प्रकार हेलन का अपहरण ट्रॉय युद्ध के लिए उत्तरदायी था। ट्रॉय और लंका दोनों ही समुद्र पार स्थित थे। लंका सोने की नगरी थी। यूनानी कथा में पराजित ट्रॉय तो स्वर्णमय नगर नहीं था, किंतु विजेता पक्ष के मुख्य नगर मॉयसीन के स्वर्णमय होने का उल्लेख है। होमर ने मॉयसीन के लिए पोलीखीसोस (स्वर्ण से भरपूर) विशेषण का प्रयोग किया है, जिसकी पुष्टि पुरातत्व से भी होती है। जर्मन पुरातत्ववेत्ता हाइनरिख श्लीमान को लगभग 35 किलो सोने की वस्तुएं मॉयसीन उत्खनन से उपलब्ध हुई थीं। मॉयसीन के राजा अगामैम्नोन के नेतृत्व में ही यूनानी ट्रॉय के विरुद्ध लड़े थे।

---

* अध्यक्ष, प्राचीन इतिहास एवं संस्कृति विभाग, म.ज्यो फुले रुहेलखंड विश्वविद्यालय, बरेली.

रामायण में मुख्य विषय के अतिरिक्त ग्रंथ में सम्मिलित दूसरी कथाओं और प्रसंगों की समानता भी यूनानी पौराणिक कथाओं से की जा सकती है। उदाहरण के लिए, बालकांड में वर्णित इंद्र और अहल्या की ही निम्न कथा लें :

'एक बार इंद्र ने गौतम ऋषि की अनुपस्थिति का लाभ उठाकर ऋषि-पत्नी अहल्या से संबंध स्थापित करने की योजना बनाई। अहल्या को धोखा देने के लिए इंद्र गौतम का रूप धारण कर ऋषि के आश्रम पहुंचे। यद्यपि रूपांतरण के पश्चात भी अहल्या ने इंद्र को पहचान लिया था, किंतु उसने कुछ प्रकट नहीं किया तथा देवराज की इच्छा की पूर्ति की। संतुष्टि प्राप्त करने के पश्चात अहल्या ने इंद्र को तुरंत चुपचाप चले जाने को कहा। इंद्र को निकलते समय आश्रम की ओर लौटते हुए गौतम मुनि ने देख लिया। तपोबल से मुनि को सब कुछ पता चल गया। क्रोधित गौतम ने इंद्र को श्राप दिया कि जननेंद्रिय से वंचित होकर वह कभी भी संतान उत्पन्न करने में समर्थ नहीं होगा। श्रापग्रस्त इंद्र पुरुषत्व की पुनश्च प्राप्ति की आशा से देवताओं की शरण में पहुंचे। इंद्र की प्रार्थना पर अग्नि और मरुदगण सहायता के लिए आगे आए। अन्य देवगणों को भी साथ लेकर इंद्र पितरों के पास पहुंचे। पितरों से यह प्रार्थना की गई कि उन्हें अर्पित किए जाने वाले भेड़ों की जननेंद्रिय इंद्र पर आरोपित करें तथा पितृगण बधिया भेड़ों की बलि से ही संतुष्ट हों। तब से पितरों को बधिया भेड़ों की ही बलि देने की प्रथा चल गई।'[4]

उपर्युक्त कथा से पितरों को बधिया भेड़ अर्पित किए जाने वाले अनुष्ठान प्रथा की व्याख्या हो जाती है। इंद्र अहल्या की समानांतर यूनानी कथा इस प्रकार है :

'देवताओं के पिता जेउस ने दीमितर देवी के साथ संबंध स्थापित करने के लिए वृषभ का रूप धारण किया। वास्तविकता पता चलने पर देवी के क्रोध का ठिकाना न रहा। वह तब तक शांत होने वाली नहीं थी जब तक ज़ेउस जननेंद्रियविहीन होकर प्रायश्चित्त नहीं करते। देवी को शांत करने के लिए ज़ेउस ने अपनी जननेंद्रिय काट फेंकने का वचन किया। साक्ष्य के रूप में एक कटे हुए इंद्रिय अंश को जेउस ने देवी की गोद में भी डाला किंतु यह केवल एक दिखावा था। वस्तुत: दीमितर की गोद में डाली गई इंद्रिय जेउस की न होकर भेड़ की थी।'[5]

निम्न समानताएं दोनों कथाओं के मध्य द्रष्टव्य हैं :

1. रूपांतरण दोनों स्थानों पर देवताओं के प्रधान द्वारा किया गया। दोनों ही वज्र धारण करने वाले देवता थे।
2. रूपांतरण का उद्देश्य दोनों ही स्थानों पर एक था। ज़ेउस और इंद्र दोनों की परस्त्रीगमन हेतु रूपांतरण करने की अनेक कथाएं हैं।
3. व्यभिचार के लिए बधिका की सजा का उल्लेख दोनों स्थलों पर है। यद्यपि यूनानी कथा में ज़ेउस दिखावा ही करता है किंतु व्यभिचार की बधिया करना

सजा का विचार वहां उपस्थित था।

4. दोनों ही स्थलों पर भेड़ के जननेंद्रिय द्वारा स्थानापन्न किए जाने का उल्लेख है। यद्यपि यूनानी और भारतीय कथा के मध्य कुछ भिन्नताएं अवश्य हैं, किंतु यह स्पष्ट है कि दोनों कथाएं एक ही प्रकार की हैं।

उत्तरकांड के एक प्रसंगानुसार जब राक्षस रावण देवताओं का पीछा करते हुए मरुतों द्वारा संपादित यज्ञ-स्थल पर पहुंचा, भयभीत देवताओं ने अपनी रक्षा हेतु विभिन्न जंतुओं का रूप धारण कर लिया। इंद्र ने मोर, धर्मराज ने कुबेर, कुबेर ने गिरगिट और वरुण ने हंस का रूप धारण कर लिया था।[6] इसी प्रकार यूनानी कथा के अनुसार जब राक्षस तीफून देवताओं का पीछा करते हुए ओलंपस पर्वत पहुंचा, भयभीत देवता भागकर मिस्र की ओर चले गए। वहां उन्होंने विभिन्न जंतुओं का रूप धारण कर लिया। ज़ेउस ने भेड़, अपोलो ने कौए, दियोनिसोस ने बकरी, आर्तमिस ने बिल्ली, हेरा ने सफेद कौए, अफ्रोदीती ने मछली, आरिस ने भालू तथा हरमीज ने बुज्जे (Ibis) का रूप धारण कर लिया।[7]

उपर्युक्त उदाहरणों के अतिरिक्त यूनानी आख्यानों से साम्य रखने वाले कतिपय और भी उदाहरण रामायण से प्रस्तुत किए जा सकते हैं। धनुर्विद्या में विजयी विवाहार्थी को ही कन्या दिए जाने की शर्त *रामायण* में[8] सीता-स्वयंवर तथा *ओडीसी*[9] में नायक के न लौटने पर पेनेलोप से विचार करने के इच्छुक विवाहार्थियों के सम्मुख रखी गई शर्त के प्रसंग में देखा सकता है। *ओडीसी* का यह प्रसंग *रामायण* की अपेक्षा *महाभारत*[10] में वर्णित द्रौपदी-स्वयंवर कथा के अधिक निकट है। वस्तुतः *महाभारत* के बृहदाकार होने तथा ग्रंथ में अनेक अवांतर कथाओं के सम्मिलित होने के कारण ग्रीक आख्यानों से समानता रखने वाली कथाएं *रामायण* की तुलना में उसमें कहीं अधिक हैं।

प्रश्न यह उठता है कि भारत और यूनान की इन कथाओं के मध्य दिखाई देने वाली समानताएं संयोगमात्र हैं अथवा संस्कृतियों के प्रभाव के कारण हैं। यदि समानताएं सामान्य प्रकार की हों तो उन्हें संयोग कहा जा सकता है। ऐसी समानताएं किन्हीं भी दो सभ्यताओं की तुलना करने पर देखी जा सकती हैं। किंतु यदि समानताएं आश्चर्यजनक हैं तथा ऐसे उदाहरणों की संख्या कम नहीं है, तो उन्हें संयोग कहकर टाला नहीं जा सकता। भारत और यूनान के मध्य ऐसी आश्चर्यजनक समानताओं के अनेक उदाहरण मिलते हैं। वस्तुतः भारतीय मिथकों और पौराणिक कथाओं से मिलती-जुलती समानांतर उदाहरण कथाएं किसी दूसरी संस्कृति में यूनान में ही सबसे अधिक उपलब्ध हैं। दोनों के बीच अत्यधिक निकटता है तथा ऐतिहासिक प्रमाण भी अनुकूल हैं।

सांकलिया महोदय के अनुसार *रामायण* के कतिपय प्रसंग निश्चित रूप से भारत में बैक्ट्रीयन यूनानियों के बस जाने के पश्चात तथा भारत-रोम व्यापारिक संबंधों के पश्चात जोड़े गए। उनके अनुसार हनुमान के लंका प्रयाण करने के समय राम द्वारा पहचान के लिए

नामांकित मुद्रिका दिए जाने का प्रसंग बैक्ट्रीयन यूनानियों के आगमन के पश्चात जोड़ा गया क्योंकि पुरातात्विक साक्ष्यों से प्रमाणित होता है कि ऐसी मुद्रिकाएं इंडो-ग्रीक राजाओं द्वारा ही सर्वप्रथम प्रारंभ की गई थीं।[11] इसी प्रकार सांकलिया ने भरत और उनके परिजनों का भरद्वाज मुनि के आश्रम में रमणियों, मांस और मदिरा द्वारा आवभगत किए जाने के प्रसंग को रोमन व्यापार के परिणामस्वरूप आई हुई भौतिक समृद्धि और मान्यताओं का प्रभाव माना है।[12] यवन रमणियों की परिभाषाओं के रूप में भारतीय राजघरानों तथा संपन्न लोगों में ये सब वस्तुएं धनी लोगों में प्रतिष्ठा के प्रतीक बन गए थे। यहां तक कि आश्रमों और मठों में भी स्वागत-सत्कार के लिए इन्हें आवश्यक माना गया। दशरथ की मृत्यु के पश्चात शोकाकुल भरत का राम की खोज के लिए जाते समय ऋषि के आश्रम में ऐसी वस्तुओं का उपभोग अटपटा सा लगता है। अतएव सांकलिया का इस प्रसंग को रोमन प्रभाव के कारण एक क्षेपक मानना उचित प्रतीत होता है।

रामायण के एक अन्य प्रसंग में जब विश्वामित्र ने वसिष्ठ मुनि की कामधेनु गाय चुराने का प्रयास किया, वसिष्ठ ने कामधेनु की सर्जनात्मक शक्ति जाग्रत की। परिणामस्वरूप थन से बर्बर, गोबर से शक, बालों की जड़ से म्लेच्छ, हरित और किरात तथा गर्भ से यवनों की उत्पत्ति हुई। इन जातियों ने विश्वामित्र को पराजित कर कामधेनु को छुड़ा लिया।[13] कामधेनु से यवनों तथा अन्य दूसरी विदेशी जातियों की उत्पत्ति मिथक की व्याख्या सामाजिक इतिहास के संदर्भ में विदेशियों को भारतीय समाज में समाहित करने की प्रवृत्ति से की जा सकती है। यवनों का यहां शक, कंबोज आदि जातियों के साथ उल्लेख से लगता है कि यह संकेत परवर्ती इंडो-ग्रीक यूनानियों की ही ओर है।[14]

साहित्यिक और पुरातात्विक साक्ष्यों से यह प्रमाणित होता है कि इंडो-ग्रीक के आगमन के पश्चात यूनानी साहित्य, मिथकों और आख्यानों से भारतीय भली-भांति परिचित हो चुके थे। फिलोस्त्रातोस (दूसरी शताब्दी) के अनुसार अपोलोनिओस एक ऐसे भारतीय ग्राम में पहुंचा था जहां सभी निवासी यूनानी बोलना जानते थे।[15] भारतीय राजा फ्राउतैस (गोंडोफ़रनीज ?) ने अपोलोनिओस से यूनानी में बातचीत की तथा यह सूचना दी कि उसने यूरीपिदीज कृत *हेराक्लीदै* नामक नाटक को पढ़ा है।[16] दमिश्क निवासी निकोलाओस के अनुसार 22 ई. पू. के लगभग किसी भारतीय राजा पोरोस ने आगस्टस की सेवा में प्रतिनिधि-मंडल भेजा था तथा परिचय के लिए आगस्टस के नाम पोरोस ने यूनानी भाषा में पत्र लिखा था।[17] प्लूतारखोस (50-125 ई.) के अनुसार पार्थिअन राजा ओराडस प्रथम के काल में यूरीपिदीज का नाटक *दिओनिसोस* (53 ई.पू.) खेला गया था।[18] इन ग्रीको रोमन लेखकों के कथन की पुष्टि पुरातत्व से भी होती है। इंडो-ग्रीक राजाओं के सिक्कों पर यूनानी देवता ज़ेउस, हेराक्लीज, पालास एथेना, आदि की आकृतियां उत्कीर्ण देखी जा सकती हैं। कुषाणों ने अपने सिक्कों पर भारतीय और ईरानियन देवताओं के अतिरिक्त यूनानी देवताओं को भी चित्रित किया। पेशावर से प्राप्त एक पाषाण रिलीफ में 'ट्रोजन घोड़े' की कथा उत्कीर्ण

देखी जा सकती है।[19] पेशावर के ही समीप प्राप्त पात्र के एक टुकड़े पर सॉफोक्लीज़ के नाटक *अंतीगोनोस* का दृश्य देखा जा सकता है।[20]

उपर्युक्त उद्धरणों और साक्ष्यों से यह स्पष्ट है कि कम से कम बैक्ट्रीयन यूनानियों के भारत में बस जाने के पश्चात *रामायण* और *महाभारत* की कथाओं पर यूनानी प्रभाव की संभावना से इनकार नहीं किया जा सकता। बहुत पहले जर्मन विद्वानों वेबर, विंडिरा और नीत्से ने भारतीय साहित्य पर यूनानी प्रभाव के सिद्धांत को प्रतिपादित किया था। यद्यपि यूरोपीय इतिहासकारों की प्रवृत्ति यूनानी प्रभाव को बढ़ा-चढ़ाकर दिखाने की रही है, किंतु हमें सांकलिया के इस मत को स्वीकार करने में कोई संकोच नहीं होना चाहिए कि *रामायण* के कतिपय प्रसंग इंडो-ग्रीक और रोमन प्रभाव के परिणाम हैं।[21]

जहां तक *रामायण* की मुख्य कथा की होमर से समानता की समस्या है, उसका किसी प्रकार इंडो-ग्रीक प्रभाव से संबंध नहीं है। रामायण की मूल कथा का स्रोत 1500-1000 ई.पू. तक ले जाया सका है, किंतु ग्रंथ के रूप में लगभग 300-200 ई.पू. तक इसकी तिथि ले जाई जा सकती है। इसके पश्चात ग्रंथ में निरंतर क्षेपक जुड़ते रहे। यह प्रक्रिया लगभग 400 ई. तक चली तथा उसने अपना अंतिम रूप धारण किया।[22]

रामायण के स्रोतों पर विचार करते हुए वैदिक साहित्य की ओर भी ध्यान देना आवश्यक है। वैदिक साहित्य में यद्यपि इक्ष्वाकु, दशरथ, राम, अश्वपति, जनक, राम और सीता के नाम मिलते हैं, किंतु इनका संबंध रामकथा से नहीं है। रामकथा का वैदिक साहित्य में नितांत अभाव है।[23]

रामकथा को भारोपीय मानकर भी *ऋग्वेद* और भारोपीय संस्कृति के विभिन्न केंद्रों में इसके पूर्व रूप को देखने का प्रयास किया गया है। लगभग शताब्दी पूर्व विभिन्न यूरोपीय और एशियायी देशों के मिथकों और आख्यानों का अध्ययन करते हुए विद्वानों ने पाया है कि भारोपीय परिवार से संबंधित संस्कृतियों के देवमंडल में एक विशिष्ट प्रकार के जुड़वां-देवताओं का महत्वपूर्ण स्थान रहा है।[24] वैदिक ऋचाओं में जुड़वां देवता आकाश देवता द्यौस के पुत्र अश्विन थे। आकाश देवता के पुत्र होने के नाते इनके लिए *दिवो नापाता* अर्थात ईश्वर पुत्र शब्द भी प्रयुक्त किया गया।[25] यह शब्द यूनानी जुड़वां देवता *दिओसकुरोई* से मिलता-जुलता है। *दिओसकुरोई* भी अश्विन के समान आकाश देव ज़ेउस की संतान थे। बाल्टिक मिथकों में लिथुआनियनों ने जुड़वां देवों को *दीवो-सुनेलिए* तथा लॉटव्रियनो ने *दीव*-दे कहा है।[26] दोनों का अर्थ ईश्वर के पुत्र से ही है। *रामायण* की मुख्य कथा को डोनाल्ड महोदय ने भारोपीय-जुड़वां देवता के आख्यान से ही जोड़ा है। रामकथा का वैदिक अश्विन से विकास के पत्र में निम्न समानताओं का डोनाल्ड ने उल्लेख किया है :[27]

1. *रामायण में* राम और लक्ष्मण को सुंदर युवा, दीप्तिमान धनुर्धारी तथा अपनी आभा से दूसरों को प्रकाशित करने वाले के रूप में चित्रित किया गया है। राम

और लक्ष्मण दोनों के स्वभाव में भिन्नता है। ऐसा ही वर्णन *ऋग्वेद* में अश्विनों का है। डोनाल्ड ने *महाभारत* में वर्णित नकुल और सहदेव को भी अश्विनों से संबद्ध किया है।

2. *ऋग्वेद* में भी अश्विन और सूर्या का दिव्य रूप में स्वर्ग की परिक्रमा करने का उल्लेख है। *रामायण* में भी राम, लक्ष्मण और सीता का वनवास के लिए वल्कल वस्त्र धारण करने के पश्चात भी अश्विन-दियोसकूरोई परंपरावाद के अनुकूल त्रयो राम-लक्ष्मण और सीता का प्रकाशवान स्वर्ण के रथ में आरूढ़ होने का उल्लेख है।
3. राम-लक्ष्मण और सीता का नौका में नदी पार करने का प्रसंग वैदिक दियो-सकूरोई परंपरा का स्मरण कराने वाला है।
4. *ऋग्वेद* में सूर्यपुत्री सूर्या और अश्विनों का संबंध बहुपतित्व का है। *महाभारत* में द्रौपदी के उदाहरण में ऐसा मिलता है। *रामायण* में यद्यपि बहुपतित्व नहीं है किंतु डोनाल्ड राम के साथ लक्ष्मण की सदैव उपस्थिति में यह निष्कर्ष निकालते हैं कि मूलत: *रामायण* कथा में भी सीता और राम-लक्ष्मण के मध्य बहुपतित्व संबंध था। यह मूल रूप बौद्ध ग्रंथ *दशरथ-जातक* में देखा जा सकता है, जिसमें सीता को राम-लक्ष्मण की बहन और पत्नी माना गया है।
5. वैदिक साहित्य में *रामायण* के समान सूर्या के अपहरण का उल्लेख नहीं है। किंतु एक भारतीय लोककथा में सूर्यपुत्री सूरज का अपनी पत्नी बनाने के लिए अगरिया द्वारा अपहरण किए जाने का उल्लेख है। यहां सूरज वैदिक सूर्या को ही प्रकट करता है। इस लोककथा के आधार पर यह निष्कर्ष निकाला जा सकता है कि मूलत: अश्विन-सूर्या की कथा में भी अपहरण का प्रसंग था। पुनश्चय सूर्यासूचक विवाह स्त्रोतों में सूर्या अश्विनों को नहीं, बल्कि सोम को दी जाती है। वैदिक स्त्रोतों में बहुधा उषस् की समता भी सूर्या से स्थापित की गई है तथा अश्विनों को प्रतिदिन प्रात: उषस् को अंधकार से मुक्त करवाने वाला कहा गया है। इसी प्रकार *ऋग्वेद* के अन्य स्त्रोतों में अश्विन देवताओं द्वारा भेड़िए से बटेर की रक्षा का उल्लेख है।
6. *रामायण* में राम और लक्ष्मण समुद्री मार्ग से लंका पहुंचते हैं। *ऋग्वेद* में ऐसा कोई समान उदाहरण नहीं है, किंतु समुद्र में रक्षा करने वाले देवता के रूप में प्रसिद्ध अश्विन के उद्धरणों में यह समान अवधारणा देखी जा सकती है।

डोनाल्ड महोदय ने वैदिक, *रामायण,* बाल्टिक, यूनानी, रूमानियन तथा जर्मन परंपराओं में जुड़वां-देवता के आख्यान का अध्ययन कर भारोपीय संस्कृति के सिद्धांत को सुदृढ़ बनाने की चेष्टा की है।

रामायण की मुख्य कथा को जिस प्रकार वैदिक और दूसरी भारोपीय कथाओं से उन्होंने जोड़ा है, वह अत्यंत दूरवर्ती और अप्रत्यक्ष सा है। वस्तुतः भारोपीय संस्कृति के अस्तित्व के सिद्धांत पर ही आज प्रश्नचिह्न लगा हुआ है। इतिहास के प्रमुख विवादास्पद विषयों में से यह एक है। दूरवर्ती भारोपीय सिद्धांत के स्थान पर पारस्परिक संपर्क तथा प्रसार का सिद्धांत अधिक व्यावहारिक और युक्तियुक्त लगता है।

भारत और पश्चिमी जगत के मध्य संबंधों के साक्ष्य सिंधुघाटी युग से ही मिलने लगते हैं। तेलअसमर, किश, लगश, सूसा और अगरब से प्राप्त सिंधुघाटी की मुहरें भारत और मेसोपोटामिया के मध्य संबंधों को प्रमाणित करते हैं। बहराइन तथा लोथल में किए गए उत्खननों से भी प्राक्-ऐतिहासिक युग में दोनों के मध्य समुद्रतटीय मार्ग से आवागमन की पुष्टि होती है। असीरियनों और नियो-बेबीलोनियनों के युग में भारत से संबंध मेसोपोटामिया से बने रहे। बौद्ध ग्रंथ *वबेरू जातक* के आधार पर कहा जा सकता है कि आठवीं-सातवीं शताब्दी ई. पू. में भारतीय व्यापारियों एवं पर्शियन खाड़ी क्षेत्र के तटीय मार्ग से बेबिलोनिया की ओर निरंतर आवागमन था। यदि जोसेफ फ्लैवियस का यह कथन सत्य है कि *ओल्ड टेस्टामेंट* में वर्णित ओफिर भारत का एक प्रदेश था, तब भारत और जुडिया के मध्य संबंध सॉलोमन (10 वीं शताब्दी ई.पू.) के काल तक ले जाए जा सकते हैं।[28]

भारत और यूनान के मध्य संबंध इंडो-ग्रीक युग तथा सिकंदर के आगमन के बहुत पहले स्थापित हो चुके थे। होमर के महाकाव्यों में पूर्वी इथोपिया और पश्चिमी इथोपिया का उल्लेख मिलता है। एक मत के अनुसार होमर भारत को पूर्वी इथोपिया समझता था।[29] होमर द्वारा व्यापारिक वस्तुएं हाथी दांत और टिन के लिए प्रयुक्त शब्द *एलेफॉस* और *कासितैरोस* क्रमशः *इम* और *कस्तीरम* से लिये गए प्रतीत होते हैं। संभवतः होमर काल में इन वस्तुओं का आयात भारत से होता था।[30] डिक्तीज ने अपनी *ट्रोजन डायरी*-रचना में उल्लेख किया है कि ट्राय युद्ध में भारतीय और इथोपियन सेना ट्रोजनों के पक्ष की ओर से लड़ी थी।[31]

पारसीक साम्राज्य के उदय ने भारतीय और यूनानी संस्कृतियों को एक-दूसरे के संपर्क में आने का महत्वपूर्ण अवसर प्रदान किया। इतिहासकार हेरोदोतोस तथा पारसीक अभिलेखों से प्रमाणित होता है कि सिंधु नदी के आसपास का क्षेत्र पारसीक साम्राज्य का अभिन्न अंग था।[32] उस समय 'इंडिया' सिंधु नदी के ही प्रदेश को कहा गया था। आयोनिया (एशिया माइनर) में बसे यूनानी भी पारसीक साम्राज्य की प्रजा थे। भारतीय और यूनानी सैनिक, नाविक और अधिकारी साथ-साथ पारसीक साम्राज्य के लिए कार्य करते थे। पारसीक सम्राट दारयवोष-I (521-486 ई.पू.) ने यूनानी नाविक अधिकारी स्कीलाक्स को सिंधु नदी के उद्गम के अन्वेषण हेतु भेजा।[33] जरक्सीज की सेना में सम्मिलित भारतीय यूनान गए थे।[34] भारतीय सूती वस्त्र[35], स्टील[36] तथा बहुमूल्य पत्थरों[37] की पारसीक साम्राज्य में विशेष मांग थी।

इन प्रारंभिक संपर्कों का यूनान पर भारतीय प्रभाव दर्शन, जन्तु कथाओं और चिकित्सा-शास्त्र के क्षेत्र में तो स्पष्ट रूप से देखा जा सकता है। पीथागोरास के नाम से जुड़ी एक ऐसी विचारधारा का इस समय यूनान में विकास हुआ जिसमें कर्म, पुनर्जन्म, हिंसा निषेध, शाकाहारी जीवन पर बल भारतीय परंपरा के ही अनुरूप था। ऋषियों के ही समान पीथागोरस के अनुयायी आश्रमों में संयमित तथा सादा जीवन व्यतीत करते थे। प्लातोन ने भी कर्म और पुनर्जन्म के सिद्धांत की व्याख्या की। इस प्रकार की विचारधारा यूनान की भूमि पर कुछ बेमेल-सी लगती थी। भारत में जहां पुनर्जन्म और कर्म का सिद्धांत उत्तर-वैदिक युग से ही प्रारंभ होकर अपनी चरम सीमा तक विकसित हुआ वहां यूनान में पीथागोरियन मुख्य धारा से कटे हुए थे। यूनानियों को स्वयं लगता था कि यह विचारधारा उनके देश में कहीं बाहर से आई। हेलिनिस्टिक और रोमन युग तक तो उनमें यह विश्वास प्रबल हो गया था, कि पीथागोरस ने ज्ञान भारत से ग्रहण किया था।[38] ईसप के नाम से जुड़ी यूनानी जंतु कथाएं भी भारतीय जंतु कथाओं के ही समान हैं। कुछ तो बिलकुल एक-सी ही हैं। इन कथाओं में जिन जंतुओं का उल्लेख है, उनमें से अनेक यूनान की धरती पर देखे नहीं जाते। इसके विपरीत भारत में वे सामान्य हैं। ये जंतुकथाएं अवतारवाद और पुनर्जन्म के सिद्धांत में विश्वास करने वाली संस्कृति के अधिक अनुकूल लगती हैं। अतएव जंतुकथाओं का यूनान में भारत से प्रसार अधिक संभव लगता है।[39] यूनानी चिकित्साशास्त्र के जन्मदाता हिप्पोक्रातीज के सिद्धांतों पर भी इस समय भारतीय प्रभाव देखा जा सकता है। वायवीय के संबंध में भी हिप्पोक्रातीज की अवधारणा भारतीय वायु अथवा प्रारप की अवधारणा के समान है। आयुर्वेद के त्रिदोष सिद्धांत के ही समान सिद्धांत प्लातोन के ग्रंथ *तिमाईओस* में देखा जा सकता है।[40]

तात्पर्य यह है कि यदि धर्म, दर्शन और चिकित्साशास्त्र के क्षेत्र में भारतीय अवधारणाएं सिकंदर के बहुत पहले यूनान में देखी जा सकती हैं तथा होमर काल में हाथी दांत और टिन जैसी वस्तुएं यूनान में भारत से पहुंच सकती हैं, तब मनोरंजक आख्यान और मिथक भी भाषाओं और राजनीतिक सीमा संबंधी बाधाओं को लांघकर पहुंच सकते हैं। कथाओं को दूर-दूर तक पहुंचाने में व्यापारियों, सैनिकों, नाविकों, घुमक्कड़ फकीरों और दासों जैसे माध्यमों का प्रारंभ से ही सक्रिय योगदान रहा है। ऐतिहासिक तथा प्राक्-ऐतिहासिक युग में भारत के अनेक बाह्य संस्कृतियों से संपर्क विभिन्न माध्यम से रहे हैं। रामकथा की उत्पत्ति और विकास के संबंध में निष्कर्ष इन संपर्कों के अध्ययन के आधार पर निकाले जा सकते हैं। दूरवर्ती भारोपीय संस्कृति में मूल रामायण की कथा के अस्तित्व सोचने में कल्पना का अधिक सहारा लेना पड़ता है, जबकि समानताओं के मूल में समकालीन आदान-प्रदान का सिद्धांत जिसके साक्ष्य भी उपलब्ध हैं, अधिक स्वाभाविक और व्यावहारिक लगता है।

संदर्भ एवं टिप्पणियां

1. ख्रीसोस्तोमोस, दिओन, *ओरेशंस,* LIII, 6.
2. एलिआनोस, *वेरिया हिस्तोरिया* XII, 48.
3. ख्रीसोस्तोमोस, दिओन, *ओरशंस* XXXII, 40 दिओन के श्रोताओं में भारतीयों का भी यहां उल्लेख मिलता है.
4. बालकांड, 48-49.
5. अलेक्जांद्रिया, क्लीमेंस, *प्रोत्रैपतिकोस,* II, 15, 18.
6. *रामा.,* VII, 8.
7. अपोलोडोरोस, I, 6, 3; ओविड, *मेतामोरफोसिस,* V, 319; हिगीनस, *फैबुले,* 152.
8. *रामा.,* I, 67.
9. *ओडीसी,* XIX, 584.
10. *महा.,* I, 176-81, आलोचनात्मक संस्करण.
11. *रामा.,* IV, 44. सांकलिया, *रामायण—मिथ ऑर रिएल्टी,* दिल्ली, 1973, पृ. 56.
12. *रामा.,* II, 91. सांकलिया, *वही,* पृ. 58.
13. *रामा.,* I, 55.
14. अरोड़ा, उदय प्रकाश, *मोतिफ्स इन इंडियन माइथॉलोजी-देयर ग्रीक एंड अदर पैरलल्स* दिल्ली, 1981, पृ. 69-71.
15. फिलोस्त्रातोस, *अपोलो. तियाजा.,* III, 12.
16. वही, II, पृ. 27.
17. जैकोबी, एफ., *फ्रैगमेंटे देअर ग्रेकेशन हिस्टोरिकल,* बर्लिन-लंडन 1923-58, नं. 90, 100 (स्त्रा., XV, 1, 73).
18. प्लू. *कैसस* 32, यूरोपिदीस और सॉफोक्लीज के नाटकों का जेद्रोशियनों द्वारा खेले जाने का भी उल्लेख प्लूतारखोस (*अलेक्जेडर फरतू.* I, 328D) करता है.
19. एलन, जे., *जर्नल ऑफ हेलेनिक स्टडीज,* 1946, LXVI, पृ. 21-23.
20. मार्शल, जे., *कैंब्रिज हिस्ट्री ऑफ इंडिया,* I, पृ. 646.
21. देखिए उदय प्रकाश अरोड़ा, *मोतिफ्स इन इंडियन माइथा.,* पृ. 181-82.
22. सांकलीया, *रामायण—मिथ ऑर रिएल्टी,* पृ. 60-63.
23. बुल्के, कामिल, *रामकथा—उत्पत्ति और विकास,* पृ. 1-26.
24. एफ. जी. बेहनकर, *ग्रेक्शे गॉटरलेहरे,* 3 वॉल्यूम (गॉटिंगन, 1857-62) 606-15.
25. *ऋग्वेद,* I, 117, 12.
26. हॉपकिंस, जी., *इंडो-यूरोपियन दिबुओस एंड रिलेटड वर्ड्स* येल, 1932.
27. द्रष्टव्य कॉरडोना, होनिग्सवाल्ड, सेन (संपादित) *इंडो-यूरोपियन एंड इंडो-यूरोपियंस* (फिलाडेल्फिया, 1970) ग्रंथ में सम्मिलित डोनॉल्ड, जे.वाई. का लेख, 'एन इंडो-यूरोपियन मॉइथोलॉजिकल थीम इन जर्मनिक ट्रेडीशन', पृ. 405-20.
28. अरोड़ा, उदय प्रकाश, *ग्रीक्स ऑन इंडिया-स्कीलाक्स टू अरिस्तोतैलिस* (इंडियन सोसायटी फॉर ग्रीक एंड रोमन स्टडीज, बरेली, 1996) पृ. 1 एवं 10.
29. अरोड़ा, उदय प्रकाश, 'इंडिया विज़ ए विज़ इथोपिया-ईजिप्ट इन क्लासिकल एकाउंट्स', *ग्रेको अरेबिका* (एथेंस, 1982), पृ. 131.
30. अरोड़ा, उदय प्रकाश, *ग्रीक्स ऑन इंडिया—स्कीलाक्स टू अरिस्तोतैलिस,* पृ. 1 एवं 11.

31 *दिक्तीज क्रीतैनसिस* (संपादित डब्लू. आइज़न हट, ट्यूबनैर, 1885), IV, 4.

32. हेरोदोतोस, III, 97, पर्सीपोलिस एवं नक्श्-ए-रुस्तम अभिलेखों से 'इंदिया' क्षत्रप के सम्मिलित होने की पुष्टि होती है.

देखिए हेरोदोतीस III. 97 पर हाउ और वेल्स (ऑक्सफोर्ड, 1928) की टिप्पणी.

33. हेरोदोतोस, IV, 44.

34. हेरोदोतोस, VII, 65.

35. हेरोदोतोस, III, 106.

36. जैकोबी, एफ., *पूर्वोक्त,* क्टेसिअस, नं. 688, फ्रेग्मेंट 45 (a) मेकक्रिंडल, *एंशिएंट इंडिया एज़ डिस्क्राइब्ड बाइ क्टेसिअस द क्नेदिअन,* कलकत्ता, 1882, पृ. 68.

37. वही, फ्रेग्मेंड 45 (6); मेकक्रिंडल, *वही,* पृ. 9-10.

38. अरोडा, उदय प्रकाश, 'ग्रीक एटीच्यूड टूवर्ड्स द इडियंस', *गंगा नाथ झा केंद्रीय संस्कृत विद्यापीठ जर्नल,* वाल्यूम XXVII, पार्ट 1-4, (बलदेव उपाध्याय फेलीसिटेशन वॉल्यूम), पृ. 107.

39. अरोड़ा, उदय प्रकाश, 'फॉक लिटरेचर इन एंशिएंट इंडिया एंड एंशिएंट ग्रीस', *ऐसेज ऑन इंडोलॉजी, पॉलिटी एंड एडमिनिस्ट्रेशन—इन ओनर ऑफ आर. के. त्रिवेदी,* संपादित एस.डी. त्रिवेदी, वाल्यूम II, पृ. 341-44, दिल्ली, 1989.

40. अरोड़ा, उदय प्रकाश, *ग्रीक्स ऑन इंडिया—स्कीलाक्स टू अरिस्तोतैलिस,* पृ. 85-87.

3. पंचाल के व्यक्तित्वगत अंतर्विरोध

अतुल कुमार सिन्हा*

प्रस्तुत शोधपत्र भारतीय संस्कृति की निर्माणभूमि के रूप में ख्यात प्राचीन पंचाल क्षेत्र की ऐतिहासिक-सांस्कृतिक व्याप्ति में उन पारंपरिक अंतर्विरोधों के रेखांकन का प्रयास है जिनके पारस्परिक सामंजस्य एवं समन्वयन के ऐतिहासिक सातत्य ने भारतीय संस्कृति में ग्रहणशीलता एवं आत्मसातीकरण की प्रवृत्ति का सूत्रपात किया और उसमें उस वैशिष्ट्य का रूपायन किया जो 'अनेकता में एकता' की आभिव्यक्तिक उद्‌भावना में चरितार्थ हुई। इस वैशिष्ट्य के ऐतिहासिक पूर्वरूप का प्रथम निदर्शन पूर्व-वैदिककालीन असिकनि (चेनाब) एवं सिंधु नदी के तट पर रहने वाले कविजन के लोगों का चार अन्य जनों नामतः— केशिन्, सृंजय, सोमक, और तुर्वशु—के साथ होने वाले उस सम्मिलन में प्राप्त होता है जिसके परिणामस्वरूप 'पंचाल' ने अपना अस्तित्व प्राप्त किया[2] और यदि इस तथ्य को ध्यान में रखा जाए कि यह सम्मिलन आर्य एवं आर्येतर जनों का था[3], तो यह बात अत्यंत स्पष्ट हो जाती है कि अंतर्विरोधों के समन्वय द्वारा विकास की प्रगतिशील भारतीय मानसिकता पंचाल मानसिकता का ही नैरंतर्य है जिसके कतिपय अन्य उदाहरण आगे प्रस्तुत किए जाएंगे। किंतु इस संदर्भ में परंपरा और रूढ़ि का अंतर समझना अत्यंत आवश्यक है क्योंकि इन दोनों में सातत्य का मूल भाव होता है और इस कारण उनमें परस्पर अर्थ-विपर्यय की पर्याप्त संभावना होती है। परंपरा जीवंत विचारों का प्रवाह है तो रूढ़ि यांत्रिक भाव से क्रियाओं का परिवर्तनविहीन सातत्य है। परंपरा में परिवर्तन का भाव अंतर्निहित है तो रूढ़ि में लकीर का फकीर होने का भाव होता है। परंपरा रूढ़ि का नकार है तो रूढ़ि परंपरा का शववाहक।[4] भारतीय संस्कृति का ऐतिहासिक विकास उसकी परंपराओं के सातत्य में देखा जा सकता है, कतिपय संस्कारगत अथवा व्यवहारगत रूढ़ियों के नैरंतर्य में नहीं।[5] पंचाल के ऐतिहासिक विकासक्रम में उसके व्यक्तिगत अंतर्विरोधों का अध्ययन इसी दृष्टि से किया जा सकता है।

पंचाल के किसी भी अध्ययन प्रयास में यह तथ्य अत्यंत महत्वपूर्ण है कि अपने संपूर्ण ऐतिहासिक विकासक्रम में पंचाल का सांस्कृतिक महत्व उसकी राजनीतिक महत्ता से कहीं अधिक रहा है और इसी कारण उसने भारतीय संस्कृति की विकास-प्रक्रिया में अपना वैशिष्ट्य स्थापित किया।[6] पंचाल के ऐतिहासिक-सांस्कृतिक महत्व का प्रारंभ उत्तर-वैदिक काल के पूर्वार्ध से देखने को मिलता है जब यज्ञीय अनुष्ठानों और कर्मकांडों ने भारतीय

---

* प्रोफेसर, प्राचीन इतिहास एवं संस्कृति विभाग, म. ज्यो. फुले., रुहेलखंड विश्वविद्यालय, बरेली.

जीवन के सभी पक्षों को प्रभावित कर लिया था। युद्ध अथवा शांतिपूर्ण प्रक्रिया के माध्यम से पूर्व–वैदिककालीन जनों के पारस्परिक सम्मिलन से जनपद राज्यों के विकास की प्रक्रिया में कृषि–कर्म का ज्ञान और उसके विकास के कारण भूमि के महत्व में वृद्धि तथा विकासमान जनपद राज्यों में अधिक से अधिक भूमि पर अधिकार करने की भावना से उत्पन्न प्रतिद्वंद्विता और इस प्रतिद्वंद्विता में विजयी होने के लिए सैन्य–शक्ति के अतिरिक्त दैवी शक्तियों का सहयोग प्राप्त करने की भावना ने इस यज्ञीय आनुष्ठानिक संस्कृति को बढ़ावा दिया और वह तत्कालीन जीवन पद्धति का सर्वप्रमुख तत्व बन गई[7] और पंचाल जिसका अस्तित्व आर्य एवं आर्येतर जनों के सम्मिलन का एक उदाहरण था, इस संस्कृति एवं जीवन पद्धति के एक प्रमुख केंद्र के रूप में हमारे सामने आता है जब हम यह देखते हैं कि वैदिक स्रोतों में पंचाल के शासकों द्वारा अश्वमेध, राजसूय एवं अन्य यज्ञों के संपादित किए जाने के ही बहुविध उल्लेख नहीं प्राप्त होते[8], बल्कि एक शासक सृंजय सप्लान द्वारा यज्ञ–विद्या में विशेषज्ञता प्राप्त करने की जानकारी भी हमें प्राप्त होती है।[9] इसी प्रकार यदि *शतपथ ब्राह्मण* पंचाल देश के शुद्धतम मंत्रपाठ की चर्चा करता है[10] तो *शांखायन* और *लाट्यायन* के श्रौतसूत्र यहां के यज्ञ–संपादन की पद्धति को सर्वोत्तम घोषित करते हैं।[11] संक्षेपतः पंचाल ने यज्ञीय–आनुष्ठानिक संस्कृति के दिनों में अपनी महत्ता निर्विवादतः सिद्ध कर दी थी और इन यज्ञों के संपादन के परिणामस्वरूप यह क्षेत्र अत्यंत समृद्ध हो गया था जैसा कि कतिपय वैदिक स्रोतों से संकेतित है।[12]

वैदिककाल के अगले चरण में यज्ञीय संस्कृति की प्रतिक्रियास्वरूप उद्भूत ज्ञानमार्गीय परंपरा ने उपनिषद् ग्रंथों के प्रणयन में अपने जिस सर्वोच्च रूप का प्रकाशन किया, उसकी आधारभूमि उपनिषदों की जन्मस्थली के रूप में विश्रुत पंचाल मही ही थी जिसने व्यक्तित्वगत अंतर्विरोध का साकार एवं सर्वोत्कृष्ट उदाहरण प्रस्तुत किया, औपनिषदिक अध्यात्म विद्या के केंद्र के रूप में उपनिषद्ग्रंथों में बहुल्लिखित होकर।[13] यह एक सुविदित तथ्य है कि उपनिषद् काल के महत्वपूर्ण ऋषियों–विद्वानों यथा प्रवाहण, जाबालि, प्रतर्दन, गार्ग्यायन, चैकितायन, उद्दालक आरुणि, और श्वेतकेतु का संबंध पंचाल से था।[14] उपनिषद–विद्या के सर्वश्रेष्ठ प्रवक्ता ऋषि याज्ञवल्क्य का संबंध भी पंचाल से था।[15] इस आध्यात्मिक चिंतन का प्रचार–प्रसार देश के अन्य भागों में पंचाल की ऋषि–परंपरा के ही माध्यम से हुआ क्योंकि *शतपथ ब्राह्मण* में उल्लिखित है कि विदेह जनक का राजदरबार कुरु–पंचाल देश के विद्वान ब्राह्मणों से भरा हुआ था[16] और वही ग्रंथ एक अन्य स्थान पर पंचाल राजाओं के संरक्षण में पंचाल के भिन्न–भिन्न भागों में रहने वाले विद्वान ब्राह्मणों की संख्या सैकड़ों में नहीं, हजारों में बताता है।[17] यही तथ्य *मनुस्मृति* के 'एतद्देशे प्रसूतस्य.... ' से भी समर्थित होता है। इस प्रकार औपनिषदिक स्रोतों से पंचाल के आध्यात्मिक व्यक्तित्व का स्पष्ट परिचय प्राप्त होता है, किंतु यही स्रोत इस व्यक्तित्व के एक अन्य आयाम का निदर्शन भी कराते हैं जो पंचाल के व्यक्तित्वगत अंतर्विरोध का एक अन्य उदाहरण प्रस्तुत करता है और यह

आयाम है—पंचाल में भौतिकवादी अथवा पदार्थवादी विचारधारा के सूत्रपात का, जिसका अप्रतिम उदाहरण उद्दालक आरुणि के सिद्धांतों में दिखाई पड़ता है जो छांदोग्य उपनिषद् की विषयवस्तु का एक महत्वपूर्ण भाग है। अपने समकालीन अन्य विचारकों के ब्रह्म को सृष्टि का मूल बताने के सिद्धांत का खंडन करते हुए उद्दालक पृथ्वी (अर्थात पदार्थ) को सृष्टि का मूल तत्व घोषित कर अपने भौतिकवादी अथवा पदार्थवादी विचारधारा का प्रतिपादन करता है[18] जिसका अगला विकास उसके पुत्र श्वेतकेतु के साथ जगत के मूल के विषय में होने वाले वार्तालाप में दिखाई पड़ता है जिसमें वह अपनी बात समझाने के लिए पर्यवेक्षण और प्रयोग की उस विधि का आश्रय लेता है जो वैज्ञानिक अध्ययन-पद्धति का मूलाधार है[19] और जिसके कारण डी.पी. चट्टोपाध्याय उसे विश्व का प्रथम वैज्ञानिक घोषित करते हैं।[20] उद्दालक द्वारा पुत्रोत्पत्ति-विद्या के पूर्वरूप 'मंथ सिद्धांत' का प्रतिपादन[21] और उसके पुत्र श्वेतकेतु को *महाभारत*[22] के अनुसार विवाह संस्था का संस्थापक बताया जाना, पुनः इसी श्वेतकेतु को वात्स्यायन द्वारा भारतीय काम विज्ञान (Erotic Sciences) का प्रथम मनुज संस्थापक घोषित किया जाना[23] पंचाल क्षेत्र के पदार्थवादी चिंतन के उदाहरण के रूप में ग्रहण किया जा सकता है जिसका विस्तृत विवरण अन्यत्र देखा जा सकता है।[24] ब्रह्म, आत्मन और मोक्ष की केंद्रीयता में विकसित अध्यात्मवादी दर्शन की यह भूमि यदि भौतिकवादी अथवा पदार्थवादी चिंतन से इस तरह घनिष्ठ रूप से संबंधित दिखाई पड़ती है तो यह उसके व्यक्तित्वगत अंतर्विरोधों का ही परिचायक है और पंचाल के इस अंतर्विरोधी व्यक्तित्व का सर्वाधिक उपयुक्त उदाहरण उपनिषद् काल के प्रख्यात ऋषि याज्ञवल्क्य के रूप में प्राप्त होता है जो महान अध्यात्मवादी होने के साथ ही साथ बृहदारण्यक उपनिषद् में कतिपय ऐसे विचार व्यक्त करते हैं जिन्हें किसी भी तरह से भौतिकवाद की परिधि से बाहर नहीं रखा जा सकता।[25]

परस्पर विरोधी विचारों की केंद्रीयता में व्यक्तित्व-लाभ करने वाले पंचाल क्षेत्र की इस प्रवृत्ति का सातत्य हमें आगे आने वाले दिनों में प्राप्त होता है जब वैदिक परंपराओं के विकास का यह केंद्र वेद-विरोधी धर्मों, नामतः—जैन और बौद्ध धर्म—की गतिविधियों से भी उतनी ही घनिष्ठता से जा जुड़ता है जिसके प्रमाण हमें ऐतिहासिक स्रोतों से प्राप्त होते हैं। अपने व्यक्तित्व-विकास के प्रारंभिक दिनों से ही अवैदिक नामों के साथ संबद्ध यह क्षेत्र ऐतिहासिक काल में नाग-शक्ति के एक प्रमुख केंद्र में उभरता हुआ दिखाई देता है।[26] साहित्यिक साक्ष्यों के अतिरिक्त पुरातात्विक साक्ष्य भी इस क्षेत्र के लोगों की उस विलक्षण मानसिकता का प्रमाण प्रस्तुत करते हैं जिसमें एक साथ ही वैदिक-अवैदिक, प्रवृत्ति-निवृत्ति, त्याग-भोग, भौतिक-आध्यात्मिक, विशिष्ट-सामान्य आदि परस्पर विरोधी तत्वों के पारस्परिक सामंजस्य एवं समन्वयन की प्रक्रिया द्वारा एक विशिष्ट व्यक्तित्व का विकास किया गया था। इस क्षेत्र के विभिन्न पुरास्थलों से प्राप्त पुरातात्विक अवशेष जहां एक ओर इस क्षेत्र की अत्यंत समृद्ध लोक-संस्कृति का संकेतन करते हैं,[27] वहीं ऐतिहासिक

साक्ष्यों से इसके राजनीतिक-सामाजिक वैशिष्ट्य की जानकारी भी प्राप्त होती है। इस क्षेत्र के इतिहास से संबंधित सभी स्रोत एक सामग्रिक संदर्भ में देखे जाने पर पंचाल के व्यक्तित्व का अत्यंत स्पष्ट चित्र हमारे सामने प्रस्तुत करते हैं जिसमें इस क्षेत्र की उस प्रगतिशील मानसिकता का स्पष्ट प्रतिबिंबन होता है जिसने सिर्फ परंपराओं के सातत्य के प्रति ही अपनी निष्ठा नहीं रखी, बल्कि परंपराओं को देश-काल-परिस्थितियों की कसौटी पर कसने के बाद ही उन्हें अंगीकृत किया। परंपराओं के नाम पर रूढ़ियों को ढोते रहने की कोई विवशता इस मानसिकता ने नहीं स्वीकार की और नवीन विचारों को यथावश्यकता अपनाने में कभी संकोच नहीं किया। भारतीय संस्कृति में परस्परविरोधिता के बीच समन्वयन एवं सामंजस्य की जिस प्रवृत्ति ने सहिष्णुता एवं शांतिपूर्ण सह-अस्तित्व की परंपरा का विकास किया, उसके बीज पंचाल की इस धरती से ही उपजते हुए देखे जा सकते हैं और वही पंचाल के इस व्यक्तित्वगत अंतर्विरोध की बाह्यता में उसके उस सामासिक व्यक्तित्व को अंतरतः उभारते हैं जो भारतीय संस्कृति में अनेकत्व में एकत्व की उद्घोषणा में रूपायित होता है। यही पंचाल का वैशिष्ट्य है और यही उसकी सांस्कृतिक चेतना का मूल आधार भी है।

संदर्भ एवं टिप्पणियां

1. *ऋग्वेद,* 7.20.24; कीट, ए.बी. तथा मैकडॉनल, ए.ए., *वैदिक इंडेक्स ऑव नेम्स एंड सब्जेक्ट्स,* जिल्द-1, लंदन, 1912, पृ. 198.
   कवियों के विषय में अधिक जानकारी हेतु द्रष्टव्य, स्तेनकोनोव, 'वैदिक कवि', *एक्टा ओरिएंटेलिया,* जिल्द-16, सं. 3, बुडापेस्ट, 1938, पृ. 161-80.
2. रायचौधरी, हेमचंद्र, *पोलिटिकल हिस्ट्री आव एंशिएंट इंडिया* (पुनर्मुद्रित), कलकत्ता, 1977, पृ. 67; ला, बी.सी., *ऐंशिएंट मिड-इंडियन क्षत्रिय ट्राइब्स,* कलकता, 1924, पृ. 51-52.
   पौराणिक परंपरा के अनुसार इस क्षेत्र के शासक के पांच वीर पुत्रों द्वारा रक्षित भूमि होने के कारण ही इस क्षेत्र को पंचाल नाम प्राप्त हुआ. संभवतः पंचाल शब्द का प्रयोग प्रारंभ में इन पांचों राजकुमारों की समेकित संज्ञा के रूप में किया गया, किंतु कालांतर में यह नाम इस क्षेत्र के लिए ही प्रयुक्त होने लगा. तु., पार्जिटर, एफ.ई. का *जर्नल आवँ रायल एशियाटिक सोसाइटी,* 1988 में प्रकाशित लेख, पृ. 128 तथा आगे.
   भिन्न-भिन्न पुराणों में इन राजपुत्रों के नाम अलग-अलग दिए गए हैं. *भागवतपुराण* (9.21) में मुद्गल, यवीनर, बृहदविष, संजय और कंपिल्य, *विष्णुपुराण* (19.4) में मुद्गल, सृंजय, बृहदिषु, प्रवीर और कंपिल्य, *ब्रह्मांड पुराण* (13.93) एवं *मत्स्य पुराण* (50.3) में मुद्गल, सृंजय, वृहदिषु, यवीनर, कृमिलश्व के नाम मिलते हैं जिन्होंने पंचाल राज्य के विभिन्न घटकों का निर्माण किया था.
   देखिए, पॉल, आर.के. *साउथ पंचाल,* कानपुर, 1985, पृ. 49.
3. श्रीमाली, के.एम., *हिस्ट्री ऑव पांचाल,* जिल्द-1, दिल्ली, 1983, पृ. 23-29; रायचौधरी, एच.सी., पूर्वोद्धृत, (हि.अनु.), पृ. 58.
4. परंपरा और रूढ़ि के बीच अंतर के लिए देखिए : हीस्टरमान, जे.सी., *द इनर कॉन्फ्लिक्ट ऑव ट्रेडीशन,* शिकागो, 1985, पृ. 1; दुबे, श्यामाचरण, *परंपरा, इतिहास बोध एवं संस्कृति,* दिल्ली, 1992, पृ. 16, 24, 25; सिन्हा, एच.एस., *संस्कृति दर्शन,* चंडीगढ़, 1990, पृ. 154.
5. पांडे, गोविंदचंद्र, *भारतीय परंपरा के मूल स्वर,* दिल्ली, 1984, पृ. 66-67.

6. देखिए, सिन्हा, ए.के., 'भारतीय संस्कृति के निर्माण में पंचाल क्षेत्र की भूमिका' *पंचाल,* अंक 3, कानपुर, 1989.
7. सिन्हा, ए.के., 'धर्म, राजधर्म एंड प्रोसेस ऑव स्टेट फार्मेशन इन एंशिएंट इंडिया' *भारती,* जिल्द-1, वाराणसी, 1983, पृ. 52-54, तथा 'वैल्यू एंड सोशल स्ट्रक्चर इन एंशिएंट इंडिया' *जर्नल ऑव द ओरिएंटल इंस्टीट्यूट,* जिल्द-40, अंक 1, बड़ौदा, 1990, पृ. 36-41.
8. *शतपथ ब्राह्मण* 5.5.2.3-5; 13.5.4.7; 13.5.4.16; कीथ, ए.बी. तथा मैकडॉनल, ए.ए., पूर्वोद्धृत, पृ. 220.
9. *शतपथ ब्राह्मण,* 2.4.4.4; 5.5.2.5; 12.8.2.3.
   केशिन दाल्भ्य के कतिपय आनुष्ठानिक कृत्यों की सूचना काठक संहिता से मिलती है जिसके परिणामस्वरूप पंचाल राज्य का तीन भागों में विभाजन हो गया था.
   काठक संहिता, 30.2.
10. *शतपथ ब्राह्मण,* 3.2.3.15.
11. *शांखायन श्रौतसूत्र,* 15.11.15; *लाट्यायन श्रौतसूत्र,* 8.11.88.
12. *शतपथ ब्राह्मण*, 5.4.4.4; 12.8.2.3; *ऐतरेय ब्राह्मण* 8.23.5.
13. भट्टाचार्जी, यू.सी., 'द होम ऑव द उपनिषद्स,' *इंडियन एंटीक्वरी,* जिल्द-57, 1928, पृ. 166-173; राय, बी.पी., *लेटर वैदिक इकॉनमी,* दिल्ली, 1984, पृ. 15.
14. श्रीमाली, के.एम., पूर्वोद्धृत, पृ. 4, 22; सिन्हा, ए.के., 'कल्चरल सिग्निफिकेंस ऑव पंचाल,' *प्रोसीडिंग्स ऑव यू.पी. हिस्ट्री कांग्रेस,* छठा अधिवेशन, बरेली, 1993, पृ. 32.
15. देखिए, ठाकुर, उपेंद्र, 'द बर्थ प्लेस ऑव याज्ञवल्क्य' *विश्वेश्वरानंद इंडीलोजिकल जर्नल,* होशियारपुर, 1965, पृ. 272-273.
16. *शतपथ ब्राह्मण,* 13.5.4.7-8; *ऐतरेय ब्राह्मण.*
17. *शतपथ ब्राह्मण,* 14.6.1.1.
18. *छांदोग्य उपनिषद्* 5.11.1.7; 5.6.2.4.
19. *छांदोग्य उपनिषद्,* 6.12.1-3; 6.13.1-3;
   विस्तार के लिए द्रष्टव्य, सिन्हा, ए.के., 'द साइंटिफिक टेंपर ऑव औपनिषदिक स्पिरिचुअलिज्म', इंडियन फिलॉसाफिकल कांग्रेस द्वारा आयोजित, 'वर्ल्ड फिलॉसाफिकल कांग्रेस', दिल्ली, दिसंबर, 2000, में प्रस्तुत शोधपत्र.
20. चट्टोपाध्याय, डी.पी., 'उद्दालक आरुणि—द पायनियर ऑव साइंस' *इंडियन हिस्टॉरिकल रिव्यू,* ' जिल्द-13, सं. 1-2, दिल्ली, 1986-87.
21. *बृहदारण्यक उपनिषद्,* 6.3.
22. *महाभारत,* 1.122.10.12, 16, 17.
23. श्रीमाली, के.एम. पूर्वोद्धृत, पृ. 122.
24. सिन्हा, ए.के., 'पंचाल एंड इंडियन मैटीरियलिज्म,' *हेरिटेज ऑव पंचाल,* (सं.) उदय प्रकाश अरोड़ा, बरेली, 2001.
25. *बृहदारण्यक उपनिषद्,* 3.9.21; 4.1.6; 4.3.21.
26. देखिए, देव, कृष्ण, 'पंचाल प्रदेश,' *हेरिटेज ऑव पंचाल,* पृ. 1-8.
27. विस्तार के लिए देखिए, घोष, ए. तथा पाणिग्रही, के.सी., 'पॉटरी ऑव अहिच्छत्र' (यू.पी.) *एंशिएंट इंडिया,* सं. 1, पृ. 37-45; घोष, ए., 'अहिच्छत्र' *इनसाइक्लोपीडिया ऑव इंडियन आर्कियोलॉजी,* जिल्द-1, पृ. 7-9; अग्रवाल, वी.एस., 'द टेराकोटा ऑव अहिच्छत्र', *एंशिएंट इंडिया,* सं.-4, पृ. 104-179; ला, बी.सी., 'पंचाल एंड देयर कैपिटल अहिच्छत्र', आर्कियोलॉजिकल सर्वे ऑव इंडिया, मेंवायर, सं. 67, 1942.

4. PĀÑCĀLĪ : A Classical Myth

Rekha Chaturvedi*

'Prapañcavācī Khalu Śabda Pañcāh' (प्रपञ्चवाची खलु शब्दपञ्चा:) Says Naiśadhiya Charitam.

The various meanings of Pañca (पञ्च) are[1]: entire in its entivety, whole or wholly, complete or completely, sum total in totality, full or fully, solely, firm, unbroken, *uncastrated, total* Expansion in all the directions, *perfect, Great* or *Grand and huge.*

The other Sogdian and Iranian Expression of the word *Pañca* are : a purse, a pouch, a hoard, a belly, a store, to treasure up or to amass. The secondary meaning of *Pañca* in Vaidic Grammar stands for number five but here in fact it stands for all total or all the communities. 'Al' is a suffix which means 'contained with' or 'full of'. Prof. Romila Thaper says that 'Al' is Dravidian word, which means 'all powerful'. Now it is interesting to understand the exact meaning of word *Pañcāl* as the total region containing wealth and prosperity. It is worth noting that *Pañca* or *Pañcan* is derived from root *'Prc'* (पृच्) means to be in contact with[2].

Pāñcāl (पाञ्चाल) is a man of *Pañcal* (पंचाल) used for the king of Pañcāla region.[3]

Pāñcāli[4] (पाञ्चाली) is obviously a woman or a queen of *Pañcāla* but it is dogmatically used and circumscribed for its meaning to *Draupadi* born in *Pañcāla* but most appropriate meaning of *Pāñcāli* is a woman belonging to all the people of community or the women who is in contact with all the persons of the commune.

Thus it simply indicates the primitive society where one woman was communalized to the local community or was associated to all the brothers and male members of a clan prevalent in archaic society.

Pāñcāli is thus a powerful prosperous wife or queen signify the primitive communalisms. *Zimmer*[5], however, suggests that the *Rigveda*[6] and the *Atharvaveda*[7] verses are occasionally found in which husbands[8] are mentioned in relation to a single wife.

---

* Reader, Deptt. of Ancient History, Archaeology & Culture, Gorakhpur University, Gorakhpur.

J.J. Bachofen[9] says that in distant past when men and women cohabited without contstraints of any kind. Promiscuity yielded place to group marriage in which a group of brothers and sisters lived communally, which in turn led to matriarchy.

The feminine revolt against unregulation led to the matrimonial relationship dominated by women. The establishment of gynocracy, where women headed the family, children took their names from their maternal family and inheritance descended through lines of female succession. The mother's right can be explained as a consequence of the economic and political supremacy of women in the early stages of primitive society. Many patrilineal societies contain clear traces of earlier matrilineal cultures, where the close association between mother and child is natural. McLennan[10] advocated that there was a stage in the progress of men in which a woman was not usually appropriated to a particular man as his wife[11]. There have been eras and the forms of society in which domination by the male was not quite so certain, e.g., it is significant that the Zulu dictionary defines man as an animal trained by women.[12]

The union of the sexes was unorchestrated, loose, unregulated, transitory and in some degree promiscuous. Polyandry is a modification of an advancement from promiscuity. The *Mahabharata*[13] refers to an age of sexual unregulation, before Śvetketu (श्वेतकेतु) laid down monogamy.

In this first stage the Pāñcālī or a communal wife did not reside with husbands but with her brothers and mother and her children belonged to her mother's house where they were born. In the second stage the wife lived in a house of her own where she was the mistress in her own right and she cohabited with her husbands according to fix rules. Her children still retained the maternal connections as heirs to the family property. In the third stage the wife went in husbands' family, the children now beleonged to father's house where they were born. Here the husbands were all of one blood and had common right of property. The evolution saw next stage when the brothers with one wife were jointly regarded as the fathers of their children but as the time advanced gradually the eldest brother arrogated to himself the leadership of the family. After then monogamy came in existance. With its concomitants individual wife and children, individual property, individual fatherhood, paternal decent and male kinship[14].

F. Engles[15] concluded the triumph of patriarchy over matriarchy with the beginning of female exploitation by the male. Briffault[16] believed that the maternal instinct was the original cradle of all tender emotions and therefore responsible for all human organizations.[17] In discussing the influence of maternity upon the central role of women Malinowski[18] clearely saw the relation of innate endowment to social institutions in shaping the human nature.

Clan life in which the mother is the head of the group is likely to lift the 'mother goddesses' into a supreme position (provided the nation has risen above the stage of magic). When mother is the head, we come across the fact that in ultimate analysis the early agricultural economy is the material basis of the female principle.

The father right elements might have been aggressively imposed on the lives of the people, yet the remnants of mother right could not be completely stamped out.

Indian masses, remaining as they did the tillers of the soil, were sticking to their old mother *Śakti.*[19] The relics of the ancient Indus civilization should reveal very strong survivals of matriarchal elements.[20]

The anthropological evidences make clearer that the kinship structure rather than biological birth determines decent. In a number of societies the pater or husband establishes his authority over the children, even though he is not genitor[21]. But this discovery does not obliterate the still existing phenomenon of matrilineal descent.

Primitive is a loaded word.[22]

It is significant only in relation to the level of modern technology and not quite applicable to the complex kinship protocol of some of these primitive peoples, for more detailed and developed than those of the civilized societies.

There are scholars like Macdonell and Keith,[23] Meyer,[24] Winternitz,[25] B.S. Upadhyaya,[26] P.V. Kane,[27] A.S. Altekar,[28] I.B. Horner,[29] M.W. Pinkham[30] and S. Jayal[31] who assert that the polyandry is not vedic and was never a practice of Hindu society. But my submission goes in favour of the practice with the classical myth of *Pāñcālī.*

S.C. Sirkar[32] concludes that polyandry was known to Vedas. Iravati Karve,[33] K.M. Kapadia,[34] D.P. Vora[35] attest the existence of polyandry in ancient India. The practice of polyandry was known alike to the gods and men. The *vedas*, the *sūtras*, the *smṛtis*, the *Mahābhārat* and the *Ramayana*, the Buddhists and the Jaina texts, Kautilya and the *Kāmasūtra* all attest its existence in ancient India. This is supported by later iconography and art and the system it is still alive in tribal pockets of the country.

Here to enlighten the word *Pāñcālī* (पाञ्चाली) it is essenetial to explain some words such as *Patni* (पत्नी) and myth.

MEANING OF PATNI

There are two layers of the meaning of the word *Patni* (wife) says Prof.

Vishwambhar Saran Pathak[36]. In the first layer she is ruler and owner in her right called *Patni* and in the second she becomes *Jayā* (wife), only begetter of the children.

There are many expressions of the word *Patni* in *Ṛgveda*[37] : *Asapatna* (असपत्न), *Sapatnaghnī* (सपत्नीऽघ्नी), *Sapatnahā* (सपत्नऽहा) *Sapatna* (सऽपत्न), *Saptnānām* (सपत्नानाम्), *Śūrpatnī* (शूरऽपत्नी), *Vasupatni* (वसुऽपत्नी), *Sapatni* (सऽपत्नी), *Supatni* (सुपत्नी), *Indrapatni* (इन्द्रपत्नी), *Gṛhpatni* (गृहपत्नी), *Vājpatni* (वाजपत्नी), *Nṛpatni* (नृपत्नी), etc. All the expressions designate her as a ruler.

Patni is associated with *Uṣas.* The old Indo-Germanic denotation which means protectress, the holder of the property or the mistress of the property like *Posnia* (Greek) and *Pathni* (Avesta). Later on it came to denote *Potnia* (Greek) the wife the feminine gender of the word *Pati*[38] (पति), means husband, lord, protector, holder of property or ruler. Greek = Posis = संस्कृत = पति.

Paṇiṇī explaining the grammatical fermulation of this meaning states *'Patyurno Yajña Saṁyoge*[39] (पत्युर्नोयज्ञसंयोगे), i.e., 'ni' suffix is added to indicate partnership in celebration of the sacrifices. If it is not in association with rites or sacrifice then the woman remains a *pati, i.e.*, protector as *'Grampati* (ग्रामपति)' *Gramasyapati* (ग्रामस्यपति) or protector of the village may be a man or a woman; so is the word '*Sabhapati*', etc. According to the *Nirukta* of Yaska both the Vedic words *Pati* and *Patni* derived from the root 'Pa' which means to protect.[40] The Avestan word is '*Pathni*' meaning the same. From 'Pa' becomes '*Pat*'[41] (पत्) means to rule.

This is in contradiction of the Indo-European meaning of *Patni.*

The Greek cognate of the word is *'Potnia'* means queen or a ruler. To cite only a few example *despotnia* (queen).

Apoin writes in his book Grammatius that Potnia is Thepon—the queen of beasts in the company of Artemis, etc. Contrasts with Alxos, i.e., wife. Literally means a bed-fellow as lexos meaning bed. Alxos does not inherit property because her position is only of a bed sharer while as *'Potnia'* she is the rightful owner of the household property. Now it is important as well as interesting to compare Pāñcālī as mistress or ruler of all the Paṇḍava brothers. When Arjuna elopes with Subhadra and comes back with her to Khandaprastha, Draupadi the common mistress by jealously addressed him sarcastically.[42]

'Why have you come here, O son of Kunti? Go where the daughter of Sātvat is, for however tightly you may tie a load. The first knot becomes loose when you tie it again. Arjuna consoles her and repeatedly apologizes;[43] Draupadi is yet supreme. Subhadra, too, pays her homage and mickly tells "Pāñcālī, I am your slave." It once again indicate the dominance and power of a polyandrous wife.

The Avestan cognate of the vedic word *Patni* is *Pathini* which also indicates the mistress of the property.

Thus the word *Patini* with its Indo European cognates means the female ruler, owner in her own right, property holder. *Uṣas* is the vedic *patni* par excellence. For her the adjective *veer-patni* is used, i.e., the resisting ruler of men. We may consider the various adjectives of the word in this connection.

Uṣa is called Surya *Patni*[45] (सूर्यपत्नी), is here described as illuminator of the world from the skies down to the earth. *Svasarasya patni*[46] (स्वसरस्य पत्नी) means ruler, *Bhuvnasya patni* (भुवनस्य पत्नी) means protectress of the world *Ṛsējanitri bhuvanasya patni* (ऋषेजनित्री भुवनस्य पत्नी) *Svapatyasya patni*[47] (स्वपतस्यपत्नी) owner of the power. At one place word *patni* is used for beauty.[48]

Thus Usā indicates matrileanial and matriarchal tradition says *Vaniśa Brāhmaṇ* (वंशब्राह्मण) and this tradition gradually comes in conflict with Indra tradition, i.e., the Patriarchy and Patriliny. This conflict is symbolic. Uṣa is a symbol of woman associated with so many persons.

The term *Patni* regularly applies to her in the *brāhmaṇas* while *Jàyā* designates her in the conjugal capacity only.[49]

Panini's aphorism is rightly criticised by Kashika (काशिका) points that 'ni' suffix does not necessarily associate association with *Yajna* sacrifices for, example, there are words like *Sapatno* (सपत्नो) or *Sapatna* (सपत्न) confined to co-wife but actual meeaning is enemy.

Patni signifies the female ruler of the community like a queen. Be male or a female all are under her domaiṇ

All these epithets simply signify, her position of ownership and dominance. Anthropologists view that there was matriarchy and matriliny in the early Vedic society but gradually subverted to Patriarchy and Patriliny.

It is narrated in the Mahabharata that during the course of self imposed exile, Arjuna marries Ulupi[50] and Citrāṅgadā[51] and both these marriages remain matrilocal. Here Pāṇḍavas show traces of matriliny.[52] The influence of Kunti, Krisna and Pāñcāli is enough to substantiate the supposition. When Yudhisṭhira loses Pāñcālī to Duryodhan with everything else in a gambling, she is asked to choose a new husband in the Kaurava Court, which once again shows her powerful position and legitimacy of the system.[53] At another place, Jayadratha importunes her to leave her five husbands and become his queen.[54] Kīchaka, too madly wants her.[55] Draupadi gave birth to five sons by her five husbands and it is worthy to note that her two husbands had no blood-relationship with her first three husbands. On the eve of *Mahābhārata* war, Kṛṣna has a secret conference with Karṇa in which he tries to win him over to Paṇḍava side[56] calling him that he is the eldest son of Kunti, Kānīna son of Paṇḍu in consonance with Dharma.[57] He finally lures Karṇa with the promise that beautiful Draupadi would approach him too as a wife when the sixth turn comes.[58] It is needless to stress that Kṛsna has the prior consent of Draupadi to enlarge the scope of her polyandry. So as to include Karṇa in its fold.[59]

That Karṇa's abusive outburst against Draupadi out of frustration is expressive of personal pique rather than current social attitudes. Thus it become quite clear from the statement of Dhṛtarāstra in that very court where she was humiliated, 'You are the best of all my daughters-in-law, O Draupadi devoted to *dharma* and a *Sati*.'[60] Yudhisthira pays a glowing tribute to his wife before he bets and loses her : 'beautiful beyond words, she is the model of a woman whom every man would like to love and own.'[61]

Despite polygamy the marriage tie seems loose as far as the fidelity of the wife is concerned.[62] Several passages[63] indeed, forbid with reference to ritual abstinance, intercourse with the *Stri* (स्त्री) of another. This may imply that adultery was otherwise regarded as venial. Yājnavalkya's (याज्ञवल्क्य) doctrine in the *Śatpatha Brāhmaṇa* (शतपथ ब्राह्मण) seems to assert that no one cares if the wife is unchaste[64] or not.

This paper will be incomplete without concrete reference or examples from Indian legends and myths. Myth capitulates reality and at times more real than reality itself only we have to unravel the mystry of myth.

In *Ṛgveda*[65] traces of "Hetaerism" (which means a lady rules community) are found where goddess Rodasi is common to Maruts (मरुत). At another place Sungods are told husbands of Moon as an example of group marriage.[66] Once again it is quoted : *"Yasyam bījam manuṣyā Vapanti"* (यस्यांबीजं मुनष्या वपन्ति). These are the nomadic common chan-wives by group marriages. The word *Gaṇikā* from *Gaṇa* and *Veśyā* from *Viśyā* need no evidance. The names of *Mahābhārat* period confirm the above view, e.g., Devkinandan, Kaunteya, Gañgeya, Prathu, Madreya are a few examples.

It seems that foreign writers formed their opinions without going into the realms of the past scattered in piecemeal forms as well as without understanding the derivation of the words, specially the sanskrit words. Since Indian writers of renaissance period based their researches on the works of foreign writers so their view cannot be regarded very much reasonable.

Therefore, the whole subject needs an objective review.

REFERENCES

1. *The Etymologies of Yāska* (Hoshiyarpur) by Dr. Siddheshwar Verma.
2. *Ibid.*
3. Vedic Index p. 514. It is applied to Durmukh in *Aitareya Brāhmaṇa* (VIII, 14, 23) and to Sona in the *Śatpatha Brahmaṇa* (XIII, 5, 4.7), *Jaminiya Brāhmaṇa, Káthak Ánukramaṇi*: Indische Studien 3, 460, *Pañcālanām rājā : Siddhanta Kaumudi*, Bombay 1941, p. 285, *Pañcālānām rājā Pāñcāla : Kātyayan's Vartika.*
4. The various expression of Pāñcāli are : a doll of Pañcala, a style of Pañcāla used by Bāṇa Bhatta, language of Pañcāla or an eyeball or a very lovely girl.
5. Altindisches Leben 326.
6. *Ṛgveda*, X. 85, 37.38.
7. *Atharvaveda*, XIV.
8. Weber says the plural is here used majestatis causa : Indisches Leben, 5, 19.
9. J.J. Bachofen : *Das Mutterrecht*; Stuttgart, 1861.
10. J.F. Mclennan : *Primitive Marriage : An Inquiry into the form of Capture in Marriage Ceremonics* edited by P. Riviere, Chicago, 1970.
11. J.F. Mclennan : *Primitive Marriage*, pp. 66-67.
12. Sarva Daman Singh. *Polyandry in Ancient India*, New Delhi, 1978, p. 4.
13. *Mahabharata*, I, 113, 8-19.
14. W. Robertson Smith : *Kinship and Marriage in Early Arabia*, London 1903, p. XI (Preface). The p. 146-47. Comp. L.H. Morgan : Ancient Society or Researches in the Lives of Human Progress from Savagery, through Barbarism to Civilization, New York, 1927.
15. The Origin of the family, Private Property and the state, London, 1884.
16. R. Briffault. *The Mothers*, 3 Vols., London, 1927.
17. Damodar Dharmanand Kosambi : *Myth and Reality* : Popular Prakashan : Bombay 1983. p. 90.
18. B. Malinowski, Sex, Culture and Myth, London, 1963, p. 123.
19. If we study the mother goddess cult, we find that the goddesses are unmarried. No fathers seemeed necessary to the society in which they originated.
19. Deviprasad Chattopadhyaya : *Lokāyata : A Study in Ancient Indian Materialism*, Peoples Publishing House 1981, pp. 258-260.
20. *Ibid.* p. 261.
21. L.B. Murstein, *Love, Sex and Marriage through Ages*, New York 1974, pp. 10-11, compare the concept of Ksetraj Putra of Mahabharata as evidenced by the Pāṇḍavas.
22. *Polyandry in Ancient India*, p. 22.
23. Vedic Index, Vol. 1, pp. 115-116, Keith, in Cambridge History of India, Vol. 1, pp. 79, 88, 230. Hopkins JAOS XIII, pp. 354-55, Westermark : *The History of Human Marriage*, London, 1921, Vol. III, p. 143.
24. *Sexual life in Ancient India*, London 1930, Vol. 1, pp. 115-116.

25. Die Frau in den indischen Religionen Vol. 1, p. 51. CF Chandogua Up. IV, 4.2.
26. Women in *Ṛgveda*, Delhi 1974, p. 124.
27. *History of Dharmaśāstra*, Vol. II, Poona, 1974, p. 554. He echoes the author of Vedic Index : 'In ancient times Polyandry was unheard of.'
28. The position of women in Hindu Civilization.
29. Women under Primitive Buddhism, London, 1930, p. 46.
30. Woman in Sacred Scriptures of Hinduism, New York, 1941 pp. 34, 155.
31. The Status of Women in Epics : Delhi 1966, pp. 95-96, 314-316.
32. Some Aspects of the Earliest Social History of India (Pre. Buddhist Ages) : London, 1928.
33. Kinship Organization in India, Bombay, 1965.
34. Marriage and Family in India, Bombay, 1966.
35. Evolution of Morals in the Epics : Bombay, 1959.
36. Prof. V.S. Pathak is a renownd etymologist who has kindly unravelled the mystry of the myth of Pañcāli to me I am grateful to him.
37. *Ṛgveda Saṁhita* : V. Shake 1873, *Vaidic Saṁsodhan Mandal*, Tilak-Mandir, Poona.
38. St. Petersburg Dictionary Shows *Pati, Patni* as Lord and Lady or a husband-wife, see- Vedic Ladex of names and subjects by Macdonell and Keith, p. 474.
39. *Pāṇinī Sūtra* 4.1.33.
40. Dr. Siddheshwar Verma : *The Etymologies of Yaska*, p. 89.
41. *Sūryakānta- Vedic Kosha.*
42. *'tatraiva gaccha Kaunteya yatra sā Sātvatatmajā*
    Subhadrasyāpi bhārsya pūrvabandaḥ ślathayate, Mahābharata 1.213.15.
    (तत्रैव गच्छ कौन्तेय यत्र सा सात्वतात्मजा।
    सुभद्रस्यापि भारस्य पूर्वबन्ध:श्लथ्यते ॥)
43. *Mahabharata*, 1, 213, 15.
44. *Mahābhārata* 1,213,19 *Vavande Draupadīṁ Bhadra Preṣyàhamiti Cābravit.*
    (ववन्दे द्रौपदीं भद्रा प्रेष्यामिति चा ब्रवीत)
45. *A va Syymeva Cinvati Maghonyuṣhā Yāti Svasarasyapatni*
    Svaśarjantī Subhagā Sudansā āntāddivaḥ Prapatha prithivyu
    (अव स्यूमेव चिन्वती मधोन्युषा याति स्वसरस्यपत्नी।
    स्वर्श्जनती सुभगा सुदंसा आन्ताद्दिव: प्रपथ आ पृथिव्या ॥)
46. *Ibid.* 7. 75. 4.
47. *Ibid.* 10. 30. 12.
48. *Ibid.* 4. 24. 8.
49. *Śatapatha Brāhmaṇ*, I, 4, 13.
50. *Mahābhārata*, 1,206.
51. *Mahābhārata*, 1, 207.
52. D.P. Vora, *Evolution of Morals in the Epics*, Bombay, 1959, p. 9.
53. *anyaṁ, Vṛnīsva pàtnimāśu bhāmini, Mahābharata* 11. 63. 3
    (अन्यं वृणीष्व पतिमाषु भामिनि)
54. *Bharya me bhava Suśroṇi tyajainān, Sukhamāpnuhi.... Ibid.*, III, 251 . 18.
    (भार्या मे भवे सुश्रोणि त्यजैन: सुखमाप्नुहिं)
55. *tyajmai darānmāma ye purāttanā*
    bhavantu dāsyastava cāruhāsini
    ahaṁ ca te Sundari dāsavata sthitaḥ
    sadā bhaviṣya vaśago varānane, Ibid., III 251. 18.
    (त्यागमयी दाराणां चे पुरातना
    भवन्तु दास्यतव चारूहासिनि

अहं च ते सुन्दरी दासवत स्थित:
सदा भविष्ये वशागो वरानने।)

56. *Mahābhārata*, V. 138. 6 ff.
57. *Ibid.*, V. 138. 9 : *Pandoh Putro'si dharmatah.* (पाण्डो पुत्रौ सि धर्मत:)
58. *Ṣaṣthe ca tvāṁ tathakale Draupadi upgamiṣyati* (षष्ठे च त्वाम् तथाकाले द्रौपदी उपगमिष्यति) *Ibid.*, V. 139.15.
59. See Sarva Daman Singh : Polyandry in Ancient India New Delhi, 1978, pp. 116-117.
60. *Vadhūnām hi viśista me tvaṁ dharma-paramāsatī Mahābhārata* 11. 63. 27, *Tvām hi Sarvasny ṣāṇāṁ me Śreyasī dharmacāriṇī*-verse 33.
61. *Ibid.*, II. 58. 32-37.
62. Macdonell & Keith : Vedic Index of Names & Subjects, p. 480.
63. *Taittiriya Saṁhitā*, V. 6. 8. 3, *Maitriyaṇī Saṁhita*, iii 4. 7.
64. *Paraḥ-Puṃsā.* (पर: पुंसा।)
65. *Ṛgveda*, i, 124, iv, 3. 2; x, 71, 4 etc.
66. *Ibid.*, iv 43. 6
67. *Ibid.*, x, 85. 36.

5. Castes Beyond the Four Varnas: Victimisation of the Untouchables in Brahmanical Society

Sanghmitra*

The Brahmanical social system like any other social system anywhere in the world, is not only a system in which the idea of classes is more dominant than the idea of community but is also a system which is based on inequality between classes and therefore between individuals. To put it concretely, the classes, i.e. the Brahmins, Kshatriyas, Vaishyas, Sudras and Antyajas (untouchables) are not horizontal, all on the same level, they are vertical i.e., one above the other. Manu, who is the chief architect of the Hindu society and whose law has formed the foundations on which it is built, based the society on the principles of inequality. The inequality enjoined upon by Manu in his Smriti is after all of historical importance. The untouchables were not allowed within the gates of the city between 3.00 a.m. and 9.00 p.m. because if their shadow fell upon higher caste people, it polluted them. So no untouchable was allowed to live in a walled town; cattle and dogs could freely enter but not the untouchables.[1] An untouchable was required to wear a black thread either around his neck or on his wrist for the purpose of ready identification,[2] he required while walking through streets in towns to carry a broom in his hand or under armpit as a mark of his being a scavenger.[3]

In that society people from higher castes were free to choose their occupation, residence, wife, political party and their relationship with others. In the same society the untouchables or touchables were in no sense individuals because all or nearly all of his relationships were determined the moment he was born in a certain group. His occupation, his dwelling, his gods and his politics were all determined for him by the group to which he belonged. When the untouchables and touchables came into contact with each other, they behave as if they were nationals of two different states. The fact was that the untouchables were not even allowed to demand "justice". The untouchables were forced to live in accordance with the rule

---

* Deputy Director (Research), Indian Council of Historical Research, 35, Ferozshah Road, New Delhi.

of hierarchy and not rise above it.

I

A perusal of the manner in which the Hindus defied the Law with the purpose of suppressing the movement of the untouchables shows the extent to which the untouchables were victimized.

Why does the Hindu indulge in lawlessness in suppressing the untouchables as though such lawlessness was lawful? Why should an untouchable be tyrannized if he wears clean clothes? Why should an untouchable be molested because he wants to put a tiled roof on his house? Why should an untouchable be persecuted because he is keen to send his children to school? Why should an untouchable be compelled to carry dead animals, eat carrion, and beg his food from door to door? Why should a Hindu object if an untouchable desires to change his religion? Why should a Hindu feel outraged if an untouchable calls himself by a decent, respectable name? How can a good name taken by an untouchable adversely affect the Hindu? Why should a Hindu feel resentment if an untouchable enters a profession, obtains a position of authority, buys land, enters commerce, becomes economically independent and is counted among the well to do? Why should all Hindus, whether official or non–official, make common cause to suppress the untouchable?

The rules of the Hindu Law were propounded on the basis of the Law Books of Manu, Yajnavalkya, Narada, Vishnu, Katyayana and others who command great authority and respect among the Hindus. In the present paper I would like to highlight why and how this lawlessness originated and continues to the present day.

To start with it may be stated that the caste system in its most developed form is found in India; but the word is applied to similar hierarchically ranked groups in other societies. The word caste was first used in the context of the Indian society by Portuguese travellers in the 16th century.[4] The word used in most Indian languages is jati (meaning "genus", or any group sharing generic characteristic), which is the smallest endogamous social unit, usually a regional population.[5]

At the top of the hierarchy are the Brahmans (priest), then the Kshatriyas (barons or warriors), the Vaishyas (commoners or merchants), and lastly the Sudras (artisans and labourers). Member of each class are considered to be ritually polluted by varying degrees as a result of defilements brought about by their occupations, dietary habits, and customs. Those who had the most defiling jobs were ranked beneath the

Sudras and were "untouchables".

There is some social mobility among castes. This usually takes the form of a jati trying to associate itself with a higher ranked varna by, for example, changing its dietary habits or by hiring another less fortunate group to do personal work of a polluting nature, such as washing clothes. Although there are many movements for caste reform and atrocities committed against "untouchables" are now banned by law, caste alliances remain a powerful political and social force in India.

Caste pollution and purification, in Hinduism, are the twin concepts central to the ritual and social order. The notion of bodily and dietary purity appears early in Sanskrit literature and has been developed elaborately. In Brahmin circles great emphasis was traditionally placed on bodily hygiene and delimiting of meals. The notion of bodily hygiene and dietary purity led to the conception that a person was vulnerable to external and internal pollution and that he was also defiled by coming into contact with people who, because of their own hygienic and dietary habits, were impure. While external pollution could be washed off with water, internal pollution required another means of purification, normally imposed by tradition but on occasion by decision of the caste assembly.

Since castes are normally endogamous and commensal, a polluted individual could, by association, pollute other caste members. Purification rites could include a fine or penalty paid by giving a feast for caste members or Brahmans.[6] A common purification rite is the consumption of the pancgavya, made of cow's milk, butter, yogurt, dung, and urine.

A woman's sexual alliance with a lower ranking male (anuloma, or hypergamous, marriage) would normally mean excommunication from the caste.[7] Pratiloma, or hypogamous, marriage (an alliance between a male and a lower ranking female) also carried with it a lowering of social rank, but not to the same degree as anuloma marriage.[8] Some occupations are necessarily polluting and account for a caste's low rank, such as work that involves contact with dead animals (e.g. leatherworkers) or bodily emissions (washermen, barbers, or lavatory attendants). Pollution is therefore a relative term describing the degree to which a caste allows practices that ritually and socially superior caste group does not permit its members. There is a code of prescriptions, ultimately based on the texts of the tradition, Hindu code, which lays down, in theory at least, the proper standards of conduct for a pure group. In fact, there are many regional and sectarian differences. Each caste maintains its own standards, infractions of which are adjudicated and punished by the caste itself.[9] An upwardly mobile caste may aim for a higher rank by abstaining from earlier polluting practices, typically by restricting the groups with which it allows intermarriage and commensality or by increasing its observance of vegetarianism.

In brief the concepts of pollution and purity have reinforced the hierarchical nature of the Hindu caste system. At the top are the Vedic Brahmans, at the bottom are the "untouchables" whose shadow was once thought to pollute a superior group.[10]

II

In the Vedic age the society was divided into four varnas a description of which is contained in the Rg. Veda.[11] Upto the post vedic period, the caste system was also emerging along with the Varnas. In the Dharmasutras, Smriti, Amarkosa etc., different occupations have been prescribed for different Varnas.[12] It was the king's responsibility to protect the Varnas and to punish those found guilty of doing things in violation of Dharma. The job of the Shudras was to serve other three Varnas and to earn their livelihood in the process.[13] Over a period of time, a number of castes started growing on the basis of different occupations. The foreign Yavanas, Shakas, the Persies, the Kushanas, the Abhiras, the Hunas also merged in the society and the majority of these were categorised as Shudras, because of the extremely stringent rulers which govern these Varnas, particularly the upper three, the majority of these became a part of the Shudras rather than the other three Varnas. Offspring of mixed marriages between high caste men and low caste women and vice versa were also placed in the category of the Shudras, and were called the chandalas.

The Amarkosa[14] gives a long list of various shudra caste along with their various occupations. Details in regard to the offsprings born from mixed (intercaste) marriages and the castes engage in doing highly inferior jobs are given. Some of these castes were categorised untouchable who used to live also in the villages and whose touch was strictly forbidden. A part from these, there was those Shudras who were touchable and were engaged in various occupations designed with the purpose of serving the other three varnas. Thus the Shudras mentioned in the Amarkosa can be broadly divided into two categories : Touchables and Untouchables.

The Shudras belonging to touchable category lived within the society and were very much of the part of it. A list of touchable[15] castes included in this category has been given with their occupation. Their main job was to serve the other three varnas. They used to earn their livelihood through cattle breeding, agriculture and other menial jobs. A list of untouchable castes has been given in the Amarkosa. The untouchable shudras were of two types, first, those engaged in inferior jobs and second those born of inter Varna marriages. The untouchable castes[16] used to earn their livelihood by doing jobs which were highly impure and repulsive and which involved violence. They were forced to live outside the village.

Untouchable in traditional Indian society was any member from amongst a wide range of low–caste Hindu groups and any person outside the caste system. Traditionally, the groups characterized as untouchable were those whose occupations and habits of life involved polluting activities, of which the most important were (1) taking life for a living, a category that included, for example, fisherman; (2) killing or disposing of dead cattle or working with their hides for a living; (3) pursuing activities that brought the participant into contact with emissions of the human body, such as faeces, urine, sweat, and spittle, a category that included such occupational groups as sweepers and washermen; and (4) eating the flesh of cattle or of domestic pigs and chickens, a category into which most of the primitive tribes of India fell.[17]

Orthodox Hindus regarded the hill tribes of India as untouchables, not because they were primitive or pagan but because they were eaters of beef and of the scavenging village pigs and chickens.[18] Much confusion had arisen on this issue because the unassimilated hill tribes never accepted their relegation to the ranks of the untouchables nor did they seem to realize that their status was decided on a purely behavioural basis.

Until the adoption of the new constitution on independent India, the untouchables were subjected to many social restrictions, which increased in severity from north to south in India.[19] In many cases, they were segregated in hamlets outside the town or village boundary. They were forbidden entry to many temples, to most schools, and to wells from which higher castes drew water. Their touch was seen as seriously polluting the people of higher castes involving elaborate remedial rituals. In Southern India, even the sight of some untouchable groups was once held to be polluting, and they were forced to live a nocturnal existence. These restrictions led many untouchables to seek some degree of emancipation through conversion to Christianity, Islam, or Buddhism.

The Constitution of India formally recognized the plight of the untouchables by legally establishing their ethnic subgroups as scheduled castes and scheduled tribes. Besides banning untouchability, the constitution provides these groups with specific education and vocational privileges and grants them special representation in the Indian Parliament. In support of these efforts, the untouchability provides penalties for preventing anyone from enjoying a wide variety of religious, occupational, and social rights on the grounds that he is a Harijan, the name now popularly used in place of the term untouchable. Despite such measures and also the fact that untouchability was abolished under India's Constitution in 1955, traditional divisions between pure and polluted caste groups continued to persist in some levels of the Indian society, particularly rural India, a few examples being the constraints of not transgressing the boundary of their part of the village from that occupied by higher castes; not using the same wells; not visiting the same temples; not drinking from the same cups in tea stalls. Above all, they could not claim the land which was legally their property and were frequently forced to perform degrading rituals.

However, one cannot deny the fact that some SCs and STs have benefited from the Govt's policy of reservation by way of securing education and Govt. jobs, but the number of such beneficiaries is very limited. The majority of them continue to live in abject poverty, without land or opportunity of better employment or education. In fact they are relegated to the most menial of tasks, as manual scavengers, removers of human waste and dead animals, leather workers, street sweepers, and cobblers. The children make up the majority of those sold into bondage to pay off debts to upper caste creditors. Men, women, and children numbering in the tens of millions work as agricultural labourers for a few kilograms of rice or Rs. 15 to Rs. 35 a day.[20]

No one practices untouchability when it comes to sex. Rape is a common phenomenon in rural areas. Women are raped as part of caste custom or village tradition. Shudra girls have been forced to have sex with the village landlord. In rural areas, "women are induced into prostitution (Devadasi system) which (is) forced on them in the name of religion." The prevalence of rape in villages contributes to the greater incidence of child marriage in those areas. Early marriage between the ages of ten years and sixteen years persists in large part because of Shudra girls' vulnerability to sexual assault by upper caste men; once a girl is raped, she becomes unmarriageable. An early marriage also gives parents greater control over the caste into which their children are married. Shudra women are also raped as a form of retaliation. Women of scheduled castes and scheduled tribes are raped as part of an effort by upper caste leaders to suppress movements to demand payment of minimum wages, to settle sharecropping disputes, or to reclaim lost land. They are raped by members of the upper caste, by landlords, and by the police in pursuit of their male relatives. Shudra women face the triple burden of caste, class, and gender.

Shudra girls have been forced to become prostitutes for upper caste patrons and village priests. Sexual abuse and other forms of violence against women are used by landlords and the police to inflict political "lessons" and crush dissent within the community.

III

Aapastamba Dharmasutra relates the Chandala's birth to action in previous life and states that a Brahman guilty of the theft of gold or murder of another Brahman is born as a Chandala.[21] The Dharmasutras of Baudhayana,[22] Gautam[23] and Visistha,[24] on the other hand, treat the Chandala as a Varnasamkara or mixed caste, the lowest among the offspring of Pratiloma or hypogamous union of a Shudra male and a Brahman woman.[25]

The Dharmasutras treat the Chandalas as subhumans and frequently dovetail them with dogs and cows. The Chandalas are to receive from a householder some food after the Vaisvadeva ritual along with dogs according to Apastamba[26] and in association with dogs and cows according to Vasistha.[27] In Satapatha Brahman[28] there are repeated references to the creation of the castes. The Brihadaranyaka Upanishad[29] describes the creation of four varnas. Bundhayana,[30] Gautama[31] and Vasistha give the same account of the creation of castes and their different duties. In Bhagavad-Gita[32], the theory of creation is referred to in two places.

Several terms such as anta[33], antya[34], bahya[35], antyayoni[36] and antyavasayin[37], candal[38], natas[39], svapaka[40], pulkasa[41], vena[42], rathakara[43], ksattr[44], suta[45], ayogava[46], magadh[47], vaidehaka[48], were used with reference to the Shudras. Ancient texts like the Mahabharata, the Puranas, the works of Bhasa, Sudraka and Kalidasa, the Natyasastra of Bharata, the Vrahatsamhita of Varahmihir, the Amarkosa of Amarsimha and the accounts of the Chinese traveller, Fa–hien, also referred to the plight of the Shudras in the contemporary society.

There is total agreement about the Chandalas being at the bottom of Varna hierarchy, their complete segregation, engagement in cruel pursuits, non-observance of food taboos and polluting traits. Their number seems to have increased.[49] The Svapaka[50], the Mrtapa[51], the Matanga[52], the Antyavasin[53] and even the Pukkasa[54] and the Meda[55] are given the same ritual and social status, the two latter observing no food taboos at all. We have references in regard to the Nishadas[56] which point to the institution of hereditary tribal kingship[57] among them, their irregular warfare[58], political hold over particular areas,[59] guilds[60] and geographical distribution.[61] Their equation with Candala in the Amarkosa,[62] however, is hardly justified, though both practised hunting.

The Arthashastra of Kautilya lays down a fine of one hundred panas for a Candala touching an Aryan woman.[63] Megasthnese, too, corroborates the prevalence of such important elements of caste endogamy, generally hereditary nature of occupations and social groups, and the notion of hereditary and hierarchical caste status.[64]

Huentsang[65] and Alberuni[66] also refer the fishermen and hunters of wild animals and birds among antyajas below the Shudras, who lived outside the villages and towns of the four orders

It would be appropriate to trace this Dharma to Manu. It was called Manav Dharma. i.e, Dharma which by its inherent goodness can be applied to all men in all times and in all places. This Manav Dharma is based upon the theory that the Brahman is to enjoy all the privileges, while the Shudra is to lead a life of deprivation and is to be denied even the basic rights due to a human being, no matter how great he may be.[67] Nothing can show the shameless and absurdity of this Manav Dharma better than the rules prescribed by the Manu Smriti with particular reference to the Shudras. It was through administration that the state came directly in contact with the masses and the Brahmins wield all the powers.[68] Manu thus placed the Brahmins on a very high pedestal as compared to the Shudras with the basic purpose of denying them their rightful due in society.

Now we come to the basic question as to how the untouchables came to acquire a very low position in society. The upper caste Hindus, particularly the Brahmins, deviated from the law with the purpose of suppressing the untouchables. Most of the rules and regulations owe there origin to the Law Books of Manu, Yajnavalkya, Narada, Vishnu, Katyayana, and so on, who are held in high esteem and regarded as people authorised to lay down the law.

Thus the discriminatory approach against the untouchables is sought to be justified on the basis of the various rules and regulations laid down by the above mentioned names. This proved to be extremely detrimental to the interests of the untouchable which is exemplified by the fact that the untouchables are looked down upon as inferior people howsoever meritorious and worthy they might be. Their merit and greatness remained confined among the untouchabled only and the question of their being greater or even equal to the upper castes Hindus did not arise.

The social order prescribed by the Purusha Sukta has never been questioned by anyone. Ninetieth Hymn of the Tenth Mandala of the Rg. Veda, a Hymn known as Purusha Sukta say that the Brahmin was his mouth, the Rajanya was made his arms; the being called the Vaishya, he was his thighs; the Shudra sprang from the feet. The Apastamba Dharma Sutra states that there are four castes Brahmin, Kshatriyas, Vaishyas and Shudras. Among these, the superiority of each caste is determined by birth.

For all these excepting Shudras and those who have committed bad actions are ordained for Upanayana, the study of Vedas, the right to perform sacrifice. Vashishtha Dharmasutra says those three castes, Brahmins, Kshatriya and Vaishyas are called twice born. Their first birth is from their mother; the second from the investiture of the sacred girdle. In the second birth the Savitri is the mother, but the teacher is said to be, the father because he gives instructions in the Veda. It is clearly declared that the Shudras shall not receive the sacraments. All those, who had raised any opposition to the sanctity of the ideal set out in the Purusha Suktra, were finally laid low by Manu, the architect of the Hindu society.

This was the technique, which the Brahmins employed to bring about the degradation of the Shudras. The idea was to deny the performance of the Upanayana of the Shudras. The Upanayana was very important sacrament. Upanayana means the teachings of the Veda by the Vedic Brahmin. A boy used to stay with the teacher for purpose of the study as a Brahmachari. The Upanayana ends with the teaching by the Acharya to the boy of the Vedic Mantra known as Gayatri Mantra.

The Upanayana was not allowed to Shudras but it was allowed for the deaf, the dumb, the idiot and even the important, blind, lunatic, suppressing from such diseases as epilepsy, white leprosy or black leprosy etc. A special procedure was prescribed for the Upanayana of these categories. The six anuloma castes were also eligible for Upanayana; this is clear for the rules[69] for the Upanayana of Kshtriyas, Vaishyas and of mixed castes like Rathakara, Ambashtha etc.

As to the Upanayana of Shudras and women Upanayana was open in early stage and it was closed later but there is no explanation for this change. It has given in some religious texts.[70]

When Upanayana was open to everyone, Aryan or non-Aryan, it was not a matter of social significance. It was a common right of all. It was not a privilege of the few. Once it was denied to the Shudras, its possession became a matter of honour and its denial to the Shudras, a badge of servility. It made the Shudras look up to the higher classes as their superiors and enabled the three higher classes to look down upon the Shudras as their inferiors. This is one way in which the loss of Upanayana brought about the degradation of the Shudras.

Through Upanayana Shudras had been banned from the right of

property also. There is a reference in Purva Mimansa[71] that all property is meant primarily for the purpose of providing a person with the means of performing a sacrifice. The right to property is dependent upon capacity to sacrifice depends upon Upanayana. It means that only those who were entitled to Upanayana have a right to own property.

A person who has not studied the Vedas is not competent to perform the scarifices. The study of the Veda was open only to those persons who have undergone the Upanayana Ceremony. In other words, capacity to acquire knowledge and learning—which is what the study of Veda means is dependent upon Upanayana. If there is no Upanayana the road to knowledge is closed. Upanayana is no empty ceremony. Right to property and right to knowledge are the two most important incidents of Upanayana.

It is clear that how loss of Upanayana could bring about the degradation of the Shudras. The degradation of the Shudras was entirely due to loss of Upanayana. The Shudras had been banned from education, property rites and other social rights due to non-availability of Upanayana.

The stoppage of Upanayana was a most deadly weapon discovered by the Brahmins to avenge themselves against the Shudras. Without Upanayana, a person was doomed to social degradation, to ignorance and to poverty. It had the effect of an atomic bomb. The Brahmins have the exclusive right to perform the Upanayana. The Brahmin has the right to say whose Upanayana he will perform and whose he will not perform. In other words, the Brahmin is the sole judge of deciding whether a given community is entitled to Upanayana.

REFERENCES

1. Dr. Murray Milchell, *Great Religions of India*, p. 63.
2. *Bombay Gazetteer*, Vol. XII, p. 176.
3. *Encyclopedia of Religion and Ethics*, Vol. IX, p. 636.
4. *Encyclopedia Britanica*, Vol. 2, p. 930.
5. *Ibid.*
6. *Ibid.*
7. *Amarkosha*, X, 1-40.
8. *Ibid.*
9. P.V. Kane, *History of Dharmashastra*, Vol. II, Pt. 1, p. 57.
10. *Encyclopedia Britanica*, Vol. 2, p. 931.
11. *Rg. Veda*, X, 90, 1–2.
12. *Yajnavallakya Smriti*, I, 361; *Narada Smriti*, I, 361; *Narada Smriti*, XVII, 6; *Manusmriti*, VIII, 418; *Kalidasa Raghuvamsha*, V, 19; *Matsyapurana*, 215, 63; *Brahmana Purana*, 31, 47.
13. *Gautam Dharmasutra*, II, I. 57.
14. *Brahmana Purana*, 31, 38–42.

15. *Amarkosha*, X, 1–20, Ambashta (X, 2) Rugro (X, 2), Magadh (X, 2), Mahishya (X, 3), Suta (X, 3), Chatta (X, 3), Vaidehak (X, 3) Rathkar (X, 5), Malakar (10, 5), Kumbhakar Kulal (X, 6), Palganda (X, 6), Shashtra Marge Adhidhavak (X, 7), Padukrit charmkar (X, 7), Sharikhik Kambavik (X, 8), Shaulvik Tamra Kuttak (X, 8), Tacchavadhik Twashtha rathkar Kashthkam (X, 9), Vrachchadani Vrichch Bhedi (X, 34), Krakanch Karpannam (X, 35), Gramadheen gramtachch (X, 9), Kotatachch (X, 9), Jabala Ajajiva (X, 11), Devajivideval (10, 11), Shailali, Shaitoosh, Jayajiva, Krishashvi, Bharat, Nata, (X, 12), Charana, Kushilav (X, 12), Mardangik Maurjik (X, 13) Panivad Panidh (X, 13), Venudhm Vainvik (X, 130), Veenavad Vainic (X, 15), Vartavah Vaivdhik (X, 15), Britya, Daseya, Daser, Das, Gopaya, Chetak, Niyojya, Kinkara, Preshya, Bhujishya, Paricharak (X, 17), Parachit Pariskanda, Parjata, Paraidhit (X, 18), Manda, Tunda, Paribhraja, Alasya, Sheetak, alas, Anushna (X, 19), Daksha, Chatur, Patu, Suthana, Ushna (X, 19).
16. *Ibid.*, Tantuvaya Kuvinda (X, 6), Vemavayadanda (X, 28), Vani Vyuti (X, 20, 28), Tantuvaya Sauchik (X, 6), Nadindhga, Swarnkar, Kalada, Rukmakarak (X, 8), Narachi Ashnika (X, 32), Vrishchana Patra Parashu (X, 33), Teja Savarani Musha (X, 33), Vyomakar Lohkarak (X, 7), Kauleyak, Sarmeya, Kukkur, Mrigadhasak, Shanuk, Bhashak, Swa (X, 21), Mrigya Kushala Vishvakadru (X, 22), Sarma Shuni (X, 23), Rangajira Chitrakar (X, 7), Aishika, Tulika (X, 33), Jiwantaka, Shakunik, Vagurik, Jalik, Vaitansik Kautik Masik (X, 14), Nirnejak Rajak (X, 10), Sura, Halipriya, Hala, Parisuta, Varunatmaja, Gandhottma, Prassanna, Ira, Kadambari, Parisuta, Madira, Kashyam, Maddyam (X, 40), Madhuvar, Madhukram, (X, 41), Madhvasana, Madhavak, Madhu, Mardikam (X, 41), Mereyam, Asav, Shidhu (X, 42), Shunda, Panam, Modsthanam (X, 41), Aapanam Pangoshthika (X, 42), Medak, Jagal (X, 42), Sandhanam Ahishaya (X, 42), Chashak Panpatram (X, 43), Churi, Mandi, Divakirti, Napit, Antavyasayi Divakirti (X, 10, 19–20), Chandala (X, 4).
17. *Encyclopedia Britanica*, Vol. 12, p. 188.
18. *Ibid.*
19. *Ibid.*
20. *Bombay Gazetteer*, Vol. XII, p. 175.
21. *Apastamba Grihsutra*, II, 1.2.6.
22. *Baudhayana Dharmasutra*, I, 9.17.7
23. *Gautam Dharmsutra*, IV, 17–18.
24. *Vashistha Dharmasutra*, IV, 17–18.
25. Jha, Vivekanand, "Varanasamkara in the Dharmasutras: Theory and Practice", *Journal of the Economic and Social History of the Orient*, Vol. XIII, Pt. III (Leiden, 1970), pp. 280, 287–88.
26. *Apastamba Grihasutra*, II, 4.9.5.
27. *Vasishtha Dharmasutra*, XI, 9.
28. *Shatapatha Brahmin*, ii. I-4-12; VIII, 4.3.1–20.
29. *Brihadaranyaka Upanishad*, I, 4.10–14
30. *Baudhayan Grihasutra*, I, 18.1.6.
31. *Gautam Dharmasutra*, IV, 17–18.
32. *Vashistha Dharmasutra*, II; IV; XI. 9.
33. *Apastamba Dharmasutra*, I, 3.9.15.
34. *Gautam Dharmasutra*, IV, 23.
35. *Apastamba Dharmasutra*, I, 3.9.18.
36. *Vasistha Dharmasutra*, XVI, 30.
37. *Ibid.*, XVIII, 3.
38. Panini, *Ashtadhyayai*, XV, 3.118.
39. *Baudhayan Dharmasutra*, II, 2.4.1.3.

40. *Ibid.*, I, 8.16.9; I. 9.17.11.
41. *Ibid.*, I, 8.16.11; I. 9.17.13.
42. *Baudhayan Dharmasutra*, I, 8.16.10; I, 9.17.12.
43. *Baudhayan Dharmasutra*, I.
44. *Ibid.*, I. 8.16.8; I, 9.17.7.
45. *Ibid.*, I, 9.17.8.
46. *Ibid.*, I. 8.16.8; I. 9.17.8.
47. *Ibid.*, I, 9.17.7.
48. *Ibid.*, I, 8.16.8.
49. *Amarkosa*, II, 10.19.
50. *Vrihatsamhita*, II. 82.
51. *Anushasana Parva*, 48.21.
52. *Ibid.*, 3.19; 28.26; *Amarkosa* II, 10.19.
53. *Anushasana Parva*, 48.28.
54. *Ibid.*, 48, 24.
55. *Ibid.*, 22.22.
56. *Shantiparva*, 59, 95 –96.
57. *Adiparva*, 123.9
58. *Sabha Parva*, 27.10; 28.5, 44.
59. *Ashvamedhika Parva*, 84.7.
60. *Brihatsamhita*, V. 76.
61. *Aranyaka Parva*, 130, 3–4.
62. *Amarkosa*, II. 10.19.
63. *The Kautilya Arthasashtra*, Pt. III, A Study, p. 147.
64. Megasthanese.
65. Watters, T., (tr.) *On Yuan Chwang's travels in India*, in 1961, p. 147.
66. E.C. Sachau (*ed.* and tr.) *Alberuni's India*, (London, 1910, p. 101; Ambedkar, B.R., *The Untouchables*, 1948, p. 22.
67. Murray Milchell, *Great Religion of India*, p. 63.
68. Bhattacharya, B., *Hindu Castes*, p. 259.
69. *Baudhayan Dharmasutra*, II, 8; Kane, P.V., *op. cit.*, p. 299.
70. Max Muller, *History of Ancient Sanskrit Literature*, 1860, p. 207.
71. Garganath, Jha, *Purva Mimansa*, pp. 368–69 and 171–172.

6. जंबूद्वीपीय संस्कृति का सुराग संजोए काशी

श्यामनारायण पांडेय*

लेखक ने पहली बार संस्कृति का प्रयोग अपने गुरुदेव डॉ. वासुदेवशरण अग्रवाल के मुंह से इस प्रकार सुना, जब अस्पताल में बीमार होकर वे भर्ती हुए और विनती की गई कि आपने धन, साधन, ज्ञान सबकुछ दिया अब सेवा करने की अनुमति भी दीजिए। उन्होंने कहा, 'देह से उत्पन्न पुत्र छुट्टी लेकर आए हुए हैं। काशी महाप्रयाण की भूमि है। महाश्मशान तक इस शरीर को पंचतत्व में विलीन करना उनका कर्तव्य है। तुम सरस्वती पुत्र शिष्य भाव से आए। मैंने अपने गुरुजनों से प्राप्त ज्ञान को आगे बढ़ाया। तुम भी मेरे किसी सिद्धांत को सम्मेलन में काट देना तब उऋण होंगे। रही आर्थिक मदद वाली बात, तो मैं जुगुल किशोर बिरला से दिलवाता था। पहली पुस्तक लिखना तो उन्हें समर्पित कर देना। गुरु और दानी से उऋण होने की यही संस्कृति है। गुरु से भी आगे जाना और सहायकों को कीर्ति देना।'

संस्कृति के इन दो रूपों में से बिरला जी को पुस्तक समर्पित करना लेखक ने आसान समझा और श्री लक्ष्मी निवास बिरला से वह आदरणीय बाबू जुगुल किशोर बिरला का चित्र मांगने पहुंचा। उन्होंने पांडुलिपि देखकर पूछा, 'महाभारत में जो रावी नदी है इसे आपने वेदकाल की परुष्णी लिखा है, यह कैसे हुआ?'

बस उनके इस प्रश्न से लेखक ने वैदिक भूगोल का अध्ययन प्रारंभ किया और पाया कि गुरुवर के चतुर्द्वीपी भूगोल के सिद्धांत को काटना जरूरी है अन्यथा संस्कृति शब्द का जो दुरुपयोग हो रहा है वह रुकेगा नहीं। सबसे पहले लेखक उत्साहित हुआ दिनकर जी की पुस्तक *संस्कृति के चार अध्याय* की भूमिका में पंडित जवाहरलाल नेहरू के इस विचार से, '*देश और धर्म से जोड़कर संस्कृति के प्रयोग की बात मेरी समझ के बाहर है।*'

लेखक ने अपने जीवन के अध्ययन से गुरु ऋण से उऋण होने के लिए जो ज्ञान जुटाया उससे इस लेख में बताने का साहस कर रहा है कि डॉ. वासुदेव शरण अग्रवाल और रायकृष्ण दास ने मिलकर जो चतुर्द्वीपी भूगोल का सिद्धांत निकाला है वह सांस्कृतिक धारा में सही नहीं बैठता है। बस्ती जिले के डुमरियागंज भारतभारी कस्बे के निकट गांव में प्राप्त ऐतिहासिक तथ्य यों है कि शाकुंतल राजा भरत के राजपुरोहितों ने देश का नाम भारत रखा। उन्होंने वर्तमान अयोध्या नगरी को बसाया और कोशिश की कि भारत जंबूद्वीप का पर्याय

---

* पूर्व प्राध्यापक, भूगोल, 75 पक्का घर, मिर्जापुर-231001.

बन जाए।[1] *महाभारत* तथा *पुराणों* में इस प्रकार के उनके प्रयास को डॉ. अग्रवाल और रायकृष्ण दास पकड़ नहीं सके और भ्रामक सिद्धांत दे डाले। वास्तविकता यह है कि जंबूद्वीप का आधा पूर्वी भाग इंद्र के नाम पर इंद्र या इंड होकर इय प्रत्यय से इंडिया हो गया। इस लेख से गुरुजी की आज्ञा से उनके सिद्धांत को काटकर गुरु ऋण से उऋण होने की संस्कृति विश्व के सामने लाकर लेखक प्रार्थी है कि देश और धर्म के नाम पर संस्कृति को जोड़ना बंद किया जाए और भारतीय संस्कृति की जगह जंबूद्वीपीय संस्कृति कहने का अभ्यास किया जाए। यह संस्कृति पूरे ब्रह्मांड की संस्कृति है और प्रत्येक मानव की संस्कृति है। इसके भेद की बातें काशी नगरी ने आंख की पुतलियों की तरह संजोकर रखी हैं।

डॉ. डांडेकर[2] ने पामीर पठार के आसपास से ही मानवता के प्रसार का इतिहास बताया है। मेरु पर्वत पामीर पठार को ही पहचाना गया है। इस पर इतिहासज्ञों तथा प्राचीन भूगोल वेत्ताओं में कोई असहमति नहीं है। जयपुर के मानवाश्रम, वैदिक शोध संस्थान के संस्थापक पंडित मोतीलाल शर्मा भारद्वाज ने *शतपथ ब्राह्मण* के आधार पर दो तथ्य रखे हैं :

(1) मेरु पर्वत, केंद्र, ऊंचा, उत्तर और सत्य पर्यायवाची है। इसी तरह मेरु को घेरे हुए जंबूद्वीप या ज्ञात पृथ्वी की परिधि का पर्याय दक्षिण, नीचा और असत्य है।[3]

(2) ऋग्वेद के प्रकृति के देवता इंद्र और वरुण को मानने वालों में झगड़ा हुआ तो सामाजिक विद्वेष दूर करने की इच्छा से प्रजापति ने जंबूद्वीप के दो भाग करके इंद्र और वरुण के मानने वालों को अलग-अलग रहने का निर्देश दे दिया। इससे धरती पर दो और दिशाएं बन गईं। इंद्र का अर्थ पूर्व और वरुण का अर्थ पश्चिम।[4]

मानचित्र (1) डॉक्टर अग्रवाल के चतुर्द्वीपीय नक्शे की गलती इस तरह परिलक्षित है कि वेदकालीन दिशाएं दो ही हैं। देखिए चित्र (1) संलग्न। उत्तर दिशा मेरु का ही नाम है। धरती पर केवल दक्षिण दिशा है।

मानचित्र (2) जंबूद्वीप के बंटवारे से पूर्व और पश्चिम दिशाएं इंद्र और वरुण के नाम पर प्रकट हुईं।

मानचित्र (3) इस मानचित्र में जंबूद्वीप छोटा है। यह अपने बड़े भाग का अंश रूप धारण नहीं कर सकता। उत्तर कुरु तो मेरु की परछाईं से पृथ्वी पर आया है। यह लेखक का सोचना है क्योंकि उत्तरायण या दक्षिणायन होने पर भी मेरु की छाया उत्तर दिशा को पर्वत से पृथ्वी पर हरदम लाती ही है।

मानचित्र (4) इस मानचित्र में भारद्वाज सिद्धांत का जंबूद्वीप वेदकालीन से मिलता है और इसमें नौ खंड हैं जिनमें एक भारत वर्ष है। इससे भी भारतीय संस्कृति कहना समीचीन नहीं है। सनातन धर्म के संकल्प का 'जंबूद्वीपे भरतखंडे' प्राचीन संस्कृति बताता है।

जिमर[5] कलात्मक आकृतियों, वास्तुकला आदि के आधार पर इस निश्चय पर पहुंचे

हैं कि मेरु पर्वत पर अमरावती इंद्र की राजधानी रही है। इंद्र ने जब संन्यास लेने की इच्छा की तो अग्निदेव की कृपा से उनका रूप एक देवी का हो गया जिन्होंने ब्रह्मा, विष्णु, शिव को प्रकट किया।

काशी से तुलना

काशी जाति मेरु या पामीर के कश नाम के मरुस्थल से 2700 ई.पू. आज के उत्तर प्रदेश[6] आई। 'दशरथ जातक' के अनुसार दशरथ जिनकी राजधानी वाराणसी थी, जंबूद्वीप के राजा थे।[7] ईरान के इतिहास में दशरथ राजा का समय 1800 ई.पू. बताया गया है जो इंद्र और वरुण की पूजा करते थे।[8] इंद्र ने रूप बदलकर बंदर बनकर राम को समुद्र पार करने की युक्ति बताई थी।[9] शिवजी जब इंद्र की गद्दी पर बैठते हैं तो पुराण उन्हें मेरुधामा[10] कहते हैं। मेरु से हटकर वे कैलाश चले जाते हैं। फिर काशी में निवास करते हैं, परंतु काशिराज की नगरी को भी पुराण इंद्र की अमरावती के समान कहते हैं।[11] जब शिवजी आते हैं तो काशिराज वाराणसी का दान करते हैं और वहां की जनता *सर्वतोदिशान्* चली जाती है। यह वैदिक भूगोल की पुष्टि करने वाला शब्द भारद्वाज मोतीलाल शर्मा के सिद्धांत जैसा ही है। यथा :

अकस्मात् तु पुरी या तु विद्रुता सर्वतोदिशम्।

—*हरिवंश,* 21, 62

काशिराज वाराणसी का दान करके कैथी चले जाते हैं। यहां से उनकी तीन पुत्रियों को भीष्म उठा ले जाते हैं।[12] हस्तिनापुर से गोमती गंगा के संगम पर उनका आना सहज है। वाराणसी में शिवजी के रहते उनकी हिम्मत भी न पड़ती। इससे भी दूसरा प्रमाण है यज्ञ का घोड़ा चोरी चला जाना[13] और काशिराज का अश्वमेध यज्ञ घोड़े के बिना ब्राह्मणों द्वारा नहीं कराने का निर्णय देखकर काशिराज ने 5 क्षत्रिय परिवार को ब्राह्मण घोषित कर दिया। इन्होंने बिना घोड़े के यज्ञ कराया। इसका प्रमाण यहां प्राप्त है।

इससे *महाभारत* का काल निर्णय भी शोध करने लायक है क्योंकि उसे 2700 ई.पू. से पहले नहीं जाना है। काशी के बसने का समय भी देना होगा। काशी स्टेशन के पास राजघाट का उत्खनन काशी हिंदी विश्वविद्यालय ने कराया है। उससे भी तथ्य निकल सकेंगे।

गीता समिति के व्याख्यान

महामना मालवीय जी की उपस्थिति में कुलपति डॉ. सर्वपल्ली राधाकृष्णन् जी के परममित्र पंडित गिरीश चंद्र शर्मा 'सखा' का *गीता* पर प्रवचन गीता समिति के अध्यक्ष प्रोफेसर शिवनंदन लाल दर ने आयोजित कराया तो 'सखा' जी ने इतने कम शब्दों में समझाया कि

शायद यह व्याख्या विश्व में सबसे छोटी और मौलिक कही जाए जिसे यहां दिया जा रहा है :

> गीता में धर्म क्षेत्र ब्रह्मांड को घेरने वाला क्षितिज है। कुरुक्षेत्र के रूप में पारिवारिक, सामाजिक, आर्थिक आदि परिस्थितियां हैं और जन्मांध राजा धृतराष्ट्र की तरह अपने जीवन की विसंगतियों से समझौता या समाधान ढूंढ़ता प्रत्येक प्राणी है। संजय की तरह हर आदमी के आसपास उत्तर देने वाले लोग स्वयं के विवेक के रूप में मौजूद रहते हैं। संजय के 'दृष्ट्वा' कहते ही आप क्या समझते हैं कि जन्मांध इसे सुनकर बुद्धिजीवी उधेड़बुन में लग जाएगा? ऐसा नहीं है। संजय ने यह कहकर धृतराष्ट्र को ध्यान मग्न कर दिया जिससे वह स्वयं अपनी अंतर्दृष्टि जगा ले और विवेक से समझे कि जो कुछ उसने किया है उसकी ही फसल तो वह काटेगा। धृतराष्ट्र का प्रश्न क्या इतना भारी है कि उस पर 699 श्लोकों का उत्तर तौल में सही उतरेगा। इसे ध्यान की मुठिया से समझिए, इस तराजू पर, जहां 'दृष्टवा' केंद्रबिंदु है :

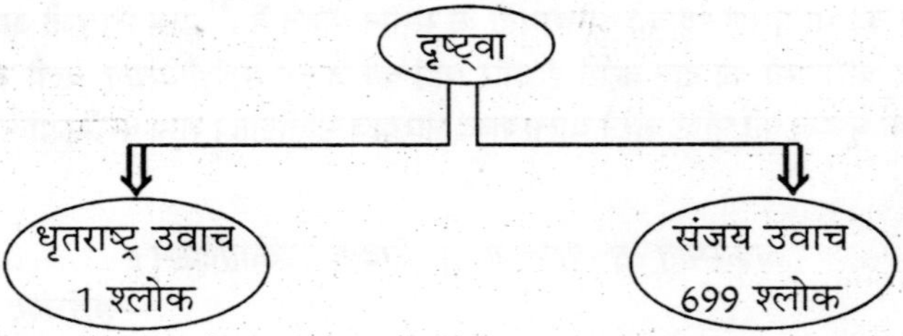

इस तरह विवेक और बुद्धिजीवी का विचार सन् 1946 के बाद तुलसी जयंती के अवसर पर इलाहाबाद में और संपूर्णानंद संस्कृत विश्वविद्यालय, वाराणसी में महामहिम राज्यपाल, उत्तर प्रदेश डॉ. विष्णुकांत शास्त्री के द्वारा मूल से मौलिक कहे जाने पर समाचारपत्रों के माध्यम से लेखक का तारतम्य जुट गया। ये विचार भी काशी से संबंधित हैं। काशी में प्रतिदिन अनेक लोग 'राम-नाम सत्य है' सुनते रहते हैं परंतु मृत्यु के संबंध में स्थायीभाव नहीं आता, परंतु 1946 में उपरोक्त सखा जी के भाषण से मिलती-जुलती विचारधारा सुनने पर लेखक को स्थायीभाव का अनुभव हुआ।

सखा जी के भाषण पर गीता समिति के अध्यक्ष प्रोफेसर शिवनंदन लाल दर ने कहा कि इसी तरह का एक और विचार काशी में पहले से है, जिसमें केंद्रबिंदु ही सबको बचाने वाला होता है। ऐसा कबीर जी ने कहा है, आटा पीसने की चक्की के माध्यम से *जो खूंटे से लगि रहे ताको काल न खाय* जो अनाज केंद्र में रहता है, बच जाता है और जो परिधि की ओर जाता है वह पिस जाता है। वास्तव में यह संस्कृति के सत्य-असत्य, पुण्य की पाप पर, प्रकाश की अंधकार पर, सज्जनों की दुर्जनों पर विजय की बात कही गई है।

इस सभा में संस्कृत कॉलेज के प्राध्यापक वेदांताचार्य पंडित जगन्नाथ उपाध्याय निमंत्रित थे और उन्होंने अपने साथ मुझे लाकर इस योग्य बना दिया था कि मैं अपने गुरुजी से उऋण होने लायक बन पा रहा हूं। इसी घटना के बाद एक दूसरी संस्कृति का भी पता चला। पं. जगन्नाथ उपाध्याय जी ने जब बौद्ध दर्शनाचार्य की उपाधि प्राप्त कर ली तो संस्कृत विश्वविद्यालय में बौद्धदर्शन के विभागाध्यक्ष पद पर उनकी नियुक्ति हो गई। इसके बाद उस पद का इतना विरोध हुआ कि संपूर्ण शिक्षक मंडल किसी भी विद्यार्थी को बौद्ध दर्शन पढ़ने नहीं देना चाहते थे। ऐसी परिस्थिति में सरकार द्वारा बौद्ध दर्शन विभाग तोड़े जाने की स्थिति आ गई। तब उन्होंने लेखक से कहा कि आप बौद्ध दर्शन शास्त्री में नाम लिखावें। लेखक मध्यमा उत्तीर्ण था। इस पर विश्वविद्यालय से आदेश हुआ कि चाहे तो आचार्य नरेंद्रदेव जी से या महापंडित राहुल सांकृत्यायन जी से मौखिक परीक्षा उत्तीर्ण होने की संस्तुति करावें। इस तरह लेखक बौद्ध दर्शन का पहला विद्यार्थी बना जिस पर किसी के कहने का असर नहीं पड़ा। इस परिस्थिति से महापंडित राहुल सांकृत्यायन जी ने यह जानकर कि लेखक भूगोल में एम.ए. और संस्कृत में मध्यमा है डॉ. वासुदेवशरण अग्रवाल के निर्देश में पी-एच.डी. करने के लिए भेज दिया।

वास्तव में *गीता* में 'दृष्टवा' को ध्यान बिंदु बनाना और संत कबीर की चक्की का खूंटा केंद्र में मेरु पर्वत का द्योतक है। हर आदमी मेरु पर्वत की तरह जहां भी खड़ा है मेरुदंड उस पर्वत का प्रतीक है। वह जो क्षितिज देखता है, वह परिधि छोटे रूप में उसका जंबूद्वीप है।

लेखक अपने गुरुदेव की आज्ञा से उनके चतुर्द्वीपी सिद्धांत को काटते हुए जंबूद्वीप और इसके दो भाग की बात जोड़ता है जिसका सुराग काशी ने संजोकर रखा था। इसे प्रोफेसर एस.एल. दर, अध्यक्ष गीता समिति और संत कबीर जानते थे। आश्चर्य है कैसे यह सिद्धांत डॉ. वासुदेव शरण अग्रवाल और राय कृष्ण दास जी से अछूता रह गया?

संदर्भ एवं टिप्पणियां

1. राना, सतीश चंद्र, 1985, पी-एच.डी. थीसिस, 'कला, वास्तुकला और उत्खनन विभाग', काशी हिंदू विश्वविद्यालय.
2. डांडेकर, आर.एन., 'सम ऐस्पेक्ट्स ऑफ दी इंडो-मैडिटरैनियन कांट्रैक्ट्स', *भंडारकर ओरिएंटल रिसर्च इंस्टीच्यूट*, पुणे, ''*अनाल्स*'' संख्या, 50, 1969.
3. भारद्वाज, मोतीलाल शर्मा, *शतपथ ब्राह्मण हिंदी विज्ञान भाष्य,* 1959, बालचंद्र इलेक्ट्रिक प्रेस, जयपुर 4, 1, 2, 2, 4 (8-14) पृष्ठ 233-283, (स्तम्ब ययुर्हरण उपाख्यान).
4. भारद्वाज, उपरोक्त पृष्ठ 419.
5. जिमर, हेनरिच, *दी आर्ट ऑफ़ इंडियन एशिया,* प्रिंसेटन, न्यूजर्सी 1968, पृष्ठ 40, 47.
6. अल्टेकर, ए.एस., *हिस्ट्री ऑफ बनारस,* पृष्ठ 15.
7. त्रिपाठी, शिवशंकर, *चीन रामायण,* 2000, भारतीय मनीषा सूत्रम, दारागंज, इलाहाबाद, पृ. 16.
8. शर्मा, योगेंद्र, *रामायण उत्तर प्रदेश* 1987 सूचना प्रसारण विभाग की पत्रिका, लखनऊ.
9. त्रिपाठी, शिवशंकर, उपरोक्त, पृ. 83.
10. मण्डली मेरुधामा च देवदानव दर्पट्टा।
    अथर्व शीषैः सामास्य ध्रुवसहस्रामितेक्षणाः ॥
    —*महाभारत* 13, 17, 88
11. गंगा या उत्तरे कूले व प्रान्ते राज सत्तम्।
    गोमत्या दक्षिणे चैव शक्रस्येवामरावतीम् ॥
    —*महाभारत* 13, 31, 18
12. *महाभारत,* 5, 175, 11.
13. *शतपथ ब्राह्मण,* 13, 5, 5, 19.

VEDIC DEFINITION OF NORTH AND SOUTH

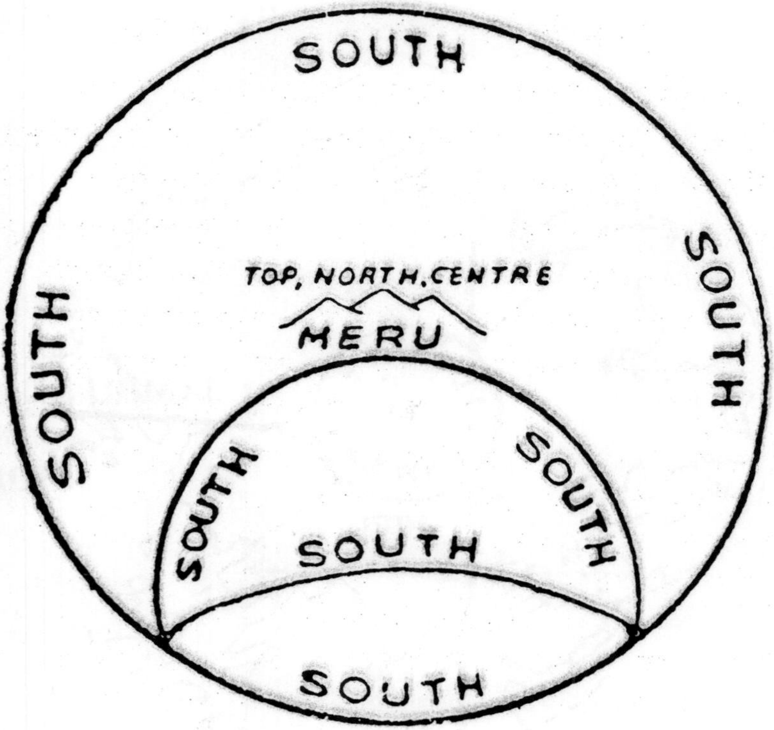

MAP OF JAMBUDVIPA EAST

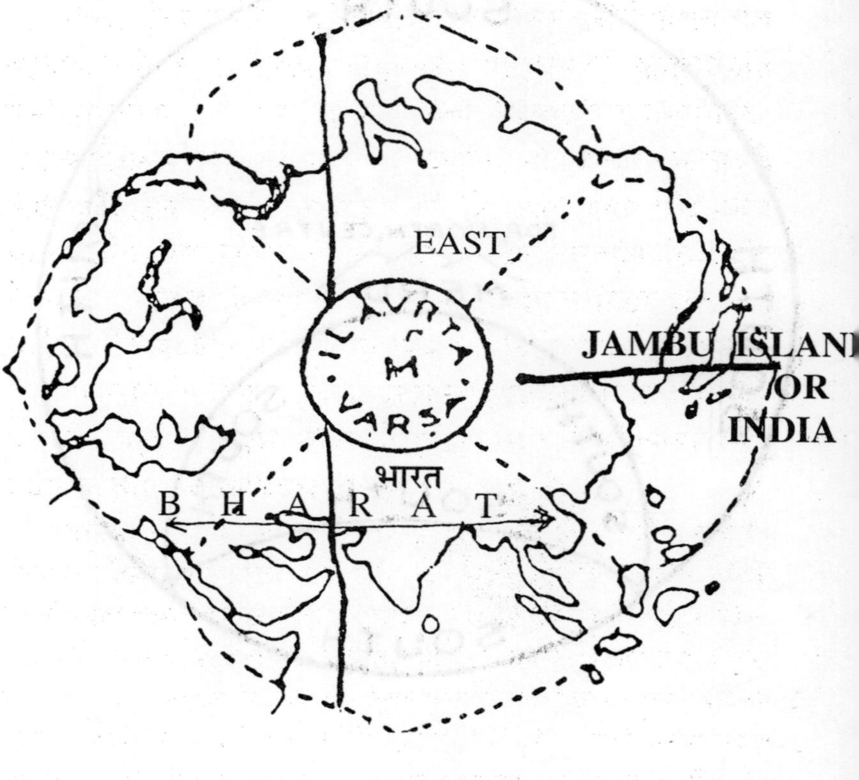

LOTUS-SHAPED FOUR ISLANDS OF ANCIENT INDIA

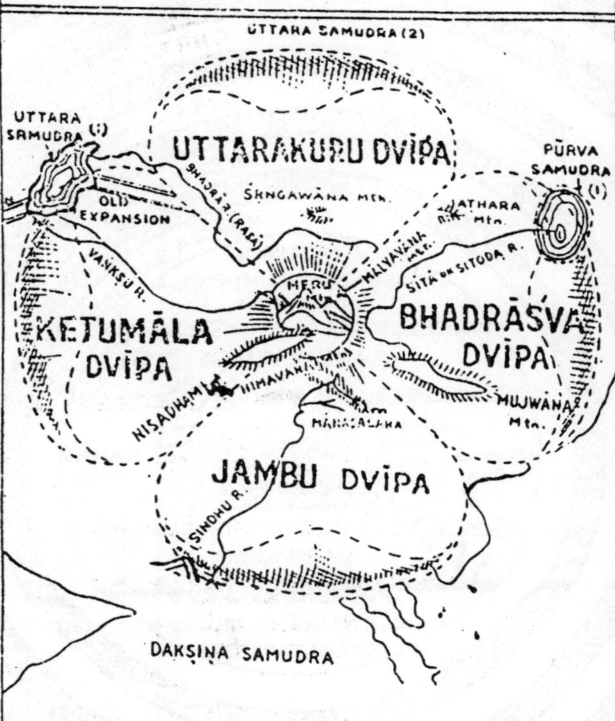

Based on the map of Śri Rai Kr̥ṣṇa Dasa

ANCIENT SEVEN ISLANDS OF THE MAHĀBHĀRATA

Based on the map of Śri Rai Kṛṣṇa Dasa

7. कुमाऊं : एक ऐतिहासिक परिचय

एस.के. पंत*

ऋषि मनीषियों की तपस्थली हिमालय को उसकी अलौकिक सुषमा के कारण ही देवतात्मा एवं नगाधिराज जैसे शब्दों से विभूषित किया गया है।[1] ऐसे हिमालय की अधित्यका में उत्तरांचल राज्य में स्थित कुमाऊं अपने अलौकिक सौंदर्य, स्वच्छंदता एवं रमणीकता के लिए अतुलनीय समझा जाता है। कुमाऊं शब्द की व्युत्पत्ति को विभिन्न विद्वानों ने अपने-अपने ढंग से प्रमाणित करने का प्रयत्न किया है। डॉ. जोधसिंह नेगी का मत है कि कुमाऊं शब्द वास्तव में 'कमाऊं' है, जिसका तात्पर्य धन या खेती कमाने वाले से है।[2] डॉ. गुणानंद जुयाल ने अपनी पुस्तक *मध्य-पहाड़ी भाषा* में कुर्मांचल— कुंभजन — कुमाऊं सिद्ध करने का प्रयत्न किया है।[3] इस संबंध में कहा जा सकता है कि 'कुर्मांचलों' मूल शब्द नहीं है और भाषा विज्ञान की दृष्टि से भी इससे 'कुंभजन' नहीं बन सकता। कुंभकरण की खोपड़ी से कुमाऊं शब्द की व्युत्पत्ति हास्यास्पद प्रतीत होती है। कालू शब्द से भी कुमाऊं की व्युत्पत्ति निराधार है। कुमाऊं के संबंध में एक अनुश्रुति सुनी जाती है कि भगवान विष्णु का कूर्म रूप में अवतार चंपावती नदी से पूर्व स्थित कूर्म पर्वत में तीन वर्ष खड़ा रहा। तब से इस पर्वत का नाम कूर्मांचल पड़ गया, जिससे पश्चात में कूमूं या कुमाऊं हो गया।[4] इस अनुश्रुति में कितना सत्यांश है—कहा नहीं जा सकता, परंतु ऐसा प्रतीत होता है कि 'कुर्मांचल' शब्द से ही कुमाऊं बना है। संभवतः उच्चारण की जटिलता से शनैः-शनैः अंचल शब्द जनसाधारण के प्रचलन से बाहर हो गया और इसका परिवर्तित रूप 'कुमाऊं' अधिक प्रचलन में आ गया, जिसमें आज अंग्रेजी के शब्द गठन का प्रभाव स्पष्ट दृष्टिगोचर होता है।

इस भूभाग के संबंध में उल्लेखनीय है कि इसे विभिन्न जातियों से जोड़ा गया है। महाकवि कालिदास ने इसे किरातों का देश माना है।[5 अ+ब] इसके साथ ही मेघदूत में कैलाश के पास अलकापुरी को भी यक्षों का देश माना है।[6] डॉ. त्रिलोचन पांडेय ने इस भूभाग का संबंध कुरु जनपद से बतलाया है। उनके अनुसार, अर्जुन के दिग्विजय में इस प्रदेश की विशेषताओं का उल्लेख है तथा पांचाल जनपद से भी इस भूभाग का संबंध रहा है क्योंकि रामगंगा का उत्तरी भाग जो पांचाल की राजधानी अहिच्छत्र (जिला बरेली) के समीप था।[7] राहुल सांकृत्यायन ने खश तथा शकों को एक मानते हुए कुमाऊं के द्वाराहाट, बैजनाथ तथा बागेश्वर के पास खशों की समाधि का उल्लेख किया है।[8]

---

* प्रवक्ता, इतिहास विभाग, के.जी.के. महाविद्यालय, मुरादाबाद (उ.प्र.)

इस प्रकार हम देखते हैं कि विभिन्न विद्वानों ने अपने-अपने ढंग से कुमाऊं को विभिन्न जातियों से जोड़ा है और अपने-अपने मतों की पुष्टि में तर्क दिए हैं, परंतु ऐसा प्रतीत होता है कि यह भूभाग किरात, किन्नर, यक्ष, नाग, खश, कोल, राजी, शक, थारू एवं भोटिया विभिन्न जातियों का शरणस्थल रहा। इसे किसी एक जाति से जोड़ना उचित प्रतीत नहीं होता। पुन: उस स्थिति में जबकि पुरातात्विक साक्ष्य इस बात की पुष्टि करते हैं कि इस क्षेत्र का अतिप्राचीन काल से ही मानव जाति से संबंध रहा है।[9] परंतु इस क्षेत्र का राजनीतिक प्रारूप क्या रहा होगा? यह विचारणीय है।

वस्तुत: अनुसंधान की दृष्टि हमें उक्त संदर्भ में कुणिंद जनों तक ले जाती है। हालांकि इस जाति की उत्पत्ति के संबंध में पुष्ट साक्ष्यों के प्रमाण में कुछ कहना कठिन है, किंतु इतना तो निश्चित है कि इस जाति ने कुमाऊं के इतिहास को अवश्य प्रभावित किया है। डॉ. एम.पी. जोशी ने कुणिंदों का शासनकाल पांच सौ ईसा पूर्व से पांचवीं ई. तक माना है।[10] एलन के अनुसार अल्मोड़ा में इस वंश की चार मुद्राएं मिली हैं, जिसमें भृगभूति या मार्गभूति, शिवदत्त, हरिदत्त, शिवपालित के नाम मिलते हैं।[11]

जहां तक कत्यूरियों का संबंध है, एटकिंसन ने कत्यूरियों के वंश का संबंध काबुल के कटौर राजवंश से बतलाते हुए लिखा है कि 961 ई. में महमूद गजनवी के आक्रमण से भयभीत होकर काबुल के कटौर वंशज पर्वतीय क्षेत्र की ओर पलायन कर गए।[12] परंतु एटकिंसन की यह धारणा उचित प्रतीत नहीं होती क्योंकि 961 ई. के पूर्व ही कत्यूरियों के वंश का उदय हो गया था।

पावेल प्राइस कुणिंद व कत्यूरियों को एक ही मानते हैं,[13] परंतु कुणिंद व कत्यूरियों को केवल एक ही स्थान पर शासन करने के कारण आपस में संबंधित नहीं कहा जा सकता। दूसरा अलकनंदा उपत्यका अथवा जोशीमठ को कत्यूरी वंश से न जोड़ना कि उनकी पूर्ण संभावना को बल नहीं मिलता साक्ष्यों के अभाव में दोषपूर्ण है। बद्रीदत्त पांडेय ने कत्यूरियों का संबंध अयोध्या के शालिवाहन वंश से जोड़ा है,[14] परंतु मत की पुष्टि में तर्क न दिए जाने से यह मत उपयुक्त प्रतीत नहीं होता। अत: कत्यूरियों की जाति का प्रश्न अभी भी पूर्ण साक्ष्यों के अभाव में विवादास्पद है, किंतु ऐसा अनुमान लगाया जा सकता है कि संभवत: कत्यूर खस रहे होंगे।

कत्यूरियों के अभिलेखों में इनकी राजधानी कार्तिकेयपुर का उल्लेख आया है। कनिंघम ने कार्तिकेयपुर का समीकरण पाली पछाऊं से संलग्न रामगंगा के तट पर स्थित लखनपुर से किया है। एटकिंसन[15], राहुल सांकृत्यायन[16], डॉ. त्रिलोचन पांडेय[17] एवं बद्रीदत्त पांडेय[18], कत्यूर राजवंश का मूलकेंद्र गढ़वाल में स्थित जोशीमठ को मानते हैं। डॉ. डी.सी. सरकार कार्तिकेयपुर का समीकरण अल्मोड़ा के बैजनाथ से करते हैं।[19]

उक्त संदर्भ में विद्वानों का यह मतभेद वासुदेव एवं बसंतन नामक राजाओं के एक होने या न होने के प्रश्न को लेकर प्रतीत होता है। वस्तुत: यह कहा जा सकता है कि कत्यूर

वंश का संस्थापक वासुदेव एवं बालेश्वर शिलालेख में उल्लिखित बसंतन अलग-अलग दो नाम थे। प्रतीत होता है कि कत्यूरियों की प्रथम राजधानी, जिसकी स्थापना वासुदेव ने की थी, सातवीं शताब्दी के अंत में बसंतन द्वारा बैजनाथ में स्थापित की होगी।

जहां तक कत्यूरियों के शासनकाल का संबंध है, बद्रीदत्त पांडेय ने ईसा से 2500 वर्ष पूर्व से लेकर 700 ई. तक माना है।[20] डॉ. जुयाल के अनुसार अस्कोट के रजबारों की वंशावली से विदित होता है कि वहां पहुंचने के उनके पूर्व वंश के 50 राजा कत्यूर में राज्य कर चुके थे। यदि प्रत्येक राजा का राज्य 15 वर्ष भी माना जाए तो कत्यूरी शासन 700 ई. के लगभग अस्तित्व में था,[21] किंतु उक्त साक्ष्यों का विश्लेषणात्मक परीक्षण इस निष्कर्ष तक पहुंचाता है कि कत्यूरियों का शासनकाल 850 ई. से 1050 ई. तक रहा होगा। कत्यूरी शासकों के संबंध में उल्लेखनीय है कि इनके अभिलेखों में इन्होंने स्वतः को परममहेश्वर, परमब्राह्मणभक्त, परमभट्टारक महाराजाधिराज, परमेश्वर जैसे विरुदों से विभूषित किया है। ऐसा प्रतीत होता है कि उत्तर भारत में छोटे-छोटे अन्य राजवंश भी शासन कर रहे थे। इस प्रकार के विरुदों के धारण का उद्देश्य संभवतः दरद, तुषार एवं मलेच्छ जैसी संज्ञाओं को धोने के लिए किया होगा।[22] कुछ भी हो इससे इतना निष्कर्ष तो निकाला जा सकता है कि इस प्रकार के विरुद शैवधर्म के प्रोत्साहन की ओर संकेत करते हैं।

कत्यूरियों के अनुगामी चंदवंशीय शासक थे। चंद मूलतः झूसी (प्रयाग के समीप) के निवासी थे। एटकिंसन ने लिखा है कि प्रारंभ में चंदों ने चंपावत के समीपवर्ती क्षेत्रों में अपना प्रभुत्व स्थापित किया और शनैः-शनैः निर्बल कत्यूरियों को पराजित कर संपूर्ण कुमाऊं और इससे लगे तराई क्षेत्र पर अपना अधिकार कर लिया।[23] एटकिंसन ने चंदों का समय 935 ई. निर्धारित किया है,[24] परंतु प्राप्त साक्ष्यों के आधार पर चंद वंश का समय 1400 ई. से 1790 ई. तक माना जा सकता है। चंदों के प्रमुख राजाओं में भीष्मचंद, बालोकल्याणचंद, रुद्रचंद, लक्ष्मणचंद,[25] दिलीपचंद, विमलचंद, दीपचंद, मोहनचंद, प्रद्युम्नचंद, शिवचंद एवं महेंद्र चंद विशेष उल्लेखनीय हैं। प्रारंभ में इस वंश की राजधानी चंपावत थी, किंतु भीष्मचंद की योजना को उसके उत्तराधिकारी बालोकल्याण चंद ने अपनाते हुए अल्मोड़ा में खगमरा किले को अपनी राजधानी बनाया।[26] प्रारंभ में चंदों के अधिकांश लोग चंपावत में ही रहे, किंतु कालांतर में शनैः-शनै अल्मोड़ा में आकर बसने लगे।

चंदों का शासनकाल सांस्कृतिक दृष्टि से अत्यधिक महत्वपूर्ण कहा जा सकता है। चंदवंशीय न्याय व्यवस्था भी अत्यधिक कठोर नहीं थी। प्राणदंड कम दिया जाता था। रुद्रचंद ने संस्कृत की पढ़ाई का प्रबंध किया था।[27] उसके दरबारी विद्वान थे। वे बनारस एवं काशी के विद्वानों की कोटि के थे। यही नहीं रुद्रचंद स्वयं एक लेखक था। उसने *श्येनशास्त्र, नौवार्णिक धर्मविजय* नामक ग्रंथों की रचना की एवं देवी तथा भैरव के मंदिरों का जीर्णोद्धार करवाया।[28] ज्ञानचंद ने गणेश की मूर्तियों का जीर्णोद्धार करवाया।[29] यही नहीं कत्यूरियों तथा चंदों के शासनकाल के निर्मित जागेश्वर मंदिर, द्वाराहाट का मनियाल मंदिर और द्वाराहाट

का ही रत्न देव मंदिर, वैजनाथ का राक्षस मंदिर, कटारमल का मंदिर और बागेश्वर मंदिर विशेष उल्लेखनीय हैं। परंतु चंदों के शासनकाल की सबसे महत्वपूर्ण घटना, जिसने उक्त सांस्कृतिक धरोहरों को नष्ट-भ्रष्ट करने में कोई कसर नहीं छोड़ी—वह थी कल्याणचंद के समय हुआ रुहेलों का आक्रमण। यही कारण है कि हमें तत्कालीन जो भी मंदिर या मूर्तियां मिलती हैं वे या तो नष्ट-भ्रष्ट हैं या पूर्णतः खंडहर, जो कि सांस्कृतिक इतिहास की दृष्टि से दुर्भाग्य ही कहा जाएगा, खैर।

अंतिम चंद शासकों की निर्बलता एवं आपसी कलह ने चंद वंश का अवसान किया। चंद वंश के अंतिम शासक महेंद्र चंद एवं उसके छोटे भाई कुंवर लाल सिंह तथा उनके मंत्री हर्षदेव जोशी के मध्य संघर्ष शुरू हो गया था। अतः इस कलह का पूर्ण लाभ तत्कालीन नेपानी शासकों ने उठाया, जिन्हें गोरखा के नाम से भी जाना जाता है, और सन् 1790 ई. से 1815 ई. तक कुमाऊं को अपने अधीन रखा। गोरखों का शासन अपने अमानुषिक कृत्यों के लिए निंदनीय समझा जाता है। उनकी शासनप्रणाली सैनिक तरीके की थी। शासन प्रबंध का संपूर्ण भार इन अफसरों के ही ऊपर निर्भर था, जो कि अत्यंत क्रूर एवं घृणित था। काजी नरशाही और उसके सहायक रामदत्त शाही का समय नृशंस अत्याचार का समय माना जाता है, क्योंकि एक मंगल की रात्रि उसने 1500 ग्राम प्रधानों की हत्या करवाई।[30] डॉ. शिवप्रसाद डबराल ने लिखा है कि प्रत्येक ग्रामीण परिवार से चैत्र के माह में तीन भैंसे, दो बकरे और आश्विन में चार भैंसे और दो बकरे नवरात्रियों के पूजन हेतु जाते थे।[31] कुलियों तथा गोदामों का उचित प्रबंध न होने के कारण गोरखा सैनिक बलपूर्वक बिना मूल्य चुकाए खाद्य सामग्री उठा ले जाते थे। गोरखा सैनिक लोगों के घरों में घुसकर तोड़-फोड़ में भी नहीं हिचकते थे। केवल इतना ही नहीं, भारवाहक मजदूरों को मजदूरी नहीं दी जाती थी, क्योंकि गोरखा इसे उनका आवश्यक बेगार समझते थे।[32] गोरखाओं की न्याय व्यवस्था भी अत्यधिक घृणित कही जा सकती है। फैसला करने की प्रणाली एक दिखावा मात्र कही जा सकती है, क्योंकि न्याय अधिकांशतः सैनिक अधिकारियों की इच्छा पर होता था। कुमाऊं में समस्त दीवानी और छोटे आपराधिक मामलों का निपटारा भी प्रांत के सिविल गवर्नर द्वारा सैनिक अधिकारियों की मदद से किया जाता था।[33] प्राणदंड आम बात हो गई थी। बद्रीदत्त पांडेय ने लिखा है, 'गोरखा पहले घाव करते थे फिर उसमें नमक छिड़ककर तड़पा-तड़पा कर मारते थे।'[34] यही नहीं जोगामल्ल ने तो मुंडकर पाल टैक्स भी लगाया।[35] इसके अतिरिक्त प्रत्येक वीसी भूमि पर एक रुपया वार्षिक कर लगाया जाता था। इस प्रकार गोरखों ने राजस्व व्यवस्था को भी पूर्णतया परिवर्तित कर दिया। एटकिंसन ने लिखा है कि सन् 1812 ई. में गोरखों की आय भूकर से 85825 रुपए, घी कर से 2252 रुपए, सलामी नजराने से 2743 रुपए, चमारों से 621 रुपए, चरखा-तकली कर से 50741 रुपए, सेनिया फागुन से 1360 रुपए, व्यापार चुंगी से 7500 रुपए, खान चुंगी से 2400 रुपए, साल से 1360 रुपए, काठ, बांस चुंगी से 1200 रुपए हुई, जो कि कुल मिलाकर 164426 रुपए थे।[36] दास व्यापार भी

अपनी चरम सीमा तक किया जाता था। डॉ. एस.पी. डबराल ने लिखा है, 'उस समय घोड़े का मूल्य दो सौ पचास रुपए से तीन सौ रुपए, ऊंट की कीमत 75 रुपए और मनुष्य केवल दस रुपए से एक सौ रुपए तक बेचा जाता था।'[37]

गोरखाओं की इस अत्याचारपूर्ण एवं निर्दय, आर्थिक नीतियों से उनके शासनकाल के लिए अत्यंत घातक परिणाम हुए। कुमाऊंनी जनता उनके शासन से पूर्णतया रुष्ट थी। आज भी जनोक्तियां सुनने में आती हैं, जो कि गोरखा शासन के भय को स्पष्ट करती हैं।[38] गोरखाओं के इस निर्दयतापूर्ण एवं क्रूर शासन का पूर्ण लाभ यहां की जनता की मानसिक विचारधारा को समझकर अंग्रेजों ने उठाया। यही कारण है कि जब अप्रैल 1815 ई. को कर्नल निकलस और गार्डनर ने कुमाऊं की पहाड़ियों में स्थित अल्मोड़ा नगर पर अधिकार कर लिया तो वहां के लोगों ने राहत की सांस ली। गोरखों एवं अंग्रेजों के बीच हुई सिगौली की संधि से सन् 1815 ई. में रानीखेत एवं नैनीताल ब्रिटिश प्रशासन में आ गए।[39] अंग्रेजी साम्राज्य की स्थापना के बाद कुमाऊं का संपर्क मैदानी भागों से हो गया और सन् 1947 ई. तक यह ब्रिटिश राज्य के अधीन रहा।

प्रारंभ में यहां गार्डनर ने कमिश्नर का कार्यभार संभाला। प्रशासनिक कार्यों में ट्रेल उसका सलाहकार था। ट्रेल ने तीन महत्वपूर्ण सुधार किए। व्यवस्था थी कि कोई भी पति अपनी पत्नी के अपहरणकर्ता की हत्या सरकार को केवल सूचना-भर देकर कर सकता था। पत्नी से वंचित पति अपहरणकर्ता के प्रति न्यायकर्ता और जल्लाद दोनों का कार्य स्वयमेव कर लेता था। इस व्यवस्था का दुष्परिणाम यह होता था कि अनेक निर्दोष व्यक्ति भी मारे जाते थे। ट्रेल ने इस प्रकार की व्यवस्था को समाप्त करने के लिए इसे अपराध घोषित कर दिया और हत्यारे को मृत्यु दंड देने की विज्ञप्ति प्रकाशित कर दी। इसके अलावा समाज में पति द्वारा पत्नी का विक्रय भी प्रचलित था। ट्रेल ने इस घृणित प्रथा को भी कानूनन अपराध घोषित किया। उसका तीसरा सुधार पत्नी को वापस पाने, विक्रय और उनकी मुक्ति के दावों का न्यायालय में दायर किया जाना था।

सन् 1935 ई. में वैटन कमिश्नर नियुक्त हुआ। उसके शासनकाल की भी कुमाऊं को अत्यधिक महत्वपूर्ण देन है। उसने दास प्रथा का अंत करवाया। भूमापन का कार्य नए सिरे से प्रारंभ करवाया। नूतन कानून एवं नूतन संहिताओं का निर्माण हुआ। जिन लोगों ने कुमाऊं में ब्रिटिश प्रशासन को फलने-फूलने में मदद की थी, उन्हें सरकारी नौकरियां तथा पेंशन दी गईं। डॉ. हेमचंद्र जोशी ने लिखा है कि अल्मोड़ा के लोग सरकारी नौकरी एवं पेंशन पाना ही अपना कर्तव्य समझते थे।[40]

अंग्रेज कमिश्नरों में हेनरी रामजे का (1856-1884) नाम विशेष उल्लेखनीय है। सभी कमिश्नरों की तुलना में उनका कार्यकाल सबसे लंबा रहा। हेनरी रामजे को कुमाऊं के लगभग सभी लोग जानते थे। ऐसा कहा जाता है कि वे किसानों के घर मड़वे की रोटी[41] भी बड़े चाव से खा लेते थे और पर्वतीय जनों से स्थानीय बोली में बात कर लेते थे। आज

भी उनका नाम अत्यधिक सम्मान एवं आदर से लिया जाता है। नैनीताल तथा अल्मोड़ा में रामजे अस्पताल, रामजे रोड, रामजे कॉलेज अभी भी उनका स्मरण कराते हैं।

इतना सबकुछ होते हुए भी भारतीय स्वतंत्रता आंदोलन के प्रभाव से कुमाऊंनी जनमानस अछूता न रह सका। 1857 के विद्रोह का प्रभाव कुमाऊंनी जनमानस पर भी पड़ा। इस संबंध में रामजे ने जुलाई 1858 ई. को सरकार को अपनी रिपोर्ट भेजी थी। इस रिपोर्ट में कहा गया, 'जब मैं गढ़वाल के हिमप्रदेश के दौरे पर था तो मुझे 22 मई 1858 ई. को विद्रोह की सूचना मिली। मैं यथाशीघ्र अल्मोड़ा पहुंचा। अल्मोड़ा में समुचित व्यवस्था स्थापित करने के पश्चात नैनीताल आकर वहां सुरक्षा का प्रबंध किया। जून में बरेली और मुरादाबाद से अंग्रेज शरणार्थी नैनीताल पहुंचने लगे। मैंने संपूर्ण कुमाऊं में मार्शल लॉ लागू कर दिया। इसी बीच डाक व्यवस्था भंग हो गई। भारवाहक कुलियों के अभाव में बोझा ढोने हेतु जेल से 40 बंदियों को इस शर्त पर रिहा किया गया कि यदि उनका आचरण अच्छा रहा तो उन्हें क्षमादान दिया जाएगा। इन बंदियों से काम भी अच्छा लिया और कालाढूंगी में कई उपद्रवियों को मृत्यु दंड दिया गया।'[42] यह रिपोर्ट स्पष्ट करती है कि 1857 ई. के विद्रोह की ज्वाला का सीधा प्रभाव डाक व्यवस्था पर एवं कुली व्यवस्था पर पड़ा। रामजे द्वारा लागू किया गया मार्शल लॉ स्पष्ट करता है कि यहां के जनमानस ने ब्रिटिश शासन के प्रति असहयोग का मार्ग अपनाया, चाहे उसे भारत के अन्य स्थानों में फैले विद्रोह की तुलना में व्यापक नहीं कहा जाए।

उन्नीसवीं शताब्दी के अंत तक आते-आते कुमाऊं के भारत के अन्य भागों के निकट संपर्क में आने से यहां भी पाश्चात्य सभ्यता के लक्षण दृष्टिगोचर होने लगे। 1913 ई. में अल्मोड़ा प्रकाशन ने राष्ट्रीयता की विचारधारा को विकसित करने में महत्वपूर्ण योगदान दिया। परिणामस्वरूप अनेक राजनीतिक संस्थाओं का उद्भव हुआ।[43] सन् 1921 ई. में कुली बेगार प्रथा के संबंध में स्थानीय अंग्रेज शासकों के विरुद्ध सत्याग्रह का आयाम प्रारंभ हुआ। बीसवीं शताब्दी में महात्मा गांधी के नेतृत्व में चलाए गए असहयोग आंदोलन ने कुमाऊं में भी राष्ट्रीयता की भावना को उद्वेलित किया। 1930-31 में नमक कानून तोड़ा गया। अत: अनेक लोग बंदी बनाए गए। सन् 1947 ई. में अंग्रेजी शासन का यहां से सदा के लिए अंत हो गया। स्वतंत्रता आंदोलन के साथ आज के कुछ प्रमुख नेताओं का जीवन जुड़ा हुआ है।

ब्रिटिश प्रशासन का कुमाऊं के जनमानस पर गहरा प्रभाव दृष्टिगोचर होता है। सामाजिक रीति-रिवाज, रहन-सहन, खान-पान पर उसकी स्पष्ट छाप देखी जा सकती है। प्रथम एवं द्वितीय विश्वयुद्ध तथा स्वाधीनता संग्राम की देशव्यापी लहर ने यहां के जनमानस को आंदोलित कर दिया। एक ओर स्थानीय कलाओं की अभिव्यक्तियां बहुत कुछ मूल रूप में सुरक्षित रहीं तो दूसरी ओर समाज की आंतरिक शक्तियों का स्रोत चरमराकर रह गया।

स्वतंत्रता आंदोलन में कुमाऊंनी समाज ने यथासंभव योगदान दिया था। अत: जिस स्वतंत्रता की प्राप्ति के लिए उन्होंने अपना रक्त बहाया था, उस स्वतंत्रता को वे बरकरार रखना चाहते थे। स्वतंत्रता की प्राप्ति के पश्चात भी विदेशी आक्रमण से देश की रक्षार्थ समर्पित हुए। सन् 1962 ई. के चीन के साथ युद्ध में कुमाऊंनी सैनिकों की देशप्रेम की भावना स्पष्ट दृष्टिगोचर होती है। यद्यपि रक्षा साधनों के अभाव में उन्हें पराजित होना पड़ा, परंतु शरीर में अंतिम सांस तक वे युद्ध मोर्चे पर डटे रहे। पिथौरागढ़ (उल्का देवी मंदिर के समीप) में स्थित शहीद स्मारक जिसमें 89 शहीदों के नाम अंकित हैं, जो युद्ध में वीरगति को प्राप्त हुए, शहीदों की गरिमा बढ़ा रहा है। पुरुषों ने ही नहीं नारियों ने भी देश के रक्षार्थ देश के रक्षा विभाग को अपने गहने समर्पित कर आर्थिक रूप से देश के मनोबल को बढ़ाया।

1947 ई. से वर्तमान तक अधिकांशत: कुमाऊं में कांग्रेस पार्टी का ही वर्चस्व रहा है, परंतु इसका यह तात्पर्य निकालना अनुचित होगा कि यहां का जनमानस *'हाये कोऊ-नृप हमें का हानी'* इस कहावत को चरितार्थ करता है। 1977 ई. में कांग्रेस की नीतियों से असंतुष्ट होकर जनता पार्टी को सत्ता की बागडोर सौंपना पुनश्च इंदिरा कांग्रेस को शासन हेतु चयनित करना और कालांतर में होने वाले चुनाव में भारतीय जनता पार्टी के उम्मीदवारों को चयनित करना इस बात का स्पष्ट उदाहरण है। इतना ही नहीं उत्तरांचल आंदोलन में भागीदारी एवं बिना हिंसक प्रदर्शन के पृथक राज्य उत्तरांचल को प्राप्त कर लेना यहां के जनमानस की राजनीतिक चेतना को स्पष्ट परिलक्षित करता है। अत: कहा जा सकता है कि कुमाऊंनी समाज लोकतांत्रिक प्रणाली के वास्तविक अर्थ से पूर्णत: भिज्ञ नहीं है तो अनभिज्ञ भी नहीं कहा जा सकता।

इस प्रकार कहा जा सकता है कि कुमाऊं शब्द की व्युत्पत्ति 'कूर्मांचल' शब्द से मानी जा सकती है जो कि अपने परिवर्तित एवं परिवर्धित रूप में वर्तमान में ब्रिटिश प्रभाव के साथ दृष्टिगोचर होती है। वस्तुत: यह भूभाग किरात, किन्नर, यक्ष, नाग, खश, कोल, राजी, शक, थारू, बोक्सा एवं भोटिया विभिन्न जातियों का शरणस्थल रहा है। इसे किसी एक जाति से जोड़ना तर्कसंगत प्रतीत नहीं होता। पुन: उस दशा में जब कि पुरातात्विक साक्ष्य प्राचीन काल से ही यहां मानव के अस्तित्व की स्पष्ट अभिव्यंजना करते हैं, किंतु जहां तक राजनीतिक प्रारूप का संबंध है अनुसंधान की दृष्टि, कुमाऊं में शासन करने वाली कुणिंद, पौरव, कत्यूरियों, चंदों, गोरखाओं एवं अंग्रेजों के शासनकाल की गतिविधियों तक पहुंचा देती है। इन सभी राजवंशों के शासनकाल में कुमाऊं इनकी उचित एवं अनुचित गतिविधियों से पूर्णतया प्रभावित रहा। कुमाऊं के ब्रिटिश काल में हुए सुधारों के कारण ब्रिटिश शासन यहां के जनमानस में लोकप्रिय रहा, किंतु ऐसा नहीं है कि यहां के जनमानस ने ब्रिटिश शासन के विरोध में स्वतंत्रता आंदोलन में भाग ही न लिया हो। कुमाऊंनी समाज की देशप्रेम की भावना भारत-चीन युद्ध में स्पष्ट दृष्टिगोचर होती है। यही नहीं, लोकतांत्रिक पद्धति के प्रति जागरूकता भी प्रदर्शित होती है। अत: कुमाऊंनी समाज को लोकतांत्रिक पद्धति से भिज्ञ नहीं तो अनभिज्ञ भी नहीं कहा जा सकता।

संदर्भ एवं टिप्पणियां

1. अस्त्युत्तरस्यां दिशि देवतात्मा हिमालयो नाम नगाधिराज: ।
पर्वापरौ तोय निधीव गाह्य स्थित: पृथिव्या इव मानदंड: ॥
संपादक, चतुर्वेदी, सीताराम, *कुमारसंभव,* श्लोक 1, सर्ग 1, भारत प्रकाशन मंदिर, अलीगढ़, संवत् 2019 वि.
2. नेगी, जोध सिंह, *हिमालयन ट्रैवल्स*, पृ. 112.
3. जुयाल, गुणानंद, *मध्य पहाड़ी भाषा (गढ़वाली-कुमाऊंनी) का अनुशीलन और उसका हिंदी से संबंध,* पृ. 3-4.
4. कुमाऊं के विभिन्न स्थानों पर विभिन्न लोगों से लिए गए साक्षात्कार के आधार पर.
5. (अ) श्रिय: कुरुणामधिपस्य पालनीं प्रज्ञासु वृत्तियमयुङ वेदितुम. ।
स वर्णलिंङ्गी विदित: समायजौ युधिष्ठिरं द्वैतवने वनैचर: ॥
(ब) तत: किरातस्यवचोभिरुद्धते: पराहत: शैल दूर्वाणमांबुधि: । सर्ग 14, श्लोक 1
संपादक, महामहोपाध्याय पं. दुर्गादास, *किरातार्जुनीयम्,* मास्टर खिलाड़ी लाल एंड संस, वाराणसी, 1982.
6. यस्यां सक्षा: सितमणिमयानेयहर्मस्थलानि । *उत्तरमेघ,* श्लोक 5, चौखंबा संस्कृत संस्थान, वाराणसी, 1976.
7. पांडेय, त्रिलोचन, *कुमाऊं का लोक साहित्य,* पृ. 10.
8. सांकृत्यायन, राहुल, *कुमाऊं,* पृ. 30.
9. चंडेश्वर में अनेक विशाल शिलाएं खड़ी हैं, जिनके सिरों को बड़े परिश्रम से पूर्णत: शिश्न का स्वरूप देने का प्रयत्न किया गया है. निकट की एक शिला में वृत्ताकार अंकन मिलते हैं, जिनका संबंध योनि-लिंग प्रतीकों से जोड़ा जा सकता है. डबराल, एस.पी*., उत्तराखंड का इतिहास,* भाग एक, पृ. 60.
10. जोशी एस.पी., 'न्यूली डिस्कवर्ड रॉक पेंटिग फ्राम कुमाऊं हिल्स', ऑल इंडिया ओरिएंटल कॉन्फ्रेंस (समरी ऑफ पेपर्स), *कुरुक्षेत्र*, पृ. 219-220.
11. एलन, *क्वाइंस ऑफ़ एंशिएंट इंडिया,* पृ. 1 xxx1.
उद्धृत, सत्यप्रकाश, *उत्तराखंड की सामाजिक धार्मिक दशाएं,* पृ. 25.
12. एटकिंसन, ई.टी., *हिमालयन डिस्ट्रिक्स* 2, पृ. 467.
13. 'सम नोट्स ऑन दि अर्ली हिस्ट्री ऑफ कुमाऊं', *जनरल उ.प्र. हिस्टोरिकल सोसायटी*-4, पार्ट 2, पृ. 5-14.
14. पांडेय, बद्रीदत्त, *कुमाऊं का इतिहास*, पृ. 148.
15. एटकिंसन, *दि हिमालयन गजेटियर,* भाग 2, पृ. 467.
16. सांकृत्यायन, राहुल, *कुमाऊं,* पृ. 56.
17. पांडेय, त्रिलोचन, *कुमाऊं का लोकसाहित्य,* पृ. 51.
18. पांडेय, बद्रीदत्त, *कुमाऊं का इतिहास,* पृ. 183.
19. सरकार, डी.सी., *एपिग्रापिक इंडिया* 31, भाग-6, पृ. 179.
20. पांडेय, बद्रीदत्त, *कुमाऊं का इतिहास,* पृ. 183.
21. जुयाल, गुणानंद, *मध्य पहाड़ी भाषा (गढ़वाली-कुमाऊंनी) का अनुशीलन और उसका हिंदी से संबंध,* पृ. 28.
22. *एपिग्रापिक इंडिया* 25, पृ. 117.
23. एटकिंसन, *दि हिमालयन गजेटियर*, भाग 2, पृ. 539.

24. पूर्वोक्त, पृ. 501-505.
25. भेटा ताम्रपत्र के अनुसार यह लक्ष्मीचंद न होकर लक्ष्मणचंद था.
26. एटकिंसन, *दि हिमालयन गजेटियर,* भाग-2, पृ. 540.
27. वही, पृ. 542.
28. पांडेय, बद्रीदत्त, *कुमाऊं का इतिहास*, पृ. 268-269.
29. एटकिंसन, *दि हिमालयन गजेटियर,* भाग-2, 571-572.
30. इस मंगल की रात को नरशाही का पाला भी कहा जाता है.
31. डबराल, एस.पी., *उत्तराखंड का इतिहास*, भाग-5, पृ. 170.
32. पूर्वोक्त, पृ. 263.
33. एटकिंसन, *दि हिमालयन गजेटियर,* भाग-2, पृ. 625-627.
34. पांडे, बद्रीदत्त, *कुमाऊं का इतिहास*, पृ. 404.
35. यह प्रत्येक पुरुष पर एक रुपया ढाई आने प्रतिवर्ष था.
36. एटकिंसन, *दि हिमालयन गजेटियर,* वाल्यूम 34, भाग-3, पृ. 462.
37. डबराल, एस.पी., *उत्तराखंड का इतिहास*, भाग-5, पृ. 290.
38. मै. खुणि रै गो गोरखियालि राज, और क्वेनि मिलो त्वै.
39. मित्तल, ए.के., *ब्रिटिश एडमिनिस्ट्रेशन इन कुमाऊं हिमालयाज*, पृ. 15.
40. जोशी, हेमचंद्र, *अल्मोड़ा जनपद स्मारिका*-2, पृ. 50.
41. कुमाऊं में होने वाला मोटा अनाज.
42. क्ले, जे.एम., *नैनीताल*, 1927.
43. उदाहरणार्थ, कुमाऊं परिषद.

8. तुरुष्क दंड

गोविंदचंद्र गाहडवाल के 'लार' अभिलेख के विशेष संदर्भ में

विपुला दुबे*

कन्नौज के गाहडवाल शासक गोविंदचंद्र के विक्रम संवत 1202 तदनुसार 1146 ई. के लार ताम्रलेख[1] (यह ताम्रलेख उत्तर प्रदेश के देवरिया जिला के सलेमपुर तहसील के 'लार' नामक कस्बा से मिला है, जो मुंगेर से निर्गत हुआ था। गोविंदचंद्र ने अक्षय तृतीया पर्व पर गंगा में स्नान के बाद इसे जारी किया था) में प्रयुक्त विविध करों 'भाग', 'भोग', 'प्रवणिकर' (यावत्शासनीं कृत्य प्रदत्तोमत्वा यथादीयमान भाग भोग कर प्रवणिकर तुरुष्क दंड प्रभृति नियतादाय, पंक्ति 26–27) के साथ सर्वथा नवीन कर '*तुरुष्क दंड*' का ऐतिहासिक महत्व क्या था ? इसका विवेचन ही इस शोध का मुख्य विषय है। पुलिंग बहुवचन में प्रयुक्त 'तुरुष्क' सामान्यतया भारतीय साहित्य एवं अभिलेखों[2] में तुर्कों के लिए प्रयुक्त है; जहां तक 'दंड' का प्रश्न है इसका संबंध न्यायिक प्रक्रिया के साथ ही 'कोष एवं सेना' के अर्थ में भी दिखाई देता है।[3] जैसा कि 'तुरुष्क दंड' शब्द से ही ध्वनित होता है यह तुर्कों से संबंधित कोई 'कर' था। 'तुरुष्क दंड' के संबंध में इतिहासविदों द्वारा तीन-चार प्रकार की संभावनाएं व्यक्त की गई हैं। इसके संबंध में मत व्यक्त करने वाले विद्वानों में सी.वी. वैद्य[4], अल्टेकर[5], स्टेनकोनो[6], हीरानंद शास्त्री[7], पुष्पा नियोगी[8], रोमा नियोगी[9] इत्यादि हैं।

कतिपय विद्वानों ने यह मत व्यक्त किया कि गजनी शासकों को गाहडवालों ने जो भी भेंट या उपहार दिए थे या देने के लिए बाध्य हुए थे, उसके लिए हिंदू प्रजा से धन उगाही की गई, इसलिए इसका नाम 'तुरुष्क दंड' पड़ा।[10] स्टेनकोनो[11] ने इसकी व्याख्या करते हुए संभावना व्यक्त की है कि जिस प्रकार मुसलिम शासकों ने हिंदुओं पर 'जजिया कर' लगाया था उसी प्रकार 'तुरुष्क दंड' भी मुसलमानों पर लगाया गया कर था। यह व्याख्या ऐतिहासिक संदर्भ में उचित नहीं प्रतीत होती। हीरानंद शास्त्री सदृश्य विद्वानों का अभिमत है कि तुर्क आक्रमण से बचाव के लिए एक विशेष प्रकार की 'सेना' गाहडवाल शासकों ने बनाई। सेना के व्यय, संभरण के लिए एक विशेष प्रकार का 'कर' जनता पर लगाया गया, जो 'तुरुष्क दंड' पद से गाहडवाल ताम्रलेखों में प्रयुक्त हुआ। इस 'कर' का उल्लेख

* उपाचार्य, प्राचीन इतिहास विभाग, दीन दयाल उपाध्याय विश्वविद्यालय, गोरखपुर.

'नियतादाय' (रेगुलर टैक्स) के अंतर्गत किया गया है।[12] ध्यातव्य है कि इस कर का उल्लेख कन्नौज के गाहडवाल शासकों के लेखों में लगभग 23 बार हुआ है। ये लेख विक्रम संवत 1148 से 1225 के बीच के हैं (अर्थात 1090 ई. से 1167 ई.)। 1225 विक्रम संवत अर्थात 1167 ई. के बाद यह कर अचानक समाप्त हो गया जबकि व्यापक स्तर पर तुर्कों का आक्रमण उत्तरी भारत में होता रहा।[13] तुर्कों के आक्रमण से आक्रांत चंदेलों एवं चाहमानों के राजकीय प्रज्ञापनों में इस प्रकार के 'कर' का कोई उल्लेख नहीं हुआ है, जो विचारणीय है।

यहां स्वाभाविक रीति से प्रश्न उठता है कि यह 'तुरुष्क दंड' समाप्त क्यों हुआ? जबकि उत्तरोत्तर इनका आक्रमण बढ़ता ही गया एवं इनके भीषण आक्रमण का अभिशाप उत्तरापथ को भोगना पड़ा।

'तुरुष्क दंड' के समाप्त करने के संबंध में यह मत व्यक्त किया गया कि गोविंदचंद्र के काल तक गाहडवाल राज्य इतना विस्तृत हो चुका था कि वह तुर्कों की राज्य सीमा को छूने लगा था। ऐसी अवस्था में साम्राज्य सीमा के एक-दूसरे से निकट होने पर युद्ध की विभीषिका को टाला नहीं जा सकता था। अस्तु, राज्य पर जो अतिरिक्त खर्च बढ़ा, उसके समायोजन हेतु जो कर लगा, वह 'तुरुष्क दंड' कहलाया अथवा तुर्कों के आक्रमण का समाना करने के लिए गाहडवाल शासकों को एक 'स्टैंडिंग आर्मी' रखनी पड़ी और उसके खर्च वहन के लिए जनता पर जो अतिरिक्त कर लगा वह 'तुरुष्क दंड' था।[14] इस कर के जयचंद्र के शासनकाल में समाप्त होने का कारण रोमा नियोगी ने यह बतलाया कि चाहमान शासक विग्रहराज चतुर्थ के काल में चाहमान राज्य गाहडवालों एवं तुर्कों के बीच में आ गया था। इसलिए गाहडवालों को तुर्कों के आक्रमण का प्रत्यक्ष भय समाप्त हो गया, अतः यह कर समाप्त कर दिया गया। रोमा नियोगी का यह मत ऐतिहासिक प्ररिप्रेक्ष्य में समीचीन नहीं प्रतीत होता।

इस प्रसंग में गाहडवाल ताम्रलेखों में आए विविध नियत-आदाय एवं अनियत-आदाय पर विचार करना आवश्यक प्रतीत होता है। गाहडवाल अभिलेखों में 44 बार प्रयुक्त 'प्रवणिकर'[15] का उल्लेख किया जा सकता है जो 'वणिक वर्ग' से लिया जाने वाला कर था। मिराशी[16] ने इसे 'श्रेष्ठी' से लिया जाने वाला कर माना है। इसी क्रम में 'कुमार गद्याणक' एवं 'यमलिकंबलि' का उल्लेख अप्रासंगिक न होगा। कमौली (बनारस के समीप से) से प्राप्त 21 अभिलेखों में अभिलेख नं. 'यू' में 'यमलिकंबलि' का उल्लेख हुआ है। इस अभिलेख के संपादक कीलहार्न ने इसकी व्याख्या में अपनी असमर्थता व्यक्त की है। वी.एन.एस. यादव ने 'यमलका' को दक्षिण भारतीय भाषा का शब्द कहा है और इसे एक प्रकार का 'वाद्य' (बाजा) मानते हैं एवं 'उंबलि' को 'कर' का बोधक। इस प्रकार 'यमलिकंबलि' का तात्पर्य एक विशेष प्रकार के गायकों या संगीतकारों से लिया जाने वाला कर था।[17] कतिपय इतिहासकारों[18] ने इसे 'वृषभ-दौड़' आयोजित करने वालों के द्वारा दिया जाने वाला कर माना है।

गाहडवालों का राजस्व विषयक सिद्धांत एवं आदर्श कौटिल्य के *अर्थशास्त्र*[19] से प्रभावित दिखाई देता है। कौटिल्य सभी वर्गों (गणिकाओं, नौका-भाड़ा, पशु-कर इत्यादि) से राजस्व ग्रहण करने की बात करता है। इसमें संदेह नहीं कि तुर्कों के प्रथम चरण के आक्रमण से एक विशेष प्रकार की आपदा की स्थिति उत्पन्न हुई जिसके कारण कोष स्थापित करने की आवश्यकता पड़ी। यहां यह कहना अप्रासंगिक न होगा कि भारत-चीन युद्ध के समय भारत सरकार ने सरकारी कर्मचारियों से एक महीने का वेतन देने का निर्देश दिया था।

'तुरुष्क दंड' एक विशेष प्रकार का आपातकालीन कर था। इसकी तुलना 'तिगुल दंड' या 'आंध्र दंड' से की जा सकती है जिसका संबंध आंध्र एवं तमिल प्रदेश से है। यह कर आपातकालीन अवश्य था, लेकिन असंवैधानिक नहीं था। स्मृतियों में राजा को आपात धर्म के अंतर्गत इस प्रकार के कर लगाने का अधिकार प्राप्त था। कौटिल्य ने 'बलि' नामक जिस कर का उल्लेख किया है वह 'बलि प्रग्राहक' नामक अधिकारी द्वारा हठात या बलपूर्वक लिया जाने वाला वह कर था। जब राजकोष के रिक्त होने की स्थिति उत्पन्न होती थी। इसी प्रकार 'सेना भक्त' युद्ध काल में लिया जाने वाला विशेष कर था।[20]

निस्संदेह 'तुरुष्क दंड' तुर्कों का प्रतिरोध करने के लिए प्रजा पर लगाया गया एक विशेष प्रकार का आपातकालीन कर था, जिसे जनता ने बिना किसी प्रतिरोध के सहज स्वीकार किया होगा। अल्टेकर महोदय का मानना है कि इस प्रकार के कर भारतीय राजाओं द्वारा लगाए जाते थे। उदाहरण के लिए, चोलों ने वेंगी के चालुक्यों से युद्ध करने के लिए अपनी प्रजा पर कर लगाया था।[21] जहां तक इसके समाप्त होने का प्रश्न है, उसका कारण चाहमान राज्य का गाहडवालों एवं तुर्कों के राज्य के बीच में होना नहीं था क्योंकि बाद तक भी तुर्कों के भीषण आक्रमण का सामना गाहडवालों को करना पड़ा। यहां ऐसा प्रतीत होता है कि गाहडवाल प्रजा के मस्तिष्क में यह बात कौंध रही थी कि अनेक राजपूत राजवंशों के शासक यथा चंदेल, चाहमान भी तुर्कों से युद्धरत हैं, लेकिन अपनी प्रजा पर कोई अतिरिक्त कर भार नहीं डाल रहे हैं तो फिर हमारे शासकों के द्वारा ही ऐसा निर्णय क्यों? इस 'कर' को लेकर जनता में भयंकर असंतोष व्याप्त हुआ हो, इसमें आश्चर्य नहीं। जहां तक गोविंदचंद्र गाहडवाल का प्रश्न है, वह एक सशक्त शासक था, कुमार देवी (गोविंदचंद्र की रानी) के सारनाथ अभिलेख[22] में कहा गया है कि 'दुष्ट तुरुष्क वीर से वाराणसी की रक्षा करने के लिए हर (शिव) द्वारा नियुक्त हरि (विष्णु) का वह मानो अवतार था और अकेला ही व्यक्ति था जो उस कार्य को पूरा कर सकता था।' साथ ही प्रथम चरण में इस प्रकार के जो अतिरिक्त कर लगाए जाते हैं उसका प्रबल प्रतिरोध नहीं होता, इतिहास साक्षी है कि जब भी कोई देश बाह्य आक्रमण का शिकार होता है, उस समय वहां की जनता में अद्भुत एकता दिखाई देती है। लेकिन जब उसका स्थायी रूप बन जाता है तब विरोध आरंभ होता है। 'करों' के बढ़ते हुए बोझ के विरुद्ध प्रजा में असंतोष का भाव कोई आश्चर्यजनक घटना नहीं। पालवंशीय शासक रामपाल के शासनकाल में 'कैवर्तों' का विद्रोह इसी प्रकार का था। कश्मीर में 'डामरों'

ने कश्मीरी राजा के विरुद्ध विद्रोह किया। दक्षिण भारत में जो 'वीरगल' हैं वह विद्रोह की सूचना प्रदान करते हैं। औरंगजेब के विरुद्ध जाटों का विद्रोह इसी प्रकार का था।

इस प्रकार आश्चर्य नहीं कि इसी आंतरिक विद्रोह के भय से उत्तरवर्ती गाहडवालों को इस 'आपातकालीन कर' (तुरुष्क दंड) को समाप्त करना पड़ा।

संदर्भ एवं टिप्पणियां

1. *एपिग्राफिक इंडिया*, भाग-7, 1902-03, पृ. 98-100.
2. *एपि.इ.,* जिल्द, 18, पृ. 108-112, श्लोक 8-11.
3. विलियम्स मोनियर, *संस्कृत-इंग्लिश डिक्शनरी*, 1986, पृ. 466.
   स्वाम्यमात्यौ पुरं राष्ट्रं कोशदण्डौ सुहृत्तथा।
   सप्तप्रकृतयो ह्येता: सप्तांगं राज्यमुच्यते॥ —*मनुस्मृति,* अध्याय-9, 294.
4. *हिस्ट्री आफ मेडिवल हिंदू इंडिया*, पूना, 1921, 1926.
5. *स्टेट एंड गवर्नमेंट इन एंशिएंट इंडिया*, द्वितीय संस्करण, बनारस, 1955.
6. एपि.इ., भाग-7, 1902-03, पृ. 98-100.
7. तदैव
8. *इकोनोमिक हिस्ट्री आफ नार्थ इंडिया.*
9. *दि हिस्ट्री आफ दि गाहडवाल डाइनेस्टी*, कलकत्ता, 1959, पृ. 177-181.
10. *इंडियन एंटिक्वरी,* भाग 14, पृ. 103.
11. *एपि.इ.*, भाग-7, 1902-03, पृ. 98-100.
12. तदैव
13. तराइन की दूसरी लड़ाई में (1192 ई.) जब पृथ्वीराज तृतीय पराजित होकर मारा गया तो जयचंद ने दीवाली तो मनाई लेकिन उसके दीपों की लौ उस पर शीघ्र ही मोहम्मद गोरी के आक्रमण की आंधी में बुझ गई. *तबताके नासिरी*, अंग्रेजी अनुवाद, जि. 1, पृ. 466, नो. 1.
14. *दि हिस्ट्री आफ दि गाहडवाल डायनेस्टी,* 1959, पृ. 177-181.
15. *एपि.इ.*, भाग 4, नवंबर 11, स. कीलहार्न, भाग 8, नं. 14.
16. *कार्पस*, भाग 4, पार्ट 1, पृ. 329-31, पंक्ति 29, प्लेट 13.
    —यू.एन. घोषाल ने इसे वणिक वर्ग से लिया जाने वाला कर माना है,
    —उद्धृत, *दि हिस्ट्री आफ दि गाहडवाल डायनेस्टी*, कलकत्ता, 1959, पृ. 175.
17. *सोसायटी एंड कल्चर इन ट्वेल्थ सेंचुरी*, पृ. 318, फुटनोट 443.
18. सरकार डी.सी., *लैंडलार्डिज्म एंड टेनेंसी इन एंशिएंट एंड मेडिवल इंडिया ऐज रिव्यू बाई एपिग्राफिकल रिकार्ड्स,* 1969, पृ. 75-76.
19. *अर्थशास्त्र*, दूसरा अधिकरण, प्रकरण 31, अध्याय 15, पृ. 192. 'पिंडकर: षड्भाग, सेनाभक्तं बलि: कर उत्संग पार्श्व पारिहीणिकम् औपायनिकं कौष्ठेयकं च राष्ट्रम्.
20. *अर्थशास्त्र,* दूसरा अधिकरण, प्रकरण 31, अध्याय 15.
21. नियोगी रोमा, *दि हिस्ट्री आफ दि गाहडवाल डायनेस्टी,* कलकत्ता, 1959, पृ. 177-181.
22. वाराणसी भुवन रक्षण दक्ष एको दुष्टात्तुरुष्क सुभटादवितुं हरेण।
    उक्तोहरि: स पुनरत्र बभूव तस्मात् गोविंदचंद्र इति प्रथिताभिधान:॥
    —*एपि.इ.,* जिल्द 9, पृ. 324, श्लोक 16.

9. प्राचीन भारत में कर्षण एवं प्रजनन

एन.डी. द्विवेदी*

वैदिक काल में आर्य जीवन का आर्थिक आधार पशुपालन और कृषि था। कृषि कार्य में अच्छी फसल के लिए अच्छी भूमि, वर्षा तथा संबंधित उपकरणों का सहयोग आवश्यक था इसीलिए वैदिक आर्यों ने इनमें देवत्व का आरोपण किया तथा इनकी प्रसन्नता के लिए स्तुति, पूजा एवं अन्य धार्मिक क्रियाएं आरंभ की गईं।

वैदिक साहित्य में हमें सस्योत्पादन संबंधी अनुष्ठानों, आहुतियों एवं प्रार्थनाओं के अनेक उल्लेख मिलते हैं। उत्तम फसल की प्राप्ति के लिए उपास्य देवताओं में सर्वप्रथम इंद्र का नाम आता है। मरुत, पर्जन्य आदि को उनके सहयोगी के रूप में चित्रित किया गया है।[1] *ऋग्वेद* में इंद्र को 'अंकुश' नामक उपकरण धारण करते हुए दिखाया गया है तथा उसके माध्यम से ऐश्वर्य प्रदान करने की प्रार्थना की गई है।[2] बिना कर्षण के उत्पन्न होने वाले शस्य को इंद्र द्वारा प्रदत्त कहा गया है।[3] *अथर्ववेद* में इंद्र को वसुधा का वृषभ कहा गया है। यहां ध्यातव्य है कि अनेक स्थलों पर पृथ्वी को गाय कहा गया है।[5] यहां यह भाव निहित है कि जिस प्रकार वृषभ का गाय के साथ संयोग होने पर गोवंश की उत्पत्ति होती है ठीक उसी प्रकार इंद्र पृथ्वी से शस्य का उत्पादन करता है। *ऋग्वेद* में इंद्र को 'उर्वरापति' भी कहा गया है :

आ याहीम इंद्रवोऽश्वपते गोपत उर्वरापते।
सोमं सोमपते पिब॥ *ऋग्वेद*, 8.21.3

अन्यत्र उसको उर्वरा को जीतने वाला (उर्वराजिते) तथा पृथ्वी और जल का देवता कहा गया है।[6] जो वृष्टि रोकने वाले दस्युओं को हराकर[7] खेत की उत्पादन शक्ति बढ़ाता है।[8] यहां इंद्र के सहयोगी के रूप में मरुत, पर्जन्य, वरुण आदि भी शस्य के उत्पादन एवं वर्षा में इंद्र के सहायक होते हैं। *ऋग्वेद*[9] में एक स्थान पर मरुत से पृथ्वी को उर्वराशक्ति वर्षा प्रदान करने का उल्लेख ठीक उसी प्रकार है जिस प्रकार पति द्वारा पत्नी में गर्भ स्थापित होता है। इतना ही नहीं वरन इंद्र को पूषान के सहयोग से सीता को ग्रहण करने की प्रार्थना की गई है। जिससे पृथ्वी जल और अन्न से संपन्न होकर उत्तरोत्तर समृद्धि को प्राप्त हो।[10]

वैदिक काल में कृषि संबंधी धार्मिक क्रियाओं में जिन अन्य देवताओं की स्तुति एवं

* म.ज्यो.फु. रुहेलखंड विश्वविद्यालय, बरेली.

पूजा की गई उनमें क्षेत्रपति का विशेष स्थान है। विल्सन के अनुसार क्षेत्रपति का तात्पर्य रुद्र या अग्नि से है।[11] किंतु वैदिक साहित्य के अध्ययन से यह ज्ञात होता है कि क्षेत्रपति रुद्र या अग्नि का पर्याय न होकर एक स्वतंत्र देवता है जिसका कृषि देवता के रूप में पृथक अस्तित्व है। *ऋग्वेद* में क्षेत्रपति को संबोधित अनेक मंत्र हैं। इन मंत्रों में उसे 'क्षेत्र' (खेत) का अधिपति माना गया है।

ऋग्वेद में भूमिरक्षक 'क्षेत्रस्यपति' की स्तुति पशु, अश्व एवं अन्न प्रदान करने तथा स्वर्ग, पृथ्वी, ओषधि एवं जल को मधुरता से परिपूर्ण करने के लिए उसी प्रकार की गई है, जिस प्रकार गाय दूध की वर्षा करती है।[12]

शं नो देवः सविता त्रायमाणः शं नो भवन्तूषसो विभातीः।
शं न पर्जन्यो भवतु प्रजाभ्यः शं नः क्षेत्रस्यपतिस्तु शंभुः॥

ऋग्वेद, 7.35.10

इस मंत्र में सायण के अनुसार सविता, उषा, पर्जन्य एवं शंभु के साथ क्षेत्रपति से समृद्धि एवं शांति प्रदान करने की प्रार्थना की गई है। अन्यान्य उद्देश्यों की पूर्ति के लिए क्षेत्रपति की न केवल स्तुति की गई, अपितु उसके लिए यज्ञ करने का उल्लेख भी हमें *ऋग्वेद*[13] में प्राप्त होता है। क्षेत्रपति का पूर्ण स्वरूप *गृह्यसूत्रों*[14] में दृष्टिगोचर होता है; यहां उसके लिए भूमि कर्षण के बाद जोते हुए खेत में आहुति देने का विधान है। इसलिए वे स्पष्ट रूप से जुते खेत के देवता माने गए हैं।[15]

इस प्रकार हम देखते हैं कि कृषि संबंधी अन्यान्य आवश्यकताओं के लिए क्षेत्रपति की स्तुति उसके कृषि के देवता के स्वरूप को स्पष्ट करती है। कृषि के बढ़ते हुए महत्व के कारण कृषि कार्य में सफलता एवं प्रगति के लिए यदि खेत के रक्षक या अधिपति देवता की कल्पना हुई तो यह युक्तिसंगत ही है।

ऋग्वेद[16] में विष्णु को आश्रयदाता गर्भपालक कहकर उनसे अन्न और पुत्र प्रदान करने की प्रार्थना की गई है। वैदिक साहित्य में विष्णु को 'घृतयोनि' की संज्ञा प्रदान की गई है।[17] 'घृत' का उल्लेख सोम, दुग्ध और मधु के साथ संपूर्ण सृष्टि, जल एवं वनस्पति के जीवन-तत्व के रूप में किया गया है।[18]

शस्योत्पादन के प्रसंग में 'सीता' नाम की देवी का महत्वपूर्ण स्थान है। *ऋग्वेद* में सौभाग्य एवं शस्य की प्राप्ति के लिए उसकी स्तुति की गई है :

अर्वाची सुभगे भव सीते बन्दामहे त्वा।
यथा नः सुभगासिसि यथा नः सुफलासिसि॥

ऋग्वेद, 4.57.6.

ऋग्वेद में ही एक अन्य स्थान पर इंद्र से सीता को ग्रहण करने की प्रार्थना की गई है, जिससे

पृथ्वी, जल एवं अन्न से संपन्न होकर उत्तरोत्तर समृद्धि को प्राप्त हो।[19] विभिन्न *गृह्यसूत्रों* में सीता संबंधी अनुष्ठानों का विशद वर्णन किया गया है उनमें वे इंद्र की पत्नी के रूप में दिखाई देती हैं।[20] जिसका कारण यह हो सकता है कि *ऋग्वेद*[21] में एक बार इंद्र को उर्वरापति कहा गया है। *पारस्कर गृह्यसूत्र*[22] के अनुसार क्षेत्र के पूर्वी या उत्तरी भाग के पवित्र एवं जोते हुए स्थल पर जहां फसल की क्षति न हो, अग्नि को प्रज्वलित कर धान्य अथवा यव में मिले हुए दर्भ घास को उसके चतुर्दिक बिखेरा जाता है। इसके बाद इंद्र, सीता एवं उर्वरा के लिए घृत की आहुति दी जाती है। बिखेरे जाने के बाद बचे हुए कुश घास पर विभिन्न दिशाओं में स्थित सीता के अभिरक्षकों के लिए आहुति दी जाती है।[23] *गोभिल गृह्यसूत्र*[24] के अनुसार कर्षण कार्य प्रारंभ होने पर सीता को आहुति में उसका अंश प्राप्त होता है। अन्य *गृह्यसूत्रों*[25] के अनुसार हल के नद्ध होने के साथ कर्षण अनुष्ठान औपचारिक रूप से पूर्ण हो जाता है। कर्षण के पूर्व क्षेत्र के पूर्वी भाग में आकाश एवं पृथ्वी के प्रति आहुति अर्पित की जाती है। इस प्रसंग में जिन अन्य देवों के प्रति आहुतियां अर्पित की जाती हैं उनमें इंद्र, पर्जन्य, अश्विन, मरुतों, उद्लाकाश्यप, स्वातिकारी, सीता तथा अनुमिति आदि के नाम विशेष रूप से उल्लेखनीय हैं। इस देवी की अभिव्यक्ति चार जोंदरगोत्तर (= देव व्यक्ति) के रूपों में हुई है—सीता, आशा, अरडा और अनघा, जो हल चलाने, (धान) खोटने, बीज ओरने, फसल काटने और धान्य को कुठलों में रखने के अनुष्ठानों में उपास्य हैं।[26] *तैत्तिरीय ब्राह्मण*[27] में उन्हें सावित्री कहा गया है। वे *रामायण*[28] की नायिका एवं पतिव्रत धर्म की आदर्श नारी हैं तथापि यत्र-तत्र उनमें हल-रेखा और सफला पृथ्वी के साथ उनके संबंध के चिह्न भी परिलक्षित होते हैं।

ऋग्वेद में सिनीवाली देवी का उल्लेख यद्यपि बहुत कम बार हुआ है फिर भी उसके स्वरूप से स्पष्ट होता है कि यह प्रजनन की अधिष्ठात्री देवी हैं। *ऋग्वेद*[29] के सिनीवाली को देवताओं की बहन तथा प्रजनन से मुक्त बताते हुए उससे रक्षा करने तथा संतान प्रदान करने की प्रार्थना की गई है। यही नहीं उसे हवि भी प्रदान किया जाता है। *अथर्ववेद* में सिनीवाली को विष्णु की पत्नी कहा गया है तथा उससे प्रार्थना की गई है कि वह हमारी सिद्धि के लिए अपने पति को प्रेरित करे।[30] *आपस्तंब श्रौतसूत्र*[31] के अनुसार सिनीवाली पृथ्वी का ही नाम प्रतीत होता है। *अथर्ववेद*[32] में ही एक अन्य स्थान पर सिनीवाली को अन्नयुक्त बहुतों द्वारा प्रशंसित कहकर उससे उत्तम संतान प्रदान करने की प्रार्थना की गई है। यहां ध्यातव्य है कि *ऋग्वेद* में भी उसे प्रजनन से संबंधित बताया गया है। इस प्रकार निश्चय ही इन्हें भी उर्वरता की देवी माना जा सकता है।

उपर्युक्त विवेचन से स्पष्ट होता है प्रजनन क्रिया का जड़ और चेतन दोनों में एक रूप दिखाई पड़ता है इसीलिए रत्नगर्भ, अन्न-उत्पादक पृथ्वी तथा उससे संबंधित अन्य अवयवों का दैवीकरण किया गया तथा कर्षण एवं प्रजनन में एक तादात्म्य स्थापित किया गया।

संदर्भ एवं टिप्पणियां

1. खोंदा, जे., *ऐसपेक्टस आफ अर्ली विष्णुइज्म*, बंबई, 1954, पृ. 28.
2. *ऋग्वेद,* 8.17.10.
3. वही, 2.21.1.
4. *अथर्ववेद*, 12.1.6.
5. वही, 8.10.24; *श्रीमद्‌भागवतपुराण*, 4.18.12.
6. *ऋग्वेद,* 2.21.1.
7. वही, 5.33.4; 5.32.1.
8. वही, 8.91.5.
9. वही, 5.58.7.
10. 'इंद्रः सीतां नि गृहणातु तां पुषानु यच्छतु।
    सा नः पयस्वती दुहामुत्तराभुत्तरा समाम्॥ *ऋग्वेद,* 4.57.7
11. विल्सन, एच.एच., *ऋग्वेद*, खंड 3, पृ. 319.
12. *ऋग्वेद*, 4.57. 1–3.
13. वही, 10.66.13.
14. *आश्वलायन गृह्यसूत्र*, 2.10.4; *शांखायन गृह्यसूत्र*, 4.13.5.
15. यहां तुलनीय है रोमन धर्म में लाट फेमिलियरीज के आदिम स्वरूप के ऊपर वार्दे फाउलर के मत से. (*रिलीजस एक्सपीरियंसेज आफ दी रोमन पीपल,* पृ. 77, 78)
16. *ऋग्वेद,* 7.36.9.
17. *अथर्ववेद,* 7.26.3; *तैत्तिरीय संहिता,* 1.3.4.
18. *शतपथ ब्राह्मण,* 7.2.3.4.
19. *ऋग्वेद,* 4.57.7.
20. कीथ, ए.बी., *दि रिजीजन एंड फिलासफी आफ दि वेद एंड उपनिषद्* (हिंदी अनुवाद—डॉ. सूर्यकांत), 1963, पृ. 230.
21. *ऋग्वेद,* 8.21.3.
22. *पारस्कर गृह्यसूत्र*, 2.17.
23. यहां *मानवगृह्यसूत्र* 11.10.7. तुलनीय है.
24. *गोभिल गृह्यसूत्र*, 4.4.28, संपादक, एफ. नादर, डारपेट, 1884.
25. *शांखायन गृह्यसूत्र*, 4.13; *गोभिल गृह्यसूत्र*, 4.4.27.ff
26. *गोभिल गृह्यसूत्र*, 4.4.27.
27. *तैत्तिरीय ब्राह्मण*, 2.3.10.1.
28. याकोबी, दास, *रामायण*, पृ. 130.
29. *ऋग्वेद*, 2.32. 6–7; 10.184.2.
30. *अथर्ववेद*, 7.46.3.
31. *आपस्तंब श्रौतसूत्र*, 14.17.3.
32. *अथर्ववेद*, 7.46.1. यहां तुलनीय है *ऋग्वेद*, 2.32. 6–7; 10.184.2.

10. ह्वेनत्सांग द्वारा वर्णित अहिच्छत्र

श्याम बिहारी लाल*

चीनी यात्री ह्वेनत्सांग के पांचाल एवं उसके आसपास के क्षेत्र में भ्रमण का विवरण चीनी ग्रंथ *ता-तांग-सी-यू-की* से प्राप्त होता है।[1] इस ग्रंथ के अनुसार ह्वेनत्सांग 20 वर्ष की आयु में बौद्ध भिक्षु बना और 26 वर्ष की आयु (629 ई.) में बौद्ध ग्रंथों एवं मठों की खोज में वह भारत पहुंचा।[2] उसने 16 वर्षों तक भारत के विभिन्न क्षेत्रों में भ्रमण किया। बौद्ध तीर्थों की यात्रा और बौद्ध ग्रंथों का संग्रह करने के साथ-साथ उसने भारतीय रीति-रिवाज, रहन-सहन, उद्योग एवं भौगोलिक स्थिति संबंधी विवरण भी एकत्रित किए।[3] यद्यपि ये विवरण राजनीतिक कम, धार्मिक एवं सांस्कृतिक महत्व के अधिक हैं, किंतु इनके आधार पर तत्कालीन राजनीतिक एवं सामाजिक अवस्था के संबंध में भी अनेक निष्कर्ष प्राप्त किए जा सकते हैं।

थानेश्वर से कपिथा जाते हुए ह्वेनत्सांग मतीपुर (मो-तो-पो-लो), मयूर (मो-यू-लो), ब्रहमपुर (पो-लो-हि-मो-पो-लो), गोविषाण (कु-पी-सांग-न) होते हुए अहिच्छत्र (न्गो-हि-चि-ता-लो) पहुंचा। (वाटर्स, *आन युवानच्वांगस ट्रेवेल्स इन इंडिया*, पृ.322-333)। चीनी यात्री के अनुसार मतीपुर राज्य 6000 ली में फैला हुआ था। इसकी राजधानी 20 ली के घेरे में थी। वहां की जलवायु स्वास्थ्य के अनुकूल थी। अनाज, फल एवं पुष्प की खेती की जाती थी। वहां के निवासी सज्जन थे एवं शिक्षा को महत्व देते थे। वे जादुई कलाओं में पारगंत थे। वहां बौद्ध एवं अन्य धर्म के अनुयायी लगभग समान संख्या में थे। मतीपुर का राजा शूद्र था जो बौद्ध धर्म में विश्वास करने के बजाय देवों की उपासना करता था। इस राज्य में दस बौद्ध संघाराम तथा 50 देव मंदिर थे। बौद्ध मठों में हीनयान शाखा के 800 सर्वास्तिवादी अनुयायी रहते थे।

मतीपुर से यात्रा प्रारंभ करके ह्वेनत्सांग गंगा के पूर्वी तट पर स्थित मयूर (मो-यू-लो) नामक स्थान पर पहुंचा जो कि 20 ली के घेरे में था। उसके अनुसार वहां जनसंख्या का घनत्व अधिक था। नदी की धारा स्वच्छ एवं निर्मल थी। नगर में मिश्रित धातु, क्वार्टज तथा आभूषण बनाए जाते थे। नगर के समीप गंगा तट पर देव मंदिर था जिसके पास स्थित सरोवर में कृत्रिम नहर द्वारा गंगा से पानी लाया जाता था। यह नगर धार्मिक ज्ञान एवं पुण्य

---

* प्रवक्ता, प्राचीन इतिहास एवं संस्कृति विभाग, म.ज्यो.फु. रुहेलखंड विश्वविद्यालय, बरेली.

प्राप्त करने का स्थान था। दयालु राजाओं की ओर से यहां निर्धन एवं असहाय लोगों के लिए मुफ्त भोजन एवं ओषधियों का प्रबंध किया गया था। देश के कोने-कोने से वहां तीर्थयात्रा एवं गंगास्नान के लिए लोग आते थे।

मयूर से 300 ली उत्तर में यात्रा करके चीनी यात्री ब्रहमपुर (पो-लो-ही-मो-पु-लो) नामक स्थान पर पहुंचा। उसके अनुसार यह राज्य 4000 ली में विस्तृत था जिसके चारों ओर पर्वत थे। इसकी राजधानी 20 ली के घेरे में थी। यहां की जनसंख्या समृद्ध थी। उपजाऊ भूमि पर क्रम से फसलें उगाई जाती थीं। जलवायु ठंडी थी। मिश्रित धातु एवं क्वार्टज का निर्माण किया जाता था। उनके जीवनयापन का ढंग अजीब था। वे सीखने में अधिक रुचि नहीं रखते थे। उनका ध्यान धन प्राप्ति की ओर अधिक था। वहां पांच बौद्ध मठ एवं दस से अधिक देव मंदिर थे। बौद्ध मठों में अनुयायी कम संख्या में रहते थे।

मतीपुर से दक्षिण-पूर्व में 400 ली की यात्रा करके ह्वेनत्सांग गोविषाण (कु-पी-सांग-न) पहुंचा। इसका क्षेत्रफल 2000 ली तथा इसकी राजधानी 14 अथवा 15 ली में थी। यहां की जलवायु तथा उपज मतीपुर के समान थी। वन एवं सरोवर पर्याप्त संख्या में थे। लोग खुशहाल, ईमानदार एवं अपने कर्तव्यों के प्रति जागरूक थे। वे सीखने में रुचि रखते थे तथा धार्मिक विद्वानों का आदर करते थे। उनमें से अधिकतर गैर-बौद्ध थे। ह्वेनत्सांग ने गोविषाण में दो बौद्ध मठ भी देखे जहां हीनयान संप्रदाय के सौ से अधिक भिक्षु रहते थे। चीनी यात्री 30 देव मंदिरों का भी उल्लेख करता है। वह राजधानी के समीप स्थित एक पुराने बौद्ध मठ की भी चर्चा करता है जहां बुद्ध ने एक माह तक उपदेश दिया था तथा यहीं अशोक द्वारा बनवाया गया स्तूप भी था। जूले (बुद्ध) के नख एवं बालों के चिह्न वाले दो स्तूपों के अतिरिक्त वहां पूर्ववर्ती बुद्धों के आसन एवं ध्यान करने के स्थान भी थे।

गोविषाण के दक्षिण-पूर्व में 400 ली की यात्रा करके ह्वेनत्सांग अहिच्छत्र (न्गो-ही-ची-ता-लो) पहुंचा। चीनी यात्री के अनुसार इसका क्षेत्रफल 3000 ली था। इसकी राजधानी 17 अथवा 18 ली के घेरे में थी। अन्न की उपज पर्याप्त मात्रा में होती थी। वनों की पर्याप्त संख्या के कारण जलवायु स्वास्थ्यप्रद थी। यहां के लोग अपने कार्यों के प्रति ईमानदार, सीखने में विनम्र,सत्य के मर्म के प्रति जिज्ञासु तथा विस्तृत ज्ञान से युक्त थे। ह्वेनत्सांग ने वहां दस से अधिक बौद्ध मठ भी देखे जिनमें हीनयान से संबंधित सम्मितीय संप्रदाय के एक हजार विद्यार्थी शिक्षा ग्रहण करते थे। उसके अनुसार देव मंदिरों की संख्या 9 थी जिनमें पाशुपत संप्रदाय के अनुयायी रहते थे। चीनी यात्री ने नगर के बाहर स्थित नागराज सरोवर के किनारे एक स्तूप भी देखा जहां पर जुले ने नागराज को सात दिन तक उपदेश दिया था। उसके अनुसार वही अतीत के चार बौद्धों के आसन एवं ध्यान करने के स्थान पर भी चार स्तूप थे।[4]

सेंट मार्टिन एवं कनिंघम[5] ने मतीपुर की पहचान पश्चिमी रुहेलखंड में बिजनौर के निकट स्थित मंडावर नामक स्थान से की है। मजूमदार[6] के अनुसार मतीपुर हर्ष के राज्य

में नहीं था। हर्ष के राज्य में आगरा और अवध के संयुक्त प्रांत ((आधुनिक उ.प्र.), बिहार तथा पूर्वी पंजाब (पश्चिमोत्तर के मो-तो-पु-लो को छोड़कर) आते थे। देवहूति[7] ने थानेश्वर और कन्नौज से निकटता के आधार पर मतीपुर को हर्ष का अधीनस्थ राज्य माना है। राधाकुमुद मुखर्जी[8] का मानना है कि हर्ष के वास्तविक और प्रत्यक्ष प्रशासन के अधीन आने वाला संपूर्ण क्षेत्र उसके प्रभाव विस्तार वाले क्षेत्र से भिन्न था। अधिकार क्षेत्र निश्चय ही प्रभाव क्षेत्र अथवा आधिपत्य क्षेत्र से कम विस्तृत होता है, किंतु तत्कालीन लेखों में प्रत्यक्ष, शासन को कभी-कभी उस अधिकार और प्रभाव से अभिन्न कर दिया गया है, जो आसपास के क्षेत्रों पर किसी सार्वभौम सम्राट अथवा महाराजाधिराज का होता था। वे प्राचीन साम्राज्य केंद्रीय रूप से एकात्मक राज्य नहीं होते थे, प्रत्युत अनेक ऐसे छोटे-छोटे स्थानीय राज्यों द्वारा निर्मित होते थे अथवा उनके सह-अस्तित्व संयुक्त होते थे जो हर्ष जैसे किसी बड़े सम्राट की अधिसत्ता स्वीकार करते थे। जालंधर, मतिपुर तथा महेश्वर जैसे छोटे-छोटे राज्य हर्ष के शक्ति केंद्र के इतने समीप थे कि वे आंतरिक दृष्टि से स्वतंत्र होते हुए भी उसके प्रभाव क्षेत्र में न आते रहे हों, ऐसा संभव नहीं प्रतीत होता।

कनिंघम[10] के अनुसार गंगा नहर के ऊपरी भाग में स्थित वर्तमान मायापुर ही मयूर था। मोर पक्षी की बहुतायत के कारण इसका नाम मयूर पड़ गया था। वाटर्स[11] का मानना है कि गंगा द्वार हरिद्वार हो सकता है, किंतु उनके अनुसार चीनी यात्री ने गंगा द्वार के विषय में सूचनाओं के आधार पर उल्लेख किया था। वह स्वयं वहां तक नहीं पहुंचा था। मायापुर को मयूर से समीकृत करने के संबंध में वाटर्स का मत है कि मायापुर गंगा के पश्चिमी तट पर स्थित था जबकि ह्वेनत्सांग द्वारा उल्लिखित स्थान गंगा के पूर्वी तट पर था। वैष्णव साहित्य[12] में हरिद्वार को मायापुरी तथा *महाभारत*[13] में इसे गंगाद्वार कहा गया है।

जूलियन ने पो-लो-ही-मो-पु-लो का अनुवाद ब्रहमपुर (पो-लो-की-मो) किया है। कनिंघम ने इसे गढ़वाल अथवा कुमाऊं क्षेत्र में स्थित कोई स्थान माना है। चीनी यात्री ने गोविषाण के लिए मतीपुर से प्रस्थान किया था अथवा मयूर से, स्पष्ट नहीं है। फांग चिन ने मयूर को यात्रा प्रारंभ करने का स्थान माना है, लेकिन हुई-ली द्वारा लिखित[14] ह्वेनत्सांग की जीवनी में मयूर (मो-यू-लो) का उल्लेख नहीं है। ब्रहमपुर पंजाब में चंबा राज्य की पुरानी राजधानी थी। यहां तीन प्राचीन मंदिर हैं इनमें से सबसे बड़ा प्रस्तर मंदिर शिव के अवतार मणि महेश का, दूसरा प्रस्तर का मंदिर नरसिंह का तथा तीसरा अधिकतर काष्ठ से निर्मित लक्ष्मण देवी का है। कनिंघम के अनुसार ब्रहमपुर का दूसरा नाम विराटपट्टन था। ह्वेनत्सांग के विवरण के अनुसार वहां मौसम ठंडा था। इसके अंतर्गत अलकनंदा से लेकर करनाली नदी तक का पर्वतीय प्रदेश आता था।[15]

गोविषाण मुरादाबाद के उत्तर में कहीं स्थित था। उजेन (काशीपुर के निकट एक गांव) के पास स्थित पुराना किला नामक स्थान की पहचान गोविषाण के साथ की गई है।[16] यह स्थान अब खंडहर है और बड़ी-बड़ी दीवालें यहां देखी जा सकती हैं। इसे गोविसण्ण

नाम से भी जाना जाता था। गोविषाण[17] की उत्तरी सीमा ब्रहमपुर, पश्चिम में मंडावर और दक्षिण-पूर्व में अहिच्छत्र को छूती थी। पश्चिम में रामगंगा से लेकर पूर्व में घागर तथा दक्षिण में बरेली तक (आधुनिक रामपुर, काशीपुर तथा पीलीभीत) का क्षेत्र गोविषाण के अंतर्गत आता था।[17]

अहिच्छत्र[18] वर्तमान बरेली जनपद के आंवला तहसील में रामनगर के निकट स्थित पुरातात्विक स्थल है। इस स्थान का ध्वस्त प्राचीन किले के रूप में सबसे पहले कैप्टन हडसन ने उल्लेख किया था। यह उत्तरी पांचाल की राजधानी था (*महाभारत,* आदिपर्व, 1403, *रैप्सन एंशिएंट इंडिया,* पृ. 167 से उद्धृत)। भागीरथी नदी उत्तरी एवं दक्षिणी पांचाल को बीच से विभाजित करती थी। दक्षिण पांचाल की राजधानी कांपिल्य थी (*महाभारत,* 138, 73-74) जिसकी पहचान फर्रुखाबाद जनपद में स्थित कांपिल के साथ की जाती है। समुद्रगुप्त की प्रयाग प्रशस्ति में अच्युत नामक शासक का उल्लेख है जिसके सिक्के अहिच्छत्र (आधुनिक रामनगर) से प्राप्त हुए हैं। सातवीं सदी में ह्वेनत्सांग के भ्रमण के समय यह महत्वपूर्ण नगर था। कनिंघम के अनुसार अहिच्छत्र का इतिहास 1430 ई. तक प्राप्त होता है। अहिच्छत्र का पुराना नाम अधिक्षत्र है (एक अभिलेख में सुरक्षित, *ल्यूडर्स की ब्राह्मी अभिलेखों की तालिका सूची*) जो कि यूनानी रूप आदिसद्र के निकट है (मैक्रिंडल, *एंशिएंट इंडिया एज डिस्क्राइब्ड बाई टॉलमी,* पृ. 133)। *विविध कल्पतीर्थ* पृ. 14 के अनुसार अहिच्छत्र का प्रारंभिक नाम संख्यावती था। पार्श्वनाथ भ्रमण करते हुए इस नगर में आए और इस क्षेत्र को मनोनुकूल पाकर यहां उन्होंने तपस्या प्रारंभ की। तपस्या में विघ्न डालने के उद्देश्य से पार्श्वनाथ के प्रति शत्रुता रखने वाले कमठासुर ने मूसलाधार वर्षा कर संपूर्ण पृथ्वी को जलमग्न कर दिया। पार्श्वनाथ आकंठ पानी में डूब गए। उनको बचाने के लिए स्थानीय नागराज ने अपनी रानियों सहित आकर अपने 1000 फनों से उनके सिर पर छत्र तथा शरीर के चतुर्दिक घेरा बना दिया। इस प्रकार इस क्षेत्र का नाम अहिच्छत्र पड़ गया। ह्वेनत्सांग ने मतीपुर से अहिच्छत्र तक की यात्रा लगभग साढ़े 5 माह में पूरी की। सबसे अधिक समय लगभग साढ़े चार माह वह मातीपुर में रुका था।[19]

ह्वेनत्सांग के इस यात्रा विवरण के आधार पर कतिपय ऐतिहासिक तथ्य ज्ञात किए जा सकते हैं :

1. क. मतीपुर हर्ष के अधीन नहीं था क्योंकि ह्वेनत्सांग वहां के शूद्र शासक का उल्लेख करता है। मतीपुर हर्ष के अधीन होता तो वहां किसी अन्य (शूद्र) राजा का उल्लेख का कोई अर्थ नहीं निकलता। ऐसी स्थिति में वहां का प्रशासन उपरिक नामक अधिकारी के द्वारा किया जाता।

   ख. मतीपुर का क्षेत्रफल 60000 ली[20] था जो कि थानेश्वर से मात्र 1000 ली कम था। इस आधार भी थानेश्वर के लगभग समान क्षेत्रफल वाले मतीपुर राज्य को थानेश्वर के आधीन मानना युक्तिसंगत नहीं लगता है।

ग. ह्वेनत्सांग के विवरण के वाटर्स[21] के अनुवाद के अनुसार हर्ष ने अपने शासन के प्रारंभिक 7 वर्षों तक निरंतर युद्ध किया और अंतिम 30 वर्षों में उसने शांतिपूर्वक शासन किया। यदि इसे प्रामाणिक माना जाए तो ह्वेनत्सांग की यात्रा के समय तक इस क्षेत्र में सामंतवादी व्यवस्था अपनी जड़ें जमा चुकी होगी तथा मतीपुर ने अपनी स्वतंत्र सत्ता स्थापित कर ली होगी। मतीपुर के शासक का उल्लेख सामंतवाद की स्वतंत्र राज्य में परिणति का महत्वपूर्ण उदाहरण है जहां केंद्रीय सत्ता का लोप हो गया था।

घ. बील[22] के अनुवाद के अनुसार हर्ष ने अपने शासन के प्रारंभिक 30 वर्षों तक युद्ध और विजय करने के बाद अपने शस्त्र रख दिए और शांतिपूर्वक शासन किया। यदि इसे विश्वसनीय माना जाए तो कहा जा सकता है कि हर्ष ने अपने चक्रवर्ती अभियान में कुछ राज्यों को छोड़ दिया अथवा वह उनको पराजित नहीं कर सका था।

ङ. बाणभट्ट द्वारा हर्ष के चारों समुद्रों का अधिपति, महाराजाधिराज परमेश्वर समस्त चक्रवर्ती राजाओं में श्रेष्ठ तथा अन्य राजाओं के चंद्रमणियों द्वारा प्रकाशित नख वाला कहा जाना एक राज्याश्रित कवि की अतिशयोक्ति मात्र है। ह्वेनत्सांग द्वारा हर्ष को पंच भारत[23] अर्थात स्वराष्ट्र (पंजाब) गौड़, मिथिला और उड़ीसा तथा कान्यकुब्ज का स्वामी कहा जाना भी अतिशयोक्ति से इतर कोई विशेष अर्थ नहीं रखता।

च. चीनी यात्री के अनुसार मतीपुर का राजा शूद्र था। सिंधु के शासक को भी उसने शूद्र कहा है जबकि वह बौद्ध धर्म का अनुयायी था। ह्वेनत्सांग द्वारा इन दोनों राजाओं को शूद्र कहे जाने के पीछे कोई कारण विशेष अवश्य था, यदि शूद्र शब्द जाति के अतिरिक्त कोई और अर्थ रखता हो तो। संभवतः राजाओं के प्रति जनसामान्य की धारणाओं अथवा स्वयं के साथ किए गए व्यवहार के आधार पर चीनी यात्री ने उन्हें शूद्र संबोधित किया है।

2. क. संभवतः तत्कालीन मायापुर (मयूर) का अधिकांश गंगा पूर्वी तट पर था जो कालांतर में किसी कारणवश विनष्ट हो गया तथा पश्चिमी तट पर वर्तमान हरिद्वार नगर विकसित हो गया।

ख. तत्कालीन मयूर में मिश्रित धातु क्वाटर्ज तथा आभूषण बनाए जाते थे। तीर्थ स्थान होने के कारण स्थानीय बाजार में यह उत्पादित सामान सरलता से बिक जाता होगा।

ग. कृत्रिम नहर द्वारा देवालय के सरोवर में गंगा से पानी लाए जाने की व्यवस्था तकनीकी कुशलता का द्योतक है। इस काल में नदियों के पानी द्वारा सिंचाई की व्यवस्था की जाती होगी।

घ. जनसंख्या अधिक होने का कारण स्वच्छ पेय जल की उपलब्धि तथा खाद्य वस्तुओं का पर्याप्त उत्पादन था।

ङ. मयूर नामक स्थान बौद्धेतर धर्म का प्रमुख केंद्र था। चीनी यात्री द्वारा वहां एक भी बौद्ध मठ का उल्लेख न करना इस बात की ओर संकेत करता है।

3. क. ब्रह्मपुर पर्वतीय राज्य था। बाण[24] के इस कथन 'अत्र परमेश्वरेण तुषार शैल भुवो दुर्गाया गृहीत कर:' अर्थात परमेश्वर (शंकर) ने हिमगिरि से उत्पन्न दुर्गा (पार्वती) से विवाह किया। डॉ. त्रिपाठी का मानना है कि बाण का उपर्युक्त संदर्भ कदाचित किसी पहाड़ी राजपरिवार की कन्या से हर्ष के विवाह की ओर संकेत करता है। ब्रह्मपुर को इस अज्ञात पहाड़ी प्रदेश के साथ समीकृत किया जा सकता है।

ख. मिश्रित धातु एवं क्वाटर्ज के निर्माण का उल्लेख उद्योग-धंधों की स्थिति का परिचायक है।

4. क. गोविषाण हीनयान संप्रदाय का प्रमुख केंद्र था। ह्वेनत्सांग ने शेष भारत में इसे लुप्त पाया था।

ख. जनसंख्या समृद्धि के प्रमुख कारण सिंचाई के साधनों की उचित व्यवस्था तथा राजनीतिक स्थिरता थी। इस समय कृषकों की दशा अच्छी थी, हालांकि सामंतवाद[25] अपनी जड़ें जमा चुका था और वेतनों का भुगतान कभी-कभी नगद न होकर भूमि अनुदान के रूप में किया जाता था।

ग. अहिच्छत्र भुक्ति की गोविषाण निकटता के कारण वहां शिक्षा का उचित विकास हुआ होगा।

5. क. अहिच्छत्र हीनयान शाखा के सम्मितीय संप्रदाय का प्रमुख शिक्षा केंद्र था। चीनी यात्री द्वारा देखे गए शैव मंदिरों का उल्लेख सही माना जा सकता है क्योंकि इस क्षेत्र में अभी भी शिव से संबंधित प्राचीन मंदिर हैं।

ख. नागराज को बुद्ध द्वारा उपदेश दिए जाने का कथानक पार्श्वनाथ की नाग द्वारा रक्षा की कथा से संकेतित लगता है।

ग. चीनी यात्री द्वारा अहिच्छत्र के निवासियों का ईमानदार, सीखने में रुचि रखने वाले तथा व्यापक ज्ञान वाले लोगों के रूप में उल्लेख किए जाने के पीछे यहां की समृद्धि, रोजमर्रा की वस्तुओं की पर्याप्त उपलब्धि तथा अतिरिक्त उत्पादन आदि कारण रहे होंगे।

संदर्भ एवं टिप्पणियां

1. वाटर्स टॉमस, *आन युवानच्वांगस ट्रेवेल्स इन इंडिया,* द्वितीय संस्करण 1983, मुंशीराम मनोहर लाल

पब्लिशर्स लि. नई दिल्ली, पृ. 1.

2 त्रिपाठी, आर.एस., (*हिस्ट्री ऑफ कन्नौज,* पृ. 62) का मानना है कि ह्वेनत्सांग 629 ई. में भारत पहुंचा चुका था जबकि विशुद्धानंद पाठक का मानना है कि वह 630-31 ई. के आसपास भारत पहुंचा होगा. (*उत्तर भारत का राजनीतिक इतिहास,* तृतीय संस्करण 1982, पृ. 24).

3. विशुद्धानंद पाठक, *उत्तर भारत का राजनीतिक इतिहास,* उ.प्र. हिंदी संस्थान लखनऊ, तृतीय संस्करण 1982, पृ. 23-24.

4. वाटर्स, टॉमस तदैव, पृ. 322-333.

5. कनिंघम, *एंशिएंट जियोग्राफी ऑफ इंडिया,* पृ. 348.

6. मजुमदार, रमेश चंद्र *जर्नल ऑफ दि बिहार जि. रिसर्च सोसायटी,* पटना, जिल्द 9, पृ. 321.

7. देवहूति, डी., *हर्षा ए पोलिटिकल स्टडी,* द्वितीय संस्करण, आक्सफोर्ड यूनिवर्सिटी प्रेस, 1983, पृ. 103.

8. मुखर्जी, राधाकुमुद, *हर्ष,* मोतीलाल बनारसीदास, 1959, पृ. 37.

9. *उत्तर भारत का राजनीतिक इतिहास,* पृ. 57.

10. *एंशिएंट जियोग्राफी ऑफ इंडिया,* पृ. 351.

11. *वाटर्स, आन युवान च्वांगस ट्रेवेल्स इन इंडिया,* पृ. 329.

12. लाहा, बी.सी., *हिस्टोरिकल जियोग्राफी ऑफ एंशिएंट इंडिया,* मुंशीराम मनोहर लाल, नई दिल्ली, प्रथम भारतीय संस्करण 1984, पृ. 81.

13. तदैव.

14 *आन युवान च्वांगस ट्रेवेल्स इन इंडिया,* पृ. 329.

15. *हिस्टोरिकल जियोग्राफी ऑफ एंशिएंट इंडिया,* पृ. 72.

16. कनिंघम, तदैव, पृ. 391.

17. कनिंघम, तदैव पृ. 409, (बी.सी.लाहा. *हिस्टोरिकल जियोग्राफी ऑफ एंशिएंट इंडिया,* पृ. 80 से उद्‌धृत).

18. *हिस्टोरिकल जियोग्राफी ऑफ एंशिएंट इंडिया,* पृ. 63-64.

19. गोयल, श्रीराम, *हर्षा एंड बुद्धिज्म,* कुसुमांजलि प्रकाशन, मेरठ, 1986, पृ. 151.

20. ली के तीन मानक निम्नलिखित हैं : 1. नई ली = 0.311 मी., 2. पुरानी ली = 0.868 मीटर और 3.6 ली= एक मील देवाहूति द्वारा स्वीकार की गई है. देवाहूति, *हर्षा ए पोलिटिकल स्टडी,* पृ. 7 से उद्‌धृत.

21. 'बिना एक भी शस्त्र उठाए 30 वर्ष तक शांतिपूर्वक शासन किया' का उल्लेख जूलियन के अनुवाद में इस प्रकार है 'Aubout de trente ans, les armes se reposerent' वहां पर प्राय: ch'ui शब्द का प्रयोग 'don the imperial robe' अर्थात प्रसन्नता एवं शांति से शासन के संदर्भ में किया गया है. इस प्रकार चीनी यात्री उल्लेख करता है कि शीलादित्य के 30 वर्षीय शासनकाल में शांति थी और प्रशासन भी अच्छा था (वाटर्स, *आन युवान च्वांगस ट्रेवेल्स इन इंडिया,* पृ. 346.)

22. बील, सैम्युअल, *बुद्धिस्ट रिकाइर्स ऑफ दि वेस्टर्न वर्ल्ड,* पृ. 190.

23. मुखर्जी, आर. के., *प्राचीन भारत,* राजकमल प्रकाशन, नई दिल्ली, चतुर्थ संस्करण, 1990, पृ. 117.

24. *उत्तर भारत का राजनीतिक इतिहास,* पृ. 45.

25. थापर, रोमिला, *भारत का इतिहास,* पृ. 133.

11. प्राचीन भारत में आपद्धर्म : अवधारणा और स्वरूप

विजय बहादुर सिंह यादव*

प्राचीन भारत जीवन दर्शन में धर्म की नियंत्रणकारी भूमिका ऐतिहासिक दृष्टि से एक असंदिग्ध तथ्य के रूप में सर्वमान्य रही है। धर्म की अवधारणा और उसके स्वरूप को लेकर चाहे जितना भी मत-वैभिन्न्य हो, इस बात में संदेह की कोई गुंजाइश नहीं है कि धर्म देश-काल और परिस्थितियों के संदर्भगत मानवीय कर्तव्यों की सुव्यस्थित समष्टि का पर्याय है। दूसरे शब्दों में किसी भी देश-काल-परिस्थिति में मानव धर्म का कर्तव्य ही उसका धर्म है। इस अर्थ में धर्म मानव आचार का समग्र है जो अपनी संपूर्णता में मानव जीवन के विभिन्न रूपों से आबद्ध होते हैं। वर्ण धर्म, सामान्य धर्म, गुण धर्म, देश धर्म, युग धर्म आदि धर्म और हर अवस्था में नियंत्रित और मर्यादित करते हैं और धर्म की धारणपरकता की मूल चेतना को व्यावहारिक धरातल प्रदान करते हैं। आपद्धर्म धर्म की धर्मता का एक विशिष्ट आयाम है, जो विपरीत परिस्थितियों में मानव आचार को शास्त्रीय संहिता में आवश्यकतानुसार शैथिल्य प्रदान करता है। मानव जीवन के विभिन्न धरातलों पर आपद्धर्म की प्रभाविता का निदर्शन प्रस्तुत शोधपत्र का विवेच्य है जो भारतीय जीवन दर्शन और सामाजिक व्यवस्था के विभिन्न पक्षों के अनुशीलन से संभावित होगा।

आपद्धधर्म जैसा कि इसके नाम से ही संकेतित है आपत्ति काल का धर्म है जो मनुष्य को सामान्य काल में अनिवार्य रूप से पालन किए जाने वाले कर्तव्यों के उल्लंघन की अनुमति प्रदान करता है और इस रूप में वह धर्म की 'धारणपरकता' की रक्षा करता है। आपद्धर्म इस प्रकार धर्म के सैद्धांतिक रूप की परिणति है और इसी कारण से वह धर्म के सभी क्षेत्रों में आवश्यकतानुसार व्यवहृत होता है।

आपद्धर्म के अंतर्गत कभी-कभी व्यक्ति अपने धर्म का पालन कर सकने के कारण अपना जीवन यापन एवं प्रधान कार्य जैसे जो ब्राह्मण—पूजन, यज्ञ, अनुष्ठान नहीं कर सकते थे। ऐसे संकट एवं विपत्ति के समय उसके वर्णेत्तर कर्म की व्यवस्था की गई थी। लेकिन *रामायण* में वर्ण के विरुद्ध कार्य करने वाले की निंदा की गई है। *रामायण*[1] में स्पष्ट वर्णित है कि वर्ण के विरुद्ध कार्य करने वाला ब्राह्मण शूद्र से भी निन्दनीय है। अपने वर्ण के कर्म को न करने वाला ब्राह्मण कुत्ते एवं भेड़िए के सामन है।[2] परंतु फिर भी कुछ विद्वान

---

* म. ज्यो. फु. रुहेलखंड विश्व विद्यालय, बरेली.

क्षत्रियों के कार्य करते थे। *महाभारत* में द्रोणाचार्य, अश्वत्थामा, कृपाचार्य आदि ब्राह्मणों ने क्षत्रियों का व्यवसाय किया और युद्ध में सक्रिय भाग लिया। शस्त्र विद्या के एक बहुत बड़े जानकार के रूप में शांतिपर्व में जामदग्न्य परशुराम का उल्लेख भी इसी तथ्य की पुष्टि करता है।[3] *महाभारत* में ऐसे भी उल्लेख हैं जो स्पष्ट करते हैं कि ब्राह्मण कृषि, पशुपालन, वाणिज्य-व्यापार आदि करते थे।[4] संभव: ब्राह्मण विविध कर्म करने वाले लोग हो गए थे। इससे आभास होता है कि यदि ब्राह्मण अध्यापन करने यज्ञ संपन्न कराने और दान प्राप्त करने से अपना एवं अपने परिवार का भरण-पोषण करने में असहाय होता था तो वह क्षत्रिय एवं वैश्य के अलावा किसी भी वर्ण का कार्य अपना सकता था। इसे जाति परविर्तन का सूचक भी कहा जा सकता है। संकटकाल में ब्राह्मणों ने सैनिक कार्य, अर्थात क्षात्र धर्म स्वीकार किए थे।[5] *गौतम धर्मसूत्र*[6] एवं *मनुस्मृति*[7] प्रतिपादित व्यवस्था के अनुसार आपत्ति कालीन अवस्था में ही वर्णों का कर्तव्य अपरिवर्तन हो सकता था। सामान्य स्थिति में नहीं। ऐसे ही विचार *विष्णुपुराण* में भी मिलते हैं। आपत्तिकालीन अवस्था में ब्राह्मण क्षात्रोचित कर्म अपना सकता है। प्रस्तुत संदर्भ में इस बात पर बल दिया गया है कि व्यवस्था केवल आपालकाल के लिए ही है। समर्थ होने पर पुन: अपने कर्म का पालन करना चाहिए।[8] *मृच्छकटिक* के एक दृष्टांत से ज्ञात होता है कि ब्राह्मण चारुदत्त को एक समृद्ध व्यापारी होने का अवसर मिला था जिसे नाटककार ने 'द्विजसार्थवाह' की संज्ञा प्रदान की।[9] ब्राह्मण शासक गौतमीपुत्र शातकर्णी को 'क्षत्रिय दर्प मानमर्दन' कहा गया है। मौर्य साम्राज्य के बाद अनेकानेक उदाहरण मिलते हैं, जिनमें ब्राह्मण ने क्षत्रिय धर्म को अपनाना शुरू कर लिया था। जिसमें अंतिम मौर्य सेनापति पुष्यमित्र शुंग ब्राह्मण था। जिसने कालांतर में शुंग वंश की स्थापना की। इसके बाद कण्व वंश, वाकाटक वंश, सातवाहन, कदंब आदि अनेकानेक ब्राह्मण राजवंश थे, जिन्होंने सैनिक एवं शस्त्रों के बल पर अपने राज्य स्थापित किए।

मध्ययुगीन लेखकों जैसे हेमचंद, लक्ष्मीधर आदि ने भी कहा है कि आपत्तिकाल में ब्राह्मण जीवन-यापन हेतु क्षात्र कर्म अपना कर आयुधजीवी हो सकता है। कल्हण ने ऐसे ब्राह्मण सैनिकों का वर्णन किया है, जो युद्धभूमि में भाग लेते थे।[10] सैनिक शास्त्र का विद्वान कल्याणराज नामक ब्राह्मण युद्धभूमि में लड़ता हुआ मारा गया था।[11] मनु के अनुसार क्षत्रिय कर्म से यदि उसका जीवन-निर्वाह नहीं हो पा रहा है तो ब्राह्मण वैश्य के कर्म (कृषि) एवं व्यापार को अपना सकता था।[12] यही विचार *गौतम धर्मसूत्र* में भी मिलता है कि शस्त्र ग्रहण करने से आजीविका न चल सके तो ब्राह्मण कृषि एवं वाणिज्य को अपना सकता है।[13] इन उदाहरणों से विदित होता है कि संकट के समय वह व्यापार भी कर सकता था। मनु का कथन है कि संकट के समय ब्राह्मणों को धनवर्द्धक वस्तुएं रस, पक्वान, तिल, पत्थर, नमक, ऊन, फल, ओषधि आदि बेचनी चाहिए।[14] लेकिन लक्ष्मीधर के अनुसार आपत्तिकाल में ब्राह्ण द्रव्य का लेन-देन कर सकता था।[16] आपत्ति आने पर ब्राह्मण राज्य सेवा से संबंधित कार्य भी कर सकता था। कल्हण की *राजतरंगिणी* से ज्ञात होता है कि शिवाय नामक ब्राह्मण

शिवरात्रि के शुभ अवसर पर राज्य के सभी विभागों का अध्यक्ष बना दिया गया था।[17] यही ब्राह्मण मंत्री भी होते थे, जैसे नगरमुख्य[18], दंडनायक[19], मूर्तिकार[20] आदि।

इसी प्रकार क्षत्रिय वर्ण भी आपत्तिकाल या संकटकाल के समय अपने से निम्न वर्ण या अन्य वर्ण के कार्य ग्रहण कर सकते थे। क्षत्रिय वर्ण से संबंधित राजा जनक एवं विश्वामित्र, वैश्य तुलाधार और शूद्र विदुर का ब्राह्मणों को ज्ञान का उपदेश देना भी वर्णगत व्यवसाय के सिद्धांत कि लचीलेपन को ही द्योतित करता है। सिद्धांत का यह लचीलापन जहां द्विजों के संदर्भ में अधिक महत्वपूर्ण नहीं प्रतीत होता[21], वहां कतिपय शूद्रों के विषय में विशेष महत्व रखता है। *गौतम धर्मसूत्र* के अनुसार क्षत्रिय वैश्य वर्ण का कर्म अपना सकता था।[22] इसी तरह का उदाहरण *बौधायन धर्मसूत्र* में भी मिलता है।[23]

मनु ने भी वैश्य वर्ण के कर्म ग्रहण करने का उल्लेख किया है।[24] मध्यकाल में लक्ष्मीधर ने क्षत्रियों के लिए आपत्तिकाल में कृषिकर्म करने का विधान किया है।[25] राजा भोज के समकालीन क्षत्रिय मेमाक का कृषि कार्य करने का उल्लेख मिलता है। संकटावस्था में क्षत्रिय व्यापार और वाणिज्य कर सकता था, लेकिन सभी तरह के रस, तिल, नमक, पत्थर एवं मनुष्य का व्यापार नहीं कर सकता था।[26] मनु ने ब्राह्मण एवं क्षत्रिय दोनों को सूद के धन को वर्जित किया है। इसके लिए व्यवस्था दी थी कि वे अपने से नीचे के वर्ण को अपना सकते थे।[27] इस प्रकार स्पष्ट है कि आपत्तिकाल में क्षत्रिय कुछ प्रतिबंधों के साथ व्यापार और वाणिज्य को अपना सकता था।

इसी प्रकार प्राचीन भारतीय समाज में ब्राह्मण तथा क्षत्रिय की ही तरह वैश्य वर्ण को भी संकटकाल में दूसरे वर्ण के कार्य को ग्रहण करने का निर्देश दिया गया है। *बौधायन धर्मसूत्र* में गौ, ब्राह्मण और वर्ण की रक्षा के लिए वैश्य वर्ण के लोग भी शस्त्र धारण कर सकते थे।[28] ऐसा ही द्रष्टांत *महाभारत* में भी उल्लिखित किया गया है कि प्रत्येक वर्ण क्षात्र धर्म के अनुरुप शस्त्र के ऊपर आश्रित हो सकता था।[29] मनु के अनुसार संकट अपने पर वैश्य द्विजों की सेवा करने में जूठन आदि न ग्रहण करते हुए शूद्र की वृत्ति को अपना सकता था।[30] गौतम के अनुसार विपत्तिकाल में वैश्य अपने से नीचे के वर्ण के कर्म को अपना सकता था।[34]

समाज का सबसे निम्न प्राणी शूद्र वर्ण था। जिसका कार्य द्विजों (ब्राह्मण, क्षत्रिय, वैश्य) की सेवा करना था। यदि इनकी सेवा के बदले एवं इनके परिवार का भरण-पोषण नहीं हो पाता था तो वे अपनी भार्या और संतान की आजीविका हेतु, पशुपालन और नाना प्रकार के कर्म अपना सकते थे।[32] *महाभारत* की संपूर्ण कथावस्तु में ऐसे शूद्रों का उल्लेख प्राप्त होता है, जिन्होंने तत्कालीन सामाजिक व्यवस्था में अपनी स्थिति के प्रति असंतुष्ट होकर द्विजों के व्यवसाय को ग्रहण किया था जिससे तत्कानीन व्यवस्था के प्रति उनके असंतोष और कहीं-कहीं तो विद्रोह का स्वर भी मुखरित होता है।[33] *रामायण* के पात्र शम्बूक की कथा का उल्लेख शांतिपर्व भी करता है। जिसने शूद्र होने के बावजूद वेदाध्ययन किया था एवं उसके इस 'अपराध' के दंडस्वरूप राम के हाथों उसका वध किया गया।[34] एकलव्य भील

होते हुए भी अपनी साधना के बल पर धनुर्विद्या में पारंगत हो गया था, यद्यपि तत्कालीन समाज ने उसे इसका अधिकार प्रदान नहीं किया था[35] और दंडस्वरूप उसे दाहिने हाथ का अंगूठा कटवाना पड़ा भले ही गुरुदक्षिणा के शिष्ट बहाने से ही[36]। सूतपुत्र होने के कारण शास्त्र विद्या के अभिलाषी कर्ण को द्रोणाचार्य से अपमानित होना पड़ा[37] और इसके बाद छलपूर्वक परशुराम से यह विद्या सीख जाने के बाद अंत में भेद खुलने पर ब्रह्मास्त्र चलाने की विद्या भूल जाने का श्राप मिला।[38] इस प्रकार के अनेक उदाहरणों से इस बात का संकेत मिलता है कि अपने वर्ण के लिए निर्धारित धर्म का पालन यद्यपि महाभारत कालीन समाज में एक सामान्य बात थी और समाज के अधिकांश सदस्यों ने इसे अनिवार्य कर्तव्य के रूप में ग्रहण भी किया था।[39] तथापि, वर्णभेद की यह योजना समाज में पूरी तरह अंतर्स्थ नहीं हो सकी थी[40] और विशेषकर समाज का शूद्र वर्ण इस व्यवस्था के विरोध में खड़ा होने लगा था।[41] यद्यपि उनका यह विद्रोह कभी भी सफल नहीं हो सका और प्रायः हर बार ही द्विजों के छल-बल से दबा दिया जाता था। मनु ने आपत्तिकाल में शूद्र को विभिन्न उद्योग-धंधे अपनाने का निर्देश दिया है। इनके अनुसार द्विजों की सेवा करने में असमर्थ शूद्र स्त्री-पुत्रादि के दुःख के निराकरण के लिए कारुकर्म (सूप आदि बनाने) अपना सकता था।[42] मेधातिथि के अनुसार कारूकर्म के अलावा वह अपनी संतान एवं भार्या के जीविकोपार्जन हेतु भोजन बनाने, कपड़ा बुनने एवं बढ़ईगिरी के कार्य को अपना सकता था।[43] संकटकाल की अवस्था में कुल्लूक ने भी शूद्र को भोजन बनाने, चित्रकारिता, तक्षण एवं शिल्प कला का कार्य करने का निर्देश दिया है।[44] इससे लगता है कि आपत्तिकाल में शूद्र भी विभिन्न वर्णों के कार्य ग्रहण कर सकता था।

अतः उपर्युक्त समस्त उद्धरणों से विदित होता है कि आपद्धर्म के अंतर्गत समाज के विभिन्न वर्ण के लोग एक-दूसरे वर्ण के लिए निर्धारित कर्म को ग्रहण कर सकते थे।

संदर्भ एवं टिप्पणियां

1. *रामायण,* (3-313-111).
2. *रामायण,* (70-26-33).
3. *महाभारत,* शल्यपर्व : 30:10.11; शांतिपर्व, 2-17-18; 39.
4. *महाभारत*, (13-33-12-18).
5. *विष्णपुराण,* 4/18.
6. आपत्यकल्पो हि ब्राह्मणस्य ब्राह्मणद्विद्योपयोगः। *गौतम धर्मसूत्र,* 7/1.
7. अजीवस्तु यथोक्तेन ब्राह्मणः स्वेनकर्मणा।
   जीवेत्क्षत्रिय धर्मेण सह्यस्य प्रत्यन्तरः॥ *मनुस्मृति,* 10/81.
8. *विष्णुपुराण* : 3/8/40
9. द्रष्टव्य, डॉ. सिद्धेश्वरी नारायण राय का निबंध, 'मृच्छकटिक एक सामाजिक अनुशीलन', *हिन्दुस्तानी*, 1965, पृ. 271.

10. *राजतरंगिणी*, 7.1480.
11. वही 4.1074.
12. *मनु*, 10.82.
13. कृषि वाणिज्ये वाडस्वयंकृति। *गौतम धर्मसूत्र* : 10.5.6
14. *मनु*, 10.87-90, आ.ध. सूत्र 1.7.2.11-13.
15. *ग्यारहवीं सदी का भारत*, पृ. 115.
16. *कृत्यकल्पतरु गृहस्थ*, पृ. 241-21.
17. *राजतरंगिणी*, 8.111.
18. *राजतरंगिणी*, 7.108.
19. बकुलस्वामी, गिरिनार अभिलेख.
20. *इपि. इं.* 11, 394, 1, 31, XV, 57.
21. *महाभारत*, शांति पर्व, 62.3-5, 63.1, 3-5, 65.8-11.
22. राजन्यो वेश्य कर्म। प्राण संशये राजन्योकर्माऽऽददीत् तेनाऽऽत्मांनं रक्षेत्। *गौतम धर्मसूत्र*, 7.26
23. *बौधायन धर्मसूत्र*, 2.2.77.
24. *मनु*, 10.33.
25. *कृत्यकल्पतरु*, दान कांड, पृ. 37.
26. सर्वान् रसानहोतेत कृतान्नं च तिलैः सह।
    अश्मने लवणं चैव पशवो ये च मानुषाः॥ *मनु*, *10.86*
27. *मनु*, 10.95.
28. *बौधायन धर्मसूत्र*, 2.2.80
    गवार्थे ब्राह्मणार्थे वा वर्णानां वापि संकरे।
    गृहणीयाता विप्र, विशौ शस्त्र धर्म न्यपेक्षया॥
29. *महाभारत*, शांतिपर्व, 78-18.
30. *मनु*, 10.98.
31. *गौतम धर्मसूत्र*, 7.26.
32. *महाभारत*, शांतिपर्व, 294.4.
    वाणिज्यं पशुपालनं च तथाि शिल्पोपजीवनं।
    शूद्रस्थापि विधीयन्ते यदा वृत्तिर्नजायते॥
33. *महाभारत*, शांतिपर्व, अध्याय 74-75.
34. *महाभारत*, शांतिपर्व 149.62.
35. *महाभारत*, आदिपर्व 123.11.
36. वही, 123.27.
37. *महाभारत*, शांतिपर्व, 2.13
38. वही, 3.30-31.
39. कांगले, आर.पी. *अर्थशास्त्र, ए स्टडी*, बंबई, 1965, पृ. 145.
40. परशुराम, विश्वामित्र, कर्ण, द्रोण, कृपा, अश्वत्थामा तथा विदुर और शम्बूक आदि चरित्र इसी के उदाहरण हैं।
41. शर्मा, एस.आर., *आस्पेक्ट्स ऑव पोलिटिकल आइडियाज एंड इंस्टीट्यूशन इन ऐंशियंट इंडिया*, पृ. 117-18.
42. *मनु*, 10.99-100.
43. मेधातिथि, *मनु*, 10.00.
44. कुल्लूक, *मनु*, 10-99-100.

12. ऋग्वैदिक धर्मों के भौतिक आधार

दिग्विजय नाथ*

ऋग्वैदिक संस्कृति की विकास भूमि, सप्तसिंधु[1] की भौगोलिक परिधि, पश्चिम में कुभा से लेकर पूर्व में यमुना तक विस्तृत थी। *ऋग्वेद* के एक उत्तरकालीन मंत्र में गंगा का भी उल्लेख हुआ है।[2] पर इस विरल उल्लेख से यह सूचित है कि इस नदी से ऋग्वैदिक जनों (आर्यों) का विशेष परिचय नहीं था। इस भूमि में *ऋग्वेद* की रचना का काल ई.पू. 1500 से 1000 सामान्य रूप से माना जाता है। *ऋग्वेद* के भौतिक एवं सामाजिक पक्षों के अध्ययन से यह समाज कबीलाई समाज ज्ञात होता है। साथ ही यह भी ज्ञात होता है कि मिथक, कर्मकांड, शिक्षाएं एवं सिद्धांत, विद्या-मीमांसा, अलौकिक अनुभव, सामाजिक एवं नैतिक तत्व इनके मुख्य अवयव थे।

दूसरे शब्दों में, 'देवतत्व', 'यज्ञतत्व' तथा 'दार्शनिक चिंतन' धर्म के तीन प्रमुख पक्ष थे।

धर्म के दो प्रमुख आयाम होते हैं—एक ओर तो भौतिक परिवर्तनों की धार्मिक विचारों के निर्धारण में महत्वपूर्ण भूमिका होती है, दूसरे—सामाजिक चिंतन भी विभिन्न धार्मिक संगठनों को जन्म देता है। ऋग्वैदिक समाज कबीलाई समाज था जिसकी अर्थव्यवस्था का आधार पशुचारण था। वर्ग/वर्ण की स्थापना न होने (दसवें मंडल के पुरुषसूक्त के क्षेपक को छोड़ देने पर) के कारण शोषण की प्रवृत्ति विकसित नहीं हो पाई थी। कबीले के सभी लोग उत्पादक भी थे और उपभोक्ता भी।[3] पशुचारण की प्रधानता ने न केवल कबायली समरसता एवं संघटना को, बल्कि पितृसत्तात्मक समाज को भी पुष्ट किया। *शुनःशेप, ऋजाश्व* और *दिवालिया जुआरी*[4] के दृष्टांतों से भी स्पष्ट हो जाता है कि परिवार में पुरुष-मुखिया का पूर्ण नियंत्रण था। पुत्रजन्म एक वरदान माना जाता था और उसकी कामना उसी प्रकार की जाती थी जिस प्रकार निर्वाह के लिए मवेशियों की।

देवतत्व (प्रमुख देव)

सप्तसिंधु क्षेत्र की उपरोक्त भौतिक पृष्ठभूमि ने वहां के निवासियों की धार्मिक एवं सैद्धांतिक मान्यताओं को प्रभावित किया।[5] यास्क कृत *निरुक्त* (जो *ऋग्वेद* का प्राचीनतम भाष्य है)

* प्राचीन इतिहास पुरातत्व एवं संस्कृति विभाग, दीन दयाल उपाध्याय विश्वविद्यालय, गोरखपुर

से ज्ञात होता है कि ऋग्वैदिक धर्म के मुख्य तत्व प्रकृति से संबंधित अनेक आराध्यों की परिकल्पना है। ऐसा माना जाता है कि 'पशुचारण आधारित समाज (समुदाय) प्राकृतिक शक्तियों से अभिभूत होते हैं और वे उन्हीं को मनुष्य अथवा पशुओं की विशिष्टताओं का चोला पहनाकर दैवी रूप प्रदान करते हैं।' दूसरा तथ्य यह है कि 'प्राय: ये सभी आराध्य पुरुषत्व के द्योतक हैं नारीतत्व के नहीं। इसका कारण भी पशुचारण व्यवस्था और पितृसत्तात्मक सामाजिक संरचना में ढूंढ़ा जा सकता है। सूर्य, अग्नि, मरुत, वायु, आपस्, द्यौस् तो प्राकृतिक शक्तियों के प्रतीक हैं ही, स्वयं इंद्र, मित्र, वरुण, रुद्र आदि देवताओं का संबंध भी प्राय: प्राकृतिक शक्तियों से ही जोड़ा गया'—यथा, इंद्र का वर्षा से, वरुण का जलधि/ समुद्र से और विष्णु का सूर्य से। कभी-कभी किसी विशेष प्राकृतिक शक्तियों के गुणों को भी स्वतंत्र देवत्व प्रदान किया जाता है। उदाहरणार्थ, सवितृ (जीवनदायक प्रेरक) एवं विश्वप्सन् (देदीप्यमान) मूलत: सूर्य के विशेषण थे, किंतु बाद में वे स्वतंत्र देवता बना दिए गए। सवितृ की प्रशंसा में गेय प्रसिद्ध गायत्री मंत्र भी सूर्य को संबोधित गीत ही है। परवर्ती काल में इसका उच्चारण समाज के ऊपरी तीन वर्ण (ब्राह्मण, क्षत्रिय, वैश्य) ही कर सकते थे शूद्र नहीं। पूषन भी सौर परिवार के ही देवता थे पर उनका महत्व इसलिए अधिक था क्योंकि वे चरवाहों, भटके पशुओं और मार्गों के रक्षक थे।

ऋग्वेद की 1028 ऋचाओं में से लगभग 25 प्रतिशत (250) इंद्र को समर्पित हैं तथा उसी की महिमा का गान हैं। वे युद्ध देवता भी हैं और वर्षा के भी देवता हैं, वे पुरों, दासों, तथा वृत्र के नाशक हैं। तूफान और मेघ गर्जन से संबंधित यह देव वज्रधर है। अपने शत्रुओं का नाश वह वज्र से ही करता है। वृत्र का हनन कर उसने बंजर भूमि के लिए उस जल को मुक्त किया जो वृत्र के चंगुल में थी।[6] देव कलाकार और इंद्र के पिता ने इस वज्र का निर्माण किया था। इंद्र-वृत्र संघर्ष के विवरण में भी जब वृत्र हनन के पश्चात उसकी मां दनु अपने पुत्र के शरीर पर हताश मृतप्राय-सी पड़ी थी तब उसकी स्थिति की तुलना गाय और उसके बछड़े से की गई है। निश्चय ही यह पशुचारी समुदाय की मानसिकता की उपज थी।

ऋग्वेद में इंद्र का स्वरूप तत्कालीन परिवेश से प्रभावित है। इस दृष्टि से पशु से उसके संबंधों एवं उसकी गतिविधियों की ओर हमारा ध्यान आकृष्ट होता है। इंद्र 'गोपति' अर्थात पशुओं का स्वामी है। वह घोड़ों और गायों का सृजनकर्ता और 'पश्व' (पशुओं के कल्याण का ध्यान रखने वाला) भी है। उसकी मां को गाय और स्वयं उसे बछड़ा कहा गया है। वह पशुओं के कल्याण की चिंता करने वाला है। पशु संपदा हासिल करने के लिए ही 'पणि', 'विश्वरूप', 'उरण', 'शंबर' आदि शत्रुओं से संघर्ष करता है। इंद्र मुख्य देवता के रूप में संपूर्ण पशुजगत का अभिन्न अंग है। मवेशियों को लूटने में भी इंद्र अग्रणी है।[7] वायु एवं मरुत जैसे गौड़ देवों के सहयोग से इंद्र तूफानी वेग से शत्रु के खेमे में जाकर पशु संपदा प्राप्त करता है। यद्यपि इंद्र *ऋग्वेद* का नायक है किंतु निश्चित रूप से सप्तसिंधु प्रदेश में अनेक ऐसे जन थे जो उसमें श्रद्धा नहीं रखते थे और उसका विरोध करते थे। *ऋग्वेद* के

क्षेपक अंशों में वरुण व मित्र के समान इंद्र भी अपराधी को दंड देने की भूमिका निभाता है। फिर भी नैतिक चरित्र की कसौटी पर वह वरुण के सामने नहीं टिक पाता। कुछ लोग उसका अस्तित्व स्वीकार नहीं करते थे, कुछ उसका देवत्व नकारते थे, तथा कुछ तो उसकी खिल्ली भी उड़ाते थे। एक सूक्त में इंद्र के विरोधियों का उल्लेख करते हुए उनको प्रभावित करने के उद्देश्य से उसकी भव्यता और शक्ति को प्रदर्शित करने वाले आख्यानों का वर्णन किया गया है।[8]

महत्व की दृष्टि से इंद्र के पश्चात दूसरा स्थान 'वरुण' का ही है। वरुण और जल का अंतरंग संबंध था। वरुण नैतिकता का पोषक था। इस दृष्टि से वह सप्त सैंधवों का सर्वोच्च देवता था। उसके पाश से सब डरते हैं। वह मित्र् के साथ मिलकर समाज में अराजकता फैलाने वालों को दंडित करता है। वरुण के इस रूप को समझने के लिए *ऋग्वेद* में प्राप्त ऋत् की अवधारणा को समझना आवश्यक है। यह अवधारणा उस काल के लोगों की सैद्धांतिक आस्थाओं को रेखांकित करती है। प्राच्यविद्या के आरंभिक चरणों में विंटरनित्ज, मैकडानल, कीथ आदि सभी ने ऋत् की व्याख्या सृष्टि की नियमितता, भौतिक एवं नैतिक व्यवस्था आदि के रूपों में की है। *ऋग्वेद* के मंत्रद्रष्टाओं ने ऋत् के उल्लंघन पर गहरा दुःख व्यक्त किया है और उसके पुनरुत्थान की कामनाएं व्यक्त की हैं। *ऋग्वेद* में ऐसे 24 श्लोक हैं जिनमें कहा गया है कि ऋत् के द्वारा लोगों को गाएं, जल, भोजन, मवेशी, भौतिक संवृद्धि तथा जीवनयापन के अन्य साधन प्राप्त होते हैं। वरुण को 'ऋतस्य गोपा' अर्थात ऋत् का रक्षक कहा गया है। उसके आदेशों का उल्लंघन करने पर उसके आक्रोश का उल्लेख है। अक्ष (पाशे का खेल) और ऋत् के आपसी संबंध का वर्णन भी ऋत् के स्वरूप को प्रकाशित करता है। ऐसे उल्लेख हैं कि पाशा खेल कर ऋत् की रक्षा एवं स्थापना होती है। यहां प्रतीक के माध्यम से इस बात पर बल दिया गया है कि जिस प्रकार पाशे को मुट्ठी में नहीं रखा जा सकता और सभी के समक्ष खुले हाथों से फेंका जाता है उसी प्रकार संपत्ति की सामूहिकता और उसके न्यायोचित समतावादी वितरण के द्वारा ऋत् की स्थापना होती है। तात्पर्य यह है कि ऋग्वेद में प्राप्त ऋत् की अवधारणा तत्कालीन प्राक् वर्गीय समाज और कबायली जीवन के अनुरूप थी। कालांतर में जब समाज वर्णों और वर्गों में बंटा, तब लोगों में लालच और ईर्ष्या, स्वार्थ और लूट की भावना ने घर कर लिया। यही अन्-ऋत् अर्थात ऋत् का ह्रास है।[9]

'अग्नि' देवताओं और मनुष्यों के बीच संपर्क का प्रतीक था। घर और बाहर यत्र-तत्र-सर्वत्र अग्नि का अस्तित्व था। अग्नि के वर्णन में एकेश्वरवाद की प्रवृत्ति के चिह्न हैं। अग्नि एक है अथवा अनेक? अग्नि एक साथ ही एक और अनेक कैसे हो सकते हैं। *ऋग्वेद* के ऐसे प्रश्न परवर्ती उपनिषदीय चिंतनधारा की भूमि तैयार कर रहे थे। *ऋग्वेद* में ही अग्नि का तप रूप भी झलकता है जो कालांतर में उनके और शिव के बीच सेतु का काम करता है। अग्नि का एक और प्रतीक यौनेच्छा का ताप भी है। अपने मूर्त रूप में अग्नि ऋग्वेदीय

इंद्र और पौराणिक शिव के समान व्यभिचारी और नारी को प्रलोभित करने वाला देवता है।

यदि इंद्र देवता *ऋग्वेद* में वर्णित देव शिरोमणि था तो उसका सर्वप्रिय पेय 'सोम' भी देवत्व के सोपान में बहुत पीछे न था। वह वनस्पति का मादक रस था। यह तो निश्चित है किंतु वनस्पति की पहचान विवाद का विषय है। सोम रस का प्रयोग यज्ञादि अवसरों पर होता था। *ऋग्वेद* का संपूर्ण नौवां मंडल सोम से संबंधित है। शक्ति के प्रतीक के रूप में आनुष्ठानिक सोम पान का विशिष्ट संबंध इंद्र से ही था।[10] प्रायः ऐसा देखा गया है कि प्राचीन जगत में पशुचारण पर आधारित कबीलों में यह प्रथा सामान्य रूप से प्रचलित थी। आनुष्ठानिक पान, प्रायः मवेशियों पर धावा बोलकर लूटने के अभियान से पहले संपन्न किए जाते थे।

'रुद्र' एक गौड़ किंतु महत्वपूर्ण संभावनाओं से ओतप्रोत देवता था। वरुण के समान उसका भी एक खतरनाक पक्ष था, किंतु ऋत् के गोप के विपरीत उसका सदाचार या दुराचार से कोई संबंध नहीं था। वह दूरस्थ पर्वतों में रहने वाला शिकारी देवता था, जिसके बाणों से रोगों का आगमन होता था। इंद्र के समान वह तूफानों से संबद्ध था। लोग उससे भयभीत थे और उसके बाणों से बचने के लिए उसकी अर्चना करते थे। दूसरा उसका लाभकारी रूप भी था क्योंकि वह उपचारी जड़ी-बूटियों का संरक्षक भी था।[11] इंद्र का शाब्दिक अर्थ लाल होता है जो आक्रोश और अग्नि का भी रंग है। अतः आरंभिक चरणों में भयावह इंद्र की कल्पना की गई होगी, किंतु कालांतर में वह पेचीदा देव बनकर उभरा। तीर और कमान के साथ-साथ वह धन, विद्युत और वज्रधर भी है। उसके आराधक अपनी और मवेशियों की सुरक्षा के लिए उसकी आराधना करते हैं। एक ओर उसके आक्रोश उसकी दुर्भावना और उसके घातक तीरों की निंदा मिलती है तो दूसरी ओर उसकी दयालुता, आसानी से खुश होने वाले स्वभाव और विशद संसार के समस्त जीवों का भव्य संरक्षक होने का भी वर्णन है। चूंकि रुद्र के व्यक्तित्व में विरोधाभासी तत्वों को समेटने की क्षमता थी अतः वह कालांतर में अपने प्रति आकर्षण को और अधिक व्यापक बना पाया। मरुत के माध्यम से वह इंद्र और अग्नि के निकट आ गया। रुद्रों एवं रुद्रियों नामक मरुतों का वह पिता था। उनके ये पुत्र इंद्र के सहयोगी और अग्नि के आराधक थे। इंद्र के समान रुद्र भी तूफान, घनघोर वर्षा और धन गर्जन रूपी शक्तियों का प्रतिनिधि था और इन गुणों के पीछे भी मरुत का हाथ देखा जा सकता है।

ऋग्वेद में स्पष्ट रूप से लिंग की पूजा करने वालों की निंदा की गई है और उन्हें अनैतिक बताया गया है। इसके दो कारण संभव हैं (क) चूंकि सप्तसैंधवी जन मुख्य रूप से पशुचारण पर आधारित थे, अतः प्रजनन शक्ति के प्रतीक के रूप में लिंग पूजा उनकी परिकल्पना के बाहर थी, और (ख) वरुण, उषा आदि अन्य आराध्यों के समान लिंग पूजा भी ऐसे कबीलों की विशिष्टता रही हो जो इंद्र बाहुल्य कबीलों के विरोधी हों।

देवियां

कृषि आधारित समुदायों के विपरीत पितृसत्तात्मक एवं पशुचारण आधारित समुदायों की धार्मिक मान्यताओं में देवियों का कोई विशिष्ट स्थान नहीं होता। सप्तसैंधवी धर्म भी कोई अपवाद नहीं था। *ऋग्वेद* में वर्णित 'वरुणानी', 'इंद्राणी', 'आग्नेयी', 'श्रद्धा', 'धृति' इत्यादि का कोई स्वतंत्र अस्तित्व नहीं है। वे बड़े देवताओं की छाया मात्र ही हैं। 'अदिति' और 'उषा' जैसी तथाकथित बड़ी देवियां भी कोई सम्मानजनक स्थान प्राप्त न कर सकीं। अदिति के प्रति कोई सूक्त अलग से समर्पित नहीं है। उसके संदर्भ में देवताओं के मातृत्व का ओहदा भी संदिग्ध है। जहां तक उषा का प्रश्न है, इंद्र द्वारा इस आकाश दुहिता के बलात्कार का उल्लेख *ऋग्वेद* के मूल और क्षेपक मंडलों में मिलता है। इंद्र के इस कृत्य को वीरतापूर्ण और शक्तिपूर्ण कारनामा कहा गया है।[12] यह मात्र संयोग नहीं है कि इंद्र-उषा के संघर्ष का वर्णन करने वाले सूक्तों में ही अन्य गैर-वैदिक कबायली प्रमुखों के विरुद्ध इंद्र की सफलताओं का उल्लेख भी है। कोसांबी का तो मत है कि इंद्र-उषा संघर्ष आर्यों और अनार्यों का पारस्परिक संघर्ष था।[13] इस मत की पुष्टि अथवा खंडन करना सरल नहीं है। फिर भी इतना तो कहा ही जा सकता है कि सप्तसैंधवी देवकुल में देवियों का विशेष महत्व नहीं था। विपाशा नदी के तट पर हुए इंद्र-उषा संघर्ष की एक वैकल्पिक व्याख्या यह भी संभव है कि यह दो विभिन्न पंथों का संघर्ष हो जिसमें पुरानी मातृदेवी को पितृसत्तात्मक आक्रांताओं के युद्ध देवता ने रौंद दिया। चूंकि उषा अपने हनन के बाद भी जीवित रहती है इसलिए यह निष्कर्ष निकाला जा सकता है। उसे सूर्य की माता एवं पत्नी तथा द्यौस (आकाश) की पुत्री मानने वाले आराधकों ने धीरे-धीरे शांतिपूर्ण तरीके से पंथीय मेल-जोल की प्रक्रिया में हाथ बंटाया। कृषि की बढ़ती उपयोगिता ने इस प्रवृत्ति को बल प्रदान किया होगा।

पवित्र वाक् के अर्थ में 'भारती', 'धीषण' और 'वरुत्री' के उल्लेख मिलते हैं। इनमें से धीषण तो विनाशकारी शक्ति के रूप में भी वर्णित है और वरुत्री संरक्षक देवियों में से एक है। वरुत्री का प्रयोग बहुवचन में भी किया गया है। 'इला', 'सरस्वती', और 'भारती' (जिसे मही भी कहा गया है) विभिन्न ब्राह्मण कबीलों की तीन ऐसी देवियां थीं, जिनका संबंध जल से बताया गया है। संभव है कि ये 'भरतों', 'ऐलों' और सरस्वती घाटी के कबीलों की कुल देवियां रही हों। अरण्यानी को समर्पित सूक्त ग्राम्य जीवन, पशुचारण और पितृसत्तात्मकता के बिंबों से युक्त दुर्ग्राह्य वन-वासिनी का वर्णन प्रकृति का संवेदनशील एवं सूक्ष्म वर्णन है। इसी श्रेणी में रात्रि का भी वर्णन आता है।[14]

गौड़ देव (आसुरी तथा पशु-पक्षी)

ऋग्वेद में भूत-प्रेत, राक्षसों, अर्द्धदेवताओं, अप्सराओं, पिशाचों आदि के उल्लेख है। उनमें

भी तत्कालीन धार्मिक जीवन के कबायली चरण की छाप दिखाई देती है। 'कृत्या', 'निऋति', 'यातुधान', 'ससरपरी' आदि उसी प्रकार की अपकारी शक्तियां हैं। अपकारी शक्यों के रूप में अनेक देवियों की भी परिकल्पना की गई है। *ऋग्वेद* में अनेक प्रेतात्माओं और जादू-टोनों[15] का भी वर्णन मिलता है। अज, शिग्रु, काश्यप, गौतम, वत्स, कौशिक, मांडूक्य, सुनक, मत्स्य आदि जनजातियों एवं व्यक्तियों के नामों से गण चिह्नात्मक (टोटम संबंधी) आस्थाओं के प्रचलन का आभास मिलता है। एक स्थान पर स्वयं प्रजापति की कल्पना कूर्म के रूप में की गई है। सामान्यतया कबायली धार्मिक मान्यताओं और आस्थाओं की विशेषताओं में टोटमी विश्वास, पूर्वजों की पूजा, भूत-प्रेत आदि में विश्वास, जादू-टोना, प्रतीक-पूजा आदि प्रमुख होते हैं।

ऋग्वैदिक धर्म में पशुओं का भी रोचक योगदान था। पशुचारण आधारित समुदायों के संदर्भ में ऐसा होना स्वाभाविक ही था। उपरोक्त उच्च देवता अलौकिक देवों का निरूपण पशुरूप में भी मिलता है। यदि वे 'घोड़े' जैसे उपयोगी पशु हैं तो अर्ध दैविक रूप में और यदि 'सर्प/अजगर' जैसे हानिकारक हैं, तो राक्षसी रूप में चित्रित हैं। ये पशु प्राय: प्रतीक बनकर आते हैं तथा उन देवताओं को प्रभावित करने का माध्यम बनते हैं जिनसे वे किसी प्रकार की साम्यता रखते हैं।[16]

ऋग्वैदिक जनों (आर्यों) की सर्वाधिक महत्वपूर्ण एवं स्पष्ट पहचान घोड़े की उपस्थिति से की जाती है। *ऋग्वेद* में वर्णित अनेकानेक पशुओं में घोड़ा सर्वाधिक महत्वपूर्ण स्थान का अधिकारी है। विभिन्न देवताओं के रथों को गति देने वाले दैवीय घोड़ों के अतिरिक्त ऋग्वेदीय मिथकों में कुछ स्वतंत्र रूप से दैवीय घोड़ों का उल्लेख है। 'दधिका' ऐसा ही घोड़ा है जो नायक बनकर दस्युओं पर विजय प्राप्त करता है। वह युद्ध में लूट संपदा हासिल करता है। अश्विनों से जुड़ा मिथकी जंगी घोड़ा 'पैदव' है जो सफेद रंग का है और उसकी तुलना इंद्र से की गई है।

ऋग्वेद में इंद्र को प्राय: 'वृषभ' कहा गया है। यह संज्ञा अग्नि को भी दी गई है। कभी-कभी इसका प्रयोग द्यौस जैसे अन्य देवों के लिए भी है, पर ऋग्वैदिक आर्य वृषभ पूजक भी रहे हों, इसका स्पष्ट संकेत नहीं मिलता।

ऋग्वैदिक जनों (आर्यों) के निर्वाहन में अपरिहार्य अंग के रूप में गाय तत्कालीन मिथक की अभिन्न अंग बनी।[17] उषा की किरणों के प्रतीक रूप में गाय ही उसका रथ चलाती है। वर्षाधारी मेघों के मूर्त रूप में भी गाय की कल्पना की गई है, जो घन-विद्युत रूपी बछड़े की मां है। गाय का सबसे अधिक प्रयोग इंद्र द्वारा पर्वतीय क्षेत्रों में उनको छुड़ाने के मिथक में किया गया है। यद्यपि कुछ स्थानों पर गाय को 'अघ्न्या' अर्थात न मारे जाने योग्य कहा गया है किंतु गोमांस खाने के अनेक संदर्भ भी प्राप्त हैं और अतिथि सम्मान में उसे परोसना अधिक उपयुक्त समझा जाता था।

पूषन से संबंधित बकरी का एक अन्य रूप अज-एकपाद (एक पैर वाली बकरी) भी है जिसे दैवीरूप प्राप्त था। एक स्थान पर अज-एकपाद की तार्किकता पशुचारण से कृषिक समाज के संक्रमण काल के संदर्भ में की गई है।[18]

वर्षा में विशेषरूप से सक्रिय होने वाले मेढ़क की प्रशस्ति तथाकथित मंडूक सूक्त[19] में मिलती है। उसे जादुई शक्तियों से संपन्न बताया गया है। वह दीर्घायु एवं अगणित गाय प्रदान करने की क्षमता रखता था।

पक्षी

सोम, अग्नि, सूर्य आदि देवताओं के पक्षी रूपों का वर्णन कई स्थानों पर हुआ है। 'गुरुत्मत्' अथवा 'गरुड़' इस दृष्टि से अधिक महत्वपूर्ण हैं। इसी प्रकार एक विशाल शिकारी पक्षी संभवत: चील या गिद्ध के रूप में 'सुपर्ण' का भी वर्णन किया गया है। उपरोक्त पशु-पक्षियों में से कुछ टोटमी आस्थाओं से संबंधित हो सकते हैं। किंतु उनके स्वतंत्र रूप से आराध्य होने की बात निश्चित तौर पर नहीं कही जा सकती।

यज्ञ तत्व
(यज्ञ-बलि-स्तुतिपाठ)

यज्ञ-बलि ऋग्वैदिक धर्म का दूसरा महत्वपूर्ण अवयव था। इस काल में घरेलू यज्ञ के अतिरिक्त सार्वजनिक बलि का भी आयोजन होता था। वे आयोजन कबीले के प्रमुख करते थे। विशेष योग्यता संपन्न कुछ याजक ऐसे अवसरों पर मनुष्यों और देवताओं के बीच बिचौलियों का काम करते थे। अनेक पशुओं की बलि चढ़ाई जाती थी। वस्तुत: मवेशियों की संवृद्धि ही इस कर्मकांडीय बलि का मुख्य उद्देश्य था। 'उशिज' ऐसा विशेषज्ञ याजक था जो मवेशियों पर धावा बोलकर लूटने में सहायता प्रदान करता था। 'मित्र', 'आदित्य', 'त्वष्ट्र' आदि ऐसे अनेक आकाशीय अधीश्वरों की परिकल्पना की गई जो याजक चक के देवताओं के प्रतिनिधि थे। ये सृजन क्रिया को जन्म देते थे और इस सृजन में मवेशियों का सर्वाधिक महत्वपूर्ण स्थान था। आदि मवेशी बलि का मिथक भी बनाया गया। दूध, जौ और सोम तर्पण के अंग बने। मवेशियों के अतिरिक्त वरदान, संतान (अधिकतर पुत्र) मवेशी संपदा रूपी संपत्ति प्राप्त करने के लिए किए युद्धों में सफलता और दीर्घायु होने के लिए भी देवताओं को इस बलि से संतुष्ट किया जाता था। ये भी उद्देश्य कोरे भौतिक संवृद्धि से ही प्रेरित है। यहां ध्यान देने योग्य है कि *ऋग्वेद में* अपराध बोध से मुक्त होने अथवा धन्यवाद-ज्ञापन के उद्देश्य से किए बलि-विधान का कोई उल्लेख नहीं है।

बलि आयोजन में कुछ निहित भय और विस्मय के तत्व थे। *ऋग्वेद* में कहा गया कि मंत्र के पवित्र उच्चारण में एक जादुई शक्ति है जिसे 'ब्रह्मन' कहा गया है। इसकी तुलना आदिम धर्म में मन के नाम से जानी जाने वाली अलौकिक विद्युतीय शक्ति से की जा सकती है।[21] ब्रह्मन संपन्न व्यक्ति ब्राह्मण अर्थात कबायली याजक अथवा जादूगर कहलाने लगा। कबायली धर्मों में विशद रूप से ज्ञात देवता बलि और यजमान (बलि देने वाला) का रहस्यमयी तालमेल और एकरूपता भी *ऋग्वेद* में स्पष्ट है। ऋग्वैदिक काल के अंत तक अर्थात लगभग 1000 ई.पू. तक ऐसी आस्था बन गई कि ब्रह्मांड का सृजन ही आदिम मानव (पुरुष) की बलि से हुआ।[22] ब्राह्मणों ने यह भी भय उत्पन्न किया कि नियमित बलि के अभाव में संपूर्ण अंतरिक्षीय प्रक्रिया रुक जाएगी और अराजकता का जन्म होगा।

यज्ञ बलि के साथ स्तुतिपाठ भी किया जाता था जो सामूहिक अथवा अलग-अलग होता था। सामान्यत: हर कबीले (गोत्र) का अपना अलग देवता होता था। ऐसा प्रतीत होता है कि स्तुतिपाठ कबीले अथवा गोत्र भर के लोग समवेत स्वर में करते थे। यज्ञाहुतियों के समय भी यही बात होती थी। इंद्र तथा अग्नि समस्त जन द्वारा दी गई बलि ग्रहण करने के लिए आहूत होते थे। इस समय यज्ञाहुति शाक, जौ, सोम इत्यादि चढ़ाते समय कोई आनुष्ठानिक या याज्ञिक मंत्र नहीं पढ़े जाते थे।

दार्शनिक चिंतन

उपरोक्त विवरण से स्पष्ट है कि ऋग्वैदिक धर्म बहुदेववादी था। पशुचारी समाज की भौतिक प्रकृति तथा मानव जीवन के विविध व्यापारों के पीछे बहुविधि शक्तियां अधिष्ठातृ रूप में विद्यमान हैं। इन शक्तियों का ही देवता शब्द से अभिधान हुआ। ऋग्वैदिक जनों की कल्पना में यह जगत 'पृथ्वी', 'अंतरिक्ष' तथा 'आकाश' में विभक्त था। ऋग्वेद के परवर्ती क्षेपक मंडलों में 'एकेश्वरवाद' के चिह्न भी प्राप्त होते हैं। इसी प्रक्रिया का एक चरण वह भी था जब विभिन्न देवताओं को बारी-बारी सर्वोच्च स्थान दिया गया। इसी को मैक्समूलर ने हीनोथीज्म कहा था। फिर 'इंद्र-मित्र', 'अग्नि-सोम', 'वरुण-अग्नि', 'मित्र-वरुण', 'इंद्र-पूषन', युगल देवता बने और फिर—*महद देवता नामसुरत्वमेकम्* तथा *एकं सद् विप्रा: बहुधावदंति*[23] की एकेश्वरवादी अभिव्यक्तियां आईं। इस बहुदेववाद से एकेश्वरवाद की ओर जाने वाली दार्शनिक पिपासा के पीछे शायद कबायली जीवन में आए दरारों एवं तनावों को समाप्त करने की भावना थी क्योंकि इस समय छोटे-छोटे कबीले बड़ी इकाइयों में विलीन होकर एक राष्ट्र बनते जा रहे थे। संभवत: यही प्रक्रिया धार्मिक जीवन में भी प्रतिबिंबित हो रही थी। कबायली व्यवस्था की विघटन की प्रक्रिया ने ही संभवत: उस एकतत्ववादी प्रवृत्ति को प्रेरित किया, जिसका चित्रण *ऋग्वेद* के सृष्टि गीत[24] में देखा जा सकता है। इसमें सृष्टिकर्ता को अमूर्त रूप में 'तदेकं' (एक मात्र वही) कहा गया है।

इस प्रकार ऋग्वैदिक धर्म अनेकानेक कबायली धार्मिक मान्यताओं और पंथों के अपरिपक्व एवं अधूरे समन्वयवाद की उपज थे।

संदर्भ एवं टिप्पणियां

1. *ऋग्वेद* में 'सप्तसिंधु' शब्द का प्रयोग एक भू-भाग विशेष एवं 'नदियों का समूह' दोनों अर्थों में हुआ है. इसकी सात नदियों में मैक्समूलर, पंजाब की नदियों, सिंधु तथा सरस्वती की गणना करते हैं. लुडविंग तथा विंटरनित्ज सरस्वती के स्थान पर 'कुभा' को मानते हैं. पं. क्षेत्रशचंद्र चट्टोपाध्याय 'सप्तसिंधु' का प्रयोग सब नदियों के अर्थ में हुआ मानते हैं जो पूर्व वैदिक आर्यों से परिचित थी। प्रारंभ में सप्त-सिंधु शब्द निश्चय ही सात नदियों का सूचक रहा होगा.
2. ऋ., 10.75.05
3. थापर, रोमिला, *फ्राम लिनिएज टू स्टेट,* पृ. 29-32.
4. ऋ. 1-24. 12-15; 1.116.17; 10.34.4.
5. श्रीमाली, कृष्ण मोहन, *धर्म और सामाजिक स्तरीकरण* (ई.पू 1500-1000 का उत्तरी भारत).
6. ऋ, 1.32—इंद्र-वृत्र संघर्ष में अनेकानेक उल्लेख यत्र-तत्र फैले हैं. *ऋग्वेद* में इस संघर्ष को रूपक बनाकर प्रस्तुत किया गया है जो कालांतर में विशेषकर पुराणों में इंद्र और असुर राज के वास्तविक द्वंद्व में परिणत हो गया. *ऋग्वेद* के वर्ण मेसोपोटामिया की उस मिथक की याद दिलाते हैं, जिसमें अराकजता के असुर तियामत की हत्या कर मर्दुक देव ब्रह्मांड की सृष्टि करता है. इंद्र-वृत्र संघर्ष के विवरणों के वे तत्व अत्यंत महत्वपूर्ण हैं जहां इंद्र स्वयं भयभीत हैं और पीठ मोड़कर भागते हुए निरूपित हैं.
7. बूस लिंकन, ने *प्रीस्ट्स, बारियर्स एंड कैटज*—(कैलीफोर्निया-1981) में पशुचारी आधारित समुदायों की धार्मिक आस्थाओं का विवेचन *ऋग्वेद* एवं जेंद-अवेस्ता के संदर्भ में किया गया है.
8. बट—1.4.5 : 8.89.3.
9. भट्टाचार्य एन.एन., *एंशिएंट इंडियन रिचुअल्स एंड देअर सोशल कांटेंट्स*, द्वितीय संस्करण, दिल्ली 1996.
10. बट—10.119, 2-9 के संदर्भ में ए.एल.बाशम (*वंडर दैट वाज इंडिया*, प्रथम संस्करण 1983, पृ. 384) का विचार है कि यहां शायद ऐसे पूजक की भावानाओं को व्यक्त किया गया है जिसने अत्यधिक सोमरस पान कर लिया है.
11. ऋ., 2.33.12-13; 7.46.3.
12. ऋ., 2.15.6; 4.30, 8.11; 10.73.6; 10.138.5.
13. कोसांबी डी.डी., *मिथ एंड रियलिटी: स्टडीज इन द फार्मेशन ऑफ़ इंडियन कल्चर,* पापुलर प्रकाशन, मुंबई, 1962.
14. ऋ., X-127.146.
15. श्रीमाली, कृष्ण मोहन, वही, ऋक्षस्विन प्रेतात्माओं पर नियंत्रण करता था, यातुभावान् और यातुर्नति ओझा-ओझाइन थे. वृक्ष प्रेतात्माओं के निवास-स्थान थे, अपकारी निऋऋति से संबंधित होने के कारण कबूतर बुरे शकुन वाला पक्षी था : उल्लू का दर्शन मृत्यु देवता यम का संदेश था।
16. श्रीमाली, कृष्ण मोहन, वही, यह एक प्रकार की जड़-पूजा (केटी शिस्टिक) रूपी दृष्टिकोण है, जो कबीलाई धर्मों के ज्ञात अवयवों के अनुरूप है.
17. श्रीमाली, कृष्ण मोहन, वही, हड़प्पाई धर्म में पशु-पूजन के प्रचलन में गाय का कोई साक्ष्य नहीं है.
18. उपाध्याय, जी.पी., 'रि इग्जैमिनेशन ऑफ़ दि नेचर एंड सिग्निफिकेंस ऑफ़ द वैदिक डिटी' 'अज-

एक पद' प्रोसीडिंग ऑफ़ 5 इंडियन हिस्ट्री कांग्रेस, 33वां अधिवेशन, अलीगढ़, 1975, पृ. 68–75.

19. ऋ., 7.103.
20. ऋ., 1. 164–20; 2.42.2; 4. 42.4; 8.100.8, 9.43.4 इत्यादि.
21. श्रीमाली, कृष्ण मोहन, *रिलीजन, आइडियोलाजी एंड सोसाइटी*, पृ. 19–20.
22. *ऋग्वेद,* 10.90 (पुरुषसूक्त)
23. *ऋग्वेद,* 1.164.46 : 3.55.5.
24. *ऋग्वेद,* 10.122.

13. देवता की अवधारणा : उत्पत्ति और विकास

पंकज शर्मा*

सभ्यता के विकास क्रम के आरंभिक चरण से ही मनुष्य ने अपने से अधिक उच्च कुछ ऐसी शक्तियों की कल्पना की, जो अदृश्य होते हुए भी अस्तित्व में थीं। मनुष्य ने इन शक्तियों को प्रकृति का संचालक स्वीकार किया। यह शक्तियां कल्याणकारी बनी रहें, इस हेतु उनकी उपासना की गई। विश्व के विभिन्न भागों में इन स्वतंत्र शक्तियों को भिन्न-भिन्न नामों से पुकारा गया। किंतु सामान्यत: इन शक्तियों को देवता नाम से अभिहीत किया गया। देवताओं की अवधारणा के दर्शन प्राचीन विश्व की प्राय: समस्त संस्कृतियों में होते हैं। देवताओं की अवधारणा के जन्म का आधार क्या था? यह एक विचारणीय प्रश्न है। देव-उत्पत्ति का संभावित आधार तलाशने हेतु कुछ सिद्धांतों का अध्ययन किया जा सकता है।

देवता की अवधारणा से संबंधित सिद्धांतों में एडवर्ड टेलर तथा हर्बर्ट स्पेंसर द्वारा प्रतिपादित सिद्धांत का विशेष महत्व है। इस सिद्धांत के अनुसार, 'सांस्कृतिक रूप से असभ्य व्यक्ति सामान्यत: यह स्वीकार करता है कि जो सक्रिय है, वह जीवित है, तथा जीवित होने के कारण उसमें कोई वैसी ही शक्ति अर्थात आत्मा विद्यमान है, जैसी स्वयं उस व्यक्ति में उपस्थित है। इस प्रकार वह अपने भीतर तो एक स्वतंत्र चेतन सत्ता (अथवा आत्मा) की अनुभूति करता ही है, साथ ही, अन्य मनुष्यों, पशुओं एवं वस्तुओं को भी उस जैसी चेतन और आत्मिक शक्ति से युक्त मानता है। इसी शृंखला में जब वह स्वप्न में अपने परिचित मृत व्यक्तियों को सक्रिय रूप में देखता है, तो यह अनुमान करता है कि अमुक मृत व्यक्तियों की आत्माएं अभी तक जीवित हैं। कहीं मृतकों की जीवित रहने वाली आत्माएं उसके प्रति द्वेषपूर्ण न हो जाएं, इस भय के वशीभूत वह इन आत्मारूपी शक्तियों को प्रसन्न करने हेतु आहुतियां प्रदान करता है। यही आत्माएं शनै:-शनै: देवताओं के रूप में श्रद्धेय एवं पूज्य बन जाती हैं।'[1]

नायक-पूजा अथवा वीर-पूजा की परंपरा में भी अनेक विद्वानों ने देवताओं की उत्पत्ति के सूत्र ढूंढ़ने का प्रयास किया है। उनकी मान्यता है कि देवताओं का उद्‌भव एवं उनकी उपासना का प्रारंभ उन मनुष्यों के देवत्व प्राप्त करने से हुआ जिन्होंने अपने गुणों तथा शुभ कर्मों से दूसरे लोगों पर अपनी श्रेष्ठता को प्रमाणित करने में सफलता प्राप्त की।[2]

---

* प्राचीन इतिहास एवं संस्कृति विभाग, म. ज्यो.फु. रुहेलखंड विश्वविद्यालय, बरेली.

आदिम मानव के लिए चूंकि (शारीरिक) शक्ति एक सर्वाधिक प्रभावशाली मूल्य थी, अतः आदिम मनुष्य ने उन मनुष्यों को, जो कि जनसामान्य से अधिक शक्तिशाली थे, देवता के रूप में स्वीकार कर लिया।[3] यद्यपि उनका अतिमानवीकरण एक परवर्ती विकास था। श्रेष्ठ तथा शक्तिशाली लोगों ने ही समाज में राजा का स्थान प्राप्त किया। परामानवीय शक्ति के कारण राजा विशिष्ट सम्मान के पात्र माने गए। उनको दिया गया सम्मान देवताओं को दिए गए सम्मान से भिन्न नहीं था। विश्व की अनेक संस्कृतियों में राजा को देवतुल्य या स्वयं देवता मानकर उपासना करने की परंपरा इसी तथ्य की पुष्टि करती है। इजिप्ट में राजा का तादात्म्य सूर्य देवता के साथ स्थापित किया गया। प्राचीन इजिप्ट में राजा के पद को दैवीय रूप से संचालित राज्य के द्वारा प्रमाणित माना जाता था।[4] यहां तक कि देवतुल्य राजा द्वारा लड़े गए युद्ध तथा युद्ध की क्रूरता को प्रकृति के विरुद्ध की गई हिंसा न मानकर शाश्वत नियम के अनुसार किया गया कार्य माना जाता था।[5] बेबीलोनिया में भी राजा स्वतः दिव्य होता था। भारतीय परंपरा के अनुसार राजा में देवताओं का अंश माना गया।[6] यूनानी चिंतक यूमेरोस ने यूनानी देवताओं के प्रसंग में कहा है कि प्राचीन मनुष्यों ने उन नायकों को देवताओं के सदृश स्वीकार किया, जो उन पर शासन करते थे। ज़िउस, डायोनिसस, अपोलो तथा अन्य बहुत से देवता इसी प्रकार के उदाहरण हैं। वास्तव में देवताओं के पराक्रम शक्तिशाली राजाओं के ही पराक्रम थे।[7] इस संदर्भ में यह स्वीकार किया जा सकता है कि ज़िउस, डायोनिसस तथा अपोलो प्राचीन यूनान के कुछ वीर नायक (या राजा) ही थे जिन्होंने अपने साहसिक कृत्यों के बल पर देवत्व प्राप्त कर लिया था। इसी प्रकार वैदिक इंद्र की उत्पत्ति के संदर्भ में डांडेकर ने यह स्वीकार किया है कि इंद्र वास्तव में वैदिक आर्यों का युद्ध-नायक था।[8] *ऋग्वेद* के अध्ययन से भी इंद्र के उन गुणों का आभास होता है, जो एक अच्छे शासक या सेनापति में होते हैं।[9] कहा जा सकता है कि इंद्र सुदूर अतीत में वैदिक आर्यों का कोई युद्धप्रिय, साहसी, रणकुशल तथा नेतृत्व-क्षमता युक्त नायक रहा होगा, जिसने अपने शौर्य एवं पराक्रम के बल पर वैदिक आर्यों को सतत प्रभावित किए रखा। संभवतः इसी आधार पर वैदिक जनों ने उसे अपना देवता स्वीकार किया होगा।

स्पष्ट है कि देवताओं के उद्भव की पृष्ठभूमि में पूर्वकालीन वीरों अथवा नायकों के प्रति सम्मान तथा श्रद्धा की भावना का भी महत्व होता है जो शनैः-शनैः मिथकीय अतार्किकता में अपने को समाविष्ट करती हुई दिव्यता की सीमा में प्रवेश कर जाती है और उस नायक का देवता में रूपांतरण हो जाता है।

देवताओं की अवधारणा की उत्पत्ति की व्याख्या करने के उद्देश्य से प्राकृतिक शक्तियों के दैवीकरण के सिद्धांत को भी प्रतिपादित किया गया है। इस सिद्धांत को 'प्रकृतिवाद का सिद्धांत' कहा जाता है। इस सिद्धांत के प्रतिपादकों में मैक्समूलर का स्थान प्रमुख है। इस सिद्धांत का चूंकि अधिकांश जर्मन विद्वानों ने समर्थन किया है, अतः इसे 'जर्मन सिद्धांत'

भी कहते हैं। आकाश, वर्षा, समुद्र, झरना, झंझावात और वृक्षों जैसे प्राकृतिक एवं शक्तिशाली तत्वों के प्रति आदिम मनुष्य का भय एवं पूजा का जो भाव था, उसी पर यह सिद्धांत आधारित है।[10] आदिम मानव ने जब अपने चारों ओर प्रकृति की शक्तियों और उनके क्रियाकलापों को देखा, तो उनमें से कुछ प्राकृतिक शक्तियां उसे भयोत्पादक तथा कतिपय अन्य लाभकारी एवं उपयोगी प्रतीत हुईं। उसने इन शक्तियों की विशालता एवं व्यापकता के कारण इनका दैवीकरण किया और उनके प्रति आश्चर्य, भय तथा प्रशंसा का सम्मिश्रित भाव अपना लिया। प्रकृति की यह शक्तियां ही धीरे-धीरे देवताओं के रूप में स्थापित हुईं।

यदि हम वैदिक देवताओं की उत्पत्ति के संकेत प्रकृति के विभिन्न पक्षों में ढूंढ़ने की चेष्टा करें, तब हमें प्रकृतिवाद के सिद्धांत के लिए एक सुदृढ़ आधार दिखाई देता है। वास्तव में वैदिक देवता एक बड़ी सीमा तक प्रकृति की किसी न किसी शक्ति से अभिन्न रूप से संबद्ध है। जब वैदिक आर्यों ने अपने चतुर्दिक प्रकृति की शक्तियों को देखा तो विस्मयजनित जिज्ञासा और कौतूहल से वे इनके प्रति आकृष्ट हुए। उनके सहज अनुभव में कुछ शक्तियां उन्हें कल्याणकारी तथा कुछ अन्य हानिकारक प्रतीत हुईं। आर्यों ने एक स्वाभाविक मानवीय मनोवृत्ति के अनुरूप इन शक्तियों के प्रति श्रद्धा तथा भय का भाव अपना लिया तथा इन दोनों ही प्रकार की प्राकृतिक शक्तियों को अपने अनुकूल बनाने के लिए उनकी पूजा करने लगे।[11] प्रकृति की शक्तियों की प्रशंसात्मक ऋचाओं से ऋग्वेदादि ग्रंथ संपन्न हैं। विचारक हिरियन्ना ने भी देव उत्पत्ति के मूल में प्रकृति की शक्तियों को स्थित माना गया है। उनके अनुसार, 'जब मनुष्य सर्वप्रथम पाशविक चेतना की स्थिति से बाहर आया, तब उसने यह अनुभव किया कि वह जिन विशाल प्राकृतिक शक्तियों से घिरा हुआ है, उनके लगभग पूर्णत: अधीन है। इसी क्रम में उसने इन शक्तियों के पीछे अदृश्य रूप से कार्य करने वाली चेतन शक्तियों की कल्पना की।'[12] और उन्हें देवता का नाम दिया। मैकडॉनल महोदय ने इस संदर्भ में कहा है कि 'वे सभी वस्तुएं जो व्यक्ति को भय से प्रभावित कर सकीं अथवा प्रिय तथा अप्रिय का प्रभाव उत्पन्न कर सकने की क्षमता से युक्त मानी गईं, वैदिक काल में मात्र आराधना की ही नहीं, वरन पूजा की वस्तु भी बन गईं। आकाश, पृथ्वी, पर्वत, नदियां तथा अन्य प्राकृतिक तत्व दिव्य शक्तियों के रूप में स्वीकार किए गए एवं उनकी उपासना की जाने लगी।'[13] प्रकारांतर से यह कहा जा सकता है कि प्राचीन काल के मनुष्य ने प्रकृति की शक्तियों में दिव्यता का आरोपण किया और ये अपनी विशालता के कारण उनकी देवता बन गईं। उसने इन शक्तियों के प्रति श्रद्धा, आदर एवं भय का मिश्रित भाव अपनाया, उनकी प्रशंसा में गीत गाए तथा उनका अनुग्रह प्राप्त करने हेतु उनकी उपासना के साथ-साथ उनको बलि चढ़ाने पर भी बल दिया।[14] स्वामी सर्वानंद के अनुसार, 'वैदिक आर्यों की काव्यात्मक प्रवृत्ति प्रकृति के विशाल पक्षों से गंभीर रूप से प्रभावित हुई जिसके फलस्वरूप उसने इन प्राकृतिक तत्वों में आधिभौतिक शक्तियों की अभिव्यक्तियों को अनुभूत किया और उनकी पूजा की।'[15]

भारतीय वैदिक देवताओं के उद्‌भव के समान ही प्राचीन यूनानी देवताओं की उत्पत्ति का आधार भी प्राकृतिक शक्तियों को माना गया है। इस विचारधारा के समर्थकों में एकीकॉरमस (छठी श.ई.पू.) तथा थियोगोनस (पांचवीं श.ई.पू.) के नाम प्रमुख हैं। इनके अनुसार, यूनानी देवता ज़िउस वास्तव में आकाश था, पोसीडोन जल का प्रतिनिधित्व करता था, हिफास्टस अग्नि तथा अफ्रोदीती वातावरण संबंधी आर्द्रता का प्रतिनिधित्व करती थी।[16] इसी संदर्भ में प्रसिद्ध विचारक यूसीवियस का भी उल्लेख किया जा सकता है, जिनके अनुसार प्राचीन मनुष्य की दृष्टि में आकाश में स्थित तारे देवताओं के सदृश ही थे, जिनको समुचित सम्मान दिया जाता था।[17] तारों के अतिरिक्त सूर्य, समस्त ग्रह तथा प्रकृति के अन्य तत्व भी देवताओं के सदृश थे जिनकी उपासना की जाती थी।[18] प्राचीन यूनानी देवताओं की उत्पत्ति के पीछे प्राकृतिक शक्तियों की उपस्थिति को निल्सन महोदय ने भी स्वीकार किया है।[19] प्राचीन यूनानियों द्वारा प्राकृतिक शक्तियों और उनके क्रियाकलापों के पीछे देवताओं की उपस्थिति को स्वीकार किया जाना एक स्वाभाविक-सी बात थी। उदाहरणार्थ, वर्षा होने का कारण एक आधुनिक वैज्ञानिक कतिपय वातावरण संबंधी परिस्थितियों को मानेगा, परंतु इसके विपरीत प्राचीन मनुष्य ने अपनी सूझ-बूझ के अनुरूप इसका कारण यह माना कि कोई देवता (अथवा ज़िउस) स्वर्ग से पानी बरसाता है। संभवत: इस प्रकार के उत्तर ने उस समय के मनुष्यों की जिज्ञासा को अवश्य ही शांत कर दिया होगा और उन्होंने इस बात को सत्य भी मान लिया होगा।[20] यह बात परवर्ती पीढ़ियों ने भी यथावत स्वीकार की और शनै:-शनै: यह मान्यता स्थापित हुई कि ज़िउस वर्षा का देवता है।

देव उत्पत्ति संबंधी प्रश्न पर विचार करने पर यह आभास होता है कि उपरोक्त सभी मतों का अपना-अपना स्वतंत्र महत्व है। फिर भी अधिक संभावना इस बात की प्रतीत होती है कि देवताओं का उद्‌भव एक बड़ी सीमा तक प्रकृति की शक्तियों की देन था। प्राचीन भारतीय तथा यूनानी धर्मग्रंथों के अध्ययन से भी यह परिलक्षित होता है कि अधिकांश देवता प्रकृति के किसी न किसी पक्ष के साथ संबद्ध हैं। परंतु साथ ही अन्य सिद्धांतों की भी अवहेलना नहीं की जा सकती। इन सिद्धांतों का महत्व भी अपने स्थान पर उतना ही है, जितना की प्रकृतिवाद के सिद्धांत का। इन सिद्धांतों के अतिरिक्त देवताओं के चरित्र के निर्माण और विकास में प्राचीन धर्मग्रंथों की भी उल्लेखनीय भूमिका रही है जिसको नकारा नहीं जा सकता।

संदर्भ सूची

1. हॉपकिंस, ई. डब्ल्यू., *धर्म का उद्‌भव एवं विकास,* दिल्ली, 1984, पृ. 2-3.
2. कैनेडी, वेंस, एंशिएंट एंड हिंदू *माइथोलॉजी*, दिल्ली, 1979, पृ. 5.
3. हॉपकिंस, ई. डब्ल्यू., पूर्वोद्‌धृत, पृ. 59.

4. फ्रैंकफोर्ट, हैनरी, *किंगशिप एंड गॉड्स*, शिकागो यूनिवर्सिटी प्रेस, 1948, पृ. 18.
5. तदैव, पृ. 51.
6. हॉपकिंस, ई. डब्ल्यू., पूर्वोद्धृत, पृ. 60.
7. अरोड़ा, उदय प्रकाश, *मोटिफ्स इन इंडियन माइथोलॉजी*, दिल्ली, 1981, प्रस्तावना, पृ. IX.
8. डांडेकर,आर. एन., *वैदिक माइथोलॉजिकल टैक्ट्स*, दिल्ली 1979. पृ. 141-198.
9. उप्रेती, जयदत्त, *वेद में इंद्र*, दिल्ली, 1985, पृ. 41 एवं अनुवर्ती.
10. इस सिद्धांत को विस्तार से देखें, मैक्समूलर, एफ., 'चिप्स फ्रॉम ए जर्मन वर्कशॉप' लंदन, 1968, खंड-II.
11. त्रिपाठी, बी.बी. मणि तथा अभिनव सत्यदेव, *प्राचीन भारतीय धर्म और दर्शन की रूपरेखा,* फैजाबाद, 1985, पृ. 13-14.
12. हिरियन्ना, एम., *भारतीय दर्शन की रूपरेखा,* दिल्ली, 1973, पृ. 28.
13. मैकडॉनल, ए.ए., *वैदिक माइथोलॉजी*, दिल्ली, 1974, पृ. 21.
14. हिरियन्ना, एम., पूर्वोद्धृत, पृ. 28-29.
15. स्वामी सर्वानंद, 'द वेदाज एंड देयर रिलीजस टीचिंग्स'- *द कल्चरल हैरीटेज ऑफ इंडिया*, जिल्द-1, पृ. 186.
16. विस्तार से देखें, वैडलैंड पी., *डी हैलेनिस्टिक्स रोइमिस्के कल्चर*, 1912, पृ. 112; क्रेप्पे, ए.एच., *माइथोलॉजी*. यूनिवर्सेले, 1930, पृ. 19 व अनुवर्ती.
17. यूसीबियस, *प्रेईपैराटियों इवैनजेलिका*, भाग 1, अध्याय 9.
18. कैनेडी, वेंस, पूर्वोद्धृत, पृ. 5.
19. निल्सन, मार्टिन, *हिस्ट्री ऑफ ग्रीक रिलीजन*, न्यूयार्क, 1964, पृ. 152.
20. अरोड़ा, उदय प्रकाश, पूर्वोद्धृत, प्रस्तावना, पृ. XI; रोज, एच.जे., *ए हैंडबुक ऑफ ग्रीक माइथोलॉजी,* लंदन, 1965, पृ. 11.

14. Balathal: A Chalcolithic Ahar Culture Site in Rajasthan

Anup Ranjan Mishra*

Introduction

Chalcolithic cultures, as the name denotes are the cultures of human past when only copper implements were produced and utilised along with the stone implements. The people were living a settled life and their economy was by-and-large based on agriculture and animal husbandry. Apart from the Indus Civilization in the northwetern frontier of Indian subcontinent, this culture is literally spread across the country with typo-technological and temporal variations.

'Ahar Culture' is one of the Chalcolithic cultures of Central India. This culture, thanks to the State Department of Archaeology, Jaipur Branch, Rajasthan, was first discovered at Ahar, now part of Udaipur city. Hence the name of the culture has been coined after the name of the first excavated site. This culture is spread all along the banks of river Banas and its tributaries. Thus, the name 'Banas Culture' is derived (*IAR* 1954-55 : 14-15; 1955-56:11, Sankalia *et al.* 1969, Nagar 1966, Misra 1967, Hooja 1988).

Balathal, after three decades of its dicovery, was excavated in 1994 under the supervision of its discoverer Prof. V.N. Misra (the then Director of Deccan College, Pune). The experts of the Department of Ancient History, Culture and Archaeology, Deccan College (Deemed to be a University), Pune and Institute of Rajasthan Studies, Rajasthan University, Udaipur jointly carried out the excavations for seven field seasons (1994-2000). The results of this excavation have been published in various journals in India and abroad (Misra *et al.* 1995; 1997, Misra 1997, *IAR* 1993-94 : 93-95).

The Site and Excavations

The ancient site of Balathal is located on the western bank of a rivulet locally known as *Kataranadi.* The mound, which spreads over an area of

* Department of Ancient History and Culture, M.J.P. Rohilkhand University, Bareilly.

five acres and has a cultural deposit of seven metres, is present on the eastern side of the village Balathal. The village is situated seven kilometres northwest of Vallabhanagar (taluka town) and about 40 km northeast of Udaipur city.

Horizontal excavations, in scientific methods, were carried out on the central, southern and northern parts of the mound to bring to light the settlement pattern and the lifestyle of the people. Besides, vertical excavations were undertaken at selected places of the mound.

The main objectives of the excavations were as follows.

(1) To get a holistic picture of the people and their culture, such as lifestyle, settlement pattern, economy and subsistence, cross-cultural relationship with other regions and chronology.

(2) Origin or the authors of the culture and decline of the culture

(3) The previous excavations at Ahar and Gilund were conducted at a time when there was very little knowledge of the Indus civilization. So, whether there was any impact of Indus culture on Ahar Culture could not be established at that time. It was borne in the mind, therefore, to test and clarify the superficial resemblance of Ahar Pottery with that of Indus Civilization carries any meaning or not.

However, the objectives were added up or revised as the excavations progressed and new problems came up.

Results of Excavations

The excavations revealed a twofold cultural period at the site, such as Period I—Chalcolithic Ahar Culture and Period II—Early Historic.

A cultural break, indicated by a sterile layer between Period I and II, is noted at the site. It points out that the site remained dilapidated for a considerable period after the Chalcolithic Culture came to an end and before the Early Historic People inhabited the site in the Mauryan Period. The present paper, however, concentrates only on the Chalcolithic period.

Peroid I–Chalcolithic Ahar Culture

The cultural deposit of Chalcolithic period underlies the debris of Early Historic period. The deposit has a thickness of three to four metres at different parts of the mound. There are two distinct structural phases and several sub-phases of construction and reconstruction noted in different parts of the mound.

Settlement Pattern

The inhabitants had followed pre-planned methods of house construction in every structural phase. An in-depth study of the settlement pattern reveals well-defined complexes with reference to the stratification of the society.

In the beginning of the settlement, the foundations of houses were laid in the middle of the present mound. In this time the settlement covered a small area of 1600 sq. m approximately. The houses were constructed on high plinths with doors open to the lanes and were meticulously aligned on both sides of the lanes or roads running in norhtsouth directions. They had low walls and thatched roofs. Stone, mud and mud bricks were the basic components of house construction. Mud mortar was used as the cementing material in house construction.

The houses can be divided into three types on the basis of their construction materials, such as stone houses, mud-brick houses with stone foundations and mud houses.

The stone houses were commonly used at the site. Two types of stones—schist and granite—were utilised in the walls. These two stones are abundantly available all around the site in the form of outcrops of bedrock. These outcrops are part of the Untala Granitic Complex (Sinha-roy *et al.* 1998). Schist forms in the form of slabs and can be broken to the required size with little effort. The modern houses of the locality are built of this stone. The walls were plastered with clay. The floors of the houses were made of rubbles and yellow silt and were rammed hard and plastered with cowdung mixed clay.

In this stage, the houses were single-roomed with a corridor in the front. Inside the houses single or double hearths were found. There were storage pots and saddle querns in many houses. Some households had elliptical silo pit on their corridors. The length and width of the houses are not clear due to the limited excavations carried out in this level. The Chalcolithic culture at this stage had come to a temporary halt due to a devastating outbreak of fire, which reduced the settlement into ash.

In the later part, it is noted that the people had settled right on the earlier settlements. But, the size of the settlement had considerably increased in all the directions to an area of about five acres. The plans and methods of house construction were similar as described earlier. The most significant construction of this phase was the fortified enclosure. This was constructed right above the previous settlement and was surrounded by the residential area, which is unique. Balathal is the first site of such kind, which has a Chalcolithic fortified enclosure. The enclosure covered an area of 500 sq. m. whose function is still enigmatic.

The fortification wall was roughly rectangular in plan with the eastern wall deviating outwardly about eight metres. It was made of mud and mud-brick wall of 2.2 m width and was revetted by stonewalls of 1.6 m width on both sides. There were bastions on all corners. The height of the wall is about 3.37 m to 4.15 m in different sides. The wall is about 4.8 to 5 m wide at the top and about seven metres at the base. The sides of the fortification wall were plastered with mud.

The interesting thing is, apart from a number of floor levels no residential structures are found inside the fortified enclosure. Why the fortified enclosure was made in the centre of the settlement is diffifult to understand. It is also inconclusive why the 500 sq. m. of area was filled cowdung and was burnt at a very high temperature.

The residential structures, in this stage, show improvement of the people's standard of living and economy. There is also indication of social-stratification based on the occupation of people.

The houses in this stage were multi-chambered, with a corridor and courtyard in front. However, the basic technique of house construction remained same as described before. The houses were rectangular in plan with very short width. The length of the houses varied from five to twelve metres and the width raged from two to five metres. Now the silos were made in the courtyard, which was the place for day-to-day activities. It is noted that the artisan groups were living in the southwestern corner of the settlement and the farmers were on the periphery. Other groups were living close to the fortification.

Discovery of a granary in the southern side of settlement is very conspicuous. It indicates that there was a central authority, may be a religious preacher, who was looking after the matter of public welfare and protection of the settlement. It is also a matter of fact that without a central authority it is difficult to utilize the tremendous manpower needed to construct a massive wall like fortified enclosure.

Industries

Among the industrial activities ceramic industry was the major and largest one. Besides, there were steatite, stone, metal, terracotta and bone industries, which accentuate the sophisticated technological know-how of the people.

Ceramic Industry : The ceramic industry has been divided into four developmental phases, viz. (a) Beginning Phase, (b) Transition Phase, (c) Mature Phase and (d) Late Mature Phase. These phases have been identified on the basis of refinement or modification of previous technology or introduction of new technology and new types of vessels or degeneration of existing ceramic technology.

(a) Beginning Phase: The ceramics of this phase is identified in the lowest level of the habitational deposit in the central portion of the mound. The ceramic industry represents all the wares in their nascent forms. In this phase the potters were using a slow-wheel, which perhaps was made of clay.

Two types of wares were manufactured in different techniques, viz. fine and coarse wares. The former comprises five wares, such as (1) fine Red, (2) Black-and-Red, (3) Reserved Slip, (4) Perforated and (5) Buff. These wares are made of fine clay and are well baked. The vessels have well burnished surface. These wares comprise mostly dining utensils or vessels.

(1) The fine Red ware is devoid of slip, but has a highly burnished surface. It comprises vessels like, basins, dishes and jars. These vessels are undecorated.

(2) The Black-and-Red ware is slipped on one or either side, which comprise mostly bowls and *lotas.* The vessels have black inner and outer rim portion and red outer-bottom protion. There are linear designs executed in white colour on the black background of inner and rim portions of vessels. The *lotas* are found undecorated.

(3) The Reserved Slip ware is a technique of decoration. In this method two slips of different shade are used one after other on a vessel. The outer slip is removed with the help of a comb like tool in such a manner that it forms different designs like—wavy lines, parallel lines and superimposition of both types of designs. In this process the colour underneath surfaces out at the places where the outer colour is removed. So, it forms a combination of two coloured designs. In this ware we find dishes, bowl-on-stand, narrow-mounthed small pots, etc.

(4) Perforated ware is recovered in few fragments. No complete shape, except for a cylindrical vessel slightly convex at the lower end, is noted in this ware. Perforations are made all over the body.

(5) The Buff ware fragments are meagrely obtained. Some of them are painted in black or dark brown colour. The common vessels are small pots.

The coarse wares—(6) Red Slipped, (7) Coarse Red and (8) Grey—are made of clay with lot of coarse sand. The vessels are not perfectly baked. A rought out of the big vessels, such as big jars or *handis,* is made on the wheel at first and later these rough outs are dabbed to their desired size and shape. All the vessels, except for the small vessels, are rusticated at the bottom and are decorated below the neck with a line of simple incised designs.

(6) The Red Slipped ware is slipped on the upper half and the lower

part is rusticated. The common vessels noted in this ware are jars and *lotas.* (7) The Coarse Red ware is devoid of slip and is not rusticated. The shapes found in this ware are jars, *handis* and dishes. (8) The Grey ware is a replica of the Red Slipped ware other than its colour. The grey colour of this ware has been obtained in closed firing process. The ware consists of cooking vessels, such as jars and *handis.*

(b) Transitional Phase : This phase is called as 'Transitional Phase' for it establishes a connecting link between the Beginning and Mature phases. In this phase all the wares of the previous phase are present in the beginning. However, later on they show modifications or advancement of the potting technology. In the end of this phase, all the wares of Mature phase are seen, which display Characteristics of Aharian Ceramics.

The fine wares, in this phase, are burnished and the coarse wares are decorated with a panel of incised and appliqué designs that separates the slipped and rusticated portions of the vessels.

(c) Mature Phase : In this phase, a total of 10 wares are noted. All these wares indicate that the pottery making technology had developed to its par, accentuated with superbly slipped and burnished plane vessels. There is a marked increase in the percentage of fine wares noticed. A large number of new vessels are introduced. The coarse wares are decorated with incised and appliqué designs. The vessels are largely potted on fast-wheels. Besides, dabbing, hand moulding and luting techniques were used in pot making. Some vessels were made in two or three parts, such as neck, body and base and were luted together immaculately. All the wares were slipped other than the coarse Red ware and Perforated ware.

The ceramic assemblage, in this phase, forms two broad groups—fine and coarse wares. The fine wares are—(1) Thin Red, (2) Black-and-Red, (3) Tan and Chocolate Slipped, (4) Reserved Slip, (5) Perforated and (6) Buff wares. The coarse wares are—(7) Thick Red Slipped, (8) Coarse Red and (9) Grey wares.

Fine wares are made of well-refined clay, which was kneaded to levigated condition and are potted on fast-wheels. The vessels are baked uniformly at a high temperature. The wares commonly comprise dining vessels and also a few storing vessels.

(1) Thin Red ware constitutes bowls of different forms. These are deep, convex-sided and slipped with a plum red colour on the outer surface. A chain of puntured designs or two or three cordons—low ridges—is made on the shoulder of the bowls. Besides, very few *lota* type of pots are present in this ware.

(2) Black-and-Red ware continues in this phase with improved

quality. The bowls are convex-sided and have well demarcated black and red portions on the outer surface. The black inner and outer top portions are elegantly decorated with white pigments. The designs comprise both geometric and non-geometric designs. A set of two or three cordon designs is also executed on the shoulder of some bowls. Besides the bowls, a few *lota* type pots are also present in this ware.

(3) Tan and Chocolate wares are two different varieties with similar manufacturing characteristics. These two wares are identical other than the colour of slip applied on them. It is interesting to note that some vessels posses both the slips, i.e., tan colour on the outer surface and choclate colour on the inner surface. These vessels represent replication of Black-and-Red ware. These wares comprise, dishes, dishes-on-stand, basins, covers, and big and small jars. The dish-on-stand is made in two or three parts—dish, stem & base or stand—and are sassembled together meticulously. There are three types of dish-on-stand noted in these wares, viz. (a) dish-on-stand with a short stand and without stem, (b) dish-on stand with a long stem and short stand, and (c) dish-on-stand with a big, wide and tall stand. A number of variations are seen in all these types of dish-on-stand. The jars are made in ring methods. In this method, a number of rings of clay are made and joined one above the other. The rim portion is separately made on a wheel, which is luted to the pot at last. The joints of the rings could be noticed on the inner surface of jars. Generally, these jars break at the joints.

(4) Reserved Slip ware remains same as noted in the previous phase. However, two types of this ware, pertaining to the texture of fabric and colour of slip were made in this phase, such as fine and coarse, and red and black. It comprises dish-on-stand, bowls, bowls-on-stand and small narrow-mouthed pots.

(5) Perforated ware is present in two forms—(a) a tall, cylindrical vessel with small and dense perforations and (b) a deep basin type of vessel with big and widely spaced few perforations. The latter is also decorated with thick incised wavy lines. These vessels are made in coiling method.

(6) Buff ware is present in very few fragments and is similar as described before. The fragments are found decorated in black colour and the designs comprise birds, floral, geometric and non-geometric motifs. The designs comprise leaves with margins and a mib rib or crosshatched leaves, peacock holding a grass in the beak and lines and strokes of different kinds.

Coarse wares are made of sandy and gritty clay. These are made partly on wheel and partly by hand moulding. Most of the vessels are manufactured in two stages. At first a rough out is prepared on the wheel, which is later on dabbed to a required size and shape. These wares are not uniformly baked. For this reason a grey line is always noted in the core of the vessels. The vessels are slipped from the top to the waist and the lower halves are made rusticated. Another important characteristic of these wares is that the vessels are profusely decorated with multiple appliqué and incised designs. The incised designs form geometric and non-geometric patterns. The appliqué designs are noted in the form of roundels, knob-types, ridges, etc.

(7) Thick Red slipped ware has a red colour slip applied from top to the waist of the vessels. This ware is multi-purposely used for all functions, such as storing, carrying, cooking and dining. The vessels noted in this ware are big jars, small jars, *matkas, lotas,* bowls, dishes, basins, dishes-on-stand, bowls-on-stand, lids, etc.

(8) Coarse Red ware is meagrely present. This ware has a very coarse fabric and is devoid of slip and decorations. The vessel forms noted in this ware are small pots, basins, bowls, pans and cooking pots. Most of the vessels are made by hand moulding method.

(9) Grey slipped ware is a replica of Thick Red slipped ware. However, this ware is baked in a diferent process known as closed firing technique. In this process the colour of the ware becomes grey. It is slipped and decorated similarly as described in the Thick Red slipped ware. This ware generally comprises cooking, storing and covering vessels. The cooking vessels are *handis* of different sizes and pans. Besides, storage jars, *lotas,* basins and lids are commonly obtained in this ware.

(d) ***Late Mature Phase :*** In this phase deterioration of technology is clearly observed. The quality and percentage of fine wares fall down sharply. On the other hand, the coarse wares increase in percentage. All the wares, except for Reseved Slip, Buff and Chocolate slipped wares, continued in this phase. The only new type of ware noted for the first time is Cut ware. This is a fine ware. Unfortunately no complete vessel of this ware is obtained. Since the vessels are cut to make windows of different forms, they break easily into small pieces and thus make the shapes unidentifiable. The coarse wares have become more sturdy and rough. These are heavily and carelessly decorated with incised and appliqué decorations. Percentage of coarse Red ware has radically increased. A number of shapes like *kunda, matka, handi* and pan form this ware.

Bead Industry : Bead industry did not flourish adequately at Balathal. Though there are evidences of a variety of stone beads, nothing has been obtained related to the bead manufacturing activities at the site. There are evidences of coix seeds (Job's Tear) been used as beads. It is evident, right from the beginning of culture at Balathal that the people were manufacturing steatite beads. These beads were made in three types, such as disc beads, cylindrical beads and micro beads. Chunks of steatite justified its manufacture at the site.

However, most of the beads were procured from other sites of the region or may be outside the region. The stone beads are made of carnelian, agate, jasper, garnet and crystal.

Copper Industry : A number of copper implements are obtained, such as knife, razor, borer, chopper, chisel and barbed & tanged-arrowhead. Besides, there are copper ornaments present in the assemblage, such as bangles and florates.

The area is rich in copper ores. The furnaces and fireplaces found at the site, especially in the Mature Phase, envisage that there was a fullflaged metal industry and the people had in-depth knowledge of metallurgy. At first, copper sheets were made, which were later modelled to the desired shapes by cutting and beating. Moulds were utilised to produce heavy implements. K.T.M. Hegde has carried out an in-depth study or copper objects of Ahar (Sankalia *et al.* 1969 : 225-28).

Other Industries : Apart from the stone beads, there is not important stonework noted at the site. The stone implements used by the people are saddle quern and muller, rounded hammer stones made of quartz and a few stone blades.

Apart from a few bone points and pointed horn cores, no noteworthy bone objects are obtained. A few ivory pendants and some unidentified objects are found at the site.

Subsistence and Economy

Agriculture and animal husbandry were two mainstay of the people's economy. However, hunting, fishing, fowling and gathering of jungle products supported their subsistence.

The large-scale constructional activities along with structures like granaries and fortified enclosure ensures that the economic condition of the people was improved during the Mature phase. The sophisticated types of ceramics and copper objects highlight their luxurious life and prosperity.

Agriculture and Animal Husbandry: A report of palaeobotanical study provides many cultivated and wild plant-food exploited by the people. The crops those cultivated were wheat (*Triticum sp.),* Barley (*Hordeum vulgare L.),* Lentil (*Lens esculenta Moench),* common pea (*Pisum arvense L.),* finger millet *(Eleusine caracana L.),* Itallian millet

(Setaria italica Beauv.) and panicum millet *(Panicum sp.)*. Among the wild plants evidence of bor *(Zizyphus jujube)* and job's tear (*Coix lachrymajobi L.)* are important (Kajale 1996 : 98-102).

The domesticated animals were cattle, sheep/goat, buffalo and pig in order of their majority to minority. Cattle comprised the largest group of about 73 per cent of total animal. The wild animals, which were hunted in the jungle are gaur *(Bos gaurus)*, nilgai *(Boselaphus tragocamelus)*, Chausingha *(Tetracerus qudricornis)* and black buck *(Antilope cervicapra)*. These animals comprised only five percent of the total faunal remains of the site (Thomas and Joglekar, 1996).

Food Processing : Processing of food involoves a number of steps and different kinds of implements and crockery. The Chalcolithic people of Balathal were furnished with all these equipments, such as saddle quern and muller for grinding wheat or barley, basins for dough making and pans for perparation of bread. Barley would have also been cooked and eaten in the semi-liquid form. A variety of cooking and dining vessels indicate the delicacy and variety of food served and eaten. The chopped and charred bones provide ample clues to the processing or red meat.

Each house at least had on hearth. There were single and double hearths in different houses. The single hearths were made of three stones kept in triangular form while the double hearths were made of stone and clay in the form of two adjacent hearths with sepaarate fuelling chambers. This reflects a joint family system during the Chalcolithic period. It could also be enunciated that the people were fond of variety in food.

Social Life and Religion

This is discernible from the above evidences that the social life of the people was strongly knitted with rules and customs. It can be conceded that there was a supreme authority in the society who contributed to the social welfare of the people. Who he was and how was he selected to the power id difficult to surmise. Howver, it is possible that he was a religious preacher or the strongest person of the society. The indication of a central authority or chief comes from the public architecture, granary and settlement pattern. Without such an authority it is difficult to mobilise a mass of people for any work that requires lot of manpower. Similarly, a granary is meant for the welfare of the people. It is the chief's job to collect the contribution of the people in kinds that may be any type of crop or animal or other things. A barter system of exchange of commodities is presumed during this time. It could have been the duty of the chief to fix the price of all commodities.

The stratification of society could be assumed according to the occupation of the people. They were—agriculturalists, pastoralists, potters, coppersmiths, bead makers, hunters and gatherers and the common people who could have been worked as daily-wages. Whether there was a priestly class or not is still to be verifies. However, discovery of a skeleton in the *yogic* posture in the last phase of Chalcolithic period at Balathal is thought provoking.

There is no evidence of warfare. There are no defensive or offensive objects obtained from the excavations. The only object, which could have been used in this purpose, is the rounded hammer stone. These hammer stones are obtained in large quantity and are made of perfectly rounded quartz stone. However, these used to drive off the wild carnivores or other enemies are not known.

The function of the fortified enclosure is still very sketchy. The burnt cowdung piles inside the structure further complicate the situation. What was the purpose of burning the cowdung piled inside the fortified enclosure is ambiguous. The excavators presume that the enclosure could have been used as a cemetery or during an outside attack the children, women and old people and other properties like animals and crops could have been secured within this (Misra, 1997). A number of burials located in this area in the last phase of Chalcolithic culture led them to draw such a conclusion. Nonetheless a single skeleton does not bear any buring mark. Perhaps these burials were laid down when the fortified enclosure ceased to function. There were hardly any burial goods obtained near the skeletons. Among them a *lota* and some beads are noteworthy. So, there is nothing clearly known about the burial right or mortuary practices of the people.

Similarly, it is difficult to imagine the religion of the people without any solid evident. However, presence of a number of terracotta bull figurines in the stylised as well as naturalistic forms has prompted the excavators to think of bull cult or bull worship prevalent during this time (Misra, 1997).

Cultural Contacts

Prof. Sankalia has vividly established the contacts of Ahar Culture with the West Asia (Sankalia, 1962, 1963; Sankalia *et al.* 1969). As far as Balathal is concerned other than the ceramics there is very little evidence that could establish cross-cultural relationship with any particular culture or region. The barbed and tanged arrowhead, semiprecious stone beads, shell and ivory objects visualises a regional trade network. The presence of Reserved Slip ware, Painted Buff ware and Egg-shell ware (this is considered as unpainted Buff ware) and Cut ware at Balathal and also in West Asian Chalcolithic cultures provide ample clues to their cultural contract. On the other hand it is very surprising that being in the neighbouring region of Harappan culture the Aharians were never directly influenced by the advanced technology of the former. The resemblances those are seen at these sites are very superficial in nature. An analysis of similarities between Tan Ware of Balathal and Red Ware of Lothal results less than 15 per cent affinities in terms of technology of manufacture, firing, shapes and forms of vessels and decorations (Mishra, 2000).

The excavators, however, emphasise on Harappan derivatives of some aspects of this culture particularly the settlement pattern, the idea of fortified enclosure and the ceramic technology (Misra, 1997).

Origin and Decline

The origin of the first farming culture of southeastern Rajasthan is still obscure (Mishra, 2002 in Press). Apart from some affinities of the material cultures, such as spindle whorl with incised decorations, beads, bull figurines and ceramics, as pointed out by Prof. Sankalia, there is no concrete evidence obtained from any of the excavated sites of this culture, which will flashback on this problem. According to Prof. Sankalia these people had migrated from an unknown place to this region (Sankalis *et al.* 1969). The bountiful minerals and copper ores of this region were the prime attraction of these people. Besides, the southeastern region of Rajasthan has fertile land for cultivation, which is irrigated by a very good network of rivers. The deciduous and sub-tropical forests are rich in wild games and jungle products, which could have supported the economy of the people.

The ceramics, as stated before, though do not show substantial resemblance with that of Harappan, a lot could be cottoned on from the occurrence of the wares, such as Reserved Slip ware, Painted Buff ware, Black-and-Red ware, Cut ware and Chocolate Slipped ware at Balathal. Some of these wares not only obtained from the Pre-Harappan levels of Gujarat and northern Rajasthan, also from the West Asia and Egypt (Sankalia *et al.,* 1969; Mishra, 2000). Thus, it will be preposterous to envisage anything about the origin of this culture in the present state of research.

The decline of this culture, in the absence of any tangible evidence of warfare or outbreak or fire, could safely be asserted on the climatic change or low rainfall. It is evident from the ceramics analysis that there is marked increase in the narrow-mouthed and wide-mouthed storage jars in the Late

Mature phase. These two vessels are used respectively for carrying and storing water. Thus, one can predict that the increase in the number of these vessels indicate urgency of water storage. Perhaps, due to the scarcity of water, which could have been fetched from a long distance, people were compelled to store water. Eventually, an unavoidable situation could have led them to desert the site and migrate to the water rich areas (Mishra, 2000). A number of such late Ahar culture sites are identifies within a radius of 20 km from the major sites (Mohanty *et al.*, 2000).

Chronology

About 15 radiocarbon dates have been obtained from the Physical Research Laboratory, Ahmedabad. The earliest date that comes from a level of beginning of mature phase goes back to 2500 BC. The lowest level dates have not been obtained so far. The end of Ahar culture at Balathal could be placed around 1600 BC (Misra, 1997; Misra *et al.,* 1997). Therefore, it can be safely predicted that the beginning of this culture at Balathal could have been in the closing part of fourth millennium BC or early part of third millennium BC.

Thus, Balathal represents a hitherto unknown early stage of Ahar Culture. The cultural phases of Ahar, such as Ia, Ib and Ic as derived on the basis of ceramic analysis, can all be attested in the Mature and Late Mature phases of Balathal. The Beginning and Transition phase of Balathal are absent at all other excavated sites of this culture, such as Ahar, Gilund and Ojiyana these make the site of Balathal very unique. The site also puts forth a benchmark in the Indian Archaeology by putting the chronology of Ahar Culture to as early as the Early Harappan Culture of the subcontinent..

REFERENCES

Agrawal, D.B., 1966, C14 dates, Banas Culture and Aryans, *Current Sciences* 35(5): 114-17.

Agrawala, R.C. 1984. Aravalli, the Major Source of Copper for the Indus and Indus-Related Cultures, in *Frontiers of the Indus Civilizations* (B.B. Lal and S.P. Gupta Eds.), pp. 157-162. New Delhi: Gay Printers.

Banerjee, A. 1963. Culture Sequence in Rajasthan, *Man in India* 43(3) : 255-232.

Deo, S.B. 1963. The Potter's Technique in Protohistoric Ahar, in *Bulletin of the Deccan College Research Institute* 22: 105-111.

Gogte, V.D. 1996. Chalcolithic Balathal : a Trading Centre as Revealed by the XRD Analysis of Pottery, *Man and Environment* XXI (1) :-103-110.

Hegde, K.T.M. 1969. Technical Studies in Copper Artifacts Excavated from Ahar, in *Excavations at Ahar 1961-62* (Sankalia, H.D., S.B. Deo and Z.D. Ansari, Eds.), pp. 225-228. Poona: Deccan College.

Hooja, R. 1988. *The Ahar Culture and Beyond.* BAR International Series 412. Cambridge.

IAR : *Indian Archaeology : A Review*. Annual Publication of the Archaeological Survey of India : New Delhi.

Kajale, M.D. 1996. Palaeobotanical Investigations at Balathal : Preliminary Results, *Man and Environment* XXI (1) : 98-102.

Kshirsagar, A. 1996. Anthrosols from Balathal : A Chemical Study, *Man and Environment* XXI (1) : 98-102.

Kshirsagar, A. 1996. Anthrosols from Balathal : A Chemical Study, *Man and Enviroment* XXI (1) : 111-116.

Mishra, A. 2000. Chalcolithic Ceramics of Balathal, District Udaipur, Rajasthan, Unpublished Ph.D. Desertation, University of Poona.

Mishra, A. 2002 (In Press). The First Farmers of Mewar.

Misra, V.N. 1965. Mesolithic Phase in the Prehistory of India, in *Indian Prehistory* (V.N. Misra and M.S. Mate Ed.), pp. 57-70. Poona: Deccan College.

Misra, V.N. 1967. *Pre- and Protohistory of the Berach Basin, South Rajasthan*. Poona: Deccan College.

Misra, V.N. 1969. Early Village Community of the Banas Basin, Rajasthan, in *Anthropology and Archaeology : Essays in Commemoration of Verrier Elwin* (M.C. Pradhan, R.D. Singh, P.K. Misra and D.B. Sastry Eds.), pp. 296-310. Oxford : Oxford University Press.

Misra, V.N. 1970. Evidence for a New Chalcolithic Culture in Rajasthan, in *Antiquity* 4(1-4): 85-95.

Misra, V.N. 1970a. Cultural Significance of Three Copper Arrowheads from Rajasthan, India, *Jorunal of Near Eastern Studies* 29(1): 221-232.

Misra, V.N. 1971. Two Microlithic Sites in Rajasthan—A Preliminary Investigation, in *Eastern Anthropologist* 24(3): 237-288.

Misra, V.N. 1972. Burials from Prehistoric Bagor, Rajasthan, in *Archaeological and Seminar Papers* (S.B. Deo Ed.), pp. 58-65. Nagpur: University of Nagpur.

Misra, V.N. 1973. Bagor—A Late Mesolithic Settlement in North India, *World Archaeology* 5(1): 92-110.

Misra, V.N. 1973a. Problems of Paleo-ecology, Paleo-climate and Chronology of the Microlithic Cultures of Northwest India, in *Radiocarbon and Indian Archaeology* (D.P. Agrawal and A. Ghosh Ed.), pp. 58-72. Bombay: Tata Institute of Fundamental Research.

Misra, V.N. 1977. Prehistory and Palaeo-environment of Rajasthan, in *Ecology and Archaeology of Western India* (D.P. Agrawal and B.M. Pande Ed.), pp. 31-54. Delhi: Concept Publishing Company.

Misra, V.N. 1977a. Evolution of the Pattern of Human Settlement in the Arid and Semi-arid Regions, in *Desertification and its Control* (P.L. Jaiswal Ed.), pp. 10-24. New Delhi : Indian Council of Agricultural Research.

Misra V.N. 1997. Balathal : A Chalcolithic Settlement in Mewar, Rajasthan, India: Results of First Three Seasons' Excavation, *South Asian Studies* 13:251-273.

Misra, V.N., Vasan Shinde, R.K. Mohanty, Kurush Dalal, Anup Mishra, Lalit Pandey and Jeewan Kharkwal 1995. The Excavations at Balathal: Their Contribution to the Chalcolithic and Iron Age Cultures of Mewar, Rajasthan, *Man and Enviroment* XXI(1): 57-80.

Misra, V.N., Vasant Shinde, R.K. Mohanty, Lalit Pandey and Jeewan Kharakwal 1997. Excavations at Balathal with Special Reference to Chalcolithic Architecture, *Man and Enviroment* XXII (2) : 35-59.

Mohanty, R.K., Anup Mishra, P.P. Joglekar, P.K. Thomas and Tama Panda, 2000. Purani Marmi: a Late Ahar Culture Site in Chittaurgarh District of Rajasthan, *Puratatva* 30 : 132-141.

Nagar, M. 1966. *The Ahar Culture—An Archaeological and Ethnographic Study* University of Poona, Unpublished Ph.D Thesis.

Nagar, M. 1969. Clues to Aharian Prehistory in Contemporary Mewar Village Life, in *Eastern Anthropoligist* 22 (1): 55-73.

Pandey, L. 1996-97. Excavations at Balathal. The *Researcher,* A Bulletin of Rajasthan Archaeology and Museums Vol. XVIII.

Sankalia, H.D. 1962. New Links between Western Asia and India of 4000 Years Ago : Excavations in the Huge "Dust Heap" of Ahad, Near Udaipur, in *Illustrated London News* September 1, 1962, pp. 322-325.

Sankalia, H.D. 1963. New Light on the Indo-Iranian or Western Asiatic Relations Between 1700 B.C.-1200B.C., in *Artibus Asiae* 26: 312-322.

Sankalia, H.D. 1969. Iranian Influence of Early Indo-Pakistan Cultures, *Indica* 6: 59-80.

Sankalia, H.D. 1972-73. The Beginning of Civilization in Rajasthan, *Indica* 9: 1-14, 69-82; 10: 1-28.

Sankalia, H.D., Z.D. Ansari and M.K. Dhavalikar. 1975. An Early Farmer's Village in Central India, in *Expedition* 17(2) : 3-11.

Shrivastav, K.M. 1980. *Community Movements in Protohistoric India.* Delhi : Agamkala Prakashan.

Srivastava, S.P. 1969. Rajasthan's Post Harrapan Pottery, in *Potteries in Ancient India* (B.P. Sinha Ed.), pp. 36-43. Patna: Department of Ancient Indian History and Archaelogy, Patna University.

Sinha-Roy, S., G. Malhotra and M. Mohanty. 1998. *Geology of Rajasthan,* Bangalore : Geological Society of India.

Thapar, B.K. 1964. Relationship of the Indian Chalcolithic Cultures with West Asia, in *Indian Prehistory* (V.N. Misra and M.S. Mate Eds.), p. 162. Poona : Deccan College.

Thomas, P.K. and P.P. Joglekar. 1996. Faunal Remains from Balathal, Rajasthan : a Preliminary analysis. *Man and Environment* XXI (1) : 91-97.

15. धम्मपद में अष्टांग मार्ग का स्वरूप

आलोक भारद्वाज*

धम्मपद बौद्ध परंपरा का सर्वश्रेष्ठ ग्रंथ है। यह ग्रंथ गौतम बुद्ध के उपदेशों का सार-संग्रह है। बौद्ध साधकों में यह *गीता* के समान लोकप्रिय है। इस ग्रंथ में नीति संबंधी वे सभी आदर्श समाहित हैं जिन पर कोई भी समाज गर्व कर सकता है। *धम्मपद* बौद्ध दर्शन के मूल तत्वों पर समग्र रूप से प्रकाश डालता है। पूरा बौद्ध दर्शन बीज रूप में इस ग्रंथ में समाहित है।

बौद्ध दर्शन में आर्य सत्य चतुष्टय का प्रमुख स्थान है। ये चार आर्य सत्य हैं—दुःख-सत्य, दुःख-समुदय, दुःख-निरोध और दुःख-निरोधगामिनी प्रतिपद्। दुःख-निरोधगामिनी प्रतिपद् ही अष्टांगिक मार्ग है। इस चतुर्थ आर्य सत्य के अंतर्गत बुद्ध ने वह मार्ग प्रतिपादित किया है जिसके अनुसरण से दुःख, तृष्णा और अज्ञानजनित मनोवृत्तियों तथा संस्कारों से मुक्ति मिल सकती है। बुद्ध राजप्रासाद के सुखों और वैभव की परम परिणति का अनुभव कर चुके थे और उरुवेला में समाधिस्थ होकर शरीर को दुःख पहुंचाने की चरम अति का अनुगमन भी कर चुके थे। दोनों अतियां निरर्थक सिद्ध हुईं। उनका अनुभव था कि सुख-दुःख की किसी भी अति के मार्ग को अपना कर दुःख से मुक्ति नहीं मिल सकती। अतः बुद्ध ने कठोर कायाक्लेश की साधना और घोर तपस्या को त्याग कर मध्यम मार्ग का उपदेश किया। आष्टांगिक मार्ग ही मध्यम मार्ग है। यह आर्य सत्य तृष्णा नाश का उपाय है। आष्टांगिक मार्ग बौद्ध धर्म की आचार-मीमांसा का चरम साधन है। जिस प्रकार मनुष्यों में ज्ञानवान श्रेष्ठ है, धर्मों में वैराग्य श्रेष्ठ है उसी प्रकार मार्गों में अष्टांग मार्ग श्रेष्ठ है।[1] तथागत ने कहा है कि 'इसी मार्ग पर चलकर मनुष्य अपने दुःखों का अंत कर लेगा। इसीलिए मैंने इस मार्ग का उपदेश दिया है।'[2] अष्टांग मार्ग तथागत की साधना की निष्पत्ति है। सारनाथ में अपने सबसे पहले प्रवचन में बुद्ध ने पंचवर्गीय भिक्षुओं को यही उपदेश दिया था। इस उपदेश में तथागत ने अष्टांग मार्ग की मध्यमा प्रतिपदा के साथ एकरूपता दिखाई थी। मध्यमा प्रतिपदा रूपी अष्टांग मार्ग 'अरण' धर्म है और वही ठीक मार्ग है।[3] बुद्ध ने भिक्षुओं को संबोधित करते हुए एक स्थल पर कहा है, 'भिक्षुओ, जिस प्रकार गंगा, यमुना, अचिरवती, सरयू और मही नदियां पूर्व की ओर बहने वाली, समुद्र की ओर अभिगामिनी होती हैं, उसी

---

* शोध छात्र (इतिहास), प्राचीन इतिहास एवं संस्कृति विभाग, म.ज्यो.फु. रुहेलखंड विश्वविद्यालय, बरेली.

प्रकार अभ्यास करने पर आर्य आष्टांगिक मार्ग निर्वाण की ओर ले जाने वाला होता है, निर्वाण की ओर अभिमुख होने वाला है।'[4]

बौद्ध धर्म के अनुसार शील, समाधि और प्रज्ञा तीन मुख्य साधन हैं। आष्टांगिक मार्ग इसी साधनात्रयी का पल्लवन है। इस मार्ग के आठ अंग इस प्रकार हैं—सम्यक् दृष्टि, सम्यक् संकल्प, सम्यक् वाक्, सम्यक् कर्म, सम्यक् आजीव, सम्यक् व्यायाम, सम्यक् स्मृति और सम्यक् समाधि। प्रथम तीन (दृष्टि, संकल्प और वाक्) को प्रज्ञा स्कंध के अंतर्गत रखा गया है। परवर्ती दो (कर्म और आजीव) को शील स्कंध और अंतिम तीन (व्यायाम, स्मृति और समाधि) को समाधि स्कंध के अंतर्गत रखा गया है। श्रद्धा और सहृदय युक्त भावना का ज्ञान ही प्रज्ञा है, सदाचरण और चरित्र की उत्कृष्टता ही शील है और चित्त एवं मन की एकाग्रता ही समाधि है।[5]

1. सम्यक् दृष्टि : अष्टांग मार्ग के अंतर्गत सम्यक् दृष्टि का अर्थ उसके प्रायिक अर्थ से भिन्न है। दृष्टि का अर्थ ज्ञान है। आचार और विचार घनिष्ठ रूप से संबद्ध है। विचार की नींव पर ही आचार की दीवार बनती है इसलिए आचार मार्ग में सम्यक् दृष्टि पहला अंग मानी गई है। सम्यक् दृष्टि से ही चार आर्य सत्यों के तत्व का ज्ञान प्राप्त होता है। दुःख का ज्ञान, दुःखोदय का ज्ञान, दुःख निरोध का ज्ञान और दुःख निरोध की ओर ले जाने वाले मार्ग का ज्ञान, इस आर्य सत्य चतुष्टय के ज्ञान को सम्यक् दृष्टि कहते हैं।[6] *धम्मपद* के अनुसार जो दोषयुक्त कार्य को दोषयुक्त जानकर तथा दोषरहित कार्य को दोषरहित जानकर यथार्थ धारणा ग्रहण करते हैं, वे प्राणी सम्यक् दृष्टि को प्राप्त कर सद्गति को प्राप्त होते हैं।[7] नीर-क्षीर-विवेकी दृष्टि ही सम्यक् दृष्टि है जिससे सत्य-असत्य, कुशल-अकुशल, सदाचार-दुराचार, उचित-अनुचित और पाप-पुण्य का अंतर स्पष्ट होता है।

2. सम्यक् संकल्प : संकल्प के अनेक अर्थ हैं—निश्चय, विचार, मनोरथ, इरादा आदि। उचित इच्छा या इरादा ही सम्यक् संकल्प है जिसका संबंध चित्त से रहता है। चित्त पहले हिंसायुक्त विचारों से व्याप्त होता है। जब ये अधिक बलवान होते हैं तब इन्हें मिथ्या संकल्प कहते हैं। इनका प्रतिपक्षी रूप सम्यक् संकल्प है। सम्यक् संकल्प से मनुष्य राग-द्वेष, हिंसा आदि सांसारिक प्रवृत्तियों को त्याग कर दृढ़तापूर्वक निवृत्ति का अनुगमन करता है। *धम्मपद* के अनुसार जो असार में सार की बुद्धि रखते हैं और सार में असार को देखने वाले होते हैं, मिथ्या संकल्पों को देखने वाले वे लोग सार को प्राप्त नहीं करते। जो सार से सार को तथा असार से असार को जानते हैं, सम्यक् संकल्पों को देखने वाले वे लोग सार को प्राप्त करते हैं।[8] सम्यक् संकल्प को निष्काम संकल्प, अव्यापाद संकल्प और अविहिंसा संकल्प के रूप में वर्णित किया गया है। निष्काम अर्थात अनासक्ति संबंधी संकल्प निष्काम संकल्प कहलाता है। यह सभी कुशल धर्मों से संप्रयुक्त वितर्क है। इसे इस प्रकार भी कह सकते हैं कि अव्यापाद एवं अविहिंसा से अवशिष्ट निर्दुष्ट सभी वितर्क निष्काम सम्यक् संकल्प है।[9]

अद्रोह संबंधी संकल्प ही अव्यापाद सम्यक् संकल्प है। व्यापाद से तात्पर्य है हिंसा या पर विनाश चिंता। इसका प्रतिपक्षी भाव मैत्री ही अव्यापाद है। *धम्मपद* में कहा गया है कि वैर से वैर कभी शांत नहीं होता, अवैर से शांत होता है। यही सनातन धर्म है।[10]

अहिंसा संबंधी संकल्प ही अविहिंसा संकल्प है। *धम्मपद* के अनुसार, 'जो मनुष्य सुख की कामना करने वाले प्राणियों को अपने सुख की कामना करते हुए दंड द्वारा मार डालता है, मरकर भी सुख नहीं पाता है। जो मनुष्य सुख की कामना करने वाले प्राणियों को अपने सुख की कामना करते हुए दंड से नहीं मारता है, वह मर कर सुख प्राप्त करता है।' अत: कामोपभोग से बद्ध न होने, औरों के साथ मैत्री करने और दूसरों के सुख-संतोष में वृद्धि करने का शुद्ध संकल्प मन में रखना उचित है।

3. सम्यक् वाक् : असत्य वचनों का त्याग, पिशुन वचन अर्थात चुगलखोरी छोड़ना और वकवाद छोड़ना सम्यक् वचन है। भगवान बुद्ध ने सम्यक् वाक् का उपदेश इस प्रकार दिया है—निरर्थक पदों से युक्त सहस्र वचनों से भी श्रेष्ठ एक पद है, जिसे सुनकर शांति प्राप्त होती है।[12] सम्यक् वाणी के माध्यम से साधक असत्य, अनुचित और कटु भाषणों का परित्याग करके मृदुल सत्य एवं विनम्र संभाषण तथा धर्मवार्ता करता है।

4. सम्यक् कर्म : प्राणि हिंसा से विरत होना, बिना दी हुई वस्तु न लेना और कामोपभोग के मिथ्याचार से विरत होना ही सम्यक् कर्म है।[13] मनुष्य की सद्गति और दुर्गति के कारण उसके कर्म ही होते हैं। जीव सुख-दु:ख का उपभोग भी कर्मानुसार ही करता है। कर्मों के आधार पर ही मनुष्य परलोक में स्वर्ग और नरक का अधिकारी बनता है। *धम्मपद* का कथन है कि असत्य बोलने वाला नरकगामी होता है, जो करके भी कहता है कि मैं नहीं करता। दोनों प्रकार के नीच कर्म करने वाले मनुष्य नरक जाते हैं।[14] *धम्मपद* में अन्यत्र कहा गया है कि जो धीर पुरुष काया, वाणी और मन से संयत रहते हैं, वास्तव में वे ही सुसंयत हैं।[15]

5. सम्यक् आजीव : सम्यक् आजीव से तात्पर्य है न्यायपूर्ण और उचित आधार पर जीवनयापन करना। आजीविका के मिथ्या साधनों को छोड़कर अच्छी सच्ची आजीविका से जीवन व्यतीत करना सम्यक् आजीव है। अपनी आजीविका इस प्रकार चलानी चाहिए कि समाज को किसी प्रकार की हानि न पहुंचे। *दीघनिकाय* में भगवान बुद्ध ने इन पांच जीविकाओं को हिंसा प्रवण होने के कारण अनुचित ठहराया है—हथियार का व्यापार, मांस का व्यापार, शराब का व्यापार, प्राणियों का व्यापार और विष का व्यापार।[16] ऐसे व्यवसाय वर्ज्य करके शुद्ध एवं सरल व्यवहार से अपनी आजीविका चलाना ही श्रेयस्कर है। *धम्मपद* में कहा गया है कि जिस प्रकार भ्रमर फूल के सौंदर्य और गंध की हानि न करता हुआ उससे रस प्राप्त करता है उसी प्रकार मुनि ग्राम में विचरण करें।[17]

6. सम्यक् व्यायाम : 'अकुशल धर्म' पाप उत्पन्न न होने देने के लिए निश्चय करना, परिश्रम करना, उद्योग करना, चित्त को पकड़ना और रोकना तथा कुशल धर्म अर्थात सत्कर्म की उत्पत्ति, स्थिति, विपुलता और परिपूर्णता के लिए उद्योग आदि करना ही सम्यक् व्यायाम

है। जो बुरे विचार मन में न आएं हों उन्हें मन में आने का अवसर न देना, जो बुरे विचार मन में आए हों उन्हें नष्ट करना, जो सुविचार मन में उत्पन्न न हुए हों उन्हें उत्पन्न करने की चेष्टा करना, और जो सुविचार मन में उत्पन्न हुए हों उनकी प्रयत्नपूर्वक रक्षा करना—इन चार मानसिक प्रयत्नों को सम्यक् व्यायाम कहते हैं।[18]

7. सम्यक् स्मृति : स्मृति से तात्पर्य है जागरूकता। ऐसी जागरूकता जिसमें व्यक्ति विवेक और स्मरण का अनुपालन करता है तथा लोभ आदि वृत्तियों का परित्याग कर सावधानीपूर्वक चित्त की शुद्धि करता है, सम्यक् स्मृति कहलाती है। अशुचि, जरा-मृत्यु आदि दैहिक धर्मों का अनुभव करना तथा उद्योगशील अनुभव ज्ञानयुक्त हो लोभ और मानसिक संताप को छोड़कर जगत में विचरना ही सम्यक् स्मृति है।[19] *धम्मपद* के अनुसार, यह शरीर जल के बुलबुलों की भांति उत्पन्न, विलीन होने वाला, मृगमरीचिका के समान धोखा देने वाला और क्षणभंगुर है।[20] जिनको सदैव शरीर में स्मृति बनी रहती है, जो अकर्तव्य नहीं करते हैं, ऐसे स्मृतिवान और सचेत पुरुष के आश्रव अस्त हो जाते हैं।[21]

8. सम्यक् समाधि : कुशल धर्मों अर्थात सन्मनोवृत्तियों में समाधान रखना ही सम्यक् समाधि है। इस सम्यक् समाधि की चार सीढ़ियां हैं—पहले ध्यान में वितर्क विचार, प्रीति (प्रमोद), सुख और एकाग्रता होते हैं। दूसरे ध्यान में वितर्क और विचार का लोप हो जाता है, तीसरे ध्यान में प्रीति का लय हो जाता है, केवल सुख और एकाग्रता ही रहती है। चौथे ध्यान में सुख भी लुप्त हो जाता है, केवल उपेक्षा और एकाग्रता रहती है।[22] अपने शरीर पर, मृत शरीर पर, मैत्री, करुणा आदि मनोवृत्तियों पर अथवा पृथ्वी अप, तेज आदि पदार्थों पर चित्त एकाग्र करके चार ध्यानों का संपादन करना ही सम्यक् समाधि है। *धम्मपद* में तथागत ने कहा भी है कि चित्त का दमन करना अच्छा है, चित्त का दांत होना सुखावह है।[23]

बौद्ध धर्म में जीवन का अंतिम लक्ष्य निर्वाण प्राप्ति है। निर्वाण प्राप्ति के लिए ही आष्टांगिक मार्ग का कथन किया गया है। आष्टांगिक मार्ग ही बौद्धसाधना की आधारशिला है। इसमें सुख और दुःख दोनों ही अतियों को वर्जित बता कर मध्यम मार्ग का अनुसरण किया गया है। इसीलिए यह मार्ग श्रेष्ठ है। इसी मार्ग के माध्यम से त्रिपाद संबंधी बौद्ध साधना प्रारंभ होती है।

संदर्भ एवं टिप्पणियां

1. *धम्मपद*, गाथा सं. 273.
2. वही, गाथा सं. 275.
3. अरण विभंग सुत्त, *मज्झिम निकाय,* 3/4/9.
4. *संयुत्त निकाय,* 5/39-40.
5. *मज्झिम निकाय.* 1/5/4.

6. *दीघनिकाय*, महासति पट्ठान सुत्त, पृ. 233.
7. *धम्मपद*, गाथा सं. 319.
8. वही, गाथा सं. 11–12.
9. *दीघनिकाय*, 1/63, पृ. 55.
10. *धम्मपद*, गाथा सं. 5.
11. वही, गाथा सं. 131–132.
12. वही, गाथा सं. 100.
13. *दीघनिकाय*, 2/312, पृ. 233.
14. *धम्मपद*, गाथा सं. 306.
15. वही, गाथा सं. 234.
16. *दीघनिकाय*, द्वितीय भाग, पृ. 233.
17. *धम्मपद*, गाथा सं. 49.
18. कौसांबी, डी.डी., *बुद्ध : जीवन और दर्शन*, पृ. 132.
19. *दीघनिकाय*, महासति पट्ठान सुत्त.
20. *धम्मपद*, गाथा सं. 170.
21. वही, गाथा सं. 293.
22. *दीघनिकाय*, महासति पट्ठान सुत्त.
23. *धम्मपद*, गाथा सं. 35.

16. प्राचीन भारत में गणराज्य

अपर्णा माथुर*

'गणराज्य', जैसा कि *इनसाइक्लोपीडिया ब्रिटेनिका* में परिभाषित है, 'एक प्रकार का राज्य है जिसमें सर्वोच्च शक्ति जनता या उसके द्वारा चुने हुए अधिकारियों में निहित होती है।...राज्य का प्रमुख अधिकतर प्रत्यक्ष रूप से निर्वाचित होता है और यही तथ्य गणतंत्र को राजतंत्र से पृथक करता है जिसमें राज्य प्रमुख वंशानुगत होता है।'[1]

यह एक सामान्य धारणा है कि गणराज्यों का उदय सर्वप्रथम यूनान और रोम में हुआ, परंतु संभवतः भारत में गणराज्यों का विचार यूनान और रोम से भी अधिक प्राचीन है।[2] प्राचीन भारत में गणराज्य निश्चित रूप से अस्तित्व में थे और उनके लिए 'गण' या 'संघ' शब्द का उल्लेख मिलता है। 'गण' या 'संघ' का तात्पर्य ऐसे समुदाय से है जो विधि द्वारा नियंत्रित होता है।[3] 'गण' शब्द का अर्थ गिनती या 'गणना' से होता है अर्थात इसमें एक से अधिक संख्या का समावेश होता है, इस प्रकार गणराज्य एक ऐसा राज्य है जो एक से अधिक व्यक्तियों द्वारा शासित हो।[4]

पाणिनि (5 शती. ई.पू.) संघ की विस्तृत व्याख्या करते हुए लिखते हैं कि संघ केवल एक राजनीतिक प्रकार नहीं, वरन् एक 'शब्द' है जो कि कई उद्देश्यों के लिए प्रयुक्त होता है।[5] यथा 'ग्राम-पशु संघ' में पाणिनि ने संघ शब्द का उपयोग पालतू पशुओं के समूह के लिए किया है।[6] 'निकाय' के लिए भी पाणिनि संघ शब्द का प्रयोग करते हैं। पाणिनि के अनुसार 'निकाय' ऐसे संघ हैं जिनमें उच्च और नीच का भेदभाव नहीं होता है। इस प्रकार के संघों में वह धार्मिक संघों का उदाहरण देते हैं जो बंधुत्व के सिद्धांत पर कार्य करते थे और उनके मध्य उत्तरा या आधार का कोई पृथक्करण नहीं था।[7] तृतीय, पाणिनि ने संघ शब्द का उल्लेख राजनीतिक संघ के लिए भी किया है जिसे उन्होंने गण कहकर परिभाषित किया है। '*संघोङ्घौ गण प्रशंसयो:*।'[8] परंतु अपने प्रत्येक उपयोग में संघ शब्द एक प्रकार के समूह के विचार को ही दर्शाता है, अतः गण या संघ का अर्थ समूह से ही लगाया जा सकता है। इस प्रकार 'गण' को एक ऐसे राज्य के रूप में परिभाषित किया जा सकता है जहां एक से अधिक लोगों का शासन हो। कात्यायन ने भी इसी मत का समर्थन किया है। उनके अनुसार शासन करने वाले क्षत्रिय जो जनपदों में निवास करते हैं, दो प्रकार के संविधानों

* सीनियर रिसर्च फैलो, प्राचीन इतिहास व संस्कृति विभाग, म. ज्यो. फुले रुहेलखंड विश्वविद्यालय, बरेली.

द्वारा शासन करते हैं। कुछ उनमें से राजतंत्र हैं और अन्य संघ हैं। दोनों के मध्य भेद को और अधिक स्पष्ट करते हुए कात्यायन संघ को गणाधीन अर्थात कई लोगों द्वारा शासित संस्था बताते हैं जो कि एकाधीन से पूर्णत: भिन्न हैं, जिसमें राज्य शक्ति केवल एक व्यक्ति के आधीन होती है।[9]

बौद्ध ग्रंथ *महावग्ग* में भी 'गण' को एक से अधिक लोगों के शासन के रूप में परिभाषित किया गया है।[10] बुद्ध भिक्षुओं का मत जानने के लिए गणों द्वारा उपयोग की जाने वाली शलाका पद्धति के प्रयोग करने का समर्थन करते हैं।[11]

जातकों में भिक्षुओं को भोजन कराने वाले गृहस्थों के समूहों को प्रदर्शित करने के लिए 'गण बंधन' का उल्लेख है जो कि के.पी. जायसवाल के अनुसार स्पष्ट रूप से सभा या संस्था को दर्शाता है और गण के वास्तविक अर्थ (अर्थात सभा, संस्था या समूह) को भी उजागर करता है। 'बंधन' जायसवाल के अनुसार गण-समूहों के कृत्रिम स्वभाव को भी प्रदर्शित करता है जो कि कबीलायी या पुरातन समूहों से भिन्न है।[12]

महाभारत के शांतिपर्व के 107वें अध्याय में गण शब्द का प्रयोग राजनीतिक प्रकार के रूप में हुआ है। गणों की विशेषताएं बताते हुए युधिष्ठिर और भीष्म के मध्य संवाद में यह स्पष्ट रूप से कहा गया है कि गण का अर्थ पूरे राजनीतिक राज्य, राजनीतिक समूह...और संसद से है, न कि केवल शासन संस्थाओं से है। राजनीतिक समूह की इसी अध्याय के आठवें श्लोक में विस्तृत रूप से व्याख्या की गई है। इस प्रकार गण केवल एक शासन संस्था ही नहीं थी जो कि कुछ लोगों द्वारा निर्मित हो। वरन वह एक राजनीतिक शक्ति का प्रकार था जिसमें पूरे राज्य, पूरे समूह का समावेश होता था। शांतिपर्व के अनुसार यह एक ऐसा राज्य था जिसे केवल शस्त्रों से नहीं जीता जा सकता था। गणराज्य को केवल उसमें भेद डालकर ही विजित किया जा सकता था।[13]

इस प्रकार 'प्राचीन भारत में गणराज्य,' जैसा कि अल्टेकर कहते हैं कि 'अपना एक निश्चित संवैधानिक अर्थ रखते थे और एक ऐसे प्रकार की शासन-व्यवस्था थे जहां शक्ति किसी एक व्यक्ति के हाथ में केंद्रित न होकर 'गण' या 'व्यक्ति समूह' में निहित होती थी। संघ एक अन्य शब्द है जिसका इसी अर्थ में उपयोग होता है क्योंकि यह भी राजतंत्र से भिन्न है।'[14]

अत: यह स्पष्ट रूप से कहा जा सकता है कि गणराज्यों का विचार प्राचीन भारत में प्रचलित था और एक शासन प्रकार के रूप में गणराज्यों के प्रचलन के भरपूर प्रमाण उपलब्ध हैं। गण शब्द का उल्लेख *ऋग्वेद* में कई स्थलों पर हुआ है।[15] *ऋग्वेद* में 'देवताओं के गणों' का उल्लेख है और इंद्र, मरुत, बृहस्पति को 'गणपति' कहा गया है।[16] यद्यपि एक स्थान पर गण के प्रधान को 'राजा' की उपाधि से भी विभूषित किया गया है। रामशरण शर्मा के अनुसार, वैदिक गण स्व-निर्धारित सैन्य संगठन (Self acting armed organisation) थे और गण का प्रत्येक सदस्य सैन्य विद्या में पारंगत होता था। इन्हें पाणिनि के आयुधजीवी

और कौटिल्य के वार्ताशास्त्रोपजीवी संघों का पूर्वज कहा जा सकता है। इस प्रकार वैदिक-गण एक प्रकार के कबीलायी गणतंत्र थे[17] जबकि अल्टेकर के मतानुसार, वेदों के यह उल्लेख संभवत: अल्पतंत्र या Oligarchy की ओर संकेत करते हैं जिसमें शासन शक्ति कुलीनों की समिति में निहित थी, जिसका प्रत्येक सदस्य अपने को राजा कहता था और राज्य के प्रमुख को चुनने का अधिकार रखते थे।[18] एच.एन. सिन्हा भी यह मत रखते हैं कि वैदिक आर्य संभवत: गण जैसे व्यक्ति-समूहों से परिचित थे।[19]

उत्तर-वैदिक काल से गणतंत्रों के स्पष्ट प्रमाण मिलने लगते हैं। पाणिनि अपनी अष्टाध्यायी में कई संघों का उल्लेख करते हैं और उन्हें आयुधजीवी कहते हैं अर्थात जो केवल शस्त्रों द्वारा जीविका चलाते थे। इसके अंतर्गत वह वृकि, दमानी, यौधेय, परशु आदि का उल्लेख करते हैं।[20]

बौद्ध और जैन ग्रंथों में गणराज्यों के स्पष्ट उल्लेख मिलते हैं। इन ग्रंथों में कई गणराज्यों का उल्लेख मिलता है जैसे कपिलवस्तु के शाक्य, अलाकप्प के बुल, सुसमरागिरि के भग्ग, राम ग्राम के कोलिय, वैशाली के लिच्छिवी सहित दस गणराज्यों का उल्लेख मिलता है।

कौटिल्य अपने *अर्थशास्त्र* के ग्यारहवें अध्याय में संघों का उल्लेख करता है। कौटिल्य के अनुसार, संघ दो प्रकार के थे—*वार्ताशिस्त्रोपजीवी* और *राजशब्दोपजीवन:*।[21] कौटिल्य के अनुसार, प्रथम प्रकार के संघ व्यापार, कृषि, पशुपालन तथा सैन्य विद्या द्वारा जीवोपार्जन करते थे। द्वितीय प्रकार के संघ राजा की उपाधि द्वारा जीविका चलाते थे। प्रथम प्रकार में कौटिल्य कांबोज, सौराष्ट्र और श्रेणी का उल्लेख करते हैं और द्वितीय प्रकार में वह लिच्छिवि, वृजिक, मल्ल, मद्रक, कुकुर, पुरु, पंचाल तथा अन्य का उल्लेख करते हैं।

इस प्रकार स्पष्ट है कि प्राचीन भारत में गणराज्यों की एक निश्चित अवधारणा थी और यह अवधारणा किसी भी तरह से अपने यूनान और रोम के समकालिकों से कम नहीं थी। यद्यपि सामान्यत: यह माना जाता है कि राजतंत्र ही प्राचीन भारत में प्रचलित शासन-प्रकार था, परंतु राजतंत्र के साथ-साथ गणतंत्र भी अस्तित्व में थे और अपना निश्चित स्वरूप रखते थे।

संदर्भ एवं टिप्पणियां

1. *इनसाइक्लोपीडिया ब्रिटेनिका,* जिल्द 17, पृ. 201.
2. मुखर्जी, शोभा, *रिपब्लिकन ट्रेंड इन एंशिएंट इंडिया*, दिल्ली, 1969, पृ. 8.
3. वही, पृ. 9.
4. जायसवाल, काशीप्रसाद, *हिंदू पालटी*, जिल्द 1, बंगलौर, 1943, पृ. 24.
5. अग्रवाल, वासुदेवशरण, *इंडिया एज नोन टू पाणिनि*, पृ. 424.
6. वही.
7. वही, पृ. 426, संघीनोत्तराधार:.

8. वही, पृ. 426; जायसवाल, वही, पृ. 30–31.
9. अग्रवाल, वी. एस., वही, पृ. 426.
10. *महावग्ग*, II, 18, एस.बी.ई., जिल्द 13, पृ. 269.
11. जायसवाल, के.पी., वही, पृ. 25.
12. वही, पृ. 27.
13. *महाभारत,* शांतिपर्व, गीताप्रेस संस्करण, श्लोक 8, 23, 24 व अन्य.
14. अल्टेकर, ए.एस.; *स्टेट एंड गवर्नमेंट इन एंशिएंट इंडिया*, दिल्ली, पुनर्मुद्रित, 1984, पृ. 109.
15. *ऋग्वेद*, I, 64, 12; V. 52, 13-14; 53.10; 56.1; 58.1-2; VI, 16-24; X-36.7; 77 1;
16. शर्मा, आर.एस., *आस्पेक्ट्स आव पालिटिकल आईडियाज एंड इंस्टीट्यूशंस इन एंशिएंट इंडिया*, द्वितीय संस्करण, 1968, दिल्ली, पृ. 109–110.
17. वही, पृ. 109–110.
18. अल्टेकर, वही, पृ. 113–114.
19. सिन्हा, एच.एन., *सोवरनीटी इन एंशिएंट इंडियन पॉलटी*.
20. जायसवाल, के.पी., वही, पृ. 30–35.
21. कौटिल्य, *अर्थशास्त्र*, संपादित, कांगले, आर.पी., जिल्द–1, पृ. 244, श्लोक 11.1.1; 1.2; 3, 4, 5 व अन्य.

17. An Introduction to Kaimur Rock-Art

Dr. Mahesh C. Srivastava*

The ranges passes through this region is popularly known as Kaimur range, a part of Vindhyan mountain. It goes through west to east in south of Rewa district. There are also some sub-ranges of Kaimur. The extension of this range is from Katni (35°56' North—82°28' East latitude) to Mirzapur. The height varies from 1700 to 2250 ft. from sea level.[1] These ranges were formed under water so there are mostly sedimentary rocks. It is to be noticed that the rock-shelters, caves and the curves of this ranges are mainly the result of water action, which can be observed near to a place where the basic requirements such as food, water and tool making material are easily available. These shelters were used for living but burials can also be noticed in some of them. Among the shelters discovered so far 40 to 50 per cent are painted. There are difference of opinions about the purpose of these paintings. Some are of the opinion that it is an art for art sake. But some scholars are not agree on this point. The purpose of these painting was not only the result of artistic activities or to decorate the house (shelter).[2] After the critical analysis of the subject matter it seems that there may be some religious and mythical believes or it can be observed for some extent as a practice scene before the hunting. There are two types of shelter, painted and habited. Some times unhabited shelters are painted and the inhabited shelters are unpainted. At the present stage of knowledge we cannot establish any clear relation between inhabited shelters and painted shelters. It is important to note that there are habitation deposits in some of the shelters. After seeing the painting of these shelters it is clear that the painters have taken much pain to execute their art work because in some of the shelters there are not enough space even to sit. The shelters are situated in such a places where it is difficult to reach even now. This is the main reason that the rock-shelters and the paintings of this region are comparatively undisturbed, so they are well preserved.

Rock-art studies in India had its beginning in the early years of twentieth century. Corlylle[3] and Cockborn[4] can be mentioned as the

* Deptt. of A.I.H.C. & Archaeology, A.P.S. University, Rewa (M.P.).

pioneers of this field. After these pioneers a number of historians, archaeologists and art-lovers entered in this field and discovered a large number of rock-shelters in different parts of India. In this connection sixtees of the twentieth century was a turning point when a number of Indian scholars intered in this field. In this period special deserved attention was devoted to the rock-art. It was the time when the scholars understood its significance and made detailed comment on the subject matter, technique and antiquity in a scientific manner. The credit for these early works goes to Sri V.S. Wakankar, Prof. K.D. Bajpai, Prof. R.K. Varma, Prof. V.N. Mishra, Dr. S.K. Pandey and Sri Yashodhar Mathpal.[5] With special reference to Kaimur range efforts was made mainly by Prof. R. K. Varma, Sri Rakesh Tiwari and Sri Jagdish Gupta.

The rock paintings of Kaimur ranges have been divided into prehistoric and historic category. The prehistoric paintings have further been divided into four periods on the basis of evolution in style. There seems to be a long gap between the prehistoric and historic paintings. It is important to note that chalcolithic paintings are almost absent in this region or in other words I can say that it is yet to be discovered. After the prehistoric paintings the second phase starts with the discovery of Iron, which is attested by the results of the excavations in some of the shelters in the Vindhyas such as sites of Lekhahia, Baghaikhor and Morahana Pahar.

In the early paintings we find maximum depiction of animals, in which deer, boar, cattle, elephant, neelgai, sambhar, horned deer, monkey, buffalo etc. are the important ones. In some of the shelters we find some animal figures that do not confirm to any known types of the animals. These types of paintings may be mythical type. Human figures are very rare in the paintings of this period. In some of the paintings we find dancers—single or in a group and hunters going for hunting with the weapons. Sometimes these human figures are depicted wearing masks in the form of animal faces. Miniature form of human paintings are also present. Commonly known stick shape human figures are much in number.

The colour used in the paintings of Kaimur range are red, red ochre, clotish red, yellow ochre, dirtyish white and sometimes black. The paintings in green is almost absent in this part. Different methods of applying colours were employed by the rock painters. The liquid or semi–liquid paint was spread in all likelihood with a brush or pad. Sometimes colour was sprayed. The paintings are in flat wash or in outline or in both together. The vacant space of the paintings in outline was filled in by geometric designs or lines. In the early paintings we find black or light yellow colour, but in the later stage the maximum depictions are in bright red ochre colour which seems to be the most favourite colour of this region.

On the basis of style, subject matters and super imposition Prof. Varma indicates that in the Kaimur region there was an evolution in the style of depiction. At least there are four groups in the prehistoric paintings[6]—naturalistic, stylistic, symbolic or cubist and back to naturalistic. It can be divided in the following chronological order:

1. The earliest paintings are imitative and naturalistic. The animals are painted like in natural postures singly. There is no composition.
2. In the paintings of this group the animals are represented in stylistic and suggestive style. The body contour is replaced by straight lines and sharp angles but the identity and form of animals are maintained. In this group composite seems appear for the first time. Trap and hunting seems are also depicted. Human figures make their appearance and are stylistically painted.
3. The paintings of this group may be called symbolic or cubist. The figures are reduced to simple angle, circle, dot, dot with in circle, spiral or loop etc.
4. The paintings of the fourth group generally super-impose the paintings of the first three groups and are in white pigments. The subject matter is the same. Stylistically they can be termed as naturalistic.

Now in other way it can be classified and easily be divided into four groups:

1. Figures in straight lines without contours in clotish red colour.
2. Bold lines with contours in red ochre.
3. Sharp outlines with criss-cross methods and empty spaces are filled with geometrical designs in red ochre colour.
4. Figures in flat wash, filled with double colours and dots in light red and white pigment.

After the prehistoric group the second phase of the rock painting work in this region starts with the introduction of iron. The excavation of Lekhahia, Baghaikhor and Morahana Pahar indicate that these shelters were reoccupied with the iron technology. It is necessary to be quoted that the neolithic or chalcolithic man did not occupy these shelters at least in Kaimur region. The paintings of early historic and historic period can easily be marked from the earlier paintings on the basis of subject matter and the style of depiction. Complicated scenes, armed processions, yoked bulls, warriers, charriots, horses, elephants and birds are the main characteristics in the paintings of this period.

Though no direct evidence for dating the painting is available so far, some scholars are of the opinion that the earliest artistic activity had started in India as early as the upper paleolithic period.[7] This activity had continued during the Mesolithic period. Through the various sources on the basis of C-14 the mesolithic settlements have been dated roughly in a time bracket of 10,000 B.C. to 2000 B.C. Prof. Varma has the opinion that the people who lived in the shelters were in the hunting-gathering stage.[8] It is very logical to postulate, therefore that these were the people responsible for the paintings. The subject matter of the paintings proves this view. So the prehistoric painting of the Kaimur range can be placed in Mesolithic age that is in the time bracket of 10,000 B.C. to 2000 B.C. The paintings of historical periods are placed up to the early medieval period or even latter to the modern age. On the basis of style and subject matter it is clear that the painters of the early painting of this region were in hunting and food gathering stage and the later group of paintings can be placed in the second phase of the development of rock art work in this region.

REFERENCES

1. Singh, Jeetan, *Rewa Rajya Darpan*, Ch. 1, p. 6.
2. Goyal, Shri Ram, *Prehistoric Man and Culture*, pp. 56-57.
3. Carlylle, A & Cockburn, J., *Cave drawing in Kaimur range North, North West Provinces*, J.R.A.S., 1899, p. 89.
4. Cockburn, J., *A Short Account of the Painting of Kaimur range in Mirzapur district.* J.A.S.B.P., p. 125-226.
5. Tiwari, Rakesh, *Rock Painting of Mirzapur*, p. 36.
6. Varma, R.K., *Rewa Through the Ages 1992*, Deptt. of A.I.H.C. & Arch., A.P.S.U. Rewa.
7. Pandey, S.K., *Indian Rock Art*, p. 69, 'Marg' Bhimbetka Number, 1974.
8. Varma, R.K., *Prehistoric rock art of the Vindhyas–A Study*, Roop Shilp, Allahabad, 1986, p. 175.

18. मीनेंडर और बौद्ध धर्म

रेनु शुक्ला*

द्वितीय शताब्दी ई.पू. में पश्चिमोत्तर भारत में हिंद-यवन शासकों ने अपने साम्राज्य की स्थापना की, जो लगभग 200 वर्षों तक चला। भारत में शासन करने वाले हिंद-यवन शासकों में मीनेंडर सर्वाधिक लोकप्रिय शासक था। इसके भारत आक्रमण एवं शासन के संबंध में मतैक्य नहीं है।[1*] सामान्यत: विद्वान हिंद-यवनों के मध्यदेश में आक्रमण और मीनेंडर द्वारा बौद्ध धर्म को संरक्षण दिए जाने पर एक मत थे, पर अब यह दोनों ही मान्यताएं विवाद का विषय हैं।[2] मीनेंडर का शासन काल हिंद-यवन शासकों की शक्ति की पराकाष्ठा का काल था।[3] इस शासक ने इतिहासकारों का ध्यान विशेष रूप से आकर्षित किया है। मीनेंडर की बौद्ध धर्म में आस्था के विषय में जानकारी का महत्वपूर्ण स्रोत *मिलिंदपञ्ह* है। पालि *मिलिंदपञ्ह* के अंत में मीनेंडर द्वारा बौद्ध धर्म ग्रहण करने की सूचना दी गई है। ग्रंथ के अनुसार, '....स्थविर की प्रज्ञा से उसकी श्रद्धा और भी बढ़ गई। अंत में राज्य का भार अपने पुत्र को सौंपकर राजा मिलिंद घर से बेघर हो प्रव्रजित हो गया और विदर्शना को बढ़ाते हुए अर्हत्व पद पा लिया।'[4]

पालि *मिलिंदपञ्ह* से प्राप्त इस सूचना के सावधानी से परीक्षण की आवश्यकता है क्योंकि प्रथम, इस ग्रंथ की पुष्टि करने वाला अन्य कोई प्रामाणिक साक्ष्य उपलब्ध नहीं है। उल्लेखनीय है कि एक चक्रांकित सिक्का जो मीनेंडर के बौद्ध धर्म ग्रहण करने के पक्ष में प्रमाण था, आधुनिक शोध से सिद्ध हो चुका है कि यह सिक्का मीनेंडर सोटर का नहीं था।[5]

द्वितीय, पालि *मिलिंदपञ्ह* के मूलस्वरूप को लेकर विवाद है[6] और उसके अंतिम तीन परिच्छेदों की प्रामाणिकता पर प्रश्नचिह्न लगा हुआ है। ग्रंथ के अध्ययन एवं विभिन्न साक्ष्यों के अवलोकन करने पर लगता है कि संभवत: *मिलिंदपञ्ह* अपने मूलस्वरूप में प्रथम तीन परिच्छेदों तक ही सीमित था क्योंकि :

(1) ग्रंथ के चीनी अनुवाद *नागसेन सूत्र* का विस्तार प्रथम तीन परिच्छेदों तक ही है।

(2) *मिलिंदपञ्ह* के प्रथम तीन परिच्छेदों के अंत में समाप्ति सूचक वाक्य 'मिलिंदपञ्ह पुच्छा विसज्जना निट्ठिता'[7] लिखा हुआ है।

---

* प्रवक्ता, प्राचीन भारतीय इतिहास, संस्कृति एवं पुरातत्व विभाग, कन्या गुरुकुल महाविद्यालय, देहरादून.

(3) आचार्य बुद्धघोष ने *मिलिंदपञ्ह* के कुछ उद्धरणों को अपने ग्रंथ में उद्धृत किया है। वे सभी प्रथम तीन परिच्छेदों से ही हैं।

(4) सर्वाधिक महत्वपूर्ण तथ्य यह है कि मीनेंडर की मृत्यु को लेकर पालि *मिलिंदपञ्ह* एवं प्लूटार्क के कथन में परस्पर विरोध की स्थिति है। जहां पालिग्रंथ राज्य का भार अपने पुत्रों को सौंपकर मिलिंद के प्रव्रजित होने और उसकी अर्हत्व प्राप्ति[8] का उल्लेख करता है वही प्लूटार्क मीनेंडर को अच्छा और लोकप्रिय शासक बताते हुए उनकी कैंप में असामायिक मृत्यु की सूचना देता है।[9] विचारणीय है कि मौद्रिक साक्ष्य जो हिंद-यवनों के इतिहास को जानने का मुख्य स्रोत हैं *मिलिंदपञ्ह* के द्वितीय भाग के अंत में दिए गए मीनेंडर के शांतिपूर्ण अंत का विरोध करते हैं और प्लूटार्क के इस कथन का समर्थन करते हैं कि मीनेंडर की मृत्यु असामयिक और अप्रत्याशित थी।[10]

इस आधार पर *मिलिंदपञ्ह* के अंतिम तीन परिच्छेदों की प्रामाणिकता संदिग्ध लगती है और साथ ही मीनेंडर की बौद्ध धर्म में दीक्षित होने की संभावना को भी तब तक स्वीकार नहीं किया जा सकता जब तक इसकी पुष्टि किसी अन्य प्रामाणिक साक्ष्य से नहीं हो जाती।

यद्यपि मीनेंडर के बौद्ध धर्म में दीक्षित होने की बात किसी प्रबल प्रमाण और उसकी पुष्टि करने वाले प्रामाणिक साक्ष्य के अभाव में सही प्रतीत नहीं होती तथापि मीनेंडर की बौद्ध धर्म और संघ में आस्था को प्रमाणित करने वाले प्रमाण उपलब्ध हैं। बौद्ध साहित्य में मीनेंडर को जिस आदर से स्मरण किया गया है वह दोनों के बीच सामीप्य को दर्शाता है। *मिलिंदपञ्ह* से बौद्ध धर्म के संबंध में मीनेंडर की जिज्ञासा और श्रद्धा का परिचय मिलता है।

यूनानी इतिहासकार प्लूटार्क मीनेंडर को न्यायी और जनप्रिय शासक बताते हुए कैंप में उसकी मृत्यु का उल्लेख करते हुए कहता है कि अंतिम संस्कार के बाद उसके भस्मावशेषों पर विरोधी दावे किए गए और अंततः बड़ी कठिनाई से इस बात पर सहमति हो सकी कि भस्मावशेषों को बराबर-बराबर बांटकर अपने-अपने नगरों में उन पर स्मारक बनवाए जाएं।[11] यह कथानक हमें *दीघ निकाय* के 'महापरिनिब्बानसुत्त' के उस उद्धरण की याद दिलाता है जिसमें बुद्ध के महापरिनिर्वाण के समय उनके भस्मावशेषों के लिए भारतीय राजाओं में विवाद होने और फिर उन्हें आपस में बांटकर उन पर बड़े स्तूप बनवाने का उल्लेख है।[12]

यद्यपि इस बात का कोई प्रबल प्रमाण नहीं है कि मीनेंडर बौद्ध हो गया तथापि यह असंभव नहीं है कि यूनानी शासक स्वयं बौद्ध संघ का सदस्य न होते हुए भी इस धर्म को विशेष लाभ पहुंचा रहा था एवं उसकी प्रसिद्धि दूर-दूर तक फैल रही थी। लंका का महान बौद्ध ग्रंथ *महावंश*, सिंहली शासक दुतुगमुनु (मीनेंडर का समसामयिक) द्वारा स्वानवाली दगोवा के महान स्तूप के उद्घाटन के अवसर पर आमंत्रित किए गए विदेशी प्रतिनिधियों में यूनानी राज्यों से आए बौद्धों और यान देश के अलसंदा (योनग्रालसंदा) से थेर यान

महादम्माराकित के तीस हजार भिक्षुओं सहित आने का उल्लेख करता है।[13] बौद्ध भिक्षुओं के नाम और साथ आए प्रतिनिधियों की संख्या में अतिशयोक्ति हो सकती है, लेकिन इस तथ्य की उपेक्षा नहीं की जा सकती कि उस समय यूनानी राज्यों में महत्वपूर्ण बौद्ध समुदाय था।[14] शिनकोट बाजौर से प्राप्त मंजूषा पर मीनेंडर का प्राकृत भाषा एवं खरोष्ठी लिपि में उत्कीर्ण लेख इस संबंध में बहुत उपयोगी है।[15] चारसद्दा के उत्खनन से प्राचीन पुष्कलावती में एक बौद्ध स्मारक का पता चलता है। मार्टीमर व्हीलर ने शेखान डेहरी के लिये गए चित्र से वहां एक स्तूप के चित्र प्राप्त किए हैं।[16] द्वितीय शताब्दी ई.पू. के आसपास पुष्कलावती में बौद्ध धर्म समृद्ध था। हमें नवीनतम शोधों से ज्ञात होता है कि यह क्षेत्र मीनेंडर के साम्राज्य में था। ऐसी स्थिति में यह संभावना प्रबल हो जाती है कि मीनेंडर के साम्राज्य में बौद्ध धर्म राजकीय संरक्षण का लाभ उठा रहा था।

नारायण भी ब्राह्मण धर्म के विरोध में उसके द्वारा बौद्ध धर्म को संरक्षण दिए जाने की संभावना देखते हैं, पर इसे उसके धर्म परिवर्तन का प्रमाण नहीं मानते। बुपेरेच्ची का भी विचार है कि मीनेंडर बौद्ध धर्म में श्रद्धा रखता था। *मिलिंदपञ्ह* ग्रंथ ही यह मानने के पर्याप्त कारण उपस्थित करता है कि वह संघ का सदस्य नहीं भी था तो भी धर्म को इतना लाभ पहुंचाने वाला था कि संपूर्ण बौद्ध समुदाय उसे स्वयं में से एक मानता था।[17] यद्यपि मीनेंडर की असामायिक मृत्यु ने उसे बौद्ध धर्म में परिवर्तित होने का मौका नहीं दिया, परंतु बौद्ध परंपरा मीनेंडर को जिस तरह कृतज्ञतापूर्वक स्मरण करती है उसे देखते हुए यह मानने के पर्याप्त कारण हैं कि बौद्ध संप्रदाय को इस महान शासक द्वारा अनेक लाभ दिए गए होंगे।

बौद्ध धर्म की ओर मीनेंडर के झुकाव में कोई संदेह न रह जाने पर एक प्रश्न स्वाभाविक रूप से उठता है कि यह विशुद्ध रूप से उनकी सहज भावना का परिणाम था या कोई राजनीतिक निमित्त इसके पीछे काम कर रहा था। मीनेंडर के पूर्व यूनानी राजाओं ने तत्कालीन परिस्थितियों एवं आवश्यकताओं को समझते हुए राजनीतिक लाभ के लिए भारतीय संस्कृति से ऐक्य को दर्शाया था। उनके द्वारा द्विभाषी (यूनानी के साथ ब्राह्मी या खरोष्ठी लिपि युक्त) सिक्कों का प्रचलन, सिक्कों पर उत्कीर्ण यूनानी देव आकृतियों का भारतीय देवी-देवताओं से एकीकरण का प्रयास[19], भारतीय धर्म के प्रचारार्थ यूनानियों द्वारा दौत्य कर्म[20], प्राचीन विदिशा के समीप बेसनगर से प्राप्त हेलियोडोरस (अंतियालकीडस का दूत और डियान का पुत्र) का वासुदेव को समर्पित स्तंभ लेख एवं स्वयं को परमभागवत कहना[21] इसके प्रमाण हैं। *स्टेथमोई पार्थ कोई* (ई.पू. प्रथम शताब्दी) में अराकोशिया में उपस्थित श्वेत यूनानियों को 'व्हाइट इंडियन' कहा गया है।[22] यह तथ्य यूनानियों के भारतीयकरण की पुष्टि करने वाला प्रबल प्रमाण है।

जस्टिन एवं स्ट्रेबो[23], *गार्गी संहिता का युग पुराण*[24], पतंजलि का *महाभाष्य*[25], कालिदास कृत *मालविकाग्निमित्रम्*[26] तथा आदि भारतीय साहित्यिक स्रोत और अयोध्या[27], हाथी

गुंफा[28], रेह अभिलेख[29] जैसे पुरातात्विक प्रमाणों के आधार पर भारत में हुए यवन आक्रमण की सूचना प्राप्त होती है जो शुंग शक्ति के विरुद्ध हुआ।

पुष्यमित्र शुंग ब्राह्मण धर्म का न सिर्फ अनुयायी था, वरन उसने इस धर्म को राजकीय संरक्षण भी दिया था। अत: भारत के उस बौद्ध समुदाय ने जो मौर्य शासन में राजकीय संरक्षण का लाभ उठाता आया था यवन आक्रमण के परिणामस्वरूप भारत में स्थापित यूनानी साम्राज्य के शासक मीनेंडर को शुंगों की बढ़ती शक्ति के विरुद्ध अपने संरक्षक के रूप में देखा होगा। इसकी पर्याप्त संभावना है कि बौद्ध धर्म मीनेंडर के साम्राज्य का संभवत: सर्वाधिक प्रभावी धर्म था। निस्संदेह उसके प्रति सहयोगी दृष्टिकोण मीनेंडर ने राजनीतिक दृष्टि से उपयोगी समझा होगा।[30] इसके साथ ही मीनेंडर की बौद्ध धर्म के प्रति सहज श्रद्धा भावना भी इसके पीछे एक कारण हो सकती है।

संदर्भ एवं टिप्पणियां

* यह अब मान्य है कि मीनेंडर नाम के दो भिन्न-भिन्न शासक हुए : (1) मीनेंडर सोटर (155-130 ई.पू.), (2) मीनेंडर डिकाओस (90-85 ई.पू.), ई.पू. द्वितीय शताब्दी में आक्रमण करने वाला इनमें से प्रथम अर्थात मीनेंडर सोटर था.

1. स्मिथ इसका समय ई.पू. 160-140 बताते हैं जबकि रैप्सन ई.पू. 175 में मीनेंडर और यूक्रेटाइडीज को एक-दूसरे का समकालीन बताते हैं. ए.के. नारायण मीनेंडर का समय लगभग ई.पू. 155-130 निर्धारित करते हैं जिसे दानी भी स्वीकार करते हैं और बुपेरेच्ची उसे हिंद-यवन शासकों के मध्य बिंदु के रूप में मानते हुए इसे सहमति व्यक्त करते हैं. दृष्टव्य :-
   (*i*) *आक्सफोर्ड हिस्ट्री आव इंडिया*, II एडी. पृ.-124.
   (*ii*) *कैंब्रिज हिस्ट्री आव इंडिया,* पृ. 446, 551, 669.
   (*iii*) नारायण, ए.के., *दि इंडो-ग्रीक्स,* पृ. 75-77, 99-100, 181.
   (*iv*) दानी, ए.एच., *बैक्ट्रियन एंड इंडस-ग्रीक्स : ए रोमेंटिक स्टोरी फ्रॉम देयर क्वायंस एबाउट 255-50 बी.सी.,* पृ. 27, 1991.
   (*v*) बुपेरेच्ची, ओसमंड, *स्टडिया इरेनिका.*
2. डॉ. अभय के. सिंह इस निष्कर्ष से असहमति व्यक्त करते हैं कि हिंद-यवन आक्रमण शुंग काल में हुआ. विस्तृत विवरण देखें, सिंह, अभय के *मौर्यन एंड शुंगन स्टडीज,* पृ. 111-122, नई दिल्ली, 1992.
3. वुडकाक, जार्ज, *दि ग्रीक्स इन इंडिया,* पृ. 114.
4. *मिलिंदपञ्ह निगमन*, पृष्ठ 295.
5. लाहिरी ए.एन., *कार्पस इंडो-ग्रीक क्वायंस,* कलकत्ता, 1965, पृ. 160.
6. सेनार्ट, बार्थ, गायगर और विंटरनित्स आदि विद्वान ग्रंथ का मूल स्वरूप प्रथम तीन परिच्छेदों तक ही मानते हैं जबकि विद्वानों का दूसरा वर्ग (रीज डेविड्स, आनंद कौशल्यायन आदि) मानता है कि संभव है अंतिम तीन परिच्छेद जिनमें स्थविरवादी दर्शन की चर्चा है और जो अर्हत्व से संबंधित है, महायानवादी चीन अनुवादकों ने स्वयं ही रुचि न ली हो.
7. *मिलिंदपञ्ह* 3.7.16, मिलिंद राजा के प्रश्नों के उत्तर देना समाप्त.
8. *मिलिंदपञ्ह* निगमन 'तदा राजा बलकायेहि नागसेन थेर पयिरुपसित्वा मिलिंद नाम विहारं कारेत्वा थेरस्स

नियायादेत्वा चतहि पच्चयेहि नागसेन कोटिसतसहस्सभिक्खू हि संद्धि परिचरि. पुनपि थेरस्य पन्नाय पसीदित्वा पुत्तरस रज्जं नियायादेत्वा अगारस्मा अनगारियं पब्बजित्वा विपस्सनं बड्ढेत्वा अरहत्तं पापुणि.'

9. प्लूटार्क मोरेलिया 821 (डीसी) दृष्टव्य *टार्न-दि ग्रीक्स इन बैक्ट्रिया एंड इंडिया* : पृ. 263-264, 198 दिल्ली.
10. मीनेंडर की पत्नी अगाथेक्लिया ने मीनेंडर की मृत्यु के बाद उसके पुत्र स्ट्रेटो की अल्पवयस्कता में उसकी संरक्षिका के रूप में शासन किया. मौद्रिक साक्ष्य स्पष्ट रूप से दर्शाते हैं कि जैसे-जैसे स्ट्रेटो बड़ा होता है अगाथोक्लिया के प्रभाव में कमी आती जाती है.
    (*i*) सिक्कों की पहली शृंखला में अगाथोक्लिया का यूनानी लिपि में नाम और उसका चित्र अग्रभाग में है. पृष्ठभाग में स्ट्रेटो का नाम और उपाधि खरोष्ठी भाषा में है. उसका चित्र नहीं है.
    (*ii*) दूसरी शृंखला में अगाथोक्लिया और स्ट्रेटो का चित्र यूनानी भाषा में लेख सहित अग्रभाग में है और दूसरे भाग में खरोष्ठी लिपि में लेख 'महरजस ततरस धार्मिकस स्त्रतरस अगाथ्रेकई' उत्कीर्ण है.
    (*iii*) अगली शृंखला में सिक्कों की खरोष्ठी परंपरा में उसका नाम समाप्त हो जाता है. विस्तृत विवरण के लिए दृष्टव्य बुपेरेच्ची, ओसमंड '*एंशिएंट सीलोन*,' 1990 वाल्यूम.
11. प्लूटार्क मोरेलिया, 821 अनु.एच.एन. फाउलर, 1936, पृ. 278.
    टार्न दि ग्रीक्स इन वैक्ट्रिया एंड इंडिया से सामार.
12. रीज डेविड्स, टी.डब्ल्यू. 'महापरिनिब्बानसुतांत' *बुद्धिस्ट सूत्ताज सेकरेड बुक्स आव दि ईस्ट,* वाल्यूम (XI).
13. गैजर, डब्ल्यू., *दि महावंश आर दि ग्रेट क्रानिकल आव सीलोन*, पृ.-194, 1912.
14. बुपेरेच्ची ओसमंड, *एंशिएंट सीलान*.
15. बाजौर लेख के अनुसार उसके शासन काल में बुद्ध के अस्थि अवशेष मंजूषा में रखकर प्रतिष्ठापित किए गए थे.
16. व्हीलर, मार्टीमर, *चारसद्दा : ए मैट्रोपोलिटस आव द नार्थ वेस्ट फ्रंटियर*, पृ. 16, 17, 1962.
17. जिम्मर एच., *फिलोसाफीज आव इंडिया,* न्यूयार्क, 1951.
18. चक्रवर्ती, सरोजनी, *फारेन इनफ्लेक्स एंड इंटरेक्शन विद इंडियन कल्चर,* पृ. 212.
19. मार्शल, जे., *ए गाइड टू तक्षशिला,* पृ. 26.
20. यूनानी धर्मरक्षित मौर्यकाल में दूत के रूप में अपरांतक गया जहां उसने सफलतापूर्वक धर्मप्रचार का कार्य किया और हजारों लोगों (महिलाओं और कुवीनों सहित) को बौद्ध धर्म में परिवर्तित किया.
21. *आर्कियोलाजिकल सर्वे ऑव इंडिया एन्युअल रिपोर्ट,* पृ.-126, 1908-9 'मार्शल नोट्स ऑन 'आर्कियोलाजिकल एक्सप्लोरेशन इन इंडिया', जनरल आव दि रायल एशियाटिक सोसायटी आव ग्रेट ब्रिटेन, आयरलैंड, 1909, पृ. 105-6.
22. मुकर्जी, बी.एन. लेख 'दि स्टेथगोई पार्थकोई एंड दि ग्रीक कल्चर इन अराकोशिया' देखें '*यवनिका*' वाल्यूम 2, जनरल आव दि इंडियन सोसायटी फार ग्रीक एंड रोमन स्टडीज, 1992, पृ. 58.
23. अपोलोडोरस को उद्धृत करते हुए स्ट्रेबो कहता है कि बैक्ट्रिया के यूनानी शासकों ने भारत पर आक्रमण किया और मकदूनिया शासकों से अधिक क्षेत्र हस्तगत किया. स्ट्रेबो XI.11.1; XV.1.3; XV.1.27-28.
24. जायसवाल के.पी., 'हिस्टोरिकल डाटा इन दि गार्गी संहिता एंड ब्रहमिन एंपायर', *जनरल आव दि बिहार एंड उड़ीसा रिसर्च सोसाइटी* 14, 1928, पृ. 410.
25. *महाभाष्य,* III.2.111.
26. *मालिविकाग्निमित्रम*, अंक V, श्लोक 15, त्रिपाठी, आर.पी. (संपा.) *कालिदास ग्रंथावली* (इलाहाबाद 202, विक्रमी) पृ. 343.

27. अयोध्या अभिलेख के लिए देखें पी.एल.गुप्ता की *प्राचीन भारत के प्रमुख अभिलेख.* वाराणसी, 1988; *एपीग्राफिका इंडिका* XX, अप्रैल 1229, पृ. 54-58, डी.सी. सरकार, *सेलेक्टड इंसक्रिप्शंस, वाल्यूम* I, दिल्ली, 1986, III एडी, पृ. 94-95.
28. *एपीग्राफिका इंडिका*, XX जनवरी 1930, पृ. 71, पृ. 94-95 अनुवर्ती पी.एल. गुप्ता, *प्राचीन भारत के प्रमुख अभिलेख.*
29. शर्मा, जी.आर., *दि रेह इंसक्रिप्शन आव मीनेंडर एंड दि इंडो-ग्रीक इंवेजन* के लिए दृष्टव्य, पृ.-7 प्लेट VII.
30. दृष्टव्य, *एंशिएंट सीलोन* में बुपेरेच्ची का लेख, पृ. 8.

19. गौरीशंकर गुलड़िया से प्राप्त एकमुखी शिवलिंग

मनोज शर्मा*

बरेली जिले के शोध कार्य को पूर्ण करने हेतु ग्राम-ग्राम पुरातात्विक सर्वेक्षण किया गया। सर्वेक्षण के अंतर्गत जिले के ग्राम रामनगर में स्थित 'अहिच्छत्र' नामक पुरास्थल से लगभग 7 किमी. पश्चिम में गुलड़िया नामक ग्राम में एकमुखी शिवलिंग प्राप्त हुआ है यह शिव-लिंग पुरातात्विक दृष्टि से महत्वपूर्ण प्रतीत होता है।

साहित्यिक साक्ष्यों के आधार पर भी शिवलिंग की महत्ता न केवल भारत में वरन प्राचीन विश्व में भी देखने को मिलती है। प्राचीन यूनान में डेमीटर और पर्शीफोनी के त्योहारों (उत्सवों) के दौरान महिला भक्त फाली (Phalli) को हाथों में लेकर, जो कि जीवित सर्पों की एक गुंफावस्था के रूप में होती थी, जुलूस में चलती थीं। इस प्रकार के प्रतीक को प्रजनन अथवा पुन: प्रजनन का द्योतक माना जाता था।[1] *हर्मीज* का प्रतीक एक खड़े फालस से युक्त क्रास था, जो कि आधे नाल पर दर्शाया गया है।[2] फालस की महत्ता एशिया माइनर के अन्य संप्रदायों में भी देखने को मिलती है। इस प्रतीक को कब्रों के ऊपर स्थापित किया जाता था। इसको मृत्यु की उर्वरक शक्ति के ज्ञान को प्रदर्शित करने वाला माना गया।[3] प्राचीन पर्शियन घोड़े की लगाम, जिसके गाल के टुकड़े का एक सिरा लिंग की भांति होता था तथा दूसरा घोड़े की खुर की भांति होता था। संभवत: यह प्रतीक प्रजनन शक्ति को प्रदर्शित करता था।[4]

भारतीय दर्शन का केंद्र बिंदु मुख्यत: शिवलिंग माना जा सकता है। यहां एक ऐसे अस्तित्व की अवधारणा है, जो समस्त सृष्टि में विद्यमान होते हुए भी इस सृष्टि से बाहर है। जो नश्वर में भी है, अनश्वर में भी है। जिससे समस्त ब्रह्मांड प्रकाशमान है। वह देवों का देव है। वह एक ऐसी परमशक्ति है जो सृष्टि पालक एवं रचयिता ब्रह्मा, विष्णु से भी पहले था। वह परम ज्योतिर्मय अग्निपुंज शिव है। इन्हीं तीनों शक्तियों के संचलन से ही इस प्रकृति की आवागमन प्रक्रिया संचालित है। शिव का प्रतिरूप लिंग है। लिंग को एक घेरे के साथ दर्शाया गया है, जिसको योनि कहा गया है। लिंग एवं योनि का संयुक्त अंकन भारतीय कला में आस्था, जीवन-मृत्यु एवं शिव तत्व के रूप में होता है। सिंधु घाटी[5] की सभ्यता से भी गोल पत्थर और मिट्टी की आकृतियां, जो पुरुष और प्रकृति (स्त्री) के

---

* शोध छात्र, प्राचीन इतिहास एवं संस्कृति विभाग, म.ज्यो.फु., रुहेलखंड विश्वविद्यालय, बरेली.

अंगों के प्रतीकात्मक संकेत प्राप्त होते हैं। वाल ने इस प्रकार के तथ्यों पर संदेह व्यक्त किया है। वाल के अनुसार, 'क्या उत्पत्ति के अंगों की वास्तविक पूजा कभी हुआ करती थी, या वास्तव में उन विचारों के प्रतीक के रूप में पहचाने गए जो प्रकृति की पूजा में सम्मिलित थे।'[6]

लिंग की प्रतीकात्मकता महाकाव्य काल में भी द्रष्टव्य है। इसको कृषि कर्म और कृषि उपकरणों से संबद्ध किया है। *रामायण* के उद्धरण में राजा जनक द्वारा हल चलाने की बात कही गई है, जिससे सीता के जन्म की अवधारणा बनी। वस्तुत: 'हल' जो संस्कृत भाषा में 'लै गुला' कहा गया 'लैक' धातु से लिया गया है। यह लिंग और खोदने वाले औजार दोनों का संकेत करता है। हल के नीचे जमीन को खोदने हेतु एक लोहे की फाल का प्रयोग होता है। इसमें जो रेखा अथवा क्यारी बनती है, उसे सीता कहा जाता है। अत: द्रष्टव्य है, कि सीता का मानवीयकरण प्रजनन शक्ति प्रतीकात्मक स्वरूप है। प्रसवन शक्ति के पहलू के उदाहरण हमें अन्य पौराणिक ग्रंथों में देखने को मिलते हैं।

शैववाद के विकास से लिंग पूजा का महत्व बढ़ने लगा था। शैव धर्म के संप्रदायों में कुछ विशेष में इसके अनुयायी लिंग प्रतिरूप को कांधे पर लेकर चलते थे।

लिंग पूजा की कलात्मक रूप में स्थापना के दक्षिण भारत में उदाहरण मिलते हैं। यहां लिंग के साथ मुखाकृति को अंकित किया गया है। इस प्रकार की लिंग मानवाकृति मंदिर के मध्य गर्भगृह में स्थापित होती थी। इस प्रकार की लिंग प्रचलन विधि को मुख्यत: दो भागों में विभक्त किया गया है :1. चल लिंग, एवं 2. अचल लिंग।

चल लिंग को अन्य भागों में विभक्त किया गया है; इनमें जंगम लिंग, मणि माया लिंग, लोहजा और रत्नजा लिंग, द्रुजा लिंग, सैलजा लिंग आदि एवं अचल लिंग के अंतर्गत स्वयंभू लिंग, गणप्पा लिंग और आर्ष लिंग, मनुशा लिंग, सार्वदेशिक लिंग, सर्वसभा, वर्धमान आदि मुख्य हैं। इस वर्गीकरण के अतिरिक्त नागर लिंग, द्रविण लिंग, बेसर लिंग आदि भी पूजनीय माने जाते हैं।[7]

उत्तर भारत में लिंग पूजा का कलात्मक स्वरूप तृतीय एवं चतुर्थ शताब्दी ई. में विशेष उल्लेखनीय है। लिंग के स्वरूप को निम्न वर्गों में विभक्त किया गया है:

1. लिंग विग्रह।
2. एकमुखी शिवलिंग।
3. पंचमुखी शिवलिंग।

पंचमुखी शिवलिंग में चारों दिशाओं में और एक ऊपर की ओर मुख है। यह स्थिति उस समय की मानी गई है, जब पाशुपत आचार्यों ने पंचब्रह्म सिद्धांत का प्रतिपादन किया था। ये पांच मुख निम्नवत माने जाते हैं:

1. सधोजात : इसका संबंध पृथ्वी तत्व से है।
2. वामदेव : इसका संबंध जल तत्व से है।

3. अघोर तत्व : इसका 'अस्तित्व' से संबंध जोड़ा गया है।
4. तत्पुरुष : यह वायु से जोड़ा गया है।
5. ईशान : यह आकाश से संबंधित है।

उपरोक्त पांचों तत्व सृष्टि निर्माण के सूत्र के रूप में देखे जा सकते हैं।

गुप्ता स्कल्पचर[10] नामक पुस्तक में उत्तर भारत से प्राप्त विभिन्न शिवलिंग जो कि एकमुखी हैं, का वर्णन किया गया है :

1. *एकमुखी शिवलिंग :* राजघाट (वाराणसी) यह चुनार सेंडस्टोन का बना है। यह लिंग आधारविहीन है, तथा इसके ऊपर मुखाकृति मध्य भाग तक है। जिसके सिर पर जूड़ा है तथा गले में आभूषण है। यह शिवलिंग स्वयंभू लिंग की श्रेणी में बताया गया है।
2. यह शिवलिंग भी वाराणसी से प्राप्त है, चुनार सेंडस्टोन का बना है। इसकी तिथि पांचवीं शताब्दी ई. है।[11]
3. गाजीपुर बनारस से प्राप्त इस शिवलिंग पर शिव प्रतिमा स्पष्ट रूप से दिखाई पड़ती है। इसमें शिव प्रणय की मुद्रा में हैं। लिंग के नीचे मुखाकृति बनी है। आकृति के सिर पर एक टोकरी-सी रखी दिखाई पड़ती है। इसके उपरांत पुन: शिवलिंग बढ़ता हुआ दिखाई पड़ता है, जो कि एक कमल के फूल की भांति प्रतीत होता है। इस रूप की लिंगायत, वीर शैव, जंगम पंथ के अनुयायी अर्चना करते हैं।[12]

उत्तर प्रदेश के पश्चिम में एकमुख शिवलिंग हाल ही में शोध सर्वेक्षण में, श्री राजीव पांडे को शाहजहां पुर जिले से प्राप्त हुआ है। यह शिवलिंग लगभग 4 फुट ऊंचा है तथा मुखाकृति ऊपर से लगभग 1 फुट नीचे तक बनी है। मुखाकृति के टूट जाने के कारण इसको कोई विशेष नाम नहीं दिया जा सकता है।

इसी प्रकार गुलड़िया नामक ग्राम से प्राप्त शिवलिंग जो कि 'गौरीशंकर' के नाम से जाना जाता है, प्राप्त हुआ है। यह शिवलिंग लाल बलुआ पत्थर का बना है। इस शिवलिंग की ऊंचाई भी लगभग 4 फुट है। इस शिवलिंग की बनावट एक अनगढ़ एवं प्राकृतिक दिखाई पड़ती है। यह लिंग ऊपर से एकसार गोल न होकर, कुछ चपटा-सा प्रतीत होता है। इस लिंग की मोटाई लगभग 1 फुट होगी। शिवलिंग के ऊपरी हिस्से से लगभग 1.5 फुट नीचे एक मुखाकृति दिखाई पड़ती है। यह नारी प्रतिमा प्रतीत होती है। इस प्रतिमा के गले में आभूषणों के रूप में मोतियों की माला जैसी दीखती है। सिर पर एक जूड़ा जैसी स्थिति दिखाई पड़ती है।

रख-रखाव की कमी के कारण यह मुखाकृति अपने वास्तविक स्वरूप को खोती जा रही है। प्रो. बी.बी. लाल और प्रो. एम.एन. देशपांडे ने अपने अहिच्छत्र भ्रमण के दौरान

गौरीशंकर गुलडिया से प्राप्त एकमुखी शिवलिंग

इस शिवलिंग की प्राचीनता को स्पष्ट करते हुए लिंग की मुखाकृति पुरुष मुखाकृति की बात कही, जबकि प्रो. शिवगोपाल वाजपेयी इसे स्त्री प्रतिमा ही मानते हैं। तथापि उपरोक्त विद्वानों का मत है कि 'इस एकमुखी शिवलिंग को सुरक्षित कर अध्ययन हेतु प्रयास नहीं किया जाता उस समय तक इसकी महत्ता एवं प्राचीनता को स्पष्ट करना दुष्कर होगा।' अस्तु, यह शिवलिंग पुरातत्व की दृष्टि से अत्यंत महत्वपूर्ण है। इस लिंग की तिथि गुप्तकाल की चौथी शताब्दी कही जा सकती है। गुप्त काल में इस क्षेत्र के अंतर्गत मुख शिवलिंगों की अवधारणा स्पष्ट होने लगी थी और अहिच्छत्र गुप्त शासकों के अधीन राज्य था। तत्कालीन बरेली के क्षेत्र में शैव संप्रदाय का विशेष स्थान था। वर्तमान में बरेली में शैव संप्रदाय एवं शक्ति संप्रदाय के मंदिर बहुतायत में पाए जाते हैं।

संदर्भ एवं टिप्पणियां

1. ब्रोड्रिक, *ऐनीमल्स इन आर्कियॉलोजी*, पृ. 111.
2. एल्लेग्रो, जे.एम. : *द सेक्रेड मशरूम एंड द क्रास*, पृ. 106.
3. हर्जोग, *साईक एंड देथ*, पृ. 206.
4. ट्रेंच, *ए हिस्ट्री आव होर्समेनशिप*, पृ. 20.
5. यादव, आर.पी., *प्राचीन भारतीय प्रतिमा शास्त्र* (बौद्ध, जैन, ब्राह्मण), पृ. 129.
6. बाल, ओ., *सेक्स एंड सेक्स वर्शिप*, पृ. III,.
7. मार्गेट एंड जेम्स स्टूट्ली, *ए डिक्शनरी ऑव हिंदूज्म, इट्स मॉइथोलोजी फोकलोर एंड डवलपमेंट*, पृ. 162.

8. यादव, आर.पी., उपरोक्त, पृ. 131; राव गोपीनाथ टी.ए. : *हिंदू आईक्नोग्राफी*, पृ. 75.
9. उपरोक्त.
10. विश्वास, टी.के. एवं झा भोगेंद्र, *गुप्ता स्कल्पचर,* पृ. 35-36.
11. उपरोक्त, पृ. 35; पी.के. अग्रवाल शोध पत्र, *गुप्ता आर्ट एंड कल्चर.*
12. उपरोक्त, पृ. 36; कृष्णा, डा. आनंद, 'द गुप्ता स्टाईल ऑव स्कल्पचर फ्राम सिटी ऑव बनारस', वाईड रूप प्रतिरूप, संपादित : *बेटिना बाऊमेर,* पृ.-87-88.

20. शाहजहांपुर की मृण्मूर्तियां

राजीव पांडेय*

इतिहास और पुरातत्व की दृष्टि से उ.प्र. का भारत में प्रमुख स्थान है। प्राचीन काल में इस प्रदेश की संज्ञाएं 'आर्यावर्त' तथा 'मध्यदेश' थीं।[1] भारतीय सभ्यता बहुत समय तक गंगा-यमुना की अंतर्वेदी (दोआब) में तथा उनकी सहायक नदियों के कांठों में फूलती-फलती रही। इस भूभाग के अनेक नगर सांस्कृतिक केंद्रों के रूप में विकसित हुए। इन्हीं नगरों में प्राचीन उत्तरी पंचाल की राजधानी अहिच्छत्र के अंतर्गत वर्तमान शाहजहांपुर जनपद पुरातात्विक सर्वेक्षणोपरांत अत्यंत समृद्ध तथा सांस्कृतिक केंद्र के रूप में प्रकाश में आया है। उ.प्र. के मानचित्र के लगभग मध्य भाग में स्थित शाहजहांपुर जनपद (27° 35' व 28° 29' उत्तरी अक्षांश एवं 79° 37' व 80° 23' पूर्वी देशांतर) प्राचीन काल में उत्तरी पंचाल का अंग था। इस जनपद के गहन पुरातात्विक अन्वेषण में अनेक महत्त्वपूर्ण पुरास्थल तथा पुरावशेष प्रकाश में आए हैं, जिनके आलोक में इस क्षेत्र की प्राचीन समृद्धता का ज्ञान होता है। पुरानिधियों के अंतर्गत यहां से कलाकृतियों में प्रस्तर प्रतिमाओं के अतिरिक्त अनेक 'मृण्मूर्तियां' प्राप्त हुई हैं, जो कालक्रम के अनुसार शुंग, कुषाण, गुप्त तथा उत्तर-गुप्तकालीन हैं।

कला को किसी भी सभ्यता और संस्कृति की उपलब्धियों तथा अतीत का प्रतिबिंब माना जाता है। उससे हम न केवल उस युग के लोगों की सामाजिक, धार्मिक अथवा व्यक्तिगत रहन-सहन के विषय में ज्ञान प्राप्त करते हैं, वरन उस युग की सभ्यता का सुसंबद्ध चित्र भी पा सकते हैं। इस कला के अंतर्गत 'मृत्तिका कला' भी प्रमुख है। प्राचीन भारतीय मृत्तिका कला उसकी सांस्कृतिक चेतना की प्रमुख देन है। मृत्तिका कला लोक जीवन से ओत-प्रोत थी तथा इसे तत्कालीन समाज का प्रलेख कहा जा सकता है।[2]

प्रकृति द्वारा मानव को मिट्टी के रूप में एक अमूल्य उपहार प्राप्त हुआ है। प्रारंभ में मानव ने कंदराओं एवं पत्थरों पर गेरू और प्रस्तर खड़िया इत्यादि के द्वारा अंकन करके अपने भावों को व्यक्त किया।[3] इसके पश्चात उसने सबसे सहज और स्वाभाविक माध्यम मृत्तिका अथवा मिट्टी को अपनाया। बाद में जब मिट्टी को स्थायित्व देने का प्रश्न उठा तब उसने मिट्टी द्वारा निर्मित वस्तुओं को आग में पकाने का तरीका खोज निकाला। इस प्रकार मृण्मयी मूर्तिकला का प्रादुर्भाव हुआ तथा संभवत: प्रारंभिक मानव ने कलाकृतियों

---

* प्रशिक्षु, भारतीय पुरातत्व सर्वेक्षण, पुरातत्व संस्थान, 24 तिलक मार्ग, नई दिल्ली-110001.

में सर्वप्रथम 'मृण्मूर्तियों' का निर्माण किया।

'टेराकोटा' (Terracotta) शब्द पकी मिट्टी को निर्दिष्ट करता है, किंतु इसका सही तात्पर्य पकी हुई मिट्टी की मानवाकृतियों, पशु आकृतियों आदि से है।[4]

प्राचीन भारतीय वाङ्मय में भी मृण्मूर्तियों का उल्लेख अनेक ग्रंथों में मिलता है। *महाभारत* में उल्लिखित है कि द्रोणाचार्य के शिष्य निषाद एकलव्य ने अपने गुरु द्रोण की मिट्टी की मूर्ति बनाकर उसके सामने धनुर्विद्या का अभ्यास किया था।[5] इसके अतिरिक्त मिट्टी की मूर्तियों तथा उनकी तकनीकी आदि का विवरण प्रतिमाशास्त्र तथा शिल्पशास्त्र के अनेक ग्रंथों में मिलते हैं।

भारत में मृण्मयी मूर्तिकला का इतिहास अत्यंत प्राचीन है। प्राक्-हड़प्पा संस्कृति (3500–2500 ई.पू.) के संदर्भ में मिट्टी की बनी हुई विभिन्न मूर्तियां अनेक पुरास्थलों (मेहरगढ़, कोटदीजी, डाबरकोट, व कालीबंगा आदि) से प्राप्त हुई हैं।[6] हड़प्पा काल और उसके बाद मौर्य, शुंग, कुषाण, गुप्त, उत्तर-गुप्त तथा उसके बाद के कालों में भी मृण्मूर्तियां निर्मित और प्रचलित रही हैं। इससे स्पष्ट होता है कि मृण्मयी मूर्तिकला का एक लंबा इतिहास है। डॉ. वीरेंद्र नाथ के अनुसार, 'हड़प्पा काल से लेकर पालवंश तक का समय मृण्मूर्ति कला का 'स्वर्णिम युग' माना जाता है।'[7]

इस प्रकार उपर्युक्त अध्ययन से स्पष्ट होता है कि मृण्मयी मूर्तिकला एक ऐसी विधा है जो प्राचीन काल से लेकर आज तक जनसाधारण से जुड़ी हुई है तथा प्रत्येक युग के परिवर्तनों, नई धारणाओं तथा सामाजिक परिस्थितियों के साथ-साथ विभिन्न प्राचीन धारणाओं और मान्यताओं को दर्शाने की अद्भुत क्षमता इसमें पाई जाती है। मृण्मयी मूर्तिकला की लोकव्यापिनी शक्ति का अनुमान इसी तथ्य से लगाया जा सकता है कि भारत में यह अनेक शताब्दियों तक एक लोकप्रिय माध्यम बनी रही।

शाहजहांपुर जनपद के पुरातात्विक सर्वेक्षण में विभिन्न पुरावशेषों के अंतर्गत कलाकृतियों में प्रस्तर मूर्तियों के अतिरिक्त अनेक मृण्मूर्तियां प्रकाश में आई हैं, जिन्हें कालक्रम के अनुसार शुंग, कुषाण, गुप्त, उत्तर-गुप्त तथा मध्यकालीन संभावित किया जा सकता है। यहां से प्राप्त विभिन्न मृण्मूर्तियों में लोकजीवन के विविध अंगों के अध्ययन की प्रचुर सामग्री निहित है तथा प्राचीन वेशभूषा, धार्मिक मान्यताएं, आमोद-प्रमोद आदि का सजीव चित्रण इन कलाकृतियों के द्वारा देखने को मिलता है।

शाहजहांपुर जनपद में अनेक पुरास्थलों से अन्य पुरावशेषों के साथ विभिन्न मृण्मूर्तियां प्रकाश में आई हैं, जिनमें नारी मृण्मूर्तियां, पुरुष मृण्मूर्तियां तथा पशु मृण्मूर्तियां आदि प्रमुख हैं, जिन्हें अध्ययन की दृष्टि से निम्नलिखित वर्गों में विभाजित किया गया है :

(अ) मानव मृण्मूर्तियां—(1) नारी (2) पुरुष

(ब) पशु मृण्मूर्तियां

(स) अन्य मृण्मूर्तियां

(अ) मानव मृण्मूर्तियां

(1) नारी मृण्मूर्तियां

(i) नारी मृण्मूर्ति (R.P./P.M.B.-01)—तिलहर तहसील में स्थित खेड़ा बझेड़ा नामक पुरास्थल से प्राप्त लाल रंग की यह अलंकृत मृण्मूर्ति (5.5 × 4 से.मी.) सांचे द्वारा निर्मित है। इस मृण्मूर्ति का कमर तक का भाग सुरक्षित है। इसकी आंखें बड़ी, उभरे हुए कपोल, ऊंची नासिका तथा कानों में कुंडल और गले में हार सुसज्जित है। वक्षस्थल उभरे हुए हैं तथा बाईं ओर गोद में किसी शिशु को लिये हुए है। संभवतः यह *नैगमेषी* की मूर्ति है। यह मृण्मूर्ति अपने चपटे डौल के कारण शुंग कालीन प्रतीत होती है तथा तत्कालीन समाज की आर्थिक एवं सांस्कृतिक समृद्धता और वैभव को दर्शाती है।

(ii) नारी मृण्मूर्ति (R.P./P.M.B.-02)—पांडु-लाल रंग की यह मृण्मूर्ति (9 × 4.5 से.मी.), तहसील पुवायां के बितौनी नाम पुरास्थल से प्रकाश में आई है। यह मृण्मूर्ति हस्तनिर्मित है जो कमर के नीचे घुटनों तक सुरक्षित है। इसके हाथ तथा पैर खंडित हैं। इसमें नारी के बालों को चोटी के रूप में पीछे लटकते हुए दिखाया है। मूर्ति की मुखाकृति में दायां कान खंडित है तथा आंखें, नाक और ओष्ठ अस्पष्ट हैं जिसके कारण मुख की भाव-भंगिमा स्पष्ट नहीं है। इस मूर्ति के गले में हार है। नग्न तथा उभरे हुए उन्नत उरोज, कमर पतली तथा नाभि स्थल को गहरा छिद्रयुक्त दर्शाया है। आकार-प्रकार एवं बनावट को देखने से ऐसा प्रतीत होता है कि संभवतः यह मातृदेवी की मृण्मूर्ति है। कालक्रम के अनुसार इसे उत्तर गुप्तकालीन माना जा सकता है।

(iii) नारी मृण्मूर्ति (R.P./P.M.B.-03/A, 03/B)—यह मृण्मूर्तियां तहसील तिलहर के धुल्लियाखेड़ा नामक पुरास्थल से प्रकाश में आई हैं। सांचे द्वारा निर्मित लाल रंग की इस मृण्मूर्ति (4.5 × 3.5 से.मी.) का वक्षस्थल के नीचे का भाग खंडित है। इसमें सुसज्जित केश-विन्यास, आंखें लंबी तथा नासिका गोलाकार है। ओष्ठ और कपोल अधिकांशतः अस्पष्ट हैं, कानों में कुंडल हैं तथा दायां उरोज, हाथ और पैर खंडित हैं। यह मृण्मूर्ति संभवतः उत्तर-गुप्तकालीन है।

(iv) नारी मृण्मूर्ति (R.P./P.M.B.-05)—तहसील तिलहर में स्थित खेड़ा-बझेड़ा नामक पुरास्थल से प्राप्त लाल रंग की यह मृण्मूर्ति (9 × 10.5 से.मी.) *नागिनी* की मानी जाती है, जो स्पष्टतः कुषाण कालीन है। इसमें मुख भाग को प्रभामंडल से सुसज्जित दिखाया गया है तथा केश सुविन्यास हैं, जिन्हें संवारने के लिए आभूषणों का प्रयोग किया गया है। इस मुखाकृति में आंखें बड़ी-बड़ी एवं खुली हुईं, ललाट के मध्य भाग में बिंदी, कान अपेक्षाकृत बड़े, नाक ऊंची तथा मुख खुला हुआ है जिसमें दांत स्पष्ट दिखाई देते हैं। मूर्ति के पृष्ठ भाग में अलंकृत रेखाएं दर्शाई गई हैं।

(v) नारी मृण्मूर्ति (R.P./P.M.B.-07)—यह मृण्मूर्ति तहसील पुवायां के आयां नाम पुरास्थल से प्रकाश में आई है। सांचे में ढालकर बनाई गई लाल रंग की इस मृण्मूर्ति (18.5 × 10 से.मी.) का कमर से ऊपर का भाग सुरक्षित है। इस मृण्मूर्ति का मुख अस्पष्ट है तथा नाक, ओष्ठ और बाईं ओर का अधिकांश भाग खंडित है। मूर्ति का मुख थोड़ा सा दाईं ओर झुका है तथा मुख के पीछे सुसज्जित आभामंडल है। इस मूर्ति में केश-सुविन्यास, कानों में कुंडल, गले में मोतियों का हार दिखाया गया है। वक्षस्थल प्राय: सपाट परंतु नुकले हैं। मूर्ति का बायां हाथ कोहनी के नीचे खंडित है तथा दायां हाथ मुड़ा है जो पेट पर रखा है। उसके हाथ में चूड़ियां अथवा कंगन स्पष्ट दिखाई देते हैं। पेट का भाग उभरा हुआ होने के कारण तथा उस पर हाथ रखे होने से ऐसा प्रतीत होता है कि यह मूर्ति संभवत: गर्भवती नारी की है। कालक्रम के अनुसार इस मृण्मूर्ति को कुषाणकालीन माना जाता है, जो संभवत: देवी अथवा यक्षिणी की है।

(2) पुरुष मृण्मूर्तियां

(i) पुरुष मुखाकृति (R.P./P.M.B.-04)—लाल रंग की यह मृण्मूर्ति (5 × 5 से.मी.), पुवायां तहसील में स्थित आयां नामक पुरास्थल से प्राप्त हुई है। इस मृण्मूर्ति को सांचे में ढालकर बनाया गया है। इसमें सिर पर केश विन्यास जूड़े द्वारा स्पष्ट दिखाई देते हैं तथा मुख के पीछे *आभामंडल* है। ललाट चौड़ा, आंखें लंबी और बड़ी, नासिका चौड़ी, कपोल उभरे हुए और मोटे तथा कान सामान्य हैं, जिनका निचला भाग अस्पष्ट है। गर्दन के नीचे का भाग खंडित है। कालक्रम के अनुसार इसे उत्तर-कुषाणकालीन संभावित किया जा सकता है।

(ii) पुरुष मुखाकृति (R.P./P.M.B.-06)–तहसील पुवायां के आयां नामक पुरास्थल से प्राप्त लाल रंग की यह मृण्मृर्ति (12 × 7.5 से.मी.) संभवत: भगवान विष्णु की है, जिनके सिर पर सुसज्जित किरीट मुकुट है। इसमें ललाट चौड़ा, आंखें बड़ी-बड़ी तथा पलक उभरे हुए हैं। नासिका का मुख्य भाग खंडित है, तथा मुंह थोड़ा सा खुला हुआ है। कर्णाभूषण स्पष्ट रूप से दिखाई नहीं देते। इस मृण्मूर्ति का गर्दन के नीचे का भाग खंडित है। कालक्रम के अनुसार इसे उत्तर-कुषाणकालीन संभावित किया जा सकता है।

(iii) पुरुष मुखाकृति (R.P./P. M.B.-08)–तहसील जलालाबाद में स्थित सपहा नामक पुरास्थल से प्राप्त यह मृण्मूर्ति (13 × 7 से.मी.) हस्तनिर्मित एवं लाल रंग की है। इसमें ललाट चपटा है तथा आंखें बड़ी एवं अत्याधिक उभरी होने के कारण भद्दी प्रतीत होती हैं। कान अस्पष्ट हैं, नासिका को आहत विधि से चपटा करके बनाया गया है तथा मुख खुला हुआ और चिबुक (ठोड़ी) का भाग चपटा है। इस मूर्ति के गर्दन के नीचे का भाग खंडित है। आकार-प्रकार, तकनीकी एवं बनावट को देखने से यह मृण्मूर्ति कुषाणकालीन मानी जा सकती है, जो किसी यक्ष की प्रतीत होती है।

(ब) पशु मृण्मूर्तियां

(i) हाथी की खंडित मृण्मूर्तियां (R.P./P.M.B.-09)—तहसील जलालाबाद में स्थित दहेना नामक पुरास्थल से प्राप्त धूसर रंग की यह मृण्मूर्ति (6 × 2 से.मी.) हाथी की है, जो अत्यंत आकर्षक है तथा इसे काफी चिकनी मिट्टी से बनाया गया है। इसमें सूंड और अगले पैर खंडित हैं। मुख, गर्दन, पीठ तथा सूंड को आहत विधि से बनी हुई लकीरों एवं बिंदुओं द्वारा अलंकृत किया गया है। आंखें छोटी एवं स्पष्ट हैं तथा सूंड के निकट मुंह के बाहरी दांत स्पष्ट दिखाई देते हैं। संभवतः यह बच्चों के खेलने का खिलौना रहा होगा।

(ii) शूकर की मृण्मूर्ति (R.P./P.M.B.-10)—तहसील पुवायां में स्थित चढ़ारी खेड़ा नामक पुरास्थल से प्राप्त हल्के लाल रंग की इस शूकर मृण्मूर्ति (6.5 × 6.5 से.मी.) का मुंह का अग्रभाग खंडित है। इसमें कान उभरे हुए एवं कान तथा आंखें अस्पष्ट हैं। इसका पीठ का भाग उभरा हुआ तथा डीलदार है। संभवतः यह बच्चों का खिलौना रहा होगा।

(iii) डीलदार बैल की मृण्मूर्ति—लाल रंग की यह डीलदार बैल की हस्तनिर्मित मृण्मूर्ति (4.5 × 6 से.मी.) के सिर का अधिकांश भाग खंडित है। इसमें पूंछ तथा एक पैर भी अस्पष्ट है। वर्तमान समय में यह मृण्मूर्ति उपलब्ध नहीं है।

(स) अन्य मृण्मूर्तियां

अन्य मृण्मूर्तियों में पक्षी मृण्मूर्ति तथा मिट्टी के खिलौने आदि सम्मिलित हैं :

(i) पक्षी—हल्के लाल रंग की हाथ से बने इस पक्षी (3.5 × 1.5 से.मी.) की उठी हुई गर्दन और चोंच स्पष्ट दिखाई देती है। इसके पृष्ठ भाग में छिद्र हैं, जिसके द्वारा संभवतः इसे खिलौने के रूप में धागे में लटकाकर खेलने के लिए प्रयोग किया जाता होगा।

(ii) खिलौने— शोध सर्वेक्षण में अनेक पुरास्थलों से विभिन्न आकार-प्रकार के खिलौने प्राप्त हुए हैं, जो अधिकांशतः खंडितांशों के रूप में हैं। इन खिलौनों में विभिन्न प्रकार के पशु-पक्षियों के खंडितांश प्रमुख हैं, जो प्रायः अस्पष्ट तथा आकारहीन ही शेष हैं।

उपर्युक्त मृण्मूर्तियों के शाहजहांपुर जनपद से प्राप्त होने से यह स्पष्ट होता है कि प्राचीन काल में हजारों वर्ष तक यहां सांस्कृतिक गतिविधियां चलती रहीं तथा यह क्षेत्र आद्यऐतिहासिक, ऐतिहासिक और उसके बाद के युगों में आर्थिक तथा सांस्कृतिक रूप से अत्यंत समृद्ध था।

संदर्भ एवं टिप्पणियां

1. वाजपेयी, कृष्णदत्त, *अहिच्छत्र*, पृष्ठ 1.

2. पांडेय, जय नारायण, *भारतीय कला*, पृ. 181.
3. सिंह, अजय, *रीवां का पुरातत्व*, पृ. 162.
4. सिन्हा, चित्रा रंजन पी., 'सम लिटरेरी रिफरेंसिज टू टेराकोटा आर्ट', *हिस्ट्री एंड कल्चर*, पृ. 181.
5. ''सुत द्रोणस्थ शिरंसा पादौ गृद्दय परूतपः ।
   अरण्यमनुसंप्राप्म कृत्या प्रोणं महीमयम ॥
   तस्मिनचार्यवृतिं चे परमामास्थितिस्तदा ।
   इस्वस्ये योगभातस्ये परमनियामास्थित ॥''
   —*महाभारत*, आदिपर्व, पृ. 827.
6. पांडेय, जय नारायण, पूर्वोद्धृत, पृ. 181.
7. नाथ, वीरेंद्र, 'ए क्रिटिकल स्टडी ऑफ टेराकोटाज फ्रॉम बिहार', *हिस्ट्री एंड कल्चर,* पृ. 185.

फलक संख्या 1

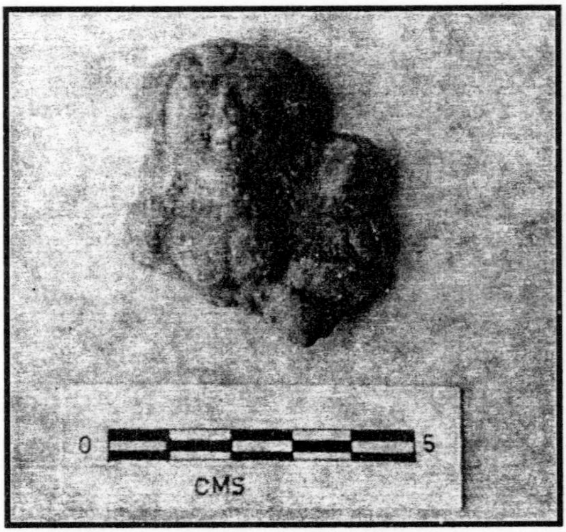

खेड़ा बझेड़ा से प्राप्त नारी की खंडित मृण्मूर्ति (R.P./P.M.B.-01)

बितौनी से प्राप्त नारी मृण्मूर्ति (R.P./P.M.B.-02)

फलक संख्या 2

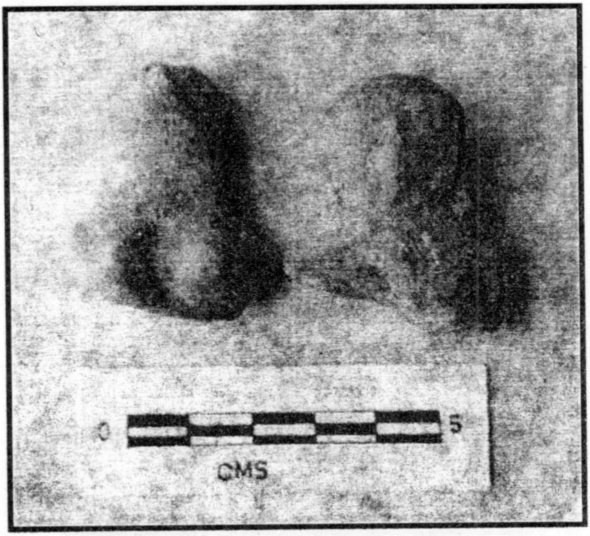

लया खेड़ा से प्राप्त नारी की खंडित मृण्मूर्ति (R.P./P.M.B.-03-A, 03-B)

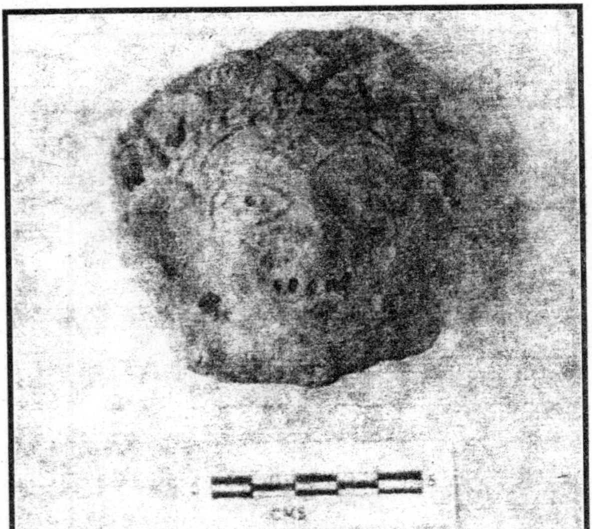

खेड़ा बझेड़ा से प्राप्त नारी मृण्मूर्ति (R.P./P.M.B.-05)

फलक संख्या 3

आयां से प्राप्त पुरुष की खंडित मृण्मूर्ति (R.P./P.M.B.-06)

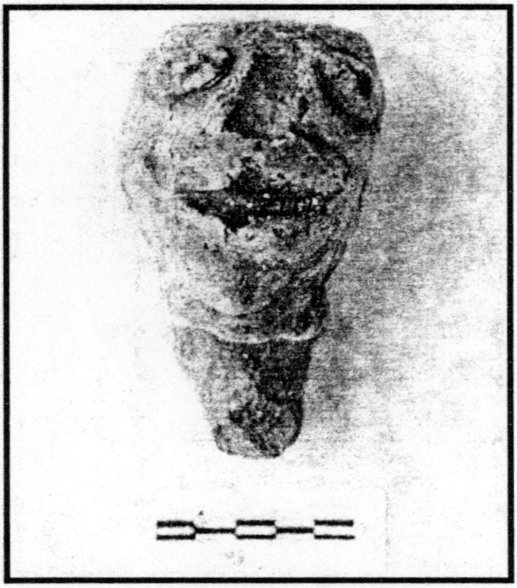

सपहा से प्राप्त पुरुष की खंडित मृण्मूर्ति (R.P./P.M.B.-08)

फलक संख्या 4

आयां से प्राप्त नारी की खंडित मृण्मूर्ति (R.P./P.M.B.-07)

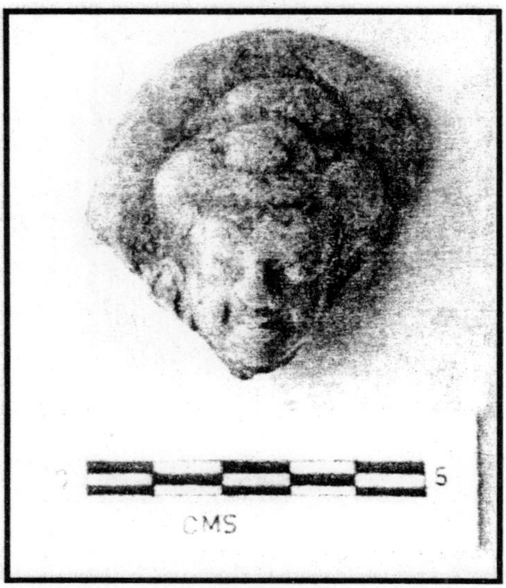

आयां से प्राप्त पुरुष की खंडित मृण्मूर्ति (R.P./P.M.B.-04)

फलक संख्या 5

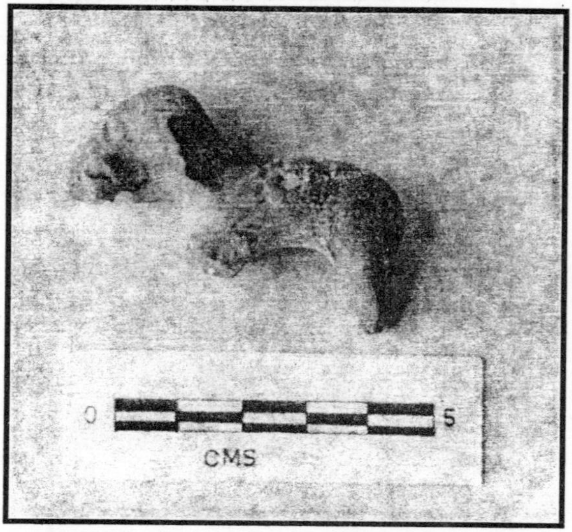

दहेना से प्राप्त पशु मृण्मूर्ति (R.P./P.M.B.-09)

चढ़ारी खेड़ा से प्राप्त पशु मृण्मूर्ति (R.P./P.M.B.-10)

21. इंतज़ाम-ए-राज-ए-आजमगढ़ : एक फारसी स्त्रोत

सैयद नजमुज रजा रिज़वी *

19वीं शताब्दी के प्रारंभ में गिरधारी नामक कायस्थ द्वारा लिखित *इंतज़ाम-ए-राज-ए-आजमगढ़* नामक फारसी हस्तलिपि में आजमगढ़ के राजाओं का इतिहास लिपिबद्ध है। यह हस्तलिपि इंडिया आफिस, लंदन में सुरक्षित है और इसमें 113 पन्ने हैं।[1] *इंतज़ाम-ए-राज-ए-आजमगढ़* के लेखक गिरधारी को आजमगढ़ के राजाओं के संबंध में विशिष्ट जानकारी प्राप्त थी, क्योंकि उसके पूर्वज आजमगढ़ में कानूनगो के पद पर रह चुके थे। लेखक ने स्वयं इस वृत्तांत के लिखने के पीछे निहित उद्देश्य के संबंध में, प्रारंभ में ही लिखा है कि 'कंपनी अंग्रेज बहादुर की अमलदारी, सन्1216 हिजरी (1801-02 ई.) में प्रत्येक महाल के कानूनगो से प्रत्येक वस्तु की कैफियत (विवरण) मांगी गई। इसी क्रम में राजाओं की कैफियत लिखने का भी प्रभावी आदेश प्रसारित हुआ। चूंकि अधिकांश लोग इस वृत्तांत की जानकारी नहीं रखते थे, अतएव कुछ मित्रों और प्रियजनों ने, इस तुच्छ लेखक (गिरधारी) को, जिसके पूर्वजों को बहुत पहले से इस चकले की कानूनगोई मिली हुई थी और जो समय के उलट-फेर के कारण कुछ दिनों से इस कार्य से निलंबित हो जाने के फलस्वरूप पुनर्नियुक्ति के आदेश को प्राप्त करने हेतु इस स्वर्ग समान स्थान (आजमगढ़) में ठहरा हुआ था, यह कष्टदायक कार्य (यह कहकर) सौंपा कि यदि यह अप्रकट वृत्तांत फारसी भाषा में संजो दिया जाए, तो जनसाधारण को यह ज्ञात हो जाएगा और इसके अवलोकन से इस प्रभाग के कार्यकर्ता भी पर्याप्त आनंदित होंगे।'[2] इस प्रकार यह स्पष्ट है कि लेखक का उद्देश्य कंपनी सरकार की जानकारी हेतु आजमगढ़ के राजाओं का इतिहास लिपिबद्ध करना था।

गिरधारी ने आजमगढ़ के राजाओं का जो इतिहास लिपिबद्ध किया है, उसका आधार उसके पूर्वजों द्वारा परिवार में सुरक्षित परंपरागत विवरण तथा कानूनगो के पास सुरक्षित प्रपत्र ही रहे होंगे, यद्यपि लेखक ने इस संबंध में कोई विवरण नहीं दिया है।

गिरधारी द्वारा लिखित आजमगढ़ के राजाओं का इतिहास, चंद्रसेन नामक गौतम राजपूत के अभिमन राय और सागर राय नामक पुत्रों से प्रारंभ होता है जो (सरकार जौनपुर के) परगना निजामाबाद के तप्पा दौलताबाद में स्थित मेंहनगर के सहभागी जमींदार थे। उनका

* प्रोफेसर, दीनदयाल उपाध्याय विश्वविद्यालय, गोरखपुर.

मछली के शिकार के बंटवारे के प्रश्न पर अपने अन्य पट्टीदारों से विवाद हो गया और निर्बल होने के कारण उन्हें अपमानित होना पड़ा।[3] इस अपमान का प्रतिशोध लेने हेतु अभिमन राय, अपने भाई सागर राय से परामर्श करके हिंदुस्तान की राजधानी दिल्ली पहुंचा और एक अधिकारी की सेवा में सम्मिलित होने का अवसर प्राप्त कर लिया। यह मुगल सम्राट जहांगीर का शासनकाल था।[4] अभिमन राय शाही मनोरंजन हेतु आयोजित खेल के एक अवसर पर मुगल सम्राट की कृपा को प्राप्त करने में सफल हुआ। उसे इसलाम धर्म में प्रविष्ट कराया गया और सम्राट की तरफ से पुरस्कार में वस्त्र प्रदान किया गया। वह अपनी सच्चरित्रता एवं कर्तव्यनिष्ठा के बल पर महत्वपूर्ण पदों को प्राप्त करता गया।[5] एक अवसर पाकर अभिमन राय ने अपने भतीजों के लिए राजसी कृपा प्रदान करने की मुगल सम्राट से प्रार्थना की।[6] उसके भाई (सागर राय) के पांच पुत्र थे। सम्राट के आदेश पर अभिमन राय ने अपने दो भतीजों को बुलवाया। उस समय हरबंश तथा जिउनारायण नामक उसके भतीजे वयस्क थे। अतः सागर राय ने उन्हें दरबार में अपने भाई के पास भेज दिया। हरबंश तथा जिउनारायन को दरबारी शिष्टाचार से अवगत कराने के पश्चात अभिमन राय ने उचित समय पर उन्हें सम्राट के समक्ष प्रस्तुत किया। हरबंश और जिउनारायण को सम्राट ने वस्त्रों से सम्मानित किया तथा दरबार में उपस्थित होते रहने का आदेश दिया।[7] इनमें से हरबंश ने सम्राट के संकेत पर इसलाम धर्म स्वीकार कर लिया। मुगल सम्राट की तरफ से दोनों भाइयों (हरबंश और जिउनारायण) को राजा की उपाधि प्रदान की गई और परगना निजामाबाद आदि का राज, राजा हरबंश को तथा परगना सिलहट (सरकार गोरखपुर के अंतर्गत) का राज, राजा जिउनारायण को दे दिया और इस हेतु प्रमाणपत्र भी प्रदान कर दिया। इसके साथ ही दोनों राजाओं के साथ शाही सेनाएं भी इस आदेश के साथ कर दी गईं कि दोनों महालों (परगनों) पर उनका अधिकार और शासन भलीभांति स्थापित करवा करके वे वापस लौट आवें।[8] इसके पश्चात दोनों भाई मेंहनगर पहुंच गए। राजा जिउनारायण ने परगना सिलहट पर अधिकार करने के लिए प्रस्थान किया। वहां के बहुत से जमींदारों और ताल्लुकेदारों ने उसकी अधीनता स्वीकार कर ली, परंतु अनेक शक्तिशाली ताल्लुकेदारों ने उसके अधिकार को मानने से इनकार कर दिया। राजा जिउनारायण ने उन विद्रोहियों को कुचलने के लिए अभियान किया, परंतु संघर्ष में वह स्वयं मारा गया।[9] उसकी मृत्यु के पश्चात उसकी रानी अग्नि में जलकर सती हो गई। उसके पुत्रों ने परगना पर पुनः अधिकार करने का प्रयास नहीं किया। उनके वंशज तप्पा धरवार और दौलताबाद खास में बस गए।[10] इसके विपरीत राजा हरबंश, शाही सैनिकों के साथ मेंहनगर पहुंचकर राज प्रबंध के कार्य में लग गया। उसने शीघ्र ही अपनी स्वयं की एक शक्तिशाली सेना तैयार कर ली और उपद्रवियों और शत्रुओं का विनाश कर दिया। उसने विद्रोहियों के बहुत से दुर्गों को भी नष्ट कर दिया।[11] हरबंश ने एक प्रसिद्ध शिल्पी द्वारा मेंहनगर में एक सुंदर और सुदृढ़ किला भी निर्मित करवाया।[12] उसने सुनियोजित ढंग से अपने पट्टीदारों से प्रतिशोध लेने का कार्य

किया और प्रत्येक को मौत के घाट उतरवा दिया।[13] इसके पश्चात हरबंश अपने नाम पर आबाद हरबंशपुर में आया और एक कच्चा दुर्ग बनाकर रहने लगा।[14] राजा हरबंश के तीन पुत्र थे। उसने अपने सबसे बड़े पुत्र गंभीर सिंह को अपना उत्तराधिकारी घोषित करने के उद्देश्य से उसे इसलाम धर्म स्वीकार करने को कहा। परंतु गंभीर सिंह ने धर्म परिवर्तन करने से इनकार कर दिया। इस पर हरबंश ने अपनी इच्छा दूसरे पुत्र धरनीधर से व्यक्त की। धरनीधर ने इसलाम धर्म स्वीकार कर लिया। अतएव उसे उत्तराधिकारी घोषित कर दिया गया।[15]

हरबंश की मृत्यु, कुछ समय ईश्वरोपासना में व्यतीत करने के पश्चात हो गई। उसके अन्य भाइयों में से बाबू गोपाल सिंह और दयाल सिंह निस्संतान मरे और बाबू खड़ग सिंह के वंशज (लेखक के समय में भी) गुधौरा के स्वामी थे।[16] राजा धरनीधर ने सुगमतापूर्वक अपने पैतृक राज पर अधिकार कर लिया और समीप के परगनों देवगांव, बेल्हा तथा मुहम्मदाबाद पर अपने पिता से अधिक नियंत्रण स्थापित किया।[17] उनके बड़े भाई गंभीर सिंह ने भी कुछ समय बाद इसलाम धर्म स्वीकार कर लिया, परंतु नौरसिया ग्राम के एक राजपूत की पुत्री से बलपूर्वक विवाह करने के प्रयास में वह छलपूर्वक मारे गए।[18]

राजा धरनीधर के बड़े पुत्र नरायन सिंह भी, इसलाम धर्म अस्वीकार करने के कारण, अपने पिता के उत्तराधिकारी न बन सके। राजा धरनीधर के दूसरे पुत्र विक्रमाजीत द्वारा इसलाम धर्म स्वीकार किया गया और वह अपने पिता के राज्य के उत्तराधिकारी घोषित किए गए।[19] विक्रमाजीत का विवाह एक सकरवार राजपूत, जिसने इसलाम धर्म स्वीकार कर लिया था, की पुत्री से हुआ।[20] इसके पश्चात राजा धरनीधर ने विक्रमाजीत को मुगल सम्राट के राजदरबार में राजकाज और प्रशासन की शिक्षा ग्रहण करने हेतु दिल्ली भेजा। विक्रमाजीत के दिल्ली प्रवास की अवधि में राजा धरनीधर की मृत्यु हो गई[21] और उनके छोटे भाई रुद्रशाही ने बलपूर्वक राज पर अधिकार कर लिया।[22] इसकी सूचना राजा धरनीधर के बड़े पुत्र नरायन सिंह ने विक्रमाजीत के पास भेजी। इस सूचना को पाते ही सम्राट से अनुमति लेकर विक्रमाजीत वापस लौटा और स्वजनों से मिला। उसने अपने पैतृक राज पर अधिकार प्राप्त करने के लिए राजा रुद्रशाही की हत्या की योजना बनाई और फिर एक रात धोखे से राजा रुद्रशाही और उसके दो पुत्रों की हत्या करके राज पर अधिकार कर लिया।[23] राजा रुद्रशाही की विधवा ने अपने पति और पुत्रों की हत्या का प्रतिशोध लेने हेतु मुगल सम्राट औरंगजेब के दरबार में पहुंचकर न्याययाचना की।[24] इस पर मुगल सम्राट ने राजा विक्रमाजीत के विरुद्ध शाही सेना की एक टुकड़ी भेज दी जिसके साथ राजा रुद्रशाही की विधवा भी थी। राजा विक्रमाजीत ने शाही सैनिकों का प्रतिरोध करने का निर्णय लिया, जिसके फलस्वरूप संघर्ष में वह स्वयं मारा गया। उसकी मृत्यु के पश्चात रुद्रशाही की विधवा रानी भवानी का राज पर अधिकार हो गया।[25] राज पाने के पश्चात रानी भवानी अपने उत्तराधिकारी के चयन की समस्या पर चिंतित हुई और इस हेतु अपने सलाहकारों से मंत्रणा की। उन्होंने उनकी सलाह के अनुसार अपने नाती (लड़की के पुत्र) को बुलवाया।

परंतु इस निर्णय से वह स्वयं संतुष्ट न हो सकी। अतः उसने राजा विक्रमाजीत के छिपे हुए पुत्रों की खोज प्रारंभ करवाई। राजा विक्रमाजीत के बड़े पुत्र आजम खां ने अपने भाइयों के साथ इधर-उधर भागने एवं कष्ट सहने की अपेक्षा रानी भवानी के पास जाने का निर्णय किया। रानी भवानी ने आजम खां के उपस्थित होने के पश्चात उसे राज का उत्तराधिकारी घोषित करके सभी को आश्चर्यचकित कर दिया।[26] इससे रानी का नाती दुखी मन से वापस लौट गया। आजम खां ने राज पाने के पश्चात अपने भाइयों और संबंधियों को बुलवाकर उनके जीवनयापन की व्यवस्था की। इसके पश्चात उसने अपने अधिकार को निष्कंटक बनाने के उद्देश्य से रानी के नातियों को धोखे से आक्रमण करके मार डाला।[27]

राजा आजम खां ने परगना निजामाबाद में एक सुरक्षित स्थान पर अपने नाम पर एक दुर्ग भी बनवाया।[28] वह कुछ समय पश्चात राजव्यवस्था अपने भाई बाबू अजमत खां को सौंपकर स्वयं मुगल सम्राट के दरबार में चला गया जहां उसे दक्षिण के युद्ध में सम्मिलित होने के लिए नियुक्त किया गया।[29] उसकी मृत्यु भी उधर ही हो गई। उसके पुत्र बाबू मुहम्मद खां, बाबू सादुल्लाह खां और बाबू बाकर खां निस्संतान मरे जबकि बाबू लोदी खां की हत्या बाबू महाबत खां द्वारा कर दी गई।[30] बाबू अजमत खां ने राजव्यवस्था और राजस्व संग्रह के कार्य पर पूर्ण नियंत्रण स्थापित करने के पश्चात विलासितापूर्ण जीवन व्यतीत करना प्रारंभ कर दिया। उसने सरकारी राजस्व का भुगतान भी रोक दिया। अतः सरकारी राजस्व की वसूली हेतु छबीलाराम (नाज़िम) को नियुक्त किया गया। छबीलाराम सेना की एक छोटी सी टुकड़ी के साथ आजमगढ़ पहुंचे। बाबू अजमत खां ने छलपूर्वक बाह्य सम्मान के साथ उसे हरबंशपुर के किले में ठहराया और तत्काल उस किले को चारों तरफ से घेर लिया। इस स्थिति में छबीलाराम ने इलाहाबाद के सूबेदार नवाब बेनी बहादुर के पास सूचना भेजी जो तत्काल सहायता हेतु पहुंचा। बाबू अजमत खां को भागना पड़ा। नवाब की सेना द्वारा उनका पीछा किया गया। घाघरा नदी के किनारे उन्हें सेना ने घेर लिया। नदी के दूसरी ओर के जमींदार भी उनके शत्रु थे। इस परिस्थिति में प्राणरक्षा हेतु घाघरा नदी में कूदने के कारण बाबू अजमत खां की मृत्यु हो गई।[31] बाबू अजमत खां की मृत्यु के पश्चात उनकी पत्नी अपने पुत्रों के साथ अपने पिता के घर चली गई।[32] बाबू अजमत खां की मृत्यु के पश्चात उसके भाई बाबू नौबत खां ने राज पर अधिकार कर लिया। उसके व्यवहार से असंतुष्ट यार मुहम्मद खां नामक व्यक्ति के प्रयत्नों के फलस्वरूप, बड़े ही नाटकीय ढंग से बाबू अजमत खां के पुत्र बाबू इकराम खां का राज पर अधिकार हो गया और बाबू नौबत खां को पुनः अपने पुराने ताल्लुके पर संतोष करना पड़ा।[33] राजा अजमत खां के चौथे भाई बाबू सरदार खां को एक सौ एवं आधा मौज़ा जीवनयापन हेतु मिला था, जिसमें वह संतुष्ट थे। उनकी मृत्यु के पश्चात उनके पुत्र बाबू नामदार खां पैतृक संपत्ति के स्वामी बने। उनके पश्चात उनके पुत्र बाबू बाज बहादुर, सलामत खां, शुजात खां, जान खां और सुलतान खां निस्संतान मरे। परंतु कुछ लोगों के अनुसार बाबू बाज बहादुर ने अपने पितामह के वंशज

और निकटस्थ दयाल सिंह के पुत्र को गोद लेकर उनका सादुल्लाह खां नाम रखा और उसे अपनी संपत्ति का स्वामी बनाया। परंतु उसकी मृत्यु अपनी मां के जीवनकाल में ही हो गई। उसका अली जान खां नामक पुत्र (लेखक के समय में) जीवित था, परंतु उसकी संपत्ति उसके एक संबंधी ने अंग्रेजों से मिलकर अपने नाम करा ली।[34]

बाबू अजमत खां के पुत्र राजा इकराम खां ने राज प्राप्त करने के पश्चात विलासिता-पूर्ण जीवन व्यतीत करना प्रारंभ कर दिया और समस्त प्रबंध अपने भाई बाबू महाबत खां को सौंप दिया। बाबू महाबत खां ने अपनी पैतृक संपत्ति को अत्यधिक बढ़ाया एवं उसमें सुव्यवस्था स्थापित की। उसके समय में 26 महाल (परगनों) पर अधिकार हो गया था।[35] उसने अपने चचेरे भाई और राजा आजम खां के पुत्र लोदी खां को आधा राज्य मांगे जाने पर, धोखे से मरवा डाला।[36] बाबू महाबत खां ने मिर्जा शेख पर मुगल सम्राट के निर्देश पर, विजय प्राप्त की और उसे मौत के घाट उतार दिया।[37] राजा इकराम खां की निस्संतान मृत्यु हुई। उसके पश्चात बाबू महाबत खां ने अपने बड़े पुत्र इरादत खां को राजा बनाया।[38] किंतु राजा इरादत खां ने छलपूर्वक अपने पिता बाबू महाबत को अवध के नवाब सफदरजंग के यहां बंदी बनवा दिया। उसने अपने दो अन्य भाइयों बाबू जहांगीर खां और बाबू सूफी बहादुर को भी नवाब के यहां बंदी बनवा दिया। इतना ही नहीं वह अपने चौथे सौतेले भाई बाबू हुसैन खां को भी बंदी बनवाने में सफल रहा। तत्पश्चात उसने स्वयं विलासी जीवन बिताना प्रारंभ कर दिया। अत: उसके शत्रुओं ने बहुत से भूभागों पर अधिकार कर लिया। उसके अधिकार में केवल 14 महाल ही शेष रह गए।[39] राजा इरादत खां के कार्यों से असंतुष्ट होकर उसके नायब दीवान जोरावर सिंह ने (अवध के) नवाब के दरबार में नियुक्त अपने संबंधी रूपसिंह के पास उसके विरुद्ध लिखा। उसने जहांगीर खां (नवाब की कैद में बंदी) को (आजमगढ़ का) राज दिलवाने का भी प्रयास किया। परंतु इसकी सूचना राजा इरादत खां को समय से मिल गई और उसने जोरावर सिंह को धोखे से मौत के घाट उतरवा दिया।[40] बाबू हुसैन खां (जो नवाब की कैद में थे) को उनकी मां ने 75 हजार रुपए नजराना के रूप में देकर नवाब की कैद से मुक्त करवाने में सफलता प्राप्त की। किंतु राजा इरादत खां ने उन्हें भी छलपूर्वक अपने खास बरदार रामरूप कुर्मी द्वारा मरवा डाला।[41] कायम खां बंगश के विरुद्ध अभियान में (राजा नवल राय, नायब सूबा) के मारे जाने के कारण उत्पन्न अव्यवस्था के परिणामस्वरूप लखनऊ में बंदी बाबू जहांगीर खां और बाबू सूफी बहादुर को इलाहाबाद हस्तांतरित किया जाने लगा। परंतु मार्ग में ही अमेठी-प्रतापपुर नामक स्थान पर वहां के राजा द्वारा वे मुक्त करवा दिए गए।[42] इन दोनों भाइयों ने राजा इरादत खां के विरुद्ध सेना एकत्रित करना प्रारंभ किया। इस सूचना से भयभीत होकर राजा इरादत खां ने उनसे समझौता कर लिया और बड़ी चालाकी से बाबू जहांगीर खां से राज पर कोई अधिकार न रखने का प्रमाण पत्र लिखवा लिया। बाबू सूफी बहादुर ने भी उसे आजीवन राज करने की छूट दे दी। इसके प्रतिरूप में उसने बाबू जहांगीर खां को ताल्लुका अजमतगढ़ तथा

बाबू सूफी बहादुर को मधुबन जीवनयापन हेतु दे दिया। राजा इरादत खां के जीवन काल में ही उक्त दोनों भाइयों की मृत्यु हो गई।[43] अपने जीवन के अंतिम दिनों में राजा इरादत खां ने अपनी दूसरी पत्नी से उत्पन्न दो पुत्रों—जहांशाह और आलमशाह में से बड़े पुत्र जहांशाह को अपना उत्तराधिकारी बनाया और उसे राज सौंप दिया। इसके कुछ समय पश्चात उसकी मृत्यु हो गई।[44]

राजा मुहम्मद जहां ने राज पाने के पश्चात अपने भाई आलमशाह को जहर देकर मार डाला।[45] उसने अपने चचेरे भाई बाबू जहांगीर खां के पुत्र बाबू आजम खां को भी मारने का षड्यंत्र रचा। परंतु इसकी सूचना आजम खां को मिल गई और उसने अपने पैतृक स्थान अजमतगढ़ में भागकर शरण ली। वहां उसने अपनी सुरक्षा के लिए एक सेना बनाई और सुरक्षित रहने लगा।[46] कुछ समय पश्चात भीखम खां नामक प्रतिष्ठित, शक्तिशाली एवं वृद्ध कर्मचारी राजा मुहम्मद जहां से नाराज होकर बाबू आजम खां से मिल गया और दोनों ने मिलकर राज के विभाजन के लिए आजमगढ़ के किले को सेना सहित घेर लिया। एक दिन और रात के युद्ध के पश्चात राजा मुहम्मद जहां की सेना हारकर पीछे हटने लगी।[47] ऐसी परिस्थिति में इस परिवार के पुराने हितैषियों ने दोनों पक्षों के मध्य समझौता करवाकर राज को आधा-आधा विभाजित करने के लिए उन्हें तैयार कर लिया। परंतु कुछ दिनों पश्चात राजा मुहम्मद जहां ने सेना एकत्रित करके बाबू आजम खां को भगा दिया। आजम खां जहां ने भागकर जौनपुर में रोशन खां विलौच नामक व्यक्ति के यहां शरण ली।[48] राजा मुहम्मद जहां ने पूर्ववत अपने पैतृक राज पर अधिकार बनाए रखा। परंतु सरकारी राजस्व की वसूली के लिए नियुक्त नवाब (अवध) के सजावल मुअज्जम खां से हुए विवाद में राजा मुहम्मद जहां की मृत्यु हो गई।[49] उसकी एक पत्नी श्रीमती फूल बसना के प्रयासों के फलस्वरूप गाजीपुर के नवाब फज़्ल अली खां ने तीन वर्षों तक इस राज पर अधिकार बनाए रखा।[50] परंतु उसके अत्याचारों की सूचना मिलने पर नवाब शुजाउद्दौला ने एलिच खां को उसे (फज़्ल अली खां को) निष्कासित करने का आदेश दिया। एलिच खां ने फज़्ल अली खां को निष्कासित करके राजा आजम खां को जौनपुर से बुलवाया और उसे उसका पैतृक राज दे दिया।[51] परंतु कुछ ही समय बाद राजस्व जमा न करने के कारण राजा आजम खां का राज खाम तहसील (जब्त) हो गया तथा हैदरबेग खां, आमिल नियुक्त हुआ। राजा स्वयं भागकर (गोरखपुर में स्थित) मझौली के जंगल हूंसेपुर में रहने लगा।[52] परंतु नवाब शुजाउद्दौला के (अंग्रेजों से) पराजित होने के पश्चात उत्पन्न अव्यवस्था में नवाब की सहायता करके आजम खां पुनः राज प्राप्त करने में सफल हुआ।[53]

राजा आजम खां की मृत्यु के पश्चात एलिच खां ने उसके छोटे भाई जहांबाज खां को राज सौंपा। परंतु वह कुछ समय पश्चात राज से अलग हो गया।[54] उसके बाद से चकला (आजमगढ़) खाम तहसील होकर नवाब वजीर के आमिलों के हाथ में आ गया। बाबू जहांबाज खां को जीवनयापन हेतु नवाब की तरफ से कुछ नगद और कुछ मौजा माफी के

रूप में स्वीकृत किया गया। मिर्जा अताबेग खां आमिल के समय में उसकी मृत्यु के पश्चात, उसकी समस्त संपत्ति आमिल द्वारा जब्त कर ली गई।[55] राजा मुहम्मद जहां की एक रखैल से एक पुत्र उत्पन्न हुआ था, जिसे 14 वर्ष की आयु में राजा मुहम्मद जहां की उन तीन रानियों ने, जिन्होंने भागकर बनारस में शरण ले रखी थी, अपने पास बुलवाकर रखा और उसका नाम बाबू मोहम्मद नादिर रखा।[56] परंतु शीघ्र ही इन तीनों में मतभेद हो जाने के कारण दो रानियां अलग हो गईं। परंतु नरही नामक बड़ी रानी ने अताबेग खां आमिल से मिलकर परगना मुहम्मदाबाद, घोसी, बेल्हाबांस, निजामाबाद और देवगांव के परगने इस लड़के के नाम करवा दिया। नादिर खां जनसाधारण में राजा कहे जाने लगे।[57] परंतु राजा नादिर खां के विरुद्ध राजा आजम खां के पुत्र जहांयार खां द्वारा किए गए अभियान के परिणामस्वरूप वह समय से राजस्व जमा न कर सके और कैद कर लिये गए। रानी के विरुद्ध भी चौकी बिठा दी गई। रानी ने अपने आभूषण इत्यादि बेचकर सरकारी राजस्व जमा किया। वह पुन: बनारस में जाकर रहने लगी। वहां पर रानी की एक नौकरानी से प्रेम करने के कारण राजा नादिर खां, उनकी (रानी की) दृष्टि में गिर गए। वह उस नौकरानी के साथ अलग स्थान पर रहने लगे तथा लूटमार और डकैती को उन्होंने अपनी जीविका बना लिया।[58] इस कारण ख्वाजा ऐनुद्दीन नामक आमिल के शासनकाल में वह बंदी रहे। राजा शीतल प्रसाद आमिल ने अपने समय में उन्हें कुछ माफी गांव और नाममात्र का दैनिक भत्ता प्रदान करके मुक्त कर दिया, जिससे वह जीवनयापन करते रहे।[59] अंग्रेजों की अमलदारी (शासन) में उन्होंने गलत कार्यों को त्याग दिया तथा 12 गांव और दस रुपए नगद दैनिक भत्ता प्राप्त किया। नरही की रानी के जीवनकाल तक इसी पर जीवन बिताया। परंतु रानी की मृत्यु के पश्चात नगद भत्ता बंद हो गया और केवल गांवों पर उनके पुत्रों का अधिकार बना रहा।[60] राजा मुहम्मद आजम खां की एक पुत्री का पालन-पोषण उसकी मां द्वारा हुआ और उसका विवाह भी हुआ परंतु संतान उत्पन्न होने के पूर्व ही उसके पति की मृत्यु हो गई।[61] बाबू जहांबाज खां द्वारा राजा आजम खां की विधवा रानी की संपत्ति छीन लिये जाने के कारण उक्त विधवा रानी अपने माता-पिता के पास चली गई। अंग्रेजी राज के स्थापित होने पर उक्त रानी अपने भाई कबीर खां को लेकर आजमगढ़ आई और अत्यधिक प्रयत्न के पश्चात 5 रुपया दैनिक भत्ता, अंग्रेजी सरकार से प्राप्त करने में सफल हुई। रानी ने उक्त भत्ता राजा मोहम्मद नादिर खां के नाम करवा दिया।[62] इससे राजा मोहम्मद नादिर खां ने पुरानी शत्रुता भूलकर रानी से मिलने की इच्छा व्यक्त की। एक मध्यस्थ के द्वारा दोनों की भेंट हुई। इसके पश्चात रानी पुन: वापस अपने माता-पिता के यहां लौट गई। उनकी मृत्यु के पश्चात उन्हें आजमगढ़ में लाकर दफन किया गया।[63]

अंत में लेखक ने आजमगढ़ के राजाओं की वंशावली, राजा अभिमन राय, जो नादिर-दौलत कहे जाते थे, से लेकर नादिर खां तक दी है। लेखक के अनुसार अभिमन राय, हरबंश, राजा धरनीधर, रुद्रशाही, राजा विक्रमाजीत, श्रीमती रुद्रशाही, राजा आजम खां, बाबू अजमत

खां, बाबू नौबत खां, राजा इकराम खां और महाबत खां, राजा इरादत खां, राजा मुहम्मद जहां खां, राजा आजम खां द्वितीय, राजा नादिर खां और राजा जहांबाज खां क्रमश: आजमगढ़ के राजा हुए।[64]

आजमगढ़ के राजाओं के इतिहास से संबंधित सैयद अमीर अली रिज़वी कृत *सरगुज़श्त-ए-राजगान-ए-आजमगढ़*, तथा *तारीख-ए-आजमगढ़* (अज्ञात लेखक) नामक दो अन्य हस्तलिपियां भी हैं। इन दोनों हस्तलिपियों में दिया गया विवरण, गिरधारी द्वारा लिखित विवरण से कई स्थानों पर मेल नहीं खाता। उदाहरणार्थ, अभिमन राय द्वारा मुगल सम्राट की सेवा में सम्मिलित होने का विवरण, अभिमन राय के भतीजे हरबंश और जीउनारायण से संबंधित विवरण, राजा धरनीधर तथा रुद्रसिंह या रुद्रशाही के संबंध एवं रुद्रशाही की हत्या का विवरण, बाबू नौबत खां का विवरण, राजा महाबत खां से संबंधित विवरण तथा बाबू जहांबाज खां या जहांयार खां के पश्चात के विवरण में अंतर मिलता है।[65] इसके अतिरिक्त गिरधारी ने बहुत सी घटनाओं का विवरण नहीं दिया है, उदाहरणार्थ, महाबत खां के समय में कुंवर धीर सिंह का आक्रमण अथवा महुली के राजा से संबंधित विवरण इत्यादि। इसके अतिरिक्त नामों के संदर्भ में भी भिन्नता मिलती है।[66]

इस प्रकार गिरधारी का विवरण त्रुटिरहित एवं संपूर्ण नहीं माना जा सकता। उसने अपना पूरा ध्यान राजाओं के पारिवारिक सदस्यों से संबंधित घटनाओं पर केंद्रित किया है। उसका विवरण कुछ तथ्यों पर विशेष रूप से प्रकाश डालता है। उदाहरण के लिए, आजमगढ़ राज के उत्तराधिकारी के लिए प्रारंभ से ही मुलसमान होना अनिवार्य शर्त थी। राज को प्राप्त करने के लिए उससे संबंधित अन्य दावेदारों की हत्या करने की एक परंपरा-सी बन गई थी।

लेखक ने अपने विवरण को विद्वत्तापूर्ण ढंग से लिपिबद्ध करने का प्रयास किया है अत: उसकी भाषा काफी सीमा तक आलंकारिक भी है। उसने बीच-बीच में फारसी मुहावरों और शेरों का इस्तेमाल किया है। अनेक त्रुटियों और आलंकारिक भाषा से युक्त होने पर भी *इंतज़ाम-ए-राज-ए-आजमगढ़,* आजमगढ़ के राजाओं तथा तत्कालीन परिस्थितियों एवं घटनाओं पर प्रकाश डालती है। किंतु इसमें लेखक ने आजमगढ़ राज के इंतजाम अर्थात प्रबंध पर प्रकाश डालने का कार्य नहीं किया है। इस हस्तलिपि में मात्र राजनीतिक एवं पारिवारिक इतिहास ही है। फिर भी 18वीं शताब्दी के पूर्वी उत्तर प्रदेश के इतिहास को जानने के लिए यह एक अति महत्वपूर्ण स्रोत है।

संदर्भ एवं टिप्पणियां

1. इंडिया आफिस, लंदन में सुरक्षित *इंतज़ाम-ए-राज-ए-आजमगढ़* नामक हस्तलिपि की क्रम संख्या 237 है. इस हस्तलिपि की माइक्रोफिल्म, प्रोफेसर जे.बी. हैरिसन, लंदन विश्वविद्यालय की कृपा से मुझे प्राप्त हुई और इसके अनुवाद कार्य में मेरे पैतृक निवास अकबरपुर (अंबेडकरनगर जनपद) के

चौधरी सिब्ते मोहम्मद नक़वी, (लेखक अमजद अली शाह) का पूर्ण सहयोग प्राप्त हुआ है. मैं उक्त दोनों विद्वानों का हृदय से आभारी हूं.

2. *इंतज़ाम-ए-राज-ए-आजमगढ़,* पृ. 1.
3. पूर्वोक्त, पृ. 2ब-3अ.
4. पूर्वोक्त, पृ. 3अ-5अ.
5. *इंतज़ाम-ए-राज-ए-आजमगढ़,* पृ. 6अ-6ब.
6. पूर्वोक्त, पृ. 6ब-7अ, अभिमन राय ने मुगल सम्राट द्वारा अपना पुत्र प्रस्तुत करने को कहे जाने पर यह उत्तर दिया कि 'इस कृपाभाजक के कोई पुत्र नहीं है और अब वह इस योग्य नहीं है कि अपने घर को प्रज्वलित कर सके.' इस कथन से अमीर अली रिज़वी का यह कथन सत्य लगता है कि अभिमन राय को नपुंसक बना दिया गया था. *सरगुज़श्त-ए-राजगान-ए-आजमगढ़,* इंडिया आफिस, लंदन, हस्तलिपि संख्या 337, पृ. 2ब.
7. *इंतज़ाम-ए-राज-ए-आजमगढ़,* पृ. 7अ-8ब.
8. पूर्वोक्त, पृ. 8ब-9अ, गिरधारी का विवरण संदेहास्पद है. इसलाम धर्म में केवल एक ही भाई को ग्रहण करने के लिए क्यों कहा गया? अमीर अली रिज़वी का विवरण अधिक सही लगता है. देखिए, *सरगुज़श्त-ए-राजगान-ए-आजमगढ़*, पृ. 5ब.
9. *इंतज़ाम-ए-राज-ए-आजमगढ़*, पृ. 9अ-10ब.
10. पूर्वोक्त, पृ. 10ब-12ब.
11. पूर्वोक्त, पृ. 12ब-13अ.
12. पूर्वोक्त, पृ. 13ब-14ब.
13. पूर्वोक्त, पृ. 15अ.
14. पूर्वोक्त, पृ. 15ब.
15. पूर्वोक्त, पृ. 16अ-17अ.
16. पूर्वोक्त, पृ. 17अ, गुधौरा ग्राम, परगना चिरैयाकोट में स्थित है. देखिए, सैयद अमीर अली कृत *सरगुज़श्त-ए-राजगान-ए-आजमगढ़*, पृ. 6अ.
17. *इंतज़ाम-ए-राज-ए-आजमगढ़*, पृ. 17ब.
18. पूर्वोक्त, पृ. 18अ-18ब.
19. पूर्वोक्त, पृ. 18ब-20अ.
20. पूर्वोक्त, पृ. 20ब-24ब.
21. पूर्वोक्त, पृ. 25अ-26अ.
22. पूर्वोक्त, प. 26अ-26ब, अमीर अली के अनुसार रुद्रसिंह (रुद्रशाही) राजा धरनीधर के पुत्र थे. *सरगुज़श्त-ए-राजगान-ए-आजमगढ़,* पृ. 7अ. *तारीख-ए-आजमगढ़* में भी, रुद्रसिंह को राजा धरनीधर का पुत्र बताया गया है, पृ. 11ब.
23. *इंतज़ाम-ए-राज-ए-आजमगढ़,* पृ. 26ब-33अ.
24. पूर्वोक्त, पृ. 26ब-33अ.
25. पूर्वोक्त, पृ. 33 अ-39ब.
26. पूर्वोक्त, पृ. 40अ-44ब.
27. पूर्वोक्त, पृ. 44ब-45अ.
28. पूर्वोक्त, पृ. 45अ.
29. पूर्वोक्त, पृ. 45ब.
30. पूर्वोक्त, पृ. 45ब-46अ.

31. पूर्वोक्त, पृ. 46अ-50अ.
32. पूर्वोक्त, पृ. 50अ.
33. पूर्वोक्त, पृ. 50अ-56अ.
34. पूर्वोक्त, पृ. 56ब-59ब.
35. पूर्वोक्त, पृ. 60अ-62अ.
36. पूर्वोक्त, पृ. 62अ-63ब.
37. पूर्वोक्त, पृ. 63ब-65अ.
38. पूर्वोक्त, पृ. 65अ-70ब.
39. पूर्वोक्त, पृ. 71अ-74ब.
40. पूर्वोक्त, पृ. 75अ-77ब.
41. पूर्वोक्त, पृ. 77ब-81ब.
42. पूर्वोक्त, पृ. 84ब-86अ.
43. पूर्वोक्त, पृ. 86अ-88अ.
44. पूर्वोक्त, पृ. 88अ-88ब.
45. पूर्वोक्त, पृ. 90अ.
46. पूर्वोक्त, पृ. 90अ-91अ.
47. पूर्वोक्त, पृ. 91अ-92ब.
48. पूर्वोक्त, पृ. 92ब-93अ.
49. पूर्वोक्त, पृ. 93अ-93ब.
50. पूर्वोक्त, पृ. 95अ-96अ.
51. पूर्वोक्त, पृ. 96अ-97अ.
52. पूर्वोक्त, पृ. 97ब.
53. पूर्वोक्त, पृ. 97ब-98अ.
54. पूर्वोक्त, पृ. 99अ.
55. पूर्वोक्त, पृ. 94ब
56. पूर्वोक्त, पृ. 96ब-97अ, 100अ-103अ.
57. पूर्वोक्त, पृ. 103ब
58. पूर्वोक्त, पृ. 104अ-105अ.
59. पूर्वोक्त, पृ. 105अ.
60. पूर्वोक्त, पृ. 105अ-105ब.
61. पूर्वोक्त, पृ. 106अ-106ब.
62. पूर्वोक्त, पृ. 106ब-109अ.
63. पूर्वोक्त, पृ. 109ब.
64. पूर्वोक्त, पृ. 113.
65. *सरगुज़श्त-ए-राजगान-ए-आजमगढ़* (हस्तलिपि संख्या 337) तथा *तारीख-ए-आजमगढ़* (हस्तलिपि सं. 4038) का तुलनात्मक अध्ययन.
66. *सरगुज़श्त-ए-राजगान-ए-आजमगढ़* व *तारीख-ए-आजमगढ़* से तुलनात्मक अध्ययन.

22. मीज़ाने दानिश : एक सर्वेक्षण

इकबाल हुसैन*

अठारहवीं शताब्दी में भारत में लिखे गए इतिहास मुख्यतः फारसी भाषा में हैं। फारसी भाषा का चलन इतना बढ़ चुका था कि यह सभ्य वर्ग के लोगों के लिए अनिवार्य बन चुकी थी। राजाओं और नवाबों की सरकारों में उच्च स्थान प्राप्त करने के लिए इस भाषा का अच्छा ज्ञान आवश्यक था। फलवरूप भारत में हिंदू और मुसलमानों ने फारसी का ज्ञान प्राप्त किया और इतिहास लेखन में नए स्तंभ स्थापित किए। इस संक्षिप्त शोधपत्र में हम एक इतिहास *मीज़ाने दानिश,* जिसका लेखक आनंद रूप है, का सर्वेक्षण करेंगे।

आनंद रूप पुत्र गोपाल राय, गोर ब्राह्मण, कस्बा चांकल नाथ, सरकार नारलोल जो देहली से 40 कोस पर है, में पैदा हुए थे। अपने पिता की मृत्यु के पश्चात आनंद रूप अपने भाइयों जुगल सिंह और बेनी राम को लेकर नौकरी की तलाश में दक्षिण की ओर चले गए।[1] आनंद रूप कुछ समय तक जानू जी भूंसले[2] की नौकरी करते रहे। जानू जी ने आनंद रूप को अपना वकील बनाकर नवाब नासिर जंग, हैदराबाद के शासक, के पास भेजा।[3] शीघ्र ही आनंद रूप ने जानू जी की नौकरी छोड़ दी और नासिर जंग की नौकरी करने लगा और अंतिम दम तक उसकी नौकरी में रहा। उसके इतिहास *मीज़ाने दानिश* से ज्ञात होता है कि सन् 1782 में वह इलाहाबाद में था और उसने *मीज़ाने दानिश* वहीं पूरी की। यह कहना कठिन है कि वह अपने किसी खास काम से या हैदराबाद के शासक के किसी गोपनीय कार्य से इलाहाबाद आया था जहां मुगल बादशाह शाह आलम द्वितीय, बक्सर की हार के पश्चात अंग्रेजों पर आश्रित जीवन बिता रहा था।

आनंद रूप *मीज़ाने दानिश* के लेखन के उद्देश्य के संबंध में लिखता है कि पाठक को इसके अध्ययन से, ऐतिहासिक घटनाओं की जानकारी के लिए, ऐतिहासिक पुस्तकों दस्तूरुल अमल और अन्य रिसालों पर आश्रित रहने की आवश्यकता नहीं होगी क्योंकि *मीज़ाने दानिश* का संक्षिप्त वर्णन ही इसकी विशेषता है। इसका पाठक बिना मोटी–मोटी ऐतिहासिक पुस्तकों, दस्तूरुल अमलों और रिसालों के पाठन के, संक्षेप में ऐतिहासिक जानकारी प्राप्त कर सकता है।[4]

आनंद रूप ने *मीज़ाने दानिश* को चार वर्गों में बांटा है। अर्थात प्रथम वर्ग सत युग, द्वितीय त्रेता युग, तृतीय द्वापर युग और चतुर्थ कलयुग। आनंद रूप हर युग का संक्षिप्त इतिहास

---

* अलीगढ़.

लिखता है। प्राचीन भारत और मध्यकालीन भारत का बहुत संक्षेप में वर्णन करता है। स्थान-स्थान पर वह अपने ऐतिहासिक स्रोतों का भी हवाला देता है। इस प्रकार वह अठारहवीं शताब्दी के मुगल बादशाह के शासनकाल का हाल लिखता है।

आनंद रूप ने *मीज़ाने दानिश* में 1753 ई. के पश्चात की ऐतिहासिक घटनाओं का विवरण कुछ विस्तार से किया है जैसे सफ़दर जंग का विद्रोह, नजीब खां रुहिला का उत्थान, मरहठों और अहमद शाह अब्दाली के बीच युद्ध, पानीपत (1761) का युद्ध और उसके परिणाम, नजीब खां (अब नजीबुद्दौला) का देहली की राजनीति पर प्रभाव, शुजाउद्दौला की नाममात्र वज़ारत इत्यादि पर आनंद रूप ने अपने विशेष ढंग से प्रकाश डाला है।[5] इस प्रकार आनंद रूप समकालीन इतिहास का सारांश प्रस्तुत करता है।

आनंदरूप 18वीं सदी की दूसरी दहाई में घटने वाली अनेक घटनाओं का चश्मदीद गवाह था। अठारहवीं सदी की दूसरी दहाई में फैली हुई अराजकता, मुगल साम्राज्य के केंद्र में कमजोर हो जाने के कारण भारत में अनेक प्रांतीय और क्षेत्रीय राज्य स्थापित हो चुके थे। आनंद रूप ने लगभग ऐसे तमाम राज्यों और उनके संस्थापकों एवं उनके अधीन क्षेत्रों से वार्षिक आमदनियों का वर्णन किया है, परंतु आमदनी का लेखा-जोखा देते समय उसने अधिक सावधानी से काम नहीं लिया है। उदाहरणार्थ, वह अहमद खां बंगश के अधीन क्षेत्र की वार्षिक आमदनी (हासिल) तीस लाख रुपए, हाफ़िज रहमत खां के अधीन क्षेत्र से एक करोड़ रुपए और डूंडे खां के अधीन क्षेत्र से तीस-चालीस लाख रुपयों की सालाना आमदनी का विवरण देता है[6] जो अंग्रेजों के सचेत अनुमान से बहुत अधिक है।[7]

आनंद रूप रुहेला-अफ़गानों के इतिहास लेखन में बहुत सचेत नहीं विदित होता। वह दाऊद खां जो रुहिला राज्य का संस्थापक था, के स्थान पर दोस्त मुहम्मद खां को रुहिला राज्य का संस्थापक बतलाता है जो समकालीन फारसी इतिहासकारों जैसे शिव प्रसाद, गुलाम हुसैन तबातबाई, गुलाम अली नकवी, मुस्तजाब खां, मुर्तज़ा हुसैन बिलग्रामी के विवरण से भिन्न है। गुलाम हुसैन जो 18वीं शताब्दी का सर्वप्रमुख इतिहासकार है और जिसका पिता बरेली का फौजदार था, अली मुहम्मद खां को दाउद खां का लेपाल मानता है और यह भी लिखता है कि उसके माता-पिता हिंदू थे। आनंद रूप अली मुहम्मद खां की सेना में 50 हज़ार पैदल और 25,000 सवार बतलाता है जब कि गुलाम हुसैन उसकी सेना की कुल संख्या 40,000 बताता है।[8]

आनंद रूप पता नहीं किस आधार पर यह लिखता है कि अली मुहम्मद खां ने सरहिंद की फ़ौजदारी मुहम्मद शाह बादशाह के आदेश पर छोड़ी थी[9] क्योंकि अहमद शाह अब्दाली 1747 ई. में अपनी सेना लेकर बढ़ रहा था। ऐसे समय जबकि विदेशी आक्रमण सामने हो कोई भी शासक इस प्रकार के आदेश नहीं दे सकता। समकालीन इतिहासकार गुलाम अली, आज़ाद बिलग्रामी[10], गुलाम हुसैन तबातबाई[11] और अब्दुल करीम कश्मीरी[12] स्पष्ट रूप

से लिखते हैं कि अली मुहम्मद खां रुहिला, अहमद शाह अब्दाली के आक्रमण के कारण सरहिंद से भागा था[10]।

आनंद रूप ने उस समय के प्रबल जाट शासकों का भी हाल लिखा है, परंतु यहां भी उसने आंकड़े बहुत बढ़ा-चढ़ा कर पेश किए गए हैं। वह सूरजमल की सैनिक शक्ति और वार्षिक आमदनी का विवरण बढ़ा-चढ़ा कर देता है।[13] इसी प्रकार सूरजमल की मृत्यु के पश्चात उसके पुत्र जवाहर सिंह जाट की सैनिक शक्ति का विवरण देते हुए लिखता है कि उसके पास एक लाख सवार और पचास हज़ार सिपाही थे।[14] यह आंकड़े समकालीन इतिहासकारों के विवरण से मेल नहीं खाते।

आनंद रूप ने विभिन्न राजपूत राजाओं के घरानों का संक्षेप में इतिहास भी दिया है। इनमें कछवाहा, राठौर, बूंदी, ओरछा, नर्वर और चंदेरी के राजपूत प्रमुख हैं। इन घरानों के संबंध में उसका विवरण रोचक है। वह अपनी आदत के अनुसार कछवाहा और जोधपुर के राजपूत शासकों की सैनिक शक्ति का बढ़ा-चढ़ा कर हाल लिखता है।[15] इसी प्रकार वह बुंदेलखंड के विवरण में लिखता है कि उस क्षेत्र से 2 करोड़ रुपए वार्षिक का हासिल था जो सही नहीं है।[16]

आनंद रूप ने सूबा अवध, इलाहाबाद और अज़ीमाबाद (पटना-बिहार) के जमींदारों का हाल भी लिखा है। यहां उसकी राजनीतिक पकड़ बहुत साफ और प्रशंसनीय है। वह लिखता है कि उनकी दुर्दशा का कारण उनकी जहालत है। यहां यह बताने की आवश्यकता नहीं है कि इन प्रांतों में जमींदार अपना प्रभुत्व बढ़ाने के लिए आपस में लड़ कर किस प्रकार अपनी शक्ति खो रहे थे।

आनंद रूप बंगाल के नवाब शासकों को बादशाह लिखता है। यह आश्चर्यजनक है। जैसा कि हम सब जानते हैं कि अठारहवीं शताब्दी में किसी भी शासक ने बादशाह होने का दावा नहीं किया। बंगाल में वह अलीवर्दी खां की मराठों से धोखाधड़ी और युद्ध का हाल लिखता है और उनसे मुआहेदे का भी वर्णन करता है जो उसने मराठों से किया था।

आनंद रूप बंगाल में अंग्रेजों की बढ़ती हुई शक्ति, उनकी जोड़-तोड़ की नीति, सिराजुद्दौला की हत्या, मीर जाफर का शासन संभालना और अंग्रेजों द्वारा उसको हटाकर मीर कासिम को सत्ता में लाने का उल्लेख करता है। वह मीर कासिम का अंग्रेजी शासकों से मतभेद का विवरण देते हुए मीर कासिम को ही दोष देता है कि उसके अत्याचार, लूट-खसूट और कतल तथा गारतगरी की चपेट में प्राय: बड़े व्यापारी और साहूकार हुए थे इसी कारण अंग्रेजों ने उसे हटा दिया।[17] आनंद रूप अंग्रेजों के प्रति ऐसा क्यों लिख रहा है? यह विचारणीय है। गुलाम हुसैन तबातबाई जो अपने निजी कारणों से कहीं-कहीं मीर कासिम की कड़ी आलोचना करता है, पर वह बनिस्टार्ट के हवाला से उसकी भूरि-भूरि प्रशंसा करता है कि मीर जाफ़र के निकट संबंधियों में उससे अधिक कोई अन्य इतना योग्य नहीं था।[18] एक अन्य स्थान पर गुलाम हुसैन अपनी अंग्रेजपरस्ती भूल कर अंग्रजों के उन हथकंडों

की पोल खोलता है कि उन्होंने किस प्रकार भारती शासकों में फूट डालकर हरेक का नाश किया और सत्ता हथिया ली।[19]

आनंद रूप के लेखन में क्रम और संतुलन का अभाव मिलता है। उसने *मीज़ाने दानिश* लिखते समय अनेक महत्वपूर्ण ऐतिहासिक घटनाओं को छोड़ दिया है। वह राजपूताना के राजपूतों का हाल लिखते हुए अचानक शिवाजी, राजा शाहू और बाजीराव का वर्णन करने लगता है। वह अपने मराठा संरक्षक रघुजी भौंसले की उपलब्धियों का विस्तारपूर्वक वर्णन करता है कि उसने किस प्रकार कर्नाटक, आरकाट, बरार, गोंडवाना, माले (खां) कोंकन, बुरहानपुर, औरंगाबाद, गुजरात और बंगाल तक के इलाके अपने राज्य में मिला लिये थे और वहां से सरदेशमुखी, चौथ और दाना तथा काह (अर्थात घास दाना) कर वसूल करता था।[20]

आनंद रूप लिखता है कि दक्षिण के 6 सूबों का वार्षिक हासिल 19 करोड़ रुपए था जो गलत है।[21]

आनंद रूप ने *मीज़ाने दानिश* सन् 1182 हिजरी में पूरी की। उस समय अंग्रेजों का प्रभाव और प्रभुत्व बढ़ रहे थे। मुग़ल बादशाह नाम का बादशाह था। फिर भी यह दिलचस्प बात है कि वह हिंदुस्तान में 22 सूबे बताता है जिनमें से 17 पर मुग़ल बादशाह का अधिकार था। वह हर सूबा का हासिल भी लिखता है जो मुग़ल बादशाह के अधीन थे।

आनंद रूप ने *मीज़ाने दानिश* के अंतिम भाग में हिंदू धर्म और उसमें प्रचलित जात-पात का विवरण किया है, परंतु उसने अधिकतर ब्राह्मणों के संबंध में लिखा है और उनके गुणों का बताया है जैसे वे मांस नहीं खाते, खेतीबाड़ी नहीं करते। बिना नहाए भोजन नहीं खाते। दूसरे व्यक्तियों के साथ खाना नहीं खाते। ब्राह्मणों की प्रशंसा करते हुए वह लिखता है कि वे भद्र, सभ्य, विद्वान और पवित्रता के साथ पूजा करते हैं। उनका चरित्र उच्च कोटि का होता है और वे धन का लोभ नहीं करते।

आनंद रूप की *मीज़ाने दानिश* अठारहवीं शताब्दी के भारत का संक्षिप्त इतिहास है। आनंद रूप जिन बड़े शासकों जैसे जानू जी भूंसले और नवाब नासिर जंग के साथ रहा था, उससे यह आशा की जा सकती है कि वह कम से कम इन लोगों के संबंध में विस्तृत जानकारी देगा। वह ऐसा नहीं कर सका। यदि वह यह कर सका होता और विभिन्न शासकों की आय और सैनिक शक्ति के आंकड़े देने में एहतियात से काम लेता तो *मीज़ाने दानिश* 18वीं शताब्दी के महत्वपूर्ण ऐतिहासिक ग्रंथों में एक होता। फिर भी अठारहवीं शताब्दी के इतिहास पर शोध करने वालों के लिए यह एक आवश्यक ग्रंथ है।

संदर्भ एवं टिप्पणियां

1. आनंद रूप, *मीज़ाने दानिश*, पृ. 7.

2. *नागपुर का भोंसले शासक.*
3. *मीज़ाने दानिश,* पृ. 7.
4. *मीज़ाने दानिश,* पृ. 56.
5. *मीज़ाने दानिश,* पृ. 67–68.
6. *मीज़ाने दानिश,* पृ. 36.
7. अहमद खां बंगश, हाफिज रहमत खां और डूंडे खां के क्षेत्रों की वार्षिक आमदनी के लिए देखिए *वनिस्टार्ट ट्रांसेकशन इन बंगाल*, 28 मार्च 1967, Appendix D.
8. किशोर, नवल, *सियारुल मुताख़िरीन,* पृ. 855.
9. *मीज़ाने दानिश,* पृ. 73.
10. *ख़जानाऐ आमिरा*, कानपुर, 1871, पृ. 58–60.
11. *सियारुल मुताख़िरीन*, पृ. 815.
12. *बयाने बाकिं,* पांडुलिपि, अलीगढ़ न. 46, *अब्दुस्सलाम कलेक्शन,* पृ. 119.
13. *मीज़ाने दानिश,* पृ. 74.
14. देखिए, नूरुद्दीन, *ता. नजीबुद्दौला,* ब्रि. म्यूजियम, लंदन, पृ. 75–82; मीर तकी मीर, *ज़िक्र मीर,* पृ. 112.
15. *मीज़ाने दानिश,* पृ. 76–78.
16. *मीज़ाने दानिश,* पृ. 79.
17. *मीज़ाने दानिश,* पृ. 83–84.
18. *सियारुल मुताख़िरीन,* पृ. 693.
19. *सियारुल मुताख़िरीन,* पृ. 803–04.
20. *मीज़ाने दानिश,* पृ. 85.
21. वही.

23. Mughal Agra : An Economic Profile

Shireen Moosvi

The Mughal Empire could boast of a number of towns that could indeed be compared to the largest cities of the contemporary world. Their size impressed the European travellers: Monserrate in 1581 considered Lahore "second to none either in Asia or in Europe".[1] Coryat in 1615 compared it to Constantinopel.[2] Fitch, in 1585, noted that "Agra and Fatehpore are two very great cities, either of them much greater than London and very populous."[3] In the 17th century Bernier found Delhi as big as or bigger than Paris.[4] Ahmadabad was described as comparable to London including its suburbs.[5] Besides these major cities of the Empire, a number of other towns, such as Dacca, Patna, Thatta, Surat and Masulipatam individually having population around 200,000 can be categorised as big towns by contemporary standards.[6]

Mughal Indian urbanisation, however, has been assumed to be quite different from the European model. Here, it is suggested, the relationship between village and town was almost totally one-sided, that is, the urbanisation in Mughal India was mainly based on the expropriation of agricultural surplus from villages in the form of land revenue claimed by the Mughal ruling class.[7] It was, perhaps, this fact that became the basis of Bernier's assertion that :

> A capital city, such as Delhy or Agra derives its chief support from the presence of the army, and the population is reduced to the necessity of the following Mogol whenever he undertakes a journey of long continuance. Those cities resemble any place rather than Paris; they might more fitty be compared to a camp.[8]

This characterisation of the Mughal imperial capitals as 'camp cities' became widely popular,[9] but it does not seem accurate. Mughal towns though mainly dependent upon the extraction of revenues from the villages were also the centres of trade and production. A number of them emerged as important towns owing to their geographical locations or craft specialisations and thus were quite stable in nature though the size of their

---

Professor of History, A.M.U. Aligarh

population might have varied with the presence or absence of the Imperial Court or a noble's headquarters. Admittedly these still remained ultimately parasitic to village in spite of being centres of manufacture because their production was either for their own consumption or for catering to the needs of other towns and demands of the long–distance trade, to meet demand largely funnelled by expenditure of the appropriated surplus in different parts of the country. The relationship with the Court however, altered in character the moment it was not direct. That is, while a large component of their population was 'dependent on the service of individual nobles, and their troops and hangers on'[10] there was also a substantial population of artisans and unskilled workers engaged in handicraft production, trade and transport.

An economic profile of Agra during the classic Mughal period (1556–1707) may help us to understand the nature of Mughal towns. It seems an appropriate choice owing to the fact that Agra remained the capital of successive rulers after Sikandar Lodi made it his capital in 1505.[11] It was only in 1648 that Shahjahan deprived Agra of that status.[12]

By 1564, Agra had already developed as a thickly populated large city; Badauni then found its markets crowded.[13] It was perhaps owing to this that Akbar is reported to have established a pleasure resort at the village Ghrawali at a distance of one *farsang* from Agra in 1564–65, naming it Nagarchain.[14]

It was in 1566 that Akbar ordered the rebuilding of Sikandar Lodi's fort called Badalgarh[15] whose burnt brick structure had been damaged by a big explosion in 1562.[16] No attention seems to have been paid to the renovation or expansion of the city except for the digging of a ditch and construction of four gates.[17] According to Jahangir the fort and the gates were built at a cost of Rs. 35,00,000 and the work took fifteen to sixteen years to be completed. Abu'l Fazl says that 3 to 4000 active builders worked to build the fort alone. The only other structure that Akbar is reported to have added to his capital was a mosque built at a cost of Rs. 5,00,000.[18] Its construction too must have created employment for a large number of workers.

In addition to the Imperial construction a large number of nobles built houses for themselves, mainly on the bank of the river. These buildings were erected at costs varying between one to twenty lakhs of rupees[19] and certainly creating employment for not an inconsiderable number of building workers.

Merchants too built houses of brick and stone, similar to those of nobility.[20]

The large scale building activity must have attracted large number of artisans, ordinary labourers and quarry workers adding considerably to the population of the town.

The presence of the Imperial Court at Agra must have contributed considerably to enlarging the population of the town. The Imperial household establishment alone comprised some 5000 inmates of the harem, 1000 *darbans* (gate–keepers), 1000 *khidmattiyas* (guards), 1000 *mewrahs* (runners), 1000 swordsmen, about 3000 palanquine bearers 12000 musketeers and animal keepers for 12000 horses, 7000 elephants, 7000 oxen, 1000 cheetahs, 12000 deers, 20,000 pigeons and numerous dogs, panthers and hawks[21] as well as 4,441 *ahadis*[22] and servants to attend to over 6000 camels.[23] Besides these there were a number of wrestlers, *dakhili* troopers, water carriers, torch bearers, carpenters, construction workers, and innumerable other attendants.[24] Hawkins in 1611 estimates the "officers and men as belonging to the camp and court" 36,000, not an unreasonable estimate.[25]

The establishments of the Mughal nobles used to be miniature replicas of the Imperial Household. They maintained notoriously large retinues and fair-sized harems.[26]

Basing himself on the size of the imperial establishment and the work force required to cater to the needs of the court and the nobility, Irfan Habib has estimated the population of Fatehpur Sikri, the twin capital, with Agra at 2,20,000.[27] St. Xavier's estimate of 5,00,000 for Agra in 1608[28] when Fatehpur Sikri had been long abandoned[29] thus seem realistic; indeed it is probably on the lower side.

The size of the town appears to have grown continuously. In the 1580's when the Court was at Fatehpur Sikri, Fitch found "Agra a verie great citie and verie populous"; he also noticed that the twentytwo miles distance between the two capitals so full of markets and people that it was difficult for one to think one has come out of the town.[30]

By the 1620's the town had grown so much that "the gates which Akbar built for its security, now stand in the middle of the city, and the area of buildings outside them is fully three times greater in extent."[31] This remarkable increase in the size of the town inspires confidence in the population estimate of 6,60,000 offered by Manrique (1629–43).[32]

When the town growing in size the imperial edifices too were undergoing additions and alterations. Jahangir added some marble structures in the fort and Shahjahan not only built new buildings, while also rebuilding many older ones according to his taste. Qazwini in the 8th regnal year of Shahjahan (1635–36) estimated that around Rs. 20,00,000 had been spent uptill then on the buildings in the fort in addition to the expenditure by Akbar.[33] The additions to the buildings in the fort did not stop even after the shifting of the capital by Shahjahan. He built a beautiful mosque in the fort that was completed in 1652–53 taking seven years and costing Rs. 3,00,000.[34]

During 1631–43 Agra witnessed building activity on a very large scale when Taj Mahal and its complex (Mumtazabad) were built at an expenditure of Rs. 50,00,000.[35]

It was perhaps the only locality in the town that was built on a planned basis unlike the rest of the city of Agra that developed without any plan. Lahori explicitly says that in the earlier days the constructions had been carried out without any plan.[36] Pelsaert too remarks, "The streets and houses are built without any regular plan."[37] It was this unplanned nature of the town which coupled with the rise in population resulted in overcrowding causing much hardship and confusion particularly during festivals.[38] There were also occasional out-breaks of the plague.[39] This situation finally compelled Shahjahan to shift the court from Agra.

The building works carried out at such a large scale involving huge amounts (although enormous in absolute terms these appear modest in comparison to the income and expenditure of the Mughal ruling class) must have had important consequences for the economy of the town.

The employment generated by these building activities was considerable. We may recall that according to Abu'l Fazl 3000 to 4000 "skilled masons, hardy labours and others" worked daily for eight years to build the Agra fort.[40] Arif Qandahari says that eight thousand labourers brought stone and lime to the site, besides the "two thousand master stone–cutters and master–masons" who worked for the construction of the Agra fort.[41] Hawkins found, in 1611, over three thousand people employed daily in building Akbar's tomb at Sikandara.[42] The number of those employed in erecting the houses of the nobles and the merchants too could not have been insignificant. Thus these building activities carried out usually in uneven spurts should have affected employment as well as wages and prices in the city. Unfortunately the wage and price data for Mughal India are so scarce that even a study of trends does not seem possible. Only in the *A'in* do we have a profusion of wage and price statistics that most possibly relates to Agra;[43] but no other data are forthcoming from any other region or period to felicitate comparisons.

Whatever might have been the consequences of the building activity for employment, wages and prices this could by no means be considered the major factor for the growth of Agra. As is well recognised Agra emerged in the late 16th and early 17th century as the most important centre of trade and the largest town in Mughal India, a position that it could not have owed to the presence of the Court alone. Being situated at the bank of river Jamuna, at a juncture where routes from every direction converged it was easy of access from everywhere. It was this central position of Agra for the Empire that led Monserrate to call it "naval of the whole kingdom."[44] Hawkins, listing the major routes converging at Agra from Qandahar, Kabul, Bengal, Deccan, Surat and Thatta, remarks, "Agra is in a manner in the heart of all his (Jahangir's) kingdoms."[45]

The great importance of Agra for commerce of the Mughal Empire lay in its position as the centre of exchange for commodities of the eastern and western provinces or, to be more precise, Bengal and Gujarat. Agra was linked with Bengal (Rajmahal) by river as well as land route. During the rainy season large barges of 3 to 400 'tons' 'burthen'[46] used to float down from Agra to Patna (and farther to Rajmahal) and Qasimbazars passing Etawa, Allahabad and Benaras on the way.[47] It used to be a quick and convenient route.[48] However, the westward journey from Rajmahal or Patna to Agra being against the current was more time-taking. According to Mundy coming up to Agra took five times longer even during the winter when the current was weak.[49] Salt which was much in demand in Bengal was mainly carried out by river.

Besides the river route there was a land route fairly well frequented by the merchants. Passing through Etawa and Allahabad, it broke into two branches one going via Jaunpur to Patna, and the other via Benaras to Patna.[50] These land routes, lying fully in the imperial territory and in the fertile alluvial plains, relatively were safe,[51] as well as suitable for movement of pack-oxen that were the main means of transporting commodities.

There were two important routes leading to Gujarat.[52] The Agra-Ajmer-Ahmadabad route that was much frequented under Akbar who built 'palaces' (that were used as *sarais* by the time Withington made his journey in 1615),[53] and kos-minars between Agra and Ajmer.[54] The other route that became more popular during the 17th century after the discovery of Swally hole and emergence of Surat as a rival to Cambay and Ghoga, the other was the Agra-Burhanpur-Surat route, passing through Gawalior, Sironj and Bhilsa. At Bhilsa a route branched off running Burhanpur via Ujjain.[55]

In the north and north-west, the route between Agra and Lahore was not only much frequented but well-looked after Jahangir gave orders for the erection of kos-minars and digging of wells.[56] The Agra-Delhi-Lahore route passed through such a well populated and fertile territory that according to Coryat it was called by the merchants the 'Long walk'.[57] From Lahore other routes led to Kabul and Qandahar (via Multan) as well as to Kashmir.

Besides direct imperial efforts (as in the case of routes to Ajmer and Lahore) these routes mainly developed to cater to the needs of trade. Creation of a market at Agra unparalleled in the entire Empire was a natural corollary to the presence of the Mughal Court and a considerable number of high ranking nobles along with their establishments at Agra. Some idea of what a tremendous demand the imperial establishments alone must have generated may be gauged from the fact that over 8 per cent of the total revenue income of the empire was spent on acquiring craft commodities for the imperial establishments alone.[58] The demands of the nobility were in addition to these.

It was thus natural that a big market for high-valued craft goods, such as brocades, gold and silver utensils, jewels, high quality silken and cotton cloth and other such commodities developed at Agra.[59] These articles were produced at Agra itself, brought from other towns of India or even imported from Persia, Central Asia and Europe.[60] At Agra the jewel trade became so lucrative that a modest peddler such as Banarsi Das could make handsome profits while he suffered losses in trying to sell ordinary cloth. A big market for horses imported from Persia, Central Asia and Kutchh to meet the demands of the Mughal cavalry.[61]

In addition to these markets of aristocratic goods, to meet the demands of the common people, markets for non-specialised goods and non-skill-intensive commodities such as ordinary cloth were bound to emerge.

While most of the imports in the town were for catering to the demands of the town's own consumption, a large amount of commodities was brought to markets of Agra to be redistributed to other places. In this, way Agra became a kind of commercial of the Mughal Empire.

The availability of the best quality indigo, namely Bayana indigo that was much sought after by foreign merchants at Agra became an added factor for the growth of Agra trade. Agra was the natural emporium for Bayana indigo that was grown in its vicinity a number of merchants crowded Agra for buying indigo. The Dutch factory at Agra was established mainly for this purpose. In spite of demands from the Dutch, Armenians and other merchants, indigo, in large quantities could be procured with ease. One finds Withington buying indigo worth 20,000 *mahmudis* (i.e. around 40 *man* taking the price at Rs. 31/*man*) in 1614 at Agra totally on credit. He even hired the camel men and despatched the indigo via Ajmer to Ahmadabad without making the payments to his suppliers who were the small town merchants.[62]

Agra thus became not only the major resort for Indian merchants; one finds, in addition, the Dutch, English, Persians and Armenians, Italians,

Venetian and French.[63] To accommodate these merchants there were over 90 large inns in the town besides the private houses that were available on rent to merchants.[64]

Agra developed during this period not only as a centre of commerce but also as a centre of manufactures. Although these manufactures were more oriented to aristocratic demand. It was the inlay work of gold on corals and other crystals and the making of brocades and golden laces and gold cloth for turbans in which the artisans of Agra acquired excellent skill and much acclaim.[65]

While we have some evidence on trends in interest rates at Agra it seems difficult to estimate the turnover of trade or value of manufacture. Therefore, the ups and downs (if there were any) in the economy of Agra and possible impact of moving away of the Court to Delhi in 1648 is difficult to gauge.

Numismatic evidence may help in determing to some extent the level of economic activity in the town of Agra.

I have drawn two samples of surviving coins. One is from the catalogues of major museum collections.[66] Since the validity of such a sample has been doubted[67] I have taken the coin find reports of U.P. to supply the second sample;[68] here no bias of the collector could have come into play. The Table below gives the surviving gold coins of Agra mint in catalogued collections (Column A), silver coins in the same collections (Column B), and silver coins recorded in U.P. Coin find reports (Column C).

The decade-wise figures show that gold coins from Agra mint begin

TABLE

	A	*B*	*C*
1556-65	17	13	02
1566-75	64	27	32
1576-85	05	09	24
1586-95	01	0	0
1596-1605	20	22	06
1606-15	40	39	11
1616-25	75	43	13
1626-35	17	134	78
1636-45	24	39	19
1646-55	19	32	16
1656-65	04	19	07
1666-75	0	28	04
1676-85	10	25	04
1686-95	06	25	12
1696-1705	12	66	28
1706-07 (two years)	05	14	22

from 1562. The minting of gold coins appears most profusely between 1564 to 1579. From then on up to the 41st R.Y. (1597-98) when the minting of gold coins at Agra seems to have ceased. The gold coins were now minted at Fatehpur Sikri (1579-1581) or at the Lahore mint. But after the return of the Imperial Court to Agra in 1598 the minting of gold coins was resumed and we have as many as 20 coins from the last decade of the reign. The gold mint appears quite active during the reigns of Jahangir (1606-27) and Shahjahan (1628-1658). Even after transfer of the imperial capital to Shahjahanabad the Agra mint kept uttering gold *muhrs.* The minting of gold coins nearly ceases in the first two decades of Aurangzeb's reign, but restarts after 1680, that is, after Aurangzeb's departure from Delhi for Ajmer and then the Deccan.

The coinage of gold is less important as an indicator of economic activity than that of silver. In the case of silver coins the trends in our two samples are identical though the magnitudes differ. The Agra mint uttered rupees right from the first year of Akbar's reign. In fact we have silver coins uttered at the Agra mint during the very short last period of Humayun. The minting of silver coins increased with the establishment of the capital at Agra. As one might have expected the silver minting was significantly higher during the years when the Agra fort was constructed and when the new capital, Fatehpur Sikri was built. But immediately after the completion of construction at Fatehpur Sikri around 1579[69] Agra mint stopped minting silver rupees (as well as gold *muhrs*). While the coining of gold began in 1596-97, silver coinage restarted only in 1598-99, i.e. after the return of the Court from Lahore. During the reign of Jahangir the magnitude of silver minting remained uniform and largely stable. The major building activity was the construction of Akbar's tomb at Sikandra, costing Rs. 15,00,000[70] which might have been partly responsible for the high mint output that further rose in early years of Shahjahan. A distinctly high mint output continued all along the years of the construction of the Taj complex. Even after the completion of the Taj complex as well as Shahjahanabad the minting of rupees not only continued but did not register any marked decline. However, during the first three decades of Aurangzeb's reign the Agra mint was much less active, a trend which is much more evident in the more unbiased sample from the U.P. Coin find Reports. During the last twenty years of Aurangzeb particularly during the last decade the Agra mint output increased noticeably to judge from both the samples. This trend is also discernible in the outturn of the Delhi mint. It might be a result of large scale minting of imperial hoarded bullion, caused by heavy expenditure in the Deccan wars.

It seems that at least during the 17th century the silver output of the Agra mint was more or less unaffected by the presence or moving away of the Court from the town. This impression is further strengthened from the figures of the *Sa'ir* (cess) on the Agra and Delhi mints at the close of Shahjahan's region.[71] The tax on mints of both the towns was 8,00,000 *dams*, while in Agra there was a separate tax on the copper mint (*dar-ul-ulus*) amounting to 2,00,000 *dams.*[72]

If the mint output is any index of the level of economic activity one may safely conclude that Agra remained equal in importance to Delhi even after losing its status as the Capital of the Empire, although a relative decline in its position cannot be ruled out.

A comparison of the *sa'ir* taxes of Agra and Delhi, after Shahjahanabad become the capital, is of some interest.[73]

	Agra	*Delhi*
Sa'ir of the *balda*	2,75,25,672 *dams*	3,18,36,000 *dams*
Mir bahri (tax on river navigation)	Rs. 825-6	Rs. 235-10
Sa'ir of *Nakhas*	2,00,000 *dams*	5,00,000 *dams*
Sa'ir of Jauhari bazar (market for jewels)	—	5,00,000 *dams*

It appears from the magnitude of urban taxes that though Agra still remained an important town its commerce had declined to a level lower than that of Delhi, on the latter's becoming the capital.

The decline in tax from the *Nakhkhas* (mainly the market for horses, camels, etc.), and the total disappearance of the jewel market at Agra and the emergence of large scale jewel trade (to judge by the amount of tax) at Delhi were natural consequences of the shift of capital. However, the fact that the magnitude of urban taxation in Agra was still only next to Delhi[74] clearly suggests that by the middle of the 17th century Agra became the commercial capital of the Empire in its own right and the presence of the Court was only of marginal importance to its position. Even in the 1660's long after it ceased to be the empirical capital Agra was considered to be the largest city of the Empire.[75]

Perhaps while Shahjahan abandoned Agra for a more luxurious and aristocratic city that he built for himself and the majority of his nobles followed him, the common multitudes living in thatched roof mud-houses that were destroyed in thousands during the summers by the frequent outbreaks of fire[76] largely managed to stay back in the town providing it the status of a stable town and not a mere camp city.

REFERENCES

1. Fr. A. Monserrate, *The Commentary of Father Monserrate S.J. on his Journey to the Court of Akbar*, tr., J.S. Hoyland and annotated by S.N. Banerjee, London, 1922, pp. 159-60.
2. *Early Travels in India, 1583-1619*, ed., W. Foster, London, 1927, p. 243.
3. *Ibid.*, pp. 17-18.
4. F. Bernier, *Travels in the Mughal Empire, 1656-68*, tr. Constable, ed. Smith, London, 1916, pp. 281-82.
5. *Early Travels*, p. 206.
6. Besides Paris and London no other city of Western Europe seems to have reached a population mark of 200,000 during the 16th century, *Cambridge Economic History of Europe*, IV, ed. E.E. Richard & C.W. Wilson, Cambridge, 1967, pp. 82-83.
7. Irfan Habib, 'Potentialities of Capitalistic Development in the Economy of Mughal India, *Enquiry*, N.S. Vol. VII, No. 3, 1971, pp. 22-35. The assumption of total absence of urban 'exports' to villages needs some qualification, see my *Economy of the Mughal Empire—A Statistical Study*, Delhi, 1987, pp. 303-7.
8. Bernier, p. 220.
9. Cf. Irfan Habib, 'Marx's Perception of India', *Marxist*, Vol. 1, pp. 102-110.
10. *Enquiry*, N.S. Vol. VII, No. 3, pp. 34-35.
11. Abdul Qadir Badauni, *Muntakhab-ut Tawarikh*, Vol. II, ed. Ali Ahmed and W.N. Lees, Bib. Ind., Calcutta, 1864-9, pp. 419-20.
12. Ibrahim Lodi (1517-26) moved his capital to Gwalior (1519). Under the Sur kings and Humayun and during the first decade of Akbar, Agra shared its position as capital with Delhi. Even after 1566 when Akbar ordered construction of the old Lodi Fort and thus showed his preference for the town as capital (Badauni, II, p. 70), it again had to share its glory with Fatehpur Sikri, the new capital city of Akbar between 1572-85. During 1585-98 the Court was away at Lahore.
13. *Ibid.*, p. 64. Even earlier Badauni came to Agra for education in 1562, p. 60.
14. Badauni, II, pp. 69-70. The site did not last long and before Badauni closed his *Muntakhab* (c. 1595) it had already disappeared (p. 84).
15. Badauni, I, pp. 419 & 429. I.P. Gupta asserts that "He (Akbar) arrived in Agra on 30th October 1558, made it his capital and named it Akbarabad.... He completely renovated and expanded it in a systematic manner" (*Urban Glimpses of Mughal India*, Delhi, 1986, p. 11). The entire statement is full of inaccuracies. It is well documented that Agra was renamed Akbarabad by Shahjahan (Abdul Hamid Lahori, *Badshahnama*, II, Bib. Ind., Calcutta, 1866-72, p.....) and not at all by Akbar. There is no evidence that Akbar rebuilt the 'city', what he rebuilt was only the fort. Moreover, Agra was already the capital along with Delhi and there was no need for making it the capital anew. None of the authorities go beyond mentioning the fact that in 1566 reconstruction of the fort was ordered (Badauni, II, p. 70; Arif Qandahari, *Tarikh-i Akbari*, ed. M. Nadvi, A.A. Dehlvi & I.A. Arshi, Rampur, 1962, p. 64 *Akbarnama*, II, pp. 246-7; Nizamuddin Ahmad, *Tabaqat-i Akbari*, II, ed. B. De, Bib. Ind., Calcutta, 1913-15, p. 179).
16. Badauni, I, p. 429.
17. *Tuzuk-i Jahangiri*, ed. S. Ahmed, Ghazipur & Aligarh, 1863-64, p...... Pelsaert, however, gives names of five gates, viz., Madari, Chaharsu, Nim, Puttu and Nuri (*Remonstrantie*, tr. W.H. Moreland and P. Geyl under the title *Jahangir's India*, Indian edition, Delhi, 1972, p. 182. As early as 1608-11, Finch found six gates, *Early Travels in the Mughal Empire*, ed. W. Foster, London, 1927, p. 185.
18. *Tuzuk*, p. 2 Badauni, p. 74, puts the costs at 3 crores money (presumably *tankas*) i.e. Rs.15,00,000 & Pelsaert at Rs. 25,00,000 (Pelsaert, *Chronicle*, tr. Brij Narain & Sharma,

p. 18). Badauni says that Akbar wanted it to be completed within five years (p. 74). According to Abu'l Fazl it took 8 years to be completed (*Akbarnama*, II, ed. Ahmad Ali, *RAS*, Calcutta, 1873-87, p. 24).

19. *Tuzuk*, p. 262. This expenditure excluded the amount spent on flooring and ceiling in marble that was done later.
20. Qazwini, *Badshahnama*, Rampur Library MS., p. 273; Lahori, I, part I, pp. 154-7; Pelsaert, *Remonstrantie*, p. 1.
21. *Early Travels*, p. 185.
22. Abu'l Fazl, *A'in-i Akbari*, I, ed. Blochmann.
23. *Pelsaert, Chronicle*, p.
24. *Ibid.*, p.
25. *A'in*, I, pp.
26. *Early Travels in the Mughal Empire.*
27. *Pelsaert, Remonstrantie*, pp. 66-7.
28. Fatehpur Sikri—The Economic and Social Setting.
29. J. Xavier's letter, tr. Hosten, *Journal of Asiatic Society of Bengal*, N.S. XXIII, 1927, p. 121.
30. *Early Travels*, p. 149. Finch found most of the ground of city sowed with indigo and other grains.
31. *Early Travels*, pp. 17-18.
32. *Remonstrantie*, pp. 1-2.
33. F.S. Manrique, *Travels*, tr. C.E. Luard & Hosten, II, p. 152.
34. Qazwini, p. 272. He, however, puts Akbar's expenditure on the fort only at Rs. 20,00,000.
35. Waris, pp. 240-3; Salih Kamboh,
36. Lahori, II, p. 330.
37. Lahori, I, part 2, p. 251.
38. *Remonstrantie*, p.1.
39. Salih, II, pp. 230-1. Shahjahan for some years resorted to celebrate Idd festivals at Fatehpur Sikri, Lahori, I, p.
40. Salih, II, p. 394.
41. *Akbarnama*, II, p. 247.
42. Arif Qandahari, p. 145.
43. *Early Travels*, p. 121.
44. For a detail analysis of this data see my *Economy of Mughal Empire—A Statistical Study*, Delhi, 1987.
45. Monserrate.
46. *Early Travels*, p. 100.
47. Peter Mundy, *Travels*, Vol. II, Hakluyt Society, 2nd Series No. XXXV, London, 1914, pp. 223-24.
48. Irfan Habib, *Atlas of the Mughal Empire*, Sheets & Notes, 8B and 11B.
49. Badauni, II, pp. 172, 327, 334; Mundy, II, p. 223. Badauni mentions a particular caste *Kharwaha* of boatman at Agra, who were very skilled in their job and were hired by Akbar for his own journey to Allahabad, (pp. 175-6).
50. Mundy, II, p. 87.
51. *Early Travels*, pp. 175-9; Mundy, II, 78-107, 118; Tavernier, *Travels in India, 1640-67*, I, tr. V. Ball, London, 1925, pp. 113-16.
52. Mundy, II, p. 110, *EFI 1618-21*, p. 269.
53. Mundy, II, p. 225-95; Tavernier, I, pp. 88-9.
54. *Early Travels*, p. 225. The charges for stay and preparing the food were 3 *dams*.
55. Badauni, II, p. 173; *Early Travels*, p. 225.

56. *Early Travels*, pp. 143-6; Mundy, II, pp. 57-65; Tavernier, I, pp. 58-65.
57. *Tuzuk*, p. 227.
58. *Early Travels*, p. 284.
59. Mughal Economy.
60. Pelsaert expected good sale for gold-silver articles such as bedsteads, betel boxes, fan-handles, cups and dishes (*Remonstrantie*, p. 27).
61. Monserrate, p. 35.
62. Mundy, II, pp. 188, 207; Pelsaert, p. 4.
63. *Early Travels*, pp. 222-24.
64. *Early Travels*, pp. 59, 146, 245.
65. Thevenot, pp. 46-48; Manrique, II, p. 152.
66. S. Lane-Poole, ed. S. Stuart Poole, *The Coins of the Mughal Emperors of Hindustan in British Museum*, London, 1892; Nelson Wright, *Catalogue of Coins in Indian Museum*, Calcutta, Oxford, 1907; C.J. Rodgers, *Catalogue of Coins in Government Museum, Lahore*, Punjab Government, Lahore; C.J. Brown *Catalogue of Coins in the Provincial Museum*, Lucknow, Oxford, 1920; Shamsuddin Ahmad, *Supplement to Volume III of the Catalogue of Coins in Indian Museum, Calcutta*, Delhi, 1939; V.P. Rode, *Catalogue of Coins in the Central Museum, Nagpur*, Bombay, 1969; C.R. Singhal, *Supplementary Catalogue of Mughal Coins in the State Museum, Lucknow, Lucknow*, 1965.
67. John S. Deyell, 'Numismatic Methodology in the Estimation of Mughal Currency Output', *Indian Economic and Social History Review*, Vol. XIII, No. 3, 1976, pp. 375-92.
68. A.K. Srivastava, *Coin Hoards of Uttar Pradesh*, I, Lucknow, 1981. I haved worked from the original reports in the State Museum, Lucknow, since Srivastava does not record numbers of duplicates.
69. For the chronology of the construction of Fatehpur Sikri, see Irfan Habib, Fatehpur Sikri & c. p.
70. *Tuzuk*, p. 72. Qazwini, however, puts the expenditure as Rs. 20,00,000 and adds that it completed in 20 years time (p. 40).
71. Ethe' 433. It seems difficult to date this MSS, it expressedly relates its figures to Shahjahan and Mohammad Shah.
72. ......ff. 20(a) and 37(a).
73. *Ibid.*
74. A comparison of *Sa'ir* figures for all other towns given in Ethe 433 gives this result.
75. Tavernier, I, p. 82; Thevenot, p..... The population estimate for Agra as 800,000 and that of Delhi as 500,000 (*Cambridge Economic History of India*, Vol. I, ed. T. Ray Chaudhury and Irfan Habib, p. 171) based on the information given by Thevenot, and Bernier further strengthens these statements.
76. *Early Travels*, p. 146. "In may and part of June, the town was much vexed with fires night and day, flaming in one part or other, whereby many thousands houses were consumed, besides men, women, children and cattle."

24. Early Sufis of India : Legend and Reality
(Prof. Radhey Shyam Memorial Lecture)

N.R. Farooqui*

Long before the birth of Islam, the Arab seafarers and traders were active in Malabar. There is evidence of small Arab settlements in many coastal towns of the peninsula from the first century onwards. Flow of trade and commerce between India and Arab world continued, with perhaps greater vigour and pace, after the advent of Islam. Arab travellers of the ninth and tenth centuries have recorded the presence of Muslims in Malabar, Gujarat, Deccan, and even in some parts of modern Uttar Pradesh. Al-Mas'udi (d. 956), who travelled in India between 915-917, has referred to a large Muslim settlement in Seymore (modern Chaul), 25 miles south of Mumbai. The ancestors of a majority of ten thousand inhabitants of this settlement, writes Al-Mas'udi, migrated from Arabia and Iraq to participate in India's lucrative spice trade, married into local families and over a period of time secured a limited degree of political autonomy from the native rulers. He has also noted the prosperity of the Muslims living in India. "Neither in Hind nor in Sind," he asserts, "there is a sovereign who disturbs the peace of Muslims in their own country. Islam is therefore flourishing here."[1] Al-Mas'udi also commends the Indians for their intellectual attainments. He calls India the land of virtue and wisdom, science and philosophy. For him India was the finest example of a country that had achieved a high degree of wisdom without the aid of divine law.

Arab travellers visiting Malabar in the ninth and tenth centuries also allude to the extraordinary degree of religious freedom and political patronage enjoyed by Muslim settlers there. Ibn Battuta in the fourteenth century and then Zainuddin Ma'bari, the celebrated author of *Tuhfat al-mujahidin* in the sixteenth century also affirm the impressions of the early Arab travellers. "The Muslims of Malabar," writes Zainuddin, "lived a happy and prosperous life on account of the benevolence of the rulers, their regard to time honoured customs and their kindness."[2] He praises the

* Head, Department of Medieval and Modern History, University of Allahabad, Allahabad.

Hindu rulers of Malabar for fixing the allowance for the *qazis* (judges) and *mu'azzins* (those who call the Muslims to prayer) within their territories. Zainuddin admits that the magnanimity of the Hindu rulers towards their Muslim subjects was motivated partly by the extraordinary increase in their revenue as a result of the arrival of Muslim traders in their dominions. He censures the Muslim rulers of Gujarat and the Deccan for doing little, despite commanding large armies and wealth, to "repel the misfortune and confusion that had befallen the Muslims" following the Portuguese penetration in Malabar. But he misses no opportunity to express his gratitude for the Samurai (Zamorin), the Hindu ruler of Calicut, for sacrificing both men and money in order to protect the life and property of the Muslims against Portuguese aggression.

Zainuddin also narrates two popular though unsubstantiated legends regarding the advent of Sufism in Malabar. According to the first, the Raja of Kodungallur (modern Cranganur), the ancestor of the Zamorin of Calicut, embraced Islam after witnessing Prophet Muhammad's miracle of splitting the moon. He renounced his throne, visited Arabia, had the honour of meeting the Prophet but on his way back to India died in the port city of Zofar where his grave became a popular place of pilgrimage for the devotees. Firishta, the seventeenth century author of *Tarikh-i Firishta*, claims this tradition to be more closer to the truth and adds that after the king's death, his Arab friends led by the renowned Sufi Malik bin Dinar and his nephew Malik bin Habib journeyed, armed with a letter from the late king, to Malabar. They were welcomed by the local authorities and were allowed to settle in Cranganur. Freedom of worship was granted to them and their request to build a mosque in the city was allowed. Subsequently these Muslims visited Quilon, Mount Delly, Barkur, Kasargod, Mangalore, Darmadam, Pantalayini, and Chaliyam and built a mosque in each of these towns. The Muslim population of Malabar grew and over a period of time many Hindu dignitaries joined their fold.[3]

According to the second tradition, early in the ninth century a group of Sufis led by Malik bin Dinar landed, by error, at the port of Cranganur. They had an audience with the king, discussed with him the fundamentals of their religion, and convinced him of the truth of the Prophet's mission. The Raja secretly converted to Islam and decided to visit Arabia. He partitioned the empire among his relatives, ostensibly for carrying out a long cherished desire of worshipping God in a lonely and undisclosed site, and in the darkness of a night set said for Arabia. On his return journey the Raja fell ill and died in the port city of Shihir. Before his demise, the king persuaded his Arab companions, Malik bin Dinar, his nephew Malik bin

Habib and others, to go to Malabar for the propagation of Islam. Accordingly, Malik bin Dinar, his family, and dependents reached Malabar and presented a letter of the deceased king to the ruler of Cranganur. The monarch gave them shelter, land grants, and freedom of worship. Malik bin Dinar subsequently returned to his native land leaving his nephew and his family in Cranganur where they lived out their lives in peace.[4]

A somewhat similar tradition is recorded in a Malyalam Chronicle *Keralopatti.* According to this tradition, the king who converted to Islam and later met the Prophet was Ceraman Perumal of the Kulasekhra dynasty. Although many modern historians of Kerala question the authenticity of this tradition, Dr. M.G.S. Narayanan of Kerala University suggests that the last Ceraman Perumal ruled till 1122, the year of his sudden disappearance. Dr. Narayanan states also that the mosque at Hayli-Haravi (Mount Delly), reportedly built by Malik bin Habib, was completed in 1124. The erection of the mosque two years after the disappearance of the last Ceraman Perumal, according to him, lends some credence to this tradition.[5]

The exact date of the conversion of the king however remains uncertain. If he ruled till 1122, the question of his visiting Arabia during the lifetime of the Prophet Muhammad (570-632) does not arise. The identity of Malik bin Dinar remains also shrouded in mystery. The famous Sufi Malik bin Dinar, a leading disciple of Hasan of Basra, died in 744. Thus his visit to India either in the twelfth century or even the seventh century is beyond the realm of possibility. The Arab travellers visiting Malabar between the eighth and the fourteenth centuries do not mention these traditions at all. It would therefore be not too far-fetched to suggest that the traditions in question grew after the fourteenth century only.

The Kasargod mosque inscription, discovered and deciphered in 1998 by Dr. G.S. Khawaja of the Archaeological Survey of India, refers to the construction of mosques by Muslim missionaries from Arabia in many cities of coastal Malabar. The epigraph also mentions special laws instituted by the state to take care of the legal disputes involving the Arab settlers in Malabar.[6] The inscription is undated, and thus the mystery regarding the exact date of the advent of Islam in Malabar remains unresolved. Dr. Khawaja's contention that the Basran Sufi Malik bin Dinar, whom he calls a contemporary of the Prophet Muhammad, led the Arab missionaries is also far from the truth. Malik was not a contemporary of the Prophet and is not known to have visited India at all.

There is nevertheless no dearth of literary and epigraphic evidence supporting a very early presence of Muslims in Malabar. The concessions given to their Muslim subjects by the Zamorins of Calicut are also fairly well documented. A *farman* (royal edict) of the Ottoman Sultan Murad III (r. 1574-1595), issued in 1576 and addressed to the Governor-General of Egypt, also alludes to an annual grant of one hundred gold coins, paid from the revenues of the Port of Jidda, for the preachers of twenty-seven mosques of the port city of Calicut. In this *farman* the Sultan commands the addressee to pay his utmost attention to this matter and ensure the supply of one hundred gold coins annually, in accordance with the established practice, to the aforementioned preachers.[7] The allusion to "established practice" in the *farman* suggests that grant dated back to many decades, if not centuries.

The data regarding the activities of the Sufis on the western coast of India is unfortunately rather scarce. Ibn Battuta does mention the *khanqah* of Shaikh Shahabuddin Gazaruni in Calicut but gives no further information about the saint and his disciples. Ibn Battuta also refers to a Gazaruni *khanqah* in Quilon, managed by the saint's son Fakhruddin, where the traveller himself stayed for some time.[8] A contemporary of Shahabuddin was Pir Ma'bari Khandayat. A native of Ma'bar (modern Madurai), he is reported to have joined the army of Malik Kafur during his campaign against Ma'bar (1311). He subsequently moved to Bijapur, where he was killed in a skirmish with the local populace.[9]

Sind was another part of the subcontinent where Islam made an early appearance. Muhammad bin Qasim's conquest of Sind and Multan (712) is well known. But the Arab rule in Sind was not destined to lost long. Indifference of the home government coupled with its own inner inconsistencies led to the break up of the Ummayad hegemony in Sind and two independent Muslim states in Multan and Mansura came into existence. In the early tenth century when Al-Mas'udi visited Sind, he found Multan and Mansura to be flourishing and prosperous. He describes Multan as one of the biggest frontier towns of Islam with about one hundred thousand villages subservient to it. Al-Mas'udi also refers to the celebrated sun temple of Multan where people flocked in thousands from different parts of the country to perform pilgrimage. The greater part of the income of the king of Multan, writes Mas'udi, comes from the presents offered by the pilgrims at the temple. The temple also protected Multan from the invasion of its Hindu neighbours. "When the unbelievers march against Multan," observes Mas'udi, "and the Muslims do not find themselves strong enough to oppose them, they threaten to break this idol and their enemies then immediately withdraw their armies."[10]

Shortly after Mas'udi's visit, it seems, the Qaramita Isma'ilis seized Multan and Mansura. Another Arab traveller Bishari Muqaddisi, who travelled in Sind around 986, found Multan under their control. The Qaramita strong man Jalam bin Shaiban is also alleged to have destroyed the Multan temple. Between 1005 and 1011, Sultan Mahmud of Ghazni (r. 999-1030) invaded Multan twice to root out the Qaramita influence from this region. In 1011 the Qaramita ruler Abul Fath Daud bin Nasr was defeated and Multan was annexed to the Ghaznavid Empire. Fourteen years later Mahmud, while returning from the Somnath campaign, passed through Mansura whose Qaramita overlord Khafif fled the capital. He was chased and defeated. After Mahmud's death the Qaramita power in Sind seems to have revived. In 1175 Sultan Muhammad Ghauri (r. 1173-1206) finally wrested Multan from them bringing to an end the Qaramita power in Sind.

The conquest of Sind acquainted the Muslims with the intellectual attainments of the Indians and opened the way for the exchange of ideas and men of letters between India and the Arab world. Indian scholars and physicians visited Baghdad, the seat of the Abbasid Caliphate, and several major Sanskrit works on astronomy, mathematics, and medicine were translated into Arabic. Sindi Muslims also contributed substantially to the progress of knowledge among the Islamic land and people. The family of Imam Abu Hanifa, the founder of the Hanafi school of jurisprudence, belonged to a Jat clan of Sind.[11] Abu Mash'ar Najih Sindi (d. 787) and Rija Ali Sindi (d. 836) were leading scholars of Hadis of their time. No less a person than the Caliph Harun al-Rashid (r. 786-809) led the funeral prayer of the former. Abu Ata Sindi (d. 774) was perhaps the greatest Arabic poet of his time.

The first to spread the message of Sufism in Sind was Shaikh Abu Turab (d. 788). A *tabi'-i tabi'i* (one who personally knew a person who personally knew one of the Prophet's companions), he is reported to have settled in Bhakkar after the Arab conquest of Sind. According to the author of a eighteenth century history of Sind called *Tuhfat al-kiram*, Shaikh Abu Turab also served as the governor of the fort of Bhakkar. Not much is known about the life and activities of the Shaikh. Legends about his triumph over a local Hindu ruler Tharna, whom the Shaikh is claimed to have miraculously turned into a hillock along with his army, are still current in Sindh.[12] His tomb in the village Guju, ten miles from modern Thatta, continues to attract innumerable devotees from far and wide.

Shaikh Saifuddin Gazaruni (d. 1007) was the outstanding personality among the early Sufis of Sind. A native of Gazarun in Iran, Saifuddin arrived in Sindh in the last quarter of the tenth century and founded the city of Uchch. Saifuddin's uncle and spiritual preceptor Shaikh Abu Ishaq

Gazaruni (d. 1035) was a Sufi of extraordinary eminence and commanded a sizable following; Shaikh Nizamuddin regarded him as a perfect Sufi endowed with every spiritual quality. Even after the passage of three centuries, Ibn Battuta found a network of hospices on the western coast of India manned by Sufis of the Gazaruni order. He was amazed to find that the dead Shaikh's reputation continued to wield immense influence over the seafarer and traders living on the Indian and the Chinese coast.[13]

There is no record of Saifuddin's activities in Uchch. His spiritual prowess however appears to have been no less than his uncle's. Shaikh Nizamuddin related the following anecdote regarding Saifuddin's triumph over a Yogi : "There was once a Yogi who came to Uchch. Attempting to convert Shaikh Saifuddin Gazaruni, he engaged him in a heated debate. 'Come', he said to the Shaikh, 'show me your superiority.' 'You show me your superiority' retorted the Shaikh, 'Since it is you who are trying to convert, it is up to you to demonstrate your superiority.' The Yogi soared from the ground into the air, till his head touched the ceiling. Then he came straight back to the ground. Turning to the Shaikh, he crowed, 'Now you show me your superiority.' Shaikh Saifuddin Gazaruni turned his face towards the heavens imploring 'O God, you have given this superiority to a stranger. Please grant me some miracle of like quality.' After that the Shaikh soared from his place. He flew towards the qibla, that is, in the direction of Mecca. Then he headed north. Reversing himself, he flew south, finally landing on his original place. Then he sat down. The Yogi was awestruck. Placing his head at the feet of the Shaikh, he said: 'I cannot display such power. I can merely go straight up from the ground and come back down. I can't turn in mid-air and fly to the right or the left, while you, you can turn in whatever direction you wish. This is God's work. It is divinely inspired. What I do is both false and futile.' "[14]

Nearly three hundred years after the conquest of Sind, the Turks overran the neighbouring province of Panjab. The invasion was triggered by the unprovoked advance on the frontiers of Ghazni by Raja Jaipal, the Hindu-Shahiya ruler of Kabul and Panjab. Amir Subuktigin (r. 977-997), the king of Ghazni, retaliated quickly. Jaipal was defeated and Peshwar and Lamghan fell into the hands of the victor. This border skirmish blossomed into a full-fledged hostility during the reign of Subuktigin's son and successor Mahmud. The Sultan repeatedly defeated Jaipal and his successor Anandpal and Trilochanpal over several encounters. In 1010-11 Mahmud conquered and annexed Multan together with its dependencies. Moving beyond Panjab, he successfully conducted lightning campaigns against Mathura, Kannauj, Gwalior and Gujarat. He plundered the wealth and temples of the vanquished Rajas at will and thus became instrumental in generating in India, in the words of Al-Biruni, "the most inveterate hatred of all Muslims."[15] India had however no place in Mahmud's political ambitions. He remained content with the annexation of Panjab, leaving the rest of the conquered territories untouched.

The establishment of Muslim rule in Punjab stimulated the migration of Sufis from Iran, Iraq, Afghanistan and Central Asia to this part of the subcontinent. Lahore, which later became the administrative headquarters of the Ghaznavid Panjab, soon emerged as a popular dwelling place for Sufi immigrants. The first Sufi known to have settled in Lahore was Shaikh Ismail Lahori (d. 1057). A native of Bukhara and a scholar noted for his expertise in Quranic exegesis, *Hadith* (Prophetic Traditions) and Jurisprudence, he arrived in Lahore in 1005. Sufi hagiographers assert that Shaikh Ismail was not only the first Sufi of Lahore but also the town's first public preacher and instructor of the Quran. Nineteenth century Sufi authorities speak of the proselytizing zeal of the Shaikh but in the absence of contemporary evidence such assertions must be treated as doubtful.

A contemporary of Shaikh Ismail was Sayyid Husain Zanjani. An Irani by birth and a disciple of Abul Fazl Muhammad Khattali, the famous Sufi of the school of Junaid, Husain Zanjani seems to have reached Lahore shortly after its annexation to the Ghazanvid kingdom. The sixteenth century Sufi hagiographer Jamali Kanboh (d. 1537), and following him, Abul Fazl and then a host of nineteenth century Sufi writers inform us that the Sayyid lived in Lahore in the twelfth century. But in view of Shaikh Nizamuddin's testimony to the effect that his co-disciples Shaikh Ali Hujwiri (d. 1072) reached Lahore the day Husain died leaves no doubt of the fact that the former had settled in Panjab in the early eleventh century. His brother Sayyid Yaqub Sadr Diwan Zanjani is also reported to have accompanied him to Lahore. All Sufi authors speak of Sayyid Husain's extraordinary learning but none provide any information regarding his avocation in Lahore.

Sayyid Husain's junior contemporary and co-disciple Abul Hasan Ali bin Usman Ghaznavi Jallabi Hujwiri better known as Data Ganj Bakhsh (Bestower of Treasures) was by all accounts the greatest among the early Sufis of Panjab. Hujwiri's life and career are mostly hidden in mists of the past. From stray references in his book *Kashf al-mahjub*, however, we can piece together a brief sketch of his life. Born in early eleventh century in Ghazna (Afghanistan), Hujwiri passed his childhood in the city's suburbs, Jallab and Hujwir. He studied with several leading scholars of his time but had special affection and reverence for Abul Qasim Gurgani, Abul Abbas

Ashqani and Khwaja Muzaffar. Abul Fazl Khattali initiated him into Suffism. After extensive travels and sojourns in Iraq, Iran, Syria and Central Asia, he settled in Lahore. The exact date of Hujwiri's arrival in Lahore is not known. But since his *Shaikh* (spiritual preceptor) is reported to have died in 1061 and he went to Lahore at his preceptor's instructions, it can be inferred that Hujwiri must have reached Lahore before 1061. His stay in Lahore seems to have been far from happy. He found intellectual discussion with fellow Sufis and scholars in Lahore unsatisfying and considered himself "a captive among uncongenial folks in the district of Lahawur."[16] He longed for the books he had left in Ghazna and took time off to visit his *Shaikh* there. We find Hujwiri by his side when the *Shaikh* breathed his last. Hujwiri eventually returned to Lahore and lived there till his death in 1072.

Kashf al-mahjub is the most outstanding of Hujwiri's ten works. The book was written partly in response to queries from a fellow townsman, Abu Sa'id Hujwiri, regarding the true meaning of Sufism and the nature of its stations and schools. An equally important objective of the author seems to have been to provide an authoritative account of Sufism. He believed that an authentic treatise on Sufism was the need of the hour, given the state of Sufism in Panjab in his days. His disenchantment with the Sufis of Lahore is clearly discernible from the following remarks : "Know that in this our time the science of Sufism is obsolete, especially in this country. The whole people is occupied with the following lusts and has turned its back on the path of quietism (*rida*), while the ulama and those who pretend to learning have formed a conception of Sufism which is quite contrary to its fundamental principles."[17] In twenty-five chapters of *Kashf al-mahjub*, Hujwiri furnishes a masterful narrative of the fundamental doctrines and practices of Sufism together with brief though penetrative biographies of major Sufis of the past and present. He frequently relates anecdotes from their lives, highlighting their mystical accomplishments, and quotes their saying at the end of each chapter, explaining their positions on the core aspects of Sufism. The fourteenth chapter, described by R.A. Nicholson as the most remarkable in the whole book, describes twelve schools of Sufism and their doctrines. The last eleven chapters recount various stages, the author calls them "veils", of the Sufi path along with the "portals of the practice and theory of the Sufis." In each chapter Hujwiri examines the strengths and weaknesses of current views on Sufi concepts. He states his own opinions on these issues and constantly reminds the reader that mere observation of rituals without renouncing "all lusts and pleasures" is meaningless.

Kashf al-mahjub demonstrates Hujwiri's mastery over Islamic religious sciences and Sufi theory. The story of the trials and tribulations he had to endure while traversing the path of knowledge was however not without its moments of passion and pain. "Once I found myself", writes Hujwiri, "in a difficulty. After many devotional exercises undertaken in the hope of clearing it away, I repaired as I had done with success on a former occasion, to the tomb of Abu Yazid and stayed beside it for a space of three months, performing every day three ablutions and thirty purifications in the hope that my difficulty might be removed. It was not, however; so I departed and journeyed towards Khurasan. One night I arrived at a village in that country where there was a khanqah inhabited by a number of aspirants of Sufism. I was wearing a dark blue frock, such as is prescribed by the Sunna; but I had nothing of the Sufis' regular equipment except a staff and a leathern water bottle. I appeared very contemptible in the eyes of these Sufis, who did not know me. They regarded only my habit and said to one another, "This fellow is not one of us." And so in truth it was: I was not one of them, but I had to pass the night in that place. They lodged me on a roof, while they themselves went up to a roof above mine, and set before me dry bread which had turned green [with mildew], while I was drawing into my nostrils the savour of the viands with which they regaled themselves. All the time they were addressing derisive remarks to me from the roof. When they finished the food, they began to pelt me with the skins of the melons, which they had eaten, by way of showing how pleased they were with themselves and how lightly they thought of me. I said in my heart: "Lord God, were it not that they are wearing the dress of Thy friends, I would not have borne this from them." And the more they scoffed at me the more glad became my heart, so that the endurance of this burden was the means of delivering me from the difficulty which I have mentioned."[18]

Hujwiri was aware of the debate between the protagonists of *Sahw* (sobriety) and *Sukr* (intoxication). He firmly believed that sobriety was preferable to intoxication and had nothing but contempt for the antinomian tendencies of the adherents of *Sukr.* Like all great Sufis he campaigned for the supremacy of *Shari'a* (Religious law) over *tariqa* (Sufism). He censured the Hululis, Farisis, and the Qaramitas for their disregard of the *Shari*'a. His observation that "if religion, which is the root, is not firmly based, Sufism, which is the branch and offspring of religion, must with more reason be unsound,"[19] makes his position on this issue crystal clear. Hujwiri believed that *Shari'a* and *tariqa* compliment each other; they are like body and soul. A body without a soul is lifeless, in the same manner Sufism without *Shari'a* is worthless—a mere hypocrisy.

Hujwiri was not the first Sufi who sought to reconcile Sufism with *Shari'a.* The process had begun much before (see chapter One). But *Kashf al-mahjub* was certainly the first major written text of this endeavour and inspired successive generation of Sufis. The book itself is enough to ensure for Hujwiri a place along with great Sufi masters and thinkers like Abu Hamid Ghazzali and Abdul Qadir Jilani. Shaikh Nizamuddin's view that one who is not able to find a righteous guide to tread the right path, should seek guidance from *Kashf al-muhjub* sums up the value and power of that text as a Sufi document.

Another prominent Sufi of Panjab was Sayyid Ahmad. His father Sayyid Zainul Abidin came from Arabia in early twelfth century and settled in village Kursi Kot, a suburb of Multan. He married the daughter of a local landlord and Sayyid Ahmad was the offspring from this marriage. He went to Baghdad for higher studies where he is reported to have met with Abdul Qadir Jilani and Shahabuddin Suhrawardi. On his way back to India, he met Khawaja Maudud Chishti (d. 1181-1182) in Chisht (Afghanistan) and received *khilafat* (certificate of authority) from him. By the time he returned to Kursi Kot his fame had spread far and wide. Seekers of both kinds—spiritual and mundane flocked to his residence. The Sayyid's generosity earned him the title "Sultan Sakhi Sarwar" (Lord and Master of the Generous) and "Lakh Data" (Giver of lakhs). The Sayyid's growing popularity incited the jealousy of his own kinsmen and when the Governor of Multan married his daughter to him, the jealousy turned into open hostility. Shortly after this marriage, his cousins got together and assassinated him (1181). His tomb in Kursi Kot has since then been a centre of pilgrimage for his admirers. Numerous Hindu devotees, known as Sultani, attests to his popularity extending beyond the boundaries of caste or religion. As late as the nineteenth century most non-Sikh Hindus of the Jullundur division in Panjab were Sultani.[20]

A contemporary of Sayyid Ahmad was Azizuddin Lahori. A Sufi of the school of Junaid and a native of Baghdad, Azizuddin reached Lahore in 1179. Two years after his arrival in Lahore, Sultan Muhammad Ghori (r. 1175-1206) laid siege to the city. When the king of Lahore sought Azizuddin's help against the invader, he assured the king of his safety for the time being but predicted that the city would fell into the hands of the Ghorids after six years. The prediction proved to be perfectly true; Muhammad Ghori conquered Lahore in 1186 putting an end to more than 150 years of Ghazanvid rule in Panjab. Azizuddin died in 1216 and was buried in Lahore.[21]

A Panjabi Sufi whose life and career have been the subject of innumerable legends was Shaikh Abul Raza Ratan Al-Hindi or Baba Ratan Al-Ḥindi. Reported to have been born in Bhatinda in the sixth century, he is reputed to have visited Arabia and embraced Islam at the hands of Prophet Muhammad. Legends give him the extraordinarily long age of seven hundred years, due to the blessings of the Prophet. He is claimed to have returned to Bhatinda before his death in 1300. He is also said to have related several Prophetic Traditions. A treatise entitled *Risala-i Rataniya*, incorporating these traditions, was also reported to have been complied by his followers. These stories must be treated as legend, not history. Even in the medieval period, as Abul Fazl observes, there were people who "rejected them as the garrulity of senile age."[22] Although the Irani Sufi Allaudaulah Simnani (d. 1336) and the Egyptian scholar Ibn Hajr Asqalani (d. 1449) were among the admirers of Baba Ratan, the renowned Indian traditionist, Raziuddin Hasan Saghani (d. 1252), rejected the Traditions narrated by Baba Ratan as apocryphal. In Yogic traditions Baba Ratan is identified with Gorakhnath, the chief preceptor of the Siddha cult of the yogis. These traditions claim that Prophet Muhammad had learnt Yoga through Baba Ratan.[23]

Another legendary figure in the narratives of Indian Sufism is Sipahsalar Mas'ud Ghazi, better known as Ghazi miyan and Bale miyan. No contemporary record of his life and activities exist. The first detailed account of his career and exploits in India, *Mir'at-i Mas'udi* was written in the seventeenth century, more than six hundred years after his death. It's author Abdur Rahman Chishti (d. 1655), a well-known Sufi of the Chishti order, claims to have collected information for his book from an eleventh century work *Tarikh-i Mulla Muhammad Ghaznavi*, whose author reportedly served both Salar Mas'ud and his uncle Sultan Mahmud of Ghazna. This text is no longer extant. Abdur Rahman claims to have written the book with the assistance of the deceased Sayyid Salar Mas'ud himself, whose spirit appeared to him in a vision, commended his efforts, and vouched for the authenticity of the events narrated in the book.

Mir'at-i Mas'udi however is not a serious historical work. It is an agglomerate of facts and fiction in which the "the great actions and exploits of other men are appropriated, without scruple, to the hero of the tale."[24] It can at best be placed in the category of historical romance or religious martyrology.

The *Mir'at* begins with an account of the invasion of Ajmer by Salar Sahu, brother-in-law of Sultan Mahmud of Ghazni, whom the Sultan had dispatched to Ajmer in response to the entreaties of its Muslims ruler Muzaffar Khan for succour against the local Hindu zamindars. Sahu defeated the Hindu chieftains and was rewarded with the government of Ajmer. His wife, the Sultan's sister, also joined him and it was in Ajmer that Mas'ud was born on 14th February 1015. Two years later Sahu and his troops assisted the Sultan in his Kannauj campaign, and was confirmed in the government of Ajmer. During the next ten years Sahu undertook military expeditions from Ajmer, humbled many Indian chieftains and collected enormous revenues. When an Indian army besieged Kabuliz, in the vicinity of Kashmir, the Sultan asked Sahu to help the besieged. Sahu defeated the Indian army and was appointed the governor of Kabuliz. He summoned Mas'ud to Kabuliz who in the meanwhile had grown into an accomplished soldier. On his way to Kabuliz, Mas'ud defeated Rai Satugan, the ruler of Rawal, achieving thereby his maiden victory at the young age of twelve. During Mahmud's Somnath campaign (1027), Mas'ud fought with great distinction and subsequently travelled to Ghazni where the persuaded the Sultan to reject the pleas of a delegation of Hindus from Somnath who offered twice the weight of Somnath idol in gold in exchange of the idol of Somnath which Mahmud had plundered. Mas'ud's influence with the Sultan made the vizier Khwaja Hasan Maimandi jealous of him who hatched a conspiracy against Mas'ud. In order to keep Mas'ud out of harm's way, the Sultan advised him to return to his parents in Kabuliz.

Returning to India, Mas'ud, now known as Sipahsalar Mas'ud, waged relentless campaigns against Multan, Ajodhan, Delhi, and Meerut, defeated the rulers of those towns, and finally camped at Satrikh (in modern Barabanki district), where he set up his headquarters. Shortly afterwards, his father joined him at Satrikh. From Satrikh, Salar Mas'ud sent armies in diverse directions to conquer the surrounding territories. Salar Sahu advanced against Kara-Manikpur while Mas'ud's two chief lieutenants Salar Saifuddin and Miyan Rajab were dispatched against Bahraich. Raja Sohil Deo of Bahraich collected a large army and prepared to give battle. The two generals therefore asked for reinforcements from Salar Mas'ud, who, against the wishes of his father, marched there in person. He reached Bahraich on 29 July 1032 and camped underneath a mahua tree near the sun temple situated on the bank of a tank called Surajkund. A month later Salar Mas'ud received the news of the death of his father, which however failed to dampen his resolve to root out idolatry from Bahraich. The battle for the mastery of Bahraich was fought for 3 days on the banks of Kosala River, and was throughout most hotly contested. On 14 Rajab 424 (15 June 1033) Salar Mas'ud was killed along with most of his followers and was later buried under his favourite mahua tree. The prince of martyrs, as the

Salar came to be known after his death, was only nineteen and unmarried when he was slain.[25]

Needless to say that most of the aforementioned events are legend, not history. Ghaznavid histories furnish details of Mahmud's exploits in India. His campaigns against Kannauj and Somnath, among the few authentic events mentioned in *Mir'at-i Mas'udi*, are also fairly well documented. But none of these histories refer to either Sahu and Mas'ud or to their Indian campaigns undertaken ostensibly with Mahmud's blessings. There is no evidence of Muslim presence in Ajmer prior to Muhammad Ghori's campaign against Prithiv Raj Chauhan in the last decade of the twelfth century. Even the identity of Salar Mas'ud is obscure and one cannot say with a degree of confidence that a person of this name did actually exist. Sultan Mahmud of Ghazni had no nephew named Mas'ud. His son and successor was Sultan Mas'ud, and this seems to have inspired the narrators of the legend to designate their hero with this name. The evidence at our disposal also suggests that the Turks conquered the territories of Awadh and Bahraich only during the reign of Sultan Shamsuddin Iltutamish (r. 1210-1236). Prince Nasiruddin Mahmud, grandson of Iltutamish, who later became the Sultan of Delhi (r. 1246-1266), was governor of Bahraich during the early thirteenth century. The *Tabaqat-i Nasiri*, the first major history of the Sultanate period and dedicated to Nasiruddin Mahmud, does not refer to Salar Mas'ud at all.

In the absence of any concrete historical evidence, a question mark must always hang against the identity of Salar Mas'ud as well as the authenticity of the events associated with him. There is evidence that even in the sixteenth century Muslim intellectuals and Sufis had reservations about the existence of Salar Mas'ud. Abdul Qadir Badauni, the author of *Muntakhab-ut tawarikh*, writes that Shaikhul Hidaya, a prominent Sufi of Khairabad (modern Sitapur district) once told the chronicler's patron that Salar Mas'ud "was an Afghan who met his death by martyrdom."[26]

Richard Eaton in his book *Sufis of Bijapur* (1978) has suggested that the Turkish penetration in the Deccan in its initial phase (1296-1347) was abetted and supported by the Sufis, most of who served as ordinary soldiers in the armies of the Delhi Sultans. He calls them warrior Sufis. This theory suggesting the transformation of Sufis into warriors has since been questioned because "the principal bearers of Sufi tradition in India were in general full time religious leaders and did not themselves take part in military activities, though some of their followers did."[27] However in the case of Salar Mas'ud the converse process of a warrior assuming the status of a Sufi following his death seems to have taken place, at least in the premodren Indian imagination.

Many such legends were current in India in the medieval period. The legend of Shah Dola Abdur Rahman, for example, became popular in Maharashtra in the fourteenth century. The tales associated with the life and activities of Shah Dola bear striking resemblance to those of Salar Mas'ud. Shah Dola also is alleged to have been a nephew of Sultan Mahmud of Ghazni and was reputedly martyred in 988 while fighting a Hindu army near Achlapur in modern Maharashtra. He was also unmarried when he died. He appeared to the Bahmani Sultan Alauddin (d. 1379) in a dream in 1368 and ordered him to build his mausoleum on the site of his burial. The veneration of Shah Dola in Maharashtra as a saint probably dates back to this event. By a strange coincidence the earliest reference to Salar Mas'ud and his tomb in Bahraich also occurs in the fourteenth century work of Amir Khusrau, *I'jaz-i Khusrawi.*

Salar Mas'ud's tomb still exists in Bahraich and is one of the most popular centres of pilgrimage in Northern India. The exact date of Salar Mas'ud's transformation from a warrior to a saint remains unknown. The servitors of Salar Mas'ud's tomb as well as his modern Urdu biographers would have us believe that initially Salar's grave was guarded by his family servants. Gradually the residents of the area started visiting the grave to pay their respects. But the grave became an object of popular veneration when a milkman Jasu Ahir's barren wife gave birth to a son after praying there. In 1062-63 Zohra bibi, the blind daughter of one Sayyid Jamaluddin, came from Rudauli (in modern Barabanki district) and prayed at Mas'ud's tomb. Salar Mas'ud is said to have responded to her entreaties and her eyesight was restored. As a token of gratitude, she built a magnificent tomb over the grave of the Salar and spent the rest of her life as a servitor of the tomb. She remained unmarried and was buried near the mausoleum after her death. The fame of Salar Mas'ud as a Sufi saint can be said to date back to this episode.[28]

During his sojourn in Bahraich, more than two hundred years after Mas'ud's death, Prince Nasiruddin Mahmud is reported to have built a mausoleum on Mas'ud's grave but there is no contemporary evidence to support this. Amir Khusrau's mentions Salar Mas'ud as follows : "In the town of Bahraich, the fragrant tomb of Sipah Salar Shahid (the martyred commander of the armies), scents the entire Hindustan with the perfumes of odorous wood."[29] This indicates that Salar Mas'ud was probably martyred in the thirteenth century in the wake of the Turkish invasion of Bahraich. This would also explain the absence of any reference to him in the pre-fourteenth century chronicles.

By the middle of the fourteenth century the legend of Salar Mas'ud had been greatly expanded prompting the first royal visit to the tomb. In 1340-41 Sultan Muhammad Tughluq (r. 1325-1351) made a pilgrimage to Bahraich and donated a large sum of money to the servitors of the dargah.[30] Thirty-four years later, his successor Firuz Tughluq (r. 1351-1388) visited Bahraich, shortly after the death of his favourite son Prince Fath Khan, and stayed there for sometime. Shams Siraj Afif, the author of *Tarikh-i Firuz Shahi*, writes that one night the Salar appeared to the Sultan in a dream, advised him to be steadfast in the observance of the rituals, and get ready for his final journey. The next morning, Firuz had his head shaved in the Sufi fashion and began, as the chronicler puts it, his journey on the path of orthodoxy.[31] The anonymous author of *Sirat-i Firuz Shahi* informs us that by the third quarter of fourteenth century the tomb of Salar Mas'ud had earned countrywide fame as a place for providing cure of leprosy patients. The chronicler writes that Haji Ilyas, the Sultan of Bengal, who was suffering from leprosy, came to Bahraich seeking the Salar's blessing. But since he had entered the territories of Firuz Tughluq without the latter's prior permission, the Sultan retaliated by invading Bengal.[32]

By the turn of the sixteenth century, the legend of Salar Mas'ud had assumed the form of a cult in the far-flung areas of Northern and Eastern India. Numerous fairs and festivals commemorating the putative principal events of his life were held in modern Uttar Pradesh, Bihar, and Bengal. Replicas of the Salar's tomb sprung up in practically every town and village of these provinces. The practice of carrying green and red banners fastened on to a spear, symbolizing the banners of Salar Mas'ud's army, from far-off places to Bahraich, annually on the eve of the festival held to celebrate Mas'ud's marriage to Zohra bibi became the vogue in all these places. Although Sultan Sikandar Lodi (r. 1489-1517) banned this festival throughout his dominions, allegedly because of certain immoral practices which had come to be associated with the fair,[33] the festivities seem to have been revived subsequently. Writing about the events of June 1561, Abul Fazl, the author of *Akbar Nama*, refers to the festival of Salar Mas'ud in Agra. "In the town of Bahraich", writes Abul Fazl, "is the grave of Salar Mas'ud Ghazi. It is a custom in India for people to make flags of various colours and convey them along with numerous presents to that place. Accordingly a large contingent starts from Agra for this rendezvous and keeps awake for several nights in the neighbourhood of the city. There is a great concourse and both the good and the bad assemble there."[34] Abul Fazl also describes Akbar's visit to the site of the festival on the bank of the Jamuna incognito where he had to take recourse to a trick in order to keep his identity a secret when someone in the crowd recognized him.[35] The nineteenth century descendant of the emperor and his namesake Akbar II (r. 1806-1837) was also an ardent devotee of the Salar. He granted the Zamindari of the village Singha Parasi in Bahraich for the upkeep of the dargah.[36]

Even today the *Urs* festival (death anniversary) of the Salar is held on 12, 13 and 14 of the Islamic month of Rajab with great fanfare. Yet another festival held on the first Sunday of the Hindu month of Jaishth (May-June), which continues for 12 days, draws a larger crowd to Bahraich. The day is perhaps symbolic of Jaishth 1033 when Salar Mas'ud started his offensive against Raja Sohil Deo. The principal event of this festival is the wedding of Salar Mas'ud with Zohra bibi. After Zohra's death her parents started the practice, which continues even in the present, of bringing a *barat* (marriage party) every year from Radauli to Bahraich and formally giving her in marriage to Ghazi miyan. Similar processions originate from other towns of Uttar Pradesh and converge on Bahraich on the appointed day. The pilgrim parties are still called *maidni* or *barat*. The baratis bring wedding gifts (Jahiz) and formally offer them at the tomb of the bridegroom—Salar Mas'ud. This festival also is held, on the first Sunday of the month of Jaishth, in numerous towns and villages of Uttar Pradesh. Drawn by the supposed healing prowess of the Salar, a large number of people afflicted with diseases, especially leprosy, participate in the festivals looking for relief and faith cure.

The unusually large number of Hindu devotees of Ghazi miyan intrigued European observers of the nineteenth and twentieth centuries. In 1913, N.L. Rockey found to his surprise that almost fifty percent of the pilgrims attending the festival in Bahraich were Hindus.[37] In 1849 Colonel W.H. Saleeman was struck by what was for him the extraordinary sight of Hindus and Muslims making offering at the shrine of Salar Mas'ud, "whose only recorded merit consists of having destroyed a great many Hindoos in a wanton and unprovoked invasion of their territory."[38] He postulated that the Hindus "worship any sign of manifested might or power," and explained the devotion of the Hindu masses to Ghazi miyan in terms of his supposed influence in heaven, "which he may be induced to exercise in their favour, by suitable offering and personal application to the shrine."[39] The educated among the Hindus believed, suggests Saleeman, that God had used Salar as an instrument of vengeance for their wrongdoing.[40]

Abdur Rahman Chishti concludes his account of Salar Mas'ud by observing that after Mas'ud's martyrdom Ajmer once again passed into spiritual wilderness and idolatry reestablished itself in the region in full force. It was only in the thirteenth century, he suggests, that the heyday of spiritualism returned to Ajmer when Khwaja Muinuddin Chishti arrived in Ajmer and led a spiritual campaign for the region's Islamization. Muinuddin Chishti is however not known for his proselytizing or crusading activities in India. In fact active proselytizing has never been a Sufi practice. Abdur Rahman's attempt to establish a link between Salar Mas'ud Ghazi and Muinuddin Chishti should therefore be seen as a means to legitimize Salar's alleged military-Islamic exploits in India. It is also plausible that Abdur Rahman Chishti deliberately chose to name Ajmer as the birthplace as well as the center of the Salar's early activities because of the subsequent association of Muinuddin with the city.

The problem of Salar Mas'ud's real identity remains unresolved. It is almost certain that he was not the nephew of Sultan Mahmud of Ghazni. His military exploits in various parts of Northern and Western India narrated in *Mir'at-i Mas'udi'* and other folklores are also fictitious. He was most probably a military adventurer who lost his life fighting along with the Turkish armies in the region of Bahraich in the thirteenth century. His martyr status coupled with his supposed healing prowess and the gradual process of superstition taking root among neo-Muslims which led to orthodox Islam's integration into existing popular religious structure seem to have contributed to his popularity and augmented the number of his devotees.

REFERENCES

1. Abul Hasan Ali bin Al-Husain Al-Mas'udi, *Muruj al-zahab,* Eng. trans., A. Sprenger, London, 1841, p. 389.
2. Zainuddin Ma'bari, *Tuhfat al-mujahidin,* Eng. trans., S.M.H. Nainar, Madras, 1942, p. 60.
3. Muhammad Qasim Hindu Shah Firishta, *Tarikh-i Firishta,* Lucknow, 1864, Vol. II, pp. 370-371.
4. *Tuhfat al-mujahidin, op. cit.,* pp. 35-39.
5. M.G.S. Narayanan, *Political and Social Conditions Of Kerala Under the Kulasekhara Empire.* Ph.D. thesis, University of Kerala, 1972, pp. 185-190, 547-549, quoted by V. Kunhali, *Advent of Islam in Kerala: Special Features, Proceedings of Indian History Congress,* 1975, pp. 326-329.
6. Reported in *The Times of India,* 25 June, 1998.
7. Bashvekalet, Arshivi, Istanbul, *Muhimme Defterleri,* Vol. 28, folio 139, farman no. 331. November 1576.
8. S.A.A. Rizvi, *A History of Sufism in India,* New Delhi, 1978, Vol. I, pp. 409-410.
9. R.M. Eaton, *Sufis of Bijapur 1300-1700: Social Role of Sufis in Medieval India,* Princeton University Press, 1978, pp. 28-30.
10. Al-Mas'udi, *Muruj al-zahab, op. cit.,* p 385.

11. Sayyid Sulaiman Nadvi, *Maqalat,* Azamgarh, 1966, Vol. I, p. 216.
12. S.M. Ikram, *Aab-i kausar,* Delhi, 1991 (reprint), pp. 39-40.
13. S.A.A. Rizvi, *A History of Sufism in India.* vol. I, *op. cit.,* p 410.
14. Amir Hasn Sijzi, *Fawa'id al-fu'ad,* Eng. trans., Bruce B. Lawrence, Populist Press, New York, 1992, p. 138.
15. Quoted by Muhammad Habib, *Sultan Mahmud of Ghaznin,* Delhi, 1951 (reprint), p. 86.
16. Abul Hasan Ali bin Usman Hujwiri, *Kashf al-mahjub,* Eng. trans. R.A. Nicholson, Lahore, 1982, p. 91.
17. *Ibid.,* p. 7.
18. *Ibid.,* pp. 68-69.
19. *Ibid.,* p. 261.
20. Ghulam Sarwar, *Khazinat al-asfiya,* Kanpur, 1914, Vol. II, pp. 245–248.
21. *Ibid.,* pp. 255–56.
22. Abul Fazl, *Ain-i Akbari,* Eng. trans., H.S. Jarret, 1977 (reprint), Vol. II, p. 401.
23. S.A.A. Rizvi, *A History of Sufism in India,* Vol. I, *op. cit.,* pp. 320, 354.
24. Elliot and Dowson, *The History of India As Told By Its Own Historians,* Allahabad, 1962, Vol. II, p. 514.
25. Abdur Rahman Chishti, *Mirat-i Mas'udi,* Eng. trans., Elliot and Dowson, *op. cit.,* pp. 513-549.
26. Abdur Qadir Badauni, *Muntakhab-ut tawarikh,* Eng. trans., Wolsely Haig, 1973 (reprint), Vol. III, pp. 46-47.
27. Carl Ernst, *Eternal Garden : Mysticism, History, and Politics at a South Asian Sufi Center, op. cit.,* p. 101.
28. Tahir Mahmud, *The Dargah of Sayyid Salar Mas'ud Ghazi in Bahraich : Legend, Tradition, and Reality, Muslim Shrines in India, ed.* Christian W. Troll, Oxford University Press, Delhi, 1989, p. 29.
29. Amir Khusrau, *I'jaz-i Khusravi,* Lucknow, 1867, Vol. I, p. 155, quoted by I.H. Siddiqi, "A Note on the Dargah of Salar Mas'ud Ghazi in the Light of Standard Historical Sources", *Muslim Shrines in India, op. cit.,* p. 45.
30. Ziauddin Barani, *Tarikh-i Firuz Shahi,* ed. Sayyid Ahmad Khan, Calcutta, 1862, p. 491; *Tarikh-i Firishta, op. cit.,* p. 139.
31. Shams Siraj Affif, *Tarikh-i Firuz Shahi,* Calcutta, 1891, pp. 372–373.
32. Anonymous, *Sirat-i Firuz Shahi* (Khuda Bakhsh Manuscript), Khuda Bakhsh Oriental Public Library, Patna, 1999, pp. 27-41.
33. Abdullah, *Tarikh-i Daudi,* ed. S. Abdur Rashid, Aligarh, 1954, p. 38; *Tarikh-i Firishta, op. cit.,* pp. 186-187.
34. Abul Fazl, *Akbar Nama,* Eng. trans., H. Beveridge, Delhi, 1989 (reprint), Vol. II, p. 257.
35. *Ibid.,* p. 225.
36. Tahir Mahmud, *op. cit.,* p. 38.
37. Kerrin Grafin V. Schwerin, "Saint Worship in Indian Islam: The Legend of the Martyr Salar Mas'ud Ghazi", *Rituals and Religion among Muslims of the Subcontinent,* ed. Imtiaz Ahmad, Lahore, 1985, p. 153.
38. W.H. Saleeman, *Journey Through the Kingdom of Oudh in 1849-1850,* London, 1858, Vol. I, p. 48.
39. *Ibid.,* p. 49.
40. *Ibid.,* p. 49.

25. इलाहाबाद के निकटवर्ती क्षेत्र के सूफी दायरे

अज़ीज़ फातिमा *

पुरातन काल से ही इलाहाबाद उत्तरी भारत का एक महत्वपूर्ण राजनीतिक एवं सांस्कृतिक केंद्र रहा है जिसकी महिमा वेदों एवं पुराणों में भी वर्णित है। इतिहास एवं परंपरा ने इस नगरी को अमर बना दिया जो भारतीय सभ्यता के उदय से ही आर्यावर्त के गौरव का प्रतीक रही है। यहां के दायरों के सूफियों ने अपने उपदेश के माध्यम से लोगों का चरित्र-निर्माण एवं मार्गदर्शन किया। समय-समय पर यहां तीर्थयात्रियों के अतिरिक्त देश-विदेश के यात्री संन्यासी, कवि, एवं विद्वान आते रहे। शाह मुहीबुल्ला एवं शाह अजमल सभी इलाहाबाद के सुंदर वातावरण पर मोहित रहे।

इलाहाबाद के दायरे प्राय: शांतिपूर्ण अवस्था में ही अस्तित्व में आए। यह तथ्य इलाहाबाद की जनता के शांतिप्रिय होने का प्रमाण है।

जहां इलाहाबाद नगर के साहित्यिक एवं सांस्कृतिक केंद्र होने का वर्णन किया जाता है वहीं यहां के दायरों एवं सूफियों का वर्णन भी अवश्य ध्यान को आकर्षित करता है। इस नगर में प्रारंभ से ही सूफियों ने जहां एक ओर अपनी धार्मिक शिक्षाओं से लोगों के मस्तिष्क को प्रकाशित किया वहीं साहित्यिक क्षेत्र में भी उन्होंने महत्वपूर्ण भूमिका निभाई। दायरे इसलाम धर्म के सिद्धांतों की शिक्षा देते हुए भी हिंदू धर्म के प्रति सदैव उदार भावना रखते रहे और उनका कोई भी कदम ऐसा नहीं उठा जो किसी की भावनाओं को ठेस पहुंचाए।

इलाहाबाद की भक्ति-भावना से रंजित वातावरण का प्रभाव यहां की मुसलिम जनता पर भी पड़ा ऐसा कहा जाता है। इलाहाबाद के अस्तित्व में आने के पूर्व से ही यहां स्थापित अनेक सूफियों के निवास-स्थान का पता चलता है जिनमें कड़ा, झूंसी, हंड़िया और फूलपुर विशेष महत्व के हैं।

दायरों की संख्या पर विचार किया जाए तो इलाहाबाद में अन्य जनपदों की अपेक्षा कहीं अधिक दायरे अथवा खानकाहें अस्तित्व में हैं। कुछ दायरे अकबर के शासनकाल में ही अस्तित्व में आ चुकी थीं और दायरे के पारिवारिक सदस्यों को राजकीय सहायता भी प्राप्त थी।

---

* रीडर एवं हेड, हमीदिया गर्ल्स डिग्री कॉलेज, इलाहाबाद.

1. ख़्वाजा कड़क शाह (कड़ा)

कूरूल्लादह[1] जिनका प्रसिद्ध नाम ख़्वाजा कड़क शाह था, अपने समय के प्रसिद्ध सूफी संत हुए हैं। बमरौली, परगना चायल, जिला इलाहाबाद के प्रसिद्ध सूफी एवं ज्ञानी ख़्वाजा मुहम्मद इस्माईल ने ख़्वाजा कड़क शाह को ख़्वाजा की पदवी दी और आज्ञा दी कि तुम्हारी जगह कड़ा[2] है।

ख़्वाजा कड़क शाह ने ख़्वाजा मुहम्मद इस्माईल की आज्ञा का पालन किया और कड़ा आकर अपना दायरा स्थापित किया और ज्ञान-ध्यान में अपना समय व्यतीत करने लगे। 1309 ई. में कड़क शाह का देहांत हो गया। आधुनिक समय कड़े में जहां कड़क शाह का मज़ार है, वहीं यह स्थान है जहां वह निवास भी करते थे।[3]

ख़्वाजा कड़क शाह की उक्तियों का संग्रह फारसी में *इसरारुल मख़दूमीन* के नाम से प्रसिद्ध है।[4]

कड़क शाह के मकबरे (समाधि) की गणना कड़े के प्राचीनतम भवनों में की जाती है। यहां शाह के उर्स के अवसर पर प्रत्येक वर्ष हज़ारों की संख्या में श्रद्धालु उपस्थित होते हैं।[5]

ख़्वाजा कड़क शाह के संबंध में यह प्रसिद्ध है कि लगभग सात सौ वर्ष पूर्व संध्या के समय एक काफिला बमरौली, परगना चायल के निकट उतरा और वहां रात व्यतीत की। उसी काफिले के साथ बालक कड़क शाह भी थे। प्रात:काल जब सोकर उठे तो देखा, काफिला जा चुका है। प्यास मालूम होने पर पानी की खोज में बमरौली की ओर चले। कड़क शाह ने देखा कि एक वृद्ध व्यक्ति अपने मकान के सामने बैठे हैं। जैसे ही उनकी दृष्टि उनसे मिली उस वृद्ध व्यक्ति अर्थात ख़्वाजा मुहम्मद इस्माईल ने पुकार कर कहा, 'आ बेटा, मैं तेरे इंतज़ार में हूं। आ मुझसे गले मिल ले।' कड़क शाह ने उत्तर दिया, 'मैं बहुत प्यासा हूं। पहले मुझे कुछ पिलाइए बाद में गले मिलूंगा।' यह सुनकर ख़्वाजा मुहम्मद इस्माईल ने कहा, 'जा, जो सामने टेकरी है वहां तुम्हें एक आदमी मिलेगा, वह पिला देगा।' यह सुनकर बालक कड़क उस टेकरी की ओर चले। वहां पहुंचकर देखा कि एक व्यक्ति एक प्याले में शरबत लिये खड़ा है। कड़क शाह को देखकर कहने लगा, ऐ लड़के आ, और पी। कड़क शाह ने उनका नाम पूछा मगर उन्होंने नाम नहीं बतलाया तथा प्याला पिलाकर अकस्मात गायब हो गए। कड़क शाह वहां से ख़्वाजा इस्माईल के पास आए। ख़्वाजा ने कहा, 'बेटा तेरा हिस्सा मेरे पास है। मैं चाहता हूं जल्द तुझे दे दूं। आ मुझ से गले मिल।' यह सुनकर कड़क शाह आगे बढ़े तथा ख़्वाजा इस्माईल से गले मिलकर आध्यात्मिक धन प्राप्त किया।[6]

शाह का जीवन परिचय एवं उनके द्वारा दिए गए उपदेशों का संग्रह हस्तलिखित रूप में है। ख़्वाजा कड़क शाह की कविता का एक संग्रह *बयाज* भी प्रसिद्ध है। उन्हें शेरो-शायरी (काव्य) से अत्यधिक प्रेम था। वह कविता के माध्यम से लोगों को उपदेश देते थे।

कड़े के प्रसिद्ध संन्यासी बाबा मलूक दास जिनका स्वर्गवास 1682 ई. में हुआ, आज भी उनकी समाधि पर हिंदू तथा मुसलमान दोनों बड़े प्रेम से श्रद्धा-सुमन अर्पित करते हैं। वह एक अच्छे कवि थे। उन्होंने ख़्वाजा कड़क शाह के बारे में कहा था :

ख़्वाजा कड़क एक पीर रहे
हाथ सुराही प्याला धरे
मिट्टी बरतन कर से छूटा
गिरी सुराही प्याला फूटा
भये क्रोधित जहां पग मारा
तहां भया एक गहरा नाला

[अनुवाद : ख़्वाजा कड़क एक पीर रहते थे। वह सुराही और प्याला हाथ में लिये रहते थे। मिट्टी का बर्तन हाथ से छूट गया, सुराही और प्याला गिर कर टूट गया। (ख़्वाजा साहब ने) गुस्सा होकर जहां पर पांव मारा, वहां जमीन पर एक नाला बन गया।[7]]

2. मख़दूम शेख़ सय्यद तक़ीउद्दीन (झूंसी)

सय्यद सदरुल हक़ तक़ीउद्दीन मुहम्मद अब्दुल अकबर जो शेख तक़ी के नाम से अधिक प्रसिद्ध हैं, अपने समय के ख्याति प्राप्त सूफी दार्शनिक एवं ज्ञानी थे।

शेख का जन्म जुमेरात के दिन इलाहाबाद में हुआ था। पिता का नाम शाबानुल मिल्लत बयाबानी था।[8] बड़े होने एवं शिक्षा में निपुणता प्राप्त करने के बाद अपने पिता सय्यद शाबानुल मिल्लत के मुरीद हुए। सुहरावर्दिया तरीके का समस्त ज्ञान पिता से प्राप्त किया।

पिता की आज्ञा से तुर्किस्तान के नगर बोखारा आए। यहां सय्यद मुहम्मद बुखारी, पुत्र सय्यद अब्दुल हक कबीर के दर्शन का स्वर्ण अवसर प्राप्त हुआ। उन्हीं की सेवा में 12 वर्ष रहकर ज्ञान-ध्यान में व्यस्त रहे। मुहम्मद बुखारी ने अपनी पुत्री रुखमाह बेगम का शेख तक़ी से निकाह कर दिया। मृत्यु के समय मुहम्मद बुखारी ने शेख तक़ी से कहा— 'मैंने जो कुछ अपने पीर से प्राप्त किया था वह सब तुमको दे दिया।' मुहम्मद बुखारी की मृत्यु के उपरांत अपने बीवी-बच्चों के साथ भारतवर्ष की ओर चल पड़े। दिल्ली आकर शेख निज़ामुद्दीन औलिया की सेवा में उपस्थित हुए और उनसे बहुत कुछ ज्ञान प्राप्त करने के बाद झूंसी आए। शेख अनेक करामात (चमत्कार) के मालिक थे। 65 वर्ष की आयु में शेख का स्वर्गवास हो गया।[9]

शेख का मज़ार इलाहाबाद स्थित झूंसी में गंगा के किनारे है।[10] नवंबर 1712 ई. में दिल्ली की गद्दी प्राप्त करने के निमित जहांदार शाह से युद्ध करने के लिए जाते हुए फर्रुखसियर शेख तक़ी के मज़ार के दर्शन के लिए झूंसी[11] आया था।[12]

मज़ार के उत्तर-पश्चिम में एक बहुत बड़ा पुराना वृक्ष है जिसके बारे में लोगों का कथन है कि इस वृक्ष की टहनियां शेख तक़ी की दातून (दांत मांजने के लिए पतली टहनी) के लिए प्रयोग होती थीं। इस वृक्ष को पांच सौ वर्ष प्राचीन बताया जाता है। झूंसी एवं निकटवर्ती क्षेत्र के लोग इसे विलायती इमली कहते हैं। मज़ार पर वर्ष में एक बार उर्स का आयोजन किया जाता है।

झूंसी एवं निकटवर्ती क्षेत्र के निवासियों का कथन है कि जिस समय शेख तक़ी झूंसी आए उस समय यह स्थान एक राजा की राजधानी थी। राजा यह नहीं चाहता था कि शेख तक़ी झूंसी में निवास करें। इस कारण उन्हें चले जाने की आज्ञा दी। सख्ती करने पर शेख तक़ी के कई साथी घायल हो गए। इस पर शेख तक़ी को गुस्सा आया। उन्होंने शाप दे दिया जिससे झूंसी उलट गई।[13] किले एवं भवनों के खंडहर देखने से भी ऐसा पता चलता है कि यह स्थान भूकंप अथवा किसी दैवी प्रकोप का निशाना रहा है।[14]

3. सय्यद बासित अली शाह क़लंदर (दमगढ़ तहसील हंड़िया)

बासित अली शाह क़लंदर सय्यद रिज़वी नैशापुरी के नाम से जाने जाते हैं। अल्प आयु में ये ज्ञान प्राप्त करने की इच्छा में अपना घर छोड़कर निकल पड़े। वर्षों विद्वानों एवं सूफियों के साथ रहकर शिक्षा एवं विभिन्न प्रकार के ज्ञान में निपुणता प्राप्त की। भाग्यवश शाह अलाउद्दीन अहमद क़लंदर लाहरपुरी की सेवा में उपस्थित हुए। उनसे बैयत प्राप्त की तथा कुछ वर्ष साथ रहकर सूफीवाद में दक्षता प्राप्त की। अपने पीर की आज्ञा अनुसार हाज़ी सैफ़ुतुल्लाह खैराबादी की सेवा में उपस्थित हुए तथा लगातार 15 वर्ष रहकर धर्मज्ञान, शरह, नसीर एवं हदीश (धार्मिक पुस्तकों का अध्ययन) में निपुणता प्राप्त की। पुनः लौटकर अपने पीर शाह अलाउद्दीन की सेवा में उपस्थित हुए। उनसे खिलाफत एवं इजाज़त प्राप्त कर जिला इलाहाबाद आए तथा अपना संपूर्ण जीवन यहां रहकर लोगों की सेवा एवं उनका भक्ति मार्गदर्शन करने में व्यतीत किया। 17 जिलहिज्जा सन् 1196 हिजरी में इनकी मृत्यु हो गई।[15]

एक अन्य विवरण से यह ज्ञात होता है कि शाह बासित अली बड़ा गांव तहसील सोरांव के रहने वाले थे। घरबार छोड़कर दरिया के किनारे जंगल में रहते थे। टिकैत राय नामक एक निर्धन व्यक्ति से उनकी भेंट हुई। उसको उन्होंने वज़ीर बनने की दुआ दी कि तुम वज़ीर हो जाओगे। कुछ समय बाद वही व्यक्ति टिकैतराय नवाब आसिफुद्दौला का वजीरे आज़म बनकर अवध के प्रशासन में भागीदार बना। टिकैत राय ने शाह के इस एहसान के कारण उनका मकबरा बनवाया। साथ ही एक मस्जिद एवं खानक़ाह बनवाई और उसकी देखभाल के लिए तीन गांव माफी के वक़्फ़ किए।[16]

काज़ीउल कुज़्ज़ात मौलाना नजमुद्दीन अली खां अलवी साक़िब काकोरवी कादिरया

क़लंदरिया सिलसिले में बैयत शाह बासित अली क़लंदर से 1196 हिजरी में प्राप्त हुई थी। सैयद बासित अली क़लंदर एवं उनकी पत्नी का स्वर्गवास एक ही दिन एक ही समय हुआ। मौलाना नजमुद्दीन अली खां ने अपने शेख तरीक़त का *तारीखे वफात* 1196 हिजरी निकाला। यही तिथि उनके मजार पर लिखी हुई है।[17]

4. शाह कमाल (जलालपुर, तहसील हंड़िया)

शाह कमाल अपने समय के प्रमुख सूफी हुए हैं। आज भी उनके मक़बरे पर श्रद्धालुओं के आने का सिलसिला लगा रहता है। शाह के मकबरे के निकट ही एक मस्जिद है। मस्जिद एवं मकबरे दोनों पर फारसी भाषा में उसके निर्माण की तिथि सन् 1194 हिजरी लिखी हुई है।[18]

5. मौलाना सिकंदर अली (ग्राम भेलाई का पूरा, तहसील फूलपुर)

मौलाना सिकंदर अली की गणना मिस्कीन शाह के खलीफ़ाओं में होती है। मौलाना सिकंदर अली शाह का मक़बरा ग्राम भेलई का पुरा तहसील फूलपुर, जिला इलाहाबाद में है जिनका वार्षिक उर्स 14 रबी उल अव्वल को होता है।[19]

संदर्भ एवं टिप्पणियां

1. *उत्तर प्रदेश डिस्ट्रिक्ट गजेटियर,* इलाहाबाद, 1965, पृ. 383.
2. कड़ा प्रयाग से कोई 35-36 मील पश्चिम ओर कुछ उत्तर के कोने में गंगा के निकट पर स्थित है. प्राचीन भारत में यह स्थान उत्तर भारत के पवित्र स्थानों में से था. यहां कालेश्वर महादेव का मंदिर है, जिसके कारण इसका प्राचीन नाम कालनगर बताया जाता है. प्राचीन समय में यह स्थान राजनीतिक दृष्टि से बड़े महत्व का था. यहां की प्राचीन बस्ती से कुछ दूर गंगा के किनारे एक प्राचीन दुर्ग का टीला है जो जयचंद का किला कहा जाता है. मुस्लिम शासनकाल में यह स्थान बहुत दिनों तक मुस्लिम शासकों का निवास-स्थान रहा. 12वीं शताब्दी के अंत में शहाबुद्दीन गौरी ने कन्नौज के राजा जयचंद को परास्त कर काशी तक अपना अधिकार जमा लिया तो उसके कुछ समय बाद गंगा के उस पार मानिकपुर और इस पार कड़ा में मुसलमानों की सूबेदारी स्थापित हुई. बहुत दिनों तक प्रयाग उसी के अंतर्गत रहा. यहां दो प्राचीन अभिलेख मिले हैं जो कन्नौज के परिहार वंशीय राजा यशपाल के समय का है जिस पर आदेश अंकित हैं. यह अभिलेख इस समय कलकत्ते के इंडियन म्यूजियम में हैं.
3. *अलमुर्शिद मैगजीन* प्रथम शुमारा, भाग प्रथम, सितंबर, 1970, पृ. 32.
4. श्रीवास्तव, शालीग्राम, *प्रयाग प्रदीप*, पृ. 257.
5. *उत्तर प्रदेश डिस्ट्रिक्ट गजेटियर*, इलाहाबाद, 1968, पृ. 383.
6. *अलमुर्शिद* (मासिक), एडीटर ख़्वाजा नियाज अशरफ—'सज्जाद नशीन ख़्वाजा कड़क शाह', 1970

ई., भाग प्रथम, पत्रिका सितंबर, पृष्ठ 32.

7. *मुहम्मद वासिल उस्मानी सोखनवाराने कस्बा कड़ा*, पृष्ठ 356 मुद्रित जिन्नरैन, जोहराबाद, करांची, 1975 ई.
8. इलाहाबादी, अब्दुर्रब कैफ, *अनवारे हकीकत*, पृ. 28-29, अल मुर्शिद मासिक पत्रिका, पृ. 21.
9. मौलाना मुहम्मद फारुक, *तजकिरए औलियाये,* झूंसी, पृ. 39.
10. बनर्जी, सुरेंद्र नाथ, 'सुबह आफ इलाहाबाद', *उ.प्र. हिस्टोरिकल गजेटियर,* इलाहाबाद, 1968, पृ. 172-246.
11. गंगा के पूर्वी तट पर संगम के निकट झूंसी (प्रतिष्ठानपुर) एक अत्यंत प्राचीन स्थान है. कहा जाता है कि किसी समय यह चंद्र वंशीय राजाओं की राजधानी थी *वाल्मीकि रामायण,* उत्तर कांड के सर्ग 100 से 103 तक इस स्थान के आदि राजाओं का वर्णन है. सन् 1830 में झूंसी में एक अत्यंत महत्वपूर्ण अभिलेख ताम्रपत्र मिला था जो इस समय एशियाटिक सोसायटी बंगाल के पुस्कालय में है. इसमें देवनागरी अक्षरों तथा संस्कृत भाषा में 16 पंक्तियां हैं। इस संपूर्ण अभिलेख का सारांश यह है कि विजयपाल देव के पौत्र राज्यपाल देव के पुत्र त्रिलोचन पाल ने जो गंगा किनारे प्रयाग के निकट रहते थे, दक्षिणायन संक्रांति के दिन गंगा-स्नान करने के पश्चात ब्राह्मणों को दान किया. सम्राट अकबर ने झूंसी का नाम बदल कर हादियाबास (अबुल फजल, *आईने अकबरी*, भाग 2, पृष्ठ 172, *उत्तर प्रदेश डिस्ट्रिक्ट गजेटियर* इलाहाबाद, 1968) रखा था किंतु यह नाम प्रचलित नहीं हुआ. इस समय झूंसी दो भाग मे बंटा है जिसका नाम नई और पुरानी झूंसी है. शेख तक़ी का मजार समुद्र कूप के दक्षिण एक टीले पर है जिसके चारों ओर एक बड़ा घेरा है. इसमें एक मस्जिद भी बनी है.
12. अबुल फज़ल, *आईने अकबरी,* भाग 2, पृ. 172; चतुर्वेदी, आर.पी.—*उत्तर भारत की संत परंपरा,* पृ. 132.
13. इलाहाबादी अब्दुर्रब कैफ, *अनवारे हकीकत,* पृ. 29.
14. जहां तक शेख तक़ी के समय झूंसी में दैवी प्रकोप अथवा झूंसी उलटने की कथा का प्रश्न है, *उत्तर प्रदेश डिस्ट्रिक्ट गजेटियर,* 1968 में वर्णित कथा शेख तक़ी के नाम से संबोधित की गई है किंतु जो विवरण *तजकिरए औलियाये,* झूंसी (पृष्ठ 42) के लेखक मौलाना मुहम्मद फारुक ने दिया है वह अधिक उचित जान पड़ता है. शेख तक़ी के पिता शाबानुल मिल्लत के श्राप के कारण झूंसी का किला ध्वस्त हो गया था. जो विवरण प्राप्त हुआ है उसके अनुसार शेख तक़ी के पिता शाबानुल मिल्लत अपने पीर की आज्ञा से झूंसी आगमन पर राजा हडबोग जो हडबोगपुर (आधुनिक झूंसी) का शासक था उसने आपत्ति की. युद्ध की स्थिति उत्पन्न हुई जिस पर शाबानुल मिल्लत ने क्रुद्ध होकर शाप दे दिया था.
15. इलाहाबादी अब्दुर्रब कैफ, *अनवारे हकीकत,* पृ. 29-30.
16. *उत्तर प्रदेश डिस्ट्रिक्ट गजेटियर,* इलाहाबाद, 1968, पृ. 374.
17. अनवर मसूद, *अलवी काकोरवी कवाकिव,* पृ. 158-161.

    सैयद बासित अली शाह कलंदर का मजार दमगढ़ ग्राम में है जो हंड़िया स्टेशन से 6 मील एवं सैदाबाद स्टेशन से 4 मील दूरी पर है. राजा टिकैतराय जो नवाब आसिफुद्दौला का वजीरे आज़म था इन्हीं की दुआ से वजीरे आज़म की प्रतिष्ठा प्राप्त की थी. उसने इनका रौजा खानकाह एवं मस्जिद बनवाया. आज भी रौजा अपने भव्यरूप में भक्तों के लिए शांति का स्थान है। खानकाह का अधिकतर भाग गिर गया है. मस्जिद प्राचीन होने के कारण अपने मूल स्वरूप को खो चुकी है. (दमगढ़ निवासियों से साक्षात्कार के आधार पर)
18. *उत्तर प्रदेश डिस्ट्रिक्ट गजेटियर,* इलाहाबाद, 1968, पृ. 379; हसन सैयद मुजफ्फर, *आकाबे शाह बदी उज्जमां,* पृ. 41.
19. अहमद, निज़ामी खलीफ, *तारीख मशाए खेचिश्त,* भाग 5, पृ. 292.

26. A Popular Rebellion at Broach during the Reign of Aurangzeb : A Dutch Report

Ishrat Alam

In the present paper, a Dutch account about the capture of Broach by the peasants on 6th November 1685 and their ten day's rule and disastrous end is introduced. This account is preserved in the Dutch East India Company's Collection in the Algemeen Rijksarchief 's-Gravenhage, The Netherlands. This account is to be found under "Overgekomen brieven en papieren" (Letters and papers received), *V.O.C.* 1298. ff. 1680r-1700.[1] This narrative assumes great significance owing to many facts. In the first place this account was not referred to by any historian earlier.[2] Secondly, it is perhaps the only contemporary description of the episode. Thirdly if we compare the Dutch account with the account found in the *Mirat-i Ahmadi* we find that many details to be found in the former are missing in the latter. Fourthly so far the veracity of this episode is concerned, the author of the *Mirat-i Ahmadi* expresses doubt about it when he observes "May it not remain hidden and concealed that most of the events of the regime of His Majesty Aurangzeb are based on hearsay as stated before. The year of this event is not known with certainty, it is mentioned on conjecture. If precedence or recedence, more or less are stated in this event, I should be held excused."[3] This event was placed by Sir Jadunath Sarkar in October 1685.[4] S.C. Misra is more cautious and does not give any date to this event.[5] It is in this context that the Dutch report assumes greater significance. It not only gives dates but also names of some of the persons not mentioned elsewhere. It informs us that this incident took place on 6 November 1685 and then narrates the unfolding of events of the entire duration of the rebellion till 16th November 1685. The Dutch account refers to one Syed Muhammad (Sees Mamet), of Ali's faith, whose laws, regulations and advices were not only followed, but one-tenth of all their wealth, even his children were assigned this share. His followers were peasants (whose knowledge was not farther than to sow and mow). This stock was known as Matiyas (Mattias) who were very recently all pagans i.e. Hindus had great respect for Syed Muhammad who was tenth in the line of Ismaili Khojah geneology.[6] He had two sons Baker Shah (Backersa) and

Shah Imamuddin (Chia Emamdien). The emperor Aurangzeb was surprised by the fact that they were Muslims and still allowed the paganism to remain, so he entrusted the youngest prince to bring the Matiyas to the Muslim fold and it was notified in the southern parts that thereof within last three years, a great many had been taught, following not merely in matters of eating and drinking, but very strongly in the manners of pagans. Of these two brothers, Baker Shah was called by the king and Shah Imamuddin by the prince in Ahmadabad. Some suspected that Baker Shah sent his brother Imamuddin to the king because he was suspicious. Whether it was true or false at least this was true that the followers were suspicious of the prince, fearing that this would come to light to fuel the troubles, the emperor gave order to the governor of the city to extirpate Shah Imamuddin along with the followers. But that holyman died in the meanwhile. The governor captured two of his sons and followers. This provoked the followers of this faith to liberate the imprisoned people.[7]

Similarly we come to know from the Dutch account that it was led by a lanky 30 years old, Nur Muhammad who was the son of a local *patel.*[8] This information is not available in *Mirat*'s account. Furthermore another important piece of evidence is that the agitated peasants ransacked the houses of governor. *Waqia navis* and Karoris.[9] Their houses, camels, minted and uncoined gold and silver, costly clothes and ordinary cloths, kettel, drums and flags were looted.[10] They gathered the documents and contracts relating to land revenue and destroyed them by consigning them to flames.[11] This evidence is missing in *Mirat-i Ahmadi.* This indicates that behind the apparent sympathy on account of religious preachings, there was the basic contradiction of Mughal society which revolved round matters relating to land revenue which was perhaps the reason for this conflict between the peasants and the revenue appropriating class.[12]

REFERENCES

1. *V.O.C.* 1298, Band II, ff. 1680-1700.
2. Cf. Jadunath Sarkar, *History of Aurangzeb,* Vol. V., Orient Longman's First Impression, Delhi, 1974, pp. 332-334; Satish C. Misra, *Muslim Communities in Gujarat, Preliminary Studies in their History and Social Organization,* Delhi, 1964, pp. 60-62.
3. *Mirat-i-Ahmadi,* p. 289.
4. Jadunath Sarkar, *op. cit.,* p. 333.
5. S.C. Mishra, *op. cit.,* p. 62.
6. S.C. Mishra. *op. cit.,* pp. 54-55. It is interesting to note here that *Mirat-i Ahmadi* refers to Syed Shahji, one of the grandsons of Syed Imamuddin (pp. 286). Misra has observed that it would be difficult to be certain regarding dates of events of the Ismaili Khojahs (*Ibid.*).
7. *V.O.C.* 1298, ff. 1680 vo-1682r.

8. *Ibid.*, f. 1682r.
9. *Ibid.*, ff. 1684r-1684 vo.
10. *Ibid.*
11. *Ibid.*
12. *Ibid.*, ff. 1684r-1680 vo. See for reasons for peasant uprisings during Mughal period, Irfan Habib, *The Agrarian System of Mughal India (1556-1707)*, New Delhi, 1963, pp. 317-352; see also, Irfan Habib, "Forms of Class Struggle in Mughal India", in Irfan Habib, *Essays in Indian History. Towards in Marxist Perception*, Delhi, 1995, pp. 233-258.

27. बंगश और रुहेले

रमाकांत नागर*

मुगल काल में बंगश और रुहेलों का गौरवशाली इतिहास रहा है। बंगश फर्रुखाबाद तथा रुहेले कटेहर अर्थात रुहेलखंड के शासक रहे हैं। सम्राट फर्रुखसियर को खुश करने के लिए मोहम्मद खां बंगश ने मऊ रशीदाबाद के पास स्थापित नवीन नगर का नाम फर्रुखाबाद रख दिया था। रुहेलों की राजधानी आंवला थी। दोनों ही शक्तिशाली, बहादुर और साहसी थे।

1743 ई. में मुहम्मद खां बंगश की मृत्यु के उपरांत उसका ज्येष्ठ पुत्र कायम खां निर्विरोध उसका उत्तराधिकारी बन गया। कायम खां ने रुहेला प्रमुख अली मोहम्मद खां से अच्छे संबंध स्थापित कर लिये थे, जिसके परिणामस्वरूप उन्होंने मुगल सम्राट को वार्षिक कर देना बंद कर दिया। अली मोहम्मद खां को दंडित करने के उद्देश्य से मोहम्मद शाह स्वयं सेना लेकर रुहेलखंड आ गया था। इसमें अली मोहम्मद खां पराजित हुआ और उसने कायम खां के माध्यम से मुगल सम्राट से संधि की, परंतु कायम खां तथा अली मोहम्मद खां की मित्रता से मुगल वजीर सफदरजंग को ईर्ष्या हुई इसलिए उसने मुगल सम्राट द्वारा कायम खां को एक संदेश भेजा कि बरेली तथा मुरादाबाद आदि क्षेत्र उसे दे दिए गए हैं। अत: वह इन पर अपना अधिकार कर ले। कायम खां सफदरजंग की चाल में आ गया और बिना सोचे-समझे रुहेलखंड को कूच कर दिया । कुछ बंगश सरदारों ने उसे रुहेलों से वार्ता करने का परामर्श दिया तथा कुछ ने विरोध किया, किंतु सफदरजंग की कूटनीति के कारण कोई वार्ता नहीं हो पाई। रुहेलों के द्वारा भी संधि के प्रयत्न किए गए, किंतु कायम खां को तो सफदरजंग ने पहले ही अत्यधिक उत्तेजित कर दिया था, इसीलिए कायम खां प्रत्येक दशा में युद्ध के लिए तैयार था। अंततः दोनों के मध्य (बंगश और रुहेले) भयंकर युद्ध हुआ। कुछ रुहेले बाजरे के खेतों में छुपे हुए थे। कायम खां को युद्ध में सफलता मिलती हुई नजर आई, किंतु बाजरे के खेतों में छिपे हुए रुहेलों ने गोली मारकर कायम खां की हत्या कर दी। कायम खां के मरते ही उसके सैनिक मैदान छोड़कर भाग गए। इस युद्ध में रुहेलों को सफलता मिली।

---

* बरेली

रुहेलखंड की समस्याएं

कटेहर अर्थात रुहेलखंड पर धीरे-धीरे अली मोहम्मद खां का आधिपत्य हो गया था तथा उसने दिल्ली सम्राट को भेंट देना बंद कर दिया था। मोहम्मद शाह ने अपने दीवान हरिनंदन को अली मोहम्मद खां की सेना से संपूर्ण क्षेत्र खाली करने हेतु शाही सेना के साथ भेजा। हरिनंदन 50 हजार सैनिकों के साथ संभल, मुरादाबाद पहुंचा, अली मोहम्मद खां ने पहले संधि के प्रयास किए, किंतु असफल रहने पर विवशतः युद्ध करना पड़ा।[1] दोनों ने अरिल नदी के किनारे अपने-अपने पड़ाव डाले।[2] इसमें हरनंदन को पराजित होना पड़ा तथा उसकी मृत्यु हो गई।

इसके बाद सम्राट मोहम्मद शाह ने प्रधानमंत्री तथा अनुभवी सैनिक अधिकारी कमरुद्दीन खां को युद्ध के लिए जाने का आदेश दिया, चूंकि सारी सेना पहले ही परास्त हो चुकी थी, अतः उसे डर था यदि परास्त हो गया तो पदच्युत कर दिया जाएगा, इसलिए उसने सम्राट को परामर्श दिया कि वे स्वयं भी युद्ध करने हेतु अग्रसर हों, इसमें कायम खां अपनी सेना सहित युद्ध में सम्मिलित हुआ। यह घटना 1745-46 में घटित हुई।[3] अंततः सेना ने विनगढ़ के पास पड़ाव डाला तथा विनगढ़ का घेरा डालने हेतु आगे बढ़े। मिर्जा मुखीम अब्दुल मंसूर खां सफदरजंग सबसे आगे वाली सैनिक टुकड़ी में था। एक रात अचानक रुहेलों ने आक्रमण कर दिया तथा वे सफदरजंग की सेना पर टूट पड़े। अनेक को मौत के घाट उतारने के बाद रुहेले पुनः विनगढ़ सुरक्षित लौट आए।[4] रुहेला सरदारों ने अली मोहम्मद खां को यह परामर्श दिया कि शांति संधि करना ही सर्वथा उचित है। इस स्थिति में अली मोहम्मद खां सफदरजंग के द्वारा सम्राट के सामने उपस्थित हुआ तथा वजीर नवलराय के द्वारा वार्ता प्रारंभ हुई। अली मोहम्मद खां ने कायम खां को मध्यस्थता हेतु कहा। कायम खां तैयार हो गया। जब यह बात सफदरजंग को ज्ञात हुई तब वह अत्यधिक क्रोधित हुआ और वह कायम खां से ईर्ष्या करने लगा।[5] वजीर उल-मुल्क मोहम्मद खां के हाथ में रूमाल बांधकर सम्राट के समीप लाया।[6] सम्राट ने अली मोहम्मद खां को समस्त दोषों से मुक्त कर दिया और उपहारस्वरूप शाही चोगा भेंट कर सरहिंद का अधिकारी बना दिया। सम्राट मोहम्मद शाह की मृत्यु के पश्चात 1748 में अली मोहम्मद खां सरहिंद से आंवला वापस आ गया।[7] 14 सितंबर 1749 ई. को उसका देहांत हो गया। कुछ समय पश्चात सम्राट अहमद शाह अप्रैल 1748 को सिंहासनारूढ़ हुआ और वजीर सफदरजंग नियुक्त हुआ जो बंगशों का पुराना शत्रु था। उसने कायम खां के नाम शाही फरमान जारी करवाया जिसके उत्तर में कायम खां ने सम्राट से कहा कि उसे सफदरजंग पर विश्वास नहीं है। इससे सम्राट और वजीर दोनों कायम खां से रुष्ट हो गए। कायम खां से संबंधित उचित प्रबंध करने के लिए सफदरजंग ने जावेद खां से सलाह-मशविरा किया। यदि कायम खां को यह शाही फरमान जारी किया गया था कि बरेली और मुरादाबाद के बहुत से परगने जो पूर्व में प्राप्त कर लिये गए, पर अली मोहम्मद

खां के पुत्र सैदुल्ला खां रुहेला ने अधिकार कर लिया है। इन क्षेत्रों पर अधिकार के लिए रुहेलों से युद्ध करना था। यह फरमान शेरजंग के द्वारा वजीर सफदरजंग की ओर से भेजा गया था।[9]

16 सितंबर 1748 ई. को कायम खां ने फर्रुखाबाद से 4 मील की दूरी पर अपना शिविर लगाया और महत्वपूर्ण सरदारों को परामर्श के लिए बुलाया।[10] कई सरदारों ने प्रार्थना की कि किसी व्यक्ति को रुहेलों के समक्ष भेजा जाए क्योंकि रुहेले उनके विरोध में नहीं थे। इसी बात को दृष्टिगत रखते हुए मोअज्जम खां को कुछ अन्य सरदारों के साथ आंवला की ओर तीन शाही चोगों के साथ भेजा गया। मोअज्जम खां का आंवला जाना व्यर्थ सिद्ध हुआ। इनका वापस आना कायम खां का अपमान समझा गया। इस अपमान को मिटाने के लिए तुरंत आंवला की ओर प्रस्थान किया गया। शुजाअज खां गलजई ने रुहेलों से युद्ध न करने पर बल दिया। इस बात पर उसे अपमानित किया गया। इससे क्रोधित होकर वह सौगंध खाकर झंडा लेकर सबसे आगे आया। कुशल सिंह, राजा नंदू सिंह चचेड़ी वाला एवं राजा शिवराजपुर 20,000 अश्वारोही सहित कायम खां के साथ मिलकर रुहेलों पर आक्रमण के लिए इकट्ठे हुए।[11]

हाफिज अहमद खां ने युद्ध की स्थिति टालने के लिए रुहेलों की ओर से सैयद शाह जी बाबा को कायम खां के पास भेजा। शाह जी बाबा कायम खां के डेरों पर गए जो बदायूं के करीब थे।[12] किंतु इस वार्ता का कोई परिणाम न निकला। तब शाह जी बाबा ने क्रुद्ध होकर कहा, 'दुनिया के मामलात में फकीरों का दखल देना ठीक नहीं।'[13] शाह जी बाबा वापस आ गए और रुहेलों से युद्ध की तैयारी करने को कहा। कायम खां 60,000 सैनिक तथा 400 हाथियों से सुसज्जित होकर एवं हाफिज अहमद खां 25,000 सैनिकों को साथ लेकर कूच किया। दोनों सेनाओं ने बदायूं से 2 कोस की दूरी पर दौरी रसूलपुर के पास, बागों में शिविर लगाया। जब रुहेलों को नवाब कायम खां की विशाल सेना के आगमन का पता चला तो वह अत्यंत भयभीत हुए। अपने शिविर के आसपास दौरी रसूलपुर के समीप 22 अक्टूबर 1748 ई. को ऊषाकाल के समय नवाब ने युद्ध करने की घोषणा कर दी।[13] भयंकर युद्ध हुआ। नवाब के अनेक सैनिक मारे गए तथा रुहेलों ने उसके हाथी को घेरकर गोलियां चलाईं, किंतु बाजरे के खेत में जो रुहेले छिपे हुए थे ने सूर्योदय के लगभग डेढ़ घंटे बाद उसके मस्तिष्क पर गोली मारी, जहां उसकी मृत्यु हो गई।[14] रुहेलों ने वहां आकर उसका शीश काट लिया। इस युद्ध में जो सरदार वीरगति को प्राप्त हुए उन सभी को अलीगंज में दफन कर दिया।[15]

इस विजय से रुहेलों ने खुद को वीर तथा उत्साही जानकर खुदा का शुक्र अदा किया[16] तथा विजय के नक्कारे बजाते हुए आंवले की ओर प्रस्थान किया।[17]

फर्रुखाबाद की सेना को गंगा नदी की उत्तर की ओर नियुक्त किया गया। उस समय फर्रुखाबाद में 10 परगने थे। रुहेले खाकामऊ तक अग्रसर रहे। खाकामऊ का एक आमिल चेला था जिसने रुहेलों पर बंदूकें चलाकर अनेक को मृत्यु के घाट उतार दिया, तब रुहेलों

ने वहां से वापस आना ही उचित समझा। इस प्रकार फर्रुखाबाद के नवाब के आधीन कुछ परगने पूर्ववत बने रहे।

संदर्भ एवं टिप्पणियां

1. अली, अल्ताफ, *हयात-ए-हाफिज रहमत खां*, पृ. 171.
2. हैमिल्टन, *हिस्ट्री ऑफ रोहिला अफगान*, पृ. 82.
3. मुखलिस, आनंद राम, *तारीख-ए-आनंद राम*, (फारसी), पृ. 251.
4. किशोर, नवल, *हदीकतुल अकालीम*, अज्ञात प्रेस, लखनऊ, पृ. 140.
5. निजाम, *तारीख-ए-रुहेलखंड*, पृ. 44.
6. हुसैन, सैयद गुलाम, *सैरुल मुताखिरीन* (फारसी), पृ. 455.
7. *तारीखे अहमद शाही*, पृ. 129.
8. बरेलवी, अल्ताफ अली, *हयात-ए-रुहेलखंड*, पृ. 33.
9. निजामी, मुस्तफा, *तारीख-ए-रुहेलखंड*, पृ. 68.
10. *फर्रुखाबाद गजेटियर*, पृ. 139.
11. मीनाई, मुंशी अहमद, *इंतखावे यादगार*, पृ. 17.
12. निजामी, *तारीख-ए-रुहेलखंड*, पृ. 17.
13. बरेलवी, अल्ताफ अली, *हयात-ए-हाफिज रहमत*, पृ. 32.
14. जौहरी, जाफर, *तारीख-ए-अफगानिया*, पृ. 67.
15. मोहम्मद, सैयद, *तबसरा-ए-राजरीन* (फारसी), पृ. 254.
16. निजामी, *तारीख-ए-रुहेलखंड*, पृ. 74.
17. बरेलवी, अल्ताफ अली, *हयात-ए-हाफिज रहमत*, पृ. 45.

28. रुहेला इतिहास की एक निर्णायक घटना : लाल डांग संधि

ज़ेबा लतीफ़*

रुहेला युद्ध के पश्चात लाल डांग संधि हुई थी। अतः लाल डांग की संधि के बारे में जानकारी प्राप्त करने के लिए रुहेला युद्ध और उसके बाद की राजनीतिक गतिविधियों को जानना आवश्यक है।

रुहेला युद्ध अवध के नवाब शुजाउद्दौला तथा रुहेलखंड के नवाब हाफिज रहमत खां के मध्य 23 अप्रैल 1774 ई. शनिवार को कटरा मीरानपुर[1] तथा फरीदपुर के बीच लाही खेड़ा के स्थान पर बहगुल नदी के तट पर कसरक के मैदान में हुआ था।[2] शुजाउद्दौला की सहायता के लिए ईस्ट इंडिया कंपनी का कर्नल चैंपियन अंग्रेजी सेना तथा अपने तोपखाने के साथ वहां उपस्थित था। शुजाउद्दौला की सेना लगभग 60,000 (साठ हजार) थी तथा हाफिज रहमत खां की सेना का अनुमान लगभग चालीस हजार लगाया गया है।[3] परंतु वास्तव में सेना की संख्या का इतना अधिक महत्व नहीं था जितना अवध तथा रुहेलखंड की सेनाओं के मध्य अस्त्र-शस्त्रों, युद्ध की कुशलता, सेना में अनुशासन, साहस तथा उत्साह के अंतर का था[4]। इसके अतिरिक्त शुजाउद्दौला ने कई रुहेला सरदारों को अपने पक्ष में कर लिया था। अहमद खां बख्शी तथा अहमद खां खानसामा युद्ध के समय मैदान छोड़कर भाग गए थे।[5] इस युद्ध में रुहेला पराजित हुए और नवाब हाफिज रहमत खां कर्नल चैंपियन के तोपखाने की तोप के गोले से शहीद हो गए। इस युद्ध के पश्चात रुहेला शासन का सदा के लिए अंत हो गया।

अंग्रेजी सेना रुहेला युद्ध में विजय प्राप्त करने के पश्चात तीन दिन तक उसी स्थान पर रुकी रही। इससे पराजित सेना को भागने का अवसर प्राप्त हो गया और वह भागकर अपने स्थानों पर पहुंच गई। उसी दिन रात्रि में शुजाउद्दौला के घुड़सवारों ने बरेली पर अधिकार कर लिया।[6]

रुहेला युद्ध के पश्चात दो गुट बन गए थे। एक गुट शुजाउद्दौला का था जो विजित था तथा दूसरा गुट रुहेलों का था जो पराजित था। शुजाउद्दौला पर अपनी तथा अंग्रेजी सेना के व्यय का बोझ था। इसके अतिरिक्त उसको वह धनराशि भी अंग्रेजों को देनी थी जिसका

* सा. रा. म. महाविद्यालय, बरेली

उसने रुहेलखंड की विजय के पश्चात अंग्रेजों को देने का वचन दिया था। अत: उसके मस्तिष्क में धन लूटने का विचार था। वह रुहेलों का कट्टर विरोधी था और उन्हें हर प्रकार से नष्ट करना चाहता था, जो उसकी राज्य सीमाओं के निकट शक्ति बढ़ा रहे थे। यही भय कभी उसके पिता सफदरजंग (मृत्यु 1754 ई.) को भी था। उसने भी इस भय से छुटकारा पाने के लिए जीवन-भर प्रयास किया जिसमें उसको सफलता नहीं मिल पाई।[7] अब शुजाउद्दौला की स्थिति एक विजेता की थी और वह रुहेलों की शक्ति को समाप्त करने के पश्चात इस प्रयास में लगा था कि रुहेले पुन: शक्तिशाली न हो पाएं। दूसरे गुट में पराजित रुहेलों में नवाब अली मोहम्मद खां (मृत्यु 1749 ई.) के पुत्र नवाब फैज़उल्ला खां, नवाब मोहम्मद यार खां तथा उनके परिवार के सदस्य शामिल थे। रुहेले इस भ्रम में थे कि शुजाउद्दौला उन्हें उनके स्थानों पर पुन: स्थापित कर देगा।[8] विशेषत: यह आशा उन रुहेला सरदारों में अधिक थी जिन्होंने शुजाउद्दौला की गुप्त रूप से सहायता की थी।[9] जिस प्रकार रुहेलखंड पर मराठों के आक्रमण के समय उसके भय से रुहेलों ने कुमायूं की तराई के जंगल में 1772 में शरण ली थी[10] और उसी परंपरा के अनुसार नवाब फैज़उल्ला खां युद्ध के मैदान से सीधे रामपुर गए और वहां से अपना सामान, धन तथा परिवार सहित मुरादाबाद तथा नजीबाबाद होते हुए लाल डांग के जंगल में उन्होंने पनाह ली और सुरक्षा व्यवस्था के उद्देश्य से मोर्चे तैयार करवा लिये।[11] नवाब फैज़उल्ला खां को जंगल में शरण लेने का परामर्श रुहेला युद्ध से पूर्व नवाब हाफिज रहमत खां ने भी दी थी जिसके अनुसार युद्ध में पराजित होने तथा उनके मारे जाने की दशा में युद्ध समाप्त कर दिया जाए और जंगल अथवा पहाड़ों में शरण ली जाए।[12]

शुजाउद्दौला ने धन प्राप्त करने तथा रुहेलों का अंत करने के उद्देश्य से कार्यवाही प्रारंभ की। उसने धन प्राप्त करने के लिए रुहेलों पर बहुत अधिक अत्याचार किए। उसके घुड़सवारों ने पीलीभीत में 26 अप्रैल 1774 ई. को लूटमार आरंभ कर दी । धन-संपत्ति तथा आभूषण और खजाने की तलाश में भवनों की खुदाई भी करवाई।[13] उसने यही अत्याचार बिसौली[14] तथा आंवला में भी किया। उसने आंवला की जनता से अधिक से अधिक धन वसूल कर लिया।[15] केवल फैज़उल्ला खां के भाई मोहम्मद यार खां दूसरे भाई सादउल्ला खां की विधवा तथा एक सूफी सैयद हसन शाह के भवन उसके आदेश पर लूटमार से सुरक्षित रहे। लूटमार की कार्यवाही के पश्चात शुजाउद्दौला ने रुहेला सरदारों तथा उसके परिवार के व्यक्तियों को बंदी के रूप में छकड़ों पर सवार कराकर इलाहाबाद के दुर्ग को भिजवा दिया।[16] शुजाउद्दौला के इस निर्दयी व्यवहार के फलस्वरूप रुहेलों को अपनी स्थिति का ज्ञान हुआ और उन्होंने अपनी स्थिति सुदृढ़ कर ली और नवाब फैज़उल्ला खां के नेतृत्व में लाल डांग में एकत्रित होना शुरू कर दिया।

बरेली, पीलीभीत, आंवला, तथा बिसौली की बरबादी से रुहेलों की सम्मिलित शक्ति नष्ट हो गई। रुहेला सरदारों में केवल नवाब फैज़उल्ला खां ही रह गए थे जो शुजाउद्दौला

की पकड़ में नहीं आए थे। इस कारण नवाब फैज़उल्ला खां रुहेलों की शक्ति का पुनः चिह्न बन गए थे।[17] जैसे-जैसे समय व्यतीत होता गया रुहेलों की संख्या लाल डांग में बढ़ने लगी थी। यह वह स्थिति थी जिससे शुजाउद्दौला चिंतित हो गया था। वास्तव में फैज़उल्ला खां की पराजय के बिना रुहेलों की विजय अपूर्ण थी। अतः शुजाउद्दौला ने अपनी तथा अंग्रेजी सेना को साथ लेकर जुलाई 1774 ई. में बिसौली से लाल डांग की ओर प्रस्थान किया।[18]

लाल डांग गढ़वाल की पहाड़ियों की तराई में समुद्र तल से 1,232 फुट ऊपर पर्वतों से घिरा हुआ स्थान था।[19] लाल डांग की स्थिति भी ऐसी थी कि वह चारों ओर घने जंगल तथा ऐसी पहाड़ियों से घिरा हुआ था[20] जिसमें से गुजरना कठिन था। इसके अतिरिक्त लाल डांग के मार्ग में ढाक का घना जंगल था जहां बांस के पेड़ों की अधिकता थी। कांस (एक प्रकार की जंगली घास) इतनी बड़ी थी कि यदि उसमें से हाथी भी गुजर जाए तो पता नहीं चल पाए।[21] अतः लाल डांग का जंगल जिसके लिए वह प्रसिद्ध था और उसके चारों ओर पहाड़ियों की शृंखला थी जो शत्रु की सैनिक कार्यवाही के विरुद्ध एक प्राकृतिक रक्षापंक्ति बन गई थी जिसमें सैनिक यातायात तथा विशेषकर तोपखाने को ले जाना बहुत कठिन था।[22]

शुजाउद्दौला तथा कर्नल चैंपियन ने अपनी सेना के साथ जुलाई 1774 में बिसौली से लाल डांग की ओर प्रस्थान किया। अवध तथा अंग्रेजों की सेना मुरादाबाद होती हुई नजीबाबाद पहुंची और वहां पर उसने पत्थरगढ़[23] के किले पर अधिकार कर लिया। नजीबाबाद तथा पत्थरगढ़ का दुर्ग नजीबउद्दौला के पुत्र ज़ाबता खां के अधिकार में था। ज़ाबता खां नवाब फैज़उल्ला खां का बहनोई था। परंतु ज़ाबता खां रुहेला ने युद्ध में अपनी सेना अवध की सेना के साथ खड़ी कर दी थी, फिर भी शुजाउद्दौला ने ज़ाबता खां पर विश्वास नहीं किया तथा बिजनौर, नजीबाबाद और पत्थरगढ़ के दुर्ग पर अपना अधिकार स्थापित करने के पश्चात अपने घुड़सवारों को गंगा के भैस घाट को पार करके मोहनपुर गांव में पहुंचकर डेरा डाल दिया तथा मोर्चे तैयार करवाए। मोहनपुर लाल डांग के तट पर स्थित था जहां से रुहेलों का शिविर 50 किमी. की दूरी पर था।[24]

उस समय नवाब शुजाउद्दौला के सामने अनेक समस्याएं थीं अर्थात रुहेला युद्ध में विजय प्राप्त करने के उपरांत भी उसकी विजय अपूर्ण थी।

अतः नवाब फैज़उल्ला खां को अपने आधीन करना अति आवश्यक था। दूसरी ओर कर्नल चैंपियन उसकी योजना से सहमत नहीं हो रहा था और अपनी सेना को वापस ले जाने की बात कर रहा था। इसके अलावा बरसात का मौसम था और चार माह की अवधि बिसौली में व्यतीत हो गई थी। वह स्वयं लखनऊ से भी पांच माह से अलग-थलग था जो चिंता की बात थी। लाल डांग के क्षेत्र में जंगल, ऊंची घास, बांसों की अधिकता तथा पहाड़ियों के कारण सेना का यातायात कठिन था। लाल डांग की तराई की जलवायु से उसकी सेना में महामारी (मलेरिया) फैलने लगी थी। वह स्वयं जांघ में फोड़े की पीड़ा से व्याकुल था।

जैसे–जैसे समय व्यतीत हो रहा था चारों ओर से रुहेले भाग–भाग कर फैज़उल्ला खां के नेतृत्व में आ रहे थे जिससे फैज़उल्ला खां की सैनिक शक्ति दिन–प्रतिदिन बढ़ रही थी। इन जटिल परिस्थितियों में नवाब शुजाउद्दौला ने नवाब फैज़उल्ला खां को बाध्य करने के लिए रसद की आपूर्ति रोकने का प्रयास किया जिसमें वह पूर्ण रूप से सफल नहीं हो पाया। उसने जंगल कटवा कर भी फैज़उल्ला खां के मोर्चे तक पहुंचने का प्रयास किया लेकिन वह उसमें भी असफल रहा। फैज़उल्ला खां के पक्ष के पठान जो उससे सहानुभूति रखते थे वृक्षों के काटने वालों पर लगातार आक्रमण करते रहते थे जिसके कारण जंगल में मार्ग बनाने का कार्य न केवल कठिन ही हुआ, बल्कि वह और अधिक देरी से होने लगा। देर लगाने का अर्थ यह भी था कि अंग्रेजी सेना का व्यय बढ़ रहा था जिससे किन्हीं भी परिस्थितियों में भी उन्हें शुजाउद्दौला को देना ही था। उस समय मराठों के आक्रमण की भी अफवाह फैली हुई थी। इन सब बातों का परिणाम यह था कि नवाब शुजाउद्दौला के मन में फैज़उल्ला खां से संधि का विचार उत्पन्न हुआ।[25]

फैज़उल्ला खां ने लाल डांग में शरण अपनी राजनीतिक शक्ति को पुन: प्राप्त करने के लिए ली थी, परंतु धन की कमी, खाद्य सामग्री की आपूर्ति, दिन–प्रतिदिन रुहेलों की बढ़ती हुई संख्या जो उसके लिए राजनीतिक खतरा बन गया तथा द्वार पर खड़ा शत्रु यह सब वह बातें थीं जिससे वह भी चिंतित था। इसी कारण उन्होंने कर्नल चैंपियन से गुप्त पत्राचार आरंभ किया और अब्दुल रहीम खां दरोगा शर्तुखाना को अपना दूत बनाकर कर्नल चैंपियन के पास भेजा जिसका आशय था कि रुहेलखंड उनके आधीन कर दिया जाए जिसके बदले में वह शुजाउद्दौला को मुआवज़ा देते रहेंगे और वह कंपनी को वह धन भी देंगे जो कंपनी ने युद्ध पर व्यय किया था। फैज़उल्ला खां का यह प्रयास सफल नहीं हुआ क्योंकि वारेन हेस्टिंग्ज ने इसे यह कहकर अस्वीकार कर दिया कि उसने शुजाउद्दौला को विजित प्रदेश देने का वचन दिया था। अत: अब यह विजित प्रदेश फैज़उल्ला खां को नहीं दिया जा सका।[26] इसके उपरांत भी संधि की वार्ता जारी रही क्योंकि शुजाउद्दौला तथा फैज़उल्ला खां दोनों ही उस समय की परिस्थितियों के दबाव के कारण आपस में संधि चाहते थे। फैज़उल्ला खां ने कर्नल चैंपियन को माध्यम बनाकर पुन: वार्ता प्रारंभ कर दी। आरंभ में शुजाउद्दौला ने फैज़उल्ला खां को डेढ़ लाख वार्षिक धन की जागीरें देने का प्रस्ताव रखा जिसको फैज़उल्ला खां ने अस्वीकृत कर दिया। इसके बाद शुजाउद्दौला ने पंद्रह लाख वार्षिक धन की जागीरें देने का प्रस्ताव रखा, साथ ही कर्नल चैंपियन से सुलह कराने का भी प्रस्ताव रखा और यह भी कहा कि उसके प्रस्ताव को यदि फैज़उल्ला खां ने अस्वीकृत किया तो वह नवाब हाफिज रहमत खां के ज्येष्ठ पुत्र मोहब्बत खां को जागीर दे देगा। इस संबंध में उसने मोहब्बत खां को जो इलाहाबाद के दुर्ग में बंदी थे, बुलाने का आदेश जारी कर दिया। शुजाउद्दौला का यह प्रस्ताव कर्नल चैंपियन के माध्यम से फैज़उल्ला खां के पास पहुंचा तथा उचित वार्ता के पश्चात फैज़उल्ला खां को अपने शिविर ले गया और उसके बाद

शुजाउद्दौला के पास ले गया। फैज़उल्ला खां की जागीर में पहले से शाहबाद, सरसावा तथा चौहमहला थे। उसमें शुजाउद्दौला ने उजाऊ, काबर, बिलासपुर, रेहड़हा, ठाकुरद्वारा तथा सरकड़ढा को सम्मिलित कर दिया था। इस प्रकार से फैज़उल्ला खां की जागीर में तीन के स्थान पर नौ परगने हो गए जिनकी वार्षिक आय का अनुमान चौदह लाख पचहत्तर हजार रुपए किया गया था। इन नौ परगनों के एकजुट होने पर रियासते रामपुर का जन्म हुआ।[27] इन बातों के तय होने के पश्चात उचित रूप से लाल डांग संधि का मसविदा तैयार हो गया जिस पर 7 अक्टूबर 1774 ई. को दोनों गुटों के हस्ताक्षर हुए, क्योंकि कर्नल चैंपियन का पात्र एक मध्यस्थता का था। यह संधि दो भागों में हुई। प्रथम भाग फैज़उल्ला खां तथा कर्नल चैंपियन के मध्य संधि की शर्तों पर आधारित था तथा दूसरा भाग शुजाउद्दौला और कर्नल चैंपियन के मध्य आधारित था। संधि के दोनों भागों पर कर्नल चैंपियन के हस्ताक्षर तथा मोहरें थीं। इस संधि के अनुसार नवाब फैज़उल्ला खां ने स्वीकार किया कि वह शुजाउद्दौला के आज्ञाकारी रहेंगे, पांच हजार से अधिक सेना नहीं रखेंगे, यदि शुजाउद्दौला का कोई भी युद्ध होगा तो वह उसकी दो-तीन हजार घुड़सवारों से सहायता करेंगे तथा स्वयं युद्ध में भाग नहीं लेंगे और शुजाउद्दौला तथा अंग्रेज़ों के अतिरिक्त किसी से मित्रता नहीं करेंगे। शुजाउद्दौला ने यह स्वीकार किया कि वह रामपुर को उन नौ परगनों सहित जिनकी वार्षिक आय 14,75,000 रुपए थी, देगा। नवाब फैज़उल्ला खां केवल 5000 घुड़सवार रखेंगे। फैज़उल्ला खां अंग्रेजों के अतिरिक्त किसी से मित्रता नहीं रखेंगे और वह उनकी सुरक्षा करेंगे। युद्ध के समय फैज़उल्ला खां अपने सिपाहियों से सहायता करेंगे और वह उनकी उन्नति का प्रयास करेगा। संधि के प्रथम भाग पर फैज़उल्ला खां तथा कर्नल चैंपियन की मोहरें लगीं तथा दूसरे भाग पर शुजाउद्दौला तथा कर्नल चैंपियन की मोहरें लगीं।[28]

लाल डांग की संधि रुहेलखंड के उपरांत रियासते रामपुर का जन्म हुआ जो लगभग एक जिले के बराबर थी तथा शेष रुहेलखंड अवध के अधिकार में चला गया। नवाब हाफिज रहमत खां के ज्येष्ठ पुत्र तथा दूसरे रुहेला सरदारों को लाल डांग की संधि के समय वार्ता में सम्मिलित नहीं किया गया था और उक्त संधि में उनके विषय में कोई बात भी तय नहीं की गई थी जिसके कारण रुहेला असहाय और मित्रविहीन हो गए थे। फैज़उल्ला ने रुहेलों को लाल डांग से भगाकर गंगा पार दोआब में पहुंचा दिया। रुहेलों की शक्ति समाप्त हो गई और वह दूसरों पर निर्भर हो गए। शुजाउद्दौला ने रुहेलों से उनका प्रदेश छीना था, अत: रुहेलों से उनकी शत्रुता तथा रुहेलों की बरबादी उसकी राजनीतिक योजना के अनुसार थी। फैज़उल्ला खां को अपनी योजना में देर न करना[29] तथा लाल डांग संधि के समय रुहेलों के अधिकारों पर बल न देना तथा बाद में रुहेलों को देश से निकालना उनके राजनीतिक व्यवहार पर प्रश्नचिह्न लगाता है।

इसमें कोई संदेह नहीं है कि रुहेला युद्ध (1774 ई.) में रुहेलों की पराजय तथा लाल डांग संधि के पश्चात उनकी दूसरों पर निर्भरता इतिहास का हिस्सा बन गई, परंतु रुहेलखंड

के जिलों में उनका महत्व कम नहीं हुआ क्योंकि उनको जब भी अवसर मिला उन्होंने अंग्रेजों के विरुद्ध युद्ध किया। अंत में जब 1857 का प्रथम स्वतंत्रता संग्राम हुआ तो रुहेलखंड के प्रत्येक जिले में रुहेला पठान अंग्रेजों के विरुद्ध युद्ध करने के लिए उठ खड़े हुए थे। बरेली का नेतृत्व नवाब हाफिज रहमत खां के पौत्र नवाब खान बहादुर खां ने संभाला तथा रुहेलखंड के जिलों पर शासन किया और स्थान-स्थान पर क्रांतिकारियों ने अंग्रेजों से युद्ध किया। नवाब खान बहादुर खां ने 6 मई 1857 ई. को बरेली में नकटिया नदी के किनारे अंग्रेजों से युद्ध में पराजित होने के उपरांत भी अंग्रेजों के विरुद्ध मोहम्मदी के युद्ध में भाग लिया तथा लखनऊ की स्वतंत्रता सेनानी बेगम हजरत महल की सहायता की जो अंग्रेजों से युद्ध कर रही थी। अंग्रेजों ने नवाब खान बहादुर खां पर विद्रोह का आरोप लगाकर मृत्युदंड की सजा सुनाई तथा 24 मार्च 1860 ई. को फांसी पर लटका दिया और गुप्त रूप से बरेली जिला कारागार में दफन कर दिया।

लाल डांग की संधि के पश्चात रुहेलों की राजनीतिक शक्ति का अंत अवश्य हो गया परंतु रुहेलों ने अपने छोटे से शासनकाल में वह आपसी भाईचारा, शिक्षा, ज्ञान, साहित्य तथा स्थापत्य कला, लोक संधि, अर्थात चार बैंत जिसकी झलक आज भी रामपुर में देखने को मिलती है तथा उनकी परंपराएं उनकी अनमोल विरासत हैं जिन पर अभी भी विस्तारपूर्वक शोध कार्य की आवश्यकता शेष है।

संदर्भ एवं टिप्पणियां

1. खां, हकीम नजमुल गनी, *अखबारूस्सनादीद*, भाग-1, लखनऊ, पृ. 493; *गजेटियर शाहजहांपुर*, 1910, पृ. 185.
2. वही, पृ. 497.
3. हुसैन, इकबाल, *दी रुहेला चीफटेनसीज*, दिल्ली, पृ. 165.
4. वही, पृ. 165.
5. बरेलवी, अब्दुल अजीज खां, आसी, *तारीखे रुहेलखंड*, करांची, पृ. 125-126.
6. *अखबारूस्सनादीद*, भाग-1, पृ. 513, 514, 515.
7. निज़ामी, मुस्तफा हुसैन, *तारीखे रुहेलखंड*, लखनऊ, पृ. 228.
8. *अखबारुस्सनादीद*, भाग-1, पृ. 517.
9. वही, पृ. 521-522.
10. बरेलवी, सैयद अलताफ़ अली, *हयाते हाफिज रहमत खां*, तृतीय प्रकाशन, करांची, 188.
11. *अखबारूस्सनादीद*, लखनऊ, भाग-1, पृ. 513.
12. वही, पृ. 498.
13. वही, पृ. 519.
14. वही, पृ. 525-526.
15. वही, पृ. 528.

16. वही, पृ. 526.
17. हुसैन, इकबाल, *दी रुहेला चीफटेनसीज*, पृ. 172.
18. *अखबारूस्सनादीद*, भाग-1, पृ. 542.
19. निज़ामी, *तारीखे रुहेलखंड*, लखनऊ, पृ. 260.
20. *हयाते हाफ़िज रहमत खां*, तृतीय प्रकाशन, करांची, पृ. 255.
21. *अखबारूस्सनादीद*, लखनऊ, भाग 1, पृ. 542.
22. *दी रुहेला चीफटेनसीज़* पृ. 174.
23. पत्थरगढ़ नजीबाबाद से दस किमी. की दूरी पश्चिम-दक्षिण की ओर स्थित है.
24. *अखबारूस्सनादीद*, भाग 1, लखनऊ, पृ. 542.
25. *हयाते हाफ़िज रहमत खां*, तृतीय प्रकाशन, करांची, पृ. 255.
26. *अखबारूस्सनादीद*, भाग 1, लखनऊ, पृ. 537.
27. वही, पृ. 547-550.
28. वही, पृ. 553-554.
29. वही, पृ. 555.

ग्रंथ सूची

1. अलताफ अली सैयद बरेलवी, *हयाते हाफ़िज़ रहमत खां*, तृतीय प्रकाशन, करांची, 1980.
2. अब्दुल अजीज खां आसी बरेलवी, *तारीखे रुहेलखंड,* करांची, 1963.
3. इकबाल हसन, डॉ. प्रोफेसर, *दी रुहेला चीफटेनसीज़* दिल्ली, 1994.
4. मुस्तफ़ा हुसैन निज़ामी, डॉ., *तारीखे रुहेलखंड,* लखनऊ, 1986.
5. नजमुल गनी खां, हकीम रामपुरी, *अखबारूस्सनादीद*, भाग प्रथम, लखनऊ, 1918.

29. Fath-ul-Mujahidin : A Study of Military Strategies and Tactics of War

Syed Mohd. Amir*

Tipu Sultan displayed considerable military skill in war. As a strategist, he had no match during his period. An able and gallant soldier, he was his own commander-in-chief. During the war he commanded the principal army. His personal valour, fearlessness in danger and perseverance inspired his troops with confidence and enthusiasm. Owing to this, he was extremely popular with his army. His energy and activity were astonishing, even '*Runnell*' who was very hostile to Sultan, admitted that he possessed great qualities of war and finance.[1]

He devised many strategies and tactics of war during the course of war, as is exemplified in *Fath-Ul-Mujahidin* written by Zain-Ul-Abidin Shushtri who wrote this work at the Sultan's request. Its importance lies in the fact that it is the only work in Persian which deals with Tipu's military administration and (*Tadabeer-e-harb*) tactics of war. This is a well documented study in which the author has tried his best to project Tipu in the correct historical perspective. It is written by one who knew Tipu intimately and is the only extant primary source in Persian (contemporary work).[2]

Tipu enjoyed the great advantage of an undivided command and owing to his personal direction of the campaign, his commanders could not give expression to their mutual jealousies. All forces were well disciplined and their morale was high. His regular horses under Ghazi Khan, Wali Mohammad and Ibrahim Khan proved very effective in harassing the enemy and cutting off their supplies.

His general plan of a campaign was always sound. The manner of fighting was defensive rather than offensive. In the *Fath-Ul-Mujahidin*, we find that before the beginning of hostilities and launching an offensive, it is important to make a reconnaissance of the battle field, examine it thoroughly and find out if the enemy forces have entrenched themselves

* Head (Deptt. of History), Mohd. Hasan (P.G.) College, V.B.S. Purvanchal University, Jaunpur (U.P.)

behind clusters of trees or under the shelter of a mountain or at the bank of a river. If there is any of these conditions, it is not advisable to wage war except in a situation when war has become inevitable and the shelter or the enemy forces are on the one flank.[3] In this state of affairs, the cavalry should be dispatched so that the enemy might not be able to fight back. In the meanwhile, proximity to the enemy position should be sought. No sooner is this goal reached, than first of all cannons should be fired followed by the gun-fire and small guns. If the enemy forces per chance are advantageously placed on even ground, the army should be divided in three equal lines and after cannonade and gun-fire the enemy should be pounced upon with spears and daggers.[4]

If the army of the enemy is stronger, fighting should be stopped. At that time, Guerilla warfare should be resorted to. The method to be adopted in this type of war those days was that the artillery should be brought face to face with the enemy forces. The war should be started with bayonets and horseriders should be stationed at some distance from the army of the enemy. The horseriders should bring the news of movements and stay with no loss of time and as soon as the enemy intends to attack, a retreat should be made under the cover of cannonade and as soon as the enemy stands up we should also stand up and use our artillery.[5] When the enemy forces get themselves ready to fight and land in the battle field, the best recourse is night attack. The method of this kind of warfare is that as soon as the enemy forces get near and one-fourth of the night remains and the part of the last night is over, movement with light artillery should be made so stealthily and secretly that even the sound of galloping horse and that of the movement of infantry are not heard. The soldiers should not meet and talk to one another and thus pounce upon the enemy and penetrate the army of the enemy firing with guns and cannons and bore of the soldiers be allowed to lay their hands on the valuables found during loot as booty of war. As this has been proved by experience that when the soldiers out of greed and avarice for riches and valuables turn their attention to plunder and loot and become indifferent to fighting, the enemy gets an opportunity to rally and mobilise by rejuvenating himself and renders the task difficult.[6]

When the number of the enemy forces is reduced, the artillery of the enemy should be taken into possession after night attacks and the camping ground of the enemy should be firmly held the rest of the night till the next mid-day. The army should not be dispersed in the morning. After the dispersion of the enemy forces, horseriders be posted to communicate the minutest detail regarding the enemy to their officers. The army should be stationed at such a place which is in no way accessible to the enemy.

If the enemy forces are greater in number, in the wake of night attack, the army should take to the opposite direction and dismount at a distance of two or three miles under the shadow of a fort or at the foot of a mountain or in a forest and disarm itself, and pass the whole day.[7] As soon as it is dark, a start should made at once. The best of the devices (Tactics) is that during the time of war or peace when there is an increase or fall in the number of the army. It should camp at a place, facing the enemy forces flanked on both sides either by a mountain or forest and river, irrespective of the plenty of water or any other thing. No note of it should be taken and no heed be paid. If the number of the enemy forces is less, the army should be stationed at a precarious place either under the shelter of a mountain or a forest and in no case, make a demonstration of haste or speed. The war should be based on the cannon, and such tactics be resorted to that the enemy be forced to come in the battle field with all war strategies.[8] If the enemy does not deliberately start hostilities till evening, the corresponding army should be kept at a distance of two miles in the shelter of a well known place, and cavalry, infantry and musketeers should be posted as guards on routs in the whereabouts of the army of the enemy and if the enemy gets out and makes good the escape, the army should be rearmed and the musketeers and cannons should be hidden at places and thus pursue the enemy and involve him.[9]

The cavalry should be posted before hand to disrupt and cripple the advancement of the enemy and scuttle his every move to launch an offensive till the main forces arrive at the spot. During war the infantry (Yazakdar) should be put on the right wing and the left wing so that they might defend their army (camps). The best of devices is that while camping half of the army should form the vanguard and the next half the rear-guard. Two pairs of mounted soldiers each meant for the advance and rear of the army should be deputed to keep a vigil round the clock.[10] War or no war, whenever a march is made with the intention of waging war even if the army is at a distance, best effort should be made to keep both the wing of the army on one side or in the midst of dense trees or in the shelter of a river. If the war breaks-out by chance on the way, mentioned shelters should be made use of. It has often been experienced many a time that the commander of an army came out safe and sound in one attempt piercing through the army ten times stronger by this tactics and succeeded in sending food and reinforcement to any spot he deemed fit, and then has returned to his own place by the same route and way.[11]

All the commanders and sipahdars should be posted as premeditated. The cannons should precede the risala in accordance with the rules and regulations, and the boxes of gun powder be left behind the army and some wise horseriders be sent to the battle field to examine the nature of the upper and lower land. The army of the enemy should be closely watched. It the fighting is going to happen, if commander is face to face such a technique should be put in operation so that at the time of war perfect awareness of the right and left, of the front and rear is secured by arranging the soldiers side by side and organising the artillery in the appropriate way, collectively coupled with the virtues of boldness and loyality full attention should be paid to the battle field.[12] The commander-in-chief should warn the soldiers that if some one shirks his duty or shows his back during the course of war, he should be killed without any hesitations. If the risaladar colludes with the enemy, he should be killed.[13]

If the enemy stands, stands yourself and begin cannonade, if he tries to come forward, come back-ward fighting slowly-slowly. If Sipahdar does not act according to above written orders (rules) and runs away saving his life and does not care cannons and hand over all the cannons to the enemy, after proof, his punishment is that before rich and poor hang him till death. If act according to rules, give him jagirs, horses and elephants.[14]

When the duty of sephadar is conformed then from poor to rich and from a soldier to an officer, all should obey him and if someone act against his wish, he has the right to punish him. If the army of the enemy is stronger, stay yourself behind the clusters of trees or under the shelter of a fort or a place of unapproachable and prepare yourself with half hour or full strength of army, everyday more formidable. We should come back after going two or three miles away from the enemies forces, repeat these tactics once or twice so that the enemy became indifferent, make a night attack after overcoming the situation gets out to a safer place because by this tactics our soldiers become aware and brave and the enemy is indifferent in war, more than these deceptions are used.[15]

Sardar or Sepahsalar should send news reporters to collect more information of 10 or 20 miles, and keep aware of water and the clusters of trees, so that at the time of need, both can be used and also about the movement of the enemies forces. At the time of marching, some cavalrymen should be posted in the front and the rear as an advanced guard so that they walk to some distance from the main army because there are very advantages in these tactics. In face to face battle, never begin the war of cannons, and the enemy starts, you should disrupt and scuttle his every move and strength and then start cannonade.[16]

To begin with the cannonade should be taken recourse of. When the enemy forces are near the cannon shells should be fired, if nearer gun-fire should be resorted to and if very serious war breaks out, we should go forward with the invocation, "Oh! Allah help us" and thus make the life of enemy impossible.[17] If the Guerilla war starts, the artillery should be left at its place and under the cover of cannons a retreat should be made. It has been said, "War is deception."[18]

If the enemy is stronger and he has stationed himself in the centre of his army (Qalb) and wants to go to a safer place attack after two or three a.m. at night because the enemy become indifferent at that time and thinks that there will be no attack and the army men retire to refresh themselves and relax and at that time, the goal should be reached and the war should be started so that enemy's army could not face the might. If he stays near the camps, a night attack would be an easy thing.[19]

During the war or at the time of starting war it is the foremost duty to put the cavalry in the front and the rear so that if there is a war with the advanced guards, the protection of the army is guaranteed and it remains beyond the reach of the enemy.[20]

All these things mentioned above have been taught by experience and there is a lot of advantages in using all these. While battling for fort before the confrontation all the things necessary for capturing the forts must be procured, first the cannons on the towers should be destroyed with an incess cannonade, and afterwards the walls there of.[21]

Tipu Sultan in various bloody encounters taught the British that they were not strangers to combination of military art and exploits of valour. Tipu combined cleverly political expedience with war tactics. He provoked everywhere hatred against the British following the maxim. "Every thing is fair in war." He caused himself to be proclaimed as the saviour and the avenger of Mysore. He drew from all parts of India new lessons in the art of destruction and enveloped himself in a heavy cloud formed of all the elements of desolution and carnage.[22]

His tactics were a combination of courage and planning during the course of war. His main principle was to attack detached parties and intercept the convoys of the enemy. He always avoided combats as for as possible. While making an invasion into the enemy's kingdom, he made his enemy tired by long marches, surprising attacks on isolated detachment and supply depots. He cut off enemy's communication with his magazines, harassed ceaselessly their advanced troops. He sometimes entered the enemy's camp unawares.[23]

He, by his swift marches and counter marches, baffled the English commanders who toiled in vain to catch up with him. He inflicted great loss on the English armies both in men and material, and he not only failed the plans of Medows for the invasion of Mysore but invaded the carnatic also thus converting a defensive into an offensive war. He definitely proved his superiority as a skilful general and as a tactician of the first rank. Even Cornwallis who did not like to admit the defeats which the English armies had sustained during the third *Anglo-Mysore War*, acknowledged, we have lost time and our adversary has gained reputation which are two most valuable things of war.[24]

By the improvements which he had introduced in his infantry and artillery and above all in excellent cavalry. Cornwallis was obliged to admit that Tipu's Looties were "the best troops in the world, for that they were always doing something to harass their enemies."[25] According to Arthur Wellesly, "his cavalry was the best of the kind in the world."[26]

REFERENCES

1. Runnell, J., Marches of the British Armies in India during the campaigns of 1790 and 1791, London, 1792 (p. xxxix).
2. Khan, Mohibbul Hasan, History of Tipu Sultan, Calcutta, 1971, p. 405.
3. Shushtari, Zain-ul-Abidin, Fath-Ul-Mujahidin, Mysore, 1346/1783, p. 27.
4. *Ibid.*, p. 27.
5. *Ibid.*, p. 27.
6. *Ibid.*, p. 27.
7. *Ibid.*, p. 28.
8. *Ibid.*, p. 28.
9. *Ibid.*, p. 28.
10. *Ibid.*, p. 28.
11. *Ibid.*, p. 28.
12. *Ibid.*, p. 29.
13. *Ibid.*, p. 29.
14. *Ibid.*, p. 29.
15. *Ibid.*, p. 29.
16. *Ibid.*, p. 29.
17. *Ibid.*, p. 29.
18. *Ibid.*, p. 30.
19. *Ibid.*, p. 30.
20. *Ibid.*, p. 30.
21. *Ibid.*, p. 31.
22. Michaud, Joseph, History of Mysore under Haider Ali and Tipu Sultan, New Delhi, 1985, pp. 38-39.
23. *Ibid.*, p. 65.
24. Ross, C, Correspondence of Charles, First Marquis Cornwallis, 2 Vols, London, 1859, p. 51.
25. Gleig, G.R., The Life of Sir Thomas Munro, Vol. 1, London, 1830, p. 133.
26. Owen, S.J., A selection from the despatches ....relating to India of the Duke of Wellington, Oxford, 1880, p. 63.

30. The Position and Rights of the Zamīndārs in the Agrarian Society of Oudh [C.1765-1856]

Saiyid Zaheer Husain Jafri*

We tend to get surprisingly little substantial information as regards the rights and priviliges of the *zamīndārs* in the kingdom of Oudh in the accounts of such authorities as Butter,[1] Sleeman[2] and Elliott[3] although they refer to *zamīndārs* quite frequently. Our detailed study of the subject therefore relies on a large number of Persian documents, sale-deeds, mortgage papers, etc., which have survived from that period and which considerably supplement the information in English.[4]

To begin with, the *zamīndārs,* although a general designation for superior rightholders, had many local synonyms in Oudh. In a number of Persian documents from *pargana* Sandilah, *sarkār* Lucknow, we encounter the term *satarhi*, as a synonym for *zamīndārī* under the formula '*zamīndārī* known as *satarhī.*'[5]

Similarly in some sale-deeds *satarhī* had been used as an interchangable word for *milkiyat*[6] as well as for *Biswī*[7] and *Do Biswī.*[8] In some documents *milkiyat* and *zamīndārī* are represented as two separate rights, as in the formula '*milkiyat* and *zamīndārī* known as *satarhī.*'[9] But at the same time we find the formula '*milkiyat-i-zamīndārī* (property or *zamīndārī*) known as *satarhī*' which makes one infer that *milkiyat* (property) was not a right of property of land, but of *zamīndārī.*[10]

A perusal of the sale-deeds from *pargana* Sandilah suggest that the zamīndārī rights (*milkiyat-e-zamīndārī* known as *satarhī*) were quite distinct from the right of appropriation of the land-revenue (*haqq-e-akhaz-e-kharāj*) as both of them could be sold separately. In 1173 AH/1759 AD one Shah Akbar Ali sold all the *zamīdārī* rights in two *bīghas*, but not the right to appropriate the land revenue, for Rs. 6/-.[11] The right to appropriate the revenue of the same two *bīghas* was sold by he same person in 1177 AH/1763 AD in exchange for a plot of residential land (*qatá-e-zamīn-e-*

* Deptt. of History, University of Delhi, Delhi-110007.

saknī).[12] This plot of residential land was sold subsequently in the same year for Rs. 15/-.[13] From these figures we may take it that, assuming the prices to represent capitalised values that the *zamīndārī*'s income from his own rights was about 2/5th of the land-revenue.[14] This was surely not an insubstantial amount of income.

As to the various items of the perquisities, privileges and allowances from which the *zamīndār* derived his income, we have to go to the individual documents and the sale-deeds. In a petition by one Amin-ud-din with the attestation of the people of Khairabad about his *zamīndārī* rights over *qaṣba* Panwaria, *pargana* Haveli Khairabad, it was claimed that the petitioner enjoyed all the perquisities of the *milk* (property) of the village. These rights have been conveniently listed by him in detail in the petition. They comprise "the realization of one *tanka* and some sweetmeats as *bhent* from every person laying the foundations of his house, and the rate of one *ser* (of produce) per *bīgha* from every one setting up "*nova*" (boat like scoop) to water their fields from the tank of Panwariah."[15] A number of sale-deeds of the *zamīndārīs* from Sandilah and Bahraich, also list the 'proprietary perquisities' attached to *zamīndārīs*. These comprised income from ponds, channels, streams and fruit bearing as well as non-fruit bearing trees.[16]

An interesting document from Sandilah of the year 1141 F/1733 AD shows that in some parts of Awadh a cess was levied under the name of *zamīndārī* or *satarhī* and *Dāmī*, quite distinct from the authorised land-revenue.[17] Under these names a grain rate of 10 *sers* of grain per *bīgha* together with a cash rate (*dāmī*) at the rate of one *fulus* (a copper coin) per *bīgha* was levied. The *kārindas* of the village (i.e. cultivators or headmen) bound themselves to deliver to the holder of these rights a quantity of grain as *satarhī* and an amount of *dāmī* in cash. Both these were perhaps based on the rates stated.[18] Here we find that the rates of *satarhī* were much higher as compared to these of *dāmī*.[19]

The principal source of income of the *zamīndār* was his *nānkār*. The *zamīndārs* were supposed to be entitled to his perquisite because of their rendering 'services' to the state in collecting the land-revenue from the peasants.[20] The standard rate of this allowance seems to have been 10 per cent of the total revenue collected during the 17th century.[21] But during the first half of the 19th century the more powerful *zamīndārs* were able to obtain a much larger allowance in *nānkār*. Sleeman says that, "It (*nānkār*) may be 10 per cent, 20 per cent or 100 per cent upon the rent-roll of the estate.[22]

Sleeman has explained how *nānkār* could be manipulated. He cites an instance from the district of Sandilah, where the *āmil* was weak; the *zamīndārs* refused to pay the dues on the plea of bad season. The man who had to pay a revenue of Rs. 10,000 could not be induced to pay 5000. He enjoyed an acknowledged *nānkār* of 2000 upon a recognised rent roll of 12,000, and to induce him to pay something, the *āmil* gave him an increase upon his *nānkār* of Rs. 1000, making the *nānkār* 3000, and reducing the revenue to 9000.[23] At another place Sleeman says that the, "amount of *nānkār* once recognised, remains the same till a new rate is recognised by the Govt."[24] That is, not the rate, but the sum remained constant, whatever the actual revenue.

As to the actual instances, Sleeman's diary gives us some data on *nānkār* in *zamīndārīs* in the *parganas* of Nawabganj, Wazeergunj, Munkapur and Bahmanee Paer.[25]

Name of the pargana	A-*(Rent-roll)*	B-*(Nānkār)*	C-*(Balance)*
1. Nawabgunj, Wazeer-gunj, Mahadeva	1,08,000	32,000	76,000
2. Mankapur	40,000	12,000	28,000
3. Bahmanee Paer	12,000	3,000	9,000

In these cases, then, out of a total rent-roll of Rs. 1,60,000, the amount of *nānkār* came to 47,000 or 29.5% of the total.

While giving a description of the estate of Seo Buksh Singh of Laharpur, district Khairabad, Sleeman say, "Its rent-roll is now estimated ... at 54,640 out of which is deducted a *nānkār* of 17,587, leaving a Government demand only 37,053."[26] Here also the amount of *nānkār* amounts to about 31 per cent of the total revenue realization.

The family of Durshan Singh paid to the Awadh Government a revenue of 1,88,000. The rent-roll, recognised in the exchange was Rs. 2,56,000; and the *nānkār* was Rs. 68,000 or 27 per cent the total revenue.[27]

The largest *zamīndāri* of Baiswara was Daundiakhera held by one Rambakhsh Singh. The annual revenue was Rs. 3,00,000. In ordinary years the amount of the *nānkār* was Rs. 45,000 but in favourable years the amount of additional profit obtained by the *zamīndār* was about Rs. 100,000 or 150,000.[28]

Thus it can be inferred that the *zamīndār*'s share in the land-revenue ranged from 20 per cent to 35 per cent of the gross land-revenue.

It appears that rent free villages were also granted to the *zamīndārs* for meeting their *nānkār* claims. Sleeman says of one Muhammad Husain Khan of the Bharwara estate that, "He holds twelve villages, rent-free as *nānkār* and pays revenue for all the rest that compose his share of the great estate".[29] On such *nānkār* villages the *zamīndārs* had apparently no obligation to pay anything to the Government.

Apart from the *nānkār* and the fiscal perquisites, the zamindar had some other sources of income as well. These were numerous and were not restricted to some localities only. Salt and Saltpetre were extracted and refined on a large scale in almost every district of Oudh. These items were extracted from the nitrous soils by a special caste of people known as *Nuniyās* or *Luniyās.*[30] Butter tells us that, "when luniyas, or the salt-manufacturers pitch upon a spot where they think salt water is likely to be found, they obtain the *zamīndār*'s permission to sink a well, by engaging to pay him annaully Rs. 50 for the water.[31]

Another source of income of the *zamīndār* was the duty (rent) imposed over the markets (*hāts*) and fairs (*melās*) which were held within the limits of their 'estates'. Butter says of the *hāt* of Karaheya *bāzār* that it was the greatest *hāt* of chakla Salon and was attended by about one lac of people. This *hat* was, "managed by a *chaudharī* who resides on the spot and pays Rs. 8000 a year to the *zamindar*".[32]

The income so raised was partly spent by the *zamīndārs* upon employing armed men, maintaining their position and enforcing their claims.

Zamīndārs of any status always had a mud-fort (*garhī*), preferably surrounded by jungle, to protect themselves against hostile neighbours or royal officials. In 1850 Sleeman estimated that 889 square miles of forest was maintained by the *zamīndārs* and the *ta'alluqadār* throughout the kingdom of Oude.[33]

It appears that every *zamīndār* used to keep a number of armed-retainers ready for any kind of service. An anonymous article published in the *Calcutta Review* in 1845 estimated that, "there are not less than 100,000 soldiers in the service of *zamīndārs*".[34] These dwarfed the number of the royal troops which are said to have been less than half this number.[35]

Zamīndāri in Oudh, as elsewhere was associated with certain castes. Lalji in *mirāt-al-auza* (1855-56) informs us that among the Hindu inhabitants of the kingdom of Oudh, the Rajputs were most numerous and were in possession of most of the *zamīndāris* and *ta'alluqadārī*,. This fact is said to have made the Rajputs very arrogant and to cause the trouble throughout the kingdom.[36]

The domination of particular castes was however subject to change from time to time.[37] The Nawab's Government might on rare occasions assert its strength and overthrow a clan. As Sleeman tells us, "He (Shah Panah'Ata of Salon) gets from the king of Oude 12 villages, rent free, in perpetuity; and they are said to yield him 25,000 Rupees a year... This eleemonsynary endowment was granted, about 60 years ago, by the then sovereign Asaf-ud-daulah. The land had belonged to a family of Kunpureea Rajputs, who were ousted for contumacy or rebellion, I believe..."[38] Similarly money might subvert the older domination through purchase. A persual of the sale-deeds from *pargana* Sandilah suggests that several Rajput zamīndārs sold their possessions to the Muslims, over a period of time.[39]

Quite often the *zamīndārī* rights in Oudh were defined in terms of the *bīghas*[40] and not as particular portion of the village. For example one Shaikh Jarullah sold his *zamīndārī* rights of 5 *bīgha* and 15 *biswa* for a sum of Rs. 17/- and annas 4 in the year 1176 AH/1762 AD.[41] It appears that the general law of succession, as against the law of primogenerature, was applicable in most *zamīndārīs.* In the course of time the 'estate' must have been divided in small holdings among the numerous heirs of the *zamīndārs.*[42]

The zamindari rights were frequently combined with the *madad-e-mā'ash* rights at least by Muslims. In a petition, presented by one Ghulam Haider and others before *Qāẓī* Muhammad Nasir of Sandilah,[43] it is claimed by the petitioners that the '*milkiyat-e-zamīndārī* known as *satarhī*' of village Kondwa, *pargana* Sandilah, was purchased by their predecessors and the their ancestors had *madad-e-mā'ash* rights over the said village in entirely according to Imperial orders. The petitioners complain that one Shah Muhammad Akbar, a co-sharer of the *zamīndāri* rights had now mortgaged the village, without informing the petitioners to some Rajput *zamīndārs* and *mustājirs* (revenue-farmers). This petition is important as it suggests that the *madad-e-mā'ash* and *zamīndārī* rights were tending to be combined. It also shows how *zamīndārs* were prepared to acquire other *zamīndārīs* by obtaining mortgages.

Numerous surviving sale-deeds and mortgage deeds of the *zamīndārī* from *pargana* Sandilah and Bahraich make it clear that the *zamīndārī* was a freely saleable right. A full scale market in *zamīndāri* rights (not properly perhaps a land market) had developed in Oudh. Many Rajputs sold their hereditary *zamīndārīs* to muslims—A sale-deed of *zamīndārī* rights of the village Sikandarpur, *pargana* Sirra, *sarkār* Khairabad records that the village was sold to one Murattab Khan by the Gaur Rajput proprietors, for Rs. 560/-.[44] Another document records the sale of the village Rampur known as Chandpur by its Gaur Rajput *zamīndārs* to the same Murattab Khan for Rs. 1124/-.[45] Similarly Rajput co-proprietors of the *zamīndārī* rights of the village Patwaripur, *pargana* Sandilah *sarkār* Lucknow, mortgaged the entire village to one Chaudharī Banwari Lal in default of Rs. 520/- and 13 annas for the year 1138 F/1730 AD, since the *zamīndārs* were unable to pay-back the whole amount, they sold the village to the same Chaudhari in payment of the debt already contracted.[46]

To sum-up, it appears that the *zamīndārs* in the state of Oudh occupied a crucial position in rural economy. In itself their right was to proprietory, hereditary and saleable; but it was not a right to property in land. For one thing, it was distinct from the right to collect the land-revenue. The *zamīndār*'s perquisites varied from area to area. Sometimes *zamīndārs* rights were combined with *madad-e-ma'ash* rights. Their income, from their own sources, was often much higher than was indicated by their authorized rights of *nānkār.* The amount so raised was spent lavishly in maintaining the armed retainers and their forts. Thus, the *zamīndārs* formed a part of the ruling class of Oudh, though formally they did not constitute a part of its administration.

Since one hears so often of *ta'alluqādārs* of Oudh, it is necessary to remember that by the standard definition, e.g. the one given by Wilson's *Dictionary* the *ta'alluqādār* was a *zamīndār,* who collected revenues from adjacent *zamīndārīs.*[47] Thus essentially the *ta'alluqadār* were a species of *zamīndārs.* As Charles Elliott puts it, "the origin of *ta'alluqadārī* possessions arises in two ways; by hereditary and by auction rights; but it treats all *ta'alluqadārs* equally as absolute zamindars."[48] But it seems that these were those *ta'alluqadārs* who were the heads of their brotherhoods and collected the entire revenue due to their clan for payment to the Government, as was the case with the Raja of Tiloin.

This chief used to pay Rs. 7,50,000 to the Government on behalf of the entire clan.[49]

REFERENCES

1. Donal Butter, *Outlines of the Topography and Statistics of the Southern Districts of Oudh and Sultanpur,* Calcutta, 1839.
2. T.H. Sleeman, *A Journey through the Kingdom of Oudh,* London, 1858.
3. Charles Alfered Elliot, *Chronicles of Onnao,* Allahabad, 1862.
4. I have used a large number of Persian documents from the U.P. Record Office (referred to hereafter as 'Allahabad documents') and a collection of documents from Khairabad in the deptt. of History, AMU, Aligarh (referred to as the 'Khairabad Documents').
5. Allahabad Documents 457 (1177 A.H./1763 AD) *325* (1190 AH/1776 AD) *362* (see page no. 75) *397* (1183 AH/1769 AD) *415* (1198 AH/1783 AD) *423* (1186 AH/1772) *439* (1177 AH/1763 AD) *310* (1198 AH/1783 AD). At one place the term *satarhī* is defined by the formula '*milkiyat-i haftdehī* (property of the seventeenth) known as *satarhī*' which suggest that *satarhī* was 17th part of the total, being obviously derived from Hindi word

satara, seventeen. See also Irfan Habib, *Agrarian System of Mughal India*, Bombay, 1963, p. 139.

6. Allahabad *292* (1176 AH/1762 AD), *435* (1110 AH/1698 AD).
7. Allahabad *304* (1190 AH/1776 AD).
8. Allahabad *324* (1163 AH/1749 AD).
9. Allahabad *457* (1177 AH/1763 AD) *56* (1093 AH/1682 AD) *397* (1183 AH/1769 AD) *439* (1177 AH/1763 AD). Another document from Sandilah, of the year 1174 AH/1760 AD) says very clearly 'the rights of *milkiyat*, of *satarhī* and other rights related with the *zamīndārī*'; this seems to suggest that *milkiyat* and *zamīndārī* were two separate rights. Allahabad *432* (1174 AH/1760 AD).
10. The word *milkiyat* is defined by Wilson in his Glossary as 'possession of the rent-free lands', while giving a descrition of the rights of the *zamīndārs*, he says, 'on his (*zamīndār*'s) relinquishing the management of the *zamīndārī* or being removed from it without the cause of grave-offence it was customary to assign him as *mālikāna*, 10% on the *ṣad* collection or the same rate on the net collection when hel *khāṣ* or managed by the Govt. officers direct'. (W.H. Wilson, *Glossary of Revenue & Judicial Terms*, Delhi 1968, p. 341, 563. The term *mālikāna* is, of course from *mālik*, proprietor.
11. Allahabad Document *355* (1173 AH/1759 AD).
12. Allahabad *439* (1177 AH/1763 AD).
13. Allahabad *443* (1177 AH/1763 AD).
14. It appears that it had become a fashion of the day to sell the *zamīndārī* rights at one time and the right to appropriate the land-revenue subsequently. In 1174 AH/1760 AD, one Ain-ud-din sold his *zamīndārī* rights, except the right to appropriate the land-revenue of one *bīgha* in *pargana* Sandilah for Rṣ 3/-. Subsequently the right to collect the revenue (*haqq-e-akhaz-e-kharāj*) was sold in exchange of residential plot of land in 1180 AH/1766 AD. See Allahabad Document *432* (1174 AH/1760 AD), *444* (1180 AH/1766 AD).
15. Khairabad Documents *9* (although the document has no date, Dr. Iqbal Husain assigns infers that this document belongs to the years 1858-59. This seems a probable date). See Iqbal Husain, A Calendar of Khairabad Documents; 16th-19th centuries, *Islamic Culture*, Hyderabad 1979, Vol. LIII, No. 1, p. 48 and no. ii of the same issue.
16. Allahabad Documents *43* (1157 AH/1744 AD), *224* (1141F/1733 AD), *228* (1141F/1733 AD) *229* (1141F/1733 AD).
17. *Dāmī* was a rate of land-revenue assessment per *bīghā*. See Wilson's Glossary, p. 121.
18. Allahabad Documents *299* (1154F/1746 AD). The total amount of the grain to be delivered was fixed at 50 *mans* for the whole year. For *kharīf* harvest it came to 25 *mans*; 10 mounds of rice, 10 mounds of millets and *māsh* 5 mounds. Of the 25 mounds to be delivered from *rabī* crop, the claim from wheat was 7 mounds; Ġram, 8 mounds; and barley 9 mounds. As far cash Rs. 7/- were to be paid in the whole year, half of the amount at each harvest. See also Irfan Habib, p. 145.
19. Under *satarhī* 50 mounds of the grain, which included fine and coarse cereals, was to be delivered, while under *dāmī* Rs. 7/- were to be paid.
20. Irfan Habib, p. 173.
21. *Ibid.*, p. 174.
22. He adds, "The *nānkār* is a portion of the recognized rent roll acknowledged by the rulers to be due to the landholders for the risk, cast, and trouble of the management and for his prequisite as hereditary proprietors of the soil, when the management is consigned to another? (Vol. II, pp. 121-24).
23. Sleeman, *op. cit.*, Vol. II, pp. 24-25.
24. *Ibid.*, pp. 23-24.
25. These *parganas* were transferred to British Government under the terms of the treaty

concluded in 1801 AD; and re-transferred to Awadh Government by the treaty of 1816. (*Ibid.*, Vol. I, p. 128).

26. *Ibid.*, Vol. II, p. 120.
27. *Ibid.*, Vol. I, p. 153.
28. Butter, *op. cit.*, pp. 53-4.
29. Sleeman, *op. cit.*, Vol. II, pp. 96-102.
30. The chief occupation of the *nuniyās* was the making of salt and saltpetre, and their population in every district of Awadh was quite considerable. Cf. 7. Crooks, *The Tribes and Castes of North-Western India*, Delhi, 1975, Vol. III, pp. 386-395.
31. Butter, *op. cit.*, p. 73. It is said of Rae Bareli district that "in former days large quantities of salt and saltpetre were manufactured in the *pargana* of Khiron, Sareni, and Dalmau. The manufacture of the former ceased at annexation". (H.R. Nevill, District Gazetteers of the United Provinces of Agra and Oudh/Rae Bareli/, Lucknow 1923, Vol. XXXIX, pp. 46-47).
32. *Ibid.*, p. 92.
33. We are told by Sleeman that in the, "midst of these forests, the landholders generally maintained one or more mud-forts, surrounded by a ditch and a dense fense of living bamboos, through which cannon shot cannot penetrate." (Sleeman, Vol. II, pp. 279-80.)
34. 'Kingdom of Oudh', *Calcutta Review*, Calcutta 1845, No. VI, Vol. III, p. 421.
35. But even this is perhaps an exaggeration. The following clause was inserted in 1768 in the already existing treaty concluded in 1765 between the British and Oudh : "His highness (Shuja-ud-daulah) shall not entertain a number of forces exceeding 35,000 men, whether sepoys, cavalry, peon, artillerymen, rocketmen or troops of any denomination." Further it was held that "Shuja-ud-Daulah aforesaid and his successors shall abide by the articles of this treaty...". As a result of this new article in the treaty Shujaud-Daulah, "promise to disband all the troops ... exceeding the number of 35,000 horse and foot.." (Aitchinson, Vol. II, No. XXV, pp. 70-71). But even this number was further reduced in 1801 as it was held that "four battalions of infantry, one battalion of *nujeebs* and *mewātees*, 2000 horsemen and to the number of 300 galundāz, (Nawab) shall dismiss the remainder of his troops" *Ibid.*, pp. 73-74. It appears, however, that these terms of the treaty were not followed strictly as in 1847 Lord Harding warned Nawab Wajid Ali Shah against keeping large army this being contrary to the treaty of 1801. Harding alleged that Nawab maintained a force consisting of 53,000 men. But in 1849 the royal troops are said to have numbered 58,245 men. Cf. G.D. Bhatnagar, *Awadh under Wajid Ali Shah*, Varanasi 1968, pp. 221-222 and p. 195.
36. Lalji, *Mirāt-al-auza*, MS, ff. 74b-75b.
37. The application of the general law of the inheretance might sometimes be responsible for the weakening of the caste-ties. Such was the case in Tiloin, where a large estate was divided into small holdings. Cf. Butter, pp. 109-114.
38. Sleeman, Vol. I, p. 232. We know that this family of mystics of Salon was already in possession of *madad-e-ma'āsh* grants made by emperor Aurangzeb in 1086 AH/1675 and in 1090 AH/1679 AD. See my paper, 'Two *Madad-e-Ma'āsh Farmān* of Aurangzeb from Awadh', *Indian History Congress Proceedings*, Waltair, 1979, pp. 302-314.
39. Allahabad Documents, *228* (1141 AH/1728 AD) *229* (1141 AH/1728 AD). This evidence is undoubtedly rather early for our period.
40. Allahabad Documents, *292* (1176 AH/1762 AD) *325* (1190 AH/1776 AD) *379* (1183 AH/1769 AD) *444* (1180 AH/1766 AD) *443* (1177 AH/1763 AD) *439* (1177 AH/1763 AD) *355* (1173 AH/1759 AD).
41. *Ibid.*, *292* (1176 AH/1762 AD).
42. Due to this very reason, it appears that the size of the holding of the *zamīndārī* rights had

diminished to such a extent that it was sometimes only of two *bīghas*.

43. *Ibid.*, *362* (Although this document has no date, the perso Shah Muhammad Akbar had sold his *milkiyat* and *zamīndārī* rights to others during the period ranging between 1173 1759 AD to 1190 AH/1176 AD. Probably this document too belongs to that period).
44. *Ibid.*, *229* (1141 AH/1728 AD).
45. *Ibid.*, *228* (1141 AH/1728 AD).
46. *Ibid.*, *411* (1149 AH/1736 AD). Here we find no difference between the amount for which the village was mortgaged and for which it was sold later. Perhaps the amount of interest too had been added to the principal.
47. *Wilson's Glossary*, pp. 497-8.
48. Elliott, *op. cit.*, p. 156. Mr. Thompson theorised in *Calcutta Review* in 1849 that the *ta'alluqadār* was not just a middle man, "previously unconnected with the spot and permitted [by the native Governments] to realize, on his own account the share of the produce otherwise due to the state." This was severely criticized by Charles Elliott on the ground that the native Government never appointed anyone besides the *āmil* to collect the revenue, because the true *ta'alluqadār* 'was never unconnected with the village, but most closely and for many generations connected with it.' Cf. *Ibid.*, pp. 151-3.
49. Butter, pp. 109-114.

31. Ghulam Husain Khan's 'Seir-ul-Mutakherin' An 18th Century Critique of Early British Rule

Iqbal G. Khan

This voluminous "View of the Modern Age" by Saiyid Ghulam Husain Tabatabai Hasani (b. 1727) has been chosen for analysis and contextualisation in this workshop paper because of its profound relevance to the theme of 'reciprocal perceptions of different cultures' in early modern India. The original Farsi version was written in c. 1783 AD and was published much later by Munshi Nawal Kishore's Press in 2 volumes in August 1866. This is the edition which has been used as the primary informer here. The English translation, rather accurate in itself was done by a French Creole Raymond who converted to Islam and took on the name Haji Mustafa as well as the nom-de-plume 'Nota Manus' for this book. His translation, clearly aimed at a western audience, was entitled '*The Seir Mutagherin* or Review of Modern Times being an History of India, from the year 1118 to the year 1194 Hejirah. Containing in general, the reigns of the 'Seven Last Emperors of Hindostan', and in particular, 'An Account of the English Wars in Bengal', with a circumstantial detail of the rise and fall of the families of Seradj-ed-dowlah and Shudja-ed-doulah the last Sovereigns of Bangal and Oud; To which the author has added A Crictical Examination of the English Government and Pollicy in those Countries, Down to the Year 1783. The whole written in Persian by Seid-Gholam-Hossein-Khan, An Indian nobleman of high rank, who wrote both as actor and as spectator."

As a matter of fact Ghulam Husain worked for the Mughal officers in Bihar and Bengal, such as Mir Qasim, the Nazim, till 1761; he then joined the forces of the Company under Major Carnac. He was of use to the company mainly as a Munshi (clerk) and his fortunes were rather turbulent throughout this period. He is said to have died in 1815.[1] This man was an ardent optimist when it came to Warren Hastings, and hence the dedication. "This history of India by Mir Hossein-Khan is humbly inscribed to the honourable Warren Hastings, ESQ., two years after his departure from Bengal".

These volumes were printed in 1786 at Calcutta. The large number of explanatory footnotes by the translator would be quite helpful for a western audience in fact a copy of this edition was hurriedly shipped to London so that it could be used as evidence in defense of Warren Hastings at his trial (1786-1795); but the entire set was lost at seas. It was re-set and reprinted as "*The Seir Mutagherin*" by Nota Manus in 4 volumes at Calcutta in 1902; a 1990 reprint of this set has been consulted for this paper. Although from the author's preface in the Farsi original it seems to have been written to pander to the 'Orientalism' of the East India Company's officials, on going through the complete history it emerges as a sincere attempt to correct the lacunae in their historical as well as administrative information base. The author sincerely believed that once the company officials were made aware of their mistakes and the disastrous impact they were having on India's economy and society, then, under the "excellent guide Warren Hastings", this same company could restore order and prosperity to the once flourishing provinces of Bengal and Bihar. Strangely though, in the English translation of the "Author's Preface", the laudatory references by Ghulam Husain to Warren Hastings have been cut short. Haji Mustafa could not have done this as he too was an admirer of Hastings. It was therefore done presumably by the publishers of the 1902 version in order to avoid the controversy over his impeachment proceeding.[2]

All this apart, the important question is could one assert that the *Seir-ul Mutakherin* (the original Farsi Version) is a modern history as per the western sense of the term, with references to the sources of its information, chronological discipline and an objective stance by the author? In one respect it is traditional with its emphasis on the history of emperors and religious personages because Ghulam Husain picks up large chunks of information from the *Ain-i Akbari*, the *Razmnama*, Abdul Qadir Badayuni's *Muntakhab ut Tawarikh* and Khafi Khan's *Muntakhab-ul Lubab*, Sujan Rai's *Khulasat-ut Tawarikh,* etc., all of which he acknowledges. But he is modern in the sense that he is critical of Aurangzeb (though for the wrong reasons); also because he is conscious of the impact of western civilization as it tried to establish its hegemony in Eastern India. The history of the mid-18th century and later is based on the author's personal observations and his access to the main players in the period when the East India Company assumed complete control over Bengal, Bihar, and Orissa, and hegemony over Awadh and Rohilkhand (1757-1783). It is also 'modern' in the sense that it has an argument running through its volumes of the 18th century; the thesis that the post-Mughal era of the state-building by the Nawabs and Nazims was successful only as long as they followed the administrative tools and standards established by the Mughals. The British were now taking control through a variety of devious means. This deviousness was destroying not only the post-Mughal principalities but also the political elites with all their administrative and technical skills with which these elites had retrieved and redeployed the vast economic resources which had once been controlled by the Mughal empire.[3] However once he realises that Company supremacy is established in Bengal, Ghulam Husain pins his hopes on Warren Hastings (appointed Governor-General of Bengal in 1772) who understands and respects the Old System and its practitioners (e.g., the author as also the Naib Diwan of Bihar, Shitab Rai). The book therefore seeks to present Hastings with a comparative critique of the Company rule ever since they were granted the Diwani (right to collect all taxes) of Bengal, Bihar and Orissa in 1765 up to the time of completion of the book in 1783.[4]

The enlightened Sahibs especially "Mr. Hushtin", he hoped, would in the face of such a closely-argued case, immediately order changes in the company administration and the British would co-exist peacefully for ever after with 'the Mughal' in Delhi.[5] Ghulam Husain's predicament seems to predate by about 200 years, the problem faced by the contributors to the second volume of the *Cambridge Economic History of India* that of '*studying a colonial economy without perceiving colonialism*'[6] "His hopes proved rather shortlived because very soon Hastings, the man who tried to use indigenous systems of administration was recalled and impeached in the British Parliament who wanted more control over the Company and a more Western style system of government and hence the appointment of Cornwalis in 1785. However, what Ghulam Husain was implying in his comparison of Mughal versus Company rule was that just as the Indian people accept rulers from all cultures and religions, they can also reject and destroy those who failed to rule with justice and moral authority.[7]

Thus the true importance of this history lies in the fact that it is the originator of intellectual critique and ideological hostility to British Company rule in India. It confronts the rulers with the facts about their maladministration and how they were draining the wealth from out of India's economy which had resulted in the threat of revolt. It was this idea which continued to assert itself in Banaras in 1781 in Chait Singh's Revolt,[8] in Tipu Sultan's Anglo-Mysore wars which ceased only with Tipu's death in 1799, in the Faraizi movement of the Bengal peasantry against forced indigo cultivation and the Permanent Settlement of 1793; in the jihad of Syed Ahmad Barelvi and his Wahabi followers (1786-1831);

who believed that after the fall of Delhi to the British in 1803, India had become a Dar ul Harb (Land open to conquest and conflict). Such outbursts continued until the "revolt idea" assumed its most potent form in 1857.[9] This "Revolt Idea" was immediately picked up by the translator who was quite alarmed. He cites many experiences of his own and reminds his readers about the Catholic versus Protestant revolts in 16th century Germany. He thus devotes several pages to the reality of this threat in his version of the *Seir.*[10] Strangely though, several decades later, a false sense of complacency is reflected in the reviews that this book received at the hands of influential British policy makers and scholars. Thus as late as in the 1830's John Briggs' Introduction to Vol. I of the English Translation of the *Seir* (published 1832) contains the following patronizing praise :

> "It is written in the style of private memoirs in the most useful and engaging shape which history can assume nor excepting in the peculiarities which belong to the Muhammadan Character and creed, do we perceive through out its pages, any inferiority to the historical memoirs of Europe. The Duc de Sully, Lord Clarendon or Bishop Burnet need not have been ashamed to be the authors of such a production".

James Mill wrote "The author of *Seir ul Mutagherin*, whom, as better informed, I follow in all affairs relating at the period to the Court of Delhi etc."[11] Another backhanded compliment comes from the great pioneer of Farsi to English translation, Sir H.M. Elliot who felt that :

> "The author treats these important subjects with a freedom and with a force, clearness and simplicity of style very unusual in an Asiatic writer, and which justly entitles him to pre-eminence among Muhammadan historians. This work is well known to English readers from the many quotations and extracts which Mill has made from it in his "*History of India*" and Ghulam Husain is the 'Muslim historian of those times' whom Macaulay has quoted and spoken of with approval in his Essay on Clive."[12]

However the most honest review is to be found in H.G. Keene's *The Fall of the Mughal Empire* where the causes of the revolt idea are acknowledge :

> "This celebrated history is a work of surprising industry and contains many just reflections on the position of the English and the feelings of the people towards them, which are as true now as they were when written".[13]

This aloofness is all the more difficult to comprehend when we look at the alarming speeches in Parliament in the 1770's when India loomed large in the British Parliament. The 'India Question' caused the fall of the coalition government of Fox and North, gave George III an opportunity to effect a daring coup d'etat, which doomed Fox to a life time of opposition and put Pitt in power for almost the rest of his life. Cobbett's Parliamentary History is an excellent source for looking at the discourse on the impact of Company rule on its expanding Indian territories. The speeches are driven by British Politics at home as well as by the jealousy of seeing wealthy nabobs returning from Company service in India, while the British Crown was continually being asked for loans to bail out this same company.

The arguments in Parliament in the 1770's and 1780's were for closer controls over the East India Company. Hence the passage of the Regulating Act of 1772, and of Pitt's India Act of 1784, the stars of the anti-Clive and anti-Hastings lobby, Fox, Edmund Burke, Lord North, Burgoyne are worth quoting. Thus in April 1772, Burgoyne had to literally beg for the appointment of a select committee to inquire into "that chaos where every element and principle of government and charters, and firmauns, and the rights of conquests, and the rights of subjects and the different functions and interests of merchants, and Statesmen, and lawyers, and Kings, are huddled together into one promiscuous tumult and confusion." He ends his call for redress with the choicest example of Orientalism. Thus,

> "The fate of a great portion of the globe, the fate of great states in which your own is involved, the distresses of fifteen millions of people, the rights of humanity are involved in this question—Good God. What a call—the native of Hindustan, born a slave—his neck bent from the very cradle to the yoke—by birth, by education, by climate, by religion, a patient submissive, willing subject to eastern despotism, first begins to feel, first shakes his chainsunder the pre-eminence of British tyranny".[14]

On the destruction of the local elite and the usurpation of territories by Hastings (which was actually proving more of a financial burden), Burke said : "There is not a single prince, state or potentate, great or small, in India with whom they have come into contact whom they have not sold not a single treaty they have ever made, which they have not broken there is not a single prince, or state, whoever put any trust in the Company, who is not utterly ruined".[15]

They even highlighted the most important issue for the poor natives, namely the Drain or Wealth and Burke, on 18th November, 1783 on a bill moved by Fox calling for further reforms, he picks on the private trade and greed of the Company servants whom he describes thus :

> "animated by all the avarice of age, and all the impetuosity of youth, they roll in one after another; wave after wage; and there is nothing before the eyes of the natives but an endless, hopes, prospect of new flights of birds of prey and passage with appetites continually renewing for a food that is continually wasting ...and the cries of India are given to seas and winds to be blown about in every breaking-up of the monsoon, over a remote and unhearing ocean".[16]

There many such speeches which would lead an uninformed reader to suspect a sudden change of heart within the British ruling class—a desire to withdraw from India and to allow them to recover. However when viewed in its entirety, these are simply pleas for closer controls over, or even the complete subsuming of the Company by the British Crown.

Coming back to the 'native discourse' we find a much clearly enunciated thesis on the very crucial question of "the Drain of Wealth". Thus writing almost three years before Burke spoke on this Drain, Ghulam Husain put the entire problem in perspective. The natives' grievances were thus summed up :

> "...it was observed that money had commenced to become scarce in Bengali; whether this scarcity be owing to the oppressions and exaction committed by the rulers, or to the stinginess of the public expense, or lastly to the vast exportation of coin which is carried every year to the country of England; it being common to see every year five or six Englishmen or even more, who repair to their homes with large fortunes. Lacs piled upon lacs have therefore been drained from this country; nor is the cheapness of grain to imposes on the imagination. It arises from nothing else but the scarcity of coin, and the paucity of men and cattle (consumers). Nor are these deficiencies anything, else, but the natural consequences of the non-existence of that numerous Hindian cavalry, which here to force used to fill up the plains of Bengal and Bihar, and which could not amount to less than seventy or eighty thousand effective men; whereas now a horseman is as scarce in Bengal as a Phoenix in the world. The decrease of products in each district, added to the innumerable multitudes swept away the famine and morality, still go on augmenting the depopulation of the country; so that an immense quantity of land remains untilled and fallow, while those that are tilled cannot find vent for their productions. And this is so far true that were it not for the purchases of saltpetre, opium, raw

silk and white Piece-goods which the English yearly make throughout Bengal and Bihar, probably a Rupee or as Eshreffi would have become in most hands as scarce as the Philosopher's Stone; .."[17]

Thus we have it all in one polite paragraph—lack of specie due to the stoppage of bullion exports to India, the extraction of private fortunes, in cash from India's economy, the fall in prices due to the absence of demand, the abandonment of agriculture due to forced cultivation of indigo, opium, cotton, (items the starving peasant could not eat) and the depopulation of towns and villages.[18] More detailed is Ghulam Husain's critique of the British Company rule in Bengal and Bihar over the entire period under his observation, i.e., 1769 to 1783.

He begins by giving a detailed description of the officials and nobles who managed the vast Mughal Empire under the watchful eyes of the emperor. Having thus fashioned a backdrop, Ghulam Husain begins to parade before it each and every official, every office, every official procedure that the Company and later the Governor-Generals were following and the flaws stand out even more vividly. The basic problem that Ghulam Husain identifies about Company rule is the aloofness of the officials stemming from their aversion and disdain for the Indian; "therefore no love, no coalition can take root between conquerors and conquered; and as we see that the very reverse is taking place, so we may rest as used that the distresses of the people and the depopulation and desertion of the land, will go hand in hand, until they are come to their height, and the desolation is become complete and general. Such a state may be deduced from several causes, which I hope to be able gradually to unfold."[19]

And unfold he does. Ghulam Husain goes on to expand on the 'twelve causes' which he feels underlay British maladministration in India.

For the first cause he quite astutely goes to the failure of the Company's officials to understand the local methods of assessing and collecting land revenue and methods of remuneration. The second cause is linked to the first in the sense that their systems of information gathering are defective. Comparing it with the elaborate Mughal system, Ghulam Husain points out how the Company's information was gleaned from corrupt informants or from "beardless and inexperienced" Company servants who have no view :

> "but that of their own benefit, and think only of pleasing their English masters. Those men never fail to show a deal of revenue matter in every institution and custom; and they are so firm in that opinion that

one would be compelled to believe that the setting up of this or that institution was for no other view, but that of scraping together a few pence; not that it could have any other intent, but that of hooking in some more; and in reality there is no other for men of such sordid dispositions."[20]

The problem of language is also linked to the defective information-base of the Company's administration and one cannot help quoting Ghulam Husain verbatim :

"The tongue, which is the key of the treasures of the heart and mind and which serves as a medium to strengthen the bounds of society, as well as an organ to unlock the secrets of the heart, happens to be deprived of its office between the Hindostanies and the English but as the Indians are always the petitioners, they always prove the greatest losers."

Ghulam Husain then throws in a very basic reason behind the distress of the artisans who he says suffer because the English are the only ones with the money to support the crafts; but all their needs are met through imports from Britain and therefore the artisans now beg or have taken to thievery.[21]

The third cause that hinders tranquillity of the country and proves a bar to the happiness of the people, may be found out in the endless variations in the person appointed to posts of trust and charges of importance. "The insecurity of tenure in Company service is compared with the security that an officer enjoyed under the Mughals; the problems he so correctly identifies is in the selection procedure. In India the capabilities were first assessed and only then was the man appointed; in the British Company men were appointed on the basis of recommendations or at pleasure or on seniority of rank (this puzzles him a lot), and then when he fails at his job, he is transferred and a similarly recruited person is brought in. Thus a low morale and an obsession with personal fortunes was bound to follow.

The fourth cause underlying British failure to rule was the Council established by the Reform Act of 1772, in which majority was everything. "Such a system," according to Hussain "gives rise to an infinity of disturbances and confusions, and perpetually impedes the wheels of government". In fact it was Warren Hastings who was being impeded by Philip Francis, Clavering and Barwell; and Ghulam Hussain was arguing for more powers for him.[22]

The fifth cause that Ghulam Husain identified was the inaccessibility of the English masters and their being surrounded by corrupt Ministers and officers who keep them isolated from the people. This was contrasted with the Mughal practice of every officer, from the Mughal emperor downwards, giving daily audiences to their subjects. This factor also impacted adversely against the provisions of a Supreme Court at Calcutta in 1772.

The next cause that Ghulam Husain pointed to was actually another cornerstone of British economic policy in India—namely the establishment of monopolies in trade and commerce. The Mughals gave Jagirs to their high officials and left trade and commerce for the subsistence of the masses. The British had not only destroyed the traders and artisans via monopolies because no matter how hard they may try to appear as aristocratic rulers they were in reality merchants.[23] In fact their stinginess had forced soldiers and horsemen to become marauders and thieves due to the disbanding of armies and militias.

The seventh cause contains a very perceptive comparison of the English landlords with the Indian Zamindar whom he explains are very different species and how wrong it was for the Company to bestow the former's powers on the latter. They ought to be kept under close watch and military threat, as the Mughals had done, because they would otherwise inflict torment and extortion on the peasantry. His words were not heeded, and the Permanent Settlement of 1793 bestowed revenue-collection rights on Zamindars in perpetuity. The British were forcibly trying to create the counterpart of the English improving landowner in rural India—the consequences were disastrous and resulted in the impoverishment of the peasantry and led to famines.[24]

The eighth cause responsible for the growing disaffection among the people of India were the enormous delays that petitioners had to put up with in case they were faced with the urgent grievance. The Governor and the Council were extremely busy either in defending themselves against intrigues within their ranks or with an overload of public business leading to delays "which ruin and overwhelm everyone who has the misfortune to have any business with them."[25] Ghulam Husain adds that ever since these lines were written, Hastings had appointed a lesser committee to hear the more common cases. This was probably a reference to the Diwani Adalats established by Hastings in 1772 to deal with civil disputes at the local level. A Faujdari Adalat was also established under English judges to dispense criminal justice to the natives.[26] However appeals against all judgments lay with the Governor in Council which then acted as the Sadr Diwani Adalat or Sadr Nizamat Adalat.

The ninth cause which Ghulam Husain identified had already been referred to by him, namely the incorrect criteria for appointing or promoting officers to important positions in the Company's administration. Instead of choosing men with the requisite skills and commitment, emphasis was laid on seniority and even after this was done, the officer was open to corruption because his tenure at that job was insecure. Furthermore the vesting of power in the majority of the supreme governing body or the Council that came into existence in 1772, led to "a profusion of authorities and hence confusion in business because to be on good terms with so many masters is impossible for poor people".[27] And an officer, in the Mughal-oriented mind of Ghulam Husain, will only perform if his superior is open to complaints from the people.

The tenth cause that he rather perceptively pinpointed was something that the British Parliamentarians had barely finished complementing each other about, namely the efficacy of the Supreme Court established as a part of the Regulating Act in 1772. This highly humane gift of British justice according to which natives could lay charges against their British masters was attacked as being too alien and complex for the poor natives. Only those laws, says Ghulam Husain, are suitable for a people as those which are nurtured by the customs, religious beliefs and norms of that land. This Supreme Court was meant to help the poor Indians, who could not in fact afford the time and money needed for travel to Calcutta where this Court was based, nor could they pay for the translation of their plaints into English, nor the cost of the security deposit if damages were being demanded and if one did make it to Calcutta after leaving one's family in the lurch, then perhaps the Sahib had gone for a change of air to the hills. Besides "the English laws and statutes are so enormously voluminous, that were a man to spend his whole life on them, still the attaining of a full knowledge would be impossible and then after all these miseries how painful it must be to remain in the dark about the outcome, and all the while in cruel suspense about his fate".[28]

Finally Ghulam Husain comes to the twelfth and mercifully the last barb in his quiver which he aims at the system of investigation followed by the British officers in their criminal procedures. He cannot accept the fact that instead of listening to the complaintant and the accused in open court like the Mughal governors, or even like the Mughal emperor himself, not too long ago, the British governor passed on these inquiries to lowly officials who were open to corruption; the investigations were therefore jeopardized, the deliberations were rendered private, and the judgments therefore were no longer based on their own high wisdom, nor on the commands of God. He ends this critique with the following verse from Sa'di :

> And now after having said so much, we recommend you to God and are gone.
> But should there be no inclination in any ear to listen to our message,
> Then the messengers have done their duty, and there lies no reproach against them.
> Nor is anything obligatory on us but the task of pointing out the right with the finger.[29]

The date at the end of this critique is given as 24th Moharram 1195 (20 January, 1782)

Unfortunately Ghulam Husain's hero Warren Hastings did not stay long enough to correct these evils and the question is whether the Company or the British Parliament would have let him. Though the discourse in the British Parliament was essentially the same, the correctives it legislated, namely Pitts India Act of 1784 and the instructions to Cornwallis, were clearly aimed at strengthening British Colonialism in India, not at loosening its bonds.[30]

There were many native informants writing in the 18th century about the crises within Avadh and the other smaller states that had come into existence only a few decades earlier. These men wrote about the prosperity of these states and then as they felt the impact of colonialization, they wrote about their decline. In all these histories and eye-witness accounts, some of the writers were also important actors just like Ghulam Husain Tabatabai. There was Abu Talib Landani who wrote his travelogue about his trip of London as well as a book entitled *Tafzih ul Ghafilin* (The Advice to the Unconscious) which was addressed to the nobles at Asaf ud Daulah's court. Then there was Karam Ali's Muzaffar Nama on early British rule in Bihar,[31] and Mohammad Ali's *Tarikh-i Muzaffari.* Another prolific writer was Ali Ibrahim Khan whose letters on behalf of the Company and whose tazkaras and historical notes on the Marathas, etc., are remarkable in their expressions of loyalty to his employers.[32] Yet none of these authors had the large vision of Ghulam Husain to pepper his view of the British with criticisms culled from his own experiences in the Mughal past.

A third narrative that is important for the contextualisation of this history is the translator's desire for accuracy which created problems for him vis-a-vis his British readers in Calcutta, preceded by the unusual nature of problems with his printers.

Raymond alias Haji Mustafa alias Nota Manus inserts a rather long preface at the beginning of Vol. I, wherein he voices his concerns about the relations between the rulers and the ruled. Then he adds an account of his troubles with his critics and his publishers the end of Vol. IV. His translation is very accurate and this was due to his having been in the company of native Farsi-speakers for several decades during all his years in Calcutta. His footnotes explaining Mughal technical terms, Islamic historical allusions, and Indian racial traits are remarkably correct. His footnotes are an explanatory device as well as an indicator of the existence of another level of Orientalism; another facet of the Eastern "other" or even the Western "self"? Here I refer to the Eurasian players in the period of early colonialism, like James Skinner. This confusion of identity and hence the benefit of another narrative comes into existence because firstly Haji Mustafa wished to participate in events which were close to his experiences and his footnotes are an entity in themselves. Furthermore he was incensed because the British scholars, alarmed at being confronted by Ghulam Husain's Critique in English, began to fault Musta's translation in an attempt to discourage him from publishing all four volumes of the Seir. Mustafa hit back with one of the finest surveys of European Literature simply to refute the British assertion that a French Creole could not have expressed himself clearly enough in English. He then writes of his printer who constantly tried to correct his English saying that "this is not the English of Europe but of Bengal" and would go ahead and print pages with his own corrections.[33] It was Mustafa's perseverance that enabled the British historians such as Mills, Keene, Elliot and others to correct their views about the Company's and the Crown's administration in India. Or even, if I may say so, made possible this paper.

REFERENCES

1. A date which is open to serious questioning considering the longevity implied. Vide C.A. Storey, Persian Literature—a Biobibliographical Survey, London, 1970, Vol. I, Pt. 1, pp. 624-639.
2. Compare *Seir* (English) Calcutta, 1902, Vol. I., pp. 1-3 vs. *Seri* (*Farsi*), Lucknow, Vol. I, 1866, pp. 2-3.
3. *Seir* III, pp. 28-30, on the latter point see I.G. Khan, Technical Knowledge and the Elite in N. India C. (1750-1800), Ph.D. Dissertation; SOAS, London, 1990 (book in press).
4. See text of this grant in C.U. Aitchison, A Collection of Treaties, Engagements and Sunnuds relating to India, Vol. II (out of 10 volumes in all). pp. 64-65, Calcutta, 1892.
5. For details, see Ghulam Husain, *Seir* (*Farsi*) II, pp. 823; for English version, see Nota Manus, *Seir*, III, pp. 156-2213.
6. See critique of this volume in Irfan Habib 'Studying a Colonial Economy without

Perceiving Colonialism", Modern Asian Studies, Vol. 19, pt. 3, pp. 355-381 see also the protested in Dharma Kumar "The problem of Manichaenism" MAS, 19, pt. 3, p. 382. For a later version of Habib's critique, see Irfan Habib, ed., *Essays in Indian History, Towards a Marxist Perception,* New Delhi, 1995, pp. 336-366.

7. For an understanding of this concept see B.D. Metcalfe, ed, Adab and Moral Authority in South Asia Berkeley 1984.
8. Chait Singh invited Haider Beg Khan to come to his help as they could together wipe out the British from the face of India. Ali Ibrahim Khan's Eyewitness Account in "Sawanih-i Raja Chait Singh, vide Shayesta Khan, A Biography of Ali Ibrahim Khan, Patna, 1972, pp. 155-56.
9. See details of this thesis in Iqbal Husain, "Elements of the Ideological Background to the 'Rebellion' of 1857, *Procs. Indian History Congress, 1989-90,* Gorakhpur, pp. 424-438.
10. See *Seir* Tr. I, pp. 6-12.
11. *The History of British India,* London.
12. *A History of India as told by its own Historians,* Vols. I-VIII, 1867-1875; this is a monumental compilation with passages which seem to deliberately highlight Hindu-Muslim antagonism in the Mughal period. This entire 8-volume compilation needs to analyzed and contextualized in much the same way as the *Seir-ul Mutakherin* is being done here.
13. Quoted in *Seir,* (Tr.), I, Frontispiece.
14. Cobbett, *Parliamentary History,* Vol. XVII, pp. 454-9, Vide Dodwell, *Cambridge History of India,* V, p. 186.
15. *Parliamentary History,* Vide Dodwell, *Cambridge History,* (CHI), Vol. V, p. 197.
16. Cobbett, Parl. Hist. XXIII, pp. 1334, Vide Dodwell, (CHI), Vol. V, p. 198.
17. *Seir* (Tr.) III, p. 32, and *Seir Farsi,* Vol. II, p. 750.
18. For a more quantified appraisal, See Irfan Habib, "Colonialization of India's Economy" in *Social Scientist,* No. 32; See also Dharma Kumar ed., *Cambridge Econ. History of India* Vol. II, and Irfan Habib's review of this book entitled "Studying a Colonial Economy..." in I. Habib, Essays. in *Indian History,* New Delhi, 1995. According to Sayera I. Habib quoted in this above article, the total value of this 'drain' constituted nearly 2% of the annual national saving of Britain in the last decade of the 18th century, see her paper, "Colonial Exploitation and Capital Formation in England in the Early Stages of the Industrial Revolution", *Proceedings of the IHC,* Aligarh Session, 1975.
19. *Seir* (Tr.) III, p. 161-62, This compares well with the *Farsi* original, Vol. II, p. 823 onwards.
20. He gives the example of postitutes being allowed to ply their trade even on Fridays (*Seir,* Tr. III, p. 165-66).
21. *Seir,* III, p. 193. This compares exactly with the passage in *Seir* (*Farsi*), II, p. 836.
22. *Seir* (*Farsi*) II, p. 838. For details of this conflict, see Dodwell, *Cambridge History of India,* V, pp. 195-220. See also G.R. Gleig, *Memoirs of the Life of Rt. Hon'ble Warren Hastings.* 3 Vols., London, 1941.
23. *Seir* (*Farsi*), II, p. 840.
24. *Seir* (*Farsi*), II, p. 841, see also *Seir,* III, p. 204. On the impact of the Permanent Settlement, See Irfan Habib, "Colonialization.," *Social Scientist,* No. 32.
25. *Seir* (Persian ed.), II, p 841, and *Seir,* Tr. III, p. 206.
26. Dodwell, CHI, Vol. V, pp. 415, 438-40.
27. *Seir* Tr. III, p. 207. See also *Seir* (*Farsi*), II, p. 841.
28. *Seir, Farsi,* ed. II, p. 843, and *Seir* Tr. III, p. 211.

29. *Seir*, Tr. III, p. 212. Compare with *Seir* Farsi, II, p. 843.
30. For the impact of these reforms and the Permanent Settlement of 1793, see Irfan Habib, "on Studying a Colonial Economy" in Habib, Essays, pp. 336-366. See also his article, The Eighteenth Century in India's Economic History" *Procs IHC*, Calcutta session, 1995.
31. Translated by Shayesta Khan, Patna, 1993.
32. See details in Shayesta Khan, *A Biography of Ali Ibrahim Khan—A Mughal noble in the Administrative Service of the British East India Company*, Patna, 1992.
33. *Seir* translation Vol. I and IV, Calcutta, 1902.

32. Persian Medical Literature in the 18th Century: A Survey of Contents

Mumtaz Alam*

This survey is designed to bring out the salient features of the Unani and other systems of medicine just before the British East India company began to intervene in the health practices of the Indian people.

We have identified certain important manuscripts on medicine produced by indigenous hakims in the 18th century and early 19th century and have analysed the contents to define whether the indigenous physician were developing their own system of diagnosis, treatment, pharmacology in response to the methods of the western medical practitioners who had been practising in India ever since the advent of the 17th century. Sir Thomas Roe, Nicolai Manucci, Francois Bernier were all physicians who were looked upon with great respect. Manucci [*Storia do Mogor* or *Mughal India* tr. into English by William Irvine] in fact taught himself medicine because realised how all white men were trusted as being good physician as well as gunners.[1] Francois Bernier's ["*Travels in Mughal Empire*" (1656-68) New Delhi] certain a wealth of information on the political, economic, as well as educational status of Indian society and also about our medical practices.

So clearly there was long ongoing exposure between the Unani system and the European allopathic system as there was between Unani Ayurvedic since c. 1000 AD.

Unani medicine seems to dominate over other indigenous medicine during the Sultanate period. Gradually the influence of allopathic started its penetration from 16th century onwards. Although the Ayurvedic system continued to be patronized in the Mughal period.[2]

There was also an influx of new medical doctrines associated with Ibn Rushd (Averros), Ibn Sina (Avicenna) and Galen (Jalinus), among others which contributed to the evolution and consolidation of the Unani system of medicine.[3]

The recent bibliography compiled by A. Rahman, M.A. Alvi, S.A.K.

* Aligarh

Ghori and K.V. Submurthy entitled "Science and Technology in Medieval India—A bibliography of source materials in Sanskrit Arabic and Persian", has identified thousands of manuscripts on science and medicine produced in India (and elsewhere) in the 12th-19th century. However the manuscripts on medicine are widely scattered and we have tried to re-organise and re-classify them according to the task at hand. The field of medicine is very large and Unani medicine was the first to establish that disease was a natural process and that symptoms were the reactions of the body to the disease. It believed in the Humoral theory which presupposes the presence of four Humors—Dam, (Blood), Balghem (Phlegm), Safra (Yellow Bile) and Sauda (Black bile) in the body. To maintain the correct humoral balance there is a power of self preservation or adjustment called Quwwat-e-Modaffiva (medicatrix naturae) in the body. The medicine used help regard this power and thereby regain the humoral balance and the disease is eradicated. The diagnosis of disease in Unani system of medicine is through Nabz (Pulse) and examination of Baul (Urine) and Baraz (Stool).[4]

A number of 18th century sources are available in Persian, Arabic and Sanskrit as well as the travellers accounts but as far as however my paper is concerned with : "Persian medical literature in the 18th century: A survey of contents." The aims of my paper will be an attempt to bring to light the available sources and their contents on different aspects of Unani medicine, surgery, Pharmacology, diagnostics, etc.

Pathology: Mohammad Akbar Arzani, B. Haji Muquim in his Persian work of 1700 in India entitled "*Tibb-i-Akbari*", contains 27 chapters of the translation. Besides the discussion of symptoms and diseases, also these methods of the treatments of the diseases; while a *Khatimah* is devoted to the explanation of compound, drugs and some medical terms.[5]

Abdul Karim B. Ishaq Mabari in his work '*Khulasah-i-Mufidul Insan*', discuss about many aspects. It is an encyclopeadic work on medicine and chemical technology. It is divided into 15 B āb containing prescriptions for various human diseases beginning from the head downwards as well as recipes for increasing sexual vigour and other matters pertaining to sexology for diseases special to men and women; pathological matters, such as the methods examining the pulse, urine, stool and phlegm; dog-bite, and its treatment; explanation of the digestive system, poisons and anti-dotes, etc.[6]

Pharmacology or Adwiyat was a very popular area of study especially in the light of the wide variety of herbs that the Irarian Hakims where being introduced to India. There was also a confusion in terminology because the same herb could have separate names in Arabic, Persian, Hindi and Turkish. Al Biruni tried to overcome this confusion by writing a glossary of terms entitled *Kitab-ul-Saydnam* in 1020 A.D. This work was followed by hundreds of works on Pharmacology, one of the best works on this subject is M. Sharif B.M. Akmal Khan's *Tuhfah-i-Alam Shahi* during 1707-1712 in India. The work is an abstraction of the author's own *Khawasul Jawahir* on the medicinal uses and occult properties of 14 precious stones.[7] Another book was by M. Sharif Khan B. Hadhiqul Mulk Hakim M. Akbar Khan in his work entitled *Resalah dar Khwasul-Adwiyah-i-Hindiyah* of 18th century discussed Indian herbs and medicaments in great details.[8]

Diya B. Khwajagi's *'Bahr-ul'l-Manafi'* (1782-1799) is a Persian treatise on the treatment of diseases by drugs and magic.[9]

Mohammad Radiuddin Kashifuddin in his work of 1707 entitled "*Ajaibul Itifaq-dar-Shanakhatan-i-Tiryaq*" a medical treatise on antidotes and dealing with their origin, uses and properties in the end is a Khatima on poisons followed by notes on the life of **Asclepios**, "father of medicine".[10]

Hakim Sikandar B. Hakim Ismail in his work *Qarabadin-i-Sikandari* of 1749 in which he discussed about a no. of things. A pharmacopea containing the formula of preparing beverages, pills, spirits, lozenges, electuaries, ointment, etc.[11]

Dominic Gregory Baptist (Dakhani Beg) was probably a Portuguese Physician who had found the Unani system to be most effective for the Indian climate. He wrote his book. *Tuhfatu'l Masiha* in 1749 and it is an interesting, voluminous work on medicine. On the scope and advantage of the science of medicine, anatomy and physiology, on treatments of various diseases and surgery. It contains Persian medical terms with their Portuguese equivalent.[12]

Fakhruddin Tabib's *Tibb-i-Faraqi* (1760) is a collection of tested cures applied during his time for the treatment of diseases.[13]

Aithappa wrote '*Tibb-i-Bahri wa Barri*' in 1720 this treatise was on medicine and based on the works of Ismail Jurjani, entitled '*Dakhirah-i-Khwarazm Shahi* and *Qarabadin-i-Shahi.*[14]

In 1771 in Persian *Qarabadin-i-Kabir* was written by Hakim M. Husain Khan. This is an encyclopaedia of Pharmacology and therapeutics.[15]

Hakim Sikandar B. Hakim Ismail's *Qanum-i-Sikandari* (1747) is the work deals with the cures of human diseases beginning from the head downward. It is about the over all disease treatment.[16]

Ahlullah B. Sh. Abdur Rahim's *Takmilah-i-Hindi* (c. 1770) is supplements the author's *Takmilah-i-Unani* and was written with a view to enable Indian practitioners of unani medicine to overcome the difficulty arising from the non-availability of unani medicaments or from the difficulty to identify their Indian equivalents. It runs in several chapters dealing with the treatment of diseases from the head downwards.[17] In his general work *Takmilah-i-Unani* dealing with the treatment of human diseases beginning from the head downwards, with drugs traditionally known in the unani system of medicine by their Greek, Syriac, Arabic or Persian names.[18]

Tilism-i-Ijaj an anonymous work of c. 1790 is a collection of recipes various purposes such as increasing vitality of male, curing of certain diseases of pigeons, the preparation of sandal water, verdigries, vermilion, cinnabar and salt and processing of camphor and saffron. It is dedicated to Nawab Asaf-ud-Dawlah Bahadur (1775-97).[19]

Sexology: Hakim Surti's *Farhat-u'l-Mirat* is a verified treatise on sexual matters in 10 fasl. Fasl I on sexual intercourse, II, on whatever is necessary to know with regard to (the method, etc., of) sexual intercourse and Fasl III-X on the drugs of vitality and drugs which aid or prevent fecundation.[20]

Md. Arif in his work 'Mumtaz-i-Arifi' of 1789 has written about many aspects. This work is a collection of tested recipes of compound medicaments for various venereal diseases of the male as well as increasing sexual vitality and pleasure. The author emphasize the efficacy of his prescription in a note declaring that each single recipy has been selected from hundreds of tested curies. Most of the compounds are called by their patent name or after the name of chief ingredients.[21]

Ibadu'llah's *Khairul Astar* (of 18th century) is work on sexology based on several writings of Indian matters. The pattern of the work is chiefly the same as of the *Kok Shastra.*[22]

Murtada Quli B. Hassan Shamlu an Iranian in his work of later 19th century '*Khirqah*'. It is essentially a work on sexual matter; contains also the discussion and treatment on certain diseases such as piles, ear-ache, diptheria and venereal diseases.[23]

Abdul Jalil's *Wajibul Hifz* of 18th century is a discourse on the fundamental principles of preservation of health.[24]

Ahmadullah Khan Hakim's *Shilufa'ul Majdur* (1792) seems to have been a rare doctor who was receptive to the British concern about smallpox and he wrote on the treatment of the poxes.[25] His other work is *Tafrihul Qulub*, a persian translation of Avicenna's Arabic treatise entitled '*Risalah-*

i-Adwiyyah-e-qalbiyyah', which is completely traditional and an Avicennean approach to cardiac therapy.[26]

Therapeutics: M. Baqir B.M. Hussain's *Dasturul Awai* (18th century) is a treatise on the treatment of fevers.[27]

M. Mehdi B.M. Jafar's *Ma'dan-i-Tajruba't* (1786-87) is a compendium of therapeutics arranged in the alphabetical order of drugs both simple and compound according to the introduction the title is the chronologram, which gives the date of its compilation.[28]

Comprehensive Guide-Books: Abu Zafar Hussain Yar Khan's *Talim-e-Ilaj* (1719-25) is a manual for the guidance of the medical practitioners. It is divided into four chapters called Talim. Talim I deals with the remedies of diseases, Talim II deals with methods and practices, which helps in the preservation of health, as also with some special kinds of cures. Talim III and IV discuss simple and compound drugs. According to a note in the introduction the work was began in the year of the accession of Mohammad Shah King of Delhi and finished in the sixth year of his reign.[29]

In this brief survey we have seen a predominent preference by writers to produce works on Pharmacology. This was because India was already rich in information about plants and minerals due to the highly developed science of Ayurveda that was prevalent all across north and south India even since 100 A.D. The coming of a large urbanised nobility in the 13th century created big demand for medical services and the Unani as well as the Ayurvedic practitioners where prompted to produce a vast body of literature on medicare. This is evident from thousands of entries one finds in the bibliography compiled by A. Rahman, M.A. Alvi *et al.*

However, in the second encounter between the Indians and the British, the literature does not reflect any fundamental synthesis in approach or even translation of each other's works. Except for one work by Baptista on Unani Tibb and one work on smallpox by Ahmudllah Khan. The British did not consider the Indian system worthy of their attention.

REFERENCES

1. O.P. Jaggi, 1977, *Medicine in Medieval India,* Vol. VIII, Atma Ram & Sons, Delhi.
2. N. Gangadharan, 1982, "The state of Ayurveda in the 18th and 19th Centuries" *I.J.H.S.* 17: 154-163.
3. T. Siddiquie, 1980 "Unani Medicine in India during the Delhi Sultanate *I.J.H.S.* 15: 18-24."
4. Hakim S. Khaleefatullah, "Unani tratitions," *The Hindu Folio,* Oct. 2000, p. 18.
5. MKSJ: Tibb 155; 1-253 ff; Nq (1824) c.f. A. Rahman *Science and Technology in*

Medieval India—A bibliography of source materials in Sanks; Arabic and Persian, New Delhi, 1982, pp. 142-43.

6. SCL: Tibb 255; 389 pp (*i*) ff c.f., A. Rahman, p. 117.
7. SCL: Tibb 785; 31 ff ord. (1798), c.f., A. Rahman, p. 117.
8. A: Subh 610; 3/5; 116 ff; Nq, c.f., A. Rahman, p. 118.
9. SCL: Tibb 167; 2-186 ff: ord (1779), c.f., A. Rahman, pp. 14-15.
10. IO: PMC: 1/1284; 2352; 128 ff, c.f., A. Rahman, p. 145.
11. SCL: Tibb 255; 389 pp *(i)* ff c.f., A. Rahman, p. 207.
12. ASB; PMC Cur 418; II 294; 69 ff: Nq (1749), c.f., A. Rahman, p. 57.
13. SCL: Tibb 447; (1766), c.f., A. Rahman, pp. 59-60.
14. ED; pp. 326; 257; 101 ff; Nq (1720), c.f., A. Rahman, p. 16.
15. NTC; 2380; 1-380 ff; S., c.f., A. Rahman, p. 72.
16. SCL; Tibb 145; 175 ff; S., c.f., A. Rahman, p. 75.
17. SCL; Tibb 403; 121 ff; ord (1779); c.f., A. Rahman, pp. 14-15.
18. ASB; PMC., Soc 731; 45; 466 ff; Nq (19th), c.f., A. Rahman, p. 55.
19. NTC: 2438; 52 ff; (1897) c.f., A. Rahman, p. 222.
20. MKSJ; Tibb 167; c.f., A. Rahman, p. 72.
21. MKSJ; 254; 290 ff: ord, c.f., A. Rahman, p. 144.
22. MKSJ; Tibb 80; 116 ff; ord (1820) Mahabir Prasad, c.f., A. Rahman, p. 84.
23. SCL: Tibb 834; 91 ff: Nq, c.f., A. Rahman, p. 149.
24. SCL: Tibb 385; 52 ff; c.f., A. Rahman, p. 3.
25. MKSJ: Tibb 144; 76-16a ff; ord (1828), c.f., A. Rahman, p. 15.
26. NTC; P; 2514; 237 pp; Nq, c.f., A. Rahman, p. 15.
27. NTC; 2254; 60 ff; (1783-84), c.f., A. Rahman, p. 113.
28. SCL: Tibb 782; 421 ff; c.f., A. Rahman, p. 115.
29. A; 476 sul. 498-196; 46 ff: Nq & S, c.f., A. Rahman, p. 12.

ABBREVIATIONS

M.A.K. Azad Library, Aligarh Collections	A
Bankipur Library, Patna	B
Mashriqi Kutub Khannah Salarjung, Hyderabad	MKSJ
State Central Library	SCL
Indian Office Library	IO
Asiatic Society of Bengal	ASB
Nizamiah Tibbiya College, Hyderabad	NTC
Edinburg	ED
Persian Manuscript Catalogue	PMC
Sulaiman	Sul
Subhhanullah	Subh
Indian Journal of History of Science	I.J.H.S.
Nastaliq	Nq
Shikast	S
Bin Ibn	B
Cited From	C.F.

33. Various Dimensions of Agrarian Relations in the United Provinces (1858-1910)

Afaq Basheer Siddiqui*

On the evolution of agrarian structure and class relations in India, the mughal period was the important stage where troops and peasants were the two arms of the kingdom. The revenue bureaucracy of mughals was heterogeneous in character. Some big chiefs or rulers who accepted the sovereignty of mughals, recognised as zamindars or manasabdars. Sometimes heads of the class, castes or ethnic groups were conferred petty zamindari rights. However, a full revenue collecting apparatus, from zamindars down to mukaddams and village level personnel was created. The common form of salary was the share in the revenue. Eventually many of them acquired land rights similar to those of zamindars of other categories.[1] The rise of such a class of intermediaries who combined traditional authority with the new role of revenue administrator in the newly emerging power structure, could be considered the most important development in agrarian relations in rural society under Mughal rule. It produced profound social consequences in the British period.

The land belonged to the peasants who enjoyed hereditary occupancy rights under Mughal administration.[2] But after the British took over and continued for nearly two centuries they declared the existing zamindars full owners with absolute proprietory rights in land, ignoring their original position tax-collecting intermediaries. The zamindars formed a dominant class in rural society and gradually they acquired both substantial economic power and political weightage.

In the North Western Province the settlement was made with dominant caste group who were practising co-sharing basis in cultivation. A co-sharer of good social standing was chosen for the responsibility of passing the revenue fixed for entire mahal.[3] In this mahalwari tenurial system, the landlord sprit was dominant.

The grip of the village community was most strong where primary zamindars were identical with the cultivators, as in bhaichara communities

* Deptt. of History, Halim Muslim Degree College, Kanpur University.

of the Jats. These primary land control rights were held mostly by an elite class that emerged from the higher upper castes i.e. Rajputs, Brahmins. Bhuinhar in the west (Tyagi) or of high Muslim status. Their control over soil by no means was uniform in character and much depended on the density of their settlement.[4]

For their revenue security apart from the agency of local magnates, the colonialist employed 'contract tehsildars' as revenue officials who were paid commission for their job of collection. Later on for their own security, by fraudulent method, they managed to bring the village estate to public sale for default. The result was that the older and military type of taluqdars were cut to size and a new intermediate landholder class emerged on the village scene. In Allahabad and Kanpur districts a substantial transfer of proprietary titles to a handfull of "umla" or government officials took place.[5] In such nefarious activity they could manipulate the powers of office and legal forms which the government supported. The new proprietor simply leased back his purchase to the village zamindars leaving his financial advantages and political control over the village and subordinate cultivators unimpaired if the auction purchaser was a non-agriculturist. When the landlord's body were numerous the financial benefits of proprietory rights were more limited and often amounted to no more than a reduced revenue assessment on 'Sir' cultivation the subordinate cultivator's payments being insufficient to cover the whole of government demand. The excessive revenue pressure could reduce the village zamindars to a virtual equality of payment with subordinate cultivators and so destroy the tributary rights.

In 1858-59 the settlement officers of Saharanpur reported that there was hardly any distinction between the rent paying tenants and the revenue paying proprietors. The latter never claimed the title of zamindar, called himself as 'sarkar-ki-rayat' and knew the payment of the tenant (rent) and his own (revenue) both the same name 'baki' (arrears). The rent which the tenant paid was often no more than the allotment of the government demand on his share and in Bhaichara community it was often calculated at an advance of 25 per cent (Siwai) or 50 per cent (deorhi) on that demand.[6]

There was hardly any distinction between proprietors and cultivators in the appearance, dress, house or mode of living in general of the two classes. From the absence of social distinction between the two classes happy relations prevailed between them. Suits under the rent law were very rarely brought into the courts. Nearly all the suits that had arisen in few villages where the proprietory rights was vested in a single powerful individual or in the numerous cases in which the old proprietor had been bought out by a moneylender.

In the beginning practically almost all the agricultural classes were distressed by the government's high revenue demand, although the economic pressure was much more felt by the lower strata of peasantry. The resulting discontent was manifested in manifold ways. The great Indian revolt of 1857 occurred in which all classes from landed elite to the peasant masses participated either at the behest of their caste superiors or due to ethnic or religious loyalties to their chiefs, rajas under whom they held lands.[7] In those districts where the rebellion was violent, practically all rural groups had been disturbed by the British land revenue policy and their administration. Between 1840 and 1857, the transfer of land from cultivators to non-cultivating classes of moneylenders, urban traders had increased manifold. Evictions, the imposition of levies and illegal taxes by corrupt officials had steadily built up tension.[8] This much is sure that without the agrarian disaffection at the grassroot level, the peasant masses would not have participated in the mutiny on such an extensive scale in Oudh and North Western Provinces. The participation in the rebellion suggest the pre-capitalist agrarian relations and the level of consciousness among the lower strata of peasantry.

The mighty British power finally crushed the 1857 rebellion and firmly established their authority and restored law and order. One of the important effect of the 1857 revolt was that crown took over colonial administration from the East India Company. The upper class of Indian rural society who had supported the British cause during the revolt and had helped in rehabilitating the British Raj in the post-mutiny years, were rewarded immensely. The post-revolt period was thus the landlords paradise. The disturbances of 1857-58 and the 1860 famine changed the rural condition more grim. But in later 1860s the railways quickened the pace of development. The westward and the upper Doab turned into wheat and sugar exporting region. The price rise at the end of the decade broke the cake of the custom. Sir William Muir acknowledged, the increase in land revenue was followed by a corresponding increase in rents. The principle of assessment was based on estimated increase in produce prices and competition rent and in consequence the government permitted the landlords with necessary power to raise all other rents nearer to the competition level so that their enhanced demand could be met. The result was the shattering of customary system started which was essential for the preservation of rural peace. The great burden of ever increasing revenue demand was an important factor for triggening off a wave of rent increases on the clutivator. Richard Jone's, theory of cottier rent, which influenced J.S. Mill to adopt the view that rents were determined not by quality to soil, and the differential profit earned on the capital, but rather direct competition of labourer for land from which they had to produce food sufficient for their survival or starve. This inhuman principle shocked the collector of Kanpur, W.S. Halsey in 1872, and he remarked that the assessment was based not on normal competition rents but on rack rents.[10] Later on from 1882-86 under Alfred Lyall it was accepted that enhancement must be based on actual rent rolls and not on the expected rise in rents and expected rise in cultivation. In 1886 it was authoritatively promulgated. It was deliberated and decided that the government could not remain a silent spectator and leave relations between 'Landlords' and 'Tenants' to settle themselves. Even in 1789 Sir John Shore in his minute wrote that the rent of the land through whatever channel it passed into the public treasury was paid originally by the ryots or immediate cultivators of the soil. They were most helpless and exposed to oppression, ought naturally to attract the attention and engage the interest of ruling power.[11]

The rights of the tenants were not secured till the extension of the Bengal Act of 1859 which gave them the right of getting patta at the rate at which they held. It also affirmed the right of occupancy for those who held the land for twelve years and also the elimination of the condition of residence (i.e. pahi cultivation and resident chapparband or Khudkasht cultivator).[12] While the small as well as big zamindars became aware of their interest in preventing outsiders from establishing a permanent foothold. And they resorted to different methods to check the growth of occupancy rights. The authorities sought to protect tenants right by increasingly stringent measures of rent control embodied in the rent Acts of 1873, 1881, 1886 and 1901.

Prior to different rent acts neither tenants nor zamindars perfectly understood their position, but gradually as years went on, a struggle arose, where the zamindar was powerful and very much exacting, very few 'maurusi' cultivators could be found in larger estates. But on the other land where the zamindar was easy going or comparatively weak the cultivator would fight for their rights and had little difficulty in establishing them.[13]

Upto 1873 there was but One Rent Act in force in these provinces and in Bengal, namely Act of 1859. The Act of 1873 worked successfully for some six or seven years but some deficiencies arose in course of time hence the remedy was tried in the Rent Act of 1881. The protection was provided by Rent Act of 1881 to the great body of occupancy tenants, but unfortunately not without drawbacks arising from antagonism it fostered between the tenant trying to reach the heaven of occupancy and the landlord whose efforts were directed to keeping him out. Shifting of the holding and the ejectment was the most ordinary method to prevent the accrual of occupancy right. This power was abused by the landlord merely to defeat the law as to the acquisition of occupancy status.

In one district of North Western provinces a tenant found himself involved in debt to his banker; he leased his occupancy holding to the banker in consideration to the sum said to be advanced to him. The tenant agreed that the banker has sub-lessee might further sub-let to whomsoever he liked, but that he should pay the occupancy rent regularly to the landlord. Further the tenant stipulated that neither he nor his heir should ever relinquish the holding or agree to any enhancement of the rent. The result of such a transaction was that the tenant was entirely dissociated from the holding for future, unless, indeed he took it back as a sub-tenant of his own sub-lessee'.

This was a lacuna in law which abused by the cultivator and a class of middlemen was created, who did not cultivate the land themselves, only paying a fair rent exacted a rack rent from the actual cultivator. The fixity of tenure was misused and occupancy lands were transferred to the moneylenders who had great interest in land.[15]

In Muzaffarnagar district it had been noticed, the tenants often made short remittances of rent through posts which landholders refused to accept and hence litigations started. In the eastern division of the province where the harvest was indifferent, landholders issued ejectment notices to their occupancy tenants in increased number while notices to tenants-at-will showed a marked decline. In contrary to this, in western division where harvest was good, the opposite tendency was observed. The above trend indicates that when the harvests were good, landowners endeavoured by means of notices of ejectment to enhance the rents of tenants-at-will but in vice versa nothing was to be gained by serving notices on tenants-at-will, but many occupancy tenants were unable to meet their engagement and applications to eject such tenants increased. In Kanpur district, large number of occupancy tenants resigned from their holdings because they could not profitably cultivate their holding at their present rents. This was not the result of direct ill feelings between landlords and tenants but many landlords practically ceased to help their occupancy tenants.[16]

The legal limitation of enhancement to One anna in the rupee of the former rent was systematically evaded. The landholders exercised their inguinity to devise means of evading the law. As a matter of fact the tenants were not protected and the Rent Act of 1881 became a dead letter.

In the district of Bijnore and Bulandshahr the relation between landlord and tenant were unsatisfactory. In Oudh, the increase in ejectment proceedings was considerable. The total area affected rose by 22 per cent of which 50 per cent was relet. The practice of levying a premium on the grant or renewal of a tenancy was reported to exist in every district except Unnao and Gonda. When the premium was not paid in cash, bonds for the amount repayable by instalments within the statutory term were executed.[17]

The device of letting land after ejectment to a nominal tenant (generally a servant of landholder) and of sub-letting at an enhanced rent to actual cultivator was practiced in several districts. A large proportion of land vacated in 1892-93 was recorded as Khud-Kasht with the intention of depriving the actual tenants of statutory rights. The landlords as a class resented the existence of a protected tenantry and in many districts strained every nerve to prevent the accrual of occupancy rights.

The ejectment notices were contested by the tenant. In the Gorakhpur and Banaras divisions 55 per cent of the applications in 1893-94 and 52 per cent in 1895-96 were successfully contested. In Gorakhpur and Rohilkhand a large number of attempted ejectments were successfully defeated.[18]

In Allahabad, Banaras and Gorakhpur the number of ejectment notices increased but no marked tension appeared between landlords and tenants, but in the Meerut, Agra and Rohilkhand divisions, the determination of the landlord to forestall impending legislation, (Rent Bill of 1901) and to deprive the cultivator of the security which the proposed Tenancy Act would confer upon them; was clearly indicated. In Merrut division the number had nearly trebled and in the Meerut and Bulandshahr district where the proprietary body were exceptionally powerful had nearly quadrupled. The reason was that the landlords were exercising unfair pressure to induce the tenants to resign their holdings, and avoid the expense and uncertainty of legal proceedings. In Bulandshahr there was strong anti-tenant feeling.[19] In Oudh the main reason for the increase was probably the attempt to put pressure on tenants to secure arrears but on the bordering districts of North Western Provinces the more ignorant landlords believed that the proposals of North Western Provinces Tenancy Act were to be extended to Oudh, and proceeded to issue notices of ejectment as a precautionary measures. The volume of legislation in the North Western Provinces was more than five times as great as in Oudh, though the population was less than three times as numerous.[20]

The growth of tenant right did not hold back the growth in the value of proprietary right. In the crowded eastern districts even the upper caste of proprietary class tried to get back the land held by tenants for their own direct cultivation. By 1905 the situation was such as 'a struggle for existence; the landholders required the land more and more for themselves. In such a situation the distinction between landlord and tenants was increasingly meaningless. The only thing of importance was the family's size of holding and the sum of revenue and rent they paid for it. The greater part of the United Provinces was held by a relatively small group of large landholders. A very small number of zamindars, numbering 24,507 or 1.3 per cent of the total of North Western Provinces met 51.2 per cent of land revenue demand.[21]

The character of a substantial estate depended on the proprietors separate roles he played. There was a clan connection on the Jat estate of Kuchhesar in Bulandshahr and on the Mainpuri Raj estate and rents were kept low and the accrual of occupancy rights was readily allowed. Where lineage or caste homogeneity was lacking, traditional landlord could be severe and grasping. The Lalkhani estate in Bulandshahr earned the bad repute of oppressive management. The crucial economic divide was not between landlord and tenants but between the absentee rent receiver and the cultivating landholder. The social gap widened more because of the slow impoverishment of the mass than the enrichment of the few.

This tendency was the product of direct or indirect British revenue law. The contrast could be seen through the Oudh history and its different revenue law. For many reasons it was politically expedient to the government that it should deal with a class of person who were acknowledged by the rural population as their natural leaders. The policy adopted by the Lord Canning was therefore suited to the exigencies of the situation. He recognised the talukdars as leaders and proceeded to deal with them accordingly.[22] In talukdari estate adequate recognition of sub-proprietary status to village zamindars was not given. By 1883 some 88 percent of all cultivators in Oudh (tilling 77 per cent of cultivated area) were lumped together as tenants-at-will. Yet talukdari estates accounted in 1878 for only 60 per cent of the holdings area. Hence it is not easy to differentiate the tension between the village zamindars and the superior landholders from the friction which later arose between village zamindars and caste cultivators. In Faizabad the village communities were strong because of the presence of powerful Rajput class who had always resented overlord claims. Although two-thirds of the district was held in taluqdari, they were forced to recognize sub-proprietary rights in two-thirds of their villages.

Under a predominantly taluqdari system rent was more akin to revenue and could be enhanced much more readily at least on lower caste cultivators. By 1880, enhancement was very sharp resulting into Oudh Rent Act of 1886 which accorded to a temporary seven year occupancy right to all cultivators other than Shikmi sub-tenants, and limited periodic seven year rent enhancements to one anna in the rupee. It proved a partial brake but already by 1883 the widespread use of unauthorised cess (known as nazrana) as a means of evading rent control was a matter of concern. In Sultanpur district rent rose by 29 per cent between 1868 and 1898, and in Pratapgarh as much as 50 per cent between 1862 and 1892. R. C. Dutt claimed that the increase resulted directly from enhancing the government revenue demand. Between the post-mutiny summary settlement and 1871 the overall demand in Oudh had been raised by 43 per cent.

It has been noticed in several district that village zamindars were not less harsher than the taluqdars. Even W.H. Moreland reported from Unnao in 1896, that no substantial landowner oppressed his tenants and labourers so ruthlessly as the small owner, himself struggling for subsistence. Tenants of pattidari communities paid for higher rents. All this suggests that the traditional pattern of agrarian relation of Oudh, though strained by British revenue law was not at the point of no return.

The effect of tenancy legislation had been to freeze occupancy rents while encouraging unprotected rents to skyrocket 100 per cent. In the first quarter of 20th century the British were forced to recognize the political expediency of limiting revenue enhancements and of steadily reducing the proportion of taxation supplied from the land.

When the working of Rent Act of 1881 proved unsuccessful in containing the woes of the tenants, the government came out with a fresh Rent Bill of 1901 which was strongly contested by the body of zamindars and even not supported by many revenue officials.

W.H. Moreland opined that the reason for objection by landlords was two namely social and economic. The first was that the tenant with the occupancy right became independent and rude in his bearing towards zamindars. The economic objection of landlords was that the occupancy right prevented the normal growth of rent and encouraged the formation of rent receiving class intermediate between the landlord and the actual cultivator, a class which served no economic purpose, but merely intercepted part of the rent which the cultivator was willing to pay.[23]

The zamindars as a body was bound to be very useful to government in times of need, but their usefulness depended entirely on the amount of control they had over their tenants and it was this control that the present amendment substantially took away from their hands.[24]

The non-official native member of Legislative Council Munshi Madho Lal said that the proposed Bill was not conducive to the interest of agricultural community. If passed it would create distrust, discontent, friction and antagonism between these two classes. The Bill deprived the zamindar from acquiring right in 'Sir' cultivation which was anamalous to deprive him of that right and the same time to compel him to gave it to his tenants.[25] The president claimed that the pressure on land increased due to natural causes and hence the cost of living and standard of comfort increased. Madho Lal argued that as long as industrial sources were not opened up, the pressure on the land would continue to the equal disadvantage of the landlord and the tenant. But there was no reason that the tenant should be favoured at the expense of the zamindar. He further said that the Bill was conceived not in the spirit of 'give and take' but in the spirit of 'take from one and give to another'.

Pandit Bishambhar Nath strongly advocated that the zamindar would have welcome a 'settle ryot' as defined in Bengal Tenancy Act, if they could like Bengal, only secured the benefits of a permanent settlement. Again if the political salvation of an unsubstantial and insolvent tenantry lied in permanency of its tenure or there was an intrinsic virtue in the principle justifying the acquisition of occupancy right, one would have expected an unqualified extension of the supposed boon to the Punjab, Oudh and Central Provinces as well.[26]

In contrary to the above argument by the native members, the president of the council Macdonnell described that the mutiny was the great epoch making a moral and material change in modern Indian affairs. After mutiny, regarding the agrarian affairs of northern India, the government has taken a different view of its responsibilities. The different novel methods adopted by the landlords to check the growth of occupancy was fatal to the agricultural progress and to the true interests of the landlord, the tenant and the government. It was incompatible with the existence of a substantial solvent tenancy.[27]

The opinion of the commissioner of Meerut division regarding the proposed Bill was that it would be unjust in the extreme to the landlord, because he accepted the responsibility for the payment of revenue on the good faith of government. Another official, the collector of Saharanpur informed the governor that as a political matter it was pointed out that the zamindars had no power over his occupancy tenants. This was not a free country governed by the people, but bureaucratic where the orders had all to come from top and filter downwards. If zamindars had no power in their own villages the people have no leaders with whom the government could deal.[28] While some officers supported the Bill the commissioner of Agra division stated that the new generation of zamindars should not forget their status as just a middlemen collecting land rent on behalf of the state (the real and ultimate owner of soil). It was generally admitted that the occupancy tenants was the backbone of a village. He was a man of importance with the credit with his bankers, the bania and he helped materially to bore the landlord's burden. On one hand the big non-resident landholders were loudest in their complaints of interference with their rights. On the other hand in a village where large community of cultivating proprietors opposition would not be found so pronounced partly because the advantages of possessing such tenants were more fully recognised and partly because the proprietary and cultivating body were more on the same footing.

This change of heart was the requirement of the British Government. On one hand the upper class of peasantry became aware of its genuine rights demanded either through petition or resolution which sometimes unattended surfaced as discontent and disturbances. On the other hand in the third quarter of nineteenth century, the new generation of landed elite became educated especially as law graduates, formed association and different odd social groups. Some joined even Congress which started demanding certain rights and protection for zamindars. To counter the elite and placate the peasantry which ultimately made them feel about their divergent interest in land, the government adopted this policy of rent legislation throughout the second half of the nineteenth and first half of twentieth century.

This trend continued throughout the said period which could be seen through different petitions and resolutions.

The incident was of Bulandshahr district in which the residents Rup Singh and Man Singh and others petitioned to the viceroy. They stated that the petitioners disclosed the real rent to the settlement officer for which they were rewarded with occupancy right, but it infuriated the lambardar of the village Kunwar Abdul Ghafoor. He got the decree reversed by the commissioner. When the cultivators challenged the order in the Board of Revenue upon this lambardar destroyed their crops worth thousand of rupees, made sweepers enter their houses and smoke hukka, an act which not only degraded but ex-communicated them from the society. And oppressed them in other sundry ways wished to have them punished.[29]

There were many more petitions of the same nature but only few can be referred, one was petition from Newal and others of mauza Sarbhunna, pargana Pahasu of Bulandshahr; another was of Dat Ram S/o Moti Ram brahman of Pahasu. Such incidents suggest the deep rooted antagonism between the landlholders and tenants. In one more attempt the zamindar's association put forward their point of view strongly before the government. They said that the Rent Act of 1859 was the first step in the direction of state interference with the relation between landlord and tenant.

The position of zamindars possessing absolute proprietory right was no more entertained by the government, in defence of their rights zamindars argued that even Mr. Francis, Sir John Shore, and Lord Cornwallis stated that the zamindars and taluqdars were owners of the soil subject only to a tribute. They also reminded that the political and economical effects brought about by such a changed stated of things required the careful consideration of the government. They again reminded that the zamindars who had always risen to the requirement of the times and discharging most useful functions in the economy of the society and would be deprived of all their authority and influence and reduced to mere non-entities.

The zamindars put the blame on government that since 1859 when tenants rights were first created, there had been gradual estrangement of feeling between the zamindars and raiyats, owing chiefly to their interest being artificially made antagonistic to each other, occupancy tenants under the impression that they could not be ejected from their holdings at the will of zamindars were apt to disregard the legitimate position and authority of zamindars.

The British rulers were definitely haunted by the fear of agrarian uprisings after the 1857 mutiny, the indigo disturbances (1859-62) and the Deccan riots of 1875. The agitated peasant, poverty stricken indebted and ejected caused them serious anxiety.

The Congress took note of key issues and problem that affected millions of the masses, land revenue assessment and the increasing burden of taxation on poor peasant was one of them.[30]

REFERENCES

1. *The Indian Economic and Social History Review* 1, 1 (July-Sept 1963) pp. 1-15 also W.H. Moreland—*Agrarian System of Moslem India*, pp. 92-110 and Irfan Habib—*The Agrarian System of Mughal India*, 1963.
2. Irfan Habib—*Agrarian System of Mughal India*, pp. 123-125, also B.R. Grover, *Nature of Land Rights in Mughal India*, p. 15.
3. Baden-Powell, *Land Revenue in British India*, pp. 171-190.
4. Dharma Kumar, *The Cambridge Economic History of India*, Vol. I, 1757-1970, Delhi 1984 pp. 37-38.

5. *Ibid.*, p. 42.
6. Atkinson, *Statistical and Historical Account of N.W.P.*, Allahabad, 1875., p. 224.
7. Eric Stokes, *Traditional elite in the Great Rebellion of 1857 : some aspects of rural revolt in the upper and central doab*, E. Leach and S.N. Mukherjee (eds), *Elite in South Asia*, Cambridge, 1970 pp. 16-32.
8. S.C. Gupta, *Agrarian Background and 1857 Rebellion in the North Western Provinces, Enquiry* (Bombay), No. 1 (February 1959) pp. 69-95 c.f. D.N. Dhanagare, *Peasant Movement in India*, 1920-1950 Delhi 1983, p. 36.
9. T.R. Metcalf, 'Struggle over land tenure in India 1860-68', *Journal of Asian Studies*, Vol. xxi, 3 (May 1962) pp. 295-308.
10. Dharma Kumar, *op. cit.* pp. 57-58.
11. *Harrington's Analysis*, Vol. III, p. 410.
12. Act X of 1859, Section 6.
13. Atkinson, op. cit. pp. 458-59.
14. Government Gazette North Western Provinces and Oudh Allahbad 1900 Revenue Block File No. 412 B Boxes 87, 88 U.P. State Archives, Lucknow.
15. *Ibid.*
16. Administrative Report of North Western Provinces and Oudh 1892-93.
17. *Ibid.*, 1893-94.
18. *Ibid.*, 1895-96.
19. *Ibid.*, 1900-01.
20. *Ibid.*
21. Dharma Kumar, op. cit., p. 60.
22. S.N.A. Jafri— *'The History and Status of Landlord and Tenants in the United Provinces'* Delhi, 1985, pp. 163-64.
23. Amendment of North Western Provinces Rent Act XII of 1881, File 412B, Boxes 87, 88 Proceedings No. 254; 1900; U.P. State Archives, Lucknow.
24. *Ibid.* Proceeding 255; Opined Saiyed Mohd. Hadi, Asstt. Director Land Records and Agriculture, North Western Provinces and Oudh.
25. *Ibid.* Extract from the Abstracts of Proceedings of Council, dated 15th Oct., 1901, Proceeding No. 5. The North Western Provinces Tenancy Bill.
26. *Ibid.*
27. *Ibid.* Antony Patric Macdonnell, the President of the Council was Lieutenant Governor of North Western Provinces and Oudh.
28. *Ibid.* Proceeding No. 210.
29. The petition to His Excellency the Viceroy and Governor General in Council in India, Calcutta 1892 (Vernacular petition in Urdu) File 543A/21, Box 48, Revenue Block, U.P. State Archives, Lucknow.
30. A.M. Zaidi (ed), *Not by a Class War*, Delhi 1985.

34. भारतेंदुयुगीन पत्रकारिता एवं भारतीय राष्ट्रीय जागरण

विश्व प्रकाश मिश्र*

राष्ट्रीयता का वास्तविक लक्ष्य राष्ट्र का आर्थिक, सामाजिक और राजनीतिक दृष्टि से संवर्धन करना होता है, किंतु पराधीन राष्ट्र में राष्ट्रीयता देशभक्ति अथवा राष्ट्रभक्ति का पर्यायवाची होती है। इसका प्रमुख उद्देश्य देश को स्वाधीन करना होता है क्योंकि परतंत्रता देश की उन्नति का बाधक तत्व है। कभी-कभी किसी कालविशेष में कोई तत्व प्रधान तथा प्रभावशाली हो जाता है तो राष्ट्रीयता के स्वरूप तथा अभिव्यक्ति में अंतर आ जाता है।

भारत में राष्ट्रीयता का अंकुर वैदिक काल से ही मिलता है, परंतु उसमें सांस्कृतिक भावना अधिक है, क्योंकि देश उस समय स्वतंत्र था और उसका एकमात्र उद्देश्य देश के विभिन्न क्षेत्रों में उन्नति करना था। इस काल में धार्मिक भावना का प्राबल्य होने के कारण राष्ट्रीयता एक आध्यात्मिक भावना मानी जाती थी। उन्नीसवीं शताब्दी में राष्ट्रीयता का स्वरूप बदलने लगा और भारतेंदु काल (19वीं शताब्दी का उत्तरार्द्ध) से यह नए रूप में दिखाई देने लगी। भारतीय जनता मुसलिम और अंग्रेजी राज्यों की शोषण और दमन नीति से इतनी त्रस्त हो चुकी थी कि यह अपने देश और राष्ट्र के प्रति उदासीन रहने लगी थी। यत्र-तत्र क्रांति के कुछ संकेत तो मिल जाते थे, परंतु संपूर्ण भारत सुषुप्तावस्था में था। ब्रिटिश शासन का राजनीतिक, प्रशासनिक और आर्थिक प्रभाव पहले भारत में एकता लाने में और बाद में आधुनिक राष्ट्रीय चेतना जाग्रत करने में सहायक सिद्ध हुआ।[1] ऐसे समय में भारतीय जनता को जाग्रत करने, उनमें अंग्रेजों के साम्राज्यवाद के प्रति विद्रोह की भावना उत्पन्न करने तथा राष्ट्र के लिए सक्रिय होने के निमित्त अनेक साधन और उपकरण जुटाने की आवश्यकता थी। अत: इन संसाधनों के रूप में इस युग में समाचारपत्र, पत्रिकाओं, संगोष्ठियों, सभाओं, कवि सम्मेलनों, रंगमंचों और प्रेरणादायक पत्रों तथा विभिन्न साहित्यिक विधाओं का प्रादुर्भाव हुआ। जन-अभिव्यक्ति के रूप में पत्र-पत्रिकाएं आधुनिक युग की एक शक्तिशाली सामाजिक संस्थान हैं तथा इन्हें राज्य के चतुर्थ अवयव की संज्ञा दी गई है[2]। पत्र-पत्रिकाएं लोक-निर्माण के मंत्र हैं..... संकट में सुरक्षा, स्वस्थ आंदोलनों में सहायता तथा लोक-मानस की अभिव्यक्ति इन्हीं के द्वारा संभव होती है। पत्र-पत्रिकाएं निश्चय ही समाज को रूप, बल, बुद्धि प्रदान करती हैं[3]। यही कारण है कि भारतेंदुयुगीन लेखकों ने पत्रकारिता के माध्यम से राष्ट्र में जाग्रति पैदा करने में, सत्य का समर्थन करने में तथा

* प्रवक्ता, इतिहास विभाग, कुंवर सिंह पी.जी. कॉलेज, बलिया.

राष्ट्रीय जीवन को जीवंत और गतिशील बनाने में अभूतपूर्व कार्य किया।

भारतेंदु युग के सभी लेखकों, कवियों और साहित्यकारों का लोक-जीवन से सीधा संबंध था। पत्रकारिता आधुनिक मूल्यों के अनुसार साहित्यिक विधा न होते हुए भी इस काल में राष्ट्रीय भावना को सशक्त बनाने का महत्वपूर्ण माध्यम थी। समाज के प्रतिदिन के बदलते आयामों का प्रतिबिंब पत्रकारिता थी। तत्कालीन सभी ज्वलंत समस्याओं को सरकारी दमन के बावजूद प्रभावशाली ढंग से प्रकाशित करके जन-जन को चेतनायुक्त बनाने का कार्य इस काल में पत्र-पत्रिकाओं ने किया।

भारतेंदुयुगीन पत्रकारिता के महत्व का आकलन करने से पूर्व पत्रकारिता के इतिहास पर विहंगम दृष्टि डालना समाचीन होगा। भारत में अंग्रेजी भाषा का पहला समाचारपत्र *दि वीकली न्यूज* सन् 1622 ई. में निकला[4]। 1780 ई. में ही कलकत्ता से जे.ए. हिक्की द्वारा *दि बंगाली गजट* प्रकाशित हुआ। 1780 ई. में ही कलकत्ता से *इंडिया गजेट* नामक दूसरा पत्र भी प्रकाशित हुआ। तीसरा पत्र *कैलकटा गजट* फरवरी 1784 ई. में प्रकाशित हुआ। चौथा पत्र *बंगाल जर्नल* फरवरी 1785 ई. में प्रकाशित हुआ। इसी वर्ष अप्रैल में *ओरिएंटल मैगजीन* या *कैलकटा एक्यूजमेंट* मासिक पत्र का भी प्रकाशन हुआ। इस प्रकार 6 वर्षों के अंदर कलकत्ता से ही पांच पत्र जिसमें एक मासिक और चार साप्ताहिक प्रकाशित हुए[5]। कलकत्ता में समाचारपत्रों की भरमार ने मद्रास के लोगों को भी पत्र प्रकाशन की प्रेरणा दी। 1785 ई. में *मैड्रास कूरियर* का प्रकाशन हुआ। बंबई से 1789 ई. में पहला पत्र *बांबे हेराल्ड* निकला, इसके बाद *बांबे कूरियर* और *बांबे गजेट* आदि पत्रों का प्रकाशन हुआ। तत्कालीन *बांबे कूरियर* ही आज *टाइम्स ऑफ इंडिया* के नाम से प्रसिद्ध है। भारतीय पत्रकारिता के आरंभिक दस वर्षों में उन तीनों प्रेसीडेंसियों में प्राय: पंद्रह पत्र प्रकाशित हुए।[6] इनकी भाषा अंग्रेजी थी क्योंकि इनके संपादक और प्रकाशक प्राय: अंग्रेज ही थे।

23 मई 1818 ई. में *समाचार-दर्पण* और *दिग्दर्शन* मासिक पत्रों का सिरामपुर से प्रकाशन हुआ। *दिग्दर्शन* बंगला और हिंदी की मासिक पत्रिका थी। इन दोनों के प्रकाशक बैपटिस्ट मिशनरी जोशुआ मार्शमैन थे। इन पत्रों का मुख्य उद्देश्य प्राय: ईसाई धर्म का प्रचार-प्रसार करना था। सार्वजनिक स्थलों पर इनका वितरण नि:शुल्क किया जाता था[7]। इसी समय कलकत्ता से बंगला में पूर्णत: भारतीयों द्वारा संपादित एवं प्रकाशित प्रथम पत्र *बंगाल गजेट* का प्रकाशन हुआ[8]। भारतीय नवयुवक युगल किशोर शुक्ल द्वारा संपादित *उदंत मार्तंड* 30 मई 1826 ई. को कलकत्ता से प्रकाशित हुआ। *उदंत मार्तंड* नवयुग के आगमन की सूचना लेकर आया था[9]। इसका प्रकाशन हिंदुस्तानियों के हित हेतु अर्थात उन्हें परावलंबन से मुक्ति दिलाकर स्वतंत्र दृष्टि प्रदान करने के निमित्त हुआ था।[10]

भारतीय पत्रकारिता की सही शुरुआत भारतीयों के संयोजकत्व और संपादकत्व में पत्र-पत्रिकाओं के प्रकाशन से हुई। देशी पत्रकारिता को प्रारंभ करने का श्रेय राजा राम मोहन राय को है। 4 दिसंबर 1821 ई. में *संवाद कौमुदी* का प्रकाशन राष्ट्रीयता और सुधारवादी

दृष्टिकोण का प्रमुख पत्र सिद्ध हुआ।[11] राजा राममोहन राय ने इसके अतिरिक्त *बंगाल हेराल्ड* तथा बंगला, हिंदी, अंग्रेजी और फारसी चार भाषाओं में 1829 ई. में *बंगदूत* प्रकाशित किया। 1850 ई. में कलकत्ता से ही हिंदी के आदि पत्रकार पं. युगल किशोर शुक्ल ने पुन: *साम्यदंड मार्तंड* का प्रकाशित कर अपनी राष्ट्रीय निष्ठा का परिचय दिया।[12] *बनारस अखबार* उत्तर प्रदेश से प्रकाशित होने वाला हिंदी का प्रथम पत्र था जिसे काशी से शिवप्रसाद गुप्त (सितारेहिंद) ने 1845 ई. में प्रकाशित किया था। काशी से ही 1850 ई. में *सुधाकर* नामक साप्ताहिक पत्र का प्रकाशन हुआ। 1852 ई. में सदासुख लाल ने आगरा से *बुद्धि प्रकाश* और आगरा से ही 1861 ई. में *प्रजाहितैषी* लक्ष्मण सिंह के संपादकत्व में प्रकाशित हुआ। उन्नीसवीं सदी की हिंदी की महत्वपूर्ण पत्रिका *कवि वचन सुधा* एक नए युग के अवतरण की सूचना लेकर आई। फिर भी इस काल के संपादकों की लेखनी में इतनी शक्ति और पैनापन नहीं था कि वह पाठक उत्पन्न कर सके। यही कारण है कि अनेक पत्रों का प्रकाशन होने पर भी जनता में स्फूर्ति का संचार नहीं हो पाया। जनजागरण का जो स्वरूप और संदेश भारतेंदु बाबू हरिश्चंद्र की पत्रिका लाई, वह इससे पूर्व नहीं मिलता है।

भारतेंदु युग की सर्वप्रथम पत्रिका *कवि वचन सुधा* है जिसके संपादक हिंदी के महान लेखक एवं पत्रकार बाबू हरिश्चंद्र 'भारतेंदु' स्वयं थे। 1867 ई. में जब वे केवल सत्रह वर्ष के ही थे तभी उनकी यह साहित्यिक मासिक पत्रिका प्रकाशित हुई। यह पत्रिका मासिक से पाक्षिक और फिर जनता के अनुरोध पर सन् 1873 ई. के लगभग, साप्ताहिक रूप में प्रकाशित की जाने लगी। संपादकीय टिप्पणियां, समाचारावली और बनारस इसके मुख्य स्तंभ थे। संपादकीय टिप्पणियां अधिकतर राजनीतिक और सामाजिक विषयों पर होती थीं। इस पत्र का चारों ओर स्वागत हुआ। इस पत्रिका के प्रभाव से तत्कालीन सभी पत्र राष्ट्रीयता से अनुप्राणित हो गए।

1872 ई. में भारतेंदु की अत्युत्तम मासिक पत्रिका *हरिश्चंद्र मैगजीन* के नाम से प्रकाशित हुई। इसमें साहित्यिक, वैज्ञानिक, राजनीतिक और धार्मिक विषयों पर लेख प्रकाशित होते थे तथा ग्रंथ समीक्षा, नाटक, इतिहास, उपन्यास, कविता और गोष्ठी आदि की वार्ताएं छपती थीं। *हरिश्चंद्र मैगजीन* में देशभक्ति और समाज-सुधार के भाव निहित थे। इस पर प्रकाश डालते हुए शुक्ल जी ने लिखा है कि पं. राधाचरण गोस्वामी को इस पत्रिका ने ही समाज-सुधारक और देशभक्त बनाया, '*हरिश्चंद्र मैगजीन* को देखते-देखते इनमें देशभक्ति और समाज-सुधार के भाव जगे थे।'[13] इस मैगजीन के केवल आठ अंक प्रकाशित हुए और बाद में यही *हरिश्चंद्र चंद्रिका* हुई। छह वर्ष तक छापने के पश्चात भारतेंदु ने इसको मोहनलाल विष्णुलाल पंड्या को सौंप दिया। उन्होंने इसे *हरिश्चंद्र चंद्रिका* और *मोहन चंद्रिका* के नाम से छापना आरंभ किया। सन्1884 में भारतेंदु ने इसे *नवोदिता हरिश्चंद्र चंद्रिका* के नाम से निकाला।[14] हिंदी साहित्य के नए-नए लेखक तैयार करने में इस पत्रिका ने पर्याप्त योगदान दिया। 'जिस प्यारी हिंदी को देश ने अपनी विभूति समझा, जिसको जनता ने उत्कंठापूर्वक

दौड़कर अपनाया, उसका दर्शन इसी पत्रिका में हुआ।'[15] भारतेंदु ने 1 जनवरी 1874 ई. को *बालबोधिनी* स्त्रियों के लिए भी एक पत्रिका निकाली। इस प्रकार अपने जीवन काल में इतनी पत्रिकाओं का संपादन करके उच्च पत्रकारिता की पृष्ठभूमि तैयार की। इनसे प्रभावित होकर अन्य लेखकों ने भी अनेक पत्र-पत्रिकाएं प्रकाशित कीं।

श्रीनिवास दास ने 1874 ई. में *सदादर्श* पत्रिका, बाबू बालेश्वर ने *काशी पत्रिका* (1876 ई. में) और तोताराम ने 1876 ई. में ही अलीगढ़ से *भारतबंधु* पत्र का संपादन किया। *काशी पत्रिका* में छात्रोपयोगी लेख छपते थे। 1877 ई. का वर्ष पत्रकारिता के लिए महत्वपर्ण था। इस वर्ष बालकृष्ण भट्ट का *हिंदी प्रदीप* प्रयाग से, रुद्रदत्त का *भारत मित्र* (कलकत्ता से), कन्हैयालाल का *मित्र विलास* (लाहौर से) और *आर्यदर्पण* मु. बख्तावर सिंह, शाहजहांपुर से प्रकाशित हुआ। बालकृष्ण भट्ट का *हिंदी प्रदीप* महान आकर्षण का केंद्र था। यह पत्र पूर्ण राष्ट्रीय विचारों का पोषक है। डा. रामविलास शर्मा के मतानुसार, 'देश दशा की ओर से यह पत्र खूब सचेत है। उसकी जिल्दों को पढ़ने से उस समय के राजनीतिक, सामाजिक और धार्मिक आंदोलन आंखों के सामने सजीव हो उठते हैं।'[16] *भारतमित्र* द्वारा भी हिंदी सेवा में अधिक योगदान मिला। *सारसुधानिधि*, *उचित वक्ता* और *सज्जन कीर्ति सुधाकर* 1878 ई. के महत्वपूर्ण पत्र हैं। इनमें राजनीतिक, साहित्यिक और सामाजिक समस्याओं पर लेख तथा कविताएं प्रकाशित हुई हैं। इस युग के उल्लेखनीय पत्र 1879 ई. में *भारत सुदशा प्रवर्तक* (सं. गणेशप्रसाद, फर्रुखाबाद), 1880 ई. में *क्षत्रिय पत्रिका* (रामदीन, बांकीपुर), 1881 ई. में आनंद कादंबिनी (प्रेमघन, मिर्जापुर), 1882 ई. में *देशहितैषी* (अजमेर) और *देवनागरी प्रचार* (गौरीदत्त) प्रकाशित हुए।

1883 ई. में *ब्राह्मण* पत्र का कानपुर से प्रकाशन प्रारंभ हुआ जिसका संपादन प्रताप नारायण मिश्र ने किया। यह मुख्य रूप से तो साहित्यिक पत्र था, परंतु इसमें व्यंग्य और हास्य के माध्यम से राष्ट्रीय चेतना जाग्रत करने का प्रयास किया गया है। इनके प्रत्येक निबंध और कविता में राष्ट्रीय भावना दृष्टव्य है। इसी वर्ष *दिनकर प्रकाश*, *धर्म दिवाकर*, *प्रयाग समाचारपत्र*, *शुभचिंतक*, *सदाचार मार्तंड* और *हिंदोस्तान* पत्र का प्रकाशन हुआ। *हिंदुस्तान* पत्र कालाकांकर से निकलता था। सन् 1884 ई. में *पीयूष प्रवाह* (अंबिका दत्त व्यास, काशी), *भारत जीवन* (रामकृष्ण वर्मा, काशी), *भारतेंदु* (राधाचरण गोस्वामी, वृंदावन) और *कविकुल कुंज दिवाकर* का (रामनाथ शुक्ल, बस्ती से) प्रकाशित हुआ। 1885 ई. में *भारतोदय* एवं *काव्यामृत वार्षिणी*, 1887 ई. में *आर्यव्रत* और *भारतभ्राता*, 1889 ई. में *राजस्थान समाचारपत्र*, 1890 ई. में *सर्वहित* और *हिंदी बंगवासी*, 1893 ई. में *नागरी नीरद* और 1894 ई. में *साहित्य सुधानिधि* के पश्चात 1895 ई. में *नागरी प्रचारिणी पत्रिका* का प्रकाशन हुआ। 1900 ई. में *सरस्वती* पत्रिका प्रकाशित हुई, जहां से द्विवेदी युग का प्रारंभ हो जाता है।

भारतेंदु युग में लाहौर से लेकर कलकत्ता तक पत्र-पत्रिकाओं की एक बाढ़-सी आ गई थी। भारतेंदु काल के सभी लेखक अच्छे पत्रकार थे, जो देश की गतिविधियों से पूर्णतया

परिचित थे। पत्र-पत्रिकाओं के माध्यम से वह जनता को तत्कालीन परिस्थितियों, भाषा और नागरी लिपि से परिचित कराकर उसमें देश के प्रति नवजागरण का संचार करने में सफल हुए।

भारतेंदुयुगीन सभी पत्रकारों ने अपनी पत्रिकाओं का प्रकाशन देश और भाषा के उत्थान की दृष्टि से किया था, न कि व्यावसायिक दृष्टि से। इन पत्र-पत्रिकाओं में सरकार की राजनीति और आर्थिक नीति संबंधी कटु आलोचनात्मक लेख और समाचार प्रकाशित होने लगे। परिणामतः, लार्ड लिटन ने 14 मार्च 1878 ई. को 'वर्नाक्यूलर प्रेस एक्ट' पास करके समाचारपत्रों की स्वाधीनता का अपहरण किया, परंतु फिर भी पत्रकारों ने अपना कार्य स्थगित नहीं किया। इन्होंने उक्त एक्ट का कड़ा विरोध किया।[17] लार्ड रिपन द्वारा 'वर्नाक्यूलर प्रेस एक्ट' हटा दिया गया। इससे हिंदी पत्र-पत्रिकाओं में नए जीवन का संचार हुआ।

इस काल को लगभग प्रत्येक पत्र को आर्थिक संकट का सामना करना पड़ा। *हिंदी प्रदीप* और *ब्राह्मण* पत्रिका के संपादक भी चंदा मांग-मांगकर थक गए। आठ मास तक पत्रिका का मूल्य न चुकाने पर प्रताप नारायण मिश्र अपने ग्राहकों से निवेदन करते हुए लिखते हैं, 'आठ मास बीते जजमान, अब तौ करो दक्षिणा दान।' इसी प्रकार के भाव *भारत मित्र* ने भी व्यक्त किए हैं। एक संपादकीय टिप्पणी का शीर्षक है, 'कौन कहता है कि भारतवासियों में एका नहीं है।' इसके अंत में कहा है, 'और किसी बात में चाहे एका न भी हो, पर समाचारपत्र का मूल्य न देने में पूरा एका है।'[18] भारतवासियों के इस 'एका' करने से पत्रकार निराश नहीं हुए। उन्हें अर्थ चिंता अपने लिए नहीं थी, अपितु अपने पत्र के लिए थी। उनके यह पत्र आजीविका के साधन न होकर लोकहित के साधन थे। लोकहित की भावना से ही बालकृष्ण भट्ट जैसे पत्रकार ने अपने परिवार तक को भूखा रख पत्र का संचालन किया।

भारतेंदु युग में राष्ट्रीय विचारकों के प्रचार का माध्यम मुख्य रूप से पत्र-पत्रिकाएं ही थीं। इसलिए डा. कृष्णबिहारी मिश्र ने लिखा है, 'भारतीय पत्रकारिता की कहानी भारतीय राष्ट्रीयता के विकास की कहानी है। दोनों की विकास भूमियां एक-दूसरे की सहायक रही हैं। यदि पत्रकारिता को राष्ट्रीयता ने परिवर्द्धन दिया तो पत्रकारिता ने भी राष्ट्रीयता के विकास की अनुकूल भूमि तैयार की।'[19] यह युग जातीय चेतना का युग था। इस युग के संपादक अपने-अपने पत्रों का संचालन भी स्वयं करते थे। पत्रकार ऊंचे आदर्श और महान संकल्प को लेकर अग्रसर हो रहे थे। यही कारण है कि प्रतिकूल परिस्थितियों के होते हुए भी ये पत्र आगे बढ़ते रहे। विदेशी सत्ता में त्रस्त जनता को सन्मार्ग दिखाना और साम्राज्यवाद के विरोध में निर्भीक स्वर से टक्कर लेना इस युग के ही पत्रकारों का कार्य था।[20] समसामयिकता को उन्होंने ऐसा मनोरंजक बना दिया कि प्रत्येक सचेत और प्रगतिशील युग उसकी ओर सहानुभूति से देखेगा। इस प्रकार हम देखते हैं कि विषम परिस्थितियों से गुजरते हुए भी पत्रकारिता राष्ट्रीय चेतना के विकास का सशक्त माध्यम थी। पत्रकारों के पास सीमित साधन

थे, न तो उन्हें सरकारी संरक्षण मिला, न ही भारतीय समाज का सहयोग; पर आर्थिक संकट भी उनकी निष्ठा को खंडित करने में असफल रहा। समसामयिक गतिविधियों के प्रति प्रत्येक पत्रकार सचेत था।[21]

तत्कालीन पत्र-पत्रिकाओं ने सामाजिक एवं राजनीतिक जीवन में उथल-पुथल मचा दी थी। साहित्यकारों ने सामाजिक सुधार की भावना से अनेक लेख लिखे। राजनीतिक क्षेत्र में भी विभिन्न सभाओं का उल्लेख इन पत्र-पत्रिकाओं में मिलता है। राष्ट्रीय विचारों की प्रचारक सभाओं में 'इंडियन नेशनल कांग्रेस' का स्थान प्रमुख है। इस सभा को सशक्त बनाने का माध्यम तत्कालीन पत्र ही थे। जो व्यक्ति इस सभा का विरोध करते हैं उनके विषय में *हिंदी प्रदीप* लिखता है, 'कहां गए कांग्रेस के विरोधी जो यह कह रहे हैं कि कांग्रेस थोड़े से उत्पाती पढ़े-लिखों की जमात है। वे ही यह विद्रोह मचाए हुए हैं। आकर देखें कि कितना लोग पोलिटिकल आंदोलन की उमंग भरे हुए राजकीय विचारों में स्वतंत्रता पाने को उत्सुक हैं।'[22] सातवें नेशनल कांग्रेस में भी देश के उत्थान का उल्लेख है, 'पहले कांग्रेसों की पूरी तवारीखजमा की जाए तो कानपुर का यह सातवां कांग्रेस मुकाबिलों में किसी से कम न ठहरेगा। मध्य प्रदेश वालों की इस अवसर पर प्रसन्नमुख छवि और उत्साह को देख तथा उनका विमल ढूंढ़ सौहार्द याद कर देशानुरागियों के चित्त में मुल्क की तरक्की का एक अनोखा भाव जाग उठता है। इसमें कुछ भी संदेह नहीं कि यहां वालों का आतिथ्य-सत्कार और उत्तम प्रबंध होने वाली कांग्रेसों के लिए एक नमूना हो गया.... ।'[23]

इस काल के पत्रों में देश की दशा का अत्यंत जीवंत चित्र प्रस्तुत किया गया है। पत्रों के मुखपृष्ठ पर ही उनका उद्देश्य एवं उनके विषय-वस्तु का निर्देश रहता था। तत्कालीन पत्रों को देखने से ज्ञात होता है कि ये पत्र सर्वप्रथम राष्ट्रीय भावना को ही प्रश्रय देते हैं। उदाहरणार्थ, 'भारत जीवन' के उद्देश्य का उल्लेख करते हुए संपादक ने लिखा है, 'प्रथम हम अपना दुखड़ा नहीं रोते क्योंकि प्रजा का दुखड़ा रोना भारतजीवन का कर्तव्य रहेगा।.... जिन बातों से सर्वसाधारण प्रजा को दु:ख है वह हम अपने प्रजाहितकारिणी, न्यायशीला गवर्नमेंट से निवेदन करने में कदापि पीछे न हटेंगे।'[24] राधाकृष्ण दास ने *हरिश्चंद्र मैगजीन* में प्रकाशित विषयों की व्याख्या करते हुए लिखा है, 'स्वयं भारतेंदु बाबू हरिश्चंद्र जी कहते थे कि जैसे उमंग के जोरदार लेख मेरे और मेरे मित्रों के मैगजीन में लिखे गए और छपे, वैसे फिर न लिख सके।'[25] वस्तुत: इन जोरदार लेखों में मुख्य रूप से राष्ट्रीयता की भावना भरी रहती थी। *भारत मित्र* में राजनीतिक लेख प्रकाशित होते रहते थे जिनमें राष्ट्रीय भावना ही व्यक्त की जाती थी, 'लेख बहुत अच्छे और गंभीर होते थे। राजनीति पर उसमें बहुत कुछ लिखा जाता था।'[26]

कांग्रेस के अधिवेशनों में जो प्रस्ताव और मांगें रखी जाती थीं, उनकी प्रतिक्रिया हिंदी पत्र-पत्रिकाओं में पूरे वर्ष तक होती रहती थी। संपादकगण उन्हीं प्रस्तावों तथा मांगों को अपने पत्रों में बार-बार दोहराते, इसमें बड़े-बड़े नेताओं के व्याख्यान तथा कार्य-विवरण

प्रकाशित करते जिससे सर्वसाधारण पर अधिक प्रभाव पड़ता। कांग्रेस के प्रस्तावों के प्रकाशन से राष्ट्रीय चेतना के भावों का प्रचार द्रुत गति से होने लगा। 'कलकत्ते के जातीय सभा के प्रस्ताव' लेख में *भारत जीवन* का संपादक लिखता है, 'गत वर्ष यह सभा बंबई में हुई थी जिससे हमारे देश को बहुत लाभ हुआ। इस जातीय सभा में सभी जाति के सभ्य उपस्थित थे कि जिसकी बहुत भारी आवश्यकता थी, क्योंकि प्रथम तो इससे एका बढ़ता है और दूसरे सभा का गौरव और मान।'[27] इसी सभा में रखे गए प्रस्तावों पर प्रकाश डालते हुए यह भी बताया गया है, 'यह सभा भारतवर्ष की दिन-प्रतिदिन बढ़ती हुई दरिद्रता पर अपनी सहानुभूति प्रकट करती है और उस पर विशेष ध्यान देकर यह इच्छा रखती है कि यद्यपि इस विषय में गवर्नमेंट अचेत नहीं है तथापि भारतीय लोगों की उन्नति करने के लिए प्रतिदिन सभाओं का होना आवश्यक है।'[28]

इनके अतिरिक्त तत्कालीन पत्रों में प्रेरक पत्र भी राष्ट्रीय विचारों के प्रचार में सहायक सिद्ध हुए। पं. बालकृष्ण भट्ट को भेजा गया राधाचरण गोस्वामी का प्रतिष्ठा पत्र पत्रकारिता के महत्व पर प्रकाश डालता है, 'आज *हिंदी प्रदीप* का 25वां वर्ष समाप्त हुआ, देखकर हृदय में परमानंद प्राप्त हुआ। आपका वचन 'वचि दुसह दुर्जन वायु सों मणिदीप सम थिर नहिं टरै,' सफल हो। जिस प्रकार आप संसार में स्वतंत्र वृत्ति में रहकर जीवन-निर्वाह कर रहे हैं, वह पत्र भी उसी प्रकार सुख-दुःख, हानि-लाभ सहकर चल रहा है। धन्य आप! धन्य आपका पत्र!...बाबू हरिश्चंद्र के उपरांत यदि कुल्हाड़ी लेकर कोई अकल के पीछे पड़ा हो तो आप ही...आपने जो कुछ लिखा, दो टूक तलवार की धार लिखा।...जो हो हम तो आपके काव्य-मर्मज्ञ उद्गम, प्रतिभाशाली, उद्भट और परच्छाया रहित लेख सरस सुधामय वाग्धारा एवं अतलस्पर्शी विद्यानुसार प्रज्वलित देश वात्सल्य के प्रेमी हैं...आपका पत्र हिंदी का मुखोज्ज्वल करे।'[29]

इन पत्रों द्वारा प्रत्येक पत्रकार को प्रोत्साहन मिला और ये प्रतिदिन की बाधाओं का साहस से सामना करते अपने लक्ष्य की ओर बढ़ते चले गए। इनके संपादकीय लेखों, संपादकीय टिप्पणियों तथा प्रेरक पत्रों में तत्कालीन राष्ट्रीयता के सभी तत्व विद्यमान हैं।

अंग्रेजी सत्ता से क्षुब्ध जनता की आवाज में विद्रोह की भावना ही इस काल की राष्ट्रीयता के स्वरूप को निर्धारित करने में सफल रही। नई शिक्षा का विकास लोगों की विचारधारा को बदलने में समर्थ हो गया था, किंतु जनजीवन में जो असंतोष व्याप्त था उसको सरकार के समक्ष पत्रकारों ने ही सर्वप्रथम प्रस्तुत किया। पत्र-पत्रिकाओं द्वारा जनता के सामने अंग्रेज शासकों का वास्तविक रूप सामने आने लगा।[30] ऐसे वातावरण में साहित्यकारों के लिए अंग्रेजी राज्य के विरुद्ध आवाज उठाना साहस का कार्य था। भारतेंदु का कथन है, 'शिष्टाचार के विमुख होना, रुपया विलायत खींचना, धर्म और जाति के पक्षपात करना'[31] ही शासकों का लक्ष्य था। अंग्रेजों के पक्षपात करने पर तो अत्यंत दुःखी होते हैं और उनकी नीति की आलोचना भारतेंदु की इसी टिप्पणी में अवलोकनीय है, 'क्या कारण

है कि हिंदू मजिस्ट्रेट अंग्रेज को दंड न दे सके, पर अंग्रेज हिंदू को दे? केवल पक्षपात।'[32] अंग्रेज लोग भारतवासियों को हेय दृष्टि से देखने लगे थे। शासक होने का अभिमान उनमें था। यहां तक कि वे भारतीयों को जान से मार डालते थे। 'रावलपिंडी में एक अंग्रेज द्वारा एक आदमी के पेट में छुरा मारने से मृत्यु।'[33] यह शब्द एक संपादकीय टिप्पणी में कहे गए हैं। इसी प्रकार के अत्याचारों का वर्णन अन्य पत्र-पत्रिकाओं में भी मिलता है। 10 मार्च 1884 ई. के *भारत जीवन* का संपादकीय लेख है, 'यह क्या अत्याचार नहीं है', इसकी प्रथम पंक्ति में ही अंग्रेजों के अत्याचारों का उल्लेख किया गया है, 'जब से इल्बर्ट बिल का झगड़ा चला तबसे हिंदुस्तानियों पर कुछ गौरांग प्रभुओं का प्रकोप बढ़ रहा है कि कुछ वर्णन नहीं किया जा सकता... जब इन गौरांग महाशयों का वश श्रीमान लार्ड रिपन से नहीं चलता तो अपना क्रोध हम हिंदुस्तानियों के ही सिर उतारते हैं।'[34] वस्तुतः लेखों और संपादकीय टिप्पणियों में साम्राज्यवाद का स्पष्ट विरोध मिलता है। अंग्रेज शासक थे, इसलिए वे जितना भी भारत का धन अपने देश ले जा सकते थे, ले जा रहे थे। इतना ही नहीं भारत में रहकर भी भारतीय धन का अत्यधिक अपव्यय करते थे। भारतेंदु युग के पत्रों में पहली बार सरकारी शोषण नीति की आलोचना की गई है और उग्र राष्ट्रीयता का पक्ष समर्थन भी प्रथम बार इन पत्र-पत्रिकाओं में दृष्टिगत होता है।

इसके अतिरिक्त अंग्रेजों द्वारा उनके शासकों के सम्मान में आयोजित विभिन्न दरबार किए जाते थे जिन पर भारतीय धन में से करोड़ों रुपए व्यय किए जाते थे। एक ओर 1877-78 ई. में भारत में अकाल पड़ा और दूसरी ओर दिल्ली दरबार पर पानी के समान धन बहाया गया, जिसे देखकर स्वदेश प्रेमी भड़क उठे और सभी पत्र-पत्रिकाओं ने इसके विरोध में आवाज उठाई। *भारत जीवन* लिखता है, '1877-78 ई. में बंबई तथा मद्रास अहातों में बड़ा ही अकाल पड़ा हुआ था। लाखों मनुष्य क्षुधा की प्रचंड अग्नि में भस्म हो रहे थे। इधर दिल्ली में राजसूय यज्ञ की राजसभा का आनंद और उधर जठरानल में भूखों की आहुति हो रही थी अर्थात मानो राजसूय के साथ नरमेध हो रहा था।'[35] तत्कालीन पत्रों में कई स्थानों पर साधारण जनता को उत्तेजित करने के लिए अतिशयोक्तिपूर्ण वर्णन भी मिलता है। 'प्रायः प्रत्येक 6 वर्ष में भारत में अकाल पड़ता है और हजारों जीव मर जाते हैं। अभी थोड़े ही वर्ष हुए कि उड़ीसा और मद्रास में ऐसा अकाल पड़ा था कि लोगों ने अपने प्यारे बच्चों को भी मार कर खाया।'[36] अपने बच्चों को मार कर खाना तो असंभव है, धनाभाव की स्थिति में उनको बेचने की संभावना की जा सकती है। कुछ भी हो, पत्रकार का उद्देश्य अकाल-पीड़ित भारतीय जनता का करुणाजनक चित्र प्रस्तत करना ही था।

भारत में अकाल और भुखमरी का कारण ही अंग्रेजों का आर्थिक शोषण था। वस्तुतः भारत का द्रव्य मुसलमानों के आगमन से ही बाहर जाना प्रारंभ हो गया था, परंतु अंग्रेजी राज्य में तो सामान्य जनता भी इसका शिकार हो गई। 'केवल अलाउद्दीन एक समय यहां से 93,000 मन सोना, असंख्य रत्न ले गया और इसी प्रकार बहुतेरे राजा यहां से मनमाना धन लूटमार कर ले गए। जब से अंग्रेजी राज्य हुआ तब से वह प्रत्यक्ष मार तो बंद हो गई,

परंतु तिस पर भी असंख्य द्रव्य हर प्रकार से बाहर चला ही जाता है। ...यहां राज्य करते अनुमानतः 100 वर्ष से अधिक हो चुके। अब यदि सब प्रकार का ब्याज बाद देकर 20 करोड़ रुपया वार्षिक रखा तो 20 पद्म मुद्रा भारतवर्ष से इंगलैंड जा चुका। अब विचारिए कि किसी प्रकार कुछ यहां आता भी है।'[37]

अंग्रेजी राज्य में हमारे उद्योग, वाणिज्य और कृषि आदि सभी समाप्त हो चुके थे। कपड़ा बनाने वाले, सूत निकालने वाले तथा खेती करने वाले सभी भीख मांगकर जीवन-निर्वाह करने के लिए विवश हो गए थे।

साम्राज्यवाद में हो रहे आर्थिक शोषण का पत्रकारिता द्वारा उच्च स्वर से विरोध किया गया। पत्रकारों का उद्देश्य जनता को यह बताना था कि इस देश का कितना धन विदेश में चला जा रहा है। भारत में निर्धनता का कारण आर्थिक शोषण ही था।[38] अंग्रेज शासकों की शोषण नीति के प्रति जनता में विद्रोह और असंतोष ने घर कर लिया था जिसने राष्ट्रीय चेतना का रूप धारण किया।

यह एक सुधारवादी युग था। समाज के उद्धार से देशोन्नति की कामना की गई है। तत्कालीन सामाजिक समस्याओं पर दृष्टि डालते हुए उनका समाधान करने का भरसक प्रयास किया गया है। बाल-विवाह, अनमेल विवाह, विधवा-विवाह के न होने से दुष्परिणाम, मद्यपान आदि अनेक समस्याओं पर संपादकीय लेखों में प्रकाश डाला गया है। बाल-विवाह को एक कुरीति मानकार भारतेंदु ने अपने संपादकीय लेख में *मनुस्मृति* का उदाहरण दिया है, 'यह एक ऐसी कुरीति भारतवर्ष में है कि किसी देश में न होगी और इसी के कारण भारतवासी प्रतिदिन बल, आयु, पौरुष और उत्साहित हो जाते हैं...यह कुरीति के मेटने में किसी की धर्म-बाधा नहीं हो सकती। *मनुस्मृति* आदि भारतीय धर्मशास्त्रों से स्पष्ट विदित है कि 26 वर्ष के उपरांत विवाह करना योग्य है।'[39]

भारत मित्र के संपादक ने भी इसका जमकर विरोध किया है। बाल-विवाह कुसंस्कार में आबद्ध होने के कारण समाज के लिए हानिकारक है। यदि हमारा समाज इसको सुधारने में असमर्थ है तो गवर्नमेंट से प्रार्थना करनी चाहिए कि वह बाल-विवाह को दूर करने का एक नियम बना दे और सबको कटिबद्ध होकर उस नियम का पालन करना चाहिए।[40]

बाल-विवाह अनेक कुरीतियों का जन्मदाता है। इसका विरोध करते हुए पत्रकारों ने विधवा-विवाह का समर्थन किया है। राधाकृष्ण दास ने *विधवा विवाह संताप* के छपने पर अपने विचारों को संपादक के नाम एक पत्र में इस प्रकार अभिव्यक्त किया है, 'हिंदी भाषा में ऐसे दस-बीस लेख होने से समाज का बहुत उपकार होगा। विधवा विवाह न होने से जो कुछ समाज की हानि है और जैसा दुष्कर्म होता है और इसके कारण इन्हीं सभ्य देशों में इस भारतवर्ष की जैसी अपकीर्ति है उसके वर्णन की कोई आवश्यकता नहीं।...हम लोगों के जीते-जी, हम लोगों की विधवा स्त्रियां इतना दुःख सहें और दुष्कर्म को धिक्कार है कि हम लोगों के इस मिथ्या धर्म को जिसके कारण लाखों अबलाओं को सबल दुःख भोगना पड़े।'[41]

इस काल की पत्रकारिता में सामाजिक रूढ़ियों और अंधविश्वासों पर आधारित रीति-रिवाजों का विरोध किया गया है। मदिरापान तथा वेश्यागमन जैसी कुरीतियों पर अनेक लेख लिखे गए। अंग्रेजी सभ्यता के प्रभाव से हमारे नवयुवक समाज की भी अवस्था हीन हो गई है। इन सभी पर बालकृष्ण भट्ट का व्यंग्यात्मक लेख प्रकाश डालता है, 'विलायती चीजों का सारांश द्यूत और चौका है—अंग्रेजी सभ्यता का सारांश आजादी है— समाज संशोधन का सारांश बाल्य विवाह कोढ़ को साफ होना है...लायलटी का सारांश पदाघात सहकर चूं न करना—खैरखाही का सारांश हाकिमों को जिस तरह हो खुश रखना...अंग्रेजी अमलदारी का सारांश टिक्कस और महंगी है...विलायत से लौटे हुए हिंदुस्तानियों की लियाकत का सारांश शराब-गरी...'[42] इस प्रकार इस लेख में सामाजिक, राजनीतिक, सांस्कृतिक और आर्थिक सभी समस्याओं की आलोचना की गई है। इन कटुक्तियों द्वारा लेखक का मंतव्य जनता को सीधे मार्ग पर लाना था।

भारतेंदु द्वारा प्रकाशित *बाल बोधिनी* के उद्देश्य में नारी के नैतिक उत्थान का प्रयास मिलता है। भारतेंदु युग के सभी लेखक और पत्रकार नारी के प्रति सजग हैं। वैसे तो सभी ने नारी जागरण का पूर्ण प्रयास किया परंतु बालकृष्ण भट्ट का योगदान अधिक रहा।[43] *हिंदी प्रदीप* के अधिकतर अंकों में 'हमारी ललनाओं की शोचनीय अवस्था', 'भारतीय नारी', 'नारी शिक्षा', आदि शीर्षक से अनेक लेख उपलब्ध हैं। भारतीय स्त्रियां अशिक्षित होने पर भी गुणवती होती हैं।[44] हमारी ललनाएं पढ़ी-लिखी नहीं होतीं पर शालीनता, धीरापन, सबर और सहनशीलता में पृथ्वी-भर की स्त्रियों के बीच एक उदाहरण हैं।[45] यदि ऐसी गुणवती स्त्रियों को शिक्षित कर दिया जाए तो देश का उद्धार हो जाए, क्योंकि देश की आबादी का आधा भाग शिक्षा के अभाव के कारण पंगु हो चुका है। देशोन्नति के लिए इनका उत्थान अनिवार्य है।[46]

भारतेंदु युग के पत्रकारों का उद्देश्य स्वदेश, स्वधर्म था। अपने देश से प्रेम करना, अपनी भूमि का गुणगान करना और अपने देश की दुरावस्था को देखकर चिंतित होना तथा उसको सुधारने का प्रयत्न करना ही इस काल की मुख्य प्रवृत्ति रही है। पराधीन देश को स्वतंत्र करा कर इसके सौभाग्य का सितारा चमकाना ही उद्देश्य था। तत्कालीन सभी पत्रकारों ने देशवासियों में अपनत्व की भावना भरने के लिए उन्हें स्वार्थ से ऊपर उठकर परमार्थ की भावना ग्रहण करने के लिए प्रेरित किया। 'हे प्रिय भारतवासियो! यह न समझो कि भारत के दुर्भाग्य से हमको क्या, हमारा तो एक प्रकार निर्वाह होता है। यह तो हम निश्चय कहेंगे कि इस समझ से तो कदापि सुधरना नहीं है। अतएव, भारत के दुर्भाग्य को अपना दुर्भाग्य और भारत के सौभाग्य को अपना सौभाग्य समझो। नहीं तो भारत का दुर्भाग्य कदापि दूर नहीं होगा।'[47]

इस प्रकार देश के दुर्भाग्य को अपना दुर्भाग्य और देश के सौभाग्य को अपना सौभाग्य समझने की भावना से राष्ट्रीय भावना का विकास होता है। भारतेंदु हरिश्चंद्र ने एक संपादकीय

टिप्पणी में लिखा है, 'अपने देश के धन को अपना समझकर अपने अधिकार में किए रहना और उसको दूसरे के अधिकार में न पड़ने देना।'[48] निजत्व की भावना जाग्रत करने के लिए स्वदेश निर्मित वस्तुओं के प्रयोग करने के लिए प्रोत्साहन दिया गया है। 23 मार्च 1874 ई. को *कविवचन सुधा* में भारतेंदु ने एक प्रतिज्ञा-पत्र प्रकाशित किया था, जिसमें बताया गया था कि आज के दिन से कोई विलायती कपड़ा न पहनेंगे और जो कपड़ा मोल ले चुके हैं उसे फटने तक प्रयोग में लाएंगे। नया कोई विलायती कपड़ा लेकर न पहनेंगे और हिंदुस्तान का बना हुआ कपड़ा ही प्रयोग में लाएंगे।[49] *भारत जीवन* के संपादक ने भी विदेशी वस्तुओं के प्रयोग करने वालों के लिए लिखा है कि वह देश का हित नहीं कर रहे हैं, अपितु उसे हानि पहुंचा रहे हैं। 'वह ज्यों-ज्यों अपने को स्वाधीन किया चाहते हैं त्यों-त्यों और भी पराधीनता के जाल मे फंसे जाते हैं। इसलिए इस प्रस्ताव द्वारा आज महाशयों से हमारी प्रार्थना है कि यदि भारत पर सच्चा स्नेह है, यदि अपने को चित्त से देश हितैषी मानते हो, यदि स्वदेशाभिमान है तो क्यों नहीं विलायती चीजों के बदले उन वस्तुओं को काम में लाते जो तुम्हारे भारत ही में बनती हैं।'[50]

इस प्रकार हम देखते हैं कि भारतेंदु युग के साहित्यकार पत्रकार भी थे। प्रमुख हिंदी पत्रकारों में भारतेंदु हरिश्चंद्र, बालकृष्ण भट्ट, प्रताप नारायण मिश्र, सदानंद मिश्र, रुद्रदत्त, दुर्गा प्रसाद मिश्र, बदरीनारायण चौधरी 'प्रेमघन', अंबिकादत्त व्यास आदि का नाम उल्लेखनीय है। इन सबका यह पूर्ण विश्वास था कि पत्रों के सहयोग के बिना देश में राष्ट्रीय जागरण की भावना नहीं आ सकती है। भारतवर्ष में साधारण जनता में समाचारपत्रों का प्रचलन नहीं था जबकि इंग्लैंड में साधारण-से-साधारण व्यक्ति भी पत्रों के माध्यम से अपने देश की परिस्थिति से परिचित रहते थे। वहां नई बात छपती तो तत्काल सारे देश में उसकी चर्चा फैल जाती। परंतु भारत में ऐसा प्रचलन न था। यहां की जनता अशिक्षित थी और पत्रों के महत्व को समझ भी न सकती थी। यही कारण है कि पत्रकारों को पत्रों का ग्राहक बनाने के लिए स्वयं जाकर पत्र का पढ़कर सुनाना पड़ता था। इतना श्रम करने पर भी वे मूल्य न देते जिससे पत्रकारों को आर्थिक संकट का सामना करना पड़ता था।

इन पत्रकारों ने अपने पत्रों द्वारा नवजागरण का संचार किया। समूचे भारत में जनता त्राहि-त्राहि कर रही थी। उस समय जनता की आवाज को राजा तक पहुंचाने का न तो कोई साधन था और न ही विदेशी शासक सुनते ही थे। ऐसे समय में भारतीय जनता का प्रतिनिधित्व करने वाले यही पत्रकार एवं उनके पत्र थे। इस काल के सभी पत्र भारतीय जनता के हित के साधन थे। इन पत्रों के नाम से ही उनकी नीति और उद्देश्य का आभास मिलता है। *भारत मित्र, भारतबंधु, भारत जीवन, हिंदी प्रदीप, देवनागरी प्रचार* आदि के नाम से विदित होता है कि ये पत्र यथार्थ भारत का चित्र प्रस्तुत करते थे। देश निरंतर टैक्स, अकाल एवं महामारी के कारण दबता चला जा रहा था। भारतीय जनता एक ओर दैविक आपत्ति से और दूसरी ओर शासकीय अत्याचारों से पिसी जा रही थी। ऐसी स्थिति में ये

सभी पत्र भारतीय जनता के कल्याण की भावना लेकर आए।

वस्तुत: तत्कालीन पत्रकारिता ने राष्ट्रीयता की और राष्ट्रीयता ने पत्रकारिता को विकासोन्मुख होने के लिए पृष्ठभूमि तैयार की। भारतेंदु की *कविवचन सुधा* से आधुनिक पत्रकारिता का महत्व बढ़ा और इसी काल में लाहौर से कलकत्ता तक पत्र-पत्रिकाओं की एक बाढ़-सी आ गई। आर्थिक संकट के कारण इन पत्रों को पग-पग पर कठिनाई का सामना करना पड़ता था। यही कारण था कि लगभग सभी पत्र अनियमित रूप से चलते और बंद हो जाते थे।

अंग्रेजी शासन और अंग्रेजियत का विरोध, राजभक्ति की आड़ में देशभक्ति का प्रचार, समाज-सुधार में बाल-विवाह का विरोध और विधवा-विवाह का समर्थक, भारतवासियों की दुरावस्था, बेकारी की समस्या और गोरक्षा की भावना प्रमुख रूप से प्राप्त होती है। इन समस्याओं की विवेचना करते हुए पत्रकारों ने भारतीय जनता में निजत्व की भावना भरने का आजीवन प्रयास किया। उन्होंने अपनी प्राचीन संस्कृति की महिमा से वर्तमान और भविष्य को सुधारने की प्रेरणा दी। अपनी भाषा का गुणगान एवं महत्व सशक्त स्वर से जनता को सुनाया। नित्य प्रति की होने वाली घटनाओं की सूचना में राष्ट्रीय भावना की प्रधानता रहती थी। संपादक जो कुछ अपनी ओर से लिखते थे उसी से जनता में राष्ट्रीयता विकसित होती थी। यह पत्र-पत्रिकाएं ही एक ऐसा साधन थीं जिसका संबंध सामान्य जनता से अधिक हो सकता था। इन पत्रिकाओं में प्रकाशित कविता, नाटक, निबंध, उपन्यास आदि सभी में राष्ट्र-प्रेम, समाज-सुधार और जातीय सुधार की भावना निहित है। हिंदी पत्रकारिता में हिंदी भाषा-भाषी ही नहीं, अपितु अहिंदी भाषी प्रदेशों का भी योगदान रहा है। इसमें बंगाल, महाराष्ट्र और पंजाब आदि का नाम मुख्य है। स्पष्ट है कि भारतेंदु युग की राष्ट्रीयता को सर्वाधिक मुखरित करने का माध्यम पत्रकारिता ही थी। वस्तुत: भारतेंदु युग हिंदी साहित्य में राष्ट्रीय चेतना के उन्मेष और विकास का युग था।

संदर्भ एवं टिप्पणियां

1. सिंह, डॉ. कर्ण, *भारतीय राष्ट्रीयता का अग्रदूत*, पृ. 5.
2. त्रिपाठी, कमलापति, *पत्र और पत्रकार*, पृ. 6.
3. डॉ. ब्रह्मानंद, *भारतीय स्वतंत्रता आंदोलन और उ.प्र. की हिंदी पत्रकारिता*, पृ. 18.
4. भाटिया, कैलाशचंद्र, *हिंदी में अंग्रेजी के आगत शब्दों का भाषा तात्विक अध्ययन*, पृ. 27.
5. नटराजन, एस., *ए हिस्ट्री ऑफ द प्रेस इन इंडिया*, पृ. 19.
6. वाजपेयी, अंबिका प्रसाद, *समाचारपत्रों का इतिहास*, पृ. 32.
7. भटनागर, राम रतन, *दि राइज एंड ग्रोथ ऑफ हिंदी जर्नलिज्म*, पृ. 21.
8. मजूमदार, डॉ. आर.सी., *ब्रिटिश पैरामाउंटसी एंड इंडियन रेनेसां*, भाग-2, पृ. 224.
9. द्विवेदी, हजारीप्रसाद, *हिंदी साहित्य*, पृ. 378.
10. डॉ. ब्रह्मानंद, पूर्वोद्धृत, पृ. 27.

11. वही, पृ. 27.
12. वही, पृ. 27.
13. शुक्ल, आचार्य रामचंद्र, *हिंदी साहित्य का इतिहास*, पृ. 437.
14. शर्मा, रामविलास, *भारतेंदु हरिश्चंद्र*, पृ. 63.
15. शुक्ल, आचार्य रामचंद्र, पूर्वोद्धृत, पृ. 421.
16. शर्मा, रामविलास, *भारतेंदु युग,* पृ. 31.
17. बनर्जी, सुरेंद्र नाथ, *ए नेशन इन मेकिंग*, पृ. 58.
18. *भारत मित्र*, जनवरी 13, 1883.
19. मिश्र, कृष्ण बिहारी, *हिंदी पत्रकारिता*, पृ. 57.
20. वही, पृ. 57.
21. शर्मा, रामविलास, *भारतेंदु युग*, पृ. 38.
22. *हिंदी प्रदीप*, नौवीं नेशनल कांग्रेस, सितंबर-अक्टूबर, 1893.
23. *हिंदी प्रदीप*, नवंबर-दिसंबर 1891, पृ. 25-26.
24. *भारत जीवन*, मार्च 3, 1884.
25. शर्मा, डॉ. रामविलास, पूर्वोद्धृत, पृ. 21.
26. शर्मा, झावरमल-बनारसी दास, *बालमुकुंद ग्रंथावली*, भाग 1, पृ. 333.
27. *भारत जीवन*, जनवरी 10, 1887.
28. वही
29. *हिंदी प्रदीप*, जनवरी-फरवरी-मार्च-अप्रैल 1902, पृ. 46.
30. *हरिश्चंद्र चंद्रिका*, जून 1874, पृ. 23-24.
31. वही, दिसंबर 1874, पृ. 81-82.
32. वही
33. *सारसुधानिधि-समाचारावली*, मार्च 31, 1860.
34. *भारत जीवन*, मार्च 18, 1884.
35. वही, फरवरी 15, 1892.
36. वही, जनवरी 30, 1888.
37. *कवि वचन सुधा*, अप्रैल 2, 1883.
38. *भारत जीवन*, जनवरी 30, 1888.
39. *कवि वचन सुधा*, मार्च 12, 1883.
40. *भारत मित्र*, जून 2, 1878.
41. *हरिश्चंद्र चंद्रिका*, सितंबर 1881, पृ. 143.
42. *हिंदी प्रदीप*, जनवरी-फरवरी-मार्च 1894, पृ. 6-7.
43. भटनागर, राम रतन, पूर्वोद्धृत, पृ. 115.
44. *हिंदी प्रदीप*, जुलाई 1891, पृ. 6.
45. वही, पृ.7.
46. वही, जनवरी 1892, पृ. 15-17.
47. *सार सुधा निधि*, वर्ष 2, अंक 25, पृ. 2.
48. *कवि वचन सुधा*, सितंबर, 1876.
49. शर्मा, रामविलास, पूर्वोद्धृत, पृ. 44.
50. *भारत जीवन*, अप्रैल 21, 1890, पृ. 3.

35. प्रेमचंद साहित्य (उपन्यास) में किसान समस्याएं, चेतना तथा संघर्ष

महेंद्र प्रताप*

साहित्य को समाज का दर्पण कहा जाता है क्योंकि वह समाज की अच्छी तथा बुरी, दोनों प्रकार की छवियों को प्रदर्शित करता है। कोई भी यथार्थवादी तथा सामाजिक सरोकारों वाला साहित्यकार केवल राजा-रानी या प्रभुवर्ग के विषय में ही साहित्य-रचना नहीं करता। उसके पात्र आमतौर पर समाज के हर वर्ग से आते हैं और उसकी पक्षधरता वंचित वर्ग के साथ अधिक होती है। इसका कारण संभवत: उनका बहुसंख्यक होना तथा उत्पादक होने के बावजूद उपभोग की पर्याप्त सुविधा से वंचित होना है। प्रेमचंद हिंदी साहित्य के ऐसे ही यथार्थवादी तथा स्पष्ट सामाजिक प्रतिबद्धता वाले कहानी और उपन्यास लेखक हैं जिनकी पक्षधरता बहुत ही स्पष्ट है।

भारत शताब्दियों से एक कृषि-प्रधान देश रहा है जिसकी जनसंख्या का बहुत बड़ा भाग या तो सीधे किसान है या कृषि और किसानों पर अपनी आजीविका के लिए निर्भर करता है। प्रेमचंद के बहुसंख्यक किसान पात्र ग्रामीण समाज के सीमांत किसान तथा खेत मजदूर या किसानों पर निर्भर शोषित पीड़ितजन हैं जिनके जीवन का बहुत प्रभावी चित्रण करने में वे सफल हुए हैं। स्पष्टत: उन पात्रों में ऐसे लोग भी हैं जो इस बहुसंख्यक वर्ग की खराब जीवन स्थितियों के लिए उत्तरदायी हैं। इन लोगों में जमींदार, सूदखोर महाजन तथा पुरोहित जो कभी महाजन भी हैं, आते हैं। प्रेमचंद के साहित्य में किसानों की दयनीयता, कर्ज के बोझ से लड़ते हुए अपने उत्पादन को दूसरे के हाथों में जाते देखते हुए किसानों का वर्णन है तो शोषकों के षड्यंत्र, अधिकारियों से उनकी मिलीभगत और शोषण के नए तरीकों के खोजे जाने को भी उपेक्षित नहीं किया गया है। इस शोध आलेख का उद्देश्य प्रेमचंद के प्रमुख उपन्यासों में वर्णित किसानों की समस्याओं, उनके उत्तरदायी कारकों की पहचान की, उनकी चेतना तथा कुछ सीमा तक उनके संघर्षों का विश्लेषण करना है।

उल्लेखनीय है कि प्रेमचंद ने ग्रामीण समाज या किसान समुदाय का आदर्शीकरण नहीं किया है, वरन उनकी कमजोरियों, ईर्ष्या, दूसरे को नुकसान पहुंचा कर लाभ उठाने की मानसिकता और कुछ खास स्थितियों में शोषकों की पक्षधरता का भी बेवाक चित्रण

---

* रीडर, इतिहास, उदयप्रताप स्वायत्तशासी महाविद्यालय, वाराणसी.

किया है। यहां हम प्रेमचंद के उपन्यासों विशेषकर *रंगभूमि* और *गोदान* के माध्यम से इन समस्याओं, चेतना तथा संघर्ष का विवेचन प्रस्तावित करते हैं।

प्रेमचंद एक सजग तथा सचेत साहित्यकार थे जो विश्व परिदृश्य में घट रही महत्वपूर्ण घटनाओं से परिचित थे और उनसे प्रेरणा ग्रहण कर रहे थे जिसका चित्रण उन्होंने अपनी कहानियों और उपन्यासों में किया है। सोवियत क्रांति से प्रभावित प्रेमचंद ने 1919 में प्रकाशित अपने उपन्यास *सेवासदन* के एक पात्र बलराज से कहलवाया है, 'तुम लोग तो ऐसी हंसी उड़ाते हो मानो काश्तकार कुछ होता ही नहीं। वह जमींदार की बेगार भरने को ही बनाया गया है। लेकिन मेरे पास जो अखबार आता है उसमें लिखा है कि रूस में काश्तकारों का ही राज है। वह जो चाहते हैं, करते हैं। हाल में ही काश्तकारों ने राजा को गद्दी से उतार दिया है और अब किसानों और मजदूरों की पंचायत राज करती है।'[1]

भारतीय राष्ट्रीय आंदोलन की विभिन्न छोटी-बड़ी घटनाओं को प्रेमचंद बहुत ध्यान से देख रहे थे और सरकारी नौकरी में होने के समय भी उन पर अपने लेखन में सकारात्मक प्रतिक्रिया कर रहे थे। अगर हम उपन्यासों के प्रकाशन के कालक्रम के अनुसार उनका विवेचन करें तो *रंगभूमि* में असहयोग आंदोलन तथा राष्ट्रीय संग्राम के नायक गांधी की प्रेरणा स्पष्ट रूप से नजर आती है। 1925 के प्रारंभ में प्रकाशित इस पुस्तक पर अवध के किसान आंदोलन और उसके नेता बाबा रामचंद्र का प्रभाव नहीं दिखाई देता, जबकि निर्धन और सीमांत किसान और खेत मजदूर उनकी चिंता और चिंतन के केंद्र में लगातार उपस्थित हैं। इसका कारण संभवत: यह है कि इस उपन्यास में प्रेमचंद ग्रामीण समाज का नहीं, शहर के पास बसी एक बस्ती पांडेपुर के अर्द्धशहरी (कस्बाई) समाज का चित्रण कर रहे थे। यद्यपि उपन्यास के केंद्र में नायक सूरदास की 10 बीघे पुश्तैनी जमीन है जो चरागाह तथा अन्य कामों में प्रयोग होती है, परंतु सूरदास उस पर खेती नहीं करता/कराता। वह सड़क के किनारे भीख मांगता है और बस्ती में रहने वाले लोग न तो किसान हैं, न खेत मजदूर, परंतु उनकी आर्थिक स्थिति किसानों मजदूरों जैसी ही है।

रंगभूमि में एक ईसाई उद्योगपति जान सेवक हैं जो शहर के पास पांडेपुर में जहां उसका चमड़े का गोदाम है, सिगरेट का कारखाना खोलना चाहता है। इसके लिए उसकी निगाह सूरदास की जमीन पर है, परंतु वह उसके मालिक के बारे में नहीं जानता। यह जमीन सार्वजनिक उपयोग की है जिसमें बस्ती तथा आसपास के गांवों के जानवर चरते हैं। पंडा नायकराम के 'जजमान यात्री' ठहरते हैं तथा कुछ लोगों की झोंपड़ियां हैं। जान सेवक का अंग्रेज अधिकारियों तथा शहर के जनप्रतिनिधियों से अच्छा संपर्क है तथा शहर के प्रतिष्ठित रईस और व्यापारी प्रस्तावित कारखाने के अंशधारक हैं। पुश्तैनी किसान सूरदास जो स्वयं किसानी नहीं करता, जमीन से कितना जुड़ा है (निम्न पूंजीवादी प्रवृत्ति) वह इन शब्दों में प्रकट होता है, 'सरकार यही पुरखों की निसानी है बेचकर उन्हें कौन मुंह दिखाऊंगा।'[2]

इस जमीन से मुहल्ले वालों का बड़ा उपकार होता है...आसपास के ढोर यहीं चरने

> आते हैं। बेच दूंगा तो ढोरों के लिए कोई ठिकाना न रह जाएगा।[3]

सूरदास से जमीन न मिलने पर जान सेवक अपने संपर्कों का इस्तेमाल करता है तथा अधिकारियों और कारखाने के हिस्सेदार कुंवर भरतसिंह के दामाद तथा नगरपालिका के चेयरमैन राजा महेंद्र बहादुर की सहायता से जमीन प्राप्त कर लेता है।[4] नगरपालिका जनहित में जमीन के अधिग्रहण का प्रस्ताव पारित कर देती है, परंतु सूरदास कीमत लेने से इनकार कर देता है और सरकारी मुआवजा ठुकरा देता है। बस्ती के लोगों को, जो उस जमीन का उपयोग करते रहे हैं, उद्योगपति भविष्य के सुनहरे सपने दिखा कर प्रभावित कर लेता है। अंत में जब कारखाने के मजदूरों के लिए बैरक बनाने का सवाल आता है जान सेवक नगरपालिका की जमीन पर बसी बस्ती के अधिग्रहण का प्रस्ताव नगरपालिका में पारित करवा लेता है और बस्ती वालों को मुआवजा देकर बस्ती पुलिस की मदद से खाली करवा देता है।[5] सूरदास अपनी झोंपड़ी का मुआवजा लेने से इनकार कर देता है। जमीन को बेचने से इनकार तथा अधिग्रहण के विरुद्ध शहर के लोगों से फरियाद करने के कारण सूरदास को लोग अन्याय का शिकार समझते हैं। जब वह अपनी झोंपड़ी को खाली करने से इनकार कर उसके सामने बैठ जाता है (सत्याग्रह/निष्क्रिय प्रतिरोध), खाली कराने आई पुलिस तथा सैनिक टुकड़ी के सामने निहत्थे नागरिक जमा हो जाते हैं और सूरदास को जिले का अधिकारी गोली मारकर घायल कर देता है।[6] बाद में अस्पताल में उसकी मृत्यु हो जाती है।[7]

रंगभूमि में अवध या देश के अन्य भागों में चल रहे स्थानीय किसान आंदोलनों की कोई प्रेरणा नहीं दिखती। कुछ विद्वानों की धारणा है कि उन्होंने सूरदास को गांधी के प्रतीक के रूप में चित्रित किया है[8] और उसके द्वारा जनसहयोग से अन्याय के विरुद्ध न्याय और सत्य की लड़ाई का वर्णन किया है। सूरदास का संघर्ष वर्चस्ववादी वर्ग के अन्याय और असत्य के विरुद्ध न्याय और सत्य का निष्क्रिय प्रतिरोध है। 1932 में प्रकाशित *कर्मभूमि* में उनका वर्ण्य विषय ग्रामीण समाज या किसान नहीं है, परंतु किसानों की बदहाली के चित्र उसमें भी दिखाई देते हैं:

> मुझे तो उस आदमी की सूरत नहीं भूलती जो 6 महीने से बीमार था।...इस दशा में जमींदार ने लगान की डिग्री करा ली और जो कुछ घर में था, नीलाम करा लिया। बैल तक बिकवा लिये।[9]

प्रेमचंद का उपन्यास *गोदान* (प्रकाशन 1936) भारतीय ग्रामीण समाज और किसानों की महागाथा है जिसमें किसान की खुशियां भी हैं और कठिनाइयां भी। उसके श्रम के पसीने की सुगंध तो आंसुओं का खारापन भी। मुखिया, कारिंदा, जमींदार, पटवारी, पुरोहितों की शोषक जमात द्वारा उसका अंतहीन शोषण है तो इसे ईश्वर की इच्छा मानकर सह जाने का उसका असीम धीरज भी। *गोदान* के माध्यम से प्रेमचंद ने ग्रामीण समाज तथा किसान समुदाय का वास्तविक चित्रण किया है जिसमें आलोचकों ने अलग-अलग निहितार्थ खोजने की

कोशिश की है, परंतु कोई उसकी उपेक्षा नहीं कर सका।

इस उपन्यास का नायक होरी अवध प्रांत के बेलारी गांव का एक साधारण धर्मभीरु किसान है जो तीन बीघे जमीन का आसामी काश्तकार है। अन्य किसानों की तरह वह भी कर्जदार तथा जमींदार, कारकुन, पटवारी, मुखिया, महाजन और पुरोहित के शोषण का शिकार है, परंतु उसे अपनी नियति मानता है। एक गाय पालना उसकी महत्वाकांक्षा है जिसे पूरा करने के लिए पड़ोस के गांव के सजातीय किसान भोला से फसल पर पैसे चुकाने की शर्त पर गाय खरीद तो लेता है, परंतु कुछ दिन बाद ही उससे अलग हुए भाई हीरा ने उसे कुछ खिला दिया और गया मर गई।[10] जब उसका बेटा गोबर भोला की विधवा बेटी तथा अपनी गर्भवती प्रेमिका झुनिया को अपने घर पहुंचने को कहकर रास्ते में से ही लखनऊ चला जाता है तब होरी की पत्नी धनिया समाज तथा झुनिया के परिवार के विरोध की परवाह किए बिना उसे अपने घर में आश्रय देती है।[11] अपने को अपमानित अनुभव कर भोला गाय के रुपए मांगता है, परंतु होरी साल–भर मेहनत करके भी परिवार के खर्च–भर नहीं कमा पाता। उसकी मेहनत का फल ग्रामीण परजीवी शोषक समुदाय हड़प कर जाता है। ऐसे में वह गाय का मूल्य नहीं चुका पाता और उसके बैलों की जोड़ी अपने घर ले जाता है।[12] गर्भवती विधवा को घर में आश्रय देने के अपराध में पंचायत होरी पर 100 रुपए का जुर्माना तथा गांव को भोज देने का दंड लगाती है और उसे चुकाने में होरी को अपना सारा अनाज देना पड़ता है और घर मुखिया झिंगुरी सिंह के पास रेहन हो जाता है।[12]उसकी खेती लगभग समाप्त हो जाती है। थोड़ी जमीन पर महाजन/पुरोहित के साझे में काश्त होती है और वह पुरोहित पंडित दातादीन के यहां मजदूरी करने लगता है।[13] गोबर पहले लखनऊ में मजदूरी और बाद में छोटी सी चाय–चाट की दुकान कर पैसे जमा कर लेता है और घर आता है। वह अपने पिता के कर्जदारों से ब्याज की ऊंची दर पर बहस करता है और पिता को सरकारी दर पर ब्याज सहित ऋण चुकाने के लिए पैसे देना चाहता है। होरी ने जिन शर्तों पर कर्ज लिया था, उसी पर चुकाने की बात कहता है जिससे नाराज होकर गोबर पत्नी–बच्चों को लेकर वापस चला जाता है।[15] बड़ी बेटी सोना की शादी में लिए कर्ज को भी होरी चुका नहीं पाता और तीन साल का लगान न दे पाने के कारण उस पर जमींदार का कारिंदा बेदखली का दावा कर देता है।[16] विवशता में उसे छोटी बेटी रूपा की शादी रुपयों के बदले एक अधेड़ से करनी पड़ती है, लेकिन बेदखली बच जाती है।[17] होरी लू लगने से बीमार पड़ जाता है और मृत्यु–शय्या पर है तथा धर्मभीरु होने के कारण गोदान का आकांक्षी है, परंतु घर में पैसे नहीं हैं। अंत में पत्नी धनिया अपनी मजदूरी के बीस आने पैसे देकर प्रतीकात्मक गोदान कराती है तथा होरी की मृत्यु के साथ भारतीय किसान जीवन की यह त्रासदी समाप्त होती है।[18]

गोदान भारतीय क़िसानों के जीवन का आईना है जिसमें किसान की असहायता, उत्पीड़न और ग्रामीण समाज जिसमें शोषित किसान, खेत मजदूर तथा शोषक एक साथ

रहते हैं, का सजीव वर्णन है। किसानों-मजदूरों के शोषक हैं मुखिया झिंगुरी सिंह, पुरोहित दातादीन, कारिंदा नोखेराम तथा महाजन मंगरू साह जो जमींदार राय अमरपाल सिंह के आदमी तथा उनके कारण सुराज (स्वराज्य) के समर्थक हैं। उन सबके वास्तविक चरित्र का 'पर्दाफाश' करते हुए धनिया कहती है, 'ये हत्यारे गांव के मुखिया हैं, गरीबों का खून चूसने वाले। सूद-ब्याज, नजर-नजराना, घूस-घास जैसे भी हो गरीब को लूटो। उस पर सुराज चाहिए। जेल जाने से सुराज नहीं मिलेगा। सुराज मिलेगा धरम से, न्याय से।'[19] स्पष्ट है कि प्रेमचंद राष्ट्रीय आंदोलन में गांव के गरीब किसान को साम्राज्यवाद के विरुद्ध लड़ाई में शामिल नहीं समझते क्योंकि उसकी (निम्नजन की) लड़ाई तो अभी अपने शोषकों के खिलाफ ही है। आंदोलन के बहुवर्गीय चरित्र को भी प्रेमचंद स्पष्ट करते दिखते हैं।

भारतीय किसान का वर्णन करते समय प्रेमचंद उसकी बदहाली को ही केंद्र में रखते हैं। वह असामी काश्तकार है और जमींदार से उसका संबंध ग्रामीण बिचौलियों कारिंदे, पटवारी के ही माध्यम से है। वह कठोर श्रम के बावजूद परिवार के लिए पूरा अनाज़ तक नहीं जुटा पाता। अधिकांश या तो जमींदार की लगान/नजराने में चला जाता है या साहूकार का सूद चुकाने में जो 50/- लेने पर 10 वर्ष में 300/- हो जाता है।[20] उनका किसान बात का धनी है और अपना खून चूसने वाली जोंकों से भी ईमानदारी का ही व्यवहार करता है। शहर से लौटने पर जब गोबर अपने पिता होरी से महाजनों को एक रुपया सैकड़ा से अधिक ब्याज न देने और न मानने पर अदालत जाने को कहता है तब होरी पुरोहित महाज़न दातादीन से कहता है, 'महाराज, तब तक मैं जीता हूं तुम्हारी एक-एक पाई चुकाऊंगा। लड़के की बात पर मत जाओ। मामला तो हमारे-तुम्हारे बीच में हुआ है। वह कौन होता है।'[21] किसान की यह दयनीयता उसके धर्मभीरु, ईमानदार तथा नैतिक होने के कारण भी है। प्रेमचंद का किसान बहुत ही सहनशील और धैर्यवान है। सारी विपत्तियों का सामना करते हुए भी वह अपनी समझ से सही रास्ते पर चलने की कोशिश करता है। झुनिया को आश्रय देना, उसके लिए पंचायत का दंड भुगतना, जिस ब्याज के लिए वह वचनबद्ध है उसको देने की स्वीकृति आदि ऐसे ही प्रसंग हैं। वह अनपढ़ तो है, परंतु अपनी समस्याओं के कारणों तथा उसके लिए जिम्मेदार लोगों की पहचान भी उसे है, दिक्कत केवल यह है कि वह इनके खिलाफ न तो संगठित और एकजुट हो पाता है और न ही संघर्ष कर पाता है। स्पष्ट है कि प्रेमचंद के किसान में चेतना तो है, परंतु संघर्ष अनुपस्थित है। इसकी आंशिक उपस्थिति उनके स्त्री पात्रों विशेष रूप से धनिया में दिखाई देती है और वह शोषक जमात को ललकारने का साहस भी करती है।[22]

ग्रामीण शोषक समुदाय का प्रेमचंद का विश्लेषण बहुत प्रभावी है। वैसे तो वह संपूर्ण शोषक समुदाय की पहचान करते हैं, परंतु किसान के लिए जोंक के समान खतरनाक सूदखोर महाजनों का उनका चित्रण अद्वितीय है। वे कई तरह के हैं और उनके शोषण के तरीके अलग-अलग हैं। इनमें से एक मंगरू साह है जिनका पुश्तैनी पेशा ऊंची ब्याज दर पर कर्ज

देना है और वह गांव की राजनीति से कोई मतलब नहीं रखते।[23] अपने कर्जदार की फसल और मिलने वाले ब्याज की ही चिंता करते हैं। दूसरी हैं दुलारी सहुआइन जो आने-रुपए सूद से कम पर उधार न देती थी। यद्यपि सूद के लोभ में मूल भी हाथ न आता था।...बेचारी कैसे वसूल करे। नालिश-फरियाद करने से रही, थाना पुलिस करने से रही, केवल जीभ का बल था पर ज्यों-ज्यों उम्र के साथ जीभ की तेजी बढ़ती जाती थी उसकी काट घटती जाती थी।[24] इन सबसे अलग तथा नए महाजन हैं झिंगुरी सिंह तथा पंडित दातादीन जो अधिक दबंग तथा बुरे शोषक हैं और समझते हैं कि 'सरकार चाहे जैसे कानून बना ले, ब्याज की दर तय कर दे। स्टांप पर जमींदार या कारिंदा की दस्तखत जरूरी कर दे, जिसे सौ बार गरज होगी वह कर्ज भी लेगा और यह सब खानापूरी भी कराएगा। हम एक-चौथाई पेशगी ब्याज और नजराना काट कर ही कर्ज देंगे।'[25] झिंगुरी सिंह नए महाजन हैं और एक ब्राह्मण रखैल के पैसे से यह धंधा कर रहे हैं। 'पहले नौकरी खोजते फिरते थे अब उसके पैसे से महाजन बन गए। ठकुराई का रोब तो था ही, महाजनी का रोब भी जम गया।'[26] इनमें सबसे खतरनाक है दातादीन महाजन जो गांव का पुरोहित भी है और उससे ऋण लेने वाला कभी उऋण नहीं हो सकता। 'होरी की जमीन हड़पने वाले तथा रुपयों के बदले बेटी का ब्याह करवाने वाले दातादीन साधारण महाजन नहीं हैं तथा उनकी शक्ति का स्रोत केवल धन नहीं, धर्म भी था।'[27] दातादीन के ऋण के बारे में होरी की धारणा कि अगर ठाकुर या बनिए के रुपए होते तो उसे ज्यादा चिंता न होती, लेकिन ब्राह्मण के रुपए। उसकी एक पाई भी दब गई तो हड्डी तोड़कर बाहर निकलेगी।[28] यह पुरोहित महाजन के आतंक को स्पष्ट करती है जिसका कर्ज अदा न होने पर किसान का परलोक भी बिगड़ जाने की संभावना है। अपनी इस ताकत को दातादीन न केवल समझते थे, बल्कि उसका हर संभव फायदा भी उठाते थे। वह सबके सम्मान पाने के आदी थे। कारिंदा की तो बात ही क्या रायसाहब तक उन्हें देखते ही सिर झुका देते थे।[29] प्रेमचंद ने ग्रामीण महाजनी और किसानों की ऋणग्रस्तता का इतना प्रभावोत्पादक वर्णन किया है कि डॉ. रामविलास शर्मा जैसे विद्वान ऋण की समस्या को ही *गोदान* की मूल समस्या मानते हैं और उसे प्रेमचंद की व्यक्तिगत समस्या से जोड़ते हैं। उनके अनुसार, प्रेमचंद ने जब *गोदान* लिखा था तब वह खुद भी कर्ज के बोझ से दबे हुए थे। *गोदान* की मूल समस्या ऋण की समस्या है। इस उपन्यास में किसानों के साथ वह मानो आपबीती भी कह रहे थे।[30] (रामविलास जी के भक्तों से क्षमायाचना सहित) मुझे यह सरलीकरण लगता है क्योंकि केवल ग्रामीण ऋणग्रस्तता ही नहीं, किसानों के शोषण-उत्पीड़न के अन्य आयाम भी उतने ही प्रासंगिक हैं और उत्पीड़क उतने ही खतरनाक।

ग्रामीण सूदखोर महाजनों के अलावा शोषकों की जमात गांव में अपना काम कर रही है और किसानों के जीवन को कठिन बना रही है। अन्य उत्पीड़कों में से कुछ की चर्चा यहां प्रासंगिक होगी। जमींदार राय अमरपाल सिंह के कारिंदा पंडित नोखेराम इस समूह

के सक्रिय सदस्य हैं जिन्हें 'बारह रुपया वेतन मिलता था, परंतु खर्च सौ रुपए से कम न था।' इसलिए असामी किसी तरह उनके चंगुल में फंस जाए तो उसे अच्छी तरह चूसे बगैर न छोड़ते थे।[31] वे किसानों से लगान तो वसूल करते हैं, परंतु उन्हें उसकी रसीद नहीं देते और फिर से लगान देने या बेदखली का दावा करने की धमकी देते हैं। झुनिया को आश्रय देने के बाद जब होरी के विरुद्ध पंचायत बैठाने का षड्यंत्र शोषक समुदाय रच रहा है, वे लगान का बकाया होने की बात कहते हैं। जब झिंगुरी सिंह और पटवारी पटेश्वरी लगान चुका दिए होने का सवाल उठाते हैं, नोखेराम घमंड के साथ कहते हैं, 'लेकिन अभी रसीद तो नहीं दी। सबूत क्या है कि लगान बेबाक कर दिया।'[32] शोषकों की इस जमात का अंतिम सदस्य पटवारी पटेश्वरी है जो सरकारी नौकर है। उनकी कलम का आतंक है इसलिए अपने खेत बेगार में जुतवाते थे, सिंचाई बेगार में करवाते थे और असामियों को आपस में लड़ाकर रकमें मारते थे। सारा गांव उनसे कांपता था। गरीबों को दस-दस, पांच-पांच कर्ज देकर उन्होंने कई हजार की संपत्ति बना ली थी।[33]

प्रेमचंद के उपन्यासों के किसान अपने शोषकों की पहचान तो करते हैं, परंतु उनके विरुद्ध संघर्ष की कोई चेतना प्रदर्शित नहीं करते। ऐसे में आश्चर्यजनक रूप से वे ग्रामीण समाज के सबसे उपेक्षित हिस्से खेत मजदूर तथा सामाजिक रूप से प्रताड़ित दलितों और स्त्रियों की संघर्ष-क्षमता को रेखांकित करते हैं। एक दलित लड़की सिलिया को पुरोहित दातादीन का लड़का मातादीन रखैल बना लेता है जो उसके यहां मजदूरी करती है। इसकी दलित सीमांत किसानों और खेत मजदूरों में उग्र प्रतिक्रिया होती है और उसका पिता हरखू चौधरी कहता है, 'हम आज या तो मातादीन को चमार बना के छोड़ेंगे या उनका और अपना रकत एक कर देंगे।...तुम हमें ब्राह्मण नहीं बना सकते मुदा हम तुम्हें चमार बना सकते हैं।...हमारी इज्जत लेते हो तो अपना धरम हमें दो।'[34] दलित समुदाय की प्रतिक्रिया केवल धमकी देने तक सीमित नहीं है, वे इसे क्रियान्वित भी करते हैं, 'दो चमारों ने लपक कर मातादीन के हाथ पकड़ लिये, तीसरे ने झपट कर उसका जनेऊ तोड़ डाला और इसके पहले कि दातादीन और झिंगुरी सिंह अपनी लाठी संभाल सकें, दो चमारों ने मातादीन के मुंह में एक बड़ी सी हड्डी का टुकड़ा डाल दिया।'[35] प्रख्यात समीक्षक वीरेंद्र यादव की मान्यता है कि प्रेमचंद दलित प्रतिरोध की इस घटना को स्वत:स्फूर्त तात्कालिक आक्रोश तक न सीमित कर इसे व्यापक सामाजिक परिप्रेक्ष्य प्रदान करते हैं।[36] वहां उपस्थित ग्रामीण ऊपर से तो इस जघन्य कृत्य का विरोध करते दीखते हैं, परंतु उनकी यह प्रतिक्रिया वास्तविक न होकर दिखावा मात्र है। प्रेमचंद टिप्पणी करते हैं, 'आश्चर्य यह है कि कोई इन धर्म के लुटेरों से मुजाहिम न हुआ।' मातादीन का व्यवहार सभी को नापसंद था। वह गांव की बहू-बेटियों को घूरा करता है। इसलिए मन से सभी उसकी दुर्गति से प्रसन्न थे। हां, ऊपरी मन से लोग चमारों पर रोब जमा रहे थे।[37] वीरेंद्र यादव के अनुसार, *गोदान* का दलित विमर्श वर्णाश्रम व्यवस्था की गुलामी से मुक्ति का उद्घोष होने के साथ हिंदू धर्म की आंतरिक टूटन का

परिचायक है जो पंडित दातादीन के बेटे मातादीन को जनेऊ उतार फेंकने को विवश करता है।[38] प्रेमचंद के शब्दों में, 'उसने जनेऊ उतार फेंका और पुरोहिती को गंगा में डुबो दिया। अब वह पक्का खेतिहर था।'[39] गांधी और गांधीवाद से प्रभावित प्रेमचंद मातादीन का हृदय परिवर्तन व्यक्तित्वांतरण प्रस्तावित करते हैं जब मातादीन हिंदू धर्म से मोहभंग के बाद घोषणा करता है, 'मैं ब्राह्मण नहीं चमार ही रहना चाहता हूं। जो अपना धरम पा ले वही ब्राह्मण है, जो धर्म से मुंह मोड़े वही चमार है।'[40] यहां उल्लेखनीय है कि सामाजिक क्रांति जैसे दलित प्रसंग प्रेमचंद उनका नेतृत्व किसी सहानुभूति रखने वाले सवर्ण पात्र के हाथ में नहीं, स्वयं एक दलित के हाथ में रखते हैं। 60 साल के बूढ़े सिलिया के पिता हरखू चमार के हाथ में 'जो काला, दुबला, सूखी मिर्च की तरह पिचका हुआ, पर उतना ही तीक्ष्ण था।'[41]

गोदान के नारी पात्र विशेषकर धनिया और सिलिया उनके पुरुष पात्रों की अपेक्षा अधिक संघर्षशील दिखते हैं। गायत्री चक्रवर्ती स्पाईवाक धनिया को *गोदान* का सबसे मुखर चरित्र मानती हैं। उनकी मान्यता है कि अपनी संपूर्णता में वह होरी का प्रतिपक्ष प्रस्तुत करती हुई एक विद्रोहिणी स्त्री है।[42] धनिया का सोचना है कि 'हमने जमींदार के खेत जोते हैं तो वह अपना लगान ही तो लेगा। उसकी खुशामद क्यों करें, उसके तलवे क्यों सहलाएं।'[43] पंचायत द्वारा होरी पर जुर्माना लगाए जाने के बाद वह पूरी बिरादरी को चुनौती देती है, 'हमें नहीं रहना है बिरादरी में। बिरादरी में रहकर हमारी 'मुकुत' न हो जाएगी। अब भी अपने पसीने की कमाई खाते हैं तब भी अपने पसीने की खाएंगे।'[44] होरी की जमीन गिरवी रखकर उसे किसान से मजदूर बनाने वाले पुरोहित दातादीन को वह ललकारती है, 'भीख मांगो तुम जो भिखमंगे की जात हो। हम तो मजूर ठहरे। जहां काम करेंगे, वहीं चार पैसे पाएंगे।'[45] मेरी दृष्टि में *गोदान* का 'ट्रेजिक हीरो' भले ही होरी हो, परंतु संघर्षशील धनिया उससे कहीं आकर्षक पात्र है। वीरेंद्र यादव के शब्दों में, 'गोदान का स्त्री विमर्श एकलवादी नहीं, भारतीय समाज की संरचना के अनुकूल बहुलवादी है। यहां पितृसत्तात्मक समाज का अनुकूलन है तो उससे मुक्ति की छटपटाहट भी।...प्रेमचंद गोदान में नारीवाद का कोई एक माडल न प्रस्तुत कर नारी विमर्श का जो व्यापक परिप्रेक्ष्य प्रस्तुत करते हैं वही भारतीय समाज का नारी यथार्थ है जो आज भी प्रासंगिक है। महत्वपूर्ण यह है कि यह सब प्रेमचंद तब कर सके थे जब न तो नारी मुक्ति की कोई मुखर चेतना थी और न ही कोई संगठित नारी आंदोलन।'[46]

इस आलेख में इस बात की पड़ताल का प्रयत्न किया गया है कि प्रेमचंद के उपन्यासों में भारतीय किसान, उसकी समस्याएं, उनके जिम्मेदार कारकों को पहचानने की चेतना तथा उनके विरुद्ध संघर्ष किस सीमा तक उपस्थित या अनुपस्थित है। यद्यपि प्रेमचंद के कई उपन्यासों यथा *सेवासदन, रंगभूमि, कर्मभूमि* आदि में भारतीय किसान-जीवन के चित्र उपस्थित हैं, परंतु वह या तो मूल कथा का भाग नहीं है या किसी अन्य वर्ग के पात्र द्वारा किसान-जीवन की बदहाली को सहानुभूतिपूर्ण तरीके से देखे जाने का चित्रणमात्र है।

सेवासदन और *कर्मभूमि* में किसानों का विवरण इसका उदाहरण है। *गोदान* भारतीय किसान तथा उसकी समस्याओं का महावृत्तांत है। उसकी समस्याओं के कारण, शोषक समुदाय तथा उसके सहयोगी वर्ग की मन:स्थिति, किसानों को अपने ऋण के जाल में फंसाए रखने की दुरभिसंधियों तथा चालों और किसानों की प्रतिक्रिया का प्रेमचंद ने बहुत यथार्थ चित्र उकेरा है। यद्यपि *गोदान* के लेखन तक अवध का किसान आंदोलन तथा देश के अन्य भागों में स्थानीय किसान आंदोलन की घटनाएं घट चुकी थीं। सविनय अवज्ञा आंदोलन के दौर में प्रदेश के कई जिलों में लगानबंदी का आंदोलन हो चुका था परंतु प्रेमचंद इन सबसे प्रेरित नहीं लगते। उनका किसान संघर्ष नहीं करता, बहुत असहाय दिखता है और शोषकों की ज्यादतियों को नियति मानकर स्वीकार कर लेता है। स्वाभाविक है कि प्रेमचंद का लेखन बहुत प्रगतिशील न दिखकर किंचित प्रतिगामी लगता है, परंतु ग्रामीण समुदाय के सर्वाधिक हाशिए पर उपस्थित दलित समुदाय और नारी समाज का चित्रण करते समय प्रेमचंद यथार्थ का अतिक्रमण करते हैं। दलित समाज शोषकों के आर्थिक तथा सामाजिक शोषण के विरुद्ध न केवल प्रतिक्रिया करता है, वरन उग्र संघर्ष चलाने की सफल कोशिश करता है। मातादीन के मुंह में हड्डी डालने वाला प्रसंग इसका प्रतीक है। इस प्रकार प्रेमचंद दलितों के नेतृत्व में उसकी सामाजिक क्रांति के पक्षधर दिखते हैं जो तब तक किसी विचारधारा या राजनीतिक दल के एजेंडे पर नहीं था। नारी की शक्ति तथा प्रतिरोधक्षमता पर उनका अखंड विश्वास है इसलिए उनकी ग्रामीण नारी पितृसत्तात्मक समाज में न केवल पुरुष वर्चस्व के विरुद्ध प्रतिक्रिया करती है, वरन उससे लड़ने की मानसिकता और साहस प्रदर्शित करती है। होरी की दयनीयता के समांतर धनिया की अक्खड़ता और संघर्षशीलता प्रेमचंद की प्रगतिशील दृष्टि का प्रमाण है। मेरी दृष्टि में *गोदान* का नायक होरी यूनानी साहित्य के त्रासद नायक की परंपरा का प्रतिनिधि है तो धनिया सहनशील भारतीय नारी की समझदारी और संघर्ष क्षमता का प्रतीक है।

संदर्भ एवं टिप्पणियां

1. अमृत राय, *कलम का सिपाही*, पृ. 196.
2. प्रेमचंद, *रंगभूमि*, पृ. 14.
3. वही, पृ. 14.
4. वही, पृ. 200.
5. वही, पृ. 516.
6. वही, पृ. 543.
7. वही, पृ. 571.
8. 'दलित साहित्य की अवधारणा और प्रेमचंद' राष्ट्रीय परिसंवाद (गोरखपुर) में डॉ. नामवर सिंह का भाषण. इसी नाम की पुस्तक (संपादक, सदानंद शाही) में संकलित, पृ. 58.

9. प्रेमचंद, *कर्मभूमि*, पृ. 27.
10. प्रेमचंद, *गोदान*, पृ. 103.
11. वही, पृ. 118.
12. वही, पृ. 147.
13. वही, पृ. 124.
14. वही, पृ. 194.
15. वही, पृ. 214.
16. वही, पृ. 331.
17. वही, पृ. 338.
18. वही, पृ. 344.
19. वही, पृ. 110.
20. वही, पृ. 175.
21. वही, पृ. 209.
22. वही, पृ. 109.
23. वही, पृ. 256.
24. वही, पृ. 222–223.
25. वही, पृ. 233–34.
26. वही, पृ. 99.
27. वीरेंद्र यादव, 'औपनिवेशिकता, सांस्कृतिक राष्ट्रवाद तथा भारतीय किसान, संदर्भ गोदान', *तद्भव*-2, सितंबर 1999, पृ. 94.
28. प्रेमचंद, *गोदान*, पृ. 209.
29. वही, पृ. 208.
30. डॉ. रामविलास शर्मा, *प्रेमचंद और उनका युग,* पृ. 101.
31. प्रेमचंद, *गोदान*, पृ. 251.
32. वही, पृ. 122.
33. वही, पृ. 120.
34. वही, पृ. 238.
35. वही, पृ. 238.
36. वीरेंद्र यादव, 'औपनिवेशिकता, सांस्कृतिक राष्ट्रवाद तथा भारतीय किसान, संदर्भ गोदान', *तद्भव*-2, सितंबर 1999, पृ. 96.
37. प्रेमचंद, *गोदान*, पृ. 238.
38. वीरेंद्र यादव, पूर्वोक्त, *तद्भव*-2, पृ. 96.
39. प्रेमचंद, *गोदान*, पृ. 326.
40. वही, पृ. 330.
41. वही, पृ. 237.
42. गायत्री चक्रवर्ती स्पाईवाक, 'कैन सबाल्र्टन स्पीक' उद्धृत वीरेंद्र यादव, पूर्वोक्त *तद्भव*-2, पृ. 99.
43. प्रेमचंद, *गोदान*, पृ. 7.
44. वही, पृ. 123.
45. वही, पृ. 186.
46. वीरेंद्र यादव, पूर्वोक्त, *तद्भव*-2, सितंबर 1999, पृ. 101.

36. Gandhi and Freedom Struggle in India During IInd World War (1939-45)

Manila Rastogi, Gita Srivastava*

No man in history, has done so much single handedly to arouse national consciousness in the comparatively short period as Gandhiji did. Gandhiji's influence was all pervading in the days of the freedom struggle. The uniqueness of Gandhiji's leadership consists in his successful application of the age old technique of non-violence at political and social levels. It was a new strategy in world history when a nation without arm stood against the mightiest empire and triumphed in achieving its objective of freedom leaving behind not a trail of bitterness but a feeling of friendship and goodwill. By this time, Nationalism of India had got full maturity which wanted no political system other than democratic and it was possible only when the British would left India. All section of the people of India was fully acquainted with the evils of the British Emperialism. The militant nationalist forces of the country were in favour of waging even a war against the British to liberate India. However, the liberals under the leadership of Mahatma Gandhi maintained the balance and they were still in favour of applying Gandhian methods to achieve independence. They were waiting for a favourable circumstance.

From 1934 until the outbreak of war in 1939, Gandhi left the struggle for political independence to others. He began travelling through out India again, working with women and children, helping untouchables, and promoting use of the spinning wheel. He went from village to village, preaching his gospel of cleanliness, harmony and love, barefoot and on the road for months at a time. Later, nearly everyone in India would claim to have seen Gandhi at one time or another during this period of wandering. Meanwhile, politics went on without him, politician continued to consult him, of course, but the congress was now being guided by its rising star, the charismatic and intelligent Nehru. And the march to independence continued, aided greatly by the Government of India Act, which passed Parliament in 1935 (and led ardently imperialist Churchill to resign from

* C.C.S. University, Meerut.

the Cabinet). The Act's ultimate goal, however—an Indian federation that would unite all the provinces and princely states was rejected by the Congress and their increasingly fractions adversaries in Jinnha's Muslim League. But the ancillary provisions of the act went into effect anyway, and by 1937 local legislatures, made up of elected Indians, held effective control on the provincial level on the national level, though, the British still ruled India and British and Indians alike tensely questioned what short of legitimate government could be forget out of the growing Muslim-Hindu rift. The Congress, now enmeshed in local government issues and on its way to becoming the Congress party that would dominate Indian politics for decades, continued to agitate for immediate independence. However, it remained unclean.[1]

The Act was, however, a bone of contention among the Congress leaders, one section of the Congress considered it a means of realising the aims of Gandhi's constructive programme and was thus in favour of accepting it. On the other hand, Pandit J.L. Nehru as the head of the other section stigmatised it as a "charter of slavery" and entirely rejected it. But finally the dominant voice that emerged was the idea of giving the Act a fair trial.[2]

In the summer of 1939 the war clouds were gathering in Europe. In Asia, war was already in progress between China and Japan. As Gandhi, now in his seventieth year, looked out upon the world from his Indian viewpoint he was conscious of the grave peril which threatened mankind. Experience had confirmed him in his profound conviction that to meet aggressive violence with counter-violence was wrong. It wrought lasting injury upon victor was vanquished alike.[3]

The first pronouncement of the war by the working committee of Congress was made at Wardha on 11-12 Aug., 1939 (i.e., some three weeks before war actually broke out). It was drafted by Jawaharlal Nehru and presumably had the full concurrence of Gandhi. After declaring that the sympathies of the working committee were entirely with the peoples who stood for democracy and freedom, it reaffirmed that the policy of Congress was nevertheless against all attempts to impose a war on India. The British Government, in sending Indian troops to Egypt and Singapore, had flouted, it said, both the All-India Congress and the Cultural Legislative Assembly.[4]

The outbreak of the war had been expected in India for sometime. The British Government entered the war against Germany on 3rd Sep. 1939. And it was the whirlwind of the Second World War that brought back Gandhiji on the crease of Indian politics, while India being dragged to join the War as a colonial appendix to the British empire without consulting the nationalist leadership even as howls of outrage rose from the Congress and Muslim League. Gandhiji was invited to see the viceroy, now Lord Linlithgow at Simla and had a long talk with him on 5th September on the day Gandhiji issued a public statement as to what had passed between them: he had spoken purely for himself without instructions from Congress and conscious that with his "irresistible and out-and-out non-violence" he could not represent the national mind and he had returned empty-handed and without any understanding, open or secret. Having never lost his deep respect for Britain, and detesting Nazism as "naked ruthless force reduced to an exact science", Gandhi pledged his personal support to British and the allies. Gandhiji confessed that he had in July written a personal appeal to Hitler[5] to "save the world from war which may reduce humanity to a savage state" and he added, "I am not just now thanking of India's deliverance. It will come, but what will it be worth if England and France fall, or if they come out victorious over Germany ruined and humbled?" So Gandhiji did many attempts to check the war. Now on 14 September 1939, the Congress working committee adopted a lengthy resolution which condemned the ideology and practice of Fascism and Nazism and German attack on Poland. The resolution for a cause which both consider worthy." Lastly, the working committee, inviting the British Government to declare in unequivocal terms. They raised the question "Do they include the elimination of imperialism and treat India as a free nation whose policy will be guided in accordance with the wishes of her people."[6]

Though the Indian National Congress declined to provide assistance to the British Government during the war, it did not want to fish in the troubled water of England. This is evident from the statement of Pandit Jawaharlal Nehru who said that "we were not out bargaining and do not approach the problem with a view to taking advantage of the Britain's difficulties."[7] But Gandhiji had full confidence in British Government and he issued a statement on 16 Sept. 1939, revealing that the resolution had been drafted by Nehru, and that he had found himself alone in seeking that whatever support was to be given to the British should be given unconditionally, nevertheless, recognition of India as free and independent seemed to be "the natural corollary of the British profession as to democracy."[8] Gandhi had another interview with the viceroy on 26 Sept. in the course of which he pressed for an unambiguous declaration of absolute freedom for India after the war and an immediate share of power at the centre.

The British Government, instead of paying heed to the view-point of the Indian National Congress, began to align towards the Muslim League which itself was the need of a chance to get the British sympathy and favour. It also expected from the British Government that, "no declaration regarding the question of constitutional advance for India should be made without the consent and approval of the All India Muslim League nor any constitution be framed and finally adopted by His Majesty Government and the British Parliament without their consent and approval."[9]

British authorities once more reverted to their old policy of divide and rule. The viceroy, in a statement issued on Nov. 5, 1939, said that, "There are minorities which are great in numbers, as well as great in historical importance and culture. These are all factors to which full weight has to be given."[10] Thus, it quite obvious the motive of British to not to grant independence to India. The Congress finally instructed the Congress ministries to resign on 15 Nov., 1939 and the provinces reverted to the autocratic rule of the governors. Gandhi had not precipitated this issue, he had even promised Linlithgow his unconditional moral support.[11] But Nehru had insisted that the British should define their arms if they wanted the support of the Congress.[12] Muslim League celebrated the Deliverance Day on 22 Nov. on resign of Congress ministry. At the time Gandhiji was fascinated with Hitler's Blitzkriez; he seemed to win his victories without much bloodshed[13] but very soon the acquainted with the reality and his cruel means.

After leaving office the Congress was at a loss what to do next, any campaign could be quickly crushed by the British rulers under wartime conditions. Meanwhile the war situation took a grave turn. The quick advance of Hitler's troops frightened the British and Sir-Stafford Cripps who had visited Gandhi in December 1939 had pleaded for the formation of committee said that, "The issue of peace and war must be decided by the Indian people." If cooperation is desired, "it must be between equals by mutual consents of a national government in India at an early stage, but he did not get any hearing in London at that time.[14] At that moment the Congress approached the British Indian Government and assured India's cooperation on the condition that the government should allow for Provisional National Government at centre. In reply the government issued the famous 'August offer'. The question of non-violence was raised again in an acute form. The Congress, seized once more by a strong and 'violent' desire to go to the aid of the allies, relieved Gandhi "of his responsibilities." Congress led by Patel and Rajagopalachari easily forget Gandhi's pacifism and support the war effort if the British would promise to grant independence at the end of the war Gandhi was said about this resolutions but accepted it without protest.[15]

The "August offer" then came as an anti-climax. Linlithgow promised nothing, he knew that Congress could not accept his offer and sent a secret circular to all authorities concerned which contained a plan to crush Congress at the slightest instance of civil disobedience. In his usual-style Gandhi wrote a letter to Linlithgow telling him that he was on the horns of a dilemma as he could not let the Congress die a slow death.[16]

This disappointment sent the Congress back to Gandhi to beg him to lead it into action. Gandhiji accepted the invitation and designed a campaign of 'Individual Satyagraha' on 17 Oct. 1940. In fact the intention behind this movement was not to help the axis power but to pressurise the British Government to liberate India. Gandhiji himself did not participate as his arrest could have caused a general uprising. He sent out one Satyagrahi at a time to spread the anti-war propaganda and thus court imprisonment.[17] The first Satyagrahi was Vinoba Bhave, he was arrested and awarded three months' jail. Next to Vinoba Bhave, Jawaharlal Nehru was arrested as Satyagrahi and imprisoned for four years. The British deplored the campaign and arrested about 25,000 Satyagrahis in the course of 15 months.

With the entry of Japan in Second World War at the end of 1941 on the side of axis power the war situation took alarming turn. British Government released the Satyagrahis and enabled the working committee to meet for the first time after 14 months. The Congress was back to square one and passed once more a resolution similar to that of July 1940. The war was approaching Indian shores and Gandhi's pacifism did not provide an answer to that problem.[18] At the time Congress was waiting for a better offer, because the British seemed to be at the end of their tether. So to take the Indians in good faith by setting the matter with India, Churchill sent Cripps on March 23, 1942 for open negotiation with Indian leaders. This plan was known as 'Cripps Mission Plan'. Virtually this plan accepted the demand of Indian National Congress and Muslim League. In fact, it was a plan of the British to divide India into several independent sovereign states. So all sections of Indian including Muslim League rejected the plan. Once more Congress was in a quandary. How to follow up the rejection? A campaign had to be started and only Gandhi could design it. Gandhi accepted the proposal. He wrote a letter to his old friend. Horace Alexander and told that, "my firm opinion is that the British should leave India now in an orderly manner and not run the risk... Britain cannot defend India much less itself on Indian soil with any strength. The best thing she can do is to leave India to her fate. I feel some how that India will not do badly then."[19]

Gandhi then sent a draft resolution to the AICC which was meeting in Allahabad in April 1942 in which he demanded the withdrawal of all foreign troops from India.[20] Nehru edited the draft, deplored the stationing of foreign troops but did not ask for their removal. Gandhi further cleared that the troops should remain in India. This also enabled Nehru and Azad to support Gandhi. But Gandhi was dead set against the proposal of Rajagopalachari for the formation of a National Government and a rapprochement with Jinnah in order to face the potentiality of a Japanese invasion. He asked Rajagopalachari to quit the Congress which he did.[21] Nehru and Azad in the same way would almost have kicked out by Gandhi, before he changed his mind and decided to tolerate the presence of foreign troops.[22] This shows the redical views of Gandhi immediately before the "quit India" campaign he was preparing himself for do or die. At last Congress Working Committee passed the historic 'Quit India Resolution' at Wardha in July, 1942 which was finally approved by AICC on Aug. 8, 1942 at Bombay. The resolution favoured the non-violent mass-struggle for independence under the leadership of Mahatma Gandhi. He called the movement as an 'unarmed revolution' and an 'open rebellion', Gandhiji was confident that he would not be arrested after his speech, because it would be much more risky for the British to trigger of uncontrolled campaign by his arrest than to wait and see.[23] But Linlithgow see it differently and imprisoned adverted Gandhi and whole Congress leadership and imprisoned them. The rebellion was shortlived and came to be known as 'August Revolution', of course, the outcome could have been different if the Japanese had actually landed in India at that time. But Linlithgow was lucky, the Japanese did not come and the fate of the Axis powers turned at Stalingard in the beginning of Feb. 1943. At that time Gandhi fasted once more in order to protest against a government publication which tried to prove his responsibility for the August Revolution.[24]

While Gandhi and the Congress leadership was locked up, Jinnah's stock was rising with the Lahore resolution the League and Jinnah emerged as the champion of the majority provinces and he skillfully asserted this new role in the course of the war, if Gandhi's 'Quit India' movement had succeeded, Jinnah would have had to knock at his door in order to arrive at a compromise with him. But in 1944 Gandhi knocked his door in order to find out whether there was still a possibility of working out a compromise with him.[25]

When Gandhiji was released from prison for reasons of health on May 6, 1944 he emerged as a very lonely man. The other Congress leaders were still in jail, but without waiting for their release, he made on attempt to tackle Jinnah in a round of talks in September 1944. He did not went to concede Pakistan to him. Gandhi began the discussion with a reference to the Rajagopalachari formula of 1942 and then discuss about Lahore resolution but Jinnah rejected both. The next round which Jinnah was going to win was the Simla conference concerned by the viceroy, Lord Wavell, in July 1945. Gandhiji attended the conference as a back-room adviser, but he studiously avoided confronting Jinnah once more.[26] Wavell was trying hard to form an interim national government and several agreements were made in respect of powers and functions of the Executive Council. But a dead-lock appeared. Jinnah put objections. Simla conference failed. Gandhiji already upgraded the status of Jinnah by calling him 'Kaide Azam'.[27]

On the 6th of August 1945 the American airforce dropped the first atom bomb on Hiroshima and second on 9th on Nagasaki. The world was stunned and many people expected that Gandhi would condemn this terrible act. But Gandhi was silent and as others made pronouncements which were then attributed to him he even sent a telegram to the *Times* in London in September, "never made any public statement about the atomic bomb."[28] The state of world affairs at the end of the Second World War depressed Gandhi. He deeply distrusted the big three (allies); the victors of the war and feared that they could jointly crush the Indian freedom movement. Thus during the Second World War Gandhi remained very active and had great influence over Congress. He strongly followed his policy of non-violence and made possible the dream of independence. With exemplary courage and patience, he pursued his chosen path of understanding, compassion and brotherhood. Instead of an aggressive and militant struggle, he built up a movement of non-cooperation in which the passivity and endurance of Indian masses turned into sources of strength and energy.

REFERENCES

1. www. mohandasgandhi.com-"constructive work and world war II".
2. Dr. A.L. Bashan & Dr. A. Bhattacharjee, *The Father of the Nation*, Ashish Pub. House, New Delhi, 1988, p. 112.
3. Lord Pethrick Lawrence, *Mahatama Gandhi, The Father of Modern India*, 1986, p. 225.
4. *Ibid.*, p. 227.
5. *Collective Works of Mahatma Gandhi*, Vol. 70, p. 20 letter to Hitler 23rd July, 1939, Vol. 73, p. 253.

6. *The Indian Annual Register,* II, pp. 226-228.
7. *The Statesman* (Delhi) Sept. 10, 1939.
8. Simone Panther Brick, *Gandhi Against Machiavellism* (Non-violence in politics), Asia Pub. House, Delhi, 1966, p. 183.
9. P. Sitaramayya, *The History of I.N.C.* ,Vol. II, p. 141.
10. *Ibid.*, p. 149.
11. C.W.M.G., Vol. 70, p. 311.
12. Dietmar Rothermund, *Mahatma Gandhi, An Essay on Political Biography,* Manoharlal Pub., 1998, p. 93.
13. C.W.M.G., Vol. 72, p. 70.
14. Dietmar Rothermund, *op. cit.*, p. 94.
15. C.W.M.G., Vol. 72, p. 235.
16. *Ibid.*, p. 426.
17. C.W.M.G., Vol. 73, p. 102.
18. C.W.M.G., Vol. 75, p. 219 (*Gandhi's Speech* of 15 January, 1942, AICC Meeting at Wardha).
19. C.W.M.G., Vol. 76, p. 66.
20. *Ibid.*, p. 63.
21. *Ibid.*, p. 274, p. 293.
22. *Ibid.*, p. 66.
23. C.W.M.G., Vol. 78, p. 9.
24. C.W.M.G., Vol. 77, app. V, pp. 105-199.
25. Dietmar Rothermund, *op. cit.*, p. 103.
26. C.W.M.G., Vol. 80, p. 382.
27. Chandrika Singh, *Indian Nationalism and National Movement,* Omsons Pub., New Delhi, 1995, p. 155.
28. C.W.M.G., Vol. 81, p. 271.

37. Gorakhpur Labour Depot : Growth and Economic Significance, 1942-1947

Poonam Pant*

The areas adjoining Gorakhpur suffered from a surplus of landless wage earners. A dense population, dearth of cultivable land, stunted industrial development completed the picture of the overwhelming poverty of these eastern districts of Uttar Pradesh.

For decades these areas had been tapped by petty contractors and others for recruitment of labourers to tea plantations and for domestic services in big cities. The importance of these districts as a potential source of labour was realized during the World War when there was an emergent demand of labour for the forward areas of Assam in connection with the building up strategic communications.

It was the year March 1942, and the Japanese were surging westwards towards India's frontiers. The desperate need for extricating General Alexender's withdrawing armies for Burma and opening up the Ledo Route to China was in jeopardy on account of the mass evacuation of the scared civil population from the threatened areas. Labour was scarce and the need was desperate.[2]

Though the Japanese tidal wave had been halted miraculously at the Burma border, the necessity rose of immediately improving defences and building up a network of aerodromes throughout the country.

Major Weigall of the Army, who joined the Tea District Labour Association (an organization for recruitment of coolie labour from various districts in India for the Assam tea Gardens) to organize labour recruitment depots in Bihar and the then United Provinces, called on J.W. Main of the Begg Souther Land & Co.'s Sugar Factory at Gauri Bazar for assistance in recruitment of labour for work on the construction of the Ledo Manipur Road in Upper Assam.[3]

In this connection, a meeting at Collector's bungalow was held where in 20,000 labourers from Gorakhpur districts were proposed to be recruited for the above project. It was also proposed to start a local Depot of the Tea

* Reader, Department of History, (Medieval and Modern), D.D.U. Gorakhpur University, Gorakhpur.

District Labour Association at Gorakhpur. Another meeting was held with the Civil and Railway Authorities at Gorakhpur and Hugh Mackay, Director of Begg Dunlop Ltd. in which every assistance to the Tea Districts Labour Association was promised.[4]

It was also decided to transfer the existing T.D.L.A. then at Basti to Gorakhpur, as a result of which a T.D.L.A. Department was established at Gorakhpur and the first batch of 51 labourers from Maharajganj Tahsil was despatched under the escort of Paramhans Singh Tahsildar of Maharajganj and Mahant Mahendra Nand Gir for Assam, Gauhati on the same date. The terms of employment were six months minimum employment, Re. 1/- per day and ration, two blankets and return journey fare.[5]

The Collector of Gorakhpur received a demand from Delhi for 10,000 labourers[6] for aerodrome construction to meet the danger of Japanese invasion. E.de. V. Moss, the then Collector of Gorakhpur formulated the Tea District Labour Association into the Labour Depot, established on 6 June 1942. It was later financed by the War Production Department of the U.P. Government, with the Collector of Gorakhpur remaining its administrative head.

Twenty-one thousand one hundred eighty-nine labourers were despatched from the Depot to Chabatia, Bombay, Poona and Nagpur for construction of aerodromes.[7] Between 23rd March and 15th April 1942, 3095 labourers were despatched averaging 163 labourers per day.[8] The end of 1942 recorded a total outward despatch of 12,100 labourers. Started originally on a small scale as an experimental measure, it developed rapidly and soon grew into a massive organisation supplying about 50,000 labourers annually.[9] The labourers were dispatched to Hathaila, Dinjan, Tinsukhia, Manipur Road, Luming, Manipur, Imphal, Dhubri, Amingaon, Pandu and Agartala in Assam and to Chittagong and Doharzari in East Bengal.[10]

The tenacity of these labourers and their capacity to work under ardous conditions has been mentioned by Sir William Slim in his book "Defeat into Victory".[11] A new venture for the Gorakhpuri labourers was the manning of coalmines. A batch of 70 labourers were sent on an experimental basis to Singareni colliery on 24 June 1943. I.U. Alexander the then Officer-on-Special Duty's cryptic message on the success of the venture was "the old Gorakhpuri has done the trick again."[12]

"The success of the experimental measure encouraged the Government of India to draft Gorakhpuri labourers to the rescue of coalmines in Bengal, Bihar and Hyderabd (Deccan), where the coal industry was facing a crisis, due to the migration of local labourers to more lucrative jobs elsewhere, so easily available during the war days. The first batch of 1000 unskilled labourers was despatched on 7th October 1944 by the then Office-on-Special Duty (Labour) I.U. Alexendar I.C.S.[13] The Government dictated the policy of development of community feeling. "Community feeding should be encouraged and a start should be made for this purpose at the Labour Depot itself".[14] Training for community kitchen, sanitation and working was imparted at Bichhia Collecting Centre, Gorakhpur. The labourers were provided free food, during this period.[15]

During 1944, the Depot took long strides and was transformed into a shape beyond all previous recognition. The Collector of Gorakhpur J.L.C. Stubbs promised an inexhaustible supply of Gorakhpur Labour and the Government decided to go ahead with their schemes. Bermo Coalfields, Assam Access Road, Reserve Base, Ordinance Factories—all looked to Gorakhpur to meet their demands of labour. Assam was the highest priority and tracks were laid on almost every alternative day by the Gorakhpur labourers.

The coming of 1945 saw the Depot widening its horizons and labour for coalmines began to be supplied to the Raniganj Central Coalifields Recruiting Organisation (an Organisation formed for supply of labour to individual large collieries) and the Tata Group of Collieries.[16]

E.de. Moss, I.C.S., Secretary to Government, United provinces in a letter dated Lucknow April 26, 1946, to the Collector-in-Charge Labour Depot, Gorakhpur stated that "the Governor is pleased to approve the scheme for the supply of labour, through the Gorakhpur Labour Depot, to Raniganj Central Coalifields Recruiting Organisation and Tata Group of Collieries" and that they should now raise, equip and supply 900 labourers to Raniganj Central Coalfields Recruiting Organisation.[17]

A Record Office was established at the Labour Depot to ensure an efficient means, by which, a worker recruited by the Depot, engaged in services anywhere, could draw only a small proportion of his pay while on service, leaving the balance to accumulate in a running account. This account maintained by the Record Office, ensured, that details of the account standing to the credit of the man, were readily available for information or disbursement.[18]

Alarm was expressed at the pace of Labour Depot's recruitment. Likely abandonment of cultivation and desertion of labour from the Sugar Factories in the Districts was feared. Nothing happened. On the contrary the Sugar Factories worked full strength, and to a certain extent extreme pressure on the land was relieved. Not only was unemployment combated to degree, money too was brought into the district and thus its per capita income was raised. The beneficiaries had mostly been the landless labourers or those who had been depending solely on uneconomic holdings. To them was given a new meaning in life, and a training through their employment in Ordinance Factory and underground coalmines, in skilled vocations which stood them in good stead in the era of post-War Industrial Planning. Work at the coal faces is a very skilled work and involves such processes as testing the roof, drilling holes in the coal and firing of the sheds[16] and in this the Gorakhpur Labour excelled.

For the districts of Gorakhpur, poverty stricken and ever exposed to the menace of floods, where the peasantry could not expect two square meals a day, the Labour Depot proved a much needed financial support. The labourers had the option to take their full wages; but generally they offered to take Rupees 10/- per month; the remainder of their earnings being remitted by the employers to the Record Office at Gorakhpur from where family allotments were sent to the nominated allottees of the labourers. Whatever remained after sending the family allotment accumulated in their Individual Running Ledger Account and was paid to them on return to Gorakhpur. This scheme known as the Record Office Scheme inculcated the habit of thrift among the workers and weaned them away from gambling, drinking and debauchery rempant among the local miners.

The money brought to Gorakhpur helped its economy, to a certain extent. In addition the district benefited indirectly by the impetus given to local business and industries which supplied large scale equipments for these forces. Gorakhpur benefited mostly since 80 per cent of the recruits were drawn from Gorakhpur.

The repatriated labour returned, economically stable, no longer the listless person of a year ago. He was in most cases literate (adult literacy classes being run by Government in Collieries), had inculcated the habit of cleanliness, and discarded casteism. He now intermingled and dined with members of other communities. The Record Office Rules laid down the policy of a community kitchen, and thus in the collieries and work-sites all over India the Gorakhpuri labourers took their meals in community kitchens, prepared by unit cooks irrespective of caste, creed or religion. In recruitment though all castes were considered equivalent yet the Schedule Castes outnumbered all for they formed the bulk of the landless wage-earners in search of employment.

On an average, a worker took home Rupees 840/- a year, with the coming years, his net profit ranged from Rupees 1,500/- to Rupees 1,800/- no mean achievement for an unskilled worker drawn from the country side. With it he bought land, repaid long outstanding loans, married off his sister or daughter and repaired or constructed his house.

REFERENCES

The study is based on original records available in the form of files containing correspondence and notes maintained in the Office of Gorakhpur Labour Depot, which was established in 1942, and such other published material as the author has come across.

1. Quoted from the booklet published by Government of India, Ministry of Labour and Employment—'The Gorakhpur Labour Organisation' (For official use only) published September 1959, Gorakhpur. This statement is also corroborated by I.U. Alexander's (I.C.S. Officer-on-Special Duty Labour—War Production Department—United Provinces) narrative dated August 20, 1944 maintained in File No. 42/1944 at Gorakhpur Labour Depot.
2. From the original note, prepared by J.W. Main, Esquire, Manager Cawnpore Sugar Works, Gauri Bazar, Gorakhpur titled 'Gorakhpur Labour Recruitment Depot a brief record of the Organisation' maintained in File No. 42/1944.
3. File No. G.L.O.-1137 and from the original note—Gorakhpur Labour Recruitment Depot—a brief record of the Organisation prepared by J.W. Main, Manager, Cawnpore Sugar Works, Gauri Bazar in response to I.U. Alexander I.C.S. Officer-on-Special Duty (Labour) D.O. No. 230 dated Gorakhpur August 8, 1944, wherein Alexander requested Main that the War Production Commissioner wished to compile a history of Gorakhpur Labour from its inception. As his office lacked the original records, Main was requested to supply notes on the number of men despatched to Assam and other details of the time Main was incharge of the Depot. Main's notes together with I.U. Alexander's compilation of the History of Labour Depot in its Pioneer days are maintained in File No. 42/1944 at labour depot, Gorakhpur.
4. File No. G.L.O. 1137—Central Section and Main's notes 'Gorakhpur Labour Recruitment Depot—a brief record of the Organisation, File No. 42/1944.
5. *Ibid.*
6. I.U. Alexander's narrative dated—Camp, New Delhi, August 18, 1944 to Information Officer, Bureau of Public Information, New Delhi and Main's narrative 'Gorakhpur Labour Recruitment Depot'.
7. File No. G.L.O. 1137.
8. From the original note by Main—'Gorakhpur Labour Recruitment Depot' and dispatch record kept in file No. 42/1944.
9. 'The Gorakhpur Labour Organisation' published September 1959 (for Official use only).
10. *Ibid.*
11. Field Marshal Sir William Slim in his book 'Defeat into Victory' states as quoted in the booklet 'The Gorakhpur Labour Organisation'—"The men who built the Assam Road worked under the most ardous conditions of climate and with elementary scale of accommodation often with enemy at a striking distance."
12. File No. G.L.O. 1137 and I.U. Alexander's Narrative dated August 29.9.1944.
13. D.O. Letter No. 406/L Dated 21.9.1944.
14. VII (*i*) L.R. 91-Confidential, Government of India, Department of Labour, New Delhi, the 10th April 1944—from D.S. Joshi, Esquire I.C.S. Deputy Secretary to Government of India—to all provincial Governments.
15. Government of India, Department of Labour—P.C.L.U., Circular No. 39, dated New

Delhi 6th February 1945 signed A.G. Lockwood, Major—Undersecretary to Government of India.

16. File No. G.L.O. 1137.
17. Industries Department—dated Lucknow, April 26, 1946, No. 1208 (*i*) W.P. L/X VIII-WL. 21/46. Finance Department.
18. Government of India, Department of Labour, Circular No. P.C.L.U. 13, dated New Delhi 14th September 1944.
19. I.U. Alexander's (Officer-on-Special Duty) narrative dated August 18, 1944 to Information Officer, Bureau of Public Information, North Block, New Delhi.

38. क्रांतिधर्मी : दुर्गा भाभी

आराधना*

भारत का गौरवपूर्ण इतिहास इस बात का साक्षी है कि भारतीय नारी कभी भी घर में कैद नहीं रही है। उसने जब जैसी आवश्यकता पड़ी, तब वैसी ही भूमिका का निर्वाह किया है। त्याग, बलिदान और राष्ट्रहित में अपने सर्वस्व का उत्सर्ग करने में भी वह सदैव अग्रणी रही है। भारतीय नारी के 'जौहर' से लेकर युद्धभूमि में जाकर शत्रु के दांत खट्टे करने के साहसिक कारनामों से इतिहास भरा पड़ा है। कैकेयी, सारंधा, पन्ना धाय, दुर्गावती, अहल्याबाई, जीजाबाई, पद्मिनी, मैना, महारानी लक्ष्मीबाई, अवंतिकाबाई तथा झलकारी कोरिन की गाथाएं आज भी महिलाओं के हृदय में हिलोरें पैदा कर देती हैं।

भारतीय स्वाधीनता संग्राम में भी महिलाओं की सक्रिय भूमिका रही है। महात्मा गांधी के अहिंसक आंदोलन में महिलाओं ने आगे बढ़कर हिस्सा लिया है। सविनय अवज्ञा आंदोलन हो या नमक कानून तोड़ने का मोर्चा, स्वदेशी के अंतर्गत विदेशी वस्त्रों का बहिष्कार करने का अभियान रहा हो अथवा शराबखानों पर धरना देने का सवाल, इन सबमें महिलाओं ने अपनी गौरवपूर्ण उपस्थिति सदैव दर्ज कराई है।

भारत में विदेशी दासता से मुक्ति पाने के लिए जो भी सशस्त्र अभियान चले, उनमें भी महिलाओं का अविस्मरणीय योगदान रहा है। भारतीय सशस्त्र क्रांति के अभियान में दुर्गा भाभी की स्मरणीय भूमिका रही है।

श्रीमती दुर्गा देवी, जो बाद में दुर्गा भाभी के नाम से प्रसिद्ध हुईं, का जन्म 7 अक्टूबर 1907 को इलाहाबाद में हुआ। इनके पिता पंडित बांके बिहारी भट्ट कुलीन नागर ब्राह्मण थे तथा जिला जज के पद से सेवा-निवृत्त हो चुके थे। घर के पास ही दुर्गा मंदिर था। दुर्गा भाभी के पिता दुर्गा के भक्त थे। वह अपनी बिटिया दुर्गा देवी को 'जय दुर्गा' के नाम से पुकारते थे।[1] 1908 में इनकी मां की मृत्यु हो जाने के कारण इनके पिता ने दूसरा विवाह किया। अतः बालिका दुर्गा का पालन-पोषण उनकी विमाता और बुआ ने किया। 1918 में 11 वर्ष की अल्पायु में ही दुर्गा देवी का विवाह 15 वर्षीय हाई स्कूल के विद्यार्थी श्री भगवती चरण वोहरा से हुआ।[2] भगवती चरण वोहरा का परिवार मूल रूप से गुजरात का था। इनके यहां महाजनी का काम होता था। इसी आधार पर इन्हें 'वोहरा' या 'बोहरे' कहा जाने लगा।[3] दुर्गा देवी की शिक्षा अपनी ससुराल लाहौर में हुई। इन्होंने हाई स्कूल, इंटर

---

* प्रवक्ता, इतिहास विभाग, चौधरी चरण सिंह विश्वविद्यालय, मेरठ

तथा प्रभाकर की परीक्षा उत्तीर्ण की। 1925 में दुर्गा देवी को पुत्र रत्न की प्राप्ति हुई, जिसका नाम शचींद्र रखा गया।[4] क्रांतिपथ के अनुगामी भगवती चरण वोहरा ने दुर्गा देवी को अपने राजनीतिक विचारों से अवगत कराया। उनके मन में देश की गुलामी तथा अंग्रेजों के अत्याचारों के प्रति रोष था। वह दुर्गा देवी से राजनीतिक समस्याओं के बारे में भी विचार-विमर्श करते थे। 1919-20 में महात्मा गांधी द्वारा चलाए जा रहे असहयोग आंदोलन ने भगवती चरण वोहरा और दुर्गा देवी को प्रभावित किया। इसके असफल हो जाने के बाद दुर्गा देवी भगवती चरण वोहरा के साथ क्रांतिकारी गतिविधियों में सहभागिता करने लगीं।[5] पति के काम में हाथ बंटाना वे अपना कर्तव्य और अधिकार दोनों ही मानती थीं।[6]

1928 में साइमन कमीशन का विरोध करते हुए लाला लाजपत राय पर हुए लाठी प्रहार और उसके कुछ ही दिन पश्चात उनकी मृत्यु के समाचार से क्रांतिकारियों में आक्रोश बढ़ा। लाला लाजपत राय द्वारा संचालित नेशनल कॉलेज, लाहौर उस समय क्रांतिकारी गतिविधियों का मुख्य केंद्र था। लाला लाजपत राय की मृत्यु का बदला लेने के लिए 'भारत नौजवान सभा' के सदस्य सरदार भगतसिंह, चंद्रशेखर आज़ाद, राजगुरु और बटुकेश्वर दत्त आदि ने अंग्रेज कप्तान सांडर्स की हत्या की योजना बनाई।[7] भगवती चरण वोहरा उन दिनों कलकत्ता में रहकर बम बनाने की योजना बना रहे थे। लाहौर से कलकत्ता जाते समय भगवती चरण वोहरा ने दुर्गा देवी को 500 रुपए दिए थे और कहा था, 'यह रकम किसी विशेष अवसर के लिए है।'[8] दल के कार्यों में जब भी धन की आवश्यकता हुई, दुर्गा भाभी और भगवती चरण वोहरा ने मुक्त हस्त से हजारों रुपए दल को दिए। उस जमाने में हजार-पांच सौ रुपए तुरंत दे देना उनके लिए बड़ा सहज होता था।

भगतसिंह भगवती चरण वोहरा को अपना राजनीतिक प्रेरणा स्रोत मानते थे। क्रांतिकारी दल के सदस्य चंद्रशेखर आज़ाद, भगतसिंह, राजगुरु, सुखदेव राज आदि सभी क्रांतिकारी भगवती चरण वोहरा के लाहौर स्थित निवास पर आते-जाते रहते थे। दुर्गा देवी सभी को आश्रय देतीं, खिलातीं-पिलातीं और यह सभी उन्हें प्यार से भाभी कहते। धीरे-धीरे दुर्गा देवी, दुर्गा भाभी के नाम से विख्यात हो गईं।[9]

भगतसिंह शहीद करतार सिंह सराबा के भक्त थे। करतार सिंह के चित्र का अनावरण होना था। भगवती चरण वोहरा ने उसके लिए खादी का कपड़ा खरीद कर मंगवाया और दुर्गा भाभी से कहा, 'इसे लाल रंग में रंग डालो।' इस पर दुर्गा भाभी ने कहा, 'मैं इसे लाल रंग से क्यों रंगू? इसे तो मैं अपने खून से ही रंग देती हूं।' फिर उन्होंने ब्लेड से अपनी उंगलियां चीरकर खद्दर रंग दिया और वही शहीद करतार सिंह सराबा के चित्र का अनावरण हो गया।[10] दुर्गा भाभी कितनी साहसी थीं, यह इस घटना से प्रकट होता है।

1928 में सांडर्स की हत्या के समय भगवती चरण वोहरा 'मेरठ षड्यंत्र केस' में फरार थे और दुर्गा भाभी अपना घर छोड़कर लाहौर के एक छोटे से मकान में रह रही थीं। उन दिनों वह महिला विद्यालय में हिंदी विभाग की प्रमुख थीं। नौकरी का उद्देश्य पुलिस के

संदेह से बचे रहना था। शिक्षण कार्य से अवशेष समय में दुर्गा भाभी दल के लिए धन एकत्र करती थीं। क्रांतिकारी साथियों का भी घर पर आना–जाना लगा रहता था। अत: दुर्गा भाभी ने संस्कृत सीखने के लिए एक अध्यापक लगा लिया।[11] खुफिया पुलिस उनकी गतिविधियों पर निगरानी रखती थी। न जाने कैसे पुलिस की निगाहों से बचते हुए सांडर्स की हत्या के बाद सुखदेव रात के समय दुर्गा भाभी के पास पहुंच गए और पूरी बात बताए बिना कहा, 'किसी की जान बचानी है भाभी, तुम्हें उसके साथ उसकी बीवी बनकर सफर करना होगा।'[12] भाभी बिना यह पूछे कि किसके साथ जाना है, बोलीं, 'ठीक है, चली जाऊंगी।' इतना ही नहीं दुर्गा भाभी ने 500 रुपए की रकम भी उन्हें दे दी तथा जाने के लिए तैयार हो गईं। उन्होंने अच्छी–सी साड़ी और 'हाई हील' की सैंडिल पहनी। भगतसिंह ने अंग्रेज साहब का और राजगुरु ने नौकर का वेश बनाया। दुर्गा भाभी अपने ढाई वर्ष के पुत्र शचींद्र को साथ लेकर उनके साथ चल दीं। भगतसिंह ने शचींद्र को देखकर कहा, 'भाभी, मुझे फिक्र होती है अगर तुम्हारा बेटा मारा गया तो...' इस पर भगतसिंह को बीच में ही रोककर दुर्गा भाभी ने कहा, 'भैया! यह बेवक्त की 'तो' कैसे? तुम भी तो किसी के बेटे हो। अगर एक बेटा भगतसिंह मारा जाएगा तो इसे भी क्यों नहीं मरना चाहिए?'[13] इस प्रकार 17 दिसंबर 1928 की रात रेल के फर्स्ट क्लास के डिब्बे में एक तथाकथित 'अंग्रेज जोड़ा' अपने बच्चे और नौकर के साथ सवार हुआ। किसी को कोई संदेह नहीं हुआ। अदम्य साहस का परिचय देते हुए दुर्गा भाभी अपने जीवन की चिंता किए बिना, भगतसिंह को साथ लेकर पहले लखनऊ और फिर कलकत्ता सुशीला दीदी के पास पहुंच गईं।[14] भगतसिंह और दुर्गा भाभी की सुरक्षित यात्रा पर भावविभोर हुए भगवती चरण वोहरा ने कहा, 'आज हम लोगों का सच्चा विवाह हुआ है, 10 वर्ष पहले हुआ विवाह तो हमारे माता–पिता का 'खेल' था।'[15]

कलकत्ता कांग्रेस के समाप्त होने के बाद दुर्गा भाभी फिर लाहौर लौट आईं और सामान्य रूप से रहने लगीं। उस समय सरकार केंद्रीय असेंबली में 'ट्रेड डिस्प्यूट्स बिल' और 'पब्लिक सेफ्टी बिल' पास कराने की तैयारी में थी। सार्वजनिक सुरक्षा कानून की आड़ में सरकार राष्ट्रीय आंदोलन को कुचलना चाहती थी। इसका विरोध करने के लिए क्रांतिकारी दल के निर्देश पर सरदार भगतसिंह और बटुकेश्वर दत्त ने असेंबली में बम फेंकने की योजना बनाई। 7 अप्रैल 1929 को दुर्गा देवी तथा भगवती चरण वोहरा भगतसिंह और सुखदेव से मिले। भगतसिंह को विदाई देने के लिए दुर्गा भाभी ने उनके माथे पर रोली का टीका लगाया।[16] भगतसिंह और बटुकेश्वरदत्त ने असेंबली में बम फेंककर स्वयं को गिरफ्तार कराया।[17] भगतसिंह और बटुकेश्वर दत्त को बंदी बनाकर जब जेल ले जाया जा रहा था, उस समय दुर्गा भाभी शचींद्र को लेकर तांगे में जा रही थीं। शचींद्र भगतसिंह को देखते ही 'लंबू चाचा जा रहे हैं।' कहकर चिल्लाया, तो दुर्गा भाभी ने उसके मुंह पर अपना हाथ रख दिया।[18] अपने प्रिय लोगों को आत्मोत्सर्ग के कुंड में जाते हुए देखकर भी मौन रखना कितना बड़ा और कठोर संयम होता है, इसे दुर्गा भाभी जैसा भुगतभोगी ही जान सकता है।[19]

असेंबली बम कांड में सरदार भगतसिंह और बटुकेश्वर दत्त पर मुकदमा चलाया गया। उसी समय पुलिस को यह सुराग मिला की सांडर्स की हत्या भी इन्हीं लोगों ने की थी। पुलिस की सरगर्मियां तेज हो गईं। अनेक लोगों को गिरफ्तार किया गया। पर चंद्रशेखर आज़ाद को गिरफ्तार नहीं किया जा सका। परिणामस्वरूप भगतसिंह और उनके साथियों को फांसी की सजा सुनाई गई। भगवती चरण वोहरा पहले से ही गुप्त रूप से रह रहे थे। अतः दुर्गा भाभी, सुशीला दीदी, चंद्रशेखर आज़ाद, भगवती चरण वोहरा, सुखदेव, यशपाल, शिव वर्मा आदि ने अपने साथियों को छुड़ाने की योजना बनाई। उस समय दुर्गा भाभी के गिरफ्तारी वारंट थे। उनकी सारी संपत्ति जब्त की जा चुकी थी। क्रांतिकारियों ने अपनी योजना को कार्यान्वित करने के लिए तब लाहौर में सेंट्रल जेल के निकट बहावलपुर रोड, जहां बस्ती कम थी, एक मकान किराए पर लिया।[20] उस समय दुर्गा भाभी पर्दानशीन मारवाड़ी महिला के वेश में हथियार और बमों को लहंगा, ओढ़नी और चादर में छिपाकर एक स्थान से दूसरे स्थान तक पहुंचाती थीं।[21] वह पिस्तौल, रिवॉल्वर और कारतूस पैरों में बांधकर लाती थीं। स्मरण रहे उस काल खंड में सामान की तलाशी ली जाती थी, इनसान की नहीं।

क्रांतिकारियों के दल ने, जिस दिन भगतसिंह एवं उसके साथियों को छुड़ाना था, उससे दो दिन पूर्व 28 मई 1930 को भगवती चरण वोहरा बम का परीक्षण करने के लिए रावी नदी के तट पर गए।[22] परीक्षण के दौरान बम भगवती चरण वोहरा के हाथ में ही फट गया और वे वहीं शहीद हो गए।[23] देश सेवा करते हुए भाग्य ने दुर्गा भाभी के साथ छल किया और वह विधवा हो गईं। ऐसी स्थिति में भी वह विचलित नहीं हुईं। उन्होंने दल के सदस्यों से कहा, 'पति नहीं रहे, लेकिन आप चिंता न करें, दल का कार्य चलता रहेगा।'[24] परंतु दुर्भाग्य से उन्हीं दिनों बहावलपुर कोठी में रखे बम गर्मी के कारण फट गए। अतः कोठी छोड़कर सबको वहां से भागना पड़ा। इस दुर्घटना के बाद दुर्गा भाभी को एक इंजीनियर 'केवल किशोर' के मकान में एक कमरे में लगातर 15 दिन तक बंद रहना पड़ा। भोजन देने के लिए नौकरानी आती थी। वह भी खाने की थाली सरका कर बिना बोले वापस चली जाती थी।[25]

इस घटना के बाद सब लोग दिल्ली चले गए। चंद्रशेखर आज़ाद दुर्गा भाभी और सुशीला दीदी दोनों के अभिभावक बन गए। दिल्ली के बाद कुछ दिनों तक इन्हें इलाहाबाद के क्रासवेल्थ कॉलेज में छद्म नाम से छात्राओं के रूप में भर्ती करा दिया गया। इन्हें कॉलेज के छात्रावास में रखा गया। लेकिन जब यह स्थान भी निरापद नहीं समझा गया तब इसे छोड़ दिया गया और इलाहाबाद में सुरेंद्रनाथ शर्मा नामक पत्रकार के यहां इन दोनों को कुछ समय रखा गया। कांग्रेस नेता बाबू पुरुषोत्तम दास टंडन दुर्गा भाभी को अपनी पुत्री मानते थे और उनकी सहायता करते थे। उनके निवास पर भी कुछ दिन दुर्गा भाभी रहीं।[26] किंतु भगतसिंह और उनके साथियों को छुड़ाने की योजना कार्यान्वित न हो सकी। 23 मार्च 1931 को उन्हें फांसी दे दी गई।[27] प्रतिक्रियास्वरूप दुर्गा भाभी, चंद्रशेखर आज़ाद आदि

ने इसका प्रतिशोध लेने का निर्णय लिया। दुर्गा भाभी ने पत्तों को लक्ष्य बनाकर रिवॉल्वर चलाने का भी अभ्यास किया, ताकि आवश्यकता पड़ने पर वह क्रांतिकारियों की अग्रिम पंक्ति में खड़ी होकर प्रतिशोध ले सकें।[28] इसके बाद चंद्रशेखर आज़ाद के आग्रह पर दुर्गा भाभी ने बंबई जाकर अन्य साथियों के साथ क्रांति अभियान प्रारंभ किया। लाहौर षड्यंत्र केस का बदला लेने के लिए बंबई के गर्वनर हेली, जो पंजाब का गवर्नर रह चुका था, को मारने की योजना बनाई गई।[29] योजना का नेतृत्व बंबई के क्रांतिकारी बाबा पृथ्वीसिंह आज़ाद ने किया। दुर्गा भाभी वीर सावरकर के बड़े भाई बाबा साहब सावरकर से भी मिलीं और विश्वनाथ वैशंपायन के एक रिश्तेदार के मकान में ठहरीं। बंबई का गवर्नर हेली अपने बंगले के लॉन में बैठकर लोगों से मिलता था। योजनानुसार दुर्गा भाभी को पारसी महिला के वेश में गवर्नर हेली से मुलाकात करनी थी और जब वह दुर्गा भाभी को छोड़ने बाहर आते तो अन्य साथी उन्हें गोली मार देते। लेकिन जैसे ही यह लोग सड़क पर पहुंचे, तो उन्हें लगा कि पुलिस को संदेह हो गया है, क्योंकि वहां पुलिस का कड़ा पहरा था। यह 'एक्शन' दो बार टला। लेकिन तीसरे दिन 9 अक्टूबर 1930 की शाम को जब लेमिंग्टन रोड स्थित गवर्नर हाउस से सार्जेंट टेलर निकल रहा था, दुर्गा भाभी ने उन्हें हेली समझकर गोली चला दी। दो गोरे और एक मेम घायल हो गए। यह घटना इतिहास में लेमिंग्टन रोड पर गोलीकांड के नाम से प्रसिद्ध है।[30] उस रात दुर्गा भाभी कार में काली साड़ी पहन कर गई थीं। वहां से वह तुरंत घर पहुंचीं, कपड़े बदले और घर छोड़ दिया। फिर वह कठिनाइयों को झेलते हुए कानपुर चंद्रशेखर आज़ाद के पास आ गईं।

इस घटना से बंबई में सनसनी फैल गई। बाबा पृथ्वीसिंह आज़ाद, दुर्गा भाभी तथा सुखदेव के वारंट निकाल कर पुलिस उनकी खोज में लग गई, परंतु पुलिस वारंट में भ्रम के कारण दुर्गा भाभी का नाम 'शारदा बेन' और बच्चे शचींद्र का नाम 'हरीश' लिखा हुआ था। इसलिए पुलिस उन्हें पकड़ने में असफल रही।[31] इस रोमांचकारी घटना का समाचार देश-विदेश के समाचारपत्रों में छपा। बंबई की गुप्तचर पुलिस ने उस समय अपने गुप्त नोट में लिखा था, 'लंबी गोरी, दुर्गा भाभी बहुत निडर और साहसी युवती है। इसने रिवॉल्वर चलाने का प्रशिक्षण ले रखा है। यह अंग्रेज अफसरों की जान के लिए खतरनाक सिद्ध हो सकती है।'[32]

कुछ दिन कानपुर में रहने के बाद दुर्गा भाभी पुन: दिल्ली आ गईं। 27 फरवरी 1931 में चंद्रशेखर आज़ाद की शहादत के बाद दुर्गा भाभी की मदद करने वाला कोई नहीं रहा। भाभी के तीन मकान लाहौर में थे, पर अंग्रेज सरकार उन्हें जब्त कर चुकी थी। इलाहाबाद में भी दो मकान थे, वे भी जब्त हो चुके थे। दुर्गा भाभी की संपत्ति की नीलामी उनके पति भगवती चरण वोहरा के फरारी जीवन में ही हो चुकी थीं। इतने समृद्ध परिवार की दुर्गा भाभी आश्रयहीन हो चुकी थी। उनके पास अपने आप को पुलिस के हवाले कर देने के

अतिरिक्त और कोई रास्ता नहीं बचा था। अतः उन्होंने लाहौर की *फ्री प्रेस ऑफ इंडिया* को अपना वक्तव्य दिया, 'पुलिस मेरा पीछा तो करती है, लेकिन मुझे गिरफ्तार नहीं करती। इस स्थिति में मैं अपना कोई कार्य नहीं कर पा रही हूं, पुलिस मुझे गिरफ्तार कर मुझ पर मुकदमा चलाए अन्यथा मैं भविष्य में अपने को स्वतंत्र समझूंगी।'[33] वक्तव्य देने के बाद दुर्गा भाभी अपने लाहौर वाले मकान में आ गईं। वकील को तार दिया, कुछ समय बाद पुलिस भी वहां आ गई। उन्हें इस समय बुखार था। अस्वस्थ होने पर भी दुर्गा भाभी ने 14 सितंबर 1932 को गिरफ्तारी दी। कोतवाली में अंग्रेज कप्तान 'जैंकिल्स' ने उनसे कई सवाल किए, पर दुर्गा भाभी ने कहा, 'यदि आपके पास सारे रिकाइर्स हैं तो उनके आधार पर मुकदमा चलाइए, मुझसे क्या पूछते हैं?' गिरफ्तारी के बाद दुर्गा भाभी को जेल भेज दिया गया। वहां दुर्गा भाभी को देखकर जेलर भी चकित रह गया था। बोला, 'ओह! मैं तो समझता था कोई जबरदस्त महिला होगी, ये तो दुबली-पतली है।'[34]

प्रमाण के अभाव में पुलिस ने दुर्गा भाभी को रिमांड के बाद रिहा कर दिया। दुर्गा भाभी को नौ महीने नजरबंद रखा गया। उनके दिल्ली और लाहौर की सीमा में प्रवेश पर रोक लगा दी गई।[35] फलस्वरूप वह गाजियाबाद आ गईं और प्यारे लाल गर्ल्स स्कूल में अध्यापिका बन गईं।[36] 1938 के अंत में दुर्गा भाभी, दिल्ली कांग्रेस कमेटी की अध्यक्षा चुनी गईं।[37] 1938 के अंत में दुर्गा भाभी लखनऊ चली गईं, उन्होंने अपनी कांग्रेस की सदस्यता भी लखनऊ स्थानांतरित करा ली। इसके बाद दुर्गा भाभी, 'त्रिपुरा कांग्रेस अधिवेशन' के लिए आजमगढ़ से प्रतिनिधि चुनी गईं। रचनात्मक कार्यों की ओर रुझान होने के कारण उन्होंने 1939 में अड्यार मद्रास से मांटेसरी शिक्षण पद्धति की ट्रेनिंग ली और 1940 में लखनऊ आ गईं। जुलाई 1940 में दुर्गा भाभी ने यहां 'मांटेसरी स्कूल' की स्थापना की, जो आज इंटरमीडिएट कॉलेज के रूप में पुष्पित एवं पल्लवित हो रहा है। लखनऊ में जहां दुर्गा भाभी का आवास था, आज वहां 'शहीद स्मारक' तथा 'स्वतंत्रता-संग्राम-शोध केंद्र' बना हुआ है। इसका श्रेय दुर्गा भाभी और 'लाहौर केस' में आजीवन काला पानी की सजा प्राप्त क्रांतिकारी शिव वर्मा को है। दुर्गा भाभी ने अपना सबकुछ इस शोध केंद्र के लिए समर्पित कर दिया और स्वयं अपने पुत्र शचींद्र वोहरा के पास गाजियाबाद आ गईं।[38] 1993 में मेरठ विश्वविद्यालय ने दुर्गा भाभी को डी.लिट् की उपाधि प्रदान की।[39]

23 मार्च 1993 में समाजवादी पार्टी के नेता एवं पूर्व प्रधानमंत्री चंद्रशेखर ने दुर्गा भाभी को सम्मानित किया।[40] 30 जनवरी 1995 में दिल्ली के मुख्यमंत्री मदन लाल खुराना दुर्गा भाभी के निवास-स्थान पर गए और उनसे चिकित्सा सहायता लेने को कहा, पर दुर्गा भाभी ने किसी भी प्रकार की सरकारी सहायता लेने से इनकार कर दिया।

14 अक्टूबर 1999 की रात दुर्गा भाभी ने महाप्रयाण किया। संपूर्ण भारत की तो बात ही क्या, गाजियाबाद भी, जहां वह अनेक वर्षों से रह रही थीं, इस घटना से बेखबर रहा।

आजाद भारत में दुर्गा भाभी गुमनाम मौत की नींद सो गईं। देश ने राजकीय सम्मान के साथ उस वीरांगना की अंत्येष्टि भी नहीं की।[41] राष्ट्रहित में दी गई इस अभूतपूर्व कुर्बानी के लिए देश उन्हें सदैव स्मरण करता रहेगा। भावी पीढ़ी उनसे प्रेरणा ग्रहण करती रहेगी।

संदर्भ एवं टिप्पणियां

1. गुप्ता, नरेंद्र कुमार (संपादक), *क्रांतिकारिणी दुर्गा भाभी*, प्रयास प्रकाशन, गाजियाबाद, 2001,पृ. 6.
2. जौहरी, निधि द्वारा दुर्गा भाभी से लिया गया साक्षात्कार, 25 अगस्त 1933.
3. उपाध्याय, विश्वमित्र, *शचींद्र नाथ सांयाल और उनका युग*, प्रगतिशील जन प्रकाशन, नई दिल्ली, 1983, पृ. 294.
4. व्यक्तिगत साक्षात्कार, श्रीमती दुर्गा देवी वोहरा, गाजियाबाद, 31-1-1996.
5. कुलदीप द्वारा *दैनिक प्रलयंकर*, स्वतंत्रता दिवस विशेषांक, 14 अगस्त 1933 को पृष्ठ दो पर 'दुर्गा भाभी आज की लक्ष्मीबाई' नाम से लिखा गया एक लेख.
6. *मयराष्ट्र,* दैनिक समाचारपत्र, मेरठ, 1970.
7. व्होरा, आशा रानी, *क्रांतिकारी महिलाएं,* प्रकाशन विभाग 1998, नई दिल्ली, पृ. 51.
8. गुप्ता, नरेंद्र कुमार (संपादक), *क्रांतिकारिणी दुर्गा भाभी* में प्रकाशित चंद्रोदय दीक्षित का लेख 'दुर्गा देवी', पृ. 17.
9. व्होरा, आशा रानी, *क्रांतिकारी महिलाएं,* पृ. 52.
10. त्रिपाठी, वचनेश, *क्रांतिमूर्ति दुर्गा भाभी*, हिंदी अकादमी, दिल्ली, 1996, पृ. 22.
11. उपरोक्त, पृ. 16.
12. व्होरा, आशा रानी, *महिलाएं और स्वराज्य*, प्रकाशन विभाग, 1999, पृ. 294.
13. त्रिपाठी, वचनेश, *क्रांतिमूर्ति दुर्गा भाभी*, पृ. 18.
14. पटोरिया, राजेंद्र (संपादक), *खनन भारती*, महाराष्ट्र 1988, पृ. 66.
15. *क्रांतिकारिणी दुर्गा भाभी*, पृ. 17.
16. *अमर उजाला*, शिव कुमार गोयल का लेख-'क्रांति की साक्षात प्रतिमूर्ति दुर्गा भाभी', मेरठ, 15 अगस्त, 1997.
17. चंद्र, बिपिन, *भारत का स्वतंत्रता संघर्ष,* हिंदी माध्यम कार्यान्वय निदेशालय, दिल्ली विश्वविद्यालय, 1991, पृ. 219.
18. त्रिपाठी, वचनेश, *क्रांतिमूर्ति दुर्गा भाभी*, पृ. 25.
19. दीक्षित, चंद्रोदय, 'दुर्गा भाभी', *स्वतंत्र भारत*, लखनऊ, 1990.
20. यशपाल, *सिंहावलोकन*, भाग 3, लखनऊ, 1961, पृ. 37.
21. बाला ऊषा, *भारत की महिला स्वतंत्रता सेनानी*, नई दिल्ली, 1998, पृ. 182.
22. *युवक,* मासिक पत्रिका, शहीद स्मृति अंक, जीवनी मंडी, आगरा, 1969, पृ. 33.
23. फाइल नं. 4/13/1930, होम पॉलिटिकल डिपार्टमेंट, गवर्नमेंट ऑफ इंडिया.
24. व्यक्तिगत साक्षात्कार, श्रीमती दुर्गा देवी वोहरा, गाजियाबाद, 31-1-1996.
25. दीक्षित, चंद्रोदय, 'दुर्गा भाभी', *स्वतंत्र भारत*, 1990.
26. उपरोक्त.
27. व्होरा, आशा रानी, *क्रांतिकारी महिलाएं,* पृ. 53.

28. व्होरा, आशा रानी, *महिलाएं और स्वराज्य*, पृ. 297.
29. यशपाल, *सिंहावलोकन*, पृ. 38.
30. व्यक्तिगत साक्षात्कार-श्रीमति दुर्गा देवी वोहरा, गाजियाबाद, 31-1-1996.
31. व्होरा, आशा रानी, *महिलाएं और स्वराज्य*, पृ. 297.
32. *अमर उजाला*, मेरठ, 15 अगस्त 1997.
33. *ट्रिब्यून,* लाहौर, 16 सितंबर 1932.
34. त्रिपाठी, वचनेश, *क्रांतिमूर्ति दुर्गा भाभी*, पृ. 45.
35. व्होरा, आशा रानी, *महिलाएं और स्वराज्य*, पृ. 298.
36. *हिंदुस्तान टाइम्स*, दिल्ली, 15 अगस्त 1972.
37. *दैनिक प्रलयंकर*, अगस्त 14, 1993.
38. त्रिपाठी, वचनेश, *क्रांतिमूर्ति दुर्गा भाभी*, पृ. 134.
39. साक्षात्कार, 'दुर्गा भाभी', *अमर उजाला*, मेरठ, 15 अगस्त 1997.
40. *अमर उजाला*, मेरठ, 23 मार्च 1993.
41. मित्तल, अजय, 'दुर्गा भाभी का यूं चले जाना', *मीडिया फोरम फीचर्स*, लखनऊ, पृ. 3, 4.

39. उत्तर प्रदेश में स्वराज दल की राजनीति

संध्या मिश्रा*

1922 से 1926 तक स्वराज दल ने प्रांतीय राजनीति का मार्गदर्शन किया। यहां इस शोधपत्र में 'उत्तर प्रदेश के कौंसिल चुनाव' की राजनीति पर ध्यान केंद्रित किया गया है। 1923 में दूसरे कौंसिल के चुनाव में स्वराजियों ने कैसे प्रचार अभियान किया तथा स्वराजियों ने किस प्रकार की कौंसिल में भूमिका निभाई तथा यह भी समझना आवश्यक है कि 1926 के चुनाव में स्वराज दल असफल क्यों हो गया।

1922 में सभी प्रांतों को एक सूत्र में बांधने की दृष्टि से स्वराजियों का ध्यान 1919 के संविधान द्वारा किए गए उपायों की ओर गया। इस संविधान द्वारा किए गए परिवर्तनों से प्रांतीय राजनीतिकों को पर्याप्त अवसर उपलब्ध हो गए थे। असहयोग संघर्ष के विकल्प के रूप में संवैधानिक राजनीति के साधन को अजमाने के पक्ष में भावना प्रबल होती जा रही थी। प्रांतीय कौंसिल के संगठन के विषय में 1919 के अधिनियम द्वारा कुछ ऐसे महत्वपूर्ण परिवर्तन किए थे जिससे राष्ट्रीय तत्व प्रभावी भूमिका निभाते हुए प्रांतीय सरकार पर दबाव डाल सकते थे।

मोतीलाल नेहरू संवैधानिक राजनीति के प्रमुख समर्थक सिद्ध हुए। कुछ अन्य प्रांतीय नेता भी संवैधानिक राजनीति के पक्ष में थे। अंखिल भारतीय कांग्रेस कमेटी के सदस्य और *मर्यादा* के संपादक का सार्वजनिक वक्तव्य समाचारपत्रों में 28 अक्टूबर 1922 को प्रकाशित हुआ। कौंसिलों में जाकर लोग बहुत काम कर सकते हैं।[1]

कांग्रेस के अंदर कुछ राजनेता कांग्रेस की नीतियों को यथावत बनाए रखना चाहते थे, इसी निराशा और क्षोभ के वातावरण में लखनऊ में एक समिति की स्थापना हुई। समिति को भावी कार्यक्रम के विषय में सुझाव देना था। यह उपसमिति 'सिविल डिसओबिडियेंस इंक्वायरी कमेटी' कहलाई। इस समिति ने अपने प्रस्ताव पेश किए। इनका मत था कि किसी विशाल अवज्ञा आंदोलन के लिए राष्ट्र तैयार नहीं था। कौंसिल प्रवेश के प्रश्न को लेकर मतभेद कांग्रेस में तीव्र रूप से प्रकट हुआ। इस अधिवेशन में कौंसिल प्रवेश के समर्थकों ने स्वराज दल का गठन किया।

स्वराज दल के गठन के समय से ही यह स्पष्ट हो गया था कि यह दल कांग्रेस के

---

* प्रवक्ता, बरेली कॉलेज, बरेली

अंदर रह कर कार्य करने के उद्देश्य से बनाया गया था। पर कांग्रेस के अंदर एक वर्ग यह पसंद नहीं करता था। अंततः, सितंबर 1923 में दिल्ली अधिवेशन में यह निश्चय किया गया कि असहयोग के सिद्धांत के प्रति आस्था और विश्वास बनाए रखते हुए ऐसे व्यक्तियों को कौंसिलों में जाने की अनुमति दे दी जाए जो इसमें जाना चाहते थे। यह भी स्वीकार कर लिया गया कि कांग्रेस के एक विशेष वर्ग के रूप में स्वराज दल आगामी चुनावों में भाग ले सकता था।[2]

उत्तर प्रदेश कौंसिल के लिए चुनाव की तिथि 6 और 7 दिसंबर 1923 निर्धारित थी। 1923 के चुनावों में स्वराजियों के भाग लेने के कारण कई स्थानों पर जमकर प्रचार हुआ, जनसभाएं हुईं और चुनाव संघर्ष का वास्तविक रूप प्रकट हुआ। चुनव अभियान में मोतीलाल नेहरू ने अद्‌भुत संगठन शक्ति का परिचय दिया चुनाव के लिए धन जुटाया, प्रतिनिधियों को मनोनीत किया और कई स्थानों का दौरा करके चुनाव अभियान को सक्रिय बनाया।

अक्टूबर-नवंबर 1923 के प्रसार अभियान में स्वराजियों ने सक्रिय भूमिका निभाई। उनके कुछ भाषणों के अंश देकर उन मुख्य विषयों पर ध्यान केंद्रित किया जा सकता है जो उस समय उठाए गए थे। 3 दिसंबर को बनारस में स्वराजी नेता मोतीलाल नेहरू ने विशाल जनसभा को संबोधित करते हुए कहा, 'हम जोर के साथ कहते हैं कि हम कांग्रेस के हैं और हमारे बिना कांग्रेस नहीं है। हम कांग्रेस की फतेह के लिए ही कौंसिल में जा रहे हैं, कोई असहयोगी हमारा विरोध नहीं करता। यह हमारे दुश्मन ही हमारा विरोध करते हैं कि कांग्रेस का नाम न लो।'[3] इसी भाषण में उन्होंने कौंसिल प्रवेश के पक्ष में भी स्पष्टीकरण दिया। उन्होंने कहा, 'हम तो कहते हैं कि हम कौंसिलों में जाकर स्वराज्य की नींव डालेंगे। हमें डर नहीं है, अगर आपको हमारी सेवा मंजूर हो तो आप हमारे दल से खड़े हुए उम्मीदवारों को ही वोट दीजिए।'[4] दूसरी कौंसिल के चुनाव के लिए संघर्ष मुख्य रूप से स्वराजियों और उदारवादियों के बीच हुआ। स्वराजियों की मुख्य नीति यह थी कि 'वैकल्पिक राष्ट्रवादी वर्ग' के रूप में उभरती हुई उदारवादियों की छवि को निखरने न दिया जाए। मोतीलाल नेहरू ने अपने भाषणों में अधिकतर उदारवादियों पर कठोर प्रहार करते हुए उन्हें 1921-22 के दमन के लिए उत्तरदायी ठहराया। उनके इसी तर्क को अन्य सभामंचों पर भी प्रस्तुत किया गया और लगातार उदारवादियों के विरुद्ध प्रचार का क्रम चलता रहा।

1923 के इन चुनावों में मोतीलाल नेहरू तथा मदनमोहन मालवीय की समान रुचि थी। कुछ क्षेत्रों में दोनों के नाम साथ-साथ लिये गए। कृष्णकांत मालवीय ने 'मैं क्यों खड़ा हुआ' इस आशय का वक्तव्य देते हुए इन शब्दों का प्रयोग किया था, 'मैं बनारस-गोरखपुर डिवीजन से बड़े लाट की कौंसिल असेंबली की मेंबरी के लिए खड़ा हुआ हूं क्योंकि पूज्य मालवीय जी और पं. मोतीलाल नेहरू को यही आशा थी।'[5] क्योंकि इस समय असेंबली पर कब्जा करने की जरूरत थी और क्योंकि देश का हित इस बात की अपेक्षा करता है कि वे लोग असेंबली में जाएं जो सरकार के जुल्मों को रोकें। इस वक्तव्य से तो यही सिद्ध

होता है कि प्रांत के ये दोनों वरिष्ठ नेता एक-दूसरे के कंधे से कंधा मिलाकर चुनाव संघर्ष में साथ थे।

दिसंबर 1923 के दूसरे सप्ताह तक उत्तर प्रदेश की कौंसिल के संगठन का स्वरूप स्पष्ट हो चुका था। 160 निर्वाचित सदस्यों की कौंसिल में 50 सदस्य जमींदारों के प्रतिनिधि थे, 31 स्वराजी सदस्य निर्वाचित हुए थे, 7 स्वतंत्र सदस्य, 4 लिबरल, 4 प्रगतिशील और 3 यूरोपीय थे। चुनाव परिणामों की विशेषता यह थी कि जमींदारों की स्थिति पहले की तरह प्रभावशाली बनी रही और जब तक प्रांतीय सरकार को उनका सहयोग प्राप्त था। उस समय तक प्रशासन के संचालन में किसी प्रकार की कठिनाई होने की आशंका नहीं थी।[6] 1919 के अधिनियम के अधीन जो प्रांत में व्यवस्था की गई थी उसका ही यह परिणाम था कि जमींदारों का प्रभाव बना रहा।

इस प्रांतीय कौंसिल में स्वराज दल दूसरा संगठित दल था। कुछ महीनों में ही चुनाव में भाग लेकर मोतीलाल नेहरू ने जिस प्रकार नया संगठन आरंभ किया था उसकी यह उत्साहजनक सफलता थी। स्वराजियों के बढ़ते हुए प्रभाव के फलस्वरूप उदारवादियों के पैर उखड़ गए और उन्हें मात्र 4 स्थान प्राप्त करके संतोष करना पड़ा जो किसी भी राजनीतिक महत्व का नहीं रह गया। सरकार की जी-हुजूरी करने का पुरस्कार उदारवादियों को मिल गया था।

प्रांतीय कौंसिल में स्वराजियों ने अपना प्रभाव समय-समय पर दिखाया। उन्होंने ऐसे विषयों को उठाया जिनमें जनता के हितों को ठेस पहुंच रही थी। पर्वतीय क्षेत्रों में जंगलात कानूनों के प्रश्न पर बहस की मांग की गई, सामाजिक सुधार के प्रश्न उठाए गए तथा संवैधानिक मामलों पर चर्चा की गई। बजट प्रालेख की आलोचना भी की।

कुछ वर्षों में ही स्वराजी नीति और कार्यक्रम को लेकर मतभेद प्रकट होने लगे थे। मध्य प्रदेश के एक प्रमुख नेता श्री तांबे ने गर्वनर की कार्यकारिणी परिषद का सदस्य बनना अक्टूबर 1925 में स्वीकार कर लिया था।[7] मध्य प्रदेश की इस घटना से स्वराज दल से उसके कार्यक्रम को लेकर विवाद आरंभ हो गया था और कुछ समय में ही दिखाई दिया कि सरकार का लगातार विरोध करने के बजाय समयानुसार[8] उससे सहयोग करने के समर्थक सभी प्रांतों में थे।

11 मार्च 1926 को उत्तर प्रदेश कौंसिल में एक निराला दृश्य देखा गया। उस दिन स्वराज दल के नेता की हैसियत से गोविंद वल्लभ पंत ने कानपुर कांग्रेस द्वारा स्वीकृत प्रस्ताव को दोहराते हुए यह घोषणा की कि सभी स्वराजी सदस्य कौंसिल का बहिष्कार कर रहे थे।

28 सितंबर को इलाहाबाद में 'इंडिपेंडेंट कांग्रेस पार्टी' की शाखा स्थापित हो गई। स्वराज दल के विरुद्ध एक और राजनीतिक दल के गठित हो जाने से प्रांतीय राजनीति में पेचीदगी और उलझाव आ गया। कुछ महीनों में ही प्रांतीय कौंसिल के चुनाव होने वाले थे। इसे ध्यान में रखते हुए स्वराज दल के विरुद्ध यह संगठन खड़ा किया गया था।

1923 और 1926 के चुनाव अभियान के समय मुख्य अंतर यह था कि समय के साथ स्वराज दल का अनुशासन ढीला पड़ता दिखाई दे रहा था और स्वराज दल का प्रांत में विरोध करने के उद्देश्य से इंडिपेंडेंट कांग्रेस दल की स्थापना हो चुकी थी। इस कारण प्रांत के दो वरिष्ठ नेता मोतीलाल नेहरू और मदनमोहन मालवीय अलग-अलग वर्गों में बंट गए।[9] 1923 के चुनावों में सांप्रदायिक प्रश्नों को लेकर भी राजनीति विषाक्त हुई। मस्जिदों के सम्मुख बाजा बजाने के प्रश्न को लेकर प्रांत के कई नगरों में सांप्रदायिक दंगे हुए थे। चुनाव के समय हिंदू-हितों की रक्षा के प्रश्न को मालवीय जी के समर्थकों ने उठाया[10]। इससे चुनाव सभाओं में सांप्रदायिक प्रश्न उठे।

मई 1926 में चुनाव प्रचार के उद्देश्य से बनारस में एक समिति गठित कर दी गई थी। श्री प्रकाश इस समिति के संयोजक तथा शीतला सहाय और संपूर्णानंद इस समिति के सदस्य थे।

चुनाव संघर्षों में भी समस्याएं आईं। महत्वपूर्ण चुनाव संघर्ष बनारस-गोरखपुर क्षेत्र से असेंबली के लिए हुआ। इस सीट के लिए स्वराज दल की ओर से नेता श्री प्रकाश तथा इंडिपेंडेंट कांग्रेस की ओर से प्रमुख उद्योगपति घनश्याम बिड़ला चुनाव मैदान में उतरे। श्री प्रकाश ने अपनी स्थिति को स्पष्ट किया। *आज* में प्रकाशित उन लेखों में शीर्ष था 'मैं चुनाव में क्यों खड़ा हुआ।'[11] इसका अर्थ था चुनाव टाला नहीं जा सकता था। इस संघर्ष में श्री प्रकाश पराजित हो गए, स्वराज पार्टी कमजोर हुई।

कानपुर नगर की कौंसिल की सीट के लिए भी स्वराजियों और इंडिपेंडेंट कांग्रेस दल के बीच संघर्ष हुआ। यह चुनाव संघर्ष प्रांत में हुए चुनाव का वास्तविक चित्र प्रस्तुत करता है। कानपुर के प्रमुख राष्ट्रीय *प्रताप* दैनिक ने मतदाताओं को सावधान करते हुए इस प्रकार लिखा, 'आपके सामने दो प्रकार के आदमी खड़े हैं, एक वह वीर है जो जान को हथेली में रखकर नवीनता के आलिंगन के लिए आगे बढ़ रहा है, दूसरी ओर वही पुराना खुर्राट पेटू है जो सिर्फ अपने मतलब के लिए तुम्हारे वोट लेकर कौंसिल कुर्सी पर बैठना चाहता है।'[12] यह पत्र प्रांत के प्रमुख राष्ट्रनेता गणेश शंकर विद्यार्थी और सेठ चुन्नी लाल के बीच विकल्प का चित्र प्रस्तुत कर रहा था। स्वराज दल की ओर से विद्यार्थी जी तथा इंडिपेंडेंट कांग्रेस दल की ओर से चुन्नीलाल जी चुनाव मैदान में थे।

25 और 26 नवंबर को प्रांत में चुनाव संपन्न हो गए। इस चुनाव के नतीजों से स्वराजियों की आशाओं पर पानी फिर गया। स्वराज़ियों की संख्या 30 से घटकर 21 रह गई। स्वराज दल के अलावा इंडिपेंडेंट कांग्रेस दल भी प्रभावशाली ढंग से सामने न आ सका। उसको केवल 6 सीटें प्राप्त हुईं। इसके अलावा 5 लिबरल सदस्य तथा 16 स्वतंत्र सदस्य कौंसिल के लिए चुने गए।[13] (*यू.पी. फोर्टनाइटली रिपोर्ट,* दिसंबर 1926 प्रथम पक्ष।)

1926 के चुनावों से स्वराजियों की निराशा बढ़ी। 1923 में उन्होंने जल्दबाजी में चुनाव का संचालन किया था। उनका संगठन तब बिलकुल नया था। इसकी तुलना में 1926 के

चुनावों की तैयारी के लिए उनके पास पर्याप्त समय था और स्वराज दल की नीति से लोग परिचित हो चुके थे, पर स्वराजी सदस्यों की संख्या घट गई, प्रांतीय कौंसिल में कोई भी महत्वपूर्ण भूमिका नहीं निभा सके।

अत: निष्कर्ष के रूप में यह कह सकते हैं कि असहयोग के बाद स्वराज दल ने राजनीति का स्वरूप सुनिश्चित किया। स्वराज दल के सदस्यों ने ब्रिटिश सरकार के सदस्यों से संघर्ष करने के उद्देश्य से कौंसिल भवन का उपयोग किया। स्वराजियों की दृष्टि से संवैधानिक राजनीति और आंदोलनात्मक राजनीति एक-दूसरे के पूरक थे।

संदर्भ एवं टिप्पणियां

1. *आज*, 28 अक्टूबर, 1922.
2. *होम पालिटिकल प्रोसीडिंग्स*, अक्टूबर 1993, फाइल संख्या 25/1923.
3. *आज*, 6 दिसंबर 1923.
4. *आज,* 8 दिसंबर 1923.
5. *आज,* 27 नवंबर, 1923.
6. *फोर्टनाइटली रिपोर्ट यू.पी.*, दिसंबर 1923.
7. *आज*, 25 अक्टूबर 1925.
8. जयकर, एम.आर., *दि स्टोरी ऑफ माई लाइफ,* जिल्द 2, पृ. 668.
9. ए.आई.सी.सी. पेपर्स जी. 57 (4), भाग एक, 1926.
10. पांडे, ज्ञानेंद्र, *दि एसेंडेंसी ऑफ दि कांग्रेस इन उत्तर प्रदेश*, पृष्ठ 120.
11. *आज,* 17-20 अक्टूबर 1926.
12. *वर्तमान*, 26 नवंबर 1926.
13. *यू.पी. फोर्टनाइटली रिपोर्ट,* दिसंबर 1926, प्रथम पक्ष.

40. भारत छोड़ो आंदोलन में बिजनौर जनपद की भूमिका

सुरेश चंद*

बिजनौर जिला रुहेलखंड मंडल के सबसे उत्तरी भाग में स्थित है। यह सहारनपुर जिले के एक हिस्से को छोड़कर उत्तरी-पश्चिमी प्रांत के भी सबसे उत्तरी भाग में स्थित है।[1] *पुराणों, महाभारत* एवं पौराणिक कथाओं के अनुसार बिजनौर की स्थापना उत्तरी भारत के एक छोटे राजा बेन ने की थी। राजा बेन अपनी प्रजा से किसी भी प्रकार का कोई कर नहीं लेता था तथा वह अपनी राजकीय आय अपने द्वारा निर्मित बिजनों (पंखों) से ही प्राप्त करता था। इसी के कारण जिले का नाम बिजनौर पड़ा। यह भी कहा जाता है कि बिजनौर शब्द बीजनानगर (पंखों या बिजनों का नगर) या विजय नगर (विजय का नगर) का एक अपभ्रंश रूप है।[2] आजकल मुरादाबाद मंडल में स्थित बिजनौर जिला आकृति में लगभग त्रिभुजाकार है। यह 29° 2´ एवं 29° 58´ उत्तरी अक्षांश और 78° 0´ एवं 78° 59´ पूर्वी देशांतर के मध्य स्थित है। जिले की लंबाई उत्तर से लेकर दक्षिण लगभग 92.2 किमी. तथा पूरब से पश्चिम चौड़ाई लगभग 89.6 किमी. है। जिले का कुल क्षेत्रफल 4715 वर्ग किमी. है तथा क्षेत्रफल की दृष्टि से उत्तर प्रदेश में जिले का 22वां स्थान है। गंगा नदी जिले की पश्चिमी सीमा से बहती हुई जिले को मुजफ्फरनगर, मेरठ एवं सहारनपुर जिलों से अलग करती है। जिले के उत्तर में गढ़वाल एवं कुमायूं की पहाड़ियां हैं। इसकी दक्षिणी-पूर्वी सीमा मुरादाबाद एवं पूर्वी सीमा नैनीताल जिलों को स्पर्श करती है। 1853 ई. की जनगणना के अनुसार जिले की जनसंख्या 6,95,521 तथा जनसंख्या घनत्व 366 व्यक्ति प्रति वर्ग मील था।[3] सन् 1991 की जनगणना के अनुसार जिले की जनसंख्या 24,44,042 तथा जनसंख्या घनत्व 528 व्यक्ति प्रति वर्ग किमी. है। जनसंख्या की दृष्टि से जिले का प्रदेश में 23वां स्थान है। कर वसूली एवं सामान्य प्रशासन की दृष्टि से जिले को पांच उप-जिलों अथवा तहसीलों में विभाजित किया गया, जिन्हें बाद में 15 परगनों में बांट दिया गया। पुलिस प्रशासन की दृष्टि से जिले को 18 थानों में बांटा गया।[4]

एक पौराणिक कथा के अनुसार कण्व ऋषि बिजनौर के पास स्थित मालिन नदी के किनारे रहते थे तथा यहीं रावली घाट पर उन्हें एक बालिका पड़ी हुई मिली जो कि बाद में शकुंतला[5] के नाम से जानी गई। कुछ लोगों का यह विश्वास है कि *वाल्मीकि रामायण* की

* प्रवक्ता, इतिहास विभाग, के.जी.के. महाविद्यालय, मुरादाबाद (उ.प्र.).

प्रमुख पात्र सीता की अग्निपरीक्षा बास्टा[6] परगने में स्थित सीताबनी नामक स्थान पर हुई। बिजनौर जिले की चांदपुर तहसील में सैनवार नामक स्थान के बारे में कहा जाता है कि द्रोणाचार्य यहां पर अपने शिष्यों को शस्त्र-प्रशिक्षण देते थे। यहीं पर एक द्वार को आज भी द्रोणद्वार के नाम से जाना जाता है। इसके पास ही एक तालाब को द्रोण सागर के नाम से आज भी जाना जाता है।[7] जनपद में दारानगर गंज[8] नामक स्थान पर एक कुटी को विदुर कुटी के नाम से जाना जाता है। इसके बारे में यह कहा जाता है कि यह कुटी महाभारत युद्ध के प्रत्यक्ष द्रष्टा महात्मा विदुर की कुटी है तथा विदुर महाभारत युद्ध के समय पांडवों की सभी स्त्रियों को यहां ले आए थे। विदुर कुटी चूंकि गंगा के तट पर एवं हस्तिनापुर के ठीक विपरीत दिशा में कुछ मील की दूरी पर स्थित है, अत: इस बात की संभावना प्रबल हो जाती है कि महात्मा विदुर ने इस स्थान पर निबास किया था। संत विदुर की याद में यहां एक स्मारक भी बना है।

भारतीय स्वतंत्रता के लिए 1857 ई. में की गई शुरुआत के समय से ही बिजनौर जिला सक्रिय रहा है। कांग्रेस की स्थापना के पश्चात बड़ी संख्या में लोगों ने कांग्रेस की सदस्यता ग्रहण की। प्रथम विश्वयुद्ध के दौरान अंग्रेजों ने गढ़वाल में लैंसडाऊन में एक सैनिक छावनी की स्थापना की जिसके लिए सरकार ने जिले के किसानों से छावनी तक साजोसामान पहुंचाने के लिए बेगार लेना शुरू कर दिया। चौ. चंदन सिंह (निवासी कोटकादर) एवं लाला ठाकुर दास (नि. हल्दौर) ने सरकार की बेगार प्रथा के विरोध में आंदोलन छेड़ दिया तथा जिले की जनता से आह्वान किया कि वे किसी भी प्रकार की बेगार न करें।[9] रौलेट एक्ट के विरोध, खिलाफत एवं असहयोग आंदोलन में भी जिले की जनता ने बढ़-चढ़कर भाग लिया।

सन् 1929 में महात्मा गांधी जी ने जिले का दौरा किया तथा धामपुर के के.एम. स्कूल में उन्होंने अपना भाषण दिया। श्री गोविंद सहाय जी की उपस्थिति में जिले की जनता ने बड़ी संख्या में सभा में भाग लिया तथा गांधी जी के आह्वान पर कांग्रेस का संदेश जिले के गांवों एवं शहरों में पहुंचाया।[10] नमक सत्याग्रह एवं सविनय अवज्ञा आंदोलन में भी जिले की जनता ने बढ़-चढ़कर भाग लिया। सन् 1936-37 के असेंबली चुनावों के दौरान पंडित जवाहरलाल नेहरू ने भी जिले का दौरा किया। कांग्रेस मंत्रिमंडल में जिले से हाफिज मो. इब्राहिम को मंत्री बनाया गया। द्वितीय विश्वयुद्ध शुरू होने पर महात्मा गांधी के आह्वान पर व्यक्तिगत सत्याग्रह में भी जिले के लोगों ने सक्रिय भाग लिया।

कांग्रेस प्रतिनिधियों को 8 अगस्त 1942 की रात्रि को संबोधित करते हुए गांधी जी ने स्पष्ट किया कि 'असली संघर्ष इसी क्षण से शुरू नहीं हो रहा है। आपने सिर्फ अपना फैसला करने का अधिकार मुझे सौंपा है इसलिए मैं तुरंत स्वतंत्रता चाहता हूं। अगर हो सके आज ही रात, पौ फटने से पहले ...धोखाधड़ी और असत्य अकड़कर चल रहा है... आप मेरी बात मानिए तो मैं वायसराय के साथ मंत्रिमंडलों आदि के लिए सौदा करने नहीं जा रहा हूं। मैं पूर्ण स्वतंत्रता से कम किसी भी चीज से संतुष्ट नहीं हो सकता... यह है एक मंत्र

बड़ा छोटा सा जो मैं आपको देता हूं। इस मंत्र को आप अपने हृदय पर अंकित कर सकते हैं और आइए आपकी हर सांस इसको व्यक्त करे। मंत्र है 'करो या मरो'। हम भारत को स्वतंत्र करेंगे या इस प्रयास में मर मिटेंगे। हम अपनी गुलामी को स्थायी बनाया जाता देखने के लिए जिंदा नहीं रहेंगे...।'

कांग्रेस अभी अपना आंदोलन शुरू भी नहीं कर पाई थी कि 9 अगस्त की सुबह ही गांधी जी एवं अन्य प्रमुख नेताओं को गिरफ्तार करके अज्ञात स्थान पर भेज दिया गया तथा कांग्रेस को एक बार फिर से गैर-कानूनी संगठन घोषित कर दिया गया।

कांग्रेस के ज्यादातर बड़े नेताओं की गिरफ्तारी की खबर से देशवासी स्तब्ध रह गए तथा पूरे देश में प्रत्येक स्थान पर एक स्वत:स्फूर्त विरोध आंदोलन शुरू हो गया जिससे लोगों का दबा हुआ गुस्सा साफ नजर आने लगा। सारे देश में हड़तालें होने लगीं, कारखाने, स्कूल और कॉलेज बंद हो गए। प्रदर्शनकारियों पर पुलिस ने लाठी एवं गोलियां बरसाईं जिससे बहुत से स्थानों पर भीड़ हिंसक हो गई। जनता ने ब्रिटिश सत्ता के प्रतीक टेलीग्राफ तथा टेलीफोन के तार काटे, रेल लाइनों को क्षति पहुंचाई तथा सरकारी इमारतों को आग लगाई।[12]

बिजनौर जिले में गांधी जी द्वारा दिए गए मंत्र 'करो या मरो' का तीव्रता से असर हुआ जिससे 9 अगस्त 1942 की सुबह ही पुलिस ने कांग्रेस कमेटी के जिला कार्यालय पर धावा बोल दिया तथा पुलिस कार्यालय का सभी सामान उठाकर ले गई तथा वहां पर अपने गुप्तचर छोड़ दिए ताकि वहां आने वाले लोगों पर नजर रखी जा सके। पुलिस ने जिले के प्रमुख कांग्रेसियों की गिरफ्तारी तो 8 अगस्त की रात को ही कर ली थी, कांग्रेस के एक प्रमुख नेता अब्दुल लतीफ साहब को 8 अगस्त को ही गिरफ्तार कर लिया गया था।[13] उस समय जिला कांग्रेस के मंत्री चौ. होरी सिंह तथा प्रधान चौ. चंदन सिंह थे।[14] 10 अगस्त को चौ. चंदन सिंह, चौ. होरी सिंह तथा चंद्रशेखर गोयल को नजरबंद कर जेल भेज दिया गया। धामपुर के सर्वश्री रामनिवास गुप्ता, डॉ. कालिका प्रसाद, महाशय विश्वंभर नाथ माहेश्वरी, किरतपुर के श्री बाबूराम चौहान, बैरमपुर के श्री धर्मवीर सिंह त्यागी, नगीना के हाफिज मोहम्मद इब्राहिम एवं भगवत प्रसाद सिंह, मंडावर के पं. केशव सरन शर्मा, एडवोकेट बाबू ढाल गोपाल, गजरौला के श्री शीतल जी, नहटौर के सर्वश्री आनंद प्रकाश गुप्ता, नेमीशरण जैन, रतन लाल जैन, चौ. शूरवीर सिंह एडवोकेट, नांगल के श्री गोपानाथ, फतेहपुर के श्री रामचंद्र सिंह त्यागी कुछ ऐसे वीर सेनानी थे जिन्हें जिले में भारत छोड़ो आंदोलन शुरू होने से पहले ही भारत सुरक्षा कानून के तहत गिरफ्तार कर नजरबंद कर जेल भेज दिया गया था, ताकि आंदोलन को गति न प्रदान कर सकें। परंतु कुछ लोग स्थिति को भांप कर पहले ही भूमिगत हो गए थे, जिससे बाद में आंदोलन को पूरे जिले में सक्रिय रूप से चलाया जा सका। धामपुर क्षेत्र में चौ. खूब सिंह के साथ रफैतपुर के चौ. मितान सिंह, उदयपुर के श्री थानसिंह, कासमपुर गढ़ी के श्री छेदासिंह, जटपुरा के श्री शिवनाथ सिंह,

श्री हरिवंश सिंह, शेरकोट के श्री ओम प्रकाश एवं श्री नंद किशोर, सरकड़ा के श्री उदयबल सिंह एवं भारत सिंह, बुआपुर नत्थू के श्री नत्थू सिंह एवं श्री बनवारी सिंह, मनकुआ के श्री मनोहर सिंह, जैतरा के श्री मवासी राम कुछ ऐसे व्यक्ति थे जो भूमिगत रहकर धामपुर क्षेत्र में तोड़फोड़ द्वारा सरकारी संपत्ति जैसे रेल लाइन, बिजली एवं टेलीफान के तार काट कर, डाकखानों इत्यादि को नुकसान पहुंचा कर आंदोलन चलाते रहे। धामपुर नगर के सर्वश्री जगदीश उर्फ मस्ता, किशोरी लाल, प्यारे लाल गुप्ता ऐसे व्यक्ति थे जिन्होंने भूमिगत रहते हुए प्रशासन की नाक में दम कर रखा था।

नहटौर क्षेत्र में आंकू के पं. लल्लू सिंह के नेतृत्व में इस क्षेत्र के कांग्रेसियों ने भूमिगत रहकर भारत छोड़ो आंदोलन के लिए तोड़फोड़ करके सरकारी संपत्ति को अधिक से अधिक नुकसान पहुंचाना अपना उद्देश्य बना लिया था।

किरतपुर क्षेत्र में भोजपुर के श्री शंभूदत्त शर्मा तथा किरतपुर के श्री शेरसिंह ने गाजीवाली के लाला रामस्वरूप गोयल के साथ मिलकर भूमिगत रहकर आंदोलन की कार्यवाही का संचालन किया। इन्होंने हाईकमान से प्राप्त इश्तहारों को बांटने, बिजली एवं टेलीफोन के तार काटने, सरकारी इमारतों से यूनियन जैक उतार कर तिरंगा झंडा फहराने जैसे कार्यों को किया। शेरसिंह जी ने सरकारी अधिकारियों को नौकरी छोड़कर आंदोलन में शामिल होने के लिए पत्र लिखने का कार्य भी किया तथा कई बार सरकारी कर्मचारियों की पिटाई भी की। इन्होंने हथियार खरीदने के लिए गुप्त रूप से चंदा इकट्ठा करना शुरू किया तथा गांधी जी के चित्रों की बिक्री करके पैसा इकट्ठा किया। परंतु पुलिस ने इन्हें एक ऐसे स्थान पर घेर लिया जहां से निकल भागना असंभव था। अतः पुलिस ने इन्हें गिरफ्तार कर लिया। एक सप्ताह की हवालात के पश्चात इन्हीं के एक पड़ोसी देशद्रोही की गवाही पर इन्हें डेढ़ साल की सख्त कैद की सजा दी गई।[15]

नगीना क्षेत्र में भूमिगत रहकर आंदोलन को दिशा-निर्देशन देने का कार्य चौ. चंदन सिंह के ऐसे सहयोगियों ने किया जो गिरफ्तार नहीं हो सके थे। इनमें नगीना के सर्वश्री ओमप्रकाश, भगवत प्रसाद सिंह 'गांधी,' ज्ञानेंद्र सिंह, रामगोपाल गुप्ता, धर्मशानंगली के श्री चुन्ना सिंह, रजपुरा के श्री नियादर सिंह गहलौत, रोशनपुर के श्री मुखराम शर्मा, सैदखेड़ी के श्री सुर्जन सिंह एवं रामचंद्र सिंह, हैजरपुर के श्री शिवनाथ सिंह आदि के नाम प्रमुख हैं जिन्होंने तोड़फोड़ कराने, कांग्रेस की डाक पहुंचाने, टेलीफोन एवं बिजली के तार काटने, सरकारी भवनों पर तिरंगा फहराने, इश्तहार बांटने या किसी खबर को भूमिगत स्थान पर कार्य कर रहे लोगों तक पहुंचाने का कार्य किया जिससे पुलिस एवं प्रशासन इनकी गतिविधियों से परेशान रहता था तथा हर समय पुलिस इनकी तलाश में रहती थी।

चांदपुर क्षेत्र में भूमिगत रहकर तोड़-फोड़ कराने एवं आंदोलन को चलाने का कार्य सैंधवार के सर्वश्री गुलाब सिंह, बलवंत सिंह, महावीर सिंह, दत्याना के श्री नरदेव सिंह त्यागी एवं श्री वीरेंद्र शर्मा ने किया।

नजीबाबाद क्षेत्र में नजीबाबाद के भारत भूषण, गाजीवाली के सर्वश्री रामस्वरूप गोयल, कुंदन सिंह, कलमू सिंह, पूरन सिंह, तुलाराम सिंह, मोतीराम पाल, शादीराम, तिसोतरा के श्री कृपाल सिंह, नांगल के श्री गोपीनाथ गुप्ता, जालपुर के मेहूसिंह ने भूमिगत रहकर आंदोलन का संचालन किया।[16]

इस प्रकार पूरे जिले के प्रत्येक क्षेत्र में आंदोलन दिन–प्रतिदिन विकराल रूप धारण करता चला गया तथा तोड़–फोड़ की कार्यवाहियां बढ़ने के साथ–साथ आंदोलनकारी निडर होकर पुलिस से टकराने लगे तथा सरकारी इमारतों पर तिरंगा फहराने जैसे कार्य बढ़ते गए। इसी प्रकार का एक मसविदा तैयार कर भूमिगत हुए आंदोलनकारियों ने धामपुर में कुलमणि सिंह को दिया। कुलमणि सिंह के नेतृत्व में योजनानुसार 12 अगस्त 1942 को बेशुमार भीड़ ने तहलका मचाना शुरू कर दिया। युवकों ने पूरे धामपुर शहर में अंग्रेजो भारत छोड़ो, अब फिरंगियों का राज नहीं रहेगा, भारत माता की जय, महात्मा गांधी का जय, अगस्त क्रांति जिंदाबाद, इंकलाब जिंदाबाद के नारे लगाते हुए जुलूस निकाला। यद्यपि वर्षा बहुत तेज थी परंतु युवक इतनी तेजी से नारे लगा रहे थे कि बारिश की आवाज का पता ही नहीं चल रहा था। चूंकि युवक बड़े उत्तेजित थे इसलिए पुलिस बड़ी चिंतित थी कि पता नहीं ये लोग कब किस ओर मुड़ जाएं और पता नहीं क्या कर दें। इसलिए पुलिस बड़े असमंजस में थी कि क्या करें। पुलिस जुलूस को थाने के सामने रोक देना चाहती थी, परंतु रोक नहीं सकी। बड़ी मंडी के पास पहुंचकर युवकों ने अंग्रेजों के आमोद–प्रमोद स्थल कार्निवाल को ध्वस्त कर दिया।[17] इसके बाद जुलूस जैतरा की तरफ मुड़ गया तथा रेलवे स्टेशन पहुंचकर सभी रेलवे सिगनलों को निष्क्रिय कर दिया। स्टेशन मास्टर के कमरे में घुसकर सभी यंत्रों, नक्शों एवं तारों को उखाड़ दिया। इसके बाद रिकॉर्ड रूम में घुसकर युवकों ने सभी रजिस्टरों एवं अन्य अभिलेखों को फाड़कर बाद में आग लगा दी। टिकट काउंटर की तरफ की खिड़की को तोड़कर युवक उसके अंदर घुस गए तथा यहां रखे सभी टिकटों में आग लगा दी। गार्ड रूम को बाहर से ताला लगाकर सभी गार्डों को उसमें बंद कर दिया तथा पुलिस के आने से पहले ही वहां से भाग गए। इसके बाद युवक डाकखाने पहुंचे तथा डाकखाने के सभी रजिस्टरों एवं पत्रों इत्यादि को उठाकर फाड़ने के बाद पास ही एक कुएं में फेंक दिया तथा डाकखाने में आग लगा दी। इसके बाद जुलूस के रास्ते में जिस किसी भी अंग्रेज अधिकारी का आवास या दफ्तर पड़ा उस पर तिरंगा फहराया तथा जितनी भी अधिक से अधिक तोड़फोड़ की जा सकती थी, की तथा इसके पश्चात कुलमणि सिंह एवं उनके साथी शहर से फरार हो गए तथा आसपास के जंगलों एवं गांवों में जा छिपे।[18]

जुलूस के समाप्त होते ही पुलिस ने शहर में मुनादी करा दी कि शहर में धारा 144 लगा दी गई है, परंतु जैसे ही सिपाही एवं ढोलची मुनादी करते हुए छोटी मंडी के पास पहुंचे युवा क्रांतिकारी श्रीकृष्ण मिश्रा ने ढोलची से ढोल छीनकर जमीन पर पटक दिया तथा डॉ. अमीरी सिंह ने सिपाही की बंदूक छीनकर नाली में फेंक दी। थोड़ी देर बाद पुलिस अधीक्षक

भी धामपुर पहुंच गए। उन्हें देखते ही साहसी युवकों ने 'टोडी बच्चा हाय-हाय' के नारे लगाते हुए तालियां पीट दीं जिससे पुलिस अधीक्षक को गुस्सा आ गया तथा उसने युवकों को गिरफ्तार करने का तत्काल आदेश दिया, जिससे काफी युवकों को गिरफ्तार कर जेल भेज दिया गया तथा बाद में उन पर झूठे आरोप लगाए गए।[19]

12 अगस्त की तोड़-फोड़ के सिलसिले में जब पुलिस इंस्पेक्टर कुलमणि सिंह के घर पहुंचा तो बाहर से ही उसने कहा कि कहां है शेर का बच्चा जरा हम भी तो देखें? इतनी हिम्मत है तो बाहर निकलकर आ। यह सुनकर कुलमणि सिंह की बहन बाहर निकलकर आई तथा बोली, शेर जंगल में रहता है घर में नहीं, जाओ जंगल में ढूंढ़ो।[20]

इस जुलूस एवं तोड़-फोड़ के सिलसिले में पुलिस ने जिन लोगों को गिरफ्तार किया तथा जेल भेजा उनमें धामपुर के प्रमुख व्यक्तियों के नाम सर्वश्री वासुदेव प्रसाद, इंदर सिंह, देवकीनंदन गुप्ता, नेमीशरण मित्तल, बनारसी दास, बांके लाल गर्ग, ब्रजनंदन शरण बंसल, भूरेसिंह गुप्ता, मंगूलाल, कैलाशचंद, रामअवतार दीक्षित[21], घसीटा गिरी, पं. रामकृष्ण शर्मा, रामनाथ तथा शफीकुल रहमान हैं। इन सभी पर मुकदमा चलाया गया तथा कारावास एवं जुर्माना दोनों का दंड इन्हें भुगतना पड़ा।

चांदपुर के हाईस्कूल के विद्यार्थियों ने भी धामपुर की भांति एक सम्मिलित जुलूस श्री महेश सरन गर्ग के नेतृत्व में निकालने का निर्णय लिया तथा पहले दिन चांदपुर हाईस्कूल के भवन से यूनियन जैक उतारकर तिरंगा फहरा दिया। इस सिलसिले में महेश सरन गर्ग को 13 अगस्त की रात को पुलिस उन्हें उनके घर से उठाकर ले गई।[22] 14 अगस्त को महेश सरन गर्ग के साथियों ने शहर में एक जुलूस निकाला जिसमें असंख्य छात्रों एवं नागरिकों ने भाग लिया। भीड़ ने स्टेशन पहुंचकर रेल की पटरियां उखाड़ दीं तथा कार्यालय में तोड़-फोड़ की जिससे स्टेशन को बहुत नुकसान हुआ। इस सिलसिले में पुलिस ने चांदपुर के सर्वश्री कश्मीरी लाल, कृष्ण प्रकाश, गोपीनाथ आर्य, इरफान अहमद, महेश चंद्र, राजकुमार मित्तल, रामौतार, रामेश्वर प्रसाद, पीपलसाना के श्री कढेरा सिंह तथा सैंधवार के श्री छतर सिंह और श्री बलवंत सिंह को गिरफ्तार कर तोड़-फोड़ कानून के तहत जेल भेज दिया गया। बाद में इन सभी को सख्त कारावास की सजा हुई एवं जुर्माना भरना पड़ा।

11 अगस्त 1942 को नूरपुर के कार्यकताओं ने यह निर्णय लिया कि आने वाले 16 अगस्त को नूरपुर थाने पर तिरंगा फहराया जाए। इसके लिए एक योजना बनाई गई तथा नूरपुर के चारों तरफ स्थित गांवों में कार्यकर्ताओं को इसकी सूचना दे दी गई। इस बैठक की कार्यवाही इतनी गुप्त रखी गई थी कि प्रशासन को इसकी हवा भी नहीं लग पाई। परंतु पुलिस ने फिर भी संदेह के आधार पर पूछताछ के लिए श्री नन्हे सिंह को पकड़कर थाने ले जाकर उनकी बहुत पिटाई की। परंतु फिर भी उन्होंने कुछ नहीं बताया।[23]

योजना के अनुसार 16 अगस्त को एक जुलूस फीना की ओर से श्री चंद्रपाल सिंह तथा श्री क्षेत्रपाल सिंह के नेतृत्व में, दूसरा जुलूस गोहावर की तरफ से श्री परवीन सिंह,

रिक्खी सिंह, नारायण सिंह एवं किशोरी सिंह के नेतृत्व में तथा तीसरा जत्था ताजपुर की तरफ से डॉ. राजकुमार के नेतृत्व में स्योहारा वाली पक्की सड़क से नूरपुर की ओर आ रहा था।[24] स्थानीय पुलिस ने फीना की तरफ से आ रहे जुलूस को नूरपुर के बाहर ही लाठी चार्ज करके रोकना चाहा, परंतु जुलूस को रोकने के लिए पुलिस जितनी ताकत लगा रही थी उससे कई गुना ताकत जुलूस में शामिल युवकों में थी। इस लाठी चार्ज से जुलूस के लोग थोड़ी देर के लिए रुक अवश्य गए, परंतु इधर-उधर से निकलकर धामपुर वाली पक्की सड़क से होते हुए थाने के पास रुक गए तथा अन्य जुलूसों का इंतजार करने लगे।

दूसरा जुलूस जो गोहावर की तरफ से आ रहा था, उसमें उपस्थित सभी लोगों के हाथों में तिरंगा झंडा था तथा पगताल पर यह गीत गाते हुए थाने की ओर बढ़ रहे थे :

प्राण मित्रों भले ही गंवाना, पर ये झंडा न नीचे झुकाना।
तीन रंगा है झंडा हमारा बीच चर्खा चमकता सितारा॥
ये है आजाद पन की निशानी, इसके पीछे हैं लाखों कहानी।
क्या भूले हो जलियान वाला, पापी अपर का इतिहास काला॥
गोलियों की लगी जब छड़ी थी, नींव आजादी की तब पड़ी थी।
याद हो गर वो खूं में नहाना तो ये झंडा न नीचे झुकाना॥
प्राण मित्रों....
सच बोलो तो है जेल खाना, बस इसी पर छिड़ा ये तराना।
होना आजाद या मिट ही जाना, पर ये झंडा न नीचे झुकाना॥
प्राण मित्रों...
पेट के है बल हमको चलाया, मां और बहनों को घर-घर रुलाया।
याद हो गर ये तुमको फसाना, तो ये झंडा न नीचे झुकाना॥
प्राण मित्रों....

यह दूसरा जुलूस एवं ताजपुर की ओर से तीसरा जुलूस दोनों थाने के पास पहुंच गए। जब ये तीनों जलूस थाने पर इकट्ठा हो गए तो लगभग 15-20 हजार लोग इस भीड़ में थे।[25] उस समय सभी युवक हाथ में तिरंगा लहराते हुए सामूहिक स्वर में गाए जा रहे थे तथा सभी के मन में यह इच्छा थी कि मैं पहला व्यक्ति होऊं जो थाने पर तिरंगा फहराए।[26] यद्यपि जान की बाजी लगाकर प्रत्येक युवक ने थाने पर तिरंगा फहराने की कसम खाई थी, परंतु इन युवकों का उद्देश्य वास्तव में थाने पर शांतिपूर्व तरीके से झंडा फहराने का था। इसी उद्देश्य से नूरपुर के वैद्य जगनंदन प्रसाद तथा ताजपुर के डा. राजकुमार थाने के इंचार्ज से यह बात करने गए कि हम सभी लोग थाने पर तिरंगा फहराकर वापस चले जाएंगे। परंतु थानेदार ने उनकी इस बात को नहीं माना। इसी बीच पुलिस ने कस्बे में यह अफवाह फैलाकर कुछ लोगों को अपनी ओर कर लिया कि भीड़ नूरपुर को लूटने का मन बनाकर आई है,

जिससे कस्बे के कुछ लोग पुलिस के साथ हो गए तथा जुलूस को पीछे हटवाने में मदद करने लगे। निहत्थे प्रदर्शनकारियों को जब पुलिस ने पीछे धकेलना शुरू किया तो इससे भीड़ में काफी लोगों को गिरकर चोटें आईं। भीड़ के कुछ शरारती तत्वों ने पुलिस वालों की टोपियां उतारकर हवा में उछालनी शुरू कर दीं। इससे पुलिस ने शुरू में लोगों की टांगों पर लाठियां मारनी शुरू कर दीं, परंतु भीड़ फिर भी लगातार भारत माता की जय, इंकलाब जिंदाबाद, महात्मा गांधी की जय, आज हमारा फैसला है—थाने पर तिरंगा लहराएंगे के नारे लगाती रही। लाठी मारते-मारते जब पुलिस थक गई तो उसने हवाई फायर शुरू कर दिए। फायरिंग से कुछ लोग तितर-बितर तो अवश्य हुए, परंतु अधिकतर युवक डरे नहीं। कुछ युवकों ने तिरंगा हाथ में लेकर थाने की दीवार पर चढ़ना शुरू कर दिया। तब पुलिस ने निशाना साध कर गोली चलाई। इन गोलियों से गुनियाखेड़ी के श्री परवीन सिंह का शरीर छलनी हो गया तथा वे नीचे गिर पड़े। परंतु तिरंगा फिर भी इस वीर के हाथ में सीधा खड़ा था। इसके पश्चात गोली अस्करीपुर के श्री रिक्खी सिंह को लगी तथा उन्हें पुलिस ने थाने में खींच लिया। तीसरी गोली ढेली अहीर के श्री मुंशीराम को लगी तथा गोहावर के श्री नत्थू सिंह भी गोली लगने से खून से लथपथ हो गए। श्री रिक्खी सिंह की जेल अस्पताल में पहुंचकर मृत्यु हो गई।[27] परवीन सिंह की लाश तो पुलिस ने थाने से उठाकर कहीं मिट्टी का तेल छिड़ककर जला दी। श्री रिक्खी सिंह की जब जेल में मृत्यु हो गई तो पुलिस उनके शव को भी तेल छिड़ककर फूंक देना चाहती थी, परंतु जिला कारागार में बंद लगभग 300 कैदियों ने हड़ताल कर दी।[28] तब रिक्खी सिंह की लाश उनके परिवार वालों को दी गई। उस दौरान जेल में बंद चांदपुर के इरफान साहब ने एक नज़्म रिक्खी सिंह की याद में लिखी जो इस प्रकार है :

रिक्खी यह मरना मुबारिक, यह मरना मुबारिक
तू कहना यह जाकर हमारे खुदा से
बड़े कष्ट में हैं बंदे तुम्हारे
हुकूमतें मक्कार अंगरेजियों की
इसे गर बदल दो तो मेहर हो तुम्हारी।[29]

इसके बाद अगले दिन से ही पुलिस ने पूरे क्षेत्र के सभी गांवों में लोगों को घर-घर जाकर पीटना तथा गिरफ्तार करना शुरू कर दिया। पुलिस ने लूटपाट भी बहुत की। घरों में घुसकर व्यक्तिगत सामान की बहुत तोड़-फोड़ करनी शुरू कर दी। पुलिस के इस अत्याचार से इलाके की जनता बड़ी परेशान हो गई। फलत: गोविंद सहाय जी एवं प्रदेश के अन्य नेताओं ने कुछ जिम्मेदार लोगों को मुरादाबाद में बुलाकर बातचीत की तथा इस बातचीत के बाद एक इश्तहार निकाला गया जो जिलाधीश एवं पुलिस अधीक्षक को भेजा गया। इस इश्तहार का शीर्षक व मजमून इस प्रकार था :[30]

आम जनता को न सताओ

नूरपुर में जो कुछ किया, हमने किया है और हम गिरफ्तार होना इसलिए नहीं चाहते क्योंकि हम इस सरकार को सरकार नहीं समझते, हम इस सरकार को हटाना चाहते हैं। हम हैं—नारायण सिंह, क्षेत्रपाल सिंह, भूप सिंह, चंद्रपाल सिंह, डॉ. भारत सिंह।

नूरपुर प्रदर्शन के सिलसिले में 32 व्यक्तियों को गिरफ्तार किया गया। गिरफ्तार व्यक्तियों को लोअर कोर्ट द्वारा 6-6 वर्ष की सजा दी गई, जिसकी सेशन जज के यहां अपील की गई। इसमें 16 व्यक्ति दोषमुक्त कर दिए गए और शेष 16 को 2-2 साल की सजा हुई जिसकी अपील इलाहाबाद उच्च न्यायालय में की गई। उच्च न्यायालय ने उन पांच आंदोलनकारियों (सर्वश्री नारायण सिंह, क्षेत्रपाल सिंह, भूप सिंह, चंद्रपाल सिंह, डॉ. भारत सिंह) को जिनके नाम जिलाधीश एवं पुलिस अधीक्षक को भेजे गए इश्तहार में थे, निरपराध करार देते हुए दोषमुक्त कर दिया। उच्च न्यायालय के विरुद्ध न्यायाधीशों ने इश्तहार का अर्थ यह लगाया कि ऐसा उन्होंने आम जनता को पुलिस के अत्याचारों से बचाने के लिए किया। शेष आंदोलनकारियों के बारे में न्यायाधीशों ने लिखा कि जो सजा वह भुगत चुके हैं, वही पर्याप्त है। इस प्रकार 24 अप्रैल 1944 तक सभी गिरफ्तार आंदोलनकारियों को जेल से रिहा कर दिया।[31] नूरपुर थाने पर जहां श्री परवीन सिंह एवं रिक्खी सिंह को गोली मारी गई थी, उस स्थान पर उनकी याद में एक शहीद स्मारक बना हुआ है तथा प्रतिवर्ष 16 अगस्त को वहां एक मेला लगता है, जिसे देखकर यह बात एकदम सत्य प्रतीत होती है :

शहीदों की चिताओं पर लगेंगे हर बरस मेले,
वतन पर मिटने वालों का यही बाकी निशां होगा।

16 अगस्त को हर साल पूरे जिले के स्वाधीनता सेनानी शहीद परवीन सिंह एवं रिक्खी सिंह की स्मृति में नूरपुर में उनके स्मारक के पास एकत्रित होकर ठीक उस समय श्रद्धांजलि सभा का आयोजन करते हैं जिस वक्त सन् 1942 की 16 अगस्त को उन्हें गोली मारी गई थी। 16 अगस्त 1995 को मैं स्वयं वहां गया तो देखा कि वहां जिले के आमतौर से सभी स्वाधीनता सेनानी एकत्र हुए हैं। जहां एक तरफ उन्हें अपने साथियों के खोने का गम है तो दूसरी तरफ इस बात की खुशी है कि हमने अपने साथियों को तो अवश्य खोया है, परंतु आजादी हमने छीन ली है, ताकि हमारी आने वाली नस्लें स्वच्छंद होकर सांस ले सकें। इस शहीद स्मारक के पास ही एक विद्यालय भी शहीदों की स्मृति में बनाया हुआ है। परवीन सिंह की विधवा श्रीमती सरूप देई की कोई संतान नहीं है क्योंकि परवीन सिंह के शहीद होने के कुछ ही दिनों पूर्व उनकी शादी हुई थी, बाद में दूसरी शादी उन्होंने की नहीं। 16 अगस्त 1995 की इस मीटिंग में श्रीमती सरूप देई ने इच्छा व्यक्त की कि शहीद स्मारक के पास उन्हें एक छोटा सा कमरा बनाकर दे दिया जाए ताकि वे अपनी अंतिम सांस तक

अपने स्वर्गीय पति के स्मारक पर दीपक जलाकर रख सकें।[32]

16 अगस्त 1942 को बिजनौर से कोतवाली होकर नहटौर से नूरपुर जाने वाली सड़क को क्रांतिकारियों ने कई स्थानों पर काट दिया था ताकि जिला मुख्यालय से पुलिस बल नूरपुर न पहुंच सके। इस कार्य को अखेड़ा निवासी सर्वश्री उद्दे सिंह, कबूल सिंह, बीरबल सिंह, फूल्लू सिंह एवं शेर सिंह, खंडसाल के श्री नेतराम सिंह तथा नन्हेड़ा के श्री बाबूराम शर्मा ने किया। अगले दिन जब कलक्टर एवं पुलिस अधीक्षक ने नूरपुर जाते समय सड़क कटी हुई देखी तो उन्होंने बालापुर एवं अखेड़ा के लोगों से बैलगाड़ी के लिए कहा तो गांव वालों ने साफ मना कर दिया।[33]

नटहौर थाने पर टपरौला के गुण प्रकाश वैद्य ने अपने कुछ साथियों के साथ तिरंगा फहराने का निश्चय किया, परंतु पुलिस को हो रही मीटिंग का पता चल गया। पुलिस ने वहां पहुंचकर उत्पात मचा दिया जिससे सभी लोग इधर-उधर हो गए। परंतु 21 अगस्त 1942 को पुलिस ने अब्दुल अजीज को गिरफ्तार कर इतना पीटा कि मजिस्ट्रेट के सामने अदालत में वह खड़े भी नहीं हो पा रहे थे।[34] परंतु इसके बावजूद भी टपरौला के गुण प्रकाश वैद्य के साथ मिलकर अखेड़ा के कबूल सिंह, खंडसाल के श्री नेतराम सिंह, नन्हेड़ा के बाबूराम शर्मा, हकीमपुर के मुन्ना सिंह ने स्थान-स्थान पर सरकारी संपत्ति को नुकसान पहुंचाकर अव्यवस्था उत्पन्न कर दी तथा श्री गुण प्रकाश वैद्य ने गिरफ्तार होकर 4 माह की सख्त सजा एवं 150 रुपए का जुर्माना भुगता।[35]

हल्दौर ब्लाक में आंदोलनकारियों ने पूर्व में यहीं के लाला ठाकुरदास से मिली प्रेरणा के अनुसार कार्य किया। सिसौना के श्री ओमप्रकाश गौड़, झालू के श्री प्यारे लाल, कुम्हारपुरा के श्री किड्ढा सिंह एवं बलवीर सिंह, हल्दौर के सर्वश्री खवानी सिंह, मास्टर गणेश सिंह, नरेंद्र नाथ, फूल सिंह ठेकेदार, वैद्य बलीराम शर्मा, भगवंत सिंह, रामलाल सिंह, सुखलाल सिंह, सुखदेव सिंह, एवं श्रीराम जैसे सरीखे कार्यकर्ताओं ने गुप्तरूप से रेलवे स्टेशन, डाकखाने एवं पुलिस थानों के संपर्क सूत्र काटकर सरकार को पंगु व निराश बनाना, सरकारी इमारतों पर तिरंगा फहराना, पुलिस द्वारा गिरफ्तारी के लिए जाते समय सड़क काट देना जैसे कार्यों से प्रशासन की नाक में दम कर दिया।

नजीबाबाद क्षेत्र में भी क्रांतिकारियों ने इस आंदोलन में सक्रिय भाग लिया। श्री जगदीश प्रसाद जाखेटिया ने अपने साथियों के साथ नारे लगाने शुरू कर दिए तथा एक जुलूस निकाला। इसमें सर्वश्री जगतभूषण मुष्टिक, जगदीश प्रसाद, राजवंशी, धूमसिंह, बनारसी दास आर्य, मथुरा सिंह, मुसद्दी लाल वैश्य, मूलेश चंद जैन, मौ. अली आजाद, शिवचरन दास जाखेटिया तथा डॉ. हरिश्चंद्र ने भाग लिया। पुलिस इनके पीछे लग गई तो ये सभी तितर-बितर होने लगे। तभी मौ. अली आजाद ने स्वयं के आजाद होने की घोषणा कर दी जिससे सभी लोग छिप गए तथा भूमिगत रहकर ही सरकारी भवनों पर तिरंगा फहराने, सरकारी संपत्ति को नुकसान पहुंचाने का कार्य बड़े पैमाने पर किया।

इसी दौरान गाजीवाली गांव के सर्वश्री सदानंद, मुसद्दी लाल एवं गोकुल सिंह को पुलिस ने 23 अगस्त 1942 को तोड़फोड़ के सिलसिले में धारा 129 के तहत गिरफ्तार कर श्यामपुर थाने में बंद कर दिया। इसी बीच गाजीवाली के वीरों को सूचना मिली कि एस.आई. मुस्ताक अली इन तीनों को गाड़ी में ले जाकर एनकाउंटर में मारने वाले हैं। अत: इस गाड़ी को रोककर अपने साथियों को छुड़ाने की योजना बनाई गई, परंतु इस योजना की खबर किसी देशद्रोही ने थाने में दे दी। योजना की पूर्व सूचना मिलने पर मुस्ताक अली ने गाड़ी से इन तीनों कैदियों को जिला कारागार भेजने का फैसला बदल दिया तथा एक सिपाही को पत्र लेकर पुलिस अधीक्षक के पास बिजनौर भेजा। यह सिपाही दौलत सिंह 23 अगस्त को ही वहां से पत्र लेकर चला गया। परंतु जब वह 27 अगस्त तक वापस नहीं आया तो एस.आई. मुस्ताक अली की चिंता बढ़ गई कि पुलिसबल भी अभी तक नहीं आया और न ही सिपाही दौलत सिंह वापस आया। तब उसने चौकीदार आशाराम को इस बात का पता करने के लिए भेजा। 28 अगस्त को चौकीदार ने आकर बताया कि सिपाही दौलत सिंह बिजनौर पहुंचा ही नहीं। अत: दौतल सिंह की गुमशुदगी की रिपोर्ट श्यामपुर थाने में लिखाई गई तथा एस.आई. हरस्वरूप को इस केस की तहकीकात करने को पुलिस अधीक्षक ने कहा। हरस्वरूप तहकीकात के लिए जब गाजीवाली गांव पहुंचा तो पांच व्यक्तियों ने एक साथ अपने बयान एस.आई. को दिए। बयान में कहा कि हम पांचों घासी, धन्नी, रामदया, कन्हैया एवं मंगलू ने देखा कि सिपाही दौलत सिंह सड़क के किनारे जा रहा था, तब तीन व्यक्ति नारे लगाते हुए देखे, इनमें मोती एवं चंपत गांव के बीच से होते हुए सड़क की तरफ गए जबकि 6 व्यक्ति नदी के किनारे से होते हुए सड़क पर पहुंचे तथा आठों ने दौलत सिंह को घेरकर लाठियों से मारना शुरू कर दिया तथा इतना पीटा कि उसके मुंह से खून बहने लगा। इसके बाद इन सभी ने उसे उठाकर बुद्ध चमार के खेत में डाला तथा फिर लाठियां बरसाईं। इसके बाद मथुरा, तुलाराम एवं कल्लू ने सिपाही दौलत सिंह की छाती के बीच लाठियां डालकर उठाया और नदी में फेंक दिया। इन पांचों गवाहों के बयान पर पुलिस ने मुकदमा दायर किया। एस.आई. हरस्वरूप ने मथुरा, शुक्ल चंद एवं रामस्वरूप को 2 सितंबर को गिरफ्तार कर जेल भेज दिया। उसी दिन शाम को कुंदन, कल्लू एवं पूरन को भी पकड़ लिया गया। तुलाराम को 29 सितंबर को तथा चंपत सिंह को 7–8 दिसंबर 1942 तक गिरफ्तार कर लिया गया।

आठों अभियुक्तों ने सिपाही का कत्ल करने से मना कर दिया। मथुरा, शुक्ल चंद एवं रामस्वरूप ने कहा कि पुलिस ने उन पर असहनीय दबाव बनाया था इसलिए उन्होंने पुलिस के सामने दबाव में आकर कत्ल करना स्वीकारा था। अभियोजन पक्ष के वकील श्री महाराज बहादुर ने कहा कि तमाम बयानों के बाद यह स्पष्ट है कि दौलत सिंह की हत्या श्यामपुर एवं चंडी घाट के बीच में हुई तथा अभियुक्तों ने मिलकर की, परंतु अभियुक्तों की तरफ से दो वकीलों एडवोकेट हमीद अली खान एवं ब्रजनंदन सरन ने इतनी जोरदार

वकालत की कि मजिस्ट्रेट ने अदालत में अपना निर्णय सुनाते हुए कहा कि तीनों अभियुक्तों मथुरा, शुक्ल चंद एवं रामस्वरूप को डा. मलिक की रिपोर्ट के अनुसार चोट 2 सितंबर 1942 को उस दिन पहुंचाई गई जिस दिन उन्हें गिरफ्तार किया गया जिससे साफ होता है कि यह कार्य एस.आई. मुश्ताक अली एवं हरस्वरूप ने जबरदस्ती जुर्म इकबाल करने के लिए किया होगा। चश्मदीद गवाह घासी, धन्नी, रामदया, कन्हैया एवं मंगलू के बारे में मजिस्ट्रेट ने कहा कि मंगलू के एक अभियुक्त से अच्छे संबंध नहीं हैं, इसलिए वह उसे फंसाने के लिए झूठी गवाही दे रहा है। रामदया के बारे में जज ने कहा कि उसने खून होते हुए देखा और अपने घर जाकर किसी से जिक्र तक नहीं किया तथा एस.आई. के पास बयान देने चला आया। ऐसा हो ही नहीं सकता कि कोई खून होते हुए देखे और इसका जिक्र अपने परिवार में भी न करे, इसलिए इस गवाह पर विश्वास नहीं किया जा सकता। शेष तीन गवाहों के ब्यानों को भी मजिस्ट्रेट ने तर्क पूर्ण तरीके से गलत बताया। अत: सभी अभियुक्तों को निर्दोष मानते हुए दोषमुक्त कर दिया गया।

स्पेशल जज डी.एस. माथुर आई.सी.एस. ने 3 फरवरी 1943 को अपना निर्णय सुनाते हुए कहा कि सभी तथ्यों एवं गवाहों को सुनने के पश्चात अदालत को लगा कि सभी गवाह झूठे एवं अविश्वसनीय हैं, अत: अभियुक्तों के खिलाफ कोई दंडात्मक कार्यवाही नहीं की जा सकती। अत: अदालत अभियुक्तों रामस्वरूप, मथुरा, कुंदन, कल्लू, पूरन, शुक्ल चंद, तुलाराम एवं चंपत को धारा 148, 302, 149 एवं 201 आई.पी.सी. के तहत दोषी नहीं मानती तथा दोषमुक्त करती है। अत: उन्हें शीघ्र छोड़ दिया जाए।[36]

इस प्रकार यह कहा जा सकता है कि भारत छोड़ो आंदोलन के दौरान बिजनौर जिले के न केवल आंदोलनकारी बल्कि आम किसान, मजदूर एवं जिले की जनता बहुत जागरूक थी तथा लोगों ने इस आंदोलन में बहुत ही उत्साह एवं हिम्मत के साथ हिस्सा लिया। जिले की प्रत्येक तहसील, ब्लॉक एवं परगने के लगभग सभी गांवों के लोगों ने आंदोलन में न केवल सक्रिय भाग लिया, बल्कि आंदोलन के दौरान पुलिस द्वारा गोली चलाने से आंदोलनकारी शहीद भी हुए। असंख्य आंदोलनकारियों को गंभीर चोटें भी आईं तथा न जाने कितने लोगों ने अपने घर-परिवार छोड़कर जेल की यातनाएं सहीं। अत: यह कहा जा सकता है कि जिला बिजनौर भारत छोड़ो आंदोलन के दौरान अपना अमूल्य योगदान देने में पूर्णतया सफल रहा। जिले ने आंदोलन के दौरान राष्ट्रीय स्तर के नेता भी दिए जिनमें सर्वश्री बाबू गोविंद सहाय जी, हाफिज मोहम्मद इब्राहीम, महावीर सिंह त्यागी, नेमीशरण जैन, रतन लाल जैन, अब्दुल लतीफ साहब के नाम उल्लेखनीय हैं।

संदर्भ एवं टिप्पणियां

1. कानबियरे, एच.सी., *स्टेटिस्टीकल डैसक्रिप्टव एंड हिस्टोरिकल एकाउंट ऑफ दि नार्थ-वेस्ट प्राविंसेज*

ऑफ इंडिया, रुहेलखंड डिवीजन, वाल्यूम-5, पार्ट-1, इलाहाबाद, अवध, गवर्नमेंट प्रेस, 1879, पृ. 239.

2. जैन, डांगली प्रसाद, *उत्तर प्रदेश डिस्ट्रिक्ट गजेटियर्स,* बिजनौर, गवर्नमेंट ऑफ उत्तर प्रदेश, डिपार्टमेंट ऑफ डिस्ट्रिक्ट गजेटियर्स, यू.पी. लखनऊ एंड रुड़की, 1981.
3. कानबियरे, एच.सी., वही, पृ. 238.
4. वही, पृ. 238.
5. महाकवि कालिदास द्वारा रचित *अभिज्ञानशाकुंतलम्* की एक प्रसिद्ध पात्र.
6. बास्टा (आजमपुर) सम्राट अकबर के दो प्रसिद्ध दरबारी अबुल फजल एवं अबुल फैजी का जन्म-स्थान.
7. वरुण, डी.पी. : *उत्तर प्रदेश डिस्ट्रिक्ट गजेटियर्स,* लखनऊ, 1981, पृ. 21.
8. दारानगर गंज नामक स्थान बिजनौर जिला मुख्यालय से दक्षिण दिशा में 6 मील की दूरी पर गंगा के किनारे स्थित है.
9. स्वतंत्रता संग्राम के सैनिक, जिला बिजनौर (सूचना विभाग, उ.प्र. द्वारा प्रकाशित, 1969) पृ. च.
10. सुमन, चरण सिंह, *स्वाधीनता संग्राम के वीरों की गाथा,* जिला बिजनौर (सुमन प्रकाशन) धामपुर, बिजनौर 1989, पृ. 6.
11. चंद्र, बिपिन, *आधुनिक भारत* (एन.सी.ई. आर.टी., नई दिल्ली, 1976) पृ. 241.
12. वही, पृ. 241.
13. लतीफ, अब्दुल, *लतीफ की कहानी,* 'राजनीतिक डायरी,' पृ. 84.
14. *स्वतंत्रता संग्राम के सैनिक* (संक्षिप्त परिचय), जिला बिजनौर, सूचना विभाग, उत्तर प्रदेश द्वारा प्रकाशित, लखनऊ, 1969, पृ. झ.
15. सुमन, चरण सिंह, *स्वाधीनता संग्राम के वीरों की गाथा,* धामपुर, 1989, पृ.182.
16. श्री रामस्वरूप गोयल जी के व्यक्तिगत साक्षात्कार से उद्धृत.
17. सुमन, चरण सिंह : *स्वाधीना संग्राम के वीरों की गाथा,* धामपुर, 1989, पृ. 18.
18. श्री जगदीश प्रसाद उर्फ मस्ताजी के व्यक्तिगत साक्षात्कार से उद्धृत.
19. सुमन, चरण सिंह : *स्वाधीनता संग्राम के वीरों की गाथा,* धामपुर, 1989, पृ. 18.
20. श्री जगदीश प्रसाद उर्फ मस्ता जी के व्यक्तिगत साक्षात्कार से उद्धृत.
21. इनके माता-पिता सन् 1930 में लाहौर में गिरफ्तार हो गए थे, अत: इनका जन्म भी लाहौर जेल में ही हुआ था.
22. श्री महेश सरन गर्ग जी के व्यक्तिगत साक्षात्कार से उद्धृत.
23. सुमन, चरण सिंह : *स्वाधीनता संग्राम के वीरों की गाथा,* धामपुर, 1989, पृ. 21.
24. *स्वतंत्रता संग्राम के सैनिक* (संक्षिप्त परिचय), जिला-बिजनौर, सूचना विभाग उ.प्र. द्वारा प्रकाशित, लखनऊ, 1969, पृ. 3.
25. श्री किशोरी सिंह के व्यक्तिगत साक्षात्कार से उद्धृत.
26. श्री किशोरी सिंह के व्यक्तिगत साक्षात्कार से उद्धृत.
27. *स्वतंत्रता संग्राम के सैनिक* (संक्षिप्त परिचय), जिला बिजनौर (लखनऊ, 1969), पृ. 3.
28. श्री महेश सरन गर्ग जी के व्यक्तिगत साक्षात्कार से उद्धृत.
29. साक्षात्कार के दौरान महेश सरन गर्ग साहब ने हाथ से लिखकर इरफान चांदपुरी की इस नज्म को दिया.
30. *स्वतंत्रता संग्राम के सैनिक* (संक्षिप्त परिचय), जिला बिजनौर, सूचना विभाग उ.प्र., लखनऊ, 1969, पृ. 3.
31. *स्वतंत्रता संग्राम के सैनिक* (संक्षिप्त परिचय), जिला बिजनौर, सूचना विभाग उ.प्र. लखनऊ, 1989, पृ. 3.

32. 16 अगस्त, 1942 को नूरपुर में शहीद हुए श्री परवीन सिंह की विधवा श्रीमती सरूप देई के 16 अगस्त 1995 की मीटिंग में रखे गए उद्‌गारों से उद्धृत.
33. श्री नेतराम सिंह एवं चौ. भूपाल सिंह से 16 अगस्त 1995 को नूरपुर में की गई व्यक्तिगत बातचीत से उद्धृत.
34. सुमन, चरण सिंह : *स्वाधीनता संग्राम के वीरों की गाथा*, धामपुर, 1989, पृ. 164.
35. सुमन, चरण सिंह : *स्वाधीनता संग्राम के वीरों की गाथा*, धामपुर, 1989, पृ. 167.
36. मेरे पास उपर्युक्त केस के निर्णय की मूल प्रतिलिपि है जो मुझे अपने व्यक्तिगत साक्षात्कार के दौरान गाजीवाली के श्री रामस्वरूप गोयल ने दिनांक 2-7-1993 को अपने निवास-स्थान (आजकल कनखल, हरिद्वार) पर दी थी.

41. Hasrat Mohani, Indian National Movement and Communist Movement till his Disenfranchisement : An Evaluation

Habib Manzer*

Hasrat Mohani's role in the freedom struggle of India had been a subject of serious discussion among the historians. Very often his membership of two politically opposed forces at the same time puzzles any analysis of his ideological moorings.

Hasrat Mohani completed his education from M.A.O. College. He studied Aurobindo Ghosh and B.G. Telak's writing. In 1903, Aligarh turned out its first rebel.[1] In his initial political baptism Hasrat Mohani through his own publication commented on political matters and supporting the Indian National Congress. His article published was 'Musalman' congress our political Agitation' in September 1904 and second in the issue of November 1904 as 'Musalman aur Congress'.[2]

It seems probable that Hasrat attended the session of the All India Congress, as a member of the public, perhaps in 1903. The year when he completed studies. But the first mention of his name appears in the list of delegates in 1906.[3] It is from the files of Urdu-i-Mualla that we can obtain a fairly clear picture of Hasrat's stand on the political issues of these years. The article on political theme began to appears from February 1904.[4]

Hasrat Mohani's growing interest in political matter is reflected through his observation about the Mohammadan Educational Conference held in Dacca in 1906. Hasrat Mohni wrote :

> "The present condition, ultimately forced Muslim unlike Sir Sayyed Ahmad Khan to participate in politics and after Dacca Educational Conference under the presidentship of Nawab Viqar-ul-Meelk, the first conference of Muslim League held.[5] Hasrat wrote if the aims and objectives of the Muslim League would follow congress, then I will be ready to welcome it".[6]

Interestingly both Hasrat Mohani and Jinnah did not attend the meeting of

* Aligarh.

the Muhammadan Educational Conference. They kept themselves distant from Muslim League and participate in the annual session of Congress held at Calcutta in 1906.

After the Surat session of Indian National Congress in 1907, Hasrat Mohani became closer to Bal Gangadhar Tilak in keeping themselves away from Congress. This alliance with Tilak is mirrored in Urdu-i-Mualla where he opposed moderates and supported as well as advocated for the extremist wing. After 1907 when the extremist group challenged the Britishers, the Muslims also imbibed the feelings of Indian nationalism and in this context Hasrat Mohani openly admired Tilak and under his influence Abdur Rahman Bijnori and Dr. Sayed Mahmood wrote their annotational Interpretation (Sharah) of Ghalib.[7]

Hasrat Mohani was imprisoned for two years on the charge of sedition on 23rd June 1908 for not revealing the name of the author of two sensitive articles on the questions of Muslims of Egypt.[8] He was ultimately released in June 1909. His poetry written during this period of imprisonment commented upon political events at home and abroad, which shows his dislikes and hatred against the British.

In 1914, when Muslim League passed resolution of self-government, it pleased Hasrat Mohani who thought that Muslim League's objectives were coming closer to those of the Congress.[9] Apparently this perception of him was vindicated in 1915 when joint session of both Muslim League and Congress took place at Bombay. Hasrat was so enthused that he joined Muslim League.[10]

In the annual session of All India Muslim League at Bombay (December 30, 1915-January 1, 1916) Hasrat Mohani observed that he did not belong to any party. He urged that delegates should adjourn the meeting after passing the self government resolution.[11] Hasrat Mohani rose to move what he called 'verbal amendment', adding words "a scheme of self-government and step leading to self-government" instead of the words "a scheme of reforms".[12] Mohsin Shah supported the resolution of communal representation but Hasrat Mohani opposed this resolution considering it as a "superfluous resolution".[13]

Hasrat Mohani's activities remained suspended because he was again imprisoned in 1916 and released after two years in 1918. In 1919 he attended the annual session of Indian National Congress at Amritsar. This session seemingly marked the ascendency of Gandhiji's influence over Congress. But Hasrat raised voice against him.[14]

The first Khilafat Conference was held in Delhi on the 22nd of November 1919 presided by Gandhiji. Swami Shardhanand too attended the session. In this Conference Hasrat Mohani played a very important role. Hasrat made a passionate speech and advocated a boycott of British made goods and the use of Swadeshi Indulal Yagnik writes, "... Hasrat Mohani, the great Urdu poet and politician, however sounded a discordant note. His object was to wreak vengeance on the British empire in case justice was denied in the matter of Khilafat."[15]

He was in favour of Swadeshi movement. He was perhaps the first Muslim to popularise Swadeshi movement.[16] He wrote my programme is always based on the destruction of imperialism and will be always the same. Whomsoever, party will take this programme, I am always with them.

He was against the ideology of exclusivism and believed in the notion of Hindu-Muslim unity. He realised that unless Hindus and Muslims worked together India could not make substantial progress towards independence. He therefore worked openly and vigorously for Hindu-Muslim unity. He collected verses from Quran on the theme of Cooperation between believers and non-believers and argued that the Quran itself sanctioned such cooperation in temporal matters. He regarded Sri Krishna as one of the prophets of God. He believed in Pan-Islamism.

In 1920 the Khilafat Committee comprising Mohd. Ali, Shaukat Ali, A.K. Azad, Gandhiji, Hasrat and other Muslim leaders, sent a warning to the viceroy that if the terms of the treaty with the Turks were not modified they would launch a mass movement, and would ask their "brethren and Hindus alike to non-cooperate with the government from Ist August 1920.[19] In December 1920 the Muslim League held its session at Nagpur and the programme of boycott and non-cooperation was adopted.

In October 1921 U.P. Political Conference was held in which Hasrat was elected as President. There was a dispute over the method of struggle for independence between Hasrat Mohani and Gandhiji. J.L. Nehru wrote about it "Hasrat Mohani was our President. In his Presidential address he disagreed with non-voilence".[20]

The session of the Muslim League and of the Congress both held in December 1921 at Ahmedabad. Hasrat Mohani was elected as president of the All India Muslim League. At the same time Hasrat Mohani as a member of the Congress proposed a change in the aims and objects of the Congress as defined in the constitution by deleting all references prohibiting the use of violence. But he was defeated. Hasrat Mohani also introduced a resolution declaring the aim of complete independence. Subhash Chandra Bose wrote "There was an interesting episode at the Ahmedabad Congress. Hasrat Mohani, an influential Muslim leader of United provinces, moved a resolution to the effect that the goal of the Indian National Congress should be defined in the Constitution as the establishment of a republic (United States of India)."[21] Hasrat proposed the same resolution at the session of the Muslim League. In his presidential address,[22] Hasrat said that from the 1st January 1922 complete independence for the Republic should be announced and it should be named, the "United States of India." If martial law be imposed then guerilla war should be started[23]. Hasrat Mohani at the Congress session at Ahmedabad admitted that the Hindu-Muslim Unity was not yet a fact of life in India. Mohani's argument was that independence done would rid the muslim mind of the fear of Hindu domination and with independence only unity could be achieved.[24] His views at this stage about communal amith. On the question of complete independences and guerilla war he had raised at the session of Muslim League, for which Hasrat was convicted and sentenced for 22 years imprisonment. Later this was reduced to 2 years[25] on appeal. Like Congress, however the Muslim League also rejected his proposals.

Thus, it seems that a chance was missed of solving all the communal and national problems. But unfortunately Muslim League was not ready to accept this. This subject committee of league rejected the proposal about complete independence.[26]

Gandhi was arrested when he called off the non-cooperation movement. On 10th March 1922 Krishnadas recollects "the utter Joyfulness" betrayed by Hasrat on Gandhi's arrest. Gandhi and Hasrat were charged with sedition, but Gandhi was put in 'A' class quarter, Hasrat was in 'C' class accommodation of the same Jail. The reason for difference was the gospel of complete independence preached by Hasrat Mohani, also declare an independent United States of India and advocacy of guerilla war against British rule.[27]

Hasrat Mohani was released in April 1924, there was a perceptible change in his attitude and outlook. He distanced himself from 'Swaraj' and sought the 'raj of love'. This reflects his deep disappointment at the turn of political affairs and at the failure of countrymen to love each other. Hindu-Muslim antagonism was rising so much that Swami Shardhanand after he coming out of Jail, started a vigorous campaign of Shuddhi.[28] At the same time another veteran Congress leader Dr. Moonje started the Sangathan Movement. This again was an anti-Muslim movement. As a response Jamiat-ul-Ulema-i-Hind established Tabligh department and launched a campaign for protection of Muslims.[29] The Hindu leaders of the Congress despite all its secular traditions, increasing showed a marked reluctance to oppose Hindu communalism with the same vigour as they opposed Muslim

Communalism.[30]

This was a period, which hold the attention of every intellectual and leaders toward the success of 'Bolshevik Revolution'. It seems that the ideological transformation and Communism might attracted Hasrat Mohani. This disenchantment with the two parties, i.e., Congress and Muslim League had reeped in. The establishment of emigre Communist Party of India at Tashkent in 1920 and all those Socialist activities perhaps had impressed Hasrat Mohani with its ideology. And above all its aim and object to expel the imperialist power from all countries. Even Hasrat himself admitted, "I am neither communist nor socialist. My programme now is the expulsion of British from Asia and I am the fiercast enemy of British. In this regard I am agree with communist.[31]

In the Ist session of the first communist conference the Chairman of the reception committee Hasrat Mohani described the aims of the Party to be the establishment of a Soviet Constitution in India after the establishment of Swaraj.[32] He explained :

"The Communist movement is essentially a peasant and working class movement, but that because of misunderstandings deliberately spread by capitalists and the enemies of the movement, some people fear it."[33] "For instance some people think that communism and bloodshed are two inseparable phenomenon. But the truth is only that are consider non-violence applicable only for reasons of necessity and expandiency, and unlike Gandhi we do not consider it obligatory on principle under all circumstances."[34] Our organisation is purely Indian, our movement is not anti-religious as some of our Muslim leaders baselessly represent communism whosoever accept our principle will be accepted in our party whether Hindu, Muslim, Buddhist, Sikh and even atheist. Communism and Islam are not antagonistic to each other. Some Muslim leaders without rhyne or reason, label communism as opposed to Islam. In fact the truth is just opposite. Islam injunction against capitalism are more severe than those of communist theory. Zakat is also a kind of tax levied on capital". Taking capital instead of profit is still a matter under discussion in Europe. But in Islam this has been practiced right from the earliest times, because the amount of Zakat is not determined by annual profit but is declared to be one fortieth of the entire capital.[35]

Our aims and objects are these:

> "To establish Swaraj, that is, complete independence by all permissible means. After this establishment of Swaraj to make sure that its structure resembles that of the Soviet Republic where all the

principles of communism are acted upon, till the establishment of swaraj to strive by all possible means for the welfare and emancipation of peasants and workers, to arrange for publicity to popularize the principles of communism and win over the masses so that after the establishment of Swaraj these principles may be put into practice at once."[36]

In the end he declared, "In short Judged from any standpoint, communism is the final and the best form of politics. So if we want to adopt some new line of action, discarding our obsolete programme, why should we adopt that which is the final and the best."[37]

Muzaffar Ahmad commenting over the conference in Langal wrote, "Hasrat Mohani in his eagerness to win Muslims to communism, was uncritically placing Islam on a higher pedestal than Communism".[38]

As a result of the session of the first communist conference, the provisional Indian communist party was dissolved and a former (?) Party with its name as the Communist Party of India was formed.[39] Amrita Bazar Patrika clearly shows that the first communist conference was considered a new and significant leftwing development in the national politics of the country. Just after the conference on 2nd December 1926 the central Executive Committee declared all posts in which Hasrat Mohani got none. Where as Azad Subhani was elected as Vice-President. In U.P. the four prominent names among the organisers included Hasrat Mohani. It is argued that this was disappointing experience for Hasrat Mohani and started realizing that there was hardly any similarities between Islam and communism as he had expressed in Conference. Several of his friends opposed his assertion.[40] Therefore Hasrat Mohani possibly left communist party in 1927.[41]

The Communist Party of India declared "no one who is a member of any communal organisation in India shall be admitted as a member of the Communist Party".[42]

Dange presided over the meeting of the 29th and 30th, the Central Executive Committee took firm action against members who were simultaneously associated with any communal organisation. This problem of simultaneity of dual membership has also been recently characterized as 'splintered Consciousness[43]. Hasrat Mohani was in the league also at the same time and therefore was asked to quit the same. But he preferred to resign from the communist party,[44] S.D. Hasan was working on a communal paper in the Punjab was "dropped"[45] from the Party. Even K.N. Joglekar who was a member of the Brahmin Sabha was asked to resign for the same reason.[46]

In the year 1927 the 19th annual session of Muslim League was held, which invited the leaders of non-Muslim communities in India to a satisfactory settlement with the Muslim community.[47] Hasrat Mohani seconding the resolution, said their experience of the non-cooperative days showed that a boycott of the head together and frame a constitution for India which they should place before the Simon Commission.

After the failure of the All Parties Convention at Calcutta to discuss the Nehru Report in 1928, where the Muslim demand of fourteen concessions were rejected, many of the Muslim leaders began to vacate the stage of the Congress and Hasrat left with them.[48] He advocated against the boycott of Simon Commission.

Hasrat Mohani's association with the league led his expulsion from the Communist Party of India. The Central Executive Committee in 1928 passed resolution that "Hasrat Mohani and S.D. Hasan expulsion from the party".[49] Thus it led to the culmination of Hasrat Mohani's political development. For the rest of his life he remained attached to this, his own conception of communism. He opposed Nehru report. In a press report he said, "I support complete independence; so I cannot recommend acceptance of the proposals in which dominion status is recommended.[50] The complete independence resolution was passed from the Lahore session of the Congress in 1929. He said "unless political parties are formed in the country and grow strong, separate electorates and proportional representation should not be dispensed with.[51]

REFERENCES

1. S.P. Sen (ed.) *Dictionary of National Biography*, Vol. II, (Calcutta) 1973, p. 154.
2. Atiq Siddiqui, *Hasrat Mohani; Qaid-i-Firang Mein* (U) (New Delhi, 1982), p. 45.
3. K.H. Qadiri, *Hasrat Mohani*, (Delhi, 1985) p. 196.
4. K.H. Qadiri , p. 196.
5. Atiq Siddique, op. cit., p. 49.
6. Atiq Siddique, p. 50.
7. K.M. Ashraf, *An Overview of Indian Muslim Politics, 1920-1947*, New Delhi, 2001.
8. K.H. Qadiri, op. cit. pp. 147-48.
9. Haroon Khan Sherwani, 'Hasrat Mohani Ke Siyasi Rujhant', *Ajkal*, Delhi (June, 1953), p. 5.
10. *Ibid.*
11. O.P. Ralhan, *All India Muslim League*, Vol. I, New Delhi, 1997, p. 250.
12. *Ibid.*, pp. 258-60.
13. O.P. Ralhan, *Ibid.*
14. Haroon Khan Sherwani, pp. 6-7.
15. K.H. Qadiri, pp. 209-10.

16. *Dictionary of National Biography*, pp. 154-55.
17. Roznama-i-Hamdam(U) Lucknow : 14 August-1924, Cited by Atiq Siddiqi, p. 121.
18. K.H. Qadiri, pp; 137-40.
19. Ram Gopal, *Indian Muslims*, London, 1959, p. 143.
20. *Selected Works of Jawaharlal Nehru*, Vol. I, p. 201. Cited by Atiq Siddiqui p. 126.
21. Subhas Chandra Bose, *Indian Struggle*, Calcutta, 1948, p. 69.
22. Tufail Ahmad, *Mussalmanon ka Raushan Mustaqbil*, (Delhi, 1945) p, 403.
23. K.H. Qadiri, pp. 232-33.
24. Bimal Prasad, *Pathway to India's Partition A Nation within A Nation, 1877-1937*, (New Delhi, 2000), p. 168.
25. K.H. Qadiri, p. 33.
26. Tufail Ahmad, *Towards A Comman Destiny A Nationalist Menifesto*, tr. Ali Ashraf, 1994, p. 45.
27. K.H. Qadiri, p. 236.
28. *Ibid.*, pp. 245-46.
29. *Ibid.*
30. K.H. Qadiri, p. 247.
31. Adhikari, Vol. I, p. 118, Cited by Atiq Siddiqui, p. 121.
32. Adhikari, Vol. I, p. 128, Cited by Atiq Siddiqui, p. 134.
33. It appears in Urdu-i-Mualla, April, May, June, 1926, pp. 6-8, Cited by K.H. Qadiri, pp. 250-51.
34. *Ibid.*
35. K.H. Qadiri, pp. 252-53.
36. Adhikari, Vol. II, pp. 640-41.
37. Adhikari, Vol. II, pp. 640-41.
38. *Ibid.*, pp. 613, 615, 625.
39. *Ibid.*, Vol. II, p. 617.
40. Atiq Siddiqui, p. 140.
41. *Ibid.*, p. 141.
42. *Meerut Conspiracy Case, 1929-32*, p. 1142, Cited in Adhikari, Vol. III C, p. 666.
43. Shashi Joshi, "Nehru and Emergence of the Left Block, 1927-29, edited by Bipin Chandra, *The Indian Left*, Delhi, 1983, p. 85. The presence of Joglekar a member of a communal organisation till he was censhed and the workers delegate Kasle who was active in non-brahmin association in Bombay within communist fold, S.D. Hasan and Hasrat Mohani who were also working Communal organisation. Hasan was dropped. This illustrate the problem of "Splintered Consciousness" that Nehru had spoke about.
44. Adhikari, Vol. III B, p. 136.
45. *Ibid.*
46. *Ibid.*
47. O.P. Relhan, p. 469.
48. Dictionary of National Biography, p. 155.
49. Adhikari, Vol. III C, p. 782.
50. K.H. Qadiri, p. 253.
51. *Ibid.*

42. राजी : आदिम जाति समूह

रामसिंह *

विद्वानों का स्पष्ट मत है कि पुराविदों द्वारा खोजे गए पुरावशेष स्वयं यह जानकारी नहीं दे सकते हैं कि किसी युग-विशेष के लोग वस्तुत: किस प्रकार रहते थे। उस जीवन पद्धति की पुनर्रचना करने के लिए संसार के दूर-दूर दुर्गम क्षेत्रों में आज भी जीवित बचे अनेकानेक आदिम कबीलों का तुलनात्मक अध्ययन करना आवश्यक है।[1] प्रागैतिहासिक काल के जिन मानव समूहों का हम अध्ययन करना चाहते हैं, वे विलुप्त हो चुके हैं। क्योंकि उनमें से अधिकांश के वंशज विकसित होकर आधुनिकता के वातावरण में रच-बस कर एक बिलकुल नए समाज के निर्माता बन चुके हैं। दुनिया के सुदूर क्षेत्रों के जो थोड़े-बहुत आदिम मानव समूह बचे हैं वे ही अपनी प्राचीनतम धारणाओं से बंधे रह गए हैं और मानव द्वारा विकसित नई जीवन-पद्धतियों से अपना यथासंभव बचाव करते रहते हैं। उनका सामाजिक ढांचा इतना सुदृढ़ होता है कि प्रत्येक छोटे-बड़े बाहरी प्रभाव को अनिष्टकारक रूप में देखते हैं। उनमें परिवर्तन के प्रति कोई चाह नहीं होती है। इसी प्रकार का एक आदिम मानव समूह जिसकी हम यहां पर चर्चा करेंगे, राजी, वनराजी या वनरौत (रावत) नाम से उत्तराखंड के पिथौरागढ़ जिले में विद्यमान हैं।

उत्तर प्रदेश से नवगठित उत्तरांचल (उत्तराखंड) राज्य के पूर्वोत्तरीय जिला पिथौरागढ़ की डीडीहाट तहसील के अंतर्गत पुराने अस्कोट तालुका के नेपाल से सटे भू-भाग में 'राजी' या 'वनराजी' नाम से एक आदिम मानव समूह निवास करता है। अस्कोट नाम से प्रसिद्ध यह तालुका उत्तराखंड के प्राचीन कत्यूरी शासकों के वंशजों से संबंधित है जिसकी लगभग 12वीं सदी के उत्तरार्द्ध से ऐतिहासिकता प्रमाणित है। अस्कोट और पश्चिमी नेपाल के बीच काली (शारदा) नदी विभाजक रेखा का काम करती है। अस्कोट तालुका की दो लघु नदियां, चर्मा और रौंतिस के बीच का क्षेत्र राजीजनों का विचरण क्षेत्र है। चर्मा लघुनदी, काली (शारदा) की सहायक जलधारा है और रौंतिस काली नदी की सहायक गोरी नदी की सहायक लघु नदी है। दोनों लघुनदियों, जिनको कुमाऊंनी बोली में 'गाड़' कहा जाता है; बीच की स्थलीय दूरी बीस किमी. से 35 किमी. से अधिक नहीं है। राजीजन इन दोनों लघुनदियों के बीच वाले क्षेत्र में मूलत: बसे हैं। इनके कुछ परिवार पश्चिमी नेपाल में भी बताए जाते

* सेवानिवृत्त प्राचार्य, कफलानी (गैना), पो. आ. ऐंचोली, जिला-पिथौरागढ़ (उत्तराखंड).

हैं जिनकी सही जानकारी उपलब्ध नहीं है। किंतु भारतीय क्षेत्र के तहसील डीडीहाट, तहसील धारचूला के केवल उन्हीं स्थानों में निवास करते हैं, जो पुराने अस्कोट तालुका के अंतर्गत थे। इससे बाहर जिला चंपावत के खिरद्वारी गांव में भी इनके कुछ परिवार अस्कोट से ही हाल में प्रवासित हुए हैं।* यह एक विचित्र संयोग है कि भारत की अधिकांश राजपूत रियासतों के इस प्रकार के आदिम कबीले अभिन्न अंग रहे हैं, चाहे वे उड़ीसा, बिहार, मध्य प्रदेश, राजस्थान की रियासतें हों या आसाम। अस्कोट भी इसका अपवाद नहीं है। कदाचित अस्कोट के राजपरिवार रजवार-पालों ने इनको अपने द्वारा शासित प्रदेशों में पारंपारिक संरक्षण दे रखा होगा। राजियों की परंपरा के अनुसार अस्कोट के रजवार-पाल के पूर्वज और राजियों के पूर्वज आपस में भाई थे। राजियों के पूर्वज ने आखेट के मोह में वन का रास्ता लिया और छोटे भाई ने आबादी पर शासन की जिम्मेदारी संभाली। यह मिथक भी तभी गढ़ा गया होगा, जब अस्कोट के रजवार 'पालों' ने इनकी स्वतंत्र जीवन-शैली को मान्यता दे रखी होगी।

चर्मा और रौंतिस गाड़ (लघुनदियों) के दोनों ओर इस राजी जनजाति के लोगों के विचरण स्थल हैं। चर्मा रौंतिस के दक्षिण-पूर्व में प्राय: गर्म घाटी में बहती है। रौंतिस का उद्‌गम क्षेत्र ऊंचे ठंडे पहाड़ी शिखरों (घाणघूरा 9000 फीट ऊंचाई समुद्र की सतह से) वाला है। इन दोनों गाड़ों (लघुनदियों) के बीच का भू-भाग अत्यधिक दुर्गम, ऊबड़-खाबड़, बड़े-बड़े शिलाखंडों से आवृत्त, ऊंचा-नीचा, झाड़ियों, लताओं-बेलों एवं मझले तथा ऊंचे वृक्षों से आच्छादित है। चर्मा की तलहटी जहां वह काली (शारदा) से कुछ ही दूर रह जाती है, कृषि तथा अन्य कार्यों के लिए सर्वथा अनुपयुक्त होने से कृषक और पशुचारक समाज के दबाव से आज भी एकदम बची हुई है। राजी हजारों वर्षों से ऐसे वनों और पथरीले कोटरों तथा गड्ढों में रहकर अपने अस्तित्व की रक्षा कर सके हैं। इसी प्रकार रौंतिस के उद्‌गम से लेकर उसका सारा बहाव-क्षेत्र वनस्पति-संकुल और कृषि योग्य समतल खेतों के अनुपयुक्त है। इन दोनों लघुनदियों के क्षेत्रों में सभ्य मानव की आवाजाही न्यूनतम होने और वनों में कंदमूल, फलों, एवं शिकार के बाहुल्य के कारण राजीजनों के जीवित रहने का आधार प्रारंभ से विद्यमान रहा है। इसके अतिरिक्त चर्मा और रौंतिस लघु नदियों के उथले जल में उनको खाने के लिए मछली वर्ष के अधिकांश में मिलती रहती हैं। इन दोनों गाड़ों का काली नदी से संपर्क होने के कारण गर्मियां प्रारंभ होते ही काली नदी की मछलियां ठंडे स्थानों को प्रवास पर निकलती हैं, जो राजी लोगों के आहार के लिए उपलब्ध रहती

---

* राजी गांवों के नाम—धारचूला तहसील में किमखोला, गैनागांव, चिफलतड़ा।
डीडोहाट तहसील—कूटा चौरानी, मदनपुरी, कस्यूला, जमतड़ी, औंलतड़ी।
चम्पावत (अब जिला)—खिरद्वारी (18 परिवारों का एकमात्र गांव। सीमान्त अनुसूचित एवं जनजाति सेवा संस्थान, पिथौरागढ़, उत्तरांचल (श्रीहीरासिंह बोरा द्वारा संचालित)।

हैं। फिर पहाड़ों में ठंडक बढ़ते ही मछलियां काली नदी की ओर अग्रसर होती हैं। दुबारा शीतकाल के प्रारंभ होते ही उनको मछलियां बहुतायत से मिल जाती थीं। कुछ समय पूर्व राजीजनों का ही इन पर एकाधिकार था। किंतु ज्यों-ज्यों यातायात के साधनों में बढ़ोत्तरी हुई है, आवाजाही बढ़ी है, मछलियों के शिकार पर दूसरे विकसित समाज के लोगों ने अधिकार कर लिया है। अब तो ब्लीचिंग पाउडर, डायनामाइट विस्फोट, बिजली के करेंट तथा अन्यान्य घातक पदार्थों के प्रयोग से मछलियों की प्रजाति ही विलुप्त होती जा रही है।

कुमाऊं में अंग्रेजों का आधिपत्य (सन् 1815 ई.) हो जाने के पश्चात सबसे पहले मिस्टर ट्रेल ने 1823 ई. में अपने पहले भूमि बंदोबस्त में इस आदिम जाति के अस्तित्व की सूचना नृतत्वविज्ञानियों, समाजशास्त्रियों तथा अन्य जिज्ञासुओं को प्रदान की। तब से निरंतर कई नृतत्वविज्ञानी, समाजशास्त्री, घुमक्कड़ जिज्ञासुओं से लेकर भारत सरकार के जनजाति कल्याण से संबंधित योजनाकारों के दौरे हो चुके हैं। इनमें ब्रिटिश लेखक सर ई.टी. अट्किंसन[2] (*एन. डब्ल्यू. पी. गजेटियर* 11, 1882), विलियम क्रुक, चार्ल्स शेरिंग[3] (1904) ने राजियों पर विशद रूप से प्रकाश डाला। तत्पश्चात भारतीय लेखकों में महापंडित राहुल सांकृत्यायन तथा प्रख्यात नृतत्वविज्ञानी डॉ. डी.एन. मजूमदार (लखनऊ विश्वविद्यालय) ने वैज्ञानिक शोध-दृष्टि से राजीजनों की ओर लोगों का ध्यान आकर्षित किया। लगभग सभी ने इनको अनुवांशिकी की दृष्टि से इनकी मंगोलाइत मुखमुद्रा और शारीरिक गठन के आधार पर तिब्बती-बर्मी परिवार की एक आदिम शाखा किरातों से जोड़ा है। सर ई.टी. अटकिंसन ने इनको राज्य-किरात और राजी शब्द को राज्यकिरात का ही परिवर्तित रूप बताया है। सर जार्ज अब्राहम ग्रियर्सन[4] ने इनको 'जंगली' शब्द से संबोधित किया है जो उनके रक्त या कुल का बोधक न होकर केवल उनके आदिम कबीलाई स्वरूप का सूचक है। सर ई.टी. अटकिंसन ने पहली बार राजकिरातों में राजियों के समकक्ष कुमाऊं में निवास करने वाली अन्य आदिम जातियों जैसे लूल (सूखीणंक), रौत (राउत), छखाता (चौगर्खा) एवं थारू-बुक्साओं को भी इसी परिवार का सम्मिलित किया। डॉ. डी.एन. मजूमदार[5] एवं महापंडित राहुल सांकृत्यायन ने भी इनको किरात वंशीय आदिम कबीला सिद्ध किया है। यह कबीला हजारों वर्षों पूर्व पूर्वोत्तर में स्थित बर्मा की पहाड़ियों से होकर आखेट की तलाश में भटकते हुए यहां पहुंचा।

प्राचीन भारतीय लेखकों को भी किरातों की जानकारी थी। उन्होंने किरातों के लक्षण इस प्रकार दिए हैं : 'रेमे सोडपि किरातैश्च संध्या स्नान पराङ्मुख मृगमांसाशनो कृष्ण कंबल कचुक: ।' उनके शारीरिक गठन एवं वर्ण का चित्रण इस प्रकार हुआ है, 'किचिन्नरोऽश्व-मुखान' (क्षीरस्वामी) तथा चपटी मुखाकृति, चपटा भाल, छोटी या पिचकी नाक, मूंछ-दाढ़ी रहित, पीला या गेहुंआ रंग, अपेक्षाकृत नाटा आकार, हृष्ट-पुष्ट शरीर। किरात जाति की विशेषताएं महाहिमालय की उत्तरी-दक्षिणी ढालों के निवासियों में लाहूल, लद्दाख और किन्नौर से लेकर आसाम तक मिलती है' (डॉ. शिवप्रसाद डबराल, *उत्तराखंड का राजनीतिक*

तथा सांस्कृतिक इतिहास, पृ. 175)। शिव को 'किरात' के रूप में भी पौराणिक कथाओं में वर्णित किया गया है। संस्कृत का प्रसिद्ध महाकाव्य *किरातार्जुनीय* इसी आधार पर लिखा गया है। वर्तमान में उनकी शारीरिक गठन एवं त्वचा के रंग की दृष्टि से उनको दो वर्गों में बांटने का भी प्रयास हुआ। इनकी भूरी और पीतवर्णीय त्वचा के साथ-साथ कुछ कृष्ण वर्ण की झलक भी कहीं-कहीं दिखाई पड़ती है, इससे लोग इनको निषाद या आग्नेय परिवार से भी जोड़कर देखते हैं। वस्तुतः इनमें निषाद या आग्नेय परिवार के हिमालय के मूल-निवासियों से भी रक्त सम्मिश्रण हुआ है। वैसे मौलिक रूप से इनमें भूरे, पीतवर्णी त्वचा वालों का ही बाहुल्य है। इनमें इनके पड़ोस में निवास करने वाली अन्य आर्य-नस्लों का भी कालांतर में प्रभाव नहीं पड़ा हो, ऐसा मानने का कोई कारण नहीं है। एक बहुजातीय समाज से निरंतर घिरे रहने की बावजूद राजी जन ने अपने पृथक अस्तित्व को बचाने की भरसक चेष्टा की है और इसमें उनको काफी सफलता भी मिली है। फिर भी भौतिक आदान-प्रदान जो मनुष्य की मूलभूत आवश्यकता सदैव से रही है, उसके प्रभाव को रोक पाना असंभव है। जिसकी चर्चा यथास्थान की जाएगी।

किरातों की एक महत्वपूर्ण शाखा के रूप में राजी जन अपने आहार-संग्रहक और आखेटक जातीय प्रवृत्ति के कारण सबसे अलग ही रहे। जहां किरातों के तमाम कबीले कालांतर में पड़ोसी समाजों से भौतिक आदान-प्रदान की अपरिहार्यता के साथ-साथ उन्हीं में मिलते चले गए, 'राजी' अपने से बाहर के समाज से निर्लिप्त रहकर अपने एकांत वनवासी स्वभाव के कारण टस-से-मस नहीं हुए।[6] आज से लगभग पचास वर्ष पूर्व तक वे पूरी तरह आहार-संग्रहक और आखेटक ही थे। उनके आहार-संग्रह की शैली भी अत्यंत सरल और सामान्य थी। वे जंगलों में सहज रूप से उगने वाली लताओं, बेलों में लगने वाले फलों, उनकी जड़ों की कंदें, वृक्षों में पकने वाले ऋतुफलों से अपनी क्षुधा शांत करते थे। उनका प्रमुख खाद्य तरूड़ (Dioscorca belophylla Voight) और गिठीया गेठी (Dioserca bullifera linn), मुड़या, मूयां (Kumaonsis Kenth) हैं। इनकी खुदाई जाड़ों में की जाती है। गीठी का स्वाद काफी कड़वा होता है, जबकि तैड़ या तरूड़ (Tubers) काफी मृदु और सुस्वादु हुआ करते हैं। साथ ही, इनकी उपलब्धता भी पुष्कल होती है। जाड़ों में पेड़ों और झाड़ियों तथा लताओं-बेलों में फल नहीं मिलते हैं। अतः ये कंद ही उनकी प्राण-रक्षा करते हैं। गीठी या गेठी लता पर लगने वाला फल है, जो जाड़ों में परिपक्व होने पर आग में भून कर या उबालकर खा लिया जाता है। गर्मियों के प्रारंभ होते ही वनों में, काफल, हिसालू, किलमोरा, घिंघारू, बेडू, तिमिला, च्यूरा, (महुआ प्रजाति), वर्षांत में बमोर इत्यादि फलों की बहुतायत रहती है।

राजियों का सबसे प्रिय खाद्य मछलियां हैं, जो उनको चर्मा गाड़ और रौतिस गाड़ में उपलब्ध हो जाती हैं। पहले बताया जा चुका है कि अतीत में इन गाड़ों (लघु नदियों) की मछलियों पर इनका एकाधिकार था। अपने थारू भाइयों की भांति ये मछली मारने के लिए

अपना सब कुछ न्योछावर करने के लिए तैयार रहते हैं। इन दोनों लघुनदियों के उथले जल में मछली पकड़ना उनके लिए आसान होता है। जाल का प्रयोग बहुत कम करते हैं, 'फिर भी कबीलाई लोग और बहुत से किसान बिना जाल के ही मछली पकड़ते हैं, वे मछलियों को छिछले जलस्थानों अथवा विशेष प्रकार से बनाए गए बांधों की ओर भगाते हैं और उन्हें हाथों से ही पकड़ते हैं।' (डी.डी. कोसांबी, *प्राचीन भारत की संस्कृति और सभ्यता*, पृ. 58, हिंदी-अनुवाद)। अकसर अंधेरी रातों में 'छिलुका' (चीड़ की ज्वलनशील फंटियां) की मशालों से मछलियों को उजाले की ओर आकर्षित करके पकड़ने का भी उनका पुराना तरीका है। रामबांस की पत्तियों तथा कुछ अन्य प्रकार की नशीली वनस्पतियों की पत्तियां कुचलकर उनका रस तालाब या नदी के जल में डालकर मछलियों को बेहोशी देकर पकड़ना उनका पुराना धंधा है।

वनों में आहार सिमटते जाने और नियमित रूप से समय पर आहार की पूर्ति न हो पाने से उनको अपने पड़ोसी कृषक समाज से अन्न की प्राप्ति की आवश्यकता अनुभव हुई होगी। अन्न बिना पड़ोसी कृषकों के खेतों में मजदूरी के मिल नहीं सकता था। स्वयं वे कृषि के हल चलाना तथा मजदूरी दोनों को अपमानजनक समझते थे। अत: कभी उन्होंने इसके बीच का सरलतम और सम्मानजनक माध्यम निकाला होगा। जंगलों में काष्ठ सहज-सुलभ था। उनको उसकी विभिन्न प्रजातियों की भी जानकारी अच्छी थी। फलत: इसके उपयोग की बात उनके समझ में आई होगी। अपने पड़ोसी लौहयुगीन मानव से उन्होंने लोहे के हलके-फुलके औजारों का उपयोग करना सीख लिया होगा। पहाड़ों की तेज जलधाराओं की शक्ति का उन्हें आभास था। पनचक्कियां उत्तराखंड में प्राचीनकाल से ही अस्तित्व में हैं। उसी के आधार पर उन्होंने चक्की के पाटों के बदले छुरी का प्रयोग करके काष्ठ के बहुविध बर्तनों को खरादने का काम सीख लिया। सदियों तक वे अपनी पड़ोसी बस्तियों में इन काष्ठनिर्मित पात्रों को रात में या सन्नाटे के समय छोड़ आते थे। फिर जिनको इनकी आवश्यकता होती थी, वे उन पात्रों को अनाज से भर दिया करते थे। लोगों के चले जाने के बाद ही राजी व्यापारी अनाज को पात्रों से उलटकर उन्हें वहीं छोड़ जाते थे। इस प्रकार वस्तु विनिमय करने वाले इन राजी व्यापारियों को डॉ. डी.एन. मजूमदार ने दृष्टि से ओझल रहने वाले व्यापारी (Invisible Traders) लिखा है। नए जमाने के अनुसार काठ के बर्तनों का प्रचलन समाप्त हो जाने के पश्चात अब ये लोग खेती के काम आने वाले लकड़ी के यंत्रों के बदले अनाज अथवा खाद्य सामग्री वगैरह प्राप्त करने लगे हैं। अब तो वनचोरों अथवा वनमाफियों और वनों से लकड़ी और ओषधियों को एकत्र करने वालों ने इनको लकड़ी की चिराई तथा जड़ी-बूटी के दोहन में लगा दिया है। इनकी औरतें जंगलों से सूखी लकड़ियां बीनकर ग्रामीण बस्तियों और सड़क के किनारे की दुकानों में लकड़ियां बेचने का धंधा भी करने लगी हैं। निष्कर्षत: यह कहा जा सकता है कि राजी पूरी तरह

आज भी वनोपजों पर ही निर्भर हैं। वन उनकी सभी मूलभूत आवश्यकता की पूर्ति के एकमात्र साधन हैं।

विकास हेतु आर्थिक एवं सामाजिक परिवर्तनों के अनगिनत दावों के बावजूद राजी लोगों के पास संपत्ति नाम की कोई वस्तु आज भी नहीं है।[7] सरकार ने उनको मकान बनाकर दिए हैं। किंतु इन मकानों में उनको सुकून नहीं मिलता है। वे बार-बार अपने उड्यारों (ओड्यार चट्टानों के कोटरों) में वापस लौट कर चैन की नींद सोते हैं। उड्यार या (ओड्यारों) को लोगों ने गुफा कहा है। किंतु हिमालय में गुफाएं नाममात्र की हैं। जो हैं भी वे आरामदेह नहीं हैं। 'उड्यार' चट्टानी भूभाग का वह स्थान होता है, जहां पर चट्टानी भाग कुछ भीतर को टूट-फूटकर धंसा होता है और ऊपर से बाहर को उभरी शिलाओं से छाया हो जाया करती है, जिससे वर्षा और शीत के प्रकोप से बचा जा सकता है। उनकी गहराई भीतर को अधिक नहीं होती है। एक उड्यार में अधिक से अधिक 20-25 व्यक्ति एक साथ आश्रय पा सकते हैं। इन्हें शैलाश्रय कहना अधिक उपयुक्त होगा। राजी इन्हीं शैलाश्रयों से सटाकर कंकड़-पत्थर, गारा, लकड़ी, घास-फूंस से मामूली झोपड़ी-सी बनाकर रहना अधिक पसंद करते हैं। वनराजियों में सर्वाधिक सेवारत श्री हीरासिंह बोरा (भू.पू. विधायक) ने इसी प्रकार की घटना का उल्लेख करते हुए बताया कि वर्ष 1981 में भारत सरकार और उ.प्र. प्रशासन का संयुक्त दल राजी आदिम जाति की स्थिति का अध्ययन करने सर्वेक्षण में आया तो इस दल के एक नागा सदस्य यह देखकर दंग रह गए कि राजी परिवार सरकार द्वारा निर्मित पक्के भवन में न रहकर उसके बराबर में बने उड्यार में रह रहा है। इसके कारण के उत्तर में जो जवाब उनको मिला, वे उसे सुनकर लोट-पोट हो गए। जवाब था, भूत की डर से वे मकान में नहीं रहना चाहते हैं।

राजी लोगों में आज भी स्थायी संपत्ति की अवधारणा (Concept) विकसित नहीं हो पाई है। राजी लोग चट्टानी दुर्गम ढालों में चढ़ने से नहीं डरते हैं। कभी-कभी अपने इसी गुण के कारण चट्टानों में नालियां काटकर किसानों के खेतों की सिंचाई के लिए पानी उपलब्ध कराने में उनको दक्षता प्राप्त है।[8] उससे उनको ठेकों में अच्छी कमाई हो जाती है। सन् 1961 ई. में धारचूला नामक स्थान के किसी गांव में सिंचाई के लिए जल उपलब्ध कराने में एक तीखा चट्टानी ढाल आड़े आ रहा था। आधुनिकता सारी तकनीकें असफल हो गईं तो तत्कालीन जिलाधिकारी श्री जीवन चंद्र पांडे को किसी ने राजियों की दक्षता की सूचना दी। राजियों ने नाली काटकर उसमें पानी चालू कर दिया। उनको सात हजार रुपए भी पारिश्रमिक के रूप में दिया गया। वे प्रतिदिन मेहनत-मजदूरी से भी कुछ न कुछ कमा लेते हैं। फिर आश्चर्य है कि आज तक किसी राजी के घर में चारपाई, रजाई-गद्दा, या ओढ़ने-बिछाने की कोई वस्तु नहीं है। खाना पकाने के मामूली टूटे-फूटे बर्तन, फटे-पुराने कपड़ों के चीथड़े ही उनकी स्थायी संपत्ति हैं। आमतौर पर राजी चौबीस घंटों में एक ही बार भोजन पाता है। उनमें खाद्य सामग्री को अगले दिन के लिए संचित किए रखने की

कोई प्रथा नहीं है। रेडियो, टेलीविजन, बिजली जैसी चीजों के उन्होंने नाम तो सुने हैं, परंतु उन्होंने उनका अपने जीवन में कभी प्रयोग नहीं किया है।[9] वे आमतौर से जमीन में बिना बिछाए सोते हैं, कभी हुआ तो सूखी पत्तियां, पुआल भले ही बिछा लें, ओढ़ने का तो प्रश्न ही नहीं। रात में आग जलाकर शीतकाल बिताते हैं। कभी राजी जंगली बेलों और लताओं तथा वृक्षों की चौड़ी पत्तियों से अपने गुप्तांग ढंका करते थे, फिर वे पड़ोसी सभ्य ग्रामीण-बस्तियों से फटा पुराना लेकर पहनने लगे। अब घर से बाहर निकलने पर पूरे शरीर को ढककर निकलने लगे हैं। किंतु शरीर में पहने गए वस्त्रों के अलावा और कोई कपड़ा उनके पास नहीं होता है।

इनकी जीवन-शैली को देखकर यह स्पष्ट हो जाता है कि मनुष्य अपनी प्रारंभिक स्थिति में किस प्रकार का रहा होगा। वे लोग पूरी तरह प्रारंभिक पाषाणकालीन मनुष्य से भिन्न नहीं हैं। इन लोगों ने पत्थरों को घिसकर पैने और तीखे औजार बनाने वाली मानव की विकसितावस्था में भी कदम नहीं रखा था। वर्तमान में वे भले ही लोहे के औजारों का प्रयोग करने लगे हैं जो उन्होंने अपनी बढ़ती हुई मूलभूत भौतिक आवश्यकता के कारण अपने पड़ोसी विकसित मानव-बस्तियों से ग्रहण कर लिया है। इनकी बस्तियों के आसपास न तो किसी प्रकार के पाषाणकालीन औजारों के अवशेष मिलते हैं और न ये उनका कभी प्रयोग करते पाए गए हैं। सैकड़ों वर्षों से संसार की लगभग अधिकांश आदिम जातियां लोहे के औजारों जैसे, तीर-कमान, भाला, कुल्हाड़ा, छुरी का इस्तेमाल करते आ रहे हैं। किंतु राजी इनसे पूरी तरह अनभिज्ञ थे। इनमें से उन्हीं हथियारों को उन्होंने अब अपने पड़ोसियों से ग्रहण किया है जो उनकी आजीविका के लिए आवश्यक हैं जैसे, कुल्हाड़ा, छुरी, दरांती आदि। तीरकमान, भाला जैसे आखेट, या युद्ध के उपकरणों को नहीं। उनका शिकार करने का तरीका आज भी बहुत साधारण है। या तो वे जंगली पशुओं को फंसाने के लिए फंदा लगाते हैं या उनको चारों ओर से घेरकर पत्थर बरसा कर मारते हैं। वे अन्य आदिम जातियों की भांति खूंखार रक्तपिपासु और आक्रामक न होकर जनभीरु हैं। आज से 50-60 वर्ष पूर्व वे मानव-बस्तियों में छिप कर सन्नाटे में जाया करते थे। सभ्य मानव को जंगल में आया देखकर छिप जाते थे। आज भी वे अपने से इतर विकसित मानव-समूह के बीच ज्यादा देर तक ठहरना पसंद नहीं करते हैं।

राजी जनों की अपनी अलग से कोई जातीय पहचान आज तक नहीं है। सिवाय इसके कि वे जंगली हैं, वनों में पशुवत जीवन बिताते हैं, बस। अपने पारिवारिक संगठन में वे कतिपय आदिम जातियों से केवल एक बात में भिन्न हैं कि वे अन्य कुछ आदिम जातियों से भिन्न पुरुष प्रधान हैं। शायद उन पर इस रूप में अपने पड़ोसी पुरुष प्रधान समाज का प्रभाव पड़ा हो। राजियों को हम कबीलाई भी नहीं कह सकते। आदिम कबीले का एक मुखिया होता है जिसके अनुशासन में वे रहते हैं और उनका एक 'टोटेम' भी होता है। राजियों का कोई मुखिया नहीं होता है, न उसका कोई टोटेम है।[10] उनकी दशा एक ही

आनुवंशिकी वाले पक्षियों की भांति है। जिस प्रकार पक्षी अपना जोड़ा बनाकर अलग रहने लगता है, राजी भी अपना जोड़ा बनाकर अलग रहने लगता है। उन पर किसी का नियंत्रण नहीं होता है। किंतु वे सहज रूप से सुरक्षा की दृष्टि से समान जाति के पक्षियों की भांति अपने ही झुंड में रहा करते हैं। यहां भी संपत्ति की अवधारण न होना ही मुख्य कारण लगता है। कबीले संपत्ति की सुरक्षा की दृष्टि से एक प्रमुख व्यक्ति के अनुशासन में रहा करते हैं। यहां ऐसी कोई बाध्यता नहीं है। विवाह करते ही दंपत्ति अपने बच्चों को लेकर अपना ठिकाना ढूंढ़ लेते हैं। उनमें अपने समाज से जुड़े रहने की इतनी-भर आशक्ति होती है कि वे अपनी-सी बोली बोलने वाले और अपनी ही भांति जीवनयापन करने वालों के साथ अपने को सुरक्षित समझें।

राजी आदिम जाति अन्य आदिम जातियों की भांति किसी प्रकार की मदिरा या मादक पेय का कुछ वर्षों पूर्व तक सेवन करना नहीं जानते थे। अपने सहोदर थारुओं से वे कई मामलों में मिलते-जुलते हैं। थारू भी राजियों की तरह आक्रामक और खूंखार न होकर सरल होते हैं। मछली खाने का शौक उनमें भी पागलपन की हद तक है। परंतु वे शराब के सेवन के लती हैं। अब तो वन माफियाओं तथा इसी प्रकार जंगलों के दोहन के अवैध धंधों में लगे लोगों ने राजियों को अपना हथियार बनाकर उन्हें शराब पीने का आदी बना दिया है। अन्यथा शराब उनके किसी उत्सव, अनुष्ठान से संबंधित नहीं रही है।

राजी लोग भूत-प्रेत, मसान जैसी अनिष्टकारक शक्तियों पर विश्वास करते हैं। जो ऊंचे पहाड़ों के शिखरों, नदी के एकांत तटों में रहते हैं। उनको शांत रखने के लिए वे काला मुर्गा, बकरा आदि चढ़ाते हैं। उनकी ओर से इन अनिष्टकारक योनियों की पूजा भी स्थानीय कृषक समाज के तांत्रिकों व झाड़-फूंक करने वालों से करवाई जाती है। आजकल वे स्थानीय खेतिहर बस्तियों के लोगों के ज्यों-ज्यों संपर्क में आते जा रहे हैं, उनके देवी-देवताओं तीज-त्योहारों को भी अपनाने का प्रयास करने लगे हैं। फिर भी उनमें ईश्वर या सृष्टिकर्ता किसी देवी-देवता की कल्पना के लिए कोई स्थान नहीं है।[11] उनमें झाड़-फूंक करने वाले पेशेवर तांत्रिकों या डाइन बनाने जैसी अन्य आदिम समाजों की परंपरा का नितांत अभाव होने से यह साबित होता है कि वे मानव जाति के विकास के पहले पड़ाव के भी बिलकुल प्रारंभिक सोपान में टिके रह गए हैं। यह साफ देखा जा सकता है कि राजी आज भी उन्हीं स्थानों में विचरण करते हैं जहां आधुनिक विकसित ग्रामीण सभ्यता का कोई लक्षण नहीं है।

वन राजियों का घनघोर वनों में बसा हुआ एक छोटा सा असंगठित समूह है। फिर भी इस समाज ने अपनी सीमित सदस्य संख्या के बावजूद अपनी बोली का परित्याग आज तक नहीं किया है। राजी अपने चारों ओर उत्तर के भोटांतिक और पड़ोस में तीन ओर से कुमाऊं में विभिन्न युगों में निवास करने वाले निषाद, शक, खस और आर्य परिवार की बोलियों के बोलने वालों से घिरे रहे, फिर भी वे अपनी बोली को जीवित रखे हुए हैं। डॉ. शोभाराम शर्मा ने राजी बोली का भाषा-वैज्ञानिक अध्ययन के अंतर्गत अपने निष्कर्ष में

लिखा है कि 'फिर राजी बोली का ध्वन्यात्मक गठन, व्याकरण और शब्द भंडार इस बात का साक्षी है कि चाहे कितने ही स्थल अंतर क्यों न उत्पन्न हो गए हों, वह मूलत: आग्नेय परिवार की ही एक अलग-थलग पड़ी बोली है,' *पहाड़-2,* पृ. 156। एक ओर नृतत्वविज्ञानी राजियों में 'किरात' (मंगोलाइत) रक्त की प्रधानता मानते हैं, दूसरी ओर बोली के रूप में उनसे भिन्न रक्त के आग्नेय परिवार के तत्व दृष्टिगोचर होते हैं। संभवत: किरातों की इस शाखा के यहां प्रवेश से पहले बसी दक्षिण-पूर्व एशिया की आग्नेयवंशी मानव जाति के संपर्क से उन्होंने इस बोली को अपनाया होगा। यह अभी अनुमान ही समझना चाहिए, जिसके अधिक अध्ययन की आवश्यकता है। कुछ भी हो उनकी बोली पर कालांतर में पड़ोसी बोलियों का काफी प्रभाव पड़ा है जिससे उसकी शब्दसंपदा का बहुलांश राजी बोली से इतर मूल का है। राजी अपने आपसी व्यवहार में अपनी बोली का ही प्रयोग करते हैं। यद्यपि वे हिंदी और कुमाऊंनी की स्थानीय बोली को बखूबी समझते और बोल लेते हैं। छोटे बच्चों को अवश्य राजी बोली से भिन्न बोली बोलने में कठिनाई होती है।

राजी नितांत सरल, शांत, निश्छल और डरपोक स्वभाव के होते हैं। वे अपने से दूसरे समाज में घुलने-मिलने से बहुत घबराते हैं। पिछले 27 वर्षों से निरंतर राजियों के बीच एक स्वैच्छिक संगठन के अंतर्गत वनराजियों की समस्याओं से जूझते रहने वाले श्री हीरासिंह बोरा जी (भू.पू. विधायक) ने वनराजियों के विकास की दिशा में बहुमुखी प्रयास किया है। उनके द्वारा वनराजी बालकों के लिए स्थापित आश्रमपद्धति के एक विद्यालय में पिछले 12 अक्टूबर 2001 को एक दिन और रात रहने का मुझे अवसर मिला। मुझे राजी बालकों के आपस में लड़ने-झगड़ने, गाली-गलौंच करने या छेड़-छाड़ करने का एक भी प्रयास नहीं दिखाई दिया। बच्चे आपस में बिना किसी के कार्य- कलाप में हस्तक्षेप के पूरी शांति से बैठे मिले। वे बड़े संतोषी और स्वतंत्र प्रकृति के होते हैं। यह विद्यालय केवल कक्षा 5 तक ही है। आगे की पढ़ाई के लिए उनको आश्रमपद्धति के उन विद्यालयों में जाना पड़ता है, जहां दूसरे जनजातीय समुदाय विशेष रूप से भोटिया और अनुसूचित जाति के बालकों के साथ रहना पड़ता है जो उनकी तुलना में आधुनिक भौतिकवादी आवश्यकताओं की भरपूर जानकारी रखते हैं। राजी बालक अपने भोलेपन और सुविधाहीनता के साथ-साथ सहपाठी विकसित समाजों के बालकों के सामने अत्यधिक हीनता का अनुभव करते हैं और उनकी पूरी टोली भागकर अपने उड्यारों या कंदराओं में लौट आती है। इस प्रकार वे कक्षा 5 तक तो पढ़ लेते हैं, आगे पढ़ने के लिए उनके मार्ग में बड़ी बाधाएं हैं। उनके पास न तो पूरे कपड़े होते हैं, न ओढ़ने-बिछाने की सामग्री, न बर्तन-भांडे। राजी परिवारों में आज भी रेडियो, टेलीविजन, बिजली जैसा नितांत प्राथमिक उपभोग की वस्तुओं का प्रवेश ही नहीं हो पाया है। वैसे राजी बालक किसी भी विकसित समुदाय के बच्चों की तुलना में सीखने की क्षमता में आगे होते हैं। अच्छी शिक्षा होने पर काफी कुशाग्र बुद्धि सिद्ध हो सकते हैं। भरपेट भोजन मिलने पर वे अधिक मजबूत और बलिष्ठ कद-काठी के हो सकते हैं।

राजी लोगों के पास संभवत: मानव समाज के प्रारंभिक विकास की कुंजी विद्यमान है। मानव जाति के प्रारंभिक इतिहास की ओर हमें यहीं से मार्गदर्शन मिल सकता है। जीवन की जिन कठोरतम परिस्थितियों को वे हजारों वर्षों से प्रकृति के हर आघात का बिना प्रतिरोध के सामना करते हुए अपने अस्तित्व की रक्षा कर सके हैं, वह इतिहास की विलक्षण धरोहर बन सकती है। अगर अंडमान, निकोबार के ओनजिस (Ongis) आदिवासी पिछले 60,000 वर्षों से बने हुए हैं। भले ही अब उनकी कुल जनसंख्या मात्र 86 रह गई है, वे जिज्ञासा के केंद्र में हैं। इसी प्रकार भारत-नेपाल के सीमावर्ती भूखंड तक सिमटे इस मानव समुदाय के अस्तित्व की हजारों वर्ष पूर्व तक तलाश की जा सकती हैं सब प्रकार की स्वास्थ्य सुविधाओं से वंचित, भरपेट भोजन की नियमित अनापूर्ति के बावजूद जीवित राजियों के बीच कार्यरत अग्रणी समाजसेवी श्री हीरासिंह बोरा का नाम उल्लेखनीय है। उन के सकारात्मक प्रयासों से राजियों की निरंतर ह्रासमान जनसंख्या जो 1969 ई. में मात्र 254 रह गई थी, अब सन् 2000 ई. की गणनानुसार 528 हो गई है। राजियों में अपने भौतिक विकास की बड़ी छटपटाहट देखने को मिलती है। बदली हुई दुनिया को वे अब निकट से देखने लगे हैं। राजीजनों का इतिहासकारों, मानवविज्ञानियों, समाजशास्त्रियों तथा भाषाशास्त्रियों इत्यादि सभी ने अपने अध्ययन, अन्वेषण की कच्ची सामग्री के रूप में ही अधिकतर प्रयोग किया है। उनको उनकी आदिम अवस्था से वर्तमान भौतिक आवश्यकताओं से अवगत कराने के लिए उनको पहाड़ी चट्टानों और घने वनों से निकाल कर विकसित समाज की धारा में शामिल करने के अथक प्रयास में पिछले 1965 ई. से निरंतर लगे हुए श्री हीरासिंह वोरा का प्रयास अत्यंत सराहनीय है। इसी मृगतृष्णा में उनके कई परिवार कई बार अपने परंपरागत आश्रय स्थलों को छोड़कर अपने बेहतर भविष्य के लिए प्रवसित हुए। उन्होंने अन्यत्र जाकर खेतीयोग्य कुछ भूमि और पशु भी पा लिये किंतु जल्दी ही उनका मोहभंग हुआ। फिर वे पलट कर वहीं आ गए। बाहर का समाज उनको अभी भी 'बनरौत' 'राजी' कहता है।

संदर्भ एवं टिप्पणियां

हिंदी

1. कोसांबी, डी.डी. *प्राचीन भारत की सभ्यता एवं संस्कृति,* राजकमल प्रकाशन, दिल्ली.
2. पांडे, बदरीदत्त, *कुमाऊं का इतिहास*, शक्तिप्रेस, अल्मोड़ा.
3. सांकृत्यायन, राहुल, *कुमाऊं,* ज्ञानमंडल, वाराणसी.
4. डबराल, शिवप्रसाद, *उत्तराखंड का राजनीतिक एवं सांस्कृतिक इतिहास,* वीरागाथा प्रकाशन, दुगड्डा, पौड़ी.
5. बोरा, हीरासिंह, *सीमांत अनुसूचित एव जनजाति सेवा संस्थान,* पिथौरागढ़, उत्तरांचल.

6. पांडेय, मृगेश, इंटेक पत्रिका *कुमाऊं* नववर्षांक अंक.
7. *'पहाड़'-2*, तल्ला डांडा, नैनीताल.

अंग्रेजी

1. William Crook, *The Tribes and Castes of the North Western India*, Vol. II, Cosmo Publications Delhi (1976).
2. E.T. Atkinson, *The Himalayan Gazetteer*, Vol. XI, Vol. III, Part I, Vol. II Part II, Cosmo Publications, Delhi (1976).
3. G. Shrring, *Western Tibet and British Border Land*, Cosmo Publications, Delhi (1903).
4. Sir George A, Grierson, *Linguistic Survey of India*, Vol. IX, Part IV.
5. Prof. D.N. Majumdar, *Races and Cultures of India*, Bombay, Asia Publishing House.
6. "The Raji is one of the most primitive communities in India, numbering less than four hundred individuals they still subsit on a foraging economy and live mostly in natural rock shelters at hardly accessiable place." The Vanishing Trible Culture, Yashodhar Nathpal. Page-103, Perspective in Trible. Development, Focus on Uttar Pradesh, Ethnographic and Folk Culture Society Lucknow, 1998, And—
The Forest Dwellers of Middle Himalayas, Hira Singh, Bora, July 1991, Pithoragarh (U.P.)
"To begin with, of the various types of nomedic ways, hunting and gathering as a food procurement means is undoubtedly the most ancient one." Development of Raji, an Anthropological perspective, Jagadish Chandra Das, page 180, Ibid, Lucknow 1998.
7. "...the constant moving around in search of food has not been conducive for growth of personal property so wealth deference between members are minimum which consequently points to a generally egalitarian system. J.C. Das, page 180, Ibid.
8. "The Raji are reported to have extraordinary skill to construct irrigation channels through most unfavourable terrains and from the water sources located at unapproachable topographic positions." page 184, Ibid.
9. ".....the Raji are currently found in a state of sedentary life having been settled down in their villages. But this is an impression that an observer gains from the surface view and at deeper insight into their nomidic social attributes which are still a operative in their life beneath the so-called sendentary state." page 181, Ibid.
10. "In Raji setting, the Pradhan (Traditional head man) and his council of elders (Sayana) have very little role and authority," page 182, Ibid.
11. "Their knowledge about the Hindu Gods and deities is negligible, Raji do not perform any ritual of ceremony on birth of a child, Page 189, 'The Raji : Cave Dweller of the Himalayas', Hira Singh Bora,' Perspective in Trible Development Focus on Uttar Pradesh, Ethnographic and Folk Culture Society, Lucknow-1998.

कुमाऊं के वनों में सहज रूप से उपलब्ध कतिपय महत्वपूर्ण फल एवं कंद-मूल (वनराजियों अथवा वनरौतों (वन-रावतों) का प्रमुख आहार :

1. किरमोड़ा (फल) वानस्पतिक नाम Berberis asiatica Roxb
2. च्यूरा (फल) Butrica Indica, Madhuca longifolea
3. काफल (फल) Myrica Nagi
4. गेठी-गिठि फल (बेल पर लगता है) Dioscorea bulbiferaline
कंद भी खाते हैं।

5. तरूड़ या तैड़ (कंद) Dioscorea belophylla Voight
6. मुड़्यां या मुयां (कंद) Dioscorea Kumaonesesis Kunth
7. बेडू (फल) Ficus palenata forsk
8. तिमुलो (फल) तिम्लो Ficus auriculata lour
9. आँवला, औंलो Phyllanthus emblica line
10. स्यूंता (बीज खाते हैं) चीड़ का बीज Pinus roxburghii Sargnt
11. घिडारू, घिंघारू (फल) Pyracantha crenulata (D-Don) Roemer
12. मेल या मेहल (फल) Pyrus Pashia buch; Ham ex Don.
13. हिसालू (फल) Rubus ellipticus Don
14. रैड्हेल, त्वङ; तुंग Rhus parviflora Roxb
15. काला हिसालू (ऐंश्यालू) (फल) Rubus niveus thumb
16. ग्वाल कांकड़ी (बेल पर लगने वाला फल) Solena amplexicaulis (Lank) Gandhi
17. जामुन (फल) Syzygium cumini (line) Skals
18. बेर (फल) Ziziphus jujuba line
19. बमौर (फल) Benthania Capitata (wall) Hara
20. किमु (फल, शहतूत) Morus Serrata Roxb

इत्यादि। इस प्रकार 250 प्रजातियां (पश्चिमी हिमालय) जंगल खाने योग्य वनस्पतियां उपलब्ध हैं।

स्रोत—जी.सी. जोशी, *कुमाऊं हिमालय की जंगली खाद्य वनस्पतियां*, पृ. 140–44; कुमाऊं हिमालय लोक वनस्पति विज्ञान साइंटिफिक पब्लिशर्स, (इंडिया), जोधपुर, सन् 1999 ई.

43. Mahatma Gandhi's 'Truth' : Some Reflections

Alok Bajpai*

'Truth' is perhaps the most common word occurred in Mahatma Gandhi's voluminous writings. The word also finds a great place in India's cultural milieu or, we may say, in popular consçience. Mahatma Gandhi, apart from all other qualities of a great mass leader, was a superb communicator too. He always championed the odd requisite, more than any body else, of establishing an unfailing linkage with the impulses of common man of India. In fact, the typical Gandhian dialectic or Gandhian discourse played a very crucial role in it. In this short paper, I shall try to examine Mahatma Gandhi's notions of 'Truth', so that it may help, I hope, to reflect some light on few aspects of Gandhian discourse.

Gandhi never insisted on absolutism in his life long endeavour of searching Truth. In fact, he remained totally apathetic to anything 'Absolute'. Even as late as in 1946 he was sure in his mind that "God alone knows the absolute truth. Therefore, I have often said, Truth is God. It follows that man, a finite being, cannot know absolute Truth."[1]

Gandhi's notion of Truth always combined with itself some relative contexts. In fact, his 'Truth' was "Relative Truth". He always clearified that "Nobody in this world possesses the absolute truth.... This is God's attribute alone. Relative truth is all we know. Therefore, we can only follow the truth as we see it. Such pursuit of truth cannot lead anyone astray."[2]

Gandhi evolved himself throughout his long political career. This evolution took place in the realms of mind and deeds both. His exploratory instincts helped in it.[3] His handling of the terms 'Truth' and 'God' explicitly held this view.

Gandhi's pre-1925 notions of Truth dominantly categories it as 'God is Truth', even though in his student days in London, he got interested in atheism too. He revered Bradlaugh, a great advocate of atheism, very much.[4] His endeavour to accommodate even atheists advanced his view, and in 1925, he was ready to pronounce that "For me, God and Truth are convertible terms."[5] And in 1926, he went a step further, "For to me, Truth is God..... For I know that a man who forsakes Truth, can forsake his

* H. No. 552, Moh. Hathipur-Koryana, Near Imli Crossing, Distt.-Lakhimpur-Kheri.

country and his nearest and dearest ones..."[6] And in 1942, he reached the maximum by declaring, "My prayerful search gave me the revealing maxim "Truth is God"; instead of the usual one "God is truth".[7]

Gandhi's notions of 'Truth' are deeply embedded in one's self conscience and its societal contexts.

The essence of self conscience is soul force. As Gandhi put it, "Truth is what the voice within tells us."[8] So he was always ready to recognise the different versions of Truth. It is, in fact, individual freedom that what one considers 'right' is 'Truth' for oneself. No sanction of Shastras, no sanction of any power structure is required to pass the judgement on purity of one's truth. One has the right to feel, say, act, propagate one's version of truth, provided non-violently and not harbouring hatred against anyone. One is free further to explore it. In this way Gandhi's notion of truth are very suggestive of his uncompromising spirit of individual freedom and democracy.

Gandhi seldom used notions of truth as a tool for personal salvation of no social value. All his self realization quests are, in reality, the outcome of his endeavour of creating 'personal inspirational zones' in inner-self to energize his mind and purify his heart. A very intricate process, for any honest whole timer of politics.

Gandhi launched his campaign of exploration of reality/real condition (mainly of India) through his typical vehicle of Truth (combined with non-violence). In his peculiar style, after establishing his Satyagraha Asharm, he said in 1915, "Our creed is devotion to truth, and our business is the search for an insistence on truth."[9] So he linked the questions of Swadeshi, non-violent struggles, morality in life and politics and in fact all functionings of society with his quest of 'Truth'. Few examples may clearify this.

In 1926, on Hindu-Muslim unity, he said, "... Even if the whole of India ranged on one side were to declare that Hindu-Muslim unity is impossible, I will declare that it is perfectly possible, I will say that if there is anything like God or Truth on earth, Hindu-Muslim unity is also possible."[10]

And in 1927, talking with a pundit, while defining 'Hinduism', he replied, "Hinduism is not a codified religion... Now when we want to find out whether a thing is good or bad, I do not go to a particular book, but I look at the sum total of the effect of Hinduism. In Hinduism, we have got an admirable foot-rule to measure every shastra and every rule of conduct, and that is Truth. Whatever falls from truth should be rejected, no matter wherever it comes from... and so if a man wants to defend, for instance, untouchability, he has to show that it is consistent with truth. Unless he shows that all the authorities that he may cite in support of it are to me irrelevant."[11] And in 1938, he wrote, "My Hinduism is not sectarian. It includes all that I know to be best in Islam, Christianity, Buddhism and Zoroastrianism... Truth is my religion and ahimsa is the one way of its realization.[12]

Thus in the end, we may conclude that in Gandhian dialectic, Truth was more than only verbal expressions. His discourse of Truth was basically a motivating force to explore various societal realities and its functionings on the domain of ethics and mortality. And thus it made a proper and fertile ground for the functioning of Gandhian Satyagraha and non-violent democratic struggles.

REFERENCES

1. Tendulkar, D.G. : *Mahatma : Life of Mohandas Karamachand Gandhi*, Vol. VII, Publication Division, New Delhi, 1990, p. 84.
2. *Ibid.*, p.126.
3. As he wrote in 1936, "The opinions I have formed and the conclusions I have arrived at are not final; I may change them tomorrow... Truth and non-violence are as old as the hills. All I have done is to try experiments in both on as vast a scale as I could. In doing so I have sometimes erred and learnt by errors. Life and its problems have thus become to me so many experiments in the practice of truth and non-violence." *Ibid.*, Vol. IV, p. 54-55.
4. At the death of Bradlaugh in 1891, Gandhi observed, "For atheists like Bradlaugh, truth held the same place as God for others." *Ibid.*, Vol. I, p. 32.
5. *Ibid.*, Vol. II, p. 189.
6. *Ibid.*, Vol. II, p. 236.
7. *Ibid.*, Vol. VI, p. 143. Also see p. 297.
8. *Ibid.*, Vol. III, p. 144.
9. *Ibid.*, Vol. I, p. 169.
10. *Ibid.*, Vol. II, p. 236.
11. *Ibid.*, Vol. II, p. 285.
12. *Ibid.*, Vol. IV, p. 250.

44. Indian Cinema as a Study of Society : A Historical Perspective

Chandra Bhushan Gupta*

History of the people, no matter based on whatever ideology, cannot be written with the help of governmental archives only because they do not provide information about the various intimate aspects of socio-cultural and economic life of the people. Because of this Indian Historian today, is forced to search of new sources of history writing. History is the study of human society in its totality and that's why a historian cannot ignore the super structure of art, literature and culture.

Cinema has a difinite role in shaping the pace of socio-cultural development in 20th century. This role is neither primary nor determining but it is auxiliary and catalytic. While defining the relationship between cinema and society, Guston Roberz, an authority on Indian Cinema says "cinema like history chooses past as its subject. In fact film maker by creating a film on the past facts more or less does the same as a historian works."[1] The only difference is that; for film maker his film is his total creation where as for the historian it is a factual raw material.

The first cinema was shown in Grand Cafe of Paris on the 28th of December 1895 by Lumeire Borther's. Their agents showed the cinema in Bombay on 7th July 1896. The film making started in 1897 in India. Early films were informative only. Films like *Panorama of Indian scenes, Train Arriving at Bombay Station,* and *Poona Raceses* (1898), *Reception given to V.P. Paranjape* and *Delhi Derbar* (1902), *Great Bengal Partition Movement* (1904), *Tilak's Visit to Culcutta and Procession and Great Sacrifice at Kali Ghat* (1906), *Terrible Hyderabad Floods* (1908), as there names reveal they were only camera recording of some important events and such they represented a living contemporary picture of the past. Thus these films could be an important source of history writing. After this stage of camera recording of important event the stage of fiction films appeared in which films were made on mythological characters and stories. A careful look at these films reveals that these films were made to extract the

* Lecturer, Deptt. of History, D.D.U. Gorakhpur University, Gorakhpur.

frustration prevalent in the nation's life and also gave a new hope to the people. This task of rekindling a ray of hope in the frustrated and depressed masses was like the work down by Tulsi Das and other saint poets of 15th century. What Ramcharitmanasa did in 16th century, films were doing exactly the same in 20th century—propagation of the nationalist feeling. It is altogether a different matter that they reached only a small segment of society. In British India the best cinema, emerged in the third and fourth decade of 20th century when *Prabhat, Bombay talkies* and *New Theater* appeared in the Indian Cinema scene. These institutions in a general and progressive manner gave birth to though a weak but an important stream of National Cinema.[2] This was the period when Indian cinema started babling. In 1931, with the release of *Alamara* they started to speak first hesitatingly but latter clearly.[3] When the struggle for freedom under the leadership of Gandhiji was taking the shape of the mass movement and when all sections of the society were involved, how was it possible for cinema to remain unmoved. In fact in 1918, under the clutches of censorship,[4] Indian Cinema in real terms in its themes and technique attained maturity. Though in era of silent movies the film "Savkari Pash"[5] by Babu Rao painter made such a film in 1925 in which the exploitation of farmers by the moneylenders was depicted in touching manner but it is only after 1930 that the era of films associated with society or social films began. In the third and fourth decade of 20th century films were made on important social issues. Some of the films were so powerful that the British Government censored them, of these films *Indira* 1934 (on the problem of blind happening of the west) *Dev Das* 1935 (on the revolt against sterolyped traditions), *Balyogani* 1936 (The problem of hindu widows), *Achutekannya* 1936 (The problem of castism and untouchability), *President* 1937 (labour participation in management), *Dhartimata* 1937 (cooperative forming and industrialization of agriculture), *Duniya Na Mane* 1937 (on mismatched marriage), *Aadami* 1939 (on rehabilitation of prostitutes), *Padosi* 1941 (on communalism), deserve mention. Many films were censored and denied exhibition for example the film made by M. Bhawanani in 1934 on the story of Munshi Premchand entitled 'The Mill' or 'Mazdoor'. In those days each film had two names for example 'Seva Sadan' or 'Bazare Husna' about 'The Mill', Balraj Sahani said 'The portrayal of the relationship between the mill-owner and the labour has been done with such a great pathos that it is hardly found elsewhere.'[6]

There is a chain of such films. It is the task of the historian to study the problems and their presentation through these films. Before social cinema, films were made on historical events and characters e.g. '*Sikander*' and

'*Pukar*' (1940). Before the dawn of independence, India cinema reached a significant milestone. In 1946 IPTA's '*Dharti Ke Lal*' and V. Shantaram's '*Dr. Kotnis Ki Amar Kahani*' were released. Both films were on contemporary events. '*Dharti Ke Lal*' was the realistic portrayal of the great Bengal famine and '*Dr. Kotnis Ki Amar Kahani*' was the true story of the medical team sent by Indian National Congress, to help Chinese nationalists. Dr. Kotnis had married a Chinese nurse and died while serving the Chinese freedom fighters. In the end of this film Shanta Ram showed Mrs. Kotni's visiting India with her son on the basis of imagination only. In fact later in reality she visited India. His imagination turned to be true.[7]

After the independence, the Nehru era began; which lasted till 1964, when he died. In this period films makers gave birth to a new style of film-making. Their one eye was fixed on box office and the other on the Nehruvian policies. In it's themes, this period is very progressive and in it's presentation it focused on entertainment. The representative film maker of the era are *Raj Kapoor, Vimal Roy, Chetan Anand* etc.[8] Reason was that the importance of money is growing but it was not the centre force of Indian society. Moral values were there in Nehru era so that were alive in art, Cinema and culture too. In 1963, when Nehru realised that his policies have failed then in Indian society there is a feeling of shattered dreams and illusion is born. Within a few years in literature/art/cinema this sense of the lost horizon starts influencing cinema. The principle that '*Satyameva Jayate*' (Truth alone prevails) appears as a lie. The honest man is beaten and in this period of valuelessness the moral decline of film maker was but a natural offshoot. The nationalist poet *Ramdhari Singh 'Dinkar'* (The famous poet of *Kuruchetra*) wrote *Urvashi, Raj Kapoor* (maker of films like *Boot-Polish, Jagate Raho*) made *Sangam* and later *Ram Teri Ganga Maili.*[9]

One more example of this kind is worth mentioning. In India the emergence of hero as a superman took place in the 1970's before that Indian hero received thrashing when caught by 'goondas' but with *Zanzeer*, Amitabh Bacchan became hero who is invinsible and cannot be beaten. He flouts law and order and delivers justice to common man on his own muscular strength. It meant that Individualism started appearing in place of collectivism and group organisation. If we take a look at the events of this period, it was the period when in 1966, Indira Gandhi came to power and Congress as a mass based organisation was converted into an individual centred institution. Grabbing of power by Indira Gandhi in 1969 and Bangladesh liberation war in 1971 were events that gave her a 'super lady' image. People accepted her and so Amitabh Bacchan is also accepted.

Same Bacchan who was earlier rejected by the viewers in more than a dozen previous films.[10]

Thus cinema could be understood in a better way through history through cinema. It hold true for cinema by *Manmohan Desai* or by *Ramsay Brothers.* The lyrics also reflect the moods of the times. In 1937 in *President* there was a song "*ek bangla bane nyara, rahe kunba jisme sara*" in 70's the song is "*pyara ek bangla ho bangle main gari ho, gari me hamre sang balma anari ho*". The difference is very clear the growing influence of money in the society made man a self-centred being; joint family is breaking and the family means only husband, wife and children. Thus the "Kunba" or family vanished from the song.

In the period when family was shrinking and the relation between man and authority were becoming poignant emergency was a climax. Free Thought and it's expression was a crime. Restrictions made man a rebel but for the first time politics was abused by filmmakers. In the 80's Amrit Nahata "Kissa Kursi Ka" is good example. Keeping emergency in mind the theme was woven and corrupt politics was targeted in this political satire. Later on, many films on social anomalies caused by corrupt politics were made. *Inklab, Aaj Ka MLA, Ram Avtar, Ankush, New Delhi Times, Main Azad Hoon* and many other films form a chain of such films and this chain is still there.

If the 8th decade was dedicated to reality then the last decade is associated with a special kind of romantic escapism. The main reason was that despite fierce attack on corrupt political system there was no change in the real life condition and adding insult to injury.

The leaders involved themselves boldly in corrupt practices. The unhealthy political alliance gave birth to many a mid-term elections. All this disappointed and frustrated the common viewers that he loved return to the illusionary lanes of fantasy and romanticism. Perhaps there was no alternative before him. One salient feature of these films was that their lyrics/music, part was dominating and it was centred. Before the release of the films the music and lyrics reached the masses and became very popular. *Kayamat Se Kayamat Tak, Maine Pyar Kiya, Sajan, Ashiqui, Dil Hai Ki Manta Nahi, Dilwale Dulhaniya Le Jayenge, Hum Aapke Hai Kaun, Raja Hindustani* are few hit examples.

Now it is a bearing challenge before a conscious student of history to capture the historical facts that were left out and by recapturing these threads he should enrich history of that time-space existence. The whole history ancient and medieval India is written through literary creations. The work of art and literature may not be history but can a conscious student of history evaluate the past and write history by ignoring them?

REFERENCES

1. Roberz, Guston, *Another Cinema for Another Society*, Culcutta, 1985, p. 131.
2. Veer Bharat Talwar, "Bavan Sal Purani Film, Rastriya Andolan Ka Ek Aur Paksha" *Alochana*, New Delhi, July-Sept. 1986, pp. 52-53.
3. Ram Chandran, T.M., *70 years of Indian Cinema*, Bombay, 1984, p. 126.
4. Cinematograph act of 1918, Home (Political) 'A' May 1918, File Nos. 595-604.
5. See Film 'Savakari Pash' Director—Babu Rao Painter, 1925.
6. Shahni, Balraj, *Meri Filmi Atma Katha*, Delhi 1974, p. 13.
7. Sathe, V.P., 'The Cinema of V. Shantaram', Ed. T.M. Ramchandran '*70 years of Indian Cinema*, Bombay 1984.
8. Satish Bahadur, 'The Nehru Years : Indian Film Makers 1945-65' Cinewave No. 6, 1984.
9. Chandra Bhushan, Ankur, 'Kya Cinema Bhi Ho Sakta Hai Itihas Ka Srot', *Saptahik Hindustan*, 2-9 July 1998.
10. *Ibid.*